《故宫珍本丛刊》精选整理本丛书

阴阳五要奇书（上册）

郭氏元经

[晋]郭璞著

璇玑经

[晋]赵载著

阳明按索

[明]陈复心著

乾隆庚戌年姑苏乐真堂藏版

李峰标点、注释

海南出版社·海口

图书在版编目（CIP）数据

阴阳五要奇书：郭氏元经、璇玑经、阳明按索、佐元直
指、三白宝海、八宅明镜 / （晋）郭璞等著；李峰标点、
注释. -- 海口：海南出版社，2006．1 (2024．12 重印).
（《故宫珍本丛刊》精选整理本丛书）
ISBN 978-7-5443-1467-1

Ⅰ.①阴… Ⅱ.①郭… ②李… Ⅲ.阴阳五行说 – 迷
信术数 – 古籍 – 中国 Ⅳ.B992.1

中国版本图书馆 CIP 数据核字 (2005) 第 142456 号

阴阳五要奇书（上册）：郭氏元经　璇玑经　阳明按索
YINYANG WUYAO QISHU (SHANGCE): GUOSHIYUANJING　XUANJIJING
YANGMING'ANSUO

海南出版社出版发行
总社地址：海口市金盘开发区建设三横路 2 号
北京地址：北京市朝阳区黄厂路 3 号院 7 号楼 101 室
邮　　编：570216
网　　址：http://www.hncbs.cn
电　　话：0898-66812392　010-87336670
读者服务：张西贝佳
责任编辑：张　雪
经　　销：全国新华书店
印刷装订：河北盛世彩捷印刷有限公司
出版日期：2006 年 1 月第 1 版　　2024 年 12 月第 6 次印刷
开　　本：880 mm×1 230 mm　1/32
印　　张：上册 23.25　中册 20　下册 17.5
字　　数：1400 千字
书　　号：ISBN 978-7-5443-1467-1
定　　价：168.00 元（全三册）

《阴阳五要奇书》上册目录

《郭氏元经》目录

卷一

卷二

卷三

卷四

卷七

卷八

卷九

卷十

《璇玑经》目录

《阳明按索》目录

卷首（凡例）按索图星煞致用口诀

《故宫珍本丛刊》
术数类精选整理本丛书序

　　《书经》尝有国之大事，必谋及卿士，谋及庶人，断之龟筮之说，是龟筮亦古之一大决策之学，今殷墟发掘大量甲骨文卜辞足以为证。《周礼》有大卜之职官，掌卜筮以稽疑，虽三王不同龟，四夷各异卜，然各以决吉凶。道家之学本出于史官，据《礼记·月令》，天子于立冬之月，"命太史衅龟策，占兆，审卦吉凶"。古时太史有如后世之辅相，有燮理阴阳、交通天人之职责，故必精通卜筮之学。而后龟筮决策之术，由象卜而数卜，由龟而筮，由《连山》《归藏》《周易》而八卦象数，而梦占，而太乙九宫，而六壬遁甲，而看相推命，遂成一博大精深之中国术数学。要之，术数学亦史官之学，为中华道学文化的一大支柱。

　　老子《道德经》云："前识者，道之华而愚之始。"老子所云"愚"，为"纯朴"之意，故谓"俗人察察，我独闷闷"，"我愚人之心也哉！""其政闷闷，其民淳淳"，"古之善为道者，非以明民，将以愚之"。"华"通"花"。这句话的意思是说，前识是道学智慧的花朵，是返璞归真的开端。实际上，道学本质上乃是一种前识的学说，它在任何时代都是一种超前意识。道学的智慧不仅能反观人类乃至宇宙创生之初的过去，而且能预见和创造整个宇宙的未来。《道德经》35章云："执大象，天下往。往而不害，安平泰。"何谓大象？《易·系辞》云："是故易者，象也"，"象也者，像此者也"。"圣人有以见天下之赜，而拟诸其形容，象其物宜，是故谓之象。""圣人设卦观象，系辞焉而明吉凶，刚柔相推而生变化。是故吉凶者，得失之象也。悔吝者，忧虞之象也。变化者，进退之象也。刚柔者，昼夜之象也。六爻之动，三极之道也。""圣人立象以尽意，设卦以尽情伪，系辞焉以尽其言，变而通之以尽利，鼓之舞之以尽神。""知变化之道者，其知神之所为乎！"《易》有圣人之道四焉：以言者尚其辞，以动者尚其变．以制器者尚其象，以卜筮者尚其占。"《左传》载"韩宣子适鲁，见《易象》与《春秋》"，足见所谓"象"，乃八卦之象，"八卦以象告"。实际上，以道家看来，天地山川之形势，国家政治之局面，地球生态之环境，列国军备之争斗，无不是一大的卦象，无不各现其吉凶之征兆。《道德经》云："大象无形"，"其安易持，其未兆易谋"，"为之于未有，治之于未乱"。有道者善观天地、国事、人事之大象，不待卜筮而见其吉凶之兆，不待其祸发乱始而预谋之，故能往来于天下而趋吉避凶，而得以"安平泰"。又《道德经》50章云："出生入死。生之徒，十有三；死之徒，十有三；人之生，动之死地，亦十有三。""盖闻善摄生者，陆行不遇兕虎，入军不被甲兵；兕无所投其角，虎无所用其爪，兵无所容其刃。夫何故？以其无死地。"这段经文和上段经文一样，古今注家多百思而不得其解，故强为之错解。其实文中提到三次"十有三"，恰合九宫之数，分生门、死户，可以伏藏，乃古代趋吉避凶的术数，即周代之"阴符"，后世谓之"奇门遁甲"。依此术推算，大至整个地球、国家，小至一城一室，皆有生地、死地，有道者急难之时而入生地，故可不遇兕虎不被刀兵而无死地。老子的道家之学，亦是一种地理生态之学，史称诸葛亮依此"推演兵法，作八阵图，咸得其要"。据传诸葛亮入川时在鱼腹浦以巨石排成"八阵图"于江滩之上，其威力可比十万精兵，后东吴大都督陆逊入此石阵而受困。道学之术，玄妙莫测，如依我国山川形势调整城市布局战守要塞，自可以处处有生地，有如美国国家导弹防御系统（NMD）。因此，我将新道学文化依八卦分属八大支柱，即"人行道哲学"（乾卦）、"政治管理学"（兑卦）、"文艺审美学"、（离卦）、"医药养生学"（震卦）、"宗教伦理学"（巽卦）、"自然生态学"（坎卦）、"丹道性命学"（艮卦）、"方技术数学"（坤卦）。其中，在道学的八大支柱中，我将道家哲学和术数学放在乾卦和坤卦的位置，而乾、坤二卦是父母卦，由此衍生出长男、长女、中男、中女、少男、少女六卦。这就是说，哲学和术数学分别是道学的两条腿，由它们分布开道学文化的八大支柱，二者在道学中有如哲学和数学在西方文化中的位置一样。在中国历史上，术数学是历朝历代政治家、军事家、谋略家的必修课，为帝王师的姜子牙、张良、诸葛亮、李靖、李淳风、李泌、刘伯温等都是精通术数学的。古代术数家运筹帷幄，辅助明主争霸天下，在中国的历次政治斗争中起过举足轻重的作用。

中国术数学源于原始社会先民的巫史文化，是由周易象数学发展起来的学科。它最初奠基于战国时期以驺衍为首的阴阳家学派，汉代兴盛一时，汉末流入道教，为道教占验派所宗。占验派道士精研易理，推崇象数易学，并用之于社会、人事中未知事物的预测，创造出许多丰富多彩的占验术数。在一定意义上说，术数学乃是一种杂有迷信成分的社会、人生预测学。无论是生产力低下的古代社会，还是科学昌明的现代社会，都没有消除人们对个人命运的困惑和对所受伤害的恐惧。人们对于复杂纷纭的社会前景和变幻不定的人生命运，在自力难以掌握的时候，便本能地依靠他力趋吉避凶，寻求预测未来的方法。这种渴望预知的心理，无论是文明未开的古代初民还是受过高等教育的现代人，实际上没有什么不同。我们知道，整个宇宙、整个地球、人类社会的群体乃至个体的人生命运，皆是一种开放的超巨系统，其进化的动力学机制受多种要素的制约，其瞬息万变的具体情节引发人们的困惑，其发展前进的大趋势又启发人们预测的智慧。自然生态、社会政治、人生命运的大系统虽受多种要素制约，但都可分解出一些基本的动力学要素。当大系统中的这些基本的动力学要素被系统中其他因素变化的积累效应达到其难以承受的程度时，整个大系统就会进入一种无序的混沌状态，例如一个国家的社会政治系统如果贫富差距过分拉开、贪官污吏横行、豪强盗贼得势，这些因素积累到整个社会难以承受的程度，就会出现天下大乱的混沌状态。一个人在社会活动中如果八方树敌积怨过多，违法乱纪横行无忌，最终也必将进入穷于应付、惶惶不可终日的混沌状态。人的身体系统也是一样，如违背生活规律穷奢极欲丧失精气，必然也会导致百病丛生医家束手的混沌状态。根据系统论的非线性混沌动力学理论，这种混沌状态是不稳定的。当系统中出现"灾难性的分歧点"（catastrophic bifurcation）时，系统变得异常敏感，一次偶然事件就会诱发整个系统的巨变（Macroshift）。在刚刚跨入 21 世纪之门时，美国发生了震惊世界的"9·11"事件，美国系统科学家欧文·拉兹洛在 2001 年出版了他的新作《巨变》（中译本于 2002 年 2 月由中信出版社出版）。拉兹洛是罗马俱乐部成员、布达佩斯俱乐部主席，他在书中说地球已成为一个整体化的具有网络结构的复杂巨系统。全世界的全球化趋势，实际上是全球美国化，是以欧美为中心的西方文化统治全球、征服世界的大趋势。这种全球化是以工业化、城市化、信息化为标志的所谓现代化浪潮，西方的主流文化以其唯物主义机械论的世界观，以其聚敛钱财、贪得无厌的物质主义价值

观，以其相互竞争、弱肉强食的个人利己主义人生观，导致了
环境污染、人口爆炸、资源匮乏等地球生态危机。拉兹洛在书
中大胆预测，现代西方以工具理性为主导的文明所造成的恶果，
十年间如果不能发动一场彻底改变这种旧价值观的意识革命，
世界的政治、经济结构便会彻底瓦解。拉兹洛预言这一巨变过
程共分为四个阶段，即启动阶段、转型阶段、混沌阶段、瓦解
阶段或突破阶段。自 1860 年至 1960 年，科技发明极大地提高
了人类的社会生产力，人类靠掠夺自然界创造了大量财富，人
类以自我为中心的生产方式和生活方式构成对自然界的威胁，
启动了这次巨变。自 1960 年至 2001 年，人类靠高科技极大地
提高了生产效率和消耗自然资源的速度，人口急剧增加，以工
业化、城市化、信息化为标志的现代化浪潮遍及全球，这就是
巨变的转型阶段。在这一全球化的转型阶段，美国人穷奢极欲
的高消费生活成为全世界向往的样板，贫穷国家的一些人也不
择手段地捞取"票子、房子、车子"，争取"先富起来"。人类
掠夺大自然的活动造成空前的生态危机，地球的面貌被人类的
力量所改变。自 2001 年至 2010 年，随着人口猛增及现代化
的加速使人类对地球各类资源的需求日益膨胀，而地球的自然
资源在人类多年持续掠夺下临近枯竭，生态环境急剧恶化。在
这十年间，人类需求上升的曲线和地球资源、自然生态下降的
曲线终于会相交，全球社会进入不安定的混沌阶段。拉兹洛写
道："到了 21 世纪第一个十年时，由政治范畴的冲突、经济范
畴的脆弱性和金融范畴的不稳定，以及气候和环境恶化的种种
问题所引发的高度紧张，会使得社会进入巨变的'混沌跃进'
期。""21 世纪初期的混沌，不是趋向于可维持的全球平衡，就
是导致地方与全球性的危机和随之而来的瓦解。"(《巨变》) 地
球上人类的命运受自然环境、社会历史和文化传统的制约，同

时又需要人类自己创造。2010 年以后，人类社会真正的巨变就会到来，人类要是一直沿着西方文化的主流价值观走下去，就会进入瓦解阶段；如果在西方价值观上发生一场新的意识革命，就会进入突破阶段。目前全球人口已达到 60 亿，而且还在增长。水、空气、土壤等资源被污染、破坏并不断减少，城市的各种废弃物在不断增加，每年失去 500 万到 700 万公顷的农业用地，预计到 2025 年全球三分之二的人口将处在无法生活的状态。这种趋势不但会助长各国社会的无政府状态，出现凶杀、传染病、饥荒等惨绝人寰的悲剧，还会加剧国家、民族之间的重大冲突，甚至发生核大战，或者兴起移民风潮，打破国界，造成全球的无序状态。拉兹洛认为挽救这场劫难的唯一途径，就是对西方文化的主流价值观进行意识革命，提倡全球伦理以完成文化转型。拉兹洛所倡导的新型文化，实际上就是我近几年努力开创的新道学文化。魏源早就论定老子的《道德经》是"救世书"，它不但能救中国，而且能救世界。新道学文化是人类 21 世纪唯一可行的文化战略。

年前海南出版社已将北京故宫博物院珍藏的数千种图书资料影印出版了《故宫珍本丛刊》；为了方便阅读，又将其中不少道家珍籍和术数类秘本藏书整理成简体横排本出版。由于考虑到故宫珍藏的这些术数秘本多为初次面世及其可能产生的社会影响，该丛刊及该整理本丛书的责任编辑李升召先生来京邀我作序予以介绍。我本是研究自然科学的学者，由于对内丹学的兴趣遂接受钱学森教授的建议改行到中国社会科学院来研究道家和道教，至今不觉过去二十余年。方技术数学和丹道性命学都是新道学文化的重要支柱，对它们的研究是我学术专业范围之内的本职工作。二十多年来，我不仅在全国调查和求得南北各派秘传的丹道法诀，并且对道教占验派流行的各类方技术数都进行过演算和验证。鲁迅先生曾断言"中国根底全在道教"
(《鲁迅全集》第九卷),李约瑟博士也说过:"中国如果没有道
家思想,就会像是一棵某些深根已经烂掉了的大树。"(《中国科
学技术史》第2卷)道学文化是中国诸子百家之学的总汇和源
头。内丹学和术数学是中国传统文化中交通天人的巫史之学,
它是中国哲学和科学得以产生的文化背景。在学术研究上,不
研究内丹学和术数学,就没法真正理解和体验道教;而不懂道
教,就无法真正了解道家;不懂道家,更无法达到中国传统文
化的高境界。据我所知,道教文化的研究大致可以划分为三个
层面。其一是将道教资料从史学和文献学的角度通过考据、训
诂等方法厘清史实。其二是从哲学、宗教学、文化人类学、医学、
化学、民俗学、文学艺术诸学科对道教资料进行既分析又综合
的研究。除此之外,道教文化还有比一般学术研究难度更大的
第三个层面,也是道教核心部位的硬壳,其中包括斋醮、法术;
奇门遁甲等占验术数;外丹黄白术与内丹学。占验术数的研究
需付出超常精力并具备天文律历知识,还要激发出交通天人的
灵性,非等闲之辈所能胜任。前辈学者赵元任教授深知术数学
研究的维度,他称占验术数"说有易,说无难",是一种可研而
不可究的学问。我国自"文革"以来崇尚西方18世纪启蒙思想
家早已落伍的"科学主义",将道教文化斥为"封建迷信",将
术数学斥为"伪科学",术数学的研究一变而为"说无易,说有
难"!美国精神病学家斯坦尼斯拉夫·格罗夫教授痛斥这种"科
学主义"思潮说:"唯物主义科学家们认为,任何灵性概念的产
生都是由于知识的缺乏、迷信、痴心妄想、原始的奇怪思维、
幼稚的想象以及彻头彻尾的精神病。""如果我们观察一下西方
文明的世界观,并把它与古代和土著文化的世界观加以比较,
我们就会发现有一种深刻的差异。""经过40年对意识的研究,

我有一种强烈的感觉。即这种差异的真正原因是西方工业文明对意识的非正常状态的幼稚和无知。""科学有崇高的威望，人们所说的科学指的是唯物主义一元论主导的牛顿——笛卡儿范式的科学。这种思维方式不论从个人的角度还是集体的角度都会导致可怕的后果。这就是为什么我们必须把深刻的内心转变和对过时的科学世界观的彻底修正结合起来的原因。"(《意识革命》，中译本由社会科学文献出版社2001年出版)西方自然科学只研究物质运动，忽视人的心灵、意识等精神的层面，缺少直觉、灵感、超感官知觉等非正常状态心理学的研究，而这恰是布达佩斯俱乐部成员"意识革命"的主要内容。拉兹洛等学者认为，通过人类心灵的修炼和生命体验，将促使人类发生"意识革命"，使人类变得更宽容，更有爱心，"以让其他众生也能生活的方式来生活"，从而早日实现新的"文化转型"，避免地球生态的大劫难。由此看来，中国的道学文化，特别是其中富有天人交通灵性的丹道和术数，恰是中华文明的智慧之花，是中华民族免除生态劫难的福音。海南出版社为保存这些故宫珍藏秘本尽力，应是功德无量。

在中国社会科学出版社1995年出版的《中华道教大辞典》中，我已将"内丹学"和"符箓、法术及占验术数"列入其中。在萧克将军主编的《中华文化通志》中，我亦将内丹学和占验术数收入《道教志》，此书经过中央有关部门多次审查及国家认定（上海人民出版社1998年出版）。在社会科学文献出版社1999年1月出版的《道学通论》中，我特别撰有"中国术数学"一章，作为对术数学进行专门学术研究的著作在全国尚属首次，对术数学的评价及其学术价值在书中全部讲明，读者可以参看。《四库全书总目提要》云："术数之兴，多在秦汉以后，要其旨，不出乎阴阳五行、生克制化，实皆易之支派，傅以杂说耳。物生有象，象生有数，乘除推阐，务穷造化之源者，是为数学。星云土物，见于经典，流传妖妄，寝失其真，然不可谓古无其说，是为占候。自是以外，末流猥杂，不可殚名，《史》、《志》总概以'五行'。""中唯数学一家为易外别传，不切事而犹近理，其余则百伪一真，递相煽动。必谓古无是说，亦无是理，固儒者之迂谈；必谓今之术士能得其传，亦世俗之惑志。徒以冀福畏祸，今古同情；趋避之念一萌，方技者流各乘其隙以中之，故悠谬之谈，弥变弥夥耳。然众志所趋，虽圣人有所弗能禁。其可通者存其理，其不可通者姑存其说可也。"盖丹道与术数，呼应人类求长生和趋吉避凶的心理，在社会民众中有广泛的市场。江湖术士递相煽惑、敛财骗人，既无法禁断，不如将其提升到学术的殿堂加以研究。读者须明白，治术数学亦非容易，江湖术士百伪一真，少有能激发出灵性者，其志在敛财辈更等而下之，不可轻信。然术数学既为中华民族之传统文化，亦需珍惜。保护了中国的古代文化，也就保护了中华民族的未来。故余反复斟酌而强为之序。

中国社会科学院研究员博士生导师

胡孚琛

2002 年 9 月 11 日于中国社会科学院哲学研究所

序：术数及其与八卦和《易经》的关系

"术数"一词有两个既有联系而又略有区别的意思。

第一，"术数"指一类活动，1979年版《辞海》释作："'术'指方术，'数'是气数。即以种种方术观察自然界可注意的现象，来推测人和国家的气数和命运。……后世称术数者，一般专指各种迷信，如星占、卜筮、六壬、奇门遁甲、命相、拆字、起课、堪舆、占候等。"应当指出，1999年版《辞海》的释文在文字上稍有变动，特别是在列举各种迷信时删去了"占候"。

第二，"术数"是我国一类古籍书的"类"名。按照《四库全书》分类法，我国古籍可分为"经、史、子、集"四"部"，每部之下分若干"类"，每类之下再分若干"属"；"术数"是"子部"之下一类书的"类"名。"术数类"之下包括七"属"，其属名与其所收书的范围如下：

一、数学之属。此处的"数学"不是现在"数学物理"中的"数学"的意思，《左传·僖公十五年》："龟，象也；筮，数也。物生而后有象，象而后有滋，滋而后有数。"古代把研究"筮"时数的变化，务究造化之源的学问，叫"数学"（参见后面对"卜筮"的介绍）。讲述这种数学的书，归入本属。

二、占候之属。凡观察研究天象（泛指日月星辰土地云气）和动植物的异常变化，并以此推知国事人事等吉凶的书，均归入本属。

三、相宅相墓之属。凡研究建房（阳宅）和造墓（阴宅）的朝向地势等的选择与吉凶之间关系的书，均归入本属。

四、占卜之属。凡用龟、蓍、牌等按某种规则确定一组数，再根据这一组数确定一个卦，即所谓"随物取数，随数取卦"，然后依托《易经》判断吉凶的书,均归入本属。

五、命书相书之属。根据一个人出生的年月日时来推知其命运吉凶的书叫命书;根据一个人的形状气色来推知其命运吉凶的书叫相书。这两种书均归入本属。

六、阴阳五行之属。凡根据阴阳衰旺五行休咎的易理来预测吉凶,以使人们能早为趋避的书,如遁甲、六壬、择日、占星等,均归入本属。

七、杂技术之属。凡不便归入以上诸属,而又是讲述如何分辨贵贱吉凶之术的书,如占梦、拆字、太素脉法等,均归入本属。

由以上可看出,术数的支派旁门十分庞杂,但翻开这些书,无一不直接地说明或在叙述中体现出自己的理论基础是八卦和《易经》。这倒确实不是拉大旗作虎皮,《四库全书总目提要》曾指出:"术数之兴,多在秦汉以后,要其旨,不出乎阴阳五行、生克制化。实皆易之支派,傅以杂说耳。"而本文想提出的命题正是:术数就是八卦和《易经》在预测未来方面的一种应用。因此,为了说明此命题,必须首先大略地介绍一下八卦和易经的基本内容。

《易传·系辞下》:"古者包牺氏(即伏羲氏)之王天下也,仰则观象于天,俯则观法于地,观鸟兽之文与地之宜,近取诸身,远取诸物,于是始作八卦,以通神明之德,以类万物之情。"这里记载的就是相传伏羲氏始作八卦的事。

八卦的形式只有两个基本符号,即"阳爻—,"和"阴爻 --";将阳爻和阴爻组成三层结构,共能得到也只能得到八种形式(卦体):☰、☷、☳、☴、☵、☲、☶、☱。八卦的内容也只有两点:卦名,按以上顺序分别为"乾、坤、震、巽、坎、离、艮、兑";意义,它们分别象征"天、地、雷、风、水、火、山、泽"等自然事物和"父、母、长男、长女、中男、中女、少男、少女"等人类家庭。以上就是八卦本身的全部形式和内容。

《汉书·艺文志》："至于殷周之际，纣在上位，逆天暴物，文王以诸侯顺命而行道，天人之占可得而效，于是重易六爻，作上下篇。"这里记载的就是相传周文王创造周易六十四卦的事。所谓"重易六爻"，就是说伏羲氏创造的八卦每卦（卦体）只有三爻，重叠即为六爻；将八卦两两重叠变化，共能得到也只能得到六十四卦；前三十卦为上篇，后三十四卦为下篇。

相传，周文王不仅将八卦演变成了有先后固定顺序的六十四卦，还给每个卦命了名，并且分别为每个卦及每个卦中的每一爻都附上了一句简短的说明，即"卦辞"和"爻辞"。

例如第十五卦的卦体是"䷎"。卦名为："谦"。卦辞为："亨，君子有终。"从下至上共六爻，每一爻的爻辞分别为："初六，谦谦君子，用涉大川，吉。六二，鸣谦，贞，吉。九三，劳谦，君子有终，吉。六四，无不利，扬谦六五，不富以其邻，利用侵伐，无不利。上六，鸣谦，利用行师征邑国。"

严格意义上的《周易》或《易经》的全部形式和内容就是如上例介绍的每个卦的卦体图形、卦名、卦辞和爻辞，共六十四段，约五千字。相传后来孔子又作了十篇解释性的文章：《彖》上下、《象》上下、《文言》、《系辞》上下、《说卦》、《序卦》、《杂卦》。古代把对"经"的解释文章称作"传（读去声）"，因此这十篇文章就统称作《易传》，也叫《十翼》。按照广义的或不严格的说法，《易经》也可以包括《易传》。

在古代，《易经》被认为是群经之首，儒家经典之一，连秦始皇焚书也不焚易书，可见《易经》在我国历史上享有多么崇高的地位。

现当代对《易经》则评价不一，多把它主要当作一部讲算卦的书看待，如《辞源》"周易"条："也叫易经，我国古代有哲学思想的占卜书,是儒家的重要经典。"1979年版《辞海》的解释也与此相似,甚至在进行肯定性评价时也只是说:"在宗教迷信的外衣下,保存了古代人的某些朴素辩证法的观点。"幸喜1999年版《辞海》删去了这一句话,而代之以一段较为公允客观的叙述。

那么,《易经》究竟是一部什么书呢?或者说,古人创造八卦和《易经》究竟是出于什么动机,为了什么目的呢?前面引文中说:"……于是始作八卦,以通神明之德,以类万物之情。"这句话译成现代汉语,我以为大意应当是:于是最先创造了八卦,为的是用来表明自然界的根本规律(神明之德),并根据万事万物的特征(万物之情)对其进行分类。如果这样理解没有错的话,这实际上就明明白白地说出了古人创造八卦,当然也包括创造《易经》六十四卦的动机和目的。这个动机和目的用现代术语说,就是为了建立一个能解释宇宙世界的统一理论和模型。

产生这种动机和目的是人的本性。人与动物的区别就是人有思维,会思考问题。人类思考的问题,除了那些为了生存发展要解决的各种具体问题(首要的当然是求温饱的问题)外,还包括一些抽象的问题,如这纷繁复杂的世界到底是由什么组成的,是怎么组成的?它们过去是什么样子,未来又会是什么样子?这些问题哲学上当属宇宙观或世界观的问题。这些问题的解决就要求建立一个能解释现存世界的统一理论,然后还能用它来进一步解释这个现存世界的过去并预测其未来。如果这个理论能用图形表示,这个图形就叫作"宇宙模型"。

我认为,八卦和易经就是古人所建立的这种宇宙模型和统一理论,二者的区别仅仅在于,前者较为简略,后者较为细致。它们的要点概括起来就是:宇宙中万事万物都是由两种最基本的东西组成的;这两种东西性质相反,叫作"阴"和"阳",可以分别用符号"--"和"—"表示；这两种东西不同的结构比例或不同的结构位置就形成了宇宙中性质各异的万事万物；把这些万事万物粗一点分类，可分成八类，其模型就是三层结构的八卦形式，细一点分类，可分成六十四类，其模型就是《易经》中六层结构的六十四卦的形式。

很明显，古人的上述认识，除了最后一点三层结构和六层结构我们至今还难于理解其中的奥妙外（当然也可以附会一些含义：地球有地壳、生物圈、大气圈——天、地、人——三层结构；较稳定的原子最多只有六层电子，等等），其余的认识与现代科学对物质世界的分析是毫无矛盾的。

不仅如此，《易经》的内容至今已得到现代自然科学越来越多的说明或证明。《中国大百科全书·哲学》"象数学"（易学的一个分支）条写道："二十世纪七八十年代以来，许多中国学者运用数理科学方法对象数学重新进行研究，例如：以等差级数（算术级数）解释阳奇阴偶和天地之数；以等比级数（几何级数）解释'一分为二'的宇宙生成论；以数学排列组合解释八卦成列；以二项式系数解释太极—两仪—四象—八卦—六十四卦的'周易三角'，并发现比法国数学家B.巴斯加尔早500年的'贾宪—杨辉三角'来源于'周易三角'；以方圆九宫算术解释河图洛书；以函数关系解释太极曲线与阴阳消长变化；以二进位制数学说明邵雍的先天卦位卦序图，认为此图经得起电子计算机的测试和检验；以同余式定理解释揲蓍的方法；以概率论统计解释断占中的吉凶休咎。所有这些研究，都力图揭破笼罩在《周易》上面的神秘外衣。"

更令人称奇的是《易经》关于宇宙起源的独特的叙述，《易传·系辞上》："是故易有太极，是生两仪，两仪生四象，四象生八卦，八卦定吉凶，吉凶生大业。"这句话中的术语各家解释不同，但对这句话的总体意思的理解却是一致的：现在宇宙中的万事万物产生于一个本源——太极。三国时徐整著《三五历纪》（收入《太平御览》）的叙述更生动具体："天地浑沌如鸡子，盘古生其中。万八千岁，天地开辟，阳清为天，阴浊为地，盘古在其中。一日九变，神于天，圣于地。天日高一丈，地日厚一丈，盘古日长一丈。"至清代《幼学琼林》则更剔除了其中的神话部分，叙述也更简明："混沌初开，乾坤始奠。气之轻清上浮者为天，气之重浊下凝者为地。"

上述以易经理论为基础的我国古人对宇宙起源的描写与现代自然科学最新的研究成果是完全一致的。《中国大百科全书·天文学》"大爆炸宇宙学"条写道：大爆炸宇宙学是"现代宇宙学中最有影响的一种学说。……大爆炸的整个过程是：早期的宇宙，温度极高，在100亿度以上，物质密度也相当大，整个宇宙体系达到平衡（"混沌"阶段——引者注）。……但是因为整个体系在不断膨胀，结果温度很快下降……当温度降到几千度时，辐射减退，宇宙间主要是气态物质，气体逐渐凝聚成气云，再进一步形成各种各样的恒星体系，成为我们今天看到的宇宙。"同一书"地球"条中关于地球的起源和演化也有类似的叙述："现在流行的看法是：地球作为一个行星，远在46亿年以前起源于原始太阳星云。……并无分层结构（"混沌"阶段——引者注）……在重力作用下物质分异开始，地球外部较重的物质逐渐下沉，地球内部较轻的物质逐渐上升，一些重的元素（如液态铁）沉到地球中心，形成一个密度较大的地核（地震波的观测表明，地球外核是液态的）。"

从以上两段引文中可清楚看出，不管宇宙和地球从起源到形成目前这个状态各个阶段的演化细节如何，都经历了两个大阶段，开始是内部平衡的不分层的原始"混沌"阶段，然后是

"气之轻清上浮"和"气之重浊下凝"的分化定型阶段。

前面引用了不少古今文献，目的就是要说明，古人为了"通神明之德""类万物之情"而创作的八卦和《易经》，确实可以作为一个统一理论来解释和说明已知现存世界的现在和过去；可是古人的期望远不止此，他们甚至更希望有一个统一理论能预测未来。这就应当讨论术数了；笔者以为，术数就是八卦和《易经》在预测未来方面的一种应用。

术数预测未来，主要是预测人类活动的未来，而前面谈到的《易经》作为一个统一理论，所解释的都是自然世界，而没有涉及人类社会；因此，在讨论术数预测未来之前，还应当介绍一下《易经》在社会科学方面的应用。

应当指出，现在人们一般都把人类的知识分成自然科学和社会科学两大类，并且二者是截然分开的，之间至今没有多少实质性的联系；但在八卦和《易经》那里，我们却看不到这种区别。本文说八卦和《易经》是一个能解释世界的统一理论，"统一理论"这个词是从爱因斯坦那里借的。爱因斯坦毕生追求的就是不断提高他的理论的"统一"程度，因为他相信世界应当是统一的，"上帝讨厌麻烦"。不过，他理想中的"统一理论"也仅仅是针对物质世界的，并不涉及人类社会。然而，八卦和易经作为一个统一理论，却不但企图解释自然世界（如前所述），同时还企图解释人类社会，指导人们为人处世，修身齐家治国平天下。

例如，前面所引《易经》第十五卦谦卦，从卦体和卦象上看，艮卦在下，坤卦在上；艮对应山，坤对应地，因此，此卦象征山处在地之下，是一个屈己自谦的形象，所以卦名为"谦"。卦辞是："亨，君子有终。"其大意当是：谦虚就能亨通，只有君子才能始终彻底做到，最终成功。其最下爻（初六）的爻辞是："初六，谦谦君子，用涉大川，吉。"此爻辞大意当是：第一爻是阴爻（初表示最下爻，即第一爻；六表示阴，九表示阳），君子谦而又谦，用这种态度来过大河，克服因难，总是吉利的，能成功。中间四爻的爻辞也很有意思，限于篇幅，恕不释。其最上爻（上六）的爻辞是："上六，鸣谦，利用行师征邑国。"此爻辞大意当是：第六爻是阴爻（上表示最上爻，即第六爻），谦虚到了顶，名声在外，利于用兵征伐邻国。可以说，易经每一卦中都包含这些修齐治平的道理，此文不多说了。

术数依托易经、易理、易义预测未来，应用范围十分广泛，大到一个国家的兴衰，一场战争的胜负，小到一个人的命运好坏，甚至某人某天出门办事是否适宜等，术数均予考虑。正因为如此，就形成了如前所述的众多的术数支派旁门。为了对术数是怎样预测未来的有一个总的粗略的了解，以下介绍其中一种最古老、最基本的方法——占卜。

古时占卜有两种方式，用龟甲或兽骨叫"卜"，用蓍草叫"筮"，合称"卜筮"。"卜"的具体操作程序已不大清楚了，大概是先在龟甲（多用腹甲）或兽骨（多用牛羊肩胛骨）上钻、凿，再用火灼，然后根据爆裂纹理来确定吉凶。《说文解字》认为"卜"字"象灸龟之形"，其实更进一步，"卜"字的读音恐怕也"象灸龟"爆裂之声。

"筮"的具体操作程序现在还比较清楚：备50根蓍草；先取出一根不用，象征太极；将剩下的49根任意分成两束，一束置于上，一束置于下，象征天地两分；任意从上束或下束中取一根置于中间，象征人立于天地之间。以下的操作程序说起来较烦琐，此文不必详述，其大致过程是，将上中下三束蓍草按固定的四个步骤取分置放，称为一变；三变之后上下两束蓍草之和将为某一个数字，根据这个数字即可确定一爻的阴阳；如此共经过十八变，即可从下至上确定六爻的阴阳；于是也就得到了一个完整的卦体。最后再根据《易经》上的卦名、卦辞、爻辞来判断欲预测的人或事的吉凶。"术数"中所说的"数学"主要就是研究以上过程中数字的变化及其意义。

先人之所以用龟和著来占卜，是因为他们相信龟和著是神物，能通神，有灵气；因此在先人看来，卜筮所取得的卦，并不是随机的，而是神的指点。当然，后人改用铜钱、牙牌、棋子等物来占卜，即所谓随物取数，随数取卦，那层通神的含义恐怕就没剩下多少了。

以现代科学的眼光来看，占卜的整个过程实质上可看作两个连续分类的过程：首先将欲预测的具有千差万别的人或事根据某种规则归入六十四类中的某一类，即取得某一卦的卦体；然后再进一步根据易理分成两类，"吉"或"凶"。从思辨逻辑上看，这倒是无可挑剔的。不过必须强调，不管取得卦体的程序多么神秘复杂，其实无非就是从《易经》六十四个卦中任取一个；这个过程本质上就像抽签一样，应当完全是一个随机的过程。这种随机过程的结果，我们今天恐怕只能承认它仅有统计学方面的意义，而很难说它具有别的什么决定论方面的因果关系。对于用其他术数方式来预测未来，大致也可取这种基本态度。

十分有趣的是，占卜等各种术数活动从古到今绵延不断，而对其反对之声也一直绵延不断。韩非子写过一篇文章《饰邪》，其中举了不少史实证明占卜占星等皆不可信，然后他总结写道："龟策（策指著草——引者注）鬼神不足举胜，左右背乡（指星辰在天空的位置，乡同向——引者注）不足以专战。然而恃之，愚莫大焉。"王充在《论衡·卜筮》中更写道："周武王伐纣，卜筮之逆，占曰大凶，太公推著蹈龟而曰：枯骨死草，何知而凶？"

应当特别指出一点，我国古籍中类似上述反对或非难占卜等各种术数活动的记载很多，但似乎全都是批判"枯骨死草"

的，至少我至今没发现一处是批判《易经》本身的。确实，用今天的话说，我国历来都是把《易经》和《易经》的应用分别看待的。如《四库全书》的处理：凡解说《易经》本身的书入经部易类，居经部之首，亦全书之首；凡用易理教人修齐治平的书入子部儒家类，为子部之首；凡用易理推知吉凶的书入子部术数类。荀子在《大略篇》中更说"善为易者不占"，意思当是精通《易经》的人是不用来占卜算卦的。

既然数千年来我国一直有这么多大学者都态度坚决地反对占卜等各种术数活动，那么，为什么它们数千年来又能一直绵延不断呢？我想，至少有三个基本原因。

第一，术数并非全都是迷信的，反科学的，其中肯定有不少科学性的精华还等待我们去发掘。例如，相宅相墓看风水的堪舆家，他们的经验在保证人们居住的健康安全方面就是有很多科学道理的；至于在利用墓穴保存人的尸体方面取得的成就甚至我们今天也无法解释，难于做到，如长沙马王堆出土的基本保存完好的两千年前的女尸就是最有力的物证。

第二，有些批判文章，用今天的眼光来看，其论述未必是无懈可击的。例如，宋代费衮在其《梁溪漫志》中有一篇证明算八字不可信的文章。他首先按算八字的方法计算，一天只有12个时辰，一年只有4320种命运，再分男女，一个甲子60年也不过51.84万种命运，然后他驳斥道："今一郡户口不下数百万，则同年同月同日同时多矣，又何贵贱贫富之不同哉？"从证伪的角度来看，上述驳斥理由并不很严格、充分，因为要用统计学原理证明算八字不可信，应当统计符合算八字结果的人所占的百分比，若接近50％，那么统计结果就不支持算八字的方法。其道理很简单，根据统计学概率论的基本原理，要判断一个人命运的好坏，多次掷硬币的正确率也必然是50％左右。

　　第三，大概也是最重要的原因，就是科学的未来学（也叫预测学）太不发达。人们希望能预知未来，这个愿望和要求是绝对合理的，也是很有必要的。令人十分遗憾甚至难堪的是，现在已发展到了信息时代、知识时代，但人类在预测未来方面的能力却非常有限。例如，现在人们对日食、月食的发生，彗星的出没等天体的运行规律能很精确地计算预测；对风雨冷热等天气变化也能基本准确预知；可是对地震、洪水等自然灾害的发生就没有多大把握进行预报了。至于对人类社会未来的预测（长期的或短期的，群体的或个体的），则基本上是空白。当然人们也一直在努力，半个世纪前更创立了未来学从事这个领域的研究，但是真正可供实用的可靠的研究成果还不多。

　　这里我们想特别强调马克思主义的一个观点：唯心主义是利用人类知识的空白点而存在的。确实，如果科学真能满足人们某一领域的需要，那么骗人的迷信在这一领域也就难于立足了。如现在人们想知道未来的天气怎样，肯定会去问气象台，而不会去找占家了；因为现在气象台的天气预报基本上是准确可靠的。

　　虽然各种术数活动数千年来绵延不断，但历史地看，其影响力与活动范围都在逐渐缩小。我国发现的最古老的成系统的文字甲骨文，几乎全部都是占卜的记载，因此，甲骨文也叫“卜辞”。春秋战国时期，每个国家都有专门掌管占卜的官员，他们的政治地位和学术地位都是很高的；这种官制后来逐渐消亡，未考是何时完全废止的。历史上很多大术数家，如先秦鬼谷子、邹衍，三国诸葛武侯，晋郭璞、葛洪，宋陈抟、邵雍（康节）、司马光，明刘基（伯温）、黄道周等，他们同时也是大学问家，都是治中国思想文化史时不能不提到的人物。民间的各种术数活动至少在半个多世纪前都还是正当合法的职业；当然今天从事这种职业的人也仍然还有，但都不是合法的职业了。

关于术数与八卦的关系，最后还有一点应稍加说明，即它们的产生时间孰先孰后的问题。这个问题无非有三个答案：八卦在先；术数（占卜）在先；二者难分先后，是互相促进共同发展的。根据古代文献，"人更三圣（分别指伏羲氏、周文王和孔子），世历三古（分别指上古、中古、下古）"(《汉书·艺文志》)，没有比伏羲氏始作八卦更古老的传说了。然而，出土的甲骨文却不能支持这一传说，当然也不足以否定这一传说；相反，甲骨文似乎更有利于证明"占卜在先"。看来，究竟何者在先，只能靠今后进一步的考古发掘和科学研究了。不过，不管何者在先，都与本文"术数是八卦和《易经》在预测未来方面的一种应用"的说法不矛盾。

本文是一篇命题作文，题目是李升召先生提出的，他是故宫术数整理本丛书的责任编辑，希望我能为该丛书写一篇总序，谈谈"八卦和《易经》与术数之间的关系以及它们在我国传统文化中的地位"。我不知天高地厚，欣然领命。于是闭门半月，搜索枯肠，总算勉强为它们之间的"关系"提出了一个看法，并做了一些解释和说明；但一看字数，已近一万，远不是一篇序的通常篇幅了，即请示李先生，获得同意，这篇序就不评价它们在我国传统文化中的地位了。

其实，这篇序在"关系"处打住而不评价它们的"地位"，就笔者而言，篇幅大了只是次要原因，更主要的原因是八卦和《易经》对我国传统文化的影响实在太广泛深远了，就像人体的血液，渗透了每一个细胞，就像人体的基因，代代相传。平常聊聊天，似乎还觉得能应付自如，真要提笔立论为文，就深感学力处处不支了。仅仅是那么博大精深的思想认识，竟会产生于三四千年前的殷商时代，就简直令人不敢相信，难于理解；然而，经受了几千年实践检验的经络学说的实例又使我们绝对不敢低估古人具有超乎我们想象的高超智慧；我们至今仍没找到令人信服的解剖学证据，二三千年前的古人怎么能那么清楚地知道人体经络的分布呢？每当想到类似的事实，再看到记载古人微言大义深邃思想的古文献，就不禁油然而生出一种对古人的莫名的敬畏心情，使人不敢轻言为八卦和《易经》以及术数在我国传统文化中的地位立论。非不为也，是不能也。这个题目只能留待笔者今后努力了，当然更希望能早日看到大家的高论。

易潇

2001 年 11 月 28 日于长沙

2003 年 5 月修订

2006 年 12 月订正

附注：海南出版社即将出版《日讲易经解义》，亦委托笔者写了一篇序——《〈周易〉是什么书》，其中谈到了《周易》在我国传统文化中的地位问题，有兴趣的读者可参阅。

易潇

2010 年 10 月

陰陽五要奇書

乾隆庚戌年重刊

一集 郭氏元經　　　　　晉郭璞先生著

二集 璇璣經　　　　　　晉趙載先生著

三集 陽明按索　　　　　明陳復心老人著

四集 佐元直指　　　　　明劉伯溫先生著

五集 三白寶海　　　　　元幕講禪師著

附 八宅明鏡
附 救貧竈卦

板藏姑蘇胥門外樂真堂

丛书集要序

【原文】夫戴九履一，洛书因以著数；征事向福，箕子藉以演畴。人则天地之心，事乃五行之本，故敬用五事，即所以验用庶征向用五福。举凡休征咎征，曷不本于貌言视听思而类应者哉！汉世近古，犹明斯意。董仲舒、匡衡、京房、刘向之徒，颇能推本貌，言明征庶应，而畴义不晦。逮德下衰，人罔克拊、姹五行，致反听命于五行，由是郭氏《青囊》《元经》始作。延及唐宋，杨曾吴廖遂操齐民祸福，绾坟宅吉凶。而赵氏《璇玑经》，陈氏《按索图》，刘氏《佐玄经》，释氏《宝海钩玄》诸篇，皆抉五行渊微，藏之名山秘籍。江山人孟隆，乃抽其扃，发其覆以为是，皆原本《洛书》《洪范》，足探五石之奇，而前民生之用。铨部汪公和丘，亦颇采其说。余族季常甫衰而辑之，以付梓人。夫阴阳方术家说铃聚讼，既汗牛充栋，且各祖其师说，互相纷拿，课其响验，茫然捕风。若江山人所云，五集原本洛书，专重吊替，验如箸应，因衰刻作克择家指南，庶召吉有方，避凶有法，不至如曩者。贸贸河汉，其宅心抑何仁而溥也，倘亦有函人之意乎？虽然惠迪从逆，苦凶不爽，吾儒自有律令，释此而拘泥阴阳，将为造化所愚弄。故同一甲子，武纣废兴；不利往亡，中山卒克，讵非人事衡持之验与？！即景纯、伯温非不哲，炳蓍龟前知灾咎。然景纯卒，授命于日中，伯温竟甘心于胡酞，诚知彼莫非命而顺受其正耳，山人其以余为儒家之迂僻乎！若天氓之蚩蚩，吉凶同患，则山人一片苦心兹刻又乌可已也。辄缀数语，为志简端。

崇祯五年秋七月史氏吴孔嘉书于来云轩

尚書集要序

夫戴九履一，洛書者困以著數徵事
鄉餉福䲭子謙以復疇人則天地之
心事適五行之本故敬用五事即
而以驗用庶徵鄉用五福舉凡徒

徵恒德畀不本于貌言視聽思而
類應者武陳世近言福明協義聖
仲衍達術京房劉向之徒頗緇擇
辛躬言明徵庶應為曙義不晦達
德下衰人回充博皖五行彊五應

令 于 五 行 器 是 郡 氏 青 囊 元 经 始

作 运 五 香 示 杨 图 吴 彦 逢 释 游 氏

禍 福 棺 墳 宅 吾 函 而 赵 氏 璇 璣 缓

陳 氏 按 宴 圖 劉 氏 經 之 經 釋 氏 窗 寶

海 鞠 宝 福 高 拱 五 行 调 微 藏 之

亭 入

名 山 秘 笈 江 山 人 盛 隆 乃 神 其 焉

卷 其 瓊 以 爲 是 诺 存 本 诱 書 法 範

呂 探 五 石 之 奇 而 氏 坠 之 用 鎰 季

部 诳 公 和 正 山 顺 宗 其 说 金 碌 陰 陽

本面书影整理文字见上册第 3 面。

本面书影整理文字见上册第 3 面。

本面书影整理文字见上册第 3 面。

元經卷之一

晉　郭璞景純　著
門人趙載　注

明後學江之博孟隆文　輯
注元標承景文　校
吳公逵季幣父　閱
古吳顧樹庭吾廬重辛

五行音要篇第一
五行生成數

金成生數七
　土成生數
　　木成生數八三十五九間

火成數七
水成生數六

一曰水
水者北方之正氣也　生數一　成數六　一見陽數六定陰
數一陰一陽乃成道也水本陰何以謂之陽大本陽何
以謂之陰如冬至陰極則陽短日長令為陽遁故物極必反大壁則陰
陽盛陰衰夜短日長令為陽遁夏至陽極則陰遁夏至
冬至陰極則復衰而一陰漸生故為陰遁天地施復暑往寒來以定
二冬夏二至蓋本於此

二曰火
火者南方之正氣也生數二成數七二為陰數七為陽遁

【注解】戴九履一:洛书以九布离,离为天、为首。以一布坎,坎为地、为足。首即戴,足有履,故云"戴九履一"。

箕子:商纣叔父,封国于箕,故名。纣暴虐,箕子谏不听,乃披发佯狂为奴,为纣所囚;周武王灭商后释。《尚书》有《洪范》,相传即箕子为武王而作。又传演布九畴之法,亦箕子所作。

敬用五事:"语出《洪范》,五事者,一曰貌、二曰言、三曰视、四曰听、五曰思。貌曰恭、言曰从、视曰明、听曰聪、思曰睿。"故本序云:"曷不本于貌言视听思而类应者哉!"

五福:"语出《洪范》。五福者,一曰寿、二曰富、三曰康宁、四曰攸好德、五曰考终命。"

董仲舒(前179—前104):推崇孔子,抑黜百家,亦深谙阴阳五行,有《春秋繁露》传世。

京房(前77—前37):本姓李,字君明,东郡顿丘(今河南清丰)人,善说异灾,学《易》于焦延寿,官至太守。后因劾奏石显等专权,出为太守;不久,下狱死。传有《京氏易传》,其师焦延寿亦传有《焦氏易林》。

刘向(约前77—前6年):原名更生,字子政,高祖弟楚元王刘交五世孙。元帝时,因反对宦官石显被捕下狱,成帝时更名向,任光禄大夫,精通阴阳五行,写有《洪范五行传》等书。

青囊:相传西汉时黄石公著《青囊经》,也有人认为是郭璞著,明徐试可题杨救贫著;另曾求己有《青囊序》,杨筠松有《青囊奥语》。

扃:音炯,阴平,自外关闭门户的门栓。这里指抽开阴阳五行之门栓,打开阴阳五行之大门。

五石:道家炼五石以服食,谓可延寿。《抱朴子·金丹》云:"五石者,丹砂、雄黄、白矾、曾青、慈石。"这里以五石喻五行。

同一甲子,武纣废兴:语出《魏书·太祖本纪》,皇始二年九月，贺麟出寇新市，甲子晦，帝进军讨之。太史令晁崇奏曰："昔纣以甲子亡，兵家忌之。"帝曰："纣以甲子亡，周武不以甲子胜乎？"崇无以对。冬十月，帝进军新市，贺麟退阻泒水，依渐泇泽以自固。甲戌，帝临其营，战于义台坞，大破之，斩首九千余级。贺麟单马走西山，遂奔邺，慕容德杀之。

不利往亡，中山卒克：往亡是选择中的一个凶煞，正月在寅、二月在巳、三月在申、四月在亥、五月在卯、六月在午、七月在酉、八月在子、九月在辰、十月在未、十一月在戌、十二月在丑。其意为往而不返，故选择家以此日不利出兵。昔宋帝欲出兵伐中山，时逢往亡，军史以为不可。帝曰："我往则彼亡。"果克之。

景纯卒，授命于日中：相传东晋时，王敦起兵叛乱，请郭璞占算吉凶，郭璞言必败，王敦恼羞成怒。问郭璞知道自己死于何时？郭璞云："当日日中。"果王敦于该日正午，将郭璞杀害。

《阴阳五要奇书》所包括的前五种古籍原皆为单行本，明崇祯初期由江孟隆集且立名，其书内容均以阴阳选择为要，下面有原书两篇文章的篇名《选择丛书集要凡例八则》和《〈郭氏阴阳元经〉序》可以为证。清乾隆年间重梓时，由编者加入《八宅明镜》，故为附本，且其义以阳宅风水为主，立意显然与阴阳选择不同。

选择之术，春秋战国时即有，据载，当时吴国的伍子胥，越国的范蠡等均擅长以干支日辰择吉。到了汉代，择吉术则发展到二十余家。有堪舆、建除、丛辰、天人、太一、奇门、七政、六壬、孤虚、禽星等。据《史记·日者列传》载，汉武帝时，有一次召集长安著名的择日家，问某日可否娶妇。五行家说可，堪舆家说不可，建除家说不吉，丛辰家说大凶，历家说小凶，天人家说不吉，太一家则说大吉。各执一理，争执不下。最后还是汉武帝决定以五行为主，方才一锤定音。后来择吉愈发展愈滥，邪说愈演愈烈，到了清初，乾隆皇帝不得不动用四十七位大臣，将通书之谬

——改正，编纂了《钦定协纪辨方书》，才使邪说有所收敛。

选择之说，诸多风水家不以为然，有的竟深恶痛绝，毫不留情称之为"谬"。元耶律楚材在《金弹子》中说："神煞不由吊与替，未来凶吉立相见。"蒋大鸿在《天元五歌》中说："诸家选择最纷纭，拘忌多端误杀人。此家言吉彼言凶，对尽诸家各不同。五载三年精一日，万般福曜总成空。古来天子七月葬，士庶逾月礼不旷。年月何时有废兴，日时只论孤虚旺。春秋葬日满经书，但辨刚柔内外宜。""诸家选择尽荒唐，斗首元辰失主张。奇遁演禽皆倒乱，不经神授莫猜详。"黄时鸣云："三百八十家通书，皆伪造也。"今择最精彩二篇摘而录之，以明选择之误。

明《人子须知·论通书诸神煞之谬》

选择近世以来，流为异术，诡撰神煞之名，务于惊骇，名曰《通书》，蔓延海内，家喻户晓。虽有台历颁行，莫之能正。君子仓卒用之，亦莫能辨。间有知其妄者，不敢独异，亦各随俗，是故愈久而愈失其真，流毒千载，何有止极。兹敢陈其最妄诞者数条，以为明理君子拔茹药病之张本，俟知崇正学者，更详考之。

通书神煞，皆祖于《郭氏元经》。杨公云"景纯虽无年月"，则知《元经》亦非郭氏书。《通书》诸神煞，又多出于《元经》之外，各家杜撰，巧立异名，使人畏恐。如云李广箭，则广汉武时人。丘公杀，丘公唐人。杨公忌，杨公南唐时人，是唐汉之前无其杀也。如所谓阎王催尸之杀、催尸上马之杀、血光打足之杀、披头跌仆之杀、风波白浪之杀，类皆诳世。甘世彦云："近世《通书》更易，不可尽信。观其论雌雄、殓鬼殃杀等说，或出某方杀人，或出某方杀畜，或又某日回丧家再复杀人、杀畜。此因一人死后而杀数人，数人死后辗转杀人之多，不几于绝灭乎！其不足信也明矣。又观所著启攒五音祖墓，乃道神杀，谓正月犯辛杀八人，六月犯癸杀七人，九月犯庚杀七人，如此惑世诬民，见闻之际，莫不惊骇。屡试不准，不足畏信。”

　　论年转诸神杀，考之《通书》，有百二十之多，以岁干起者，曰山家困龙、巡山大耗、山家官符、天禁朱雀、坐山官符、穿山罗睺、值山血刃、金血刃、升玄燥火、羊刃杀、都天、太岁、朱雀杀。以岁支起者，坐山罗睺、山家血刃、山家刀砧、皇天炙退、支神退方、千斤血刃、白虎杀、阴中太岁、马前六害、翎毛禁向、旁杀、的杀、鬼道、兵道、死道、血道、地道、火道、天太岁、地太岁、兵符、死符、将军、土皇、伏兵、狼藉、游年五鬼、暴败、大祸、铁扫帚、天蚕、力士、游魂、黄幡、豹尾、丧门、吊客、天禁、岁刑、岁厌、牛皇、七杀、蚕官、蚕室、蚕命、皇帝八座、帝车、帝辂、地轴、地舍、飞廉、怨杀、仇杀、禁杀、哭杀、碎金、三杀、年禁杀、宅长杀、宅母杀、长男杀、中男杀、小口杀、妇人杀、天命杀、暗刀杀、净栏杀、天官符、地官符、田土官符、畜官符、通天大杀、皇天大杀、九良星杀等，或以长生沐浴取，或以建破危成取，或以三合四正取，或以对宫取，或逆或顺，或以五虎元遁取，或以五鼠元遁取。其间吉凶不一。如临官，金精取为旺气，《通书》乃为官符；沐浴，六壬以为生运，金精又谓败气。成位既为阴中官符，飞廉大杀，白虎独火之凶，又为天喜、生气、进禄之吉。大概如此，诚何足拘泥哉！

　　论山家诸神杀，首称墓龙变运为最凶，唐一行所谓“不得克山家运气”，为大忌。《通书》以为墓龙变运，不可轻犯半字。注云：“年克山家杀宅长，月克山家宅母亡，日克山家杀新妇，时克山家小儿当。”峨山谓见屡有犯之而不验者。太和周东楼氏云：“墓运之说，如水土山墓在辰，纳音属木，忌金纳音年月日时之类。然如水生在申，旺于子，今独不思墓运既不可克，而生运、旺运乃可克乎！既有墓运，又何得无生旺运乎？夫旺焉而克，或谓如子平推命法，身旺要煞，勿使身旺无依，犹可言也。若乃生运，则如始达之泉，于此乎克，岂不遗散无气，尚何抵于终穷而有墓哉？逆而推之，则胎养二运且未有生之日；顺而推之，则冠带、临官二运亦未及旺之时，未生未旺又何之先受克乎？其论如此，意谓墓运不足信。然其言似正，实则未然。盖墓运之说，出自商氏《归藏》气候孤虚之易。以《归藏》为义，故止论墓运。且墓者，归止之所，居而不移，是其根本之地，可长可久，非若旺、官，只能烜耀于一时，且安有长旺长官之理。惟墓地五行，至此始见真性。《易》所谓'原始要终'，其此谓也。但岁克墓凶之谬，固为伤山之元气，然亦必以天符为主。若年月山家得天符之旺，岁音虽伤，何能为害？苟天符弗旺，墓虽克岁，安能为福？此意肯綮耳。"

《通书》所载行年身运，其例不一。杨公云："天机妙诀值千金，不论行年与姓音，但看山头并命位，五行生旺好追寻。"故选择之法，当以本命而论禄马贵人，山头而取五行生旺，此正理也，何况此等本根之身运哉！

以上诸《通书》之谬，有一人之言而自相矛盾者，如窍马之类；有数家而各相抵牾，如丙丁为独火又为三奇者，不能悉具，姑撮其概如此，泰和周氏所著《阴阳定论》，亦颇详明，学者自当有悟。

魏青江《阳宅大成·选时》

其中载有"通书摘谬，山向刊误，斗首虚假，凶日真伪，建除抉弊，婚期辨谬，选期驳伪，葬期辟邪"诸节，均言神杀之谬，今仅摘要二节，以辨选时择吉之谬。

一、选时辨误

传云："古者国家将有事乎，戎祀必先择时日以定其期。"此明明教人选天时以趋吉，非所以定吉凶，决胜负者。后世刚愎自用，谓此择日定期是用备物于有司，习仪于礼寺。番是则《时宪》不应，载某日宜出行，某日不宜出行；某日宜祭祀，某日不宜祭祀矣。古人不曰定期而必曰择日者何？若谓吉凶由人，不关

时日,是古圣人著龟稽疑,亦殊多事矣。至谓阴阳家多拘忌偏造
《通书》,妄生穿凿,斯言诚然。如通天窍,甲庚丙壬向定以某日
吉,而走马六壬又以为凶,均出一杨也,自相矛盾也。又如嫁娶
人老等项,煞曜繁杂,或将极恶日称为大利,或将大利日反为极
恶,纷纷集议,去取无从。唐太宗以阴阳诸书混杂,讹伪颇多,命
吕才刊定,而才序中所云,"辰日不可哭泣,将莞尔而对吊客乎?
同属忌于临圹,遂吉服不送其亲乎?"斯二语诚是。但吕才所引
《春秋》九月丁巳葬定公,雨,不克葬,戊午日乃克葬,是不择日
也。郑葬简公,司墓之室当路,毁之则朝而窆,不毁则日中而窆,
子产不毁,是不择时也。

　　按:既曰丁巳,不已择丁巳之吉日乎,因雨愆期,欲葬不能,
候雨息而出殡,亦万不得已之事,此机也,非经也。究之丁巳、戊
午皆吉日也。周九月,夏时之七月,月德在壬,月德合在丁,丁
巳日与申月化合,固大吉之日。而月令天德在癸,自癸至戊为六
合,以戊为天德合,戊坐旺午,太阳躔度亦在午,次日戊午不亦吉
日乎!戊以己未时为贵人,以庚申时为驿马,合禄、食禄,下昃
更大吉之时,岂是不利于葬而漫然葬之者乎。既曰朝、曰中,安
知非吉时。若不择时,当亦不必订朝与日中,当云不拘时候。既
不曰晌、曰脯,而择定日中,又安不知毁者之非就其中也。孔圣
笔削,褒贬最严,设当丁巳日冒雨行柩,不但执绋会葬之人难以
奔走,而灵车雨淋,情何以堪!是速于葬而蹈不孝之罪矣。惟其
候霁举行理之当然,孔子所以笔之。子产博物君子,岂不知朝与
日中,既未毁室,应就朝以归窆,何故迟延日中,必日中胜于朝
时也。而谓子产不毁,是不择时,亦诬耳。吕才何不引唐虞三代
之葬期而乃举春秋偶然之事,欲为天下万世定常然之经,岂理也
哉!吕才云:今以妖巫妄言,遂于躃踊之际,选时以希富贵。

　　按:希富贵于躃踊之际,则诚不可,如诸选择伪书,假神捏

鬼,谎人吓人,或已有地而托言山向不利,或山向无碍而矫语年命有忌。试看《时宪》书,每月许多安葬吉日,岂无一合山向年命者,而乃托时空于年空,指日厌为年厌。诸如此类,使人久旷尸枢,此诚大犯律条者。日时原不必过于拘泥,而亦不可不精为选择,《礼》曰"外事以刚日,内事以柔日",圣王使民信时日,敬鬼神畏法令也,吕氏亦将指为是不择日乎?……大凡择日,但要合日月五星之天文,不必拘妖魔鬼怪之假煞;谨遵七政经纬躔度,照临山向、命主,始可凭准。选择家不知宗此,多传会伪书,自误误人,盖由讹传遗害,岂不痛惜哉!

二、选择刊误

庸术择期,但据伪书,逐月板定吉日,概而用之,曰此《通书》所收吉日。不犯凶神恶杀,竟致人之年命不问,置脉山之五行不讲,置天道之气运不论,置造化之裁成不用,公然为人造葬,何怪乎侥福鲜而贾祸多也!若夫太阳之照临主度,五星主登垣入殿,贵禄之到山到方,岁君之用神扶命,最为吃紧,皆弃之而不顾,惟奉邪术伪说,颠倒五行,反背生克,舍有据之至理,宗无根之神杀,反曰"我独得秘传也"。见有高明驳其谬,而正其非,辄串同流起而攻之,出其伪书犹示于众,曰我据前人之遗著者也。门外汉何知!吠影吠声,乱雅夺失,莫可救矣。查今显贵人八字日主,犯《通书》大败者有之,若大败果不可用,何庚辰、辛巳等日,古日又收于天恩上吉中乎?总要日之干支与人命主相生合,即大败之日用之亦必为福日。古造命以太阳为主,五星为佐,如金水辅日,诸星还官为上吉。得太阳到脉,由方向之日,干支与人之命主、日主、命宫相合,又得贵禄诸吉到山向方位,发福最速。纵有都天、阴符之杀暴,太岁、将军之威猛,惟有拱手奉承而已。所忌者本气同宫,罗计同度,则疮日无光,太阳亦不能作主,安能降福于人。其次太阴将望既望之日,择夜时以收照临之光,则发福不浅。……但亦不可不讲生克之理！

沈六圃《地学》中有"选择说"一节，甚有理，亦摘于下：

或问选择如何？予应之曰：斯事也，吾尝考之经史矣，即如葬在礼，则始死之年即葬之年，是古人不择年也。天子七月、诸侯五月、大夫三月、士逾月，是古人不择月也。至于日也，礼有涓吉，然与今说不同，何以明之？诗曰："吉日维戊，既伯既祷。"今历书反曰六戊不烧香。又曰"吉日庚午，既差我马"。今历书反曰犯马本身。是古人之所取，今人之所忌，则历书之不足信亦明矣。"外事用刚，内事用柔"。葬亦内事，故春秋诸葬日皆用乙丁己辛癸，惟宋共公有异，盖雨变也。凡日先择而后卜，祭先近日，葬先远日，稍择逢主合旺之支干，而决于蓍龟，圣人之制，止于如此，夫岂草草者。盖祸福天之所司，人之所能为者如是而已。若夫时，古人弗论也，观于毁则朝时而窆，不毁则晡时而窆；己丑雨不克葬，庚寅日中而葬；丁巳雨不克葬，戊午下昃而葬，古人何尝有时刻之拘者。论运祚之修短，后人何能及古人；若吉凶之转变，又何能相保。固知今人择日之术，皆好事者为之，非有所本也。且夫古人例葬背阴面南，不过丙午丁之方，无多端也，始死即葬，何利道之有？其他群忌苟禁，尤不足道也。文武之葬也，周公卜之；伯渔之葬也，孔子卜之。觑形物色，古人不废。至年月吉蠲，则准礼而已。后世惑于阴阳百家之言，至停其亲数十年，子孙众多，各怀私争，惟不葬其亲，哀哉！今问选日之事，若阴阳、丛辰、五行、建除、金符、罗天、都天、雷霆、帝星、金精、鳌极、五运、六气、太乙、六壬、奇门、运白、大小十余家年月，吾尝详观之，率者皆小人鄙夫私心穿凿，无一成文而有理者。迩来盛行斗首年月，虽云有验，理甚不长。惟造命一家，见于宋元章奏，于理正，于心安，其法去子平不远。但欲合山命、亡命，较合生命为难。夫轮宫一百二十位神煞，莫尊于太岁；泊宫六十位神煞，统帅于驿马、禄命、贵人。以化命取之，复以岁运合之八卦财官，课以山家四柱财官，课以主命，理亦甚细而有条，其与诸家杂说天壤矣。书已略备，酌酢在人，吾葬三代六棺，皆用造命，其他弗视也。无如世人之惑，上不考经，中不阅史，惟据俗巫，横推直看，反复数周堂，此是彼非，更相倾轧，五百年更无全美之日。自吾观之，彼所谓全美之日，正全败之日也，此固不足争也。贤者考礼，明者据造命，俗人用诸家，亦各从所好而已矣。

另《钦定协纪辨方书》《选择求真》等书中，均设"辨伪"一卷，皆辨杜撰之神煞，可供大家参考。

读完上论，以诸神煞择吉造葬之谬已知。但总观选择诸书，造命之法以补龙、扶山、相主为体，以五行生克制化，生旺死绝为用，与理相合；七政四余以太阳、太阴及金木水火土五星躔照命主、日主、命宫主为法，以补原局中五气之不足，亦与理合。还有《奇门遁甲》《大六壬》等，均属借用，余法皆很难与理相合。就以本丛书所收诸本来论，有据者少，无根者多；真知者少，伪见者多；与理相合者少，与理相悖者多。如果参考研究，可为一本。但若以此为法，则惑世诬民，误己误人，罪莫大焉！

选择丛书集要凡例八则

【原文】阴阳家刊行诸书，从少秘传，类多习闻习见，塗人耳目，安能造福。即有寸珍，不胜什袭，以故知之者鲜，业此者罕窥其奥。兹选专重九宫吊替，原本河洛。经云"吊宫为星煞之马"，知吊替则召吉有方，避凶有法，涓选始有着落，而祸福灼然不爽。

——是集首郭，尊鼻祖也。次赵，重嫡派也。次刘、次陈，衍正传也。宛聚先哲于一堂而心相印可者，目能之五石之奇，赏以前生民之用。

——迩来克择家聚讼纷行，几成玄则揖血，而克择之理命不明于世，一坏于术家，再坏于儒家，何也？术家或据成书，或守师说，罔测三易之奥，先失之暗，即或见解参道，又以市术，故往往迁就其词以应酬世人，中祸而卯不。儒者心领其弊，多于读书之暇，假圣贤耳目，搜天地灵奇，但性涉迂易，欺以玄邈之论，见近僻易，起以执拘之偏，总之不得头颅，罔有归着。丘平甫《选择歌》云："方方位位煞星临，避得山通向又侵。只有山家自旺处，天机妙诀好留心。"味丘歌而参五刻于诹择，思过半矣。

——景纯《葬书》"葬乘生气"四字，括尽千经万卷，脍炙人口。予于选择亦曰"选乘生气"，抉尽选择之秘。杨公不云乎"五行生旺好追寻"，丘公不云乎"只有山家自旺处"。然生旺具载五刻，熟玩自然得法，可谓绣罗鸳掌，明度金针矣，同志勖焉。

——五集选成一家之书，《元经》锁也，《按索》钥也，有锁不可无钥。若赵若刘，总以抽扃而畅其旨，而予辈又以寿梨而广其传，原有一段声应气求之妙，敢曰改天命而尊神功乎！知我罪我予何辞。

——《宝海》，三元白星也，源于夏易《连山》，今宪书所载年图月图，只取选择避忌耳。此兼论宅论山，可通八宅周书之变，能补《元经》《按索》之微，合之始称全璧，因并附此，以俟赏鉴家采焉。

——《佐玄》图解，铨部汪公刊行，通都有年矣。予友胡君，实从吴光禄公宦游白门，又刻《宗镜》一书，尽泄枕中之秘，兹合五种而付剞劂，真和盘托出矣，有识者鉴之。

——五集从无刻本，好事家递相传录，不无鱼鲁亥豕之讹。兹费苦心雠校，取辞达意，予非敢妄增减也。

蚋城又玄仙客江孟隆识

乾隆庚戌年鐫

郭氏元經

翠筠山房板

乾隆庚戌年重刊

陰陽五要奇書

一集郭氏元經　　　　晉郭璞先生著

二集璇璣經　　　　　晉趙載先生著

三集陽明按索　　　　明陳復心老人著

四集佐元直指　　　　明劉伯溫先生著

五集三白寶海　　　　元幕講禪師著

附八宅明鏡
附救貧寵卦

板藏姑蘇胥門外樂真堂

《郭氏阴阳元经》序

【原文】昔老聃之西域,尹喜强迎之,著《道德经》九九八十一篇,为道家之宗旨。后卢扁因黄帝为著《难经》九九八十一篇,以尽医家之秘奥。扬雄伤时不遇,作《太玄经》九九八十一篇,以探五经之变。迨晋景纯郭公,著《元经》九九八十一篇,以尽阴阳之理,后人用之。至于造作玄妙,应变万理,曲尽其妙。究术之士得此书,可以上窥青冥,下测杳邈,实吉凶之可命也。

门人赵载序

【注解】尹喜:函谷关令。老子欲出关,尹恐老子隐遁,强令老子著《道德经》五千言留下,方允出关,以此今方有《道德经》。

卢扁:即扁鹊,因家于卢国,故称卢扁。原名秦越人,撰《难经》二卷,共八十一篇,发明黄帝《内经》之旨,经文有疑,各设问答,解释疑难,故名《难经》。《汉书·艺文志》载,扁鹊著有《内经》九卷,《外经》十二卷,可惜失传。

扬雄:汉时人,体裁模仿《周易》写成《太玄经》,十卷。

《郭氏元经》系明时人托名杜撰,并非郭璞所作。细读郭璞《葬经》,语言清丽,言简意赅。而此书几近俚俗,显然非出自一人手笔。同时,该书"六神用时篇第六十三"一章中云:"六神藏,四煞没,《大统历》月头可查。"《大统历》系明代用历,该书系明时人托名伪撰明矣。故前引《人子须知》云"《元经》非郭氏书"。沈竹初在《沈氏玄空学》中亦云:"《元经》有三本,今日通行见《五要奇书》中,与其他两本仿佛,书中言三语四,文字浅陋,其为江湖谋食者伪造无疑。文选中载景纯五言诗,何等朴茂清逸,与《元经》比较可知。"郭璞即伪,赵载亦可知矣!

　　《元经》神煞,多属妄诞。但因托郭璞之名,而郭璞被风水家尊为祖师,盛名之下,无人敢犯。今已知其伪,再信其说,则实属不智。故读此书应仔细分析,合五行生克制化之理者取之,有悖五行生克制化之理者去之,万勿不加分析,全盘照搬。

卷一

五行旨要篇第一

【原文】五行生成数。金生数四,成数九;火生数二,成数七;土生数五,成数十;水生数一,成数六;木生数三,成数八。

【注解】此数居河图,为先天生成之数;关于河图,《三白宝海·卷首·河图洛书》中还有详细介绍,可参阅。

汉孔安国云:"河图者,伏羲氏王天下,龙马出河,遂以其文以画八卦。"据载,龙马负图之初,有一白点、六黑点在背近尾;七白点、二黑点在背近头;三白点、八黑点在背之左;九白点、四黑点在背之右;五白点、十黑点在背之中。羲皇与大挠氏定于一六在下,合于北而生水,亥子属焉;二七在上,合于南而生火,巳午属焉;三八在左,合于东而生木,寅卯属焉;四九在右,合于西而生金,申酉属焉;五十在中为土,而辰戌丑未属焉。这样,河图中就共有五十五个黑白点,其中白点二十五个为天数,黑点三十个为地数,天地之数共有五十五。白点均为单数,即一、三、五、七、九,代表阳,亦代表天,所以称为天数。黑点均为双数,即二、四、六、八、十,代表阴,亦代表地,所以称为地数。同时,河图中还把一、二、三、四、五这五个数称为生数,把六、七、八、九、十这五个数称为成数。生数和成数之间有相生相成的关系。图中的东南西北中五个方位都有一奇一偶两组数互相搭配,象征世间万物皆由阴阳化合而成。非天生地成,即是地生天成。如是则:

北方:阳气始生之处,配以生数一,成数六,叫作"天一生水,地六成之"。

东方:日出之处,阳气渐长,配以生数三,成数八,叫作"天三生木,地八成之"。

南方:阴气始生之处,配以生数二,成数七,叫作"地二生火,天七成之"。

西方:日落之处,阴气渐长,配以生数四,成数九,叫作"天四生金,地九成之"。

中央:配以生数五,成数十,叫作"天五生土,地十成之"。

为什么一六为水居北,二七为火居南,三八为木居东,四九为金居西,五十为土居中?萧吉在《五行大义·论五行及生成数》中说:"天以一生水于北方,君子之位。阳气微动于黄泉之下,始动无二,天数与阳合而为一。水虽阴物,阳在于内,从阳之始,故水数一也。极阳生阴,阴始于午,始亦无二。阴阳二气,各有其始,正应言一而云二者,以阳尊故。尊既括始,阴卑赞和,配故能生,而阳数偶阴在火中,火虽阳物,义从阴,配合阴始,故能从始立义,故火数二也。老子云:'天得一以清,地得一以宁。'是知皆有一义,唱和始同,是以云木配阳动而左长于东方,长则滋繁,滋繁则数增,故木数三也。阴生阳消,阴道右转而居于西,在阳之后,理无等义,故金数四也。阴阳之数,始平一周,然后阳达于中,总括四行,苞则弥多,故土数五也。此并生数,皆未据始,未明成数。数既未成亦未能为用。颖容《春秋释例》云:'五行生数未能变化,各成其势。水凝而未能流行,火有形而未生炎光,木精破而体刚,金强而研,土卤而斥,于是天以五临民。'《君化之传》曰:'配以五成,所以用五者,天之中数也。于是水得于五,其数六,用能润下。火得于五,其数七,用能炎上。木得于五,其数八,用能曲直。金得于五,其数九,用能从革。土得于五,其数十,用能稼穑。'郑玄云:'数若止五,则阳无匹偶,阴无配义,故合之而成数也。奇者,阳唱于始,为制为度;偶者,阴之本,得阳乃成。故天以一始生水于北方,地以其六而成之,使其流润也。地以二生火于南方,天以七而成之,使其光耀也。天以三生木于东方,地以其八而成之,使其舒长盛大也。地以四生金于西方,天以其九而成之,使其刚利有文章也。天以五合气于中央生土,地以十而成之,以备天地之间所有之物也。合之则地之六为天一匹也,天七为地二偶也,地八为天三匹也,天九为地四偶也,地十为天五匹也,阴阳各有合,然后气性相得,施化行也,故四时之运,成于五行。土总五行,居时之季以成之也。'《五行传》及《白虎通》皆云:'木非土不生,根荄茂荣。火非土不荣,得木著形。金非土不成,入范成名。水非土不停,堤防禁盈。土扶微成衰,应成其道,故五行更互须土。土旺四季而居中央,不以名成时,故知同时俱起,但托义相生。'《传》曰:'五行并起,各以名别,常以数义云。北方亥子,水也,生数一;丑,土也,生数五;一与五相得为六,故水成数也。东方寅卯,木也,生数三;辰,土也,生数五;三与五相得为八,故木成数八也。南方巳午,火也,生数二;未,土也,生数五;二与五相得为七,故火成数七也。西方申酉,金也,生数四;戌,土也,生数五;四与五相得为九,故金成数九也。中央戊己,土也,生数五,又土之位在中,其数本五,两五相得为十,故成数十也。此阴阳两气各一周也,其一周则为生数,各一周则为成数。阳以轻清上为天,阴以重浊下为地。而阳至第五入中者,其体燥极,故共一周而入中;阴至第十方入中者,其体迟缓,故各一周而始入耳。然五行皆得中气而后成,土居中而旺四季,并须土以成之也。《洪范》是上古创制之书,故言生数;《礼记·月令》是时候之书,所贵成就事业,故言成数。惟土言生数者,土以能生为贵,且以成四行,足简之矣,是其能生能成之意也。'郑玄曰:'以天地相配,取阴阳之理,常从以支干数和合,取日辰为用,两说虽别,大义还同,终会《易经》天一至地十之义。'《孝经·援神契》言:'以一立,以二谋,以三出,以四孳,以五合,以六嬉,以七变,以八舒,以九列,以十钧。五行以一立水,一为生数;以五配一,水之成数,故言一立而六嬉,嬉是兴义。

二是火之生数，七是火之成数，故言二谋；火以变化为能，故曰七变，谋者以其变化之始也。三，木之生数，八，木之成数，五行始于东方，故云三出，八而长成，故曰八舒。四，金之生数，九，金之成数，西方成就，故言四挚，品类不同，故称九列。五是土之生数，十是土之成数，以天之五，合地之十数，义斯毕，所以五言其合，十言其钩，钩是成备之义。'《春秋元命苞》云：'胎错舞连以钩，一动合于二，故阴阳受成于三，故日月星序张于四，故时起立于五，故行动布于六，故律踊分于七，故宿改萌于八，故风布极于九，故州吐毕于十，故功成数止。此并经纬共明，五行生成数不过十也。'"

《灵枢经》云："草木子实未就，人虫胎胚皆水，故数一。然水之聚而形质化，先生二肾，左肾曰水，故数一；右肾曰火，故数二。草木子实春生而秋成，春木秋金，故木曰三，金曰四。然水有所属，火有所藏，木有所发，金有所别，皆因土而成，故数五。"

生成之数，在术数中广为用之。如十干：甲、乙、丙、丁、戊、己、庚、辛、壬、癸。第一位的甲与第六位的己相合，第二位的乙与第七位的庚相合，第三位的丙与第八位的辛相合，第四位的丁与第九位的壬相合，第五位的戊与第十位的癸相合。

静道和尚《入地眼》一书中有生成数坐山来水之图，介绍如下：

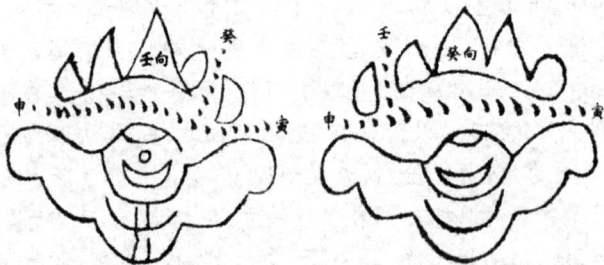

天一生水(上左图)：天一生壬水，地六癸成之。先天乾纳

壬，坤纳癸。癸，地也；壬，天也，一生一成，夫妇之道，天地安泰，万物发生，坟茔得此水者，故主富贵。断曰：子癸二水生六指，回聚澄凝发富真，庚水长生旺财丁，龙真局秀贵自来。

地六成之（上右图）：先生而后成，乾三爻属阳，万物资始；坤六爻属阴，万物资生。坎得乾之阳爻在内，离得坤之阴爻在中，故坎为中男，离为中女，乃后天之夫妇，坟茔得此堂局，主大富贵。壬水骤富堪救贫，文武全才为公卿。

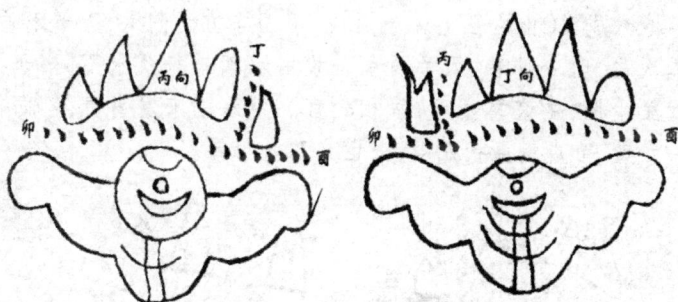

地二生火（上左图）：地二生丁火，天七丙成之，丁纳兑，丙纳艮，少男少女，夫妇相配。丁寄离明之位，南极老人一星下照丁地，坟茔有此堂局，主少年发达，寿考退龄。丁水朝来南极星，男女康宁最多寿，丙丁二水名赦文，少年为官转公卿。

天七成之（上右图）：丁生而丙成，丙，艮也；丁，兑也。艮为山，兑为泽，故得山泽通气之局。丙在九紫之旁，太微一星，下照丙地，丙水朝来，定主富贵双全，人财两旺。丙水朝来多福寿，皇恩浩荡叩原宥。丙丁赦文家无祸，八个归元水最秀。

天三生木（下左图）：天山生甲木，地八成之。甲阳木，乙阴木；甲，乾也，乙，坤也。乙水乾来非小可，太阴一星赤在右，阳衡一星赤在左，二星夹辅，故催官第一。乙水朝来可催官，状元宰相姓名扬。名利显达多富贵，招得皇姑满心欢。

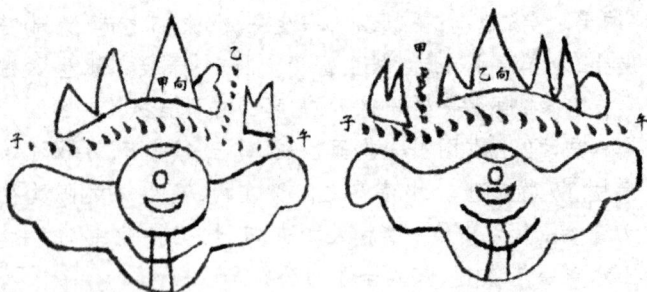

地八成之(上右图):先生后成,甲乃东方之阳木,天干之首,乙木次之,时令仲春,天帝司甲。故甲水朝来与众水不同,北斗第五星下照,主文章之府,宰相之官。甲水朝来发富贵,乙向得之实为美,蜚声魁第状元郎,盖世文章人惊异。

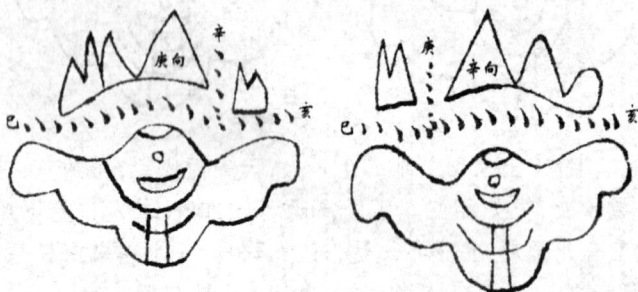

地四生金(上左图):地四生辛金,天九庚成之,辛纳巽,庚纳震,震长男,巽长女,夫妇相配,秉镇主事。辛水来朝,乃文章之府,天乙贵人之治内有文昌一星下照辛地。辛水主秀发文章,少年魁第姓名香,更有如花女人貌,翰林学士称龙光。

天九成之(上右图):庚,震也,震,为雷;辛,巽也,巽为风,雷动风散,故称鼓舞。庚在龙德之宫,旁有二星赤,下照庚地,凡庚水朝来,定产威武权谋之士,忠勇果敢之人。应此坟茔者,震龙庚水也催官,武士取贵亦非难。震龙庚水,富堪敌国,雷动天潢,才堪文武。

以上八局，龙真穴的，水绕砂关，莫大之局，所以发福更大，更悠久。凡遇此八局，乃河图之生成，所以各局开载于上。水火木金分于四方，土居五行之中，罗经无戊己，故不用中央五十。

【原文】一曰水。水者，北方之正气也，生数一，成数六，一是阳数，六是阴数，一阴一阳，乃成道也。水本阴，何以谓之阳？火本阳，何以谓之阴？如冬至阴盛阳衰，日短夜长，宜为阴遁；夏至阳盛阴衰，夜短日长，合为阳遁。故物极必反，太盛则灭。冬至阴极则复衰，而一阳渐生，故为阳遁。夏至阳极则复衰，而一阴渐生，故为阴遁。天地旋复，暑往寒来，以定冬夏二至，盖本于此。

二曰火。火者，南方之正气也，生数二，成数七，二为阴数，七为阳数，言其生于阴而成体于阳也。水主和同万物，火主变化万物，一主南，一主北，司阴阳二遁，以化生万物，以合二十八宿，周天三百六十五度星辰之躔次。

三曰木。木者，东方之正气也，生数三，成数八，三为阳数，八为阴数，言其生于阳而成体于阴也。木之性可曲可直，指我为器，而人利之也。

四曰金。金者，西方之正气也，生数四，成数九，四为阴数，九为阳数，时作用气喜为也。金性刚而无柔，水性柔而无刚，金得火制，亦能成柔也，言其可柔和为民之用也。

五曰土。土者，中央五方之正气也，生数五，成数十，五为阳数，十为阴数。其数至多至大，故居五行之主而敷化于四时。播五土之中而厚载乎万物，以为种植，故土爰"稼穑"也。

【注解】"四曰金"一节不通，疑有讹误，现据其他版本更正，特说明。

阳遁、阴遁：冬至虽为极阴之时，但阴已极而阳气渐生，所以冬至至芒种十二个节气中用阳遁。夏至虽为极阳之时，但阳已极而阴气渐生,所以夏至至大雪十二个节气中用阴遁。《奇门遁甲》之法:阳遁顺布六仪,逆布三奇。如冬至后阳遁一局:甲子戊布坎一,甲戌己布坤二,甲申庚布震三,甲午辛布巽四,甲辰壬布中五寄坤二宫,丁奇布乾六,丙奇布艮八,乙奇布离九。阴遁一局则甲子戊在坎一,甲戌己在离九,甲申庚在艮八,甲午辛在兑七,甲辰壬在乾六,甲寅癸在中五寄坤,乙奇在坤二,丙奇在震三,丁奇在巽四。其余阴阳九局均同。同时,九星入中飞布也叫遁甲九星,年九星与月九星均入中逆布。惟日九星与时九星分阳遁与阴遁。冬至至芒种十二个节气用阳遁,九星入中顺行。如冬至后上元甲子日,一白入中,乙丑日则二黑入中,丙寅日则三碧入中,丁卯日则四绿入中,戊辰日则五黄入中,己巳日则六白入中,庚午日则七赤入中,辛未日则八白入中,壬申日则九紫入中,癸酉日一白复入中,如此循环不息。夏至至芒种十二个节气用阴遁,九星入中逆行。如夏至后上元甲子日九紫入中,乙丑日则八白入中,丙寅日则七赤入中,丁卯日则六白入中,戊辰日则五黄入中,己巳日则四绿入中,庚午日则三碧入中,辛未日则二黑入中,壬申日则一白入中,癸酉日九紫复入中,如此循环不息。

二十八宿:古人把天体三百六十五度分为二十八部分,每部分用一星辰为名,具体是东方为角、亢、氐、房、心、尾、箕七宿,因七星连接起来像苍龙,所以名叫东方苍龙七宿。北方为斗、牛、女、虚、危、室、壁七宿,因七星接起来状似大龟,所以名叫北方玄武七宿。西方为奎、娄、胃、昴、毕、觜、参七宿,因七星连接起来状似白虎,所以名叫西方白虎七宿。南方为井、鬼、柳、星、张、翼、轸七宿,因七星连接起来状似飞鸟,南方为火,色赤,所以名叫朱雀七宿。二十八宿在天体中所占部分并非均等,而是有多有少,今据清《时宪书》将二十八宿度数摘于下:

角初至十共十一度，　　　　　亢初至十共十一度，

氐初至十七共十八度，　　　　房初至四共五度，

心初至六共七度，　　　　　　尾初至十五共十六度，

箕初至九共十度，　　　　　　斗初至二十三共二十四度，

牛初至七共八度，　　　　　　女初至十共十一度，

虚初至九共十度，　　　　　　危初至十九共二十度，

室初至十五共十六度，　　　　壁初至十二共十三度，

奎初至十一共十二度，　　　　娄初至十二共十三度，

胃初至十二共十三度，　　　　昴初至八共九度，

毕初至十三共十四度，　　　　觜初至十一度共十二度，

参初至一共二度，　　　　　　井初至三十共三十一度，

鬼初至四共五度，　　　　　　柳初至十六共十七度，

星初至七共八度，　　　　　　张初至十七共十八度，

翼初至十六共十七度，　　　　轸初至十二共十三度。

至于二十八宿所占位置，因每年运行岁差约 50.2［角］秒，故 70 年约差一度，210 年就会差 30 度，地上就是一个宫位。因而，古时方位与今不同。如清代《时宪书》所颁行的"时宪度"，即从清初 1644 年起，距今下元甲子 1984 年已 341 年，便用 341 乘以 50.2，约差五度，在其度数上加五度，方是现今之度数。

曲直，稼穑：五行之代名词。木曰曲直，土曰稼穑，火曰炎上，水曰润下，金曰从革。语出《洪范》，萧吉在《五行大义》中有"辨体性"一节，释其原意，特介绍如下：

木居少阳之位，春气和煦温柔，弱火伏其中，故木以温柔为体，曲直为性。火居太阳之位，炎炽赫烈，故火以明热为体，炎上为性。土在四时之中，处季夏之末，阳衰阴长，居位之中，总于四行，积尘成实，积则有间，有间故含容，成实故能持，故土以含散持实为体，稼穑为性。金居少阴之位，西方成物之所，物成则凝

强，少阴则清冷，故金以强冷为体，从革为性；水以寒虚为体，润下为性。《洪范》云"木曰曲直，火曰炎上，土曰稼穑，金曰从革，水曰润下"，是其性也。木曰曲直者，地上之木为观，言春时出地之木，无不曲直，花叶可观，如人威仪容貌也。许慎云，地上之可观者，莫过于木，故相字目旁木也。古之王者，登舆有鸾和之节，降车有佩玉之度，田狩有三驱之制，饮饯有献酢之礼，无事不巡幸，无夺民时，以春为农之始，无贪欲奸谋，所以顺木气。木气顺则如其性，茂盛敷实，以为民用。直者中绳，曲者中钩。若人君失威仪，酖酒淫纵，重徭厚税，田猎无度，则木失其性，春不滋长，不为民用，桥梁不从其绳墨，故曰木不曲直也。火曰炎上。炎上者，南方扬光辉在盛夏气极上，故曰炎上。王者向明而治，盖取其象。古者明王南面听政，揽海内雄俊积之于朝，以助明也。退奸佞之人臣，投之于野以通壅塞，任得其人则天下大治，垂拱无为，易以离为火，为明，重离重明则君臣俱明也。明则顺火气，火气顺则如其性，如其性则能成熟，顺人士之用，用之则起，舍之则止。若人君不明，远贤良，进谗佞，弃法律，疏骨肉，杀忠谏，赦罪人，废嫡立庶，以妾为妻，则火失其性，不用则起，随风斜行，焚宗庙宫室，燎于民居，故曰火不炎上。土爰稼穑。稼穑者，种曰稼，敛曰穑，土为地道，万物贯穿而生，故曰稼穑。土居中以主四季，成四时，中央为内事宫室，夫妇亲属之象。古者天子至于士人，宫室寝处皆有高卑节度，后夫人左右妾媵有差，九族有序，骨肉有恩，为百姓之所轨则也。如此顺中和之气，则土得其性，得其性则百谷实而稼穑成。若人君纵意广宫室台榭，镂雕五色，罢尽人力，亲疏无别，妻妾过度，则土失其性，失其性则气乱，稼穑不成，故五谷不登，风雾为害，故曰土不稼穑。金曰从革。革者，更也，从范而更，形革而成器也。西方物既成，杀气之盛，故秋气起而鹰隼击，春气动而鹰隼化，此杀生之二端，是以白露为霜。霜者,杀伐之表。王者教兵,集戎事以诛不义,禁暴乱以安百姓,古之入君,安不忘危以戒不虞。故曰天下虽安,忘战者危;国邑虽强,好战必亡。杀伐必应义,应义则金气顺,金气顺则如其性,如其性者,工冶铸作,革形成器。如人君乐侵凌,好攻战,贪色赂,轻百姓之命,人民骚动,则金失其性,冶铸不化,凝滞渠坚,不成者众。秋时万物皆熟,百谷已熟,若逆金气,则万物不成,故曰金不从革。水曰润下。润下者,水流湿就污下也。北方至阴,宗庙祭祀之象。冬,阳之所始,阴之所终。始终者,纲纪时也。死者魂气上天为神,魄气下降为鬼,精气散于外而不返,故为之宗庙,以收散也。夫圣人之德,又何以加于孝乎!故天子亲耕以粢盛,王后亲蚕以供祭服,敬之至也。敬之至则鬼神报之以介福,此顺水气。顺水气则如其性,如其性则源流通,源流通以利民用。若人君废祭祀,慢鬼神,逆天时,则水失其性,水暴出,漂溢没溺,坏城邑,为人之害,故曰水不润下也。

一六为水,二七为火,三八为木,四九为金,五十为土,此乃先天五行。后天五行则是依据洛书之理而成,即一白为水,二黑为土,三碧为木,巽四亦为木,五黄属土,六白属金,七赤亦属金,八白亦属土,九紫属火。阴阳宅风水中以先天为体,后天为用,实用中以后天五行为准,如果一六相遇,二七相遇,亦以合为先天五行论吉凶。如一铺面,坐未向丑,七运入宅开业,大门开于震方,若以玄空五行之法推论,则其宅命成左图。

五九 六	九五 二	七七 四
六八 大 五 门	四一 七	二三 九
一四 一	八六 三	三二 八

此宅当运旺星均到坐山,坐山后无路可走,门开震方,为全

铺之出入口,故全宅吉凶,皆与向上八白土论。八白土在七运中为生气,八运中为旺气,此宅建后,有四十年旺运可走,大利经商。癸未年,六白金入中,四绿木到气口大门上,木克土为克入,该年大利财禄。四月立夏节后,二黑土入中,九紫火到震方气口,火生向星八白土,为生入。如此则年星克入,月星生入,本主该月有极好机遇,大进财禄。可惜年月星四绿木与九紫火作合化先天金,反成土生金之势,为生出,故该月非但财禄难进,反主耗财破损,暗中流失。从此例可知,大凡九星,均以后天五行论生克,如果与先天相合之数相遇,方以先天合化五行论吉凶,万勿混淆。

五行运用篇第二

【原文】土有三处生旺。

庚午、辛未、庚子、辛丑之土,生申、旺子、墓辰;丙戌、丁亥、丙辰、丁巳之土,生巳、旺酉、墓丑;戊寅、己卯、戊申、己酉之土,生寅、旺午、墓戌。

五行运用最难明,四位长生五处详。

水在申兮金占巳,火来寅上木登明。

且如木生亥,火生寅,金生巳,水土生在申。寅申巳亥四处为金木水火生处。若土既克水,岂与水同一父母而当兄弟也。

惟有土星高众曜,却于三处旺其灵。

庚辛申地真堪秘,太乙原来好丙丁。

庚午、辛未土,庚子、辛丑土,此二土生申、旺子、墓辰。太乙、巳也。丙戌、丁亥土,丙辰、丁巳土,此二土生巳、旺酉、墓丑。

更有功曹生戊己(功曹,寅位。惟戊寅、己卯土,戊申、己酉土,此二土生寅、旺午、墓戌也),

三等殊生理更精。

劝君用意推其旨,不比时师别用情。

凡人命之土,生处既有三等不同,又安得生旺之同乎? 如乙丑命人,运得土宅,乃庚午、辛未土,则生申、旺子、墓辰是。又如甲戌人命,运得土宅,乃是己卯土,则生寅、旺午、墓戌是。以此推之,三等不同,则祸福亦异也。

【注解】这里所说的五行,并非甲乙寅卯木,丙丁巳午火,戊己辰戌丑未土,庚辛申酉金,壬癸亥子水等正五行,而是纳音五行,如庚午、辛未,庚辛属金,午属火,只有未为土,但其纳音五行为路旁土,所以言其为土。纳音五行在本书中广为应用,请特别注意理解。《八宅明镜·卷上·六十花甲纳音》一节对此有详细解说,请参阅。

应当指出,原文以纳音五行作依据并不妥。如纳音既为土,不论城墙、路旁,还是大驿、屋上,都是一土,生则同生,旺则同旺,死则同死,又何以有三处生旺? 此土生而彼土死,何其穿凿! 所以不论是星命家,还是风水家,凡有真知灼见之人,均不用纳音五行。沈六圃在《地学》中说:“东木西金,南火北水,乃天地自然之位。”“又如甲乙,夫人而知其为木也。今有木器于此,赵诬之曰金铸,钱诬之曰土抟,孙诬之曰水结,李诬之曰水练就。何其谬也。”魏青江在《阳宅大成》中说:“凡论当以正五行为主。”“至庚申、辛酉之脉山,忌荧星入度;甲乙寅卯之脉山,忌太白入度,不可不计生克之理也。”庚辛申酉者,金也,荧星者,火也,火星入金之脉山,火克金也。甲乙寅卯者,木也,太白者,金星也,金星入木山,金克木也,均以正五行论。徐善述兄弟在《入子须知·诸家五行》中说:“泄造化之机有三说,曰正五行以定其方,曰八卦五行以司其局,曰洪范五行必穷其山音。此景鸾吴公表于宋仁之朝者,诚地学之标准矣。然三说中惟洪范最玄,而管辂之注近于牵强,世有斥之为‘灭蛮经’。而更论山音于正五行者,此俗学之杜撰也。夫俗学无传,则此三说已错乱矣,而况乎甲子之五行又有三,曰天干五行、地支五行与纳音五行是也。"是言纳音五行亦为错乱。另蒋大鸿、叶九升等对五行均有论述,读者可参看本书《八宅明镜》注解。

　　土有三处生旺句,赵载注以纳音强分,实属穿凿,与下爻"阴阳二土"篇连接起来分析,该篇认为二黑属阴土,八白属阳土,中宫五黄亦土,九星中有三土,其阳土生于艮,阴土生于坤,中宫之土生于巳,似乎比原解更加贴切。

四季土旺篇第三

　　【原文】土王用事之日。

　　三月中:谷雨前九日,谷雨后九日。春季一十八日,受木克之余,虽旺而不能自强其势。六月中:大暑前九日,大暑后九日。夏季一十八日,受火生之余,后倚父母,前倚子孙,名为火旺。九月中:霜降前九日,霜降后九日。秋季一十八日,生子之余,为泄气,虽旺而无力。腊月中:大寒前九日,大寒后九日。冬季一十八日,与水交战之余,气力殆尽,当自休息。

　　常言土旺于四季,辰戌丑未当何时?

　　世俗常言土旺四季,却不知辰戌丑未月在何时旺,

　　五行各旺七十二,春木秋金夏火为。

　　一年三百六十日,春木旺七十二日,夏火旺七十二日,秋金旺七十二日,冬水旺七十二日。四季之日,土共旺七十二日,总成三百六十日为一年,但未知每季一十八日在何时耳。

　　水既旺北于冬季,土于何处益光辉?

　　水既旺冬,四季已备,土于何处为旺?

　　四旺三六九十二,各于节后气前釐(一本作"黎",误)。

　　每抽九日为其旺,此理凭谁自审思。

各于四季月节气内,前后抽九日,共一十八日为土旺也。

如九月初二寒露,十七霜降乃无违。

自从初八终十六,节后九日要君知。

更从十七终廿五,气前九日是无疑。

共凑十八为土旺,此秘先贤亦会稀。

如戊午年九月初二寒露九月节,十七日霜降为九月中气,从初八至十六是节前九日土旺,从十七至二十五是节后九日土旺。其余三、六、十二月皆此例推。

【注解】节气:人们习惯把节气连接起来说,实际上节、气却各有含义。古时把一年分为四时八节,四时即春、夏、秋、冬,八节即立春、立夏、立秋、立冬及春分、秋分、夏至、冬至。后来术数家把每个月的第一个节气称为节,气则是指中气,每个月的第二个节气正好是太阳过宫交换中气的时候,所以叫气。而这个月交换中气之时,即本月五行最旺之时,所以土旺十八日则为三月、六月、九月、十二月的中气前九日与后九日。三月含清明节,谷雨气,所以谷雨前九日与后九日共十八日为春季土旺之时。六月含小暑节,大暑气,所以大暑前九日与后九日共十八日为夏季土旺之时。九月为寒露节,霜降气,所以霜降前九日与后九日共十八日为秋节土旺之时。十二月为小寒节,大寒气,所以大寒前九日与后九日共十八日为冬季土旺之时。

为什么土配四季月,各旺十八日?古人认为,土为五行最要,土能生木,能生金,亦能生火,生水,所以土地神的对联为"土能生万物,地可发千祥"。《灵枢经》说,水有所归,火有所藏,木有所发,金有所别,皆因土而成,所以土为五行之总,配于四季月中。以方位而言,中央为戊己土,四隅为辰戌丑未土,即聚而于中,散而于四隅,亦取土可生金木水火四行之意。即言此十八日为土旺之时,也就是土最有力之时。本文赵载之注云春土为受木克之余,秋土为生金泄气之余,冬土为与水交战气力殆尽之土之说均属穿凿。殊不知清明节后七天,木气已退,土气渐盛,何克之有?寒露节后七天,金气已退,土气已旺,何生之有?大寒节七日后,水气已退,土气强盛,何战之有?所以不足为据。

金木水火土各旺七十二日,名曰"治政",萧吉在《五行大义》中专立"论治政"一节,言其金木水火土四季各旺之理,别有所得,特摘于下:

治者,治也,治立为名;政者,正也,不邪为称。百姓不能自治,树君以治之;万民不能自立,立长以正之。正使不邪,治令不乱,不乱故安,不邪故善。善则盗贼不兴,安则各保其业。所以能胜残去杀,道路雁行,蚖蛇可蹍,骊龙可驾,如此名政治也。孔子曰:"为政以德,譬如北辰,居其所而众星共之"。《大戴礼》云:"君者治之本,无君焉治?能法五行,谓之合道,所以宽猛喻之水火,仁义取于金木。顺四序以教民,资五行而为用,任人任力,理归一揆。"《春秋繁露·治顺五行篇》云:木用事,其气燥浊而青。七十二日,火用事,其气惨阳而赤。七十二日,土用事,其气温浊而黄。七十二日,金用事,其气坚凝而白。七十二日,水用事,其气清寒而黑。七十二日,复木之用事,则行柔惠,进经术之士。至于立春,出轻系,去稽留,除桎梏,开闭合,通障塞,存幼孤,矜寡独,此并顺春之施也。若夫人君驰骋无度,沉湎纵恣,重徭役,夺民时,厚税敛,则民疾疥疹,患足疾,伤春气,故皆木病也。木伤败则龙深藏,木禽惧而不见也,鲸鲵出而为祸,鳞甲之虫有金气,所以伤木也。火用事则正封疆,修田畴,至于立夏,举贤良,封有德,赏有功,出使四方,此顺火之化,长养万物也。无纵火则火顺人用,甘露降,凤凰来,黄鹄见。凤凰即朱雀之类,喜出见。甘露、黄鹄,并子庆其母也。若人君用谗佞,离骨肉,疏忠臣,弃法令,妇人为政,则民病血肿、国因不明。火为灾,冬雁不来,鸟为怪,火不善,故鸟有变怪忧惧,故不来也。土用事,养长老,矜寡独,赐孝悌,施恩泽,顺土宽和含养之德也。无兴土功,宫室制度有差,亲戚之恩有序,则五谷成,嘉禾出,贤圣来。土气顺故嘉禾和熟,其德景大,故圣贤悦之而来。若人君淫乐无度,悔亲老,困百姓,则民病腹心之疾。腹心主土气不和,故病。贤人隐藏,百谷不登,裸虫为灾。土性伤,贤人恶之,所以不见。裸虫,土气也,伤故为变。金用事,修城郭,缮墙垣,审辟禁,饬甲兵,警百姓,诛不法,此并顺金以威严肃杀之气也。无焚金石则白虎见,虎是金兽,喜故出也。若人君贪赂,好用兵,则民人病,咳嗽,筋牵鼻塞。鼻主肺,肺病,故咳嗽而鼻塞,此并金为疾也。毛虫金石为怪,金气伤,故为变怪。水用事,闭闾门,执当罪,饬关梁,此并顺水闭藏之义,无决池堰,恐水气泄溢也。如此则醴泉出,恩及禽虫,则灵龟见。书云"泽及昆虫"者也。甲虫属水,喜见故也。若人君废祭祀,简宗庙,执法不顺,逆天气,则民病流肿、水胀、痿痹、孔窍不通,此并水气壅结之义。贤人以水居太阴之位,阴暗虚空,比之宗庙,人死精气散越,立宗庙以收之。堂屋虚寂,阴暗无人,喻之水也。废于祭祀则失孝道,故太阴之气感而病人,为此疾也。水为灾害,灵龟深藏,鬼哭介虫为怪。介虫属水气伤,故为覆藏而不见也。宗庙不祀,魂气伤怨,故鬼哭也。《孝经·援神契》云:"木气生风,火气生蝗,土气生虫,金气生霜,水气生雹。失政于木,风气来应。失政于火,则蝗来应。失政于土,则虫来应。失政于金,则霜来应。失政于水,则雹来应。作伤致风,侵至致蝗,贪残致虫,刻毒致霜,暴虐致雹,此皆并随类而致也。"《恒子新论》曰:"人抱天地之体,怀纯粹之精,有生之最灵者也。是以貌动于木,言信于金,视明于火,听聪于水,思睿于土。五行之用,动静还与神通。貌恭则肃,肃时雨若;言从则乂,乂时旸若;视明则哲,哲时燠若;听聪则谋,谋时寒若;心严则圣,圣时风若。金木水火,皆载于土;雨旸燠寒,皆发于风;貌言视听,皆生于心。"尸子云:"心者身之君,天子以天下受令于心,心不当则天下祸。诸侯以国受令于心,心不当则国亡。匹夫以身受令于心,心不当则身戮。故人心者,乃天地之精,群生之本,故政之治乱,由于君之心也。是心,圣人受命而王,莫不承天地,法五行,修五事而御宇宙,养苍生者也。其制度法事,皆五行为本。衣服威仪,朝廷俯仰,农桑播殖,施惠庆赐,木也。尊卑上下,制度礼式,封爵赏功,居高视远,火也。宫室台榭,夫妇亲戚,布德含养,禄秩赦宥,土也。兵戎器械,搜狩武备,刑伐狱禁,金也。宗庙祭祀,储积封藏,伤丧哀慕,卜筮决疑,水也。因五行而致百官,因百官而理万事,万事理而四海安,是政治之所由也。其居处服御,器用所从,莫不本乎五行,乃通治道也。"《考灵曜》云:"春发令于外,得仁政从天常,其时衣青。夏可以毁金销铜,使备火,敬天明,其时衣赤。中央土,举有道之人与之虑国,可以杀罪,不可起土功,犯地之常,其时衣黄。秋无毁金铜,犯阴之刚,用其时持兵,宜杀猛兽,其时衣白。冬无使物不藏,毋害水道,与气相保,其时衣黑。"《家语》云:孟春月,东宫,衣青彩,鼓琴瑟,其兵矛,其树柳。仲春二月,东宫,衣乐,兵如前,其树杏。季春三月,东宫,衣乐,兵如前,其树李。孟夏四月,南宫,衣赤彩,吹笙筝,其树桃,其兵戟。仲夏五月,南宫,衣乐,兵如前,其树榆。季夏六月,中宫,衣黄彩,打大鼓,其树梓,其兵弓。孟夏七月,西宫,衣白彩,撞洪钟,其树栋,其兵剑。仲秋八月,西宫,衣乐,兵如前,其树柘。季秋九月,西宫,衣乐,兵如前,其树槐。孟冬十月,北宫,衣黑彩,击磬,其树檀,其兵盾。仲冬十一月,北宫,衣乐兵如前,其树枣。季冬十二月,北宫,衣乐,兵如前,其树栎。论时令以待嗣藏之宜。《周官》云:"春为牡阵,弓为前行。夏为方阵,戟为前行。六月为圆阵,矛为前行。秋为牝阵,剑为前行。冬为伏阵,盾为前行。此武备亦依五气也。"《录图》云:"君承木而王,为人青色,修颈美发,其民长身广肩尚仁,长皆象木也。仁,木性也,善则时草丰茂,嘉禾并生,鸟不胎伤,木气盛也。失则列星灭,色乱,禾稼不登,民多压死。木生而上出,遇土伤则青而不得起,故压死。承火而王,为人赤色大目,离为目,故大,视明也。其人尖头长腰,疾敏尚孝。长腰取兑,敏疾火性。离为日,日有乌,乌者孝也。善则贤人任用,政颂平,驳马文狐至。马,火畜,善,故来,狐亦来。失则夏霜,日是火精,失故变蚀雨土,猝蔽光明之象。承土而王,表其首,首大,表土也,其人广肩大足,好大笑,戏舞。广、大象土,和故逸乐也。善则甘露降,醴泉并应其善。失则虫蝗生,天雨而常风、雾乱,皆土气伤,故表异也。承金而王,为人白色,差肩耳,面方,毛也。其民白颈,长大尚义,皆金气也。善则大贝、明珠出,外国远贡珠贝。金之用,气刚,能制远人,故来贡献。失则火飞、天鸣、地坼、河溢、山崩、邪人进、虫兽为灾。火能克金,金有失,故火伐之,乃飞。承水而王,为人黑色,大耳。坎为耳,主肾,水气,故大。其民聪耳,坎水,孔穴通,故聪。善则景云至,龟龙被文,皆水气为祥也。失则蟾蜍去月,民多溺死,皆水之忧也。"此并明治之道,不越五行,故以备释。

阴阳二土篇第四

【原文】八白艮宫二黑坤,五黄中主土居尊。

八白本乎艮,二黑本乎坤,五黄居中央,此三处之土也。

阴坤阳艮饶君会,中主阴阳何所论?

八白在艮属阳,二黑居坤属阴,人皆知之。且不知中宫五黄土何所属?

在夏为阴合阴德,在冬阳土艮宫存。

夏至后阴渐盛，为阴土，与坤二黑合德。冬至后阳渐盛，为阳土，以助艮宫八白之土也。

更有阳庚并丙戊，
阴辛丁己女人云。

如庚子为阳土，辛丑为阴土，丙戊为阳土，丁亥为阴土，戊申为阳土，己酉为阴土。余仿此推。

【注解】 八白艮，二黑坤，五黄中，是根据"洛书"之意而成；关于洛书，《三白宝海·卷首·河图洛书》中还有详细介绍，可参阅。

汉孔安国云："洛书者，禹治水时，神龟负文而列于背，有数至九，禹遂因而第之以成九类。"宋陈希夷在《河洛理数·说洛书篇》中云：夫河龟者，非龟也，乃大龟也。其背所负之文，有一长画，二短画；一点白近尾，九点紫近头，二黑点在背之右，四碧点在背之左，六白点在近足之右，八白点在近足之左，三绿点在胁之左，七赤点在胁之右，五黄点在背之中，凡九而七色焉。于是则九位以定方，因二画而生爻。以一白近尾为坎，二黑在右肩属坤，左三绿属震，四碧在左肩属巽，六白近右足属乾，七赤在右属兑，八白近左足属艮，九紫近头属离，五数居中以维八方，八卦由是生焉，此神龟出洛之表象也。

丘延翰曰："昔夏后氏遇神龟载书出洛，其数始于一而终于九，夏禹因之平定水土，分别九州，箕子因之以作九畴。盖与先

阴阳二土之图

坤宫二黑阴土	中宫五黄	艮宫八白阳土
辛未　辛丑	冬至后为阴土助坤	夏至后为阳土助艮	庚午　庚子
丁亥　丁巳		丙辰　丙戌
己卯　己酉		戊申　戊寅

天八卦相为表里,地法因之以明九宫八卦,门户内外。"吴景鸾说:"洛书者,为方位之始也,其数主乎变,故始一而终九,所以定四正四隅之方,以一、九、三、七阳数居四正之宫,而以二、四、六、八阴数居四隅之位。"艮为阳土,坤为阴土之说,源于八卦。八卦五行,以坎属水,坤艮及中宫属土,震巽属木,乾兑属金,离属火。阴阳之分,则源于八卦象六亲之说。乾为父,属老阳,五行属金,故为阳金。兑为少女,属少阴,所以为阴金。坎为中男,属中阳,故为阳水。离为中女,属中阴,故为阴火。震为长男,属太阳,故为阳木。巽为长女,属太阴,故为阴木。坤为老母,属老阴,故为阴土。艮为少男,属少阳,故为阳土。

本文既以艮宫八白土为阳土,坤宫二黑土为阴土,则是以九宫八卦分阴阳,可惜下注则云庚子、丙戌、戊寅等为阳土,以辛丑、丁巳、己酉等为阴土,是将九星五行与纳音五行混为一体,不伦不类,使清清纯纯之九星五行成为杂货堆。其误有三。

风水中论断宅墓吉凶,或以双山五行论,或以正五行论,或以九星五行论,或以八卦五行论,只言其一,从不此五行与彼五行混杂使用。而此法把九星五行与纳音五行混为一体,此其一。若以九星之宫论,八白属艮宫,艮隶寅丑,如此则戊寅、辛丑均居艮宫应为阳土,而本文言辛丑为阴土,是艮宫反为阴也。二黑属坤宫,坤隶未申,如此则辛未、戊申均居坤宫,应为阴土,而本文以戊申为阳土,是坤宫反为阳也,于是则阴阳颠倒,此其二。大凡五行之阴阳,除正五行干支有阴阳之分,八卦与九星五行之分有阴阳外,余皆无法分其阴阳。如双山三合五行,申子辰属水,坤壬乙从之,水即水矣,何有阴阳之分?再如洪范五行,丑未庚坤癸均属土,亦无阴阳之分。纳音五行,诸书皆无阴阳之分,而本书强以申子辰、寅午戌之纳音为阳,巳酉丑、亥卯未纳音为阴,其理不足,纯属添足,此其三。

　　九星五行,乃紫白飞星之重要依据,是玄空飞星论宅墓吉凶的法宝,据说亦相当应验。《沈氏玄空学》《宅运新案》等书用大量事例来论证这一方法,有兴趣者可参考研究。

三命支干篇第五

　　【原文】三命原来是隐微,吉凶加减自谙知。

　　五等之命,又有三等支干纳音之吉凶不同,只把五等之三命以定吉凶,祸福多少,当自识也。

　　【注解】三命:《孝经·援神契》云:"命有三科,有受命以保庆,有遭命以谪暴,有随命以督行。受命,谓年寿也;遭命,谓行善而遇凶也;随命,以随其善恶而报之。"此为术数家所论三命之本。而本文所说的三命则是宅主或亡人生年天干为干命,其地支为支命,干支相合为纳音之命。若从此理,断一宅墓吉凶,是以宅主或亡人生年天干论命,还是以宅主或亡人地支论命,或者是以纳音五行论命?如戊子生人,天干之命属土,地支之命属水,而纳音又属火,是以土论,还是以水论?以火论?自相矛盾,无法取用,此吉彼凶,何以取舍?殊不知葬以亡命天干为主,造以宅主本命天干为主,方是正途。由此可知,所谓三命者,葬以脉命、山命与亡命合参,立宅以脉命、山命及宅主本命合参,此即所谓造命中"补龙、扶山、相主"之说。

　　五等之命:即本文所说纳音五行中的金、木、水、火、土五种生命。

　　【原文】惟将三等评凶吉,

　　三命之说,如甲子生人,甲属木,子属水,纳音属金,此是三命。又如癸亥命人,支干纳音皆属水,此是一命。戊申命人,戊属土,申属金,纳音属土,此是二命。凡人命支干驳杂,其灾福难定。只如乙丑三命人,吊得丙寅火到造作之方,吊支寅木同命干乙木去生修作之方,吊宫之天干纳音火,命干乙木同吊支寅木来克命支之丑土,吊宫丙火同纳音火来克本命之纳音金,其灾必因父母以及自身,不由他人也。

【注解】言本命受克者,修方吊丙寅到,纳音为火,本命乙丑纳音为金者是。言命支受克者,本命天干乙木与吊宫地支寅木克本命地支丑土者是。言生修作之方者,本命天干乙木与修方吊宫地支寅木生修方吊宫天干丙火者是。从此论可以看出,忽而正五行,忽而纳音五行,非人命支干驳杂,实论命之法混乱也。若以吊宫之法论,以本命乙丑入中顺布,丙寅到乾,当是乙丑本命人修乾方,其吉凶,仍应以修作年、月、日、时入中顺布,看乾方吊得何五行,何神煞,方能判断吉凶,岂有仅以本命入中,而与吊宫之干支论吉凶之理。况且一卦统三山,乾方统戌乾亥三山,若是修作戌山辰向,则丙寅与坐山戌土合而化火,有补山之妙用。若是修作亥山巳向,则丙寅与坐山亥合而化木,亦有扶山之用,皆为吉庆,惟修乾山巽向,乾属金,寅木为金绝之地,方以凶论。若来龙强旺,寅木则为乾山之财,仍为吉庆,千万勿被纳音之说所误。

【原文】上下阴阳用意推。

如戊申命人,吊戊辰木到作方,吊宫纳音木虽能克本命纳音土,然吊宫纳音木又被本命申金支来克,此为内外相克,其灾来必因财产轻重不平之灾。又如庚寅木命,吊得辛亥金到所作之方,本命庚干与吊宫辛干相比,吊宫亥支之水又生命之寅木,水木相生。惟本命纳音木被吊宫纳音金同命干来克,此宅因上强下弱兴讼,必贵刑贱、尊刑卑。凶吉如此加减,以五行消息,详其数若何生克,乃知其理也。

【注解】自相矛盾之说。既云戊辰木克戊申土,又岂能云申金克戊辰木;既云辛亥金克庚寅木,又岂能再论亥水生庚寅木。

五行不明则生克无定,生克无定则吉凶不验,故为自相矛盾之说矣。细推其例,戊申本命,吊宫戊辰,是以戊申入中顺布,则己酉在乾,庚戌在兑,辛亥在艮,一直推到戊辰,是在兑方,以吊宫论,天干二戊相比,申辰相合;以修方与吊宫论,辰酉相合。再逢年月日时有利,当有吉庆之应,纳音生克,不必计较。再如庚寅本命,修作吊得辛亥到方,则庚寅入中,辛卯到乾,戊辰到艮,己巳到离,直到第三匝,辛亥到艮。若以吊宫论,寅与亥合,若以修方论,修寅为本命之方,亦与亥水生合,再逢年月日时相助,亦主吉庆,纳音生克之说误人矣。

【原文】更把三元替宫审,刑剥裁量不可移。

如庚寅命甲申岁,四月己巳作艮维。

先看吊得壬申到,金来克木不相比。

临方本命申刑害,替宫吊得并非宜。

昔一豪士,庚寅生,于甲申年四月坐坤作艮,吊宫以月建己巳入中宫,吊得壬申金到艮,克庚寅本命,又申冲寅命官方,吊宫不吉也。

替宫以壬申入中宫,得乙亥到艮,申亥相害,亦凶,故云并非宜。夫申太岁刑寅命是一凶,巳月建刑申太岁是二凶,吊宫壬申金刑克寅命寅方为三凶,又金生巳月以金克木为四凶。此类方不问吉星临方,必有大灾。其人作之,果于本年七月因倩人铸钱被纠告,官司来捕,此人拒之,因被斩首,一家遭凶。举此类推。

【注解】吊宫:以本命及修作年、月、日、时入中宫顺布干支曰"吊",干支顺布至所修之方曰"宫"。如甲子本命,癸未年,丁巳月,辛卯日,甲午时修离方。以本命甲子入中顺布,则乙丑至乾,丙寅至兑,丁卯至艮,戊辰至离;以癸未年入中,甲申至乾,乙酉至兑,丙戌到艮,丁亥到离;以月建丁巳入中,则戊午到乾,己未到兑,庚申到艮,辛酉到离;以日辰辛卯入中,则壬辰到乾,癸巳到兑,甲午到艮,乙未到离;以用时甲午入中,则乙未到乾,丙申到兑,丁酉到艮,戊戌到离。其修方吉凶,则以吊宫所到戊辰、丁亥、辛酉、乙未、戊戌合而论之。

替宫:以本命及修作年月日时所到吊宫之神入中,再寻所到修方之神叫"替宫"。如上例,甲子本命,癸未年,丁巳月,辛卯日,甲午时修离方。本命吊得戊辰至离方,再以戊辰入中宫,则己巳到乾,庚午到兑,辛未到艮,壬申到离,壬申就是甲子本命的替宫之神。癸未年吊得丁亥到离,再以丁亥入中宫,戊辰到乾,己巳到兑,庚午到艮,辛未到离,辛未就是癸未年的替宫之神。丁巳月吊得辛酉到离,再以辛酉入中,壬戌到乾,癸亥到兑,甲子到艮,乙丑到离,乙丑就是丁巳月的替宫之神。辛卯日吊得乙未到离,再以乙未入中,丙申到乾,丁酉到兑,戊辰到艮,己巳到离,己巳就是辛卯日的替宫之神。甲午时吊得戊戌到离,再以戊戌入中,己亥到乾,庚子到兑,辛丑到艮,壬寅到离,壬寅就是甲午时的吊宫之神。其修方吉凶,则以替宫所到之神壬申、辛未、乙丑、己巳、壬寅与前吊宫之神及本命修方合而论之。

吊宫之法是以本命及修作年月日时入中宫而飞布干支,其本命为一生主事之尊,修作年月日时为修作之时的主事之尊,以其入中顺布,与每年九星入中顺布九宫之义同,尚合义理,为选择家广而用之。再以所吊之神入中,其所吊之神,乃本命及修作年月日时所吊之用神,并非主本命及主修作年月日时之神,何能再入中宫?实无义理,乃好事者虚添妄设之法,所以古今选择家很少有人用之,故不必拘泥。

三刑:寅刑巳,巳刑申,申刑寅,为持势之刑;丑刑戌,戌刑未,未刑丑,为无恩之刑;子刑卯,卯刑子,为无礼之刑;辰午酉亥,为自刑。

三刑之说,并不可信,详见后注。本文所举之例,宅主本命为庚寅，甲申年，己巳月修艮方。先以本命庚寅入中，辛卯到乾，壬辰到兑，癸巳到修方。以本年太岁甲申入中，乙酉到乾，丙戌到兑，丁亥到修方；以本月月建己巳入中，庚午到乾，辛未到兑，壬申到修方。合而论之：本命庚寅，甲申岁修艮方，寅申相冲，既犯本命岁破，又犯太岁，此为一凶；月建己巳，本年太岁吊丁亥到方，亥水为巳月月破，此为二凶；月建吊壬申到修方，壬申为太岁，艮方隶寅为本命，既犯太岁又犯岁破，此为三凶。由此可知，该修方犯本命方、本命破方、太岁方、岁破方及月破方，乃选择中至凶之方，故有其凶。并非寅巳、巳申、申寅相刑之害也。

【原文】刑与害合复难详，

刑与害合，其灾必重；不与害合，其灾乃轻。一云刑与害合来，主徒流绞斩之罪。不与害合，只是杖罪。倘二三递相刑，亦不问有害无害，俱主重刑。若三刑四刑主绞斩，二刑主徒流，一刑主杖罪。凡造作犯五行不顺，其祸之来，非一途而取，一理而推。更看刑之深浅，生旺体囚，详其得失，自然吉凶相期，无不应之速也。

如前寅巳遇深殃。

如前说庚寅命人，甲申岁，四月坐坤作艮，月建巳与寅命刑害，本方与月建又刑害，吊得壬申金来冲方，又与月建相刑，是三重刑，四重害，故灾来必重。余仿此例。

术流若达斯文秘，奥妙须当仔细详。

【注解】刑重者有三意，一是刑多，或两重，或三重，或四五重是。如前举例，本命与太岁相刑，太岁与本命相刑，月建与太岁及本命相刑，时辰又与本命修方相刑，是五重刑为刑重。二是所刑之神正当月令，生旺有力。三是刑与冲合，如申刑寅，未刑丑等是，均主灾重。所谓刑轻者，亦有三意。一是仅有一重刑，刑少无力。二是所刑之神不得月令之气，如寅刑申在午月，申败寅死,均无力量。三是刑中有合,刑中有生。如巳刑申,巳又与申合;寅刑巳,寅又生巳等,均主灾轻。详见后注。

　　本文所说当年天干、地支纳音为三命虽无义理,但选择中"补龙、扶山、相主"等却为造作之最高层次,选择只要精此法,则一切神煞均无避忌,本书下册《八宅明镜》对此做了较详细的介绍,有兴趣者可参阅。

二遁贵人篇第六

　　【原文】甲戊庚年求丑未,乙己子申二遁分。

　　　　　丙丁阳亥阴居酉,六辛先午后临寅。

　　　　　壬癸巳阳阴处卯,不逢魁罡是贵人。

　　辰为天罡,戊为河魁,罡为天牢,魁为天狱,故贵人不居。

　　【注解】贵人即天乙贵人。曹震圭曰:“天乙者乃紫微垣左枢旁之一星,万神之主掌也。一日二者,阴阳分治,内外之义也。辰戌为魁罡之位,故贵人不临。戊以配中央之位,乃勾陈后宫之象,故与甲同其起例。以丑乃紫微后门之左,阳界之辰也;未乃紫微南门之右,阴界之辰也。甲者,十干之首,故阳贵以甲加丑逆行,甲得丑、乙得子、丙得亥、丁得酉、己得申、庚得未、辛得午、壬得巳、癸得卯,此昼日之贵也。阴贵以甲加未顺行,甲得未、乙得申、丙得酉、丁得亥、己得子、庚得丑、辛得寅、壬得卯、癸得巳,此暮夜之贵也。戊以助甲成功,故亦得丑未。”

　　《蠡海集》曰:“天乙贵人当有阳贵阴贵之分,盖阳贵起于子而顺,阴贵起于申而逆,此神实得阴阳配合之和,故能为吉庆,可解凶厄也。如阳贵以甲加子,甲与己合,所以己用子为贵人。以乙加丑,乙与庚合。所以庚用丑为贵人。以丙加寅,丙与辛合,所以辛用寅为贵人。以丁加卯,丁与壬合,所以壬用卯为贵人。辰为天罡,贵人不临。以戊加巳,戊与癸合,所以癸用巳为贵人。

午冲子原，不数。以己加未，己与甲合，所以甲用未为贵人。以庚加申，庚与乙合，所以乙用申为贵人。以辛加酉，辛与丙合，所以丙用酉为贵人。戊为河魁，贵人不临。以壬加亥，壬与丁合，所以丁用亥为贵人。子原宫，不数。以癸加丑，癸与戊合，所以戊用丑为贵人。此乃阳贵顺取也。且如阴贵者，以甲加申，甲与己合，所以己用申为贵人。以乙加未，乙与庚合，所以庚用未为贵人。以丙加午，丙与辛合，所以辛用午为贵人。以丁加巳，丁与壬合，所以壬用巳为贵人。辰为天罡，贵人不临。以戊加卯，戊与癸合，所以癸用卯为贵人。寅冲申原，不数。以己加丑，己与甲合，所以甲用丑为贵人。以庚加子，庚与乙合，所以乙用子为贵人。以辛加亥，辛与丙合，所以丙以亥为贵人。戊为河魁，贵人不临。以壬加酉，壬与丁合，所以丁用酉为贵人。申原宫，不数。以癸加未，癸与戊合，所以戊用未为贵人。此乃阴贵逆取也。古云丑未为贵人出入之门，缘阳贵以甲起子循丑顺行，至癸复归于丑；阴贵以甲起申，由未逆行至癸，复归于未，岂非丑未为贵人出入之门乎？"

《孝原》曰："曹氏与《通书》二说各有意义，但曹氏则以阳为阴，以阴为阳。夫阳顺阴逆，阳前阴后，自然之理也。当以起未而顺者为阳，起丑而逆者为阴方是。"由此可知，阳贵是甲起未而顺行，阴贵是甲起丑而逆行，甲乙丙丁戊己庚辛壬癸十干阴阳贵人各有不同。而本文将甲戊庚同论，乙己同论，丙丁同论，壬癸同论，与贵人之义不合。

《御定六壬直指》对阴阳二贵之说有明确歌诀：

阳贵：　　　　庚戊见牛甲在羊，乙猴己鼠丙鸡方。

　　　　　　　丁猪癸蛇壬是兔，六辛逢虎贵为阳。

阴贵：　　　　甲贵阴牛庚戊羊，乙贵在鼠己猴乡。

　　　　　　　丙猪丁鸡辛遇马，壬蛇癸兔属阴方。

　　由此诀而成下表：

贵人方名称 ＼ 天干	甲	乙	丙	丁	戊	己	庚	辛	壬	癸
阳贵	未	申	酉	亥	丑	子	丑	寅	卯	巳
阴贵	丑	子	亥	酉	未	申	未	午	巳	卯

　　【原文】贵人入局更深微，常用吊宫而运之。

　　假如甲戌年九月，艮宫造作复何如？

　　以月建入中宫，寻贵人所到之方，修之能救三刑六害。如甲戌年九月，亦建甲戌，以甲戌入中宫，寻得丁丑到艮是。当阴遁时得阳贵人在局，即不能救灾。

　　阴遁得阳终减力，恶星刑害故多危。

　　又如丙子年六月，兑方阴贵得其宜。

　　如丙子年六月，以乙未月建入中宫，寻得丁酉到兑方，阴贵当阴遁时，故最宜。又酉飞兑宫，名为还家贵人，尤吉。庶人用之大妙，仕宦用之不宜，主歇任还家故也。

　　阳贵若临阴位时，自然暗与祸相期。

　　阴贵若临阳位上，变凶为吉吉相依。

　　乾坎艮震为阳位，巽离坤兑为阴宫。

　　阳贵当阴遁时为不当权，不能救解刑害之灾，宜临乾坎艮震阳宫为顺，其福力大，可修作方道。若临巽离坤兑之阴位为逆，不得力，不能解救刑害之灾。（贵人进气、退气在下文）

　　【注解】吊宫贵人是以月建入中，顺布干支，本年贵人临何方，何宫即为本年吊宫贵人方。《选择宗镜》曰："先以五虎遁寻岁贵系何干支，次以月建入中宫顺寻岁贵在何宫，即以吉论。如乙丑年六月建癸未，修乾坎二山方；先以本年五虎遁起戊寅，顺寻甲申为真阳贵，戊子为真阴贵。次以月建癸未入中宫顺行，阳贵甲申到乾，阴贵戊子到坎，二山方修造皆吉。余仿此。"由此，因十干贵人不同，每月贵人之方亦不同，详见下表。

天干＼贵人方		正月	二月	三月	四月	五月	六月	七月	八月	九月	十月	十一月	十二月
甲年	阳	坎	离	艮	兑	乾	中	坎	离	艮	兑	乾	中
	阴	兑	乾	中	巽	震	坤	坎	离	艮	兑	乾	中
乙年	阳	坤	坎	离	艮	兑	乾	中	坎	离	艮	兑	乾
	阴	乾	中	巽	震	坤	坎	离	艮	兑	乾	中	坎
丙年	阳	震	坤	坎	离	艮	兑	乾	中	坎	离	艮	兑
	阴	中	巽	震	坤	坎	离	艮	兑	乾	中	坎	离
丁年	阳	中	巽	震	坤	坎	离	艮	兑	乾	中	坎	离
	阴	震	坤	坎	离	艮	兑	乾	中	坎	离	艮	兑
戊年	阳	兑	乾	中	巽	震	坤	坎	离	艮	兑	乾	中
	阴	坎	离	艮	兑	乾	中	坎	离	艮	兑	乾	中
己年	阳	乾	中	巽	震	坤	坎	离	艮	兑	乾	中	坎
	阴	坤	坎	离	艮	兑	乾	中	坎	离	艮	兑	乾
庚年	阳	兑	乾	中	巽	震	坤	坎	离	艮	兑	乾	中
	阴	坎	离	艮	兑	乾	中	坎	离	艮	兑	乾	中
辛年	阳	中	坎	离	艮	兑	乾	中	巽	震	坤	坎	离
	阴	离	艮	兑	乾	中	坎	离	艮	兑	乾	中	巽
壬年	阳	乾	中	坎	离	艮	兑	乾	中	巽	震	坤	坎
	阴	艮	兑	乾	中	坎	离	艮	兑	乾	中	巽	震
癸年	阳	艮	兑	乾	中	坎	离	艮	兑	乾	中	巽	震
	阴	乾	中	坎	离	艮	兑	乾	中	巽	震	坤	坎

从表中可以看出，天乙贵人若在月令之前，均属第一轮，一旦入中后，即飞至坎宫，直至七轮中方能再遇，其力反不如支位贵人，所以选择家多以地支之位取天乙贵人。见下面的表。

魏青江云："交夏至以后届阴，巳午未申酉阴贵为主，得令当权。交冬至以后属阳，亥子丑寅卯阳贵为主，得令当权。阳贵在

年＼月		正月	二月	三月	四月	五月	六月	七月	八月	九月	十月	十一月	十二月
甲年	阳贵	坎	离	艮	兑	乾	中	兑	乾	中	巽	震	坤
	阴贵	兑	乾	中	巽	震	坤	坎	离	艮	兑	乾	中
乙年	阳贵	坤	坎	离	艮	兑	乾	中	兑	乾	中	巽	震
	阴贵	乾	中	巽	震	坤	坎	离	艮	兑	乾	中	兑
丙年	阳贵	震	坤	坎	离	艮	兑	乾	中	兑	乾	中	巽
	阴贵	中	巽	震	坤	坎	离	艮	兑	乾	中	兑	乾
丁年	阳贵	中	巽	震	坤	坎	离	艮	兑	乾	中	兑	乾
	阴贵	震	坤	坎	离	艮	兑	乾	中	兑	乾	中	巽
戊庚年	阳贵	兑	乾	中	巽	震	坤	坎	离	艮	兑	乾	中
	阴贵	坎	离	艮	兑	乾	中	兑	乾	中	巽	震	坤
己年	阳贵	乾	中	巽	震	坤	坎	离	艮	兑	乾	中	兑
	阴贵	坤	坎	离	艮	兑	乾	中	兑	乾	中	巽	震
辛年	阳贵	中	兑	乾	中	巽	震	坤	坎	离	艮	兑	乾
	阴贵	离	艮	兑	乾	中	兑	乾	中	巽	震	坤	坎
壬年	阳贵	乾	中	兑	乾	中	巽	震	坤	坎	离	艮	兑
	阴贵	艮	兑	乾	中	兑	乾	中	巽	震	坤	坎	离
癸年	阳贵	艮	兑	乾	中	兑	乾	中	巽	震	坤	坎	离
	阴贵	乾	中	兑	乾	中	巽	震	坤	坎	离	艮	兑

冬至后、夏至前临乾坎艮震四阳宫；阴贵在夏至后、冬至前临巽离坤兑四阴宫为得位。又值进气或得天月二德、德合相配，或临天道、德合之宫，谓之有力贵人，造福、催官、催生极速。若阳贵在夏至后、冬至前而临巽离坤兑；阴贵在夏至前、冬至后而临乾坎艮震，此为阳贵在阴宫、阴贵在阳宫，虽不得令，亦不得位，但能制伏凶煞，惟造福却缓，力亦稍轻。”

由此可见，所谓贵人阴阳之分共有三种。一种是以十干分别，即十干中的阴贵与阳贵；一种是以节令分别，即冬至后夏至前为阳,用阳贵;夏至后冬至前为阴,用阴贵;一种是以八卦宫位分,即乾坎艮震为四阳官,宜用阳贵,宜冬至后夏至前修作;巽离坤兑为四阴官,宜用阴贵,宜夏至后冬至前修作。而魏青江的阴阳贵取法另属一种,其法以辰戌为界,戌至卯为阳,故亥、子、丑、寅、卯为阳贵;辰至酉为阴,故巳、午、未、申、酉为阴贵。阴贵临阳位,阳贵临阴位,不能解救刑害之灾之说,若以理推,即为贵人到位,虽不在本宫本衙,但在本治之中,皆为有力,何以不能解凶煞?既不能解凶煞,又何能冠以贵字?与理不合。反是魏青江"虽不得令,亦不得位,但能制伏凶煞,惟造福却缓,力亦稍轻"之说较合义理,故应以此论为据,本文所云为非。

贵人飞临贵人之本位名曰还官。如丙丁以酉亥为贵人,飞星酉至兑官,亥至乾官是。大凡此类,贵人入本官之署衙,得心应手,运用自如,上下一心,应是更为有力。而本文云"仕宦用之不宜,主歇任还家故也"之论,实与义理不符。魏青江云:"大凡用神还官,修方催福极速"之语,即是对本文之论最好的否定。

【原文】九星神煞用何神,惟用贵人先帝君。

九星并一切神煞,常拱贵人为帝君而皈伏于贵人,若贵人当旺方,得位当权,纵凶星恶煞,不能为灾。或刑害宫为贵人加临,俱不能为灾。

主圣臣贤终自吉,主贤臣恶未为迍。

贵人为圣君,星煞为贤臣,贵人当权得位,而神煞气衰,如主圣臣贤,终享安乐。若贵人得位当权,纵有凶煞,亦不能为灾也。

且忌臣主两俱恶,定有凶星将害人。

恶煞旺相,贵人不得位当权,则不能制伏恶煞,主有大灾,勿造作。

【注解】贵人有旺有衰,有吉有凶。魏青江在《阳宅大成·选时》中分别作了论述,极为清晰,特将有关三节介绍如下:

一、问贵人吉凶何分？

曰：贵人乃岁中最吉之神，所到之宫，有得令、失令、得位、失位之不同。邪说贵到子宫为高睡，丑宫为入室不治事，用之无力；或云寅时为升堂，卯时为专权，生助命宫，坐山分金发福极速；辰时用之为贪图害己，巳时用之为施恩布德；午饮酒，未乘轩，申登途，酉临门之类，死煞不通。不知与我比和生扶，十全大吉；若冲克刑害，反为灾祸。遇辰戌时冲克，必因田产生非，被长者官符贵戚加害。凡贵人不落空亡、受制方吉。余仿此推。

二、问贵人何以忽凶忽吉？

曰：贵人是本年都天，三杀等凶或临衰败之宫，或值退气，用之不能制煞趋福，此无凶无吉者也。贵人干支，纳音五行与所到之宫分上中下三元，详审冲克刑害，无弊则吉，有犯则凶者也。若贵禄诸吉七八九位聚会一宫，谓之众吉聚多，各不理事，力量反轻，此亦不为吉，不为凶者也。只要得令，贵禄吉神一二生合相比，最为得力，大能造福催丁，此有吉无凶者也。如果吉贵众会，只要有尊帝二星值日到坐向并所作之方，此为君臣庆会，各掌威权，一切凶煞尽皆听命，任意动作，催官造福速验，此化凶为吉者也。如庚申年，灾杀在壬午，岁贵亦是壬午，本年如用壬午日，壬水长生在申，庚金能生壬申，纳音庚申、壬午俱属木，虽午火被壬水所克，但木能生火，此为岁贵得生，三煞受制，犹猛将受命握符录勅令，用之最吉。与本年月吉神合好则吉，与凶神结党则凶。又不待五月鹑首太阳过宫，谓之用神失令也，在五月前用事有力。又有坐生旺禄谓之诸杀得令，如戊寅、丙寅坐长生，庚申、辛酉坐禄，壬子、戊午、丙午为坐旺，为凶煞太强，虽受我制亦不服，终必暗生灾祸。必待月将过宫方可克制，反凶为吉。

三、问贵人受冲克者何如？

曰：自罹灾难，虽贵不贵矣。如甲戌年，阳贵是丁丑，以辛未月建入中,丁丑到坤二宫,是阳贵而临阴位无权,辛未土克丁丑水,丑未又相冲,不能制凶趋吉;丁丑又是本年岁杀,用之反主灾祸。

从上论我们可以将贵人生旺、冲克总结于下:

甲戊庚以丑、未为贵人,临巳、午为得生扶。丑临丑,未临未为还宫,为旺。丑临辰戌为刑墓,临未为冲。未临辰为入墓,临戌为刑,临丑为冲。未丑临寅卯为受克。

乙己以子、申为贵人;子临申酉为生,临亥子为旺,均吉;临午为冲,临辰戌丑未为受克,均无力;申临辰戌丑未为生,临申酉比和为旺,均吉;临寅为冲、为绝,临午为受克,均主无力。

丙丁以酉、亥为贵人。酉临辰戌丑未及巳均为生扶,临申酉为比和为旺,均主有力,吉庆。酉临卯为冲,临寅为绝,临午为受克,均主无力。亥贵临申酉为生扶,临亥子为比和为旺,均有力,主吉庆。临巳为冲绝,临辰戌丑未为受克,均为无力。

辛金以寅、午为贵人。寅木临亥子为受生,临寅卯比和为旺,均主吉庆。临申酉为冲克,均减吉力而无用。午火以临寅卯为受生,临巳午比和为旺,均主吉庆。临亥子为冲克,大减吉力,不能制煞趋吉。

壬癸水以卯、巳为贵人。卯木临亥子为受生,临寅卯为比和为旺,均主吉庆。临申酉为冲克,均大减吉力,不能制煞趋吉。临巳午泄木之力,平平。巳火临寅卯为受生,临巳午为比和为旺,均主吉庆。临亥子为冲克,大减吉力,不能制煞趋吉。

【原文】阳乾阴巽贵人宫,福力资扶喜庆重。

阳贵自乾至辰顺行,阴贵自戌至巽逆行。若贵人在位,其力大,可修作。

更有进气并退气,临时加减看其宫。

艮阳己丑贵人生,己未比坤阴德亨。

阳贵在阳遁时,自冬至至惊蛰九十日为进气,福力大;自春分至芒种九十日为退气,力稍轻;春分虽退气尚有力。又阳贵己丑到艮,为本生之宫,极有力;到乾为得位,俱极有力。阴贵在阴遁为当权,能救解刑害之灾,宜居巽离坤兑之阴位,福力更大,若居乾坎艮震之方位,尚能变凶为吉。自夏至至白露九十日为进气,福力大;自秋分至大雪九十日为退气,稍轻。又阴贵己未到坤,为本生之宫,极有力。到巽为得位,俱极有力,能救一切祸患。

　　但取二时生旺处,祸灾斯远福齐生。

　　二时者,阴阳二遁也,用得贵人在生旺时且得位,必能作福。

　　【注解】本文进退之说,与五行生旺进退之义不符。如申金为乙木阳贵,金长生于巳,绝于寅,自冬至到惊蛰,为木旺之时,申金气绝,何能为进?立夏入巳月,乃申金长生处,渐觉有力,又何能言退?未申酉戌四月,金气大旺,又何云不得令?再如丁火以亥水为贵,冬至、小雪二节,水气正旺,云进气尚通,立春、雨水、惊蛰诸节,木气盛而水气退,言其为进气,实属妄诞,万难苟同。大凡五行进退,将来者为进,已去者为退,此乃不易之理。风水中有十四进神水与十退神水,即依此理,特摘于下:

　　十四进神水:丙向午水,丁向午水,未向坤水,坤向申水,申向申水,庚向申水,亥向亥水,壬向子水,子向子水,癸向亥水,寅向甲水,艮向丙水,甲向卯水,乙向甲水是。此十四进神水,非向前一位,即本向禄位或旺位,深合将来者进之理。

　　十退神水:巳向巽水,午向丙水,酉向辛水,辛向丑水,戌向辛水,乾向戌水,丑向癸水,卯向甲水,艮向丑水,巽向辰水是,此皆立向后一位也。

　　由此可知,将来之气,生我之气为进神,已去之气,我生之气为退神。今将十干贵人真正进退之气归纳于下:

　　丑、未二土:巳、午、未月为进气,申、酉二月为退气。

申、酉二金：巳、午、未月为进气，亥、子二月为退气。

亥、子二水：申、酉、戌月为进气，寅、卯二月为退气。

巳、午二火：寅、卯、辰月为进气，申、酉二月为退气。

寅、卯二木：亥、子、丑月为进气，巳、午二月为退气。

【原文】 元经妙用在何篇，惟用贵人精妙玄。

刑值贵人官吏协，病临贵人医疗痊。

贵人出局灾祸重，一局天轮永不逢。

贵人值生旺之宫，而刑遇之，亦能转祸为福。若吊宫行遍周天不见贵人，虽是小灾亦成大祸。

只如甲子年正月，天轮一匝并无踪。

若临刑病终非小，疾病官灾立见凶。

甲子年正月，阳贵人丁丑，将丙寅月建入中宫，行尽天轮九位，并无贵人在局，丁丑贵人却在二匝兑上，无力，难于修作方道。

【注解】 所谓一匝无踪者，是以月建入中，顺布九宫而不见贵人者。如甲子年正月修作，甲子年以丁丑为贵人（按：本书阴阳贵人颠倒，应是辛未），月建丙寅入中，丁卯到乾，戊辰到兑，己巳到兑，庚午到艮，辛未到离，壬申到坎，癸酉到坤，甲戌到震，乙亥到巽，是布完一匝不见贵人，所以修作之方有灾不能解。又如壬癸年午月修作，以午火入中宫，吊未到乾，申到兑，酉到艮，戌到离，亥到坎，子到坤，丑到震，寅到巽，是卯巳阴阳二贵均不见，所以修作之方凶煞临到，无法化解。

贵人无力者，还有贵人不在本旬之中而逢空亡者，亦主力弱，再临受冲克退气之方，亦主无力。如甲寅年丑贵空亡，甲申年未贵空亡，乙亥年申贵空亡，乙卯年子贵空亡，丙寅丁卯年亥贵空亡，丙子丁丑年酉贵空亡，戊午年丑贵空亡，戊子年未贵空亡，庚申年丑贵空亡，庚寅年未贵空亡，己巳年申贵空亡，己未年子贵空亡,辛亥年寅贵空亡,辛卯年午贵空亡,壬子、癸丑年卯贵空亡,壬寅、癸卯年巳贵空亡。若月建入中,再将贵人吊入受克或冲刑之宫,则贵人力气全失,虽有如无。

【原文】本作之方虽不值,吊宫合处亦为亲。

本作方不见贵人,但得吊宫六合作方,亦有力。六合者,如贵人在亥,吊宫本作方是寅之类。

寅与亥合,卯与戌合,辰与酉合,巳与申合,午与未合。凡六合贵人,皆此类也。

【注解】原文所列六合,少子与丑合,特补足。

【原文】只如辛丑年正月,贵人居午吊宫寻。

虽云作坎不相遇,吊宫乙未合斯辰。

如辛丑年正月作坎方,吊宫以庚寅月建入中宫,贵人阳贵甲午到离,乙未到坎,坎方虽无贵,坎宫吊得乙未,离宫吊得甲午,午与未合,坎方虽有凶星,然与吊宫贵人六合,故灾轻而亦可修。

乙未虽云阴本方,子丑又合两通行。

不怕凶星并恶杀,更无反杀及年刑。

丑年作坎是子丑合,吊宫乙未到坎,甲午到离,又与本命方合,纵星辰凶恶,亦无大灾。

用时贵人同合德,自然终始福相迎。

【注解】贵人之合,其说有三。一是修方吊宫之神与当年太岁贵人或本命贵人相合。如甲戊庚年或本命甲戊庚,修吊宫午方,午火可以合来未土贵人;或修吊宫子水之方,子水可以合来丑土贵人。乙己年或本命乙己,修吊宫巳火所临之方,巳火可以合来申金贵人;修吊宫丑土所临之方,丑土可以合来子水贵人。丙丁之年或本命为丙丁,修吊宫辰土所临之方,辰土可以合来酉金贵人;修寅木所临之宫,寅木可以合来亥水贵人。辛金之年或本命为辛金,修吊宫亥水所临之宫,亥水可以合来寅木贵人;修未土所临之官,未土可以合来午火贵人。壬癸之年或本命壬癸,修吊宫戌土所临之方,戌土可以合来卯木贵人;修吊官申金所临之方,申金可以合来巳火贵人。

二是直接修本年天干或本命贵人六合之方。如甲戊庚年或本命甲戊庚,修坎(子方)方可以合来丑贵,修离(午方)方可以合来未贵。乙己年或本命乙己,修巽(巳方)官可以合来申贵,修艮宫(丑方)可以合来子贵。丙丁年或本命丙丁,修巽(辰方)宫可以合来酉贵,修艮(寅方)宫可以合来亥贵。六辛年或六辛命人,修乾宫(亥方)可以合来寅贵,修坤宫(未方)可以合来午贵。壬癸年或壬癸命人,修乾宫(戌方)可以合来卯贵,修坤宫(申方)可以合来巳贵。须要注意的是,一卦管三山,所修方道一定是与贵人六合方方是,非六合方即非。如丙年或本命丙火,阳贵在酉,应修巽官的辰方是辰与酉合,修巽巳方非。余均依此法推。

三是修本命或当年太岁与吊宫、贵人三合之方。如丁未年或本命为丁未,修吊宫亥水所临之官,吊官亥水与本命或太岁未土三合卯木贵人,其力更大。

《三命通会》云:“其神最尊贵,所至之处,一切凶杀隐然而避。”《三命指掌》云:“天乙贵人者,三命中最吉之神也。若人遇之,主荣名早达,官禄易近。若更三命皆称旺气,终登将相公卿之位。”所以风水修作之方,亦以天乙贵人到临为最吉。若逢得令、得位,催官、催禄、催丁,极速。即使失位,亦能化一切凶煞,故贵人为风水及择吉家所重视。

总分运用篇第七

【原文】三元宗祖孰为先,须把五行为所天。

三元运用,须把五行分轻重。凡云吉者,五行顺也;凡云凶者,五行逆也。

【注解】五行:这里的五行当以正五行为准,详参本书"山家五行篇第七十七"注解。下面举例以说明:

例1.刘姓,己未生,妇亦同庚,住震宅。己未年十月欲修丑艮方作房,予止之曰:"本年三碧木在艮丑土方,艮为脾、为腰、为手、为血气,丑为腹、为脾、为腰、为耳、为指丫,今戊煞一年在丑方,五行杀一年在艮,十月二黑土到丑艮,为反吟穿心煞,年命同太岁俱犯对冲,切不可修。"其家弗信,辄妄动作,不旬日折伤手指,十一月老夫妇俱流鼻血,肺气滞痛,脾胃损伤,饮食吐泄,因犯碧木克艮土。俱又耳聋、音哑、黄肿、痴呆,因黑土冲八白土故。坤为牛,丑属牛,牛亦损伤,少男折腰腹胀而殒,以艮为少男,丑为岁破、岁刑之方,亦属季男。

按:此修方犯岁破,且犯木克土,五行为逆,故灾咎不断。

例2.池阳庄心田,戊戌生,乾符三年托天人家杨公在丑方作横庭,系丙申年、辛丑月、辛酉日、己丑时,太阳躔丑,丑正初刻列宿逐位,记云:"年命二禄俱在巳,合须明见是,酉丑三合喜相逢,巳禄在其中。"亥年超升,光启元年乙巳转户部。其子巳生人,官督粮。

按:此合禄格及太阳躔度,为五行之顺,故吉。

【原文】第一吊宫分内外。

吊宫者,以用事月建入中宫顺轮,以看所临方上下内外之凶吉。须审修方得何甲子,得何纳音,与作主生命相生、相克、相刑、相害否,及与所修作之方相生克刑害否。若刑克害方与命,断勿修作,定主凶灾。然此吊宫甲子,亦忌与太岁、月建相克刑害。

【注解】此节原文语义不清,如"及与所修作之方相尔人害否?""仁中而不甲子"等,疑有错讹之字,今据他本纠正,特说明。

所谓吊宫分内外者,吊官飞临之干支与本宫地支生克刑害者为内,吊宫飞临之干支与修作主本命,当年太岁及月建生克刑害者为外。如本命戊寅,乙亥年、辛巳月修作艮;以戊寅本命入中顺布,己卯到乾,庚辰到兑,辛巳到修作艮方;以当年太岁乙亥入中宫顺布,丙子到乾,丁丑到兑,戊寅到修作艮方;以月建辛巳入中,壬午到乾,癸未到兑,甲申到修作艮方。这样飞宫之神辛巳、戊寅、甲申与原宫寅木成寅、申、巳三刑全,是内宫不吉。再看飞宫之神与本命戊寅论,寅申冲刑,寅巳相刑,巳申相刑;与太岁乙亥论,巳亥冲破,申亥相害;与月令辛巳论,寅申巳三刑全,是外亦不吉。所以该命选此年月修造艮方,内外皆凶,虽辛金天德临方,亦难解诸凶,故不宜修作。

【原文】二将替局更详研。

替宫者,以吊宫本月所得甲子再入中宫,轮至所修作之方,看得何甲子,何纳音,与作主本命及所修作之方,与前吊甲子相生克害若何。如甲子年五月修离方,以月建庚午入中宫,行见甲戌到离,为本月份吊宫;再以甲戌入中宫,行见戊寅到离是替宫。

【注解】关于吊替,请参阅本册第36—37面注解。

【原文】重审刑冲分善恶,九星衰旺理幽玄。

细看相刑、对冲、伏杀、反杀,以详灾祸深浅,更以神之衰旺定其吉凶。吉星虽吉,若值休囚退气,则福力轻。凶曜虽凶,若值休囚退气,则灾祸少。惟吉星乘旺气临方,自然福臻祸减,纵有小凶,亦无大害。

始考神煞分地局,不须广究别根源。

达得斯文终了了,何须博采百家言。

【注解】五行生旺有二说,一是以四季论,一是以长生十二宫论。详见本册《璇玑经》相关注释。

卷二

审刑害篇第八

【原文】寅刑巳，巳刑申，申刑寅，为无恩之刑。

寅刑巳者，以寅能生火，巳能生金，火又克金。巳刑申者，巳属火，申属金，巳又能克金，是所生之处反相刑而无恩，故曰无恩刑。申属金，寅属木，木能生火，金能生水，水能灭火，亦恃生而为无恩刑也。

颂曰：　刑谓无恩意若何，恃生相灭意偏颇。

　　　　祸来父母并二长，犯者灾忧亦更多。

【注解】因无恩刑均为长生之处，生我者父母也，故云祸及父母。寅申巳亥又为四孟，孟为长，长有长男、长女，所以云祸及"二长"。

【原文】未刑丑，丑刑戌，戌刑未，为恃势之刑。

何名恃势刑？原未阴遁始兴，丑阳遁渐盛，各恃其金事而相刑也。

颂曰：　恃势之刑意何为，婚姻财产大相亏。

　　　　是非未可一途取，醉饱奸谋勿怨咨。

【注解】未月为夏至之后，小暑、大暑二节，《奇门遁甲》及紫白日时俱逆推，故曰阴遁。丑月为小寒、大寒二节，居冬至之后，《奇门遁甲》及紫白日时俱顺布，故曰阳遁。又丑中有牛金牛宿，未中有鬼金羊宿，均二十八宿星宿之位，术数家称为暗金，故云恃金相刑。原解支离破碎，牵强附会，不合义理，详见下注。

【原文】子刑卯，卯刑子，为无礼之刑。

子为一阳生，卯为日出地，子尊如父，卯卑如子，虽一阳生而阴遁极矣，不如卯为日出显照，则卯刚如狼，子柔如羊，尊卑相伏,刚柔相凌,是无礼之刑也。若犯无礼刑者,主臣叛君,仆欺主之祸。

　　颂曰:　　　无礼之刑小辈谋,祸灾反逆足愆忧。

　　　　　　　　臣反君兮奴欺主,百事重重病未休。

　　【注解】十二支刑中,原文少"辰午酉亥"四支,古人以"辰午酉亥"为自刑,特补足。

　　三刑之说,古人解释很多。《阴符经》云,恩生于害,害生于恩,三刑生于三合。如申子辰相合化水,遇上寅卯辰三位,那么申就刑寅,子刑卯,辰遇辰是自刑。寅午戌三支相合化火,遇上巳午未三位,那么寅就刑巳,午遇午是自刑,戌刑未。巳酉丑三支相合化金,遇上亥子丑,那么巳刑亥,酉刑子,丑遇丑是自刑。这与人伦夫妇相合相得,也会造成相刑伤一样,所以人事和造化道理是一致的。

　　《三车一览》云,子属水,卯属木,水能生木,那么子水为母,卯木为子,子母相刑,所以是无礼之刑。五行在巳申寅三位中各有长生、临官的兴旺状态,恃强而相刑,所以是恃势之刑。丑未戌都属土,相亲相爱为兄弟,却要同室操戈,兄弟相刑,所以叫无恩之刑。而寅申巳亥中,寅巳申互刑,惟亥没有与谁相刑;辰戌丑未中,丑戌未互刑,惟辰无刑;子午卯酉中,子卯相刑,午酉无刑,这四位就为自刑。

　　储泳《祛疑说》云:"三刑是极数,子卯,一刑也;寅巳申,二刑也;丑戌未,三刑也。自卯顺至子,自子逆至卯,极十数。自寅逆至巳,自巳逆至申,极十数。丑顺至戌,戌顺至未,极十数。皇极中天以十为杀数,积数至十,则悉空其数,天道恶盈,满则覆也。此三刑之法所由起也。"

　　魏青江《阳宅大成·时选》中有"问刑克"一节,不仅讲刑之理,且有实例为证,特介绍如下以供参考:

天干气清，地支气浊，干无杀而支有杀，杀包刑冲克害，必刑冲命方、克害命方，始有咎征也。

刑为战击之神，伤残之众，四局各有相刑，三房各有命主。如亥卯未三合木局，木落必归其根，故以生处自刑，亥刑亥，卯刑子，未刑丑在北方水方也。申子辰三合水局，水落必归其末，故以墓处自刑，申刑寅，子刑卯，辰刑辰在东方木也。寅午戌火局，巳酉丑金局，火烈金刚，自刑其方，故以旺处自刑，寅刑巳，午刑午，戌刑未在南，火方也。巳刑申，酉刑酉，丑刑戌，在西，金方也。

四孟寅刑巳，巳刑申，申刑寅，亥刑亥，无恩之刑，长房乖违叛逆。四仲子刑卯，卯刑子，午刑午，酉刑酉，无礼之刑，中房懒惰淫佚。四季辰刑辰，丑刑戌，戌刑未，未刑丑，恃势之刑，少房暴戾狂猛。孟支巳受寅刑，事多艰难，争斗灾忧，失脱逃走，盗劫不休，以寅之刑巳，刑中又有害也(按：六害中寅巳相害)。申受巳刑，长幼不顺，动而难成，恩变仇报，既开复垅，以巳之刑申，刑中又有合也。寅受申刑，有冲有破(按：六破中寅申相破)，人鬼相侵，男女争斗，灾祸不脱累家长。亥受亥刑，更变不常，自贫自败，游移无定，男妇荒淫多荡败。

仲支卯受子刑，长房残贼，子父口舌亲成疏。子受卯刑，次男恣淫，财入暗出，水陆不通，子息难成受悽惶。午受午刑，尊卑不睦，门户相侵，火盗频患，官非横事从天降。酉受酉刑，大荡小谣，骄奢侈靡，死败不整，鲜廉寡耻贪嫖赌。

季支辰受辰刑，狐疑不决，进退反复，自逞自是，自作自受。丑受未刑，产业消耗，大小不和，弟兄妒忌，夫妻反目，婚姻破家，醉饱伤身，重主孝服，更遭暗害，官非负屈，问罪下狱。戌受丑刑，明中投暗，挟贵凌贱，夥大欺小，驳杂生事，囚禁灾害。未受戌刑，卑下欺上，朦胧不果，暗鬼侵蚀，财物败尽，功名褫革。

命方犯刑，必主上下不和，刚柔不顺，刑伤太重，灾祸相侵。

阳刑则忧男,阴刑则忧女。如旺刑衰,灾祸速而大;若衰刑旺,灾祸缓而小,以月令为主。如月建值寅,则能刑巳方巳命,若月建值巳,则寅不能刑巳。以巳火得令,则能克申金,巳月内有申,甲午至癸卯十日中有吉神用事,甲午旬中空辰巳,此月建空亡,又不能克申金也。须详轻重较量之,月刑同此例推。

正月在巳而巳调寅方,　　　二月在子而子调卯方,

三月在辰而辰占中宫,　　　四月在申而申调巳方,

五月在午而午占中宫,　　　六月在丑而丑调未方,

七月在寅而寅调申方,　　　八月在酉而酉占中宫,

九月在未而未调戌方,　　　十月在亥而亥占中宫,

十一月在卯而卯调子方,　　十二月在戌而戌调丑方。

此以月建入中,调见方位受刑者,此因课相刑,灾祸甚重。与本命刑者凶,三德、德合、诸吉扶命,灾祸免半。

例1. 乙未宅主,于甲子年三月修坤未方,以月建戌辰入中,调甲戌到方,乃戌刑未方未命,辰月与戌相冲,又月破之方。修后至六月建未,丁丑到未,宅主遭讼。九月建戌,庚辰到未,宅主下狱。宅母同庚,六月起病,十二月建丁丑,调癸未到未,遇丙戌到未,恰于丑月丙戌日未时殒命。宅主次年三月丙戌到方问罪。

例2. 癸丑宅母不妊,己卯年三月,庸术择期催生,令修坤未,调甲戌到方,以为与太岁天合地合,不知戌刑未方,未刑丑命。至七月甲申,遇庚寅到未,克制甲戌,果受胎妊。次年庚辰,三月亦庚辰,遇丙戌到未,而岁建月建冲动,先年甲戌,叠见戌刑未方,临产,子母俱毙。因犯三月宅母杀、小儿杀、月杀、岁杀等凶加临,戌刑未方,月令辰戌相冲,庚金克甲木,为天击地冲;癸丑宅母与坤宫未又相冲,未刑丑命,故应此害。慎之,慎之! 他例仿此避之。

古云"刑值贵人,不能为咎"。值岁、天、月三德之一或一德

合,纵犯刑亦获赦宥。《聿斯经》曰:"刑值贵人能化解,亦看刑与贵合不合。"当阳遁时得阴贵三合,临刑当得曹吏之助减罪。若逢阳贵,临刑更当权得令,必主州县有司之力免罪。当阴遁时得阳贵,临刑主因提刑转运上司之力救免。若逢阴贵,临刑更妙,必因邻里亲友之力解释。

例3. 甲子年六月作坤未,以月建辛未入中,调阳贵丁丑到方,丑冲未,未刑丑,有司审判不利,后得赦免,此说明阴遁阳贵之理。

例4. 未命生人,甲子年五月作乾戌,戌刑未命,调辛未阴贵到方,得邻眷解释,此阴遁阳贵之一例。

例5. 戊子年三月作坤未,以月建丙辰入中,调壬戌到方,是戌刑未,三月壬为天德、月德,幸壬到坤未,德星来助,保甲扶证免刑。

古云:有不宜刑者,亦有宜刑者。以五行不可偏胜,有一胜必有一废,故凡偏枯者宜刑之。如担物,一头轻必昂,一头重必坠,昂者增之,坠者减之,所谓齐之以刑也。

有刑而不刑者,逢合则化解。四课内有两字相刑,再用两字化合,各自分开,则不刑矣。命与山方亦如是变通、化解。惟六合、三合,合则羁绊,不能往刑,而有相亲者留住,亦贪合忘刑之义。又有遇生不畏刑入,龙德廻生,救护受刑者,逐去施刑者,虽有刑如无刑也。岂是可徒执一刑遂视为挺刃之类也哉。

三刑之说,也有持反对意见者。任铁樵在《滴天髓》中说:"刑之义无所取。如亥刑亥、辰刑辰、酉刑酉、午刑午,谓之自刑。本支见本支,自谓同气,何以相刑? 子刑卯、卯刑子是谓相生,何以相刑? 戌刑未、未刑丑,皆为土气,更不当刑。寅刑巳,亦是相生。寅申相刑,既冲何必再刑……此皆虚谬,故置之。"清代《钦定协纪辨方书》也认为:"所谓木恃荣华,故阴气刑之,水恃阴邪,故阳气刑之,其说犹不无矫强。"均言三刑与五行之理相悖。

三刑之说,实于五行之理有违,不可轻信。所谓寅刑巳、巳刑申、子刑卯,卯刑子者,火长生于寅,申金长生于巳,且巳与申合,子水生卯木,生者为恩,刑者谓伤,生岂能与伤并论?释者曰"恩生于害,害生于恩",且"与人伦夫妇相合相得,也会造成相刑伤一样"。谬也。所谓生者父母也;夫妇者,同辈也。同辈何能冠以"生"字?若恩生于害者,则天下再无施恩之人矣。俗话说"虎毒不食子",又云"羊羔跪母,乌鸦反哺",禽兽尚有惜子爱母之情,难道人类反而杀子伤母?此论不仅有违五行,且悖离自然,实不可取。魏青江尽管言之凿凿,且有实例,但不知其例正是三刑不足为证之例。如例1中乙未宅主,于甲子年戊辰月修坤未方,以月建入中,调甲戌到方,甲戌为辰月月破,至凶之方,且未方又为子年三煞方,其凶自不能解,何与戌未刑有关?再如例2,宅母癸丑,己卯年戊辰月修坤未方,调甲戌到方,辛未到丑土本命方。甲戌为月破,未土冲本命,亦为至凶,戌未之刑纯属牵强。至于寅申刑,丑未刑,冲克就是至凶,何必再冠以刑字。细观古例,刑者甚多,均以吉应,是古人不计刑也。仍取魏青江所选"催贵"之例以说明:

京兆余侍御,乙亥生,致仕在家,咸通十一年托天人家扦未方作退居,用庚寅年、庚辰月、庚寅日、庚辰时。命禄在卯,二寅二辰为夹拱禄格。乙命以庚为官,官禄俱全,逢合则留,未方与亥命三合,暗藏卯禄,寅与亥合,年七十六岁,赐养老钱三万贯。擢其子,一卯生人,一酉生人,俱为主事。

按:以乙亥命入中,调辛巳到坤未方;以修作之年庚寅入中,调丙申到未方;以月建庚辰入中宫,吊丙戌到未方。不仅未方巳申刑、戌未刑,且巳为本命破冲之方,申为太岁冲破之方,戌为月令冲破之方,为大凶之方,何以吉应?是古人不计三刑之明证。

三合之刑篇第九

【原文】巳酉丑刑在西。

金生在巳,旺酉、墓丑,巳酉丑三合刑在西也。

　　　寅午戌刑在南。

火生在寅,旺午、墓戌,寅午戌三合刑在南也。

　　　申子辰刑在东。

水生在申,旺子、墓辰,申子辰三合刑在东也。

　　　金刚火强,各刑旺方。

金旺西,火旺南,金性刚,火性强,各自刑其所旺之方也。

　　　木落归本,水流趋东。

大海东注,水逐东流,故申子辰刑在东。水能生木,亥卯未刑在北,刑其所生之方。

歌曰:　三合之刑何者凶,临方年月命相逢。

　　　　此煞或加三长命,夭亡卒死失家公。

此乃修作之年月,刑所修作之方及刑作主本命。如酉命人,酉年月修兑方;子生人,卯年月修坎方;卯生人,子年月修震方,皆主夭亡卒死。

　　　　亥年二月作坎宫,子命之人祸必重。

　　　　申年十一月作震,卯命三长死亡凶。

子命亥年卯月作坎,犯亥卯未刑在北。如卯命人申年十一月作震方,犯申子辰刑在东,应申子辰之月的杀卯命人,不在三月,当在七月,或在十一月,其灾立至。

　　　　术中至理多途取,博洽之人触类通。

【注解】三合之刑与年月三刑略有不同,其义也异。《曾门经》曰:"巳酉丑金之位,刑在西方,言金恃其刚,物莫与对。寅午戌火之位,刑在南方,言火恃其强,物莫与对。亥卯未木之位,刑在北方,言木恃荣华,故阴气刑之,使其凋落。申子辰水之位,刑在东方,言水恃阴邪,故阳气刑之,使不复归。"

《钦定协纪辨方书》曰:"金火刚强,木火柔弱,故金刑金方,火刑火方,刚强者必自戕其本方而已,且自戕其体焉。若水木之柔弱,则必被戕于生我者于所生者。水生木而刑木,木生于水而刑水,生我之门,死我之户,孟子所谓死于安乐者,其斯之谓也。以亥卯未刑亥子丑,而亥转自刑。亥,木根也,所为木落归根也。以申子辰刑寅卯辰,而辰转自刑。辰,水库也,所谓水流趋东也。"

按:选择之最高层次为造命,以"补龙、扶山、相主"为最佳,即龙脉、坐山、作主本命愈强愈美。如前补龙古课中,酉龙、酉山、卯向一例,杨筠松取甲申年、癸酉月、丁酉日、己酉时,官禄局;赖布衣取辛酉年、辛丑月、辛丑日、癸巳时,三合局,又三点辛禄到酉龙酉山,若以本文之义论,则为三合之刑,反主夭亡卒死。盖凡不论造葬、修方,均以龙脉坐山,作主本命旺强为美,愈强愈佳,旺反受刑之说,前人不忌,后人添造耳。如一课,宅主本命癸酉,于癸酉年、乙丑月、癸酉日、丁巳时修作兑方,三合局助坐山,助宅主本命,且年月日三柱纳音金,时柱纳音土,皆助坐山及本命,更加时支巳火为本命及当年太岁及日主之贵人,又为时上一位贵格,修之大吉。若以刑为凶论,则谬。

水木之刑,更不可信,前已说明,仅举数例以说明。

例1. 丙申生,于庚辰年正月修震方,以戊寅月建入中顺行,乙酉调到震方,乃岁德合,但酉犯卯宫,夫妻不和。且喜乙禄在卯,春月得令,不怕酉克。本年卯方乙卯土克乙酉水,故不为害。辛卯方有科甲吉神坐镇,宅主丙申,以辰酉为文魁贵人,主催官发福;为续世、天喜,主添丁进口。修后至八月,酉贵吉神得令,酉卯冲动文星,众吉递用。八月乙巳日,天喜、太阳、文魁,巳又为丙命之禄神,用午时安床后夫妇和悦,生子发福,壬午年中试。

按：此例本命丙申，与当年太岁庚辰三合水局。以三合之刑论，申子辰刑在东，是修震方不吉，而此局修震方而应吉，三刑之说不能圆说矣。

例2. 丁卯生，于丁亥年修坎方。本年岁德在壬，与丁命相合。三月三德聚会壬子癸方，修改起造，用本月三德合日，又有太阳、天喜、文星、天嗣与三德同在坎宫，修后贵人扶助，名利亨通，新旧好事相成，不意中而得。戊子年辰月生子，壬辰年申月又生子，俱贵命，与子辰水局全合，所以日主在子科高中也。

按：此局卯命人丁亥年辰月修坎方，犯亥卯未刑在北之说，主"申子辰之月的杀卯命人，不在三月，当在七月，或在十一月。"然此局却诸吉皆应在申子辰年，申子辰月，与本文之论截然相反，其谬已知。

例3. 淳熙二年，上元乙未岁，壬午月、丁酉日、壬寅时，胡公式为刘又新，庚午生，修午方救冷退。月建入中，丙戌到方，即天德、月德还宫，为旺德、权德、火德、和德、合德。芒种上局，六宫起甲子，壬寅时在八艮，以甲午九离景加艮顺挨，开在离。庚命以午方为阳贵（按：此取天乙贵人又一法，云"庚辛逢马虎"），福星、天福、天官、天福星、财帛星，地仓、运财到丙午向，修后进财产，致成富豪。

按：此例午命，与午月寅时修午方，寅午戌火局修午骤发致富，再说明"寅午戌火刑在南""皆主夭亡卒死"之谬。

支干刑害篇第十

【原文】支干刑害。

甲刑申、乙刑酉、丙刑子、丁刑亥、戊刑寅、己刑卯、庚刑午、辛刑巳、壬刑戌、癸刑未。

颂曰：干刑一局少人知，须把吊宫分祸危。

　　　　甲在申兮乙居兑,丙子丁亥实勿疑。

　　　　戊寅己卯辛入巽,庚离亦自有伤悲。

　　　　壬刑在戌癸归未,逢之灾祸定无移。

　　如甲子年正月作乾方,以月建丙寅入中宫,至乾上得丁,为犯干刑。盖戌亥从乾,丁刑亥也。犯之主人口死病,公事破财之祸。

　　【注解】支干相刑者,吊宫之天干被所在宫中地支五行克者是。如吊甲木到申方,申金克吊宫天干甲木;吊乙木到兑方,兑统庚酉辛三山,均为金克乙木者是。此论不妥。

　　原文云:如甲子年正月作乾方,以月建丙寅入中宫,至乾上得丁,盖戌亥从乾,丁刑亥也。殊不知一卦统三山,乾方有乾戌亥三山,若修乾戌二山,岂能曰刑?又如甲木吊坤,修申方为金克木,修坤宫为甲木克坤上;修未方为甲木临贵人,岂能曰刑?又如癸刑未,癸至坤未受克,曰刑尚通,然修申宫则为癸之长生,又何能云刑?此一误。

　　吉凶神混淆。天乙贵人歌曰“丙丁猪鸡位”,是丁见亥为天乙贵人,乃至吉之神,此却云刑,反为凶神,是吉凶不分。又如戊土长生在寅,辛金长生在巳,长生者,欣欣向荣之象,刑者伤残之象,二者相并,吉凶何分?此二误。

　　大凡刑冲克害,均以支为重,故风水中吊宫论刑冲者均重支而轻干,此论则重干而轻支,是本末倒置。如前举甲子年正月修乾方,以月建丙寅入中,吊丁卯到乾,若以亥论,则卯亥合木,反能生火,且亥为丁火阳贵,名合来贵人,全吉之象,言其“主人口死病,公事破败”,实属信口开河,凭空捏造。故三刑论干不论支者谬,此三误。

　　细思本文天干相刑之理,实属天干临官杀之方,古人既以官杀名之,又何必另立名目,妄添虚设。

　　【原文】六害。子未、丑午、寅巳、卯辰、申亥、酉戌相害。

【注解】《考原》云，六害不知从何而起，大概凡事都喜相合而忌相冲。因为子丑相合，未来冲散，所以子未相害。丑与子合，午来冲散，所以丑午相害。寅与亥合，巳来冲散，所以寅巳相害。卯与戌合，辰来冲散，所以卯辰相害。申与巳合，亥来冲散，所以申亥相害。酉辰相合，戌来冲散，所以酉戌相害。反之，也可以说午与未合，子来冲散，所以子未相害。余皆同此义。

《三命通会》对六害之义及所应作了详细解释：

子未相害者，谓未旺土，害子旺水，名势家相害，故子见未则为害。

丑午相害者，谓午以旺火凌丑死金，名官鬼相害，故丑见午而午更带丑干之真鬼，则为害尤甚。

寅巳相害者，谓各恃临官，擅能而进相害。若干神往来有鬼者尤甚，况刑在其中，尤不可不加减灾福言之。

卯辰相害者，谓卯以旺木凌辰死土，此以少凌长相害，故辰见卯而卯更带辰干真鬼，则其害尤甚。

申亥相害者，谓各恃临官，竞妒才能，争进相害，故申见亥，亥见申均为害，更纳音相克者重。

酉戌相害者，谓戌以死火害酉旺金，此嫉妒相害，故酉人见戌则凶，戌人见酉无灾。若乙酉人得戊戌，乙为真金，戌为真火，为害尤甚。

《三命通会》又云：寅巳亥申值生旺，则主神洁貌俊，好争夺，喜激作；值死绝则多谋少成，强学人作事，兀兀趋进不厌。入贵格则有操守，善机权；入贱格则多诈爱贪，鄙吝。又云申亥重得五岳，当慎伤残；寅巳两关，四体必忧废弃。卯辰、午丑如生旺，主好胜多怒，严毅惨忍；死绝主毒害伤惨，倾覆之事。入贵格多妻妾之累，入贱格孤独无倚。戌酉如生旺，不容物，多刚戾；死绝酷狠，憎善妒能。入贵格罗忮无辜，结构入讼，颇多奸佞。入贱格残害阴狡,性佞不良。

六害之说,亦多不妥。《滴天髓》云:"刑既不足为凭,而害之义,尤为穿凿。"此说极是。六害之义,实悖五行"生克制化"之理。如申亥相害,申金为亥水长生之处;寅巳相害,寅木为巳火长生之处,母子相逢,融洽和谐,极为吉庆,何害之有?又如酉戌、丑午均相生之处,其害亦无。子未、卯辰相害者,本就是土木相克,水土相克,何必强立名目。《三命通会》之解释,处处牵强,句句穿凿,均无义理。理不通则事不应,举例以说明:

例1. 福冈吉士侄,辛酉生,住庚山宅,续娶频生女,己酉秋择吉扶命,七月天德癸酉到戌乾方为麟德,修左厢,安床太阳戌方,所以戌年卯月叶吉,至十二月生男。

按:此例己酉年壬申月修乾方,以月令壬申入中,吊癸酉到乾,乾隶戌亥,依本书之意是"酉戌相害"主凶,而此例却吉,六害之说不能为据明矣。

例2. 化港癸山,宅主文秉忠,康熙丙戌生,婚娶数年不孕,老母急于见孙,托催修方。上元丙戌男,六宫属阴;辛卯女,五宫属阴。房宜艮阴宫,门宜坤阴方。雍正壬子二月龙马日时,移床安艮丑太阳、天喜方。天德合丙午到艮,生德、合德、纳德、恩德、月德合到门,巳酉丑三合冲卯,巳月叶吉受孕,丑年卯月生娩,仍不外龙马日时。后果于癸丑年二月建乙卯,十六戊辰日,戊午时生一男。

按:此局壬子年、癸卯月安床修方,以癸卯月建入中,吊丙午到丑方,本书云"午丑相害"为凶,与此例相反,六害之谬明矣。

例3. 淳熙六年,上元己亥岁,辛未月,十七甲辰日,辛未时,胡公式为沔阳周尚质,壬戌生于乾亥竖造丙向屋。大暑下局,四宫逆遁休门到丙向,顺遁丙奇到乾亥方;宅主壬戌岁入中,吊命马戌申到中宫,阳贵癸卯到丙向,食禄己卯到丙向;月入中调命禄辛亥到丙向,阳贵丙子到壬山,本年遁丙向庚午土,乾亥乙亥火,太岁禄元在向,天财在方,宅主进禄、天德合、金匮、将星、巨富星、五福星在向,月德合、地仓、天马在方,年独火在乾亥,而禄贵制伏,化凶为吉。修后尚质在衡州宿一僧房,床下获宝窖,遂致大富。

按:此局以月令辛未入中,调壬申到乾亥修方,本文言为"申亥"相害,而此大吉。由此三例可知,六害之说不可为据。

【原文】六破两支互相破,子逢酉兮丑逢辰。

卯嫌午兮戌嫌未,寅忌亥兮巳忌申。

【注解】古人之法,以隔三为相破。如子与酉、卯与午、戌与未、丑与辰、寅与亥、巳与申等皆相隔三位。细思其义,子午卯酉相破,其义与四败同。古人把每种五行由生到死分为十二个阶段,即胎、养、长生、沐浴、冠带、临官、帝旺、衰、病、死、墓、绝。其中的沐浴就是败处。因为婴儿出生三天要洗礼去秽,洗礼时一丝不挂,全身裸露,必主花俏风流,所以命理中称其为"咸池桃花",或为"四败"。《三命通会》云:"其神主奸邪淫鄙。如生旺则美容仪,耽酒色,疏财好欢,破散家业,惟务贪淫。如死绝落魄,不检言行,狡诈游荡,赌博忘恩,私滥贪淫,靡所不为。"沐浴为桃花之义,很难令人信服。子酉、卯午皆相生,生者何以为破?孩子生后三天沐浴裸体,但仅生三天的小孩又何能有风流奸淫之为,故不能为据。至于丑辰破,戌未破,既均属土,土又何能破土?寅亥破,巳申破之说更是妄诞,寅木不仅生于亥,且与亥合,申金不仅生于巳,且与巳合,皆属大吉,言其为"破",谬自知矣。如本册第51面所引池阳庄心田例,此局以辛丑月建入中,调甲辰到丑方,以本文六破之理是"丑辰相破",而此例未破反成,六破之意不能圆说。

【原文】诸刑害,若值贵人不能为灾。若值岁干德、天德、月德,纵犯刑害,亦获赦宥。

刑与害相并,兼刑害作主本命,为灾必重,当主流徒绞斩之罪;不与害合只杖罪。

刑有三四重递相刑,不问有害无害,主绞斩重刑。二重刑主徒流,一重刑主杖罪。

【注解】刑冲破害,是以本命、修作年月日时入中吊替而论。如果其中临吊官之中仅有一柱与原官之神相刑者,为一重刑害。只有两柱与吊官刑害者为两重,若年月日时及本命均与修方刑害者,则主有五重。此说危言耸听,但并非应验。如丁未命壬寅年、壬寅月、壬寅日、壬寅时修方。以四壬寅入中顺布,癸卯到乾、甲辰到兑、乙巳到艮、丙午到离、丁未到坎。以刑害论,四丁未均与本宫子水相害,是有四重刑害,主大凶。但以四课论,四壬水为丁命正官,四丁为正月天德,四壬为天德合,均为大吉之象,若以此年月日时修造坎方,大吉大利。如果是甲戊庚本命,以四未为贵人,尤吉。

刑入贵人篇第十一

【原文】解刑惟用贵人期,刑值贵人无畏之。

凡刑值贵人能解灾,亦须看刑与贵人合与不合及得力否,宜精究。

【注解】贵人能解刑害及诸凶煞者有三。一是贵人当令当位。如阳遁阳贵到阳位,阴遁阴贵到阴位。如丙火以酉为阳贵,以亥为阴贵,冬至后修艮方,酉金阳贵到方;夏至后修坤方,阴贵亥水到方是。二是贵人临长生或临官帝旺处。如丁火以亥水为阳贵,亥水临申酉是贵人逢生,临亥子是帝旺还宫,皆非常有力,可解诸凶。三是贵人逢六合、三合。如乙木以申金,子水为阴阳贵人,修坎方申金临坎,年月日时中还有子辰临坎,申子辰三合水局,贵人愈加有力,此为贵人逢三合。再如甲戊庚以丑未为阴阳贵人,修午方未到,修丑方子到,皆贵人六合,亦增贵人之力是。修造中如果有以上三种情况之一临方,皆为贵人有力,用之吉庆。如庚申生命,以戊寅为阳贵、正马(按:此取贵人又一法,歌曰"庚辛逢马虎"者是),甲子年正月修艮方,以丙寅月建入中,调戊寅到艮(按:以月建丙寅入中,第一匝调己巳到艮,第二匝方调戊寅到艮),艮寅同宫,戊土长生在寅,贵马到本位,谓之守宫。月建丙寅是月德,在中宫为赦德,中宫不动土不为克犯。修艮方除上旬外,遇中旬修之大吉,下旬寅申刑冲,停止不动作。庚命天干、帝旺在酉,其年八月有文曲科甲等吉在本甲内扶助,当年登科,联捷入第。

按:此局本命庚申,正月修艮方。以月建戊寅入中,第一匝吊己巳到方,第二匝吊戊寅到方,寅木与本命中金,月令巳火三刑全,依理当凶,不能修作。但寅木为本命庚金之贵人,申金为本命庚金之禄元,巳火为本命庚金长生之处,是贵禄生均逢旺处,可化凶为吉矣。

贵人不能解刑害及诸凶神者亦有三。一是贵人既不得令,又不得位。如阳遁修乾坎艮震四阳方,而阴贵飞临;阴遁修巽离坤兑四阴方,而阳贵到方;是阴阳之令与阴阳之位皆颠倒,就如甲县县长到乙县一样,虽为县长,但非在自己辖区,有其名分却无其实权,故为无力。二是贵人临克制之方。如丙丁火以亥水为贵人,亥水临坤未,水被土克;或亥水临辰土,自入墓中;或临巳火为绝等。再如壬癸以卯木为贵人,卯木临申酉死绝受克之方等,均是贵人受制,自顾无暇,何能救灾。三是贵人临六冲之方。如丙丁以亥酉为贵人,亥临巳、酉临卯;乙己以申子为贵人,申临寅、子临午;壬癸以卯巳为贵人,卯临酉,巳临亥等是。凡以上三种情况遇一,皆主贵人无力,不能解救刑害及诸凶。

　　从上可知,虽都是贵人临方,吉凶却有分别,所以云"宜精究"。

【原文】阴阳二贵分轻重,阳得阴时曹吏私。

　　　　　阴逢阳贵提转力,阴遇于阳州县慈。

　　　　　阴遇于阴邻里护。

　　当阳遁时,得阴贵人三合,临刑当得曹吏之助;若得阳贵人,此刑主因县官之力免罪。当阴遁时得阳贵,临刑必因提刑转运上司之力救免。如甲子年六月作坤,以月建辛未入中宫,吊得阳贵丁丑到坤,未从坤,丑刑未是也。当阴遁得阴贵人,临刑必因邻里亲姻,村保扶证乃免刑。如未命,甲子年五月作乾,戌刑未,为方刑命,吊得辛未阴贵到乾,是得邻眷免事也。

　　以类推之无不知。

　　更把五行关内究,吉凶祸福信无疑。

【注解】大六壬是以地支性质论人品。子为贵人时,若临生旺之处为后妃、为妻、为媳。临败处为洗女。临休囚之处为渔翁、为船夫、为乳妇、为染匠。丑土为贵人时,若临生旺之处为君上、为尊贵、为父母、为军官;若临休囚或死绝之地为牧儿、为僧尼。若丑土正逢太岁,不论临何方,均为宰执。寅木为贵人时,若生旺为丞相、为家长、为夫婿;若休衰死绝则为公吏、为儒者、为道士、为祝吏。卯木为贵人时,若生旺为长子、为公主、为大夫、为经纪人、为兄弟;休囚死绝则为术士、沙门、媒妁、牙保、盗贼、篾匠等。巳火为贵人时,若生旺为主妇、为长女、为朋友;休囚死绝则为画师、为术士、为窑工、为手艺人、为骑卒、或为囚徒、娼妓。午火为贵人时,若临生旺为军官、为骑兵、为旅客、为蚕姑;若逢休囚死绝,则为女巫、为娼妇、为铁匠、为僧人。未土为贵人时,若临生旺处为父母、为嫂、为妹、为宾客、为牧羊人;若逢死绝则为寡妇、为道士、为酒匠、为老妪、为白头翁。申金为贵人时,若临生旺为孝子、为行人、为商贾、为缉捕、为医人;逢休死则为银匠、铁匠、屠户。酉金为贵人时，若临生旺为贵妇人、为小姐、为少女；休囚则为赌徒、为外妾、为金银匠人、为胶漆工人、为奴婢。亥水为贵人时，若临生旺为将军、为夫人、为上客；若临休囚，则为乞丐、为舟子、为妇人、为幼子、为遗弃小儿；若为太岁，不论临何方均为高人。

还有以八卦取象的，有以九星取象的，有以天干与地支生克取象的，全在意会。如丙丁火以亥水为贵人，乙木以申金为贵人，辛金以午火为贵人，均是受贵人之克，克我者为官鬼，若生旺，必为司刑之官，死囚者为吏卒。再如甲木以丑未为贵人，丙丁以酉金为贵人，辛金以寅木为贵人，壬癸以巳火为贵人等，均是本命或太岁克贵人，我克者为财，贵人乘旺时为富翁商贾，休囚时为一方小富之类，均是据义而推。

刑原赦篇第十二

【原文】原赦之刑意若为？天德加临赦宥之。

天德：正丁、二坤、三壬、四辛、五乾、六甲、七癸、八艮、九丙、十乙、十一巽、十二庚。

只如戊子年三月，坤方犯着吊宫知。

行见戌加坤未上，戌刑于未信无疑。

三月壬为天德助，纵犯刑名赦免之。

如戊子年三月作坤，以月建丙辰入中宫，行见壬戌到坤，未与坤同，是戌刑未。三月壬为天德，吊得壬到，是天德来助，纵有刑亦赦免。

达其旨要为名术，愿与人间救祸危。

【注解】《考原》曰："天德者，三合之气也。如正、五、九月建寅午戌合火局，故以火为德。正月丁、九月丙、五月乾戌，火墓在乾宫也。二、六、十月建卯未亥合木局，故以木为德。六月甲、十月乙、二月坤未，木墓在坤宫也。三、七、十一月建辰申子合水局，故以水为德。三月壬、七月癸、十一月巽辰，水墓在巽宫也。四、八、十二月建巳酉丑合金局，故以金为德。四月辛、十二月庚、八月艮丑，金墓在艮宫也。寅申巳亥月乃五行长生之位，故配阴干。辰戌丑未乃五行墓库之位，故配阳干。子午卯酉乃五行当王之位，故以配墓辰本宫之卦。不用支而用干者，支，地也，干，天也，名曰天德，故用天干。又用四卦以代辰戌丑未者，不用地支故也。"

曹震圭解释说："四孟之月以阴干为天德者，是天道惠其未生也。正月丙火生而丁火未生，四月庚金生而辛金未生，七月壬水生而癸水未生，十月甲木生而乙木未生，故以阴干为德也。四季之月以阳干为德者，是天道惠其自墓也。三月壬水墓，六月甲木墓，九月丙火墓，十二月庚金墓，故以阳干为德也。四仲之月以四维之卦为德者，是天道变化成功也。二月万物将生，致役乎坤也；五月阴气将生，乾道变化也；八月万物将收，成言乎艮也；十一月阴气散，阳气入巽也，风以散之也。"

《钦定协纪辨方书》曰："月建皆支也。斗柄运于天，其所建者建于地。所建者火，则建之者亦火。所建者水，则建之者亦水必矣。是故建寅午戌，则建之者必丙丁乾矣。建之者，天也；德者，得也，其所自得也。地得寅午戌火，则天必得丙丁乾火矣。然必正丁、五乾、九丙者何也？地以寅为火之生，则天必丁为火之成矣。地以戌为火之成，则天必丙，为火之所从生矣。火生于日，丙，日也，天火也；丁，火也，地火也。若五月之午，则火之正位，地居正位，则天必居乾。戌为火之终始，天执其两端，而地乃得用其中焉。余可类推。皆《易》天一地六之义也。"

《蠡海集》曰："术家取天德之法，至子午卯酉月居于四卦之上，每卦有二支，人怀疑大抵天德不加于戊己者，天干不亲于土。其子午卯酉之月只用巳亥寅申,不用四墓也。"又一说,既不用四墓,则五行之中土气遂绝,土其可绝乎!盖正用四墓尔。春二月木墓未,夏五月火墓戌,秋八月金墓丑,冬十一月水墓辰,乃四行休墓于四季为德也。是以古今术家兼取用焉。况亥月用乙,未月用甲,则卯月必用未,不用申无疑矣。寅月丁、戌月丙、则午月在戌不在亥无疑也。盖生月用阴,墓月用阳,旺月用墓。余仿此。由今观之,盖以天德取用,以天德者八,以卦位者四,干卦不纯,故论说纷纷如此耳。夫戊己者,中宫之位,本无方也,是故以其母家命之,则曰己未;以其禄旺命之,则曰巳午;以其终万物始万物之义命之,则曰罡魁。以其生万物成万物之义命之,则曰坤艮。要之,举其一义而未举其全。如欲举其全,莫若《参同契》以戊己为坎离,虚中不用为得也。夫不用者,乃无适而不用。凡十二月之天德,皆戊己也。虽然四正方必尤著焉,是故寓之于四维。凡乾坤艮巽云者,即戊己耳。若夫长生墓库云者,十二支乃有之,十干之无也。今天德既用十干,则不应杂以十二支之义。

《渊海子平》取天德歌曰:"正丁二坤(申)中,三壬四辛同,五乾(亥)六甲上,七癸八寅同,九丙十归乙,子巽(巳)丑庚中。"注云:"其法以生月份见之,正月生人见丁,二月生人见申是也。"由此可知,仲月天德在何方共有三种说法。一是在辰戌丑未,二是在寅申巳亥,三是在戌己。风水中以戊己为大煞,属至凶之神,若以戊己论之,天德之方正是戊己大煞之方,是自相矛盾,故不取之。细析天德之义,一是以三合相取,既取寅午,必取戌而决无取亥之理;既取巳酉,必取丑而决无取寅之理;既取申子,必取辰而无取巳之理;既取亥卯,必取未而决无取申之理。因取辰丑戌未为归库,而取寅申巳亥则为绝,如寅午取亥,是火绝于亥,申子取巳,水绝于巳等。既曰德,必无取绝处之理。二是以阴阳相配取之。如正月建寅,寅中丙火长生,阴丁配之,阴阳相合而火气成。五月建午，火气正旺，旺则宜收，戍库配之，使其不过，中和而美。九月建戍，火库为阴，阳丙配之，亦为中和，此天地相成之德，故名天德。其意昭彰，用库明矣。

尽管天德用库之理与义相通，但与其名又不符。因既名天德，必用干而又何用支？殊不知所谓天德者，乃天道下降于地，与地相交而成者是，并非泥其意非为天干之天，所以取辰戍丑未者，也是取天地之气相交而成之意。

本书所用天德者，并非年、月、日、时之天德，而是以月建入中顺布，看本月天德飞临何宫，何宫就是本月天德所在之方，这种天德术称"飞宫天德"。如甲子年正月修造，正月天德在丁，以本月月建丙寅入中宫顺布，丁卯到乾，乾方就是甲子年正月的天德方，修造为佳。如果修方遇刑害之类，天德可解其凶。如本文所例，戍子年三月修坤方，三月天德在壬，以月建丙辰入中宫顺布，丁巳到乾、戊午到兑、己未到艮、庚申到离、辛酉到坎、壬戌到坤，虽地支戍未相刑，但有天干化解，故逢凶有解。须要注意的是，此例如果修作在未方，是犯戍未相刑。若修申方，则非有刑，反主全吉，故修作之方一定要用罗经格准，须知一卦统三山，并非一宫三山皆刑皆害也。

干德篇第十三

【原文】阴德在合：乙庚、丁壬、己甲、辛丙、癸戊。

阳德自处：甲甲、丙丙、戊戊、庚庚、壬壬。

【注解】《曾门经》曰："十干之中，五为阳，五为阴。阳者，君道也；阴者，臣道也。君德自处，臣德从君也。所理之地，万福成集，众殃自避，应有修营，必获福佑。"

《钦定协纪辨方书》曰："甲庚戊丙壬五阳，即以甲丙戊庚壬为德。不同于乙丁己辛癸以所合之干为德者，《曾门经》谓君德自处,其文不足以畅厥旨。盖易之道阳一阴二,阳为德、阴为刑,阳善也,阴恶也,是故阳之为德也,在不化乎阴。而阴之为德也,在弃其本位而从乎阳。《易》曰'西南得朋',西南,阳也;得朋,阴从乎阳之谓也。'东北丧朋',东北,阴也。丧朋,弃其本位之谓也。阴能化阳,亦能从阳。阳为阴化,阴斯慝矣,能从乎阳始为德也。然则阳惟一而阴有二矣。是故甲德在甲,甲,阳也,故甲即甲之德也。乙德在庚,乙,阴也,庚能制乙者也,在乙而从庚,是即乙之德也。丙丁以下仿此。"

　　古人以阳为吉,以阴为凶。所以阳干之德在本身,阳者吉也。阴干取相合而从阳者,取趋吉避凶之意,故阴从阳合之干为德。

　　【原文】干德惟将克制推,一同臣子秉施为。

　　上克下为制,取君能制臣,父能制子之义。

　　【注解】此与前《曾门经》中阳为君,阴为臣义同。甲为阳、为君;己为阴、为臣;己与甲合,甲木能克制己土,故己从甲为德。乙为阴、为臣;庚为阳、为君。乙与庚合,庚金能克制乙木,故乙木从庚为德。丙为阳、为君;辛为阴、为臣;丙与辛合,丙火能克制辛金,故辛金从丙为德。丁为阴、为臣;壬为阳、为君;丁与壬合,壬水能克制丁火,故丁火从壬为德。戊为阳、为君;癸为阴、为臣;癸与戊合,戊土能克制癸水,所以癸水从戊为德。

　　【原文】乙德在庚庚自处,年月吊宫皆审思。

　　年与吊宫有德通,庚辰正月作于东。

　　吊见乙酉来加震,乙德在庚事略同。

　　如庚辰年正月作东方,以月建戊寅入中宫,吊乙酉到震,乙德在庚,是吊宫与年干为德,大吉。

　　【注解】干德之说有四。一是本命之干德,一是当年太岁之干德,一是修作月令之干德,一是以月建入中宫,修作方吊到之神之干德。本书之例即以月建入中宫,吊宫之酉以当年太岁为干德者是。干德之吉,亦宜细究,必须结合地支审视。如本文所举之例,庚辰年、戊寅月修震方,以戊寅入中宫顺布,得乙酉到震,虽乙木以太岁庚金为干德,但地支酉金与震宫卯木相冲克,是吉中藏凶,蜜中有砒,或先吉后凶,或先凶后吉,不能尽美。本文云其"大吉",与义理不符,不可信。但如果庚辰年戊寅月修兑方,以戊寅入中,吊得庚辰到兑,庚为太岁庚金之德,地支辰酉相合,远比修震方吉利。或修坎方,以月建戊寅入中顺布,己卯到乾、庚辰到兑、辛巳到艮、壬午到离、癸未到坎。癸水以月建戊土为德,年干庚金,月干戊土以地支未为贵人,是干德与贵人同宫,亦主大吉,远比修震方有利。故必细审。

【原文】干德偶命更难逢,甲子正月作于坤。

丁巳命人干德合,此为干德例同论。

如丁巳命,甲子年正月作坤,吊见壬申到坤,丁命干德在壬,又巳与申合,主婚姻财帛进益之象,纵有小凶星不能为害。凡吊宫得本命干德到所修方,为干德偶命,更支合尤吉。

【注解】偶命者,本命干德到所修之方者是。本命是甲丙戊庚壬阳年生人,本命天干到所修之方为偶命。本命是乙丁己辛癸阴年生人,本命天干所合之干为德,到修方为偶命。如果干德天干和地支与本命天干地支皆合,叫作干支合德,或天地合德,五阴干有而五阳干无。具体是:

乙丑命庚子到修方,乙卯命庚戌到修方,乙巳命庚申到修方,乙未命庚午到修方,乙酉命庚辰到修方,乙亥命庚寅到修方。此是六乙命天地合德格。

丁丑命壬子到修方,丁卯命壬戌到修方,丁巳命壬申到修方,丁未命壬午到修方,丁酉命壬辰到修方,丁亥命壬寅到修方。这是六丁命天地合德格。

己丑命甲子到修方,己卯命甲戌到修方,己巳命甲申到修方,己未命甲午到修方,己酉命甲辰到修方,己亥命甲寅到修方。这是六己命天地合德格。

辛丑命丙子到修方,辛卯命丙戌到修方,辛巳命丙申到修方,辛未命丙午到修方,辛酉命丙辰到修方,辛亥命丙寅到修方。这是六辛命天地合德格。

癸丑命戊子到修方,癸卯命戊戌到修方,癸巳命戊申到修方,癸未命戊午到修方,癸酉命戊辰到修方,癸亥命戊寅到修方。这是六癸命天地合德格。

法以月建入中宫顺布,若本匝内得之为有力,最美。第二匝或第三匝内得之力小,若第四匝、第五匝得之则无力。如乙丑本命,辛卯年,乙未月修坎方,以月建乙未入中宫顺布,丙申到乾、丁酉到兑、戊戌到艮、己亥到离、庚子到坎、庚金为乙木干德,子水为乙木贵人且与地支丑土相合,而命支丑土又为庚金天乙贵人,为岁命互贵格,极为有力,修后财禄并进,勃然而兴。如果己丑年丁丑月修坎方,以月建丁丑入中宫,第三匝才能轮到庚子,不在本匝之中,虽亦天地德合,亦互换贵人,只有小庆,难期大吉,所以云"更难逢"。

若本命为五阳干,修本命干德所临之方,谓之德合,亦有吉庆,若修方与本命干支皆能相合,名干支德合或天地德合,也有添人口、进财益、加官增爵之吉。具体是:

甲子命己丑到修方,甲寅命己亥到修方,甲辰命己酉到修方,甲午命己未到修方,甲申命己巳到修方,甲戌命己卯到修方,这是六甲命天地德合格。

丙子命辛丑到修方,丙寅命辛亥到修方,丙辰命辛酉到修方,丙午命辛未到修方,丙申命辛巳到修方,丙戌命辛卯到修方,这是六丙命天地德合格。

戊子命癸丑到修方,戊寅命癸亥到修方,戊辰命癸酉到修方,戊午命癸未到修方,戊申命癸巳到修方,戊戌命癸卯到修方,这是六戊命天地德合格。

庚子命乙丑到修方,庚寅命乙亥到修方,庚辰命乙酉到修方,庚午命乙未到修方,庚申命乙巳到修方,庚戌命乙卯到修方,这是六庚命天地德合格。

壬子命丁丑到修方,壬寅命丁亥到修方,壬辰命丁酉到修方,壬午命丁未到修方,壬申命丁巳到修方,壬戌命丁卯到修方,这是六壬命天地德合格。(法同合德)

不论合德还是德合,均取干支天地相合,故主吉庆。如果一支为贵人大吉。如甲午见己未,未土为甲木贵人;甲申见乙巳,申金为乙木贵人;乙巳见庚申,申金为乙木贵人;庚午见乙未,未土为庚金贵人等是。如果两干地支互为贵人尤吉。如甲子见己丑,子为己土贵人,丑为甲木贵人;乙丑见庚子,丑为庚金贵人,子为乙木贵人等是。

【原文】月德在年方可用,年德在月亦为奇。

月德在年顺,年德在月逆。凡月德在年干之德者,作之发禄,且子孙孝义。若年干之德在月之德者,作之难安,亦主子孙忤逆。

官符值德无愆责,刑害值德赦原之。

须玩古今立妙术,德刑深处有谁知。

【注解】年德:以本年太岁入中宫顺布,本年干德所临之处是年干德方。如辛卯年,以本年太岁入中宫,壬辰到乾,癸巳到兑、甲午到艮、乙未到离、丙申到坎,丙火为辛金干德,该年之年德便在坎。

月德:以本月月建入中宫顺布,本月干德所临之处是月干德方。如辛卯年癸巳月修作,以癸巳月建入中宫,则甲午到乾,乙未到兑、丙申到艮、丁酉到离、戊戌到坎,戊为癸水之干德,该月之月干德便在坎。

细推年干德与月干德临方,可以发现三种规律。一是不论阳年还是阳月,其干德均在中宫。如甲子年、庚子年、丙子年、壬子年等,均以太岁入中宫,阳干本身就是干德,故干德在中宫。月建亦同,如戊寅月、庚寅月、丙寅月等,也是以月建入中宫,阳干之德在本身处,所以凡阳年、阳月之干德,均在中宫。

二是不论阴年还是阴月,因天干之数均隔五相合,如己甲、乙庚、辛丙等,均隔五位相合。而从中宫顺布第五位正好是坎方,所以不论是阴年,还是阴月,其干德均在坎方。如乙巳年,以太岁乙巳入中宫,丙午到乾、丁未到兑、戊申到艮、己酉到离、庚戌到坎,乙以庚为德是;再如丁丑年,以丁丑入中宫,戊寅到乾、己卯到兑、庚辰到艮、辛巳到离、壬午到坎,丁以壬为德。所以凡逢阴年、阴月之干德均在坎方。

三是以月令入中,以其所到之方求年月干德,如庚子年、甲申月,以月建入中宫,则乙酉到乾,乙以庚为德是年干合;丙戌到兑、丁亥到艮、戊戌到离、己亥到艮,己以甲为德,是甲月干德合。如是虽有月德加于年上,但绝无年德加在月上者。其原因:凡用吊官之法,必先从年始,次月建、次日建、又次时辰,绝无先月建后太岁之理。所以月德在年德之说,属于虚设,并无实际意义。

天德篇第十四

【原文】天德八干地四维,丁任壬处是春晖。辛乾甲首当朱自,素天艮癸丙堪奇。立冬乙巽并庚道,作者无灾定合宜。

【注解】此节原文意义含糊,立意不明。与下章"月德篇"相比,既缺天德起例,又少本义解释,疑是掉失一段。今据他本更正,特说明。

【原文】天德常行八干四维,孟仲月在定执之间,季月在危成之间(具各月图于前)。

【注解】此节原文言"具各月图于前",诸本均未见图。揣其意,当是言十二月天德到方,宜修作。详参"刑原赦篇第十二"注解。

定执危成:这是建除十二神中的四位。《例历》曰:"历家以建、除、满、平、定、执、破、危、成、收、开、闭,凡十二日周而复始,又见所值以定吉凶,每月交节则叠两值日。其法从月建上起建,与斗杓所指相应。如正月建寅,则寅日起建,顺行十二辰是也。"

《淮南子》曰:"正月建寅,则寅为建、卯为除、辰为满、巳为平主生,午为定、未为执主陷,申为破主衡,酉为危主杓,戌为成主小德,亥为收主大德,子为开主太阳,丑为闭主太阴。"

从上可知建除十二神每月向前推移一位,由此成下表。

方位 神名 月令	正月	二月	三月	四月	五月	六月	七月	八月	九月	十月	十一月	十二月
建	寅	卯	辰	巳	午	未	申	酉	戌	亥	子	丑
除	卯	辰	巳	午	未	申	酉	戌	亥	子	丑	寅
满	辰	巳	午	未	申	酉	戌	亥	子	丑	寅	卯
平	巳	午	未	申	酉	戌	亥	子	丑	寅	卯	辰
定	午	未	申	酉	戌	亥	子	丑	寅	卯	辰	巳
执	未	申	酉	戌	亥	子	丑	寅	卯	辰	巳	午
破	申	酉	戌	亥	子	丑	寅	卯	辰	巳	午	未
危	酉	戌	亥	子	丑	寅	卯	辰	巳	午	未	申
成	戌	亥	子	丑	寅	卯	辰	巳	午	未	申	酉
收	亥	子	丑	寅	卯	辰	巳	午	未	申	酉	戌
开	子	丑	寅	卯	辰	巳	午	未	申	酉	戌	亥
闭	丑	寅	卯	辰	巳	午	未	申	酉	戌	亥	子

古人把一周天分为八方,术家称为八卦,再把每卦分为三山,合称二十四山,具体于下:

乾卦分戌山、乾山、亥山；坎卦分壬山、子山、癸山；
艮卦分丑山、艮山、寅山；震卦分甲山、卯山、乙山；
巽卦分辰山、巽山、巳山；离卦分丙山、午山、丁山；
坤卦分未山、坤山、申山；兑卦分庚山、酉山、辛山。

从二十四山看建除十二神与本月天德：正月在丁，位于午
未、定执之间；二月在坤，位于未申、定执之间；三月在壬，位于亥
子、危成之间；四月在辛，位于酉戌、定执之间；五月在乾，位于戌
亥、定执之间；六月在甲，位于寅卯、危成之间；七月在癸，位于子
丑、定执之间；八月在艮，位于丑寅、定执之间；九月在丙，位于巳
午、危成之间；十月在乙，位于卯辰、定执之间；十一月在巽，位于
辰巳、定执之间；十二月在庚，位于申酉、危成之间。这就是本文
所云"孟仲月在定执之间，季月在危成之间"之意。

【原文】吊宫天德到元宫，丁壬六月作于东。

　　　　此为照处有余力，不问星辰恶煞凶。

六月天月德在甲，丁丑年六月作震，以月建丁未入中宫，吊甲
寅到震，是甲之本家，又为天月德还家，大得力，不问有无恶煞在
方，任修作无忌。

【注解】吊宫天德：即以月令入中宫顺布九宫，天德临何宫，
何宫为吊宫天德，又称飞宫天德。如甲子年四月己巳，以月令
论，四月天德在辛，便以月建己巳入中宫顺布，庚午到乾，辛未到
兑，辛金天德临兑宫，兑宫就是甲子年己巳月吊宫天德之方。依
此各年各月飞宫天德成下面的表。

本图二月取未，五月取戌，八月取丑，十一月取辰，并非取戌
己方，亦非诸《通书》乾巽坤艮即寅申巳亥方，此据《钦定协纪
辨方书》："天德乃三合五行中和之气，孟月用阴干，季月用阳干，
仲月用库宫。如申子辰月三合水局，申孟月以癸为天德，辰季月
以壬为天德，子仲月以巽为天德，水库在辰，属巽宫也。天德不

用地支,故不用辰而用巽。《通书》子月已误载天德,宜改正。"

方位 月令　　年干	甲己年	乙庚年	丙辛年	丁壬年	戊癸年
正月	乾	中宫	震	坎	艮
二月	离	离	离	离	离
三月	离	兑	中宫	巽	坤
四月	兑	中宫	巽	坤	离
五月	离	离	离	离	离
六月	艮	乾	中宫	震	坎
七月	乾	中宫	震	坎	艮
八月	离	离	离	离	离
九月	兑	中宫	巽	坤	离
十月	中宫	巽	坤	离	兑
十一月	离	离	离	离	离
十二月	艮	乾	中宫	震	坎

　　元宫:即天德飞临本身原来之宫。如丙丁为天德,丙丁在离方,丙丁为天德临离方是。纵观上图,天德还宫者共有四个月令,即甲己之年四月修兑方,以月令己巳入中宫,庚午到乾,辛未到兑,辛为四月天德,又居兑宫,是天德还宫。丁壬之年六月修震方,以月令丁未入中宫,戊申到乾、己酉到兑、庚戌到艮、辛亥到离、壬子到坎、癸丑到坤、甲寅到震,甲为六月天德,居震宫是天德还宫。此即本书"丁壬六月作于东"之意。丁壬之年七月修坎方,以月令戊申入中宫,己酉到乾、庚戌到兑、辛亥到艮、壬子到离、癸丑到坎,癸为七月天德,又居坎宫,是天德还宫。戊癸之年九月修离方,以月令壬戌入中宫,癸亥到乾、甲子到兑、乙丑到艮、丙寅到离、九月天德在丙、丙又居离宫,是天德还宫。古人认为,天德本是吉神,今临本位,其力更增,足能制伏一切凶煞,

所以云"任修作无忌。"

【原文】子午戊来乾巽方，兔鸡坤艮己还乡。

并为天德还宫处，纵逢恶煞亦无殃。

五月天德在乾，戊到乾为还家；十一月天德在巽，吊戊到巽为还家；二月天德坤，吊得己在坤为还家；八月天德在艮，吊己到艮为还家。

不是还宫皆少力，《元经》真个审精详。

【注解】此解以乾巽为戊，因乾宫有戌，巽宫有辰，为阳土，五月、十一月戊土飞临乾巽二宫为天德还宫。坤中有未，艮中有丑，为阴土，所以二月、八月己土飞临坤艮二宫为天德还乡。

以乾巽为戊，艮坤为己之法有误。其一，阴阳差错。八宅中以乾艮为阳，坤巽为阴，此据易之理而立，诸多术家均以艮为戊土阳生之处，坤为己土阴生之处。今此以艮为阴，以辰为阳，阴阳错位，难以为法。其二，古人风水中均以戊己为都天大凶煞，所到之处最忌修作。特举魏青江《阳宅大成》一例：癸未年，太岁在未坤，都天亦在未坤（按：癸未年正月起甲寅、二月乙卯、三月丙辰、四月丁巳、五月戊午、六月己未，阴年以己为都天凶煞）。见一萧姓，正月内在未坤方挖凿塘窟。三月建辰，遇壬戌到坤，刑太岁，其家丑未生男子肿胀。至六月己未，都天当令，又遇壬戌到未坤刑太岁，刑未命，则未生人损矣，乙丑生人腹胀渐甚。余批"易卦为腹"。令车干塘水，择期扶命。七月吊癸亥天德、岁德合到坤，与太岁三合，填平腹胀渐愈。而本书以戊己为天德者反为大吉之神，吉凶大异，且多不验，故不能为据。其三，所谓天德者，每月仅临一方，而戊己各占二方，其意相互矛盾。如甲己年五月建庚午，天德在乾方。以庚午入中宫，辛未到乾、壬申到兑、癸酉到艮、甲戌到离、乙亥到坎、丙子到坤、丁丑到震、戊寅到巽。以本文戊土为天德论，是戊土到巽方，与天德"五乾六甲上"之意大相径庭。又如甲己年八月，月建癸酉，天德在艮。以月建癸酉入中宫，甲戌到乾、乙亥到兑、丙子到艮、丁丑到离、戊寅到坎、己卯到坤。以本文己土为八月天德，今己卯临坤与天德"七癸八艮方"之意相差甚远，皆不相合，故本文之论不可为据。

运用天德的同时，天德合之方亦主吉祥，与天德同。《天宝历》曰："天德合者，合德之神也，所理之方，宜营构宫室，修筑墙垣。所值之日，宜覃恩肆赦，命将出师，祷礼山川，祈请福愿。"《钦定协纪辨方书》云："阳干为德者，阴干为合；阴干为德者，阳干为合。四维固无合矣，然举乾坤艮巽之维以为德，则其近维即为合。乾与艮合，寅亥合也，寅戌合也。坤与巽合，申巳合也，申辰合也。不言者，以四维无十干则不得有其日，然以方向论则乾为天德方，艮即为天德合方；巽为天德方，则坤即为天德合方，可以三隅反者也，此亦可备一义。"

天德合之说，甲乙丙丁庚辛壬癸八干无异义，而四维之说却各有异。《历例》曰："天德合者，正月壬、三月丁、四月丙、六月己、七月戊、九月辛、十月庚、十二月乙是也。四仲之月，天德居四维，故无合也。"此是执四仲月无天德合论。

《象吉通书》天德合诗例曰："正壬二巳三逢丁，四丙五寅六己停，七戊八亥九辛当，十庚十一月逢申，十二月中寻乙用，百事施为尽全情。"此是执四仲月以寅申巳亥为天德合论。

以上诸论，天德已非，天德合故误，不能为据。《历例》之说，言四仲月无天德合，天之道而三去其一，一年中岂能无四月乎？实不能为据。故仍依前天德之例，乾为戌取卯方，坤为未取午方，艮为丑取子方，巽为辰取酉方，由此成下面的表。

天德合所临之方，百事大吉，并无禁忌。

天德既为吉神，究竟有多大的作用？试看几例：

例1. 壬戌生，住坎宅，庚申年九紫火在乾，五行杀占乾，六

方位 月令	甲己年	乙庚年	丙辛年	丁壬年	戊癸年
正月	坤	离	兑	中宫	巽
二月	艮	艮	艮	艮	艮
三月	中宫	震	坎	艮	乾
四月	震	坎	艮	乾	中宫
五月	中宫	中宫	中宫	中宫	中宫
六月	巽	坤	离	兑	中宫
七月	坤	离	兑	中宫	巽
八月	艮	艮	艮	艮	艮
九月	震	坎	艮	乾	中宫
十月	坎	艮	乾	巽	震
十一月	中宫	中宫	中宫	中宫	中宫
十二月	巽	震	坎	艮	乾

月初四癸酉日作仓乾亥方，不知七赤加临，犯交剑杀，暗刀，本命亡神占亥，以致少妇詈公，口舌不宁，骨肉伤残，争产破败，老父肺疾痰火。甲申害亥，一亥命受刑夭亡，一寅命被刑冲，脑生疮毒，盗窃钱物。七月六白还宫，择吉扶命，并父肺疾痰火悉愈。

按：庚申年六月建癸未，以月建癸未入中宫，吊甲申到乾，甲为六月天德，是天德难解紫白诸凶矣。

例2. 刘姓，午命坎宅，犯乾方。上元乙卯，四绿值年，五黄镇乾，六月未刑戌，甲申到乾，劫杀死符加临，土王用事，修乾戌岁杀，犯太岁一星，四绿冲克，反吟穿心，木金太岁，口舌官讼，其家戊寅命凶，遇甲申犯七杀，故枷锁囚禁。盖乾为君、为父、为肢、为筋，盗父金玉被送官断脚杖毙，皆取乾方。丙戌命黄肿痴呆，以五黄土厚埋金，四绿木入金乡，不能克五黄而反起战斗。又癸未木克丙戌土，至九月，白虎还位，惊慌胀痛、脾虚胃弱、四肢瘫痪、筋骨痛疼,亥月而亡。

按:乙卯岁,六月建癸未,以月建癸未入中宫,吊甲申到乾,六月天德在甲,而五黄为九星中至凶之神,亦是天德之吉难解九星之凶。

例3. 见本书下册《八宅明镜》所举"上元乙卯,暗黄在坎不利九十月"例。

按:乙卯年九月建丙戌,月令及修作之日皆天月二德。同时,以月建丙戌入中宫,丁亥到乾、戊子到兑、己丑到艮、庚寅到离、辛卯到坎,辛金又是天月德合,依理该大吉大利。然丙午与修方天克地冲,且五黄凶煞到,是天月德及天月德合难解六冲及九星凶星。

由此可见,天德之吉,亦有限制,若逢造命年月日时及九星吉者,能增吉庆;若逢造命年月日时及九星凶者,亦无能为力,故慎用之。

月德篇第十五

【原文】即舜星。

月德:正丙、二甲、三壬、四庚、五丙、六甲、七壬、八庚、九丙、十甲、十一壬、十二庚。

月德修方事可凭,甲庚壬丙自泊停。

金旺庚兮木旺甲,水壬火丙互相迎。

正五九月寅午戌火,火旺在丙;二六十月亥卯未木,木旺在甲;三七十一月申子辰水,水旺在壬;四八十二月巳酉丑金,金旺在庚。皆取四旺处为月德之宫也。

【注解】"火旺丙,木旺甲,水旺壬,金旺庚",此论有误。五行不论是以长生沐浴十二宫论还是以四季旺相休囚论,旺处皆归地支,即水旺于子、火旺于午、木旺于卯、金旺于酉。甲丙庚壬皆为天干,且属阳干,术家以阳为贵,以阳为尊,而月本无明而从日,故月德从阳干,并非从旺处。

《钦定协纪辨方书》云:"月,阴也,阴无德以阳之德,其一乎阳皆德也,其二乎阴者皆愿也。是故正五九火则以丙为德。丙,天上之火也,天上之火,地上之火所禀也,故寅午戌月以丙为月德。余仿此推。甲丙庚壬皆阳也,阳者,德也,是以不用乙丁辛癸也。然则天德何以有乙丁辛癸也?曰:从天而言之,天秉阳,故德宜阳而阳,德宜阴而阴也。从月而言之,月秉阴,故专以阳为德也。然则何以无戊也?曰:三合只四行也,土寄其中,无适而非土也。居中者用中,生杀并施,德刑互济,今专以德言之,则当旺之一行为德,自不得及乎土也。土者,地也,无德之德是谓大德,大德者必不德也。"

《三命通会》曰:"月德者,乃三合所照之方,日月会合之辰。申子辰会酉出庚,入垣于壬;亥卯未会午出丙,入垣于甲;寅午戌会卯出甲,入垣于丙;巳酉丑会子出壬,入垣于庚。故壬甲丙庚谓之月德,而辰戌丑未四月天德亦同属焉。盖日月照临之宫,凡天曜地煞皆可制伏,故可回凶作吉。"由上二论判之,《三命通会》之说更贴切义理。

【原文】官吏修之职位迁,庶民亦主进庄田。

以用事月建入中宫,吊得月德到所修之方,士得官禄,庶人亦进田财。

亦用还宫为上吉,吊宫来见亦天然。

乙未五月例须知,丙戌加离庆会时。

更有贵人相会者,五行用此合天机。

月德亦要还宫为上吉,更合天德、贵人,大有益。如乙未五月作离,以壬午月建入中宫,吊丙戌到离,离又是丙本家,为还宫。甲己年甲到震为还宫,用甲戌日时妙,只六甲年二月贵人不合。

乙庚年丙到离为还宫,用丙戌日时妙;十月甲到震还宫,用甲午日时妙;乙年十月贵人相会。丙辛年并无还宫。丁壬年正月丙到离还宫,用丙午日时妙;六月甲到震还宫,用甲寅日时妙;壬年局外贵人相合。戊癸年九月丙到离还宫,用丙寅日时妙。

【注解】 月德亦取吊官月德,即以月建入中宫顺布九宫,本月月德飞临何方,何宫就是吊官月德之方,亦称"飞官月德"。如甲子年己巳月,四月月德在庚,便以月建己巳入中宫,庚午至乾,乾宫就是甲年己巳月吊官月德之方。依此类推,各年各月飞官月德成下表。

月令 ＼ 年干 方位	甲己年	乙庚年	丙辛年	丁壬年	戊癸年
正月	中宫	巽	坤	离	兑
二月	震	坎	艮	乾	中宫
三月	离	兑	中宫	巽	坤
四月	乾	中宫	震	坎	艮
五月	坤	离	兑	中宫	巽
六月	艮	乾	中宫	震	乾
七月	中宫	巽	坤	离	兑
八月	震	坎	艮	乾	中宫
九月	兑	中宫	巽	坤	离
十月	中宫	震	坎	艮	乾
十一月	坤	离	兑	巽	中宫
十二月	艮	乾	中宫	震	坎

月德还宫:月德只有甲、丙、庚、壬四干。甲隶震,月德为甲,到震为还官。丙隶离,月德为丙,到离为还官。庚隶兑,月德为庚,到兑为还官。壬隶坎,月德为壬,到坎为还官。月德本为吉神,若到本宫,格外有力,再加上月德与天德并,月德之支又为当

年太岁或本命天乙贵人,尤为吉庆。据飞宫月德表,可知月德还宫有以下月令:

甲己年二月丁卯入中宫,甲戌天德到震。

乙庚年五月壬午入中宫,丙戌天德到离。

乙庚年十月丁亥入中宫,甲午天德到震。

丁壬年正月壬寅入中宫,丙午天德到离,

丁壬年六月丁未入中宫,甲寅天德到震。

戊癸年九月壬戌入中宫,丙寅天德到离。

以上六月之月德,丁壬年六月甲及戊癸年九月丙,是为月德,又为天德,更加吉祥。

在运用月德的同时,月德合之方亦主吉祥,与月德方同。《五行论》曰:"月德合者,五行之精,符会为合也。所理之地,众恶皆消。所值之日,再福并集。利以出师、命将、上册、受封、祠祀星辰、营建宫室。"

《考原》曰:"月德合者,即各以月德所合之干为之。按甲丙壬庚为月德,则己辛丁乙为月德合矣。月德与月德合无戊癸,戊在巳,为金母;癸在丑,为金墓;酉为金之正位,庚辛所不临,合之即巳酉丑全局也。夫金者,刑也,德之反也。巳酉丑谓之三煞,又谓之破碎,又谓之红沙,德合之外,戊癸之方,恰存金局,阴阳之自然而然者,其妙如此。"《象吉通书》诀曰:

寅午戌月德合辛,亥卯未月己干亲。

申子辰月寻丁火,巳酉丑月乙为林。

由此可见,月德合方即月德所合之干。如丙与辛合,壬与丁合,庚于乙合,甲与己合,据此成下面的表。

《象吉通书》曰:"月德合为五行生气之方,相扶为福,所临方可以封拜上官、祭祀修造,开张动土,远行结姻,移徙市贾,纳财畜、种植、百事吉,惟忌词讼。"

年干 方位 月令	甲己年	乙庚年	丙辛年	丁壬年	戊癸年
正月	坎	艮	乾	中宫	震
二月	兑	中宫	巽	坤	离
三月	中宫	震	坎	艮	乾
四月	坤	离	兑	中宫	巽
五月	乾	中宫	震	坎	艮
六月	巽	坤	离	兑	中宫
七月	坎	艮	坎	中宫	震
八月	兑	中宫	巽	坤	离
九月	震	坎	艮	乾	中宫
十月	离	兑	中宫	巽	坤
十一月	乾	中宫	震	坎	艮
十二月	巽	坤	离	兑	中宫

天道篇第十六

【原文】言天道月临之方。

天道方：正巳、二申、三亥、四酉、五子、六寅、七丑、八卯、九午、十辰、十一未、十二戌。

天道之行百事宜，亦须括出乃方知。

戌子寅月南缠马，卯巳丑行还自西。

辰午申加于北地，未酉亥东为定期。

正月、九月、十一月，天道南行巳午未方；二、四、十二月，天道西行申酉戌方；三、五、七月，天道北行亥子丑方；六、八、十月，天道东行寅卯辰方。

【注解】《乾坤宝典》曰："天道者，天之原阳顺理之方也，其地宜兴举，众务向之，上吉。"《广圣历》曰："天道正月、九月在南方,二月在西南方,三月、七月在北方,四月、十二月在西方,五月在西北方,六月、十月在东方,八月在东北方,十一月在东南方也。"《考原》则认为,天道即天德之方。《钦定协纪辨方书》曰:"天道即是天德。专言其方则曰天道,兼日干与方向言之,则曰天德,其实一也。"由是分析:天德二月在坤,天道二月在申,申隶坤,同义也。三月天德在壬,天道在亥,亥即壬,同义也。四月天德在辛,天道在酉,辛酉同兑西也。六月天德在甲,天道在寅,甲寅同义也。七月天德在癸,天道在北方,丑中有癸水余气,大六壬以癸寄丑宫,其义亦通。九月天德在丙,天道在午,丙午同隶南离,义同。十月天德在乙,天道在辰,辰中有乙木余气,大六壬以乙寄辰宫,其义亦通。以上诸月,天德取干,天道取支方,尚相符合,惟正月、五月、八月、十一月、十二月天道与天德不能相合。细推天道之理,是以月建旺处为德、为道。五月火旺,旺而归戌墓,阴阳和谐为德、为道,而在子则为月破,破者为凶,道者为吉,其义不符。八月建酉,本书云天道在卯者,亦为相破,与义不符。十一月建子,子为水旺之方,归巽入库,收藏为美,符合天道之义,本书云未者,义亦不通。十二月天德在庚,与月建丑墓阴阳相配,若在戌则无义理,故乾坤艮巽之天道,仍应取天德之支,本书之法,不符义理。故《象吉通书》载:五月天德在西北,八月天德在东北,十一月天德在东南,十二月天德在西,与天道三义合。

【原文】 虽云一位行三月,准的元来别有机。

若与吊宫分住着,三元踪迹不差池。

只如正九十一月,南方巳午未须知。

正月但求于巳地,九月午上合当之。

十一但来求取未,更将月建入中移。

逐月吊宫位诀相同,法以用事月建入中宫,寻吊宫所到方作之吉。

只如甲己年正月,南为庚午例为头。

用得此神嘉庆会,能令祸息福相随。

【注解】吊宫天道,是以月建入中宫顺布,该月天道之支飞临何宫,何方就是本月天道之方。如甲己年正月,以月建丙寅入中宫,丁卯在乾,戊辰在兑,己巳在艮,本书正月天道在巳方,巳临艮,所以甲己年正月天道在艮方。以本书之意,各月飞宫天道方如下:

正月以月建寅木入中宫,吊巳到艮,艮方即正月天道方。

二月以月建卯木入中宫,吊申到坎,坎方即二月天道方。

三月以月建辰土入中宫,吊亥到震,震方即三月天道方。

四月以月建巳火入中宫,吊酉金到离,离方即四月天道方。

五月以月建午火入中宫,吊子水到坤,坤方即五月天道方。

六月以月建未土入中宫,调寅木到震,震方即六月天道方。

七月以月建申金入中宫,吊丑土到坎,坎方即七月天道方。

八月以月建酉金入中宫,吊卯木到坤,坤方即八月天道方。

九月以月建戌土入中宫,吊午火到巽,巽方即九月天道方。

十月以月建亥水入中宫,吊辰土到坎,坎方即十月天道方。

十一月以月建子水入中宫,吊未土到震,震即十一月天道方。

十二月以月建丑土入中宫,吊戌土到中,中即十二月天道方。

飞宫天道不可信。天道者,斗柄所指,月建地支三合旺方者是,法以天道运行来推算。月建一入中宫,是斗柄所指之方有误,天道岂能有准? 此其一。天道正月、九月在南方,是同一位,而飞宫天道正月在艮,九月在巽;天道三月、七月在北方,是同一位,而飞宫天道三月在震,七月在坎;天道四月、十二月在西方,属同一位,而飞宫天道四月在离,十二月在中宫;天道六月、十月在东方,而飞宫天道六月在震,十月却在坎;既与天道同之义不符,亦与天道取旺之意相违。所以飞宫天道为风水选择家所不取。如魏青江《阳宅大成》中例:甲寅生,于乙卯年十月初八辛亥日修甲乙方催生。盖甲寅命宫,取木星为禄神、福星、科名、爵星、赦文,极能催生发福,催官进禄,解散一切灾祸。修方动造,本日木星躔心五度,谓之木星镇临地盘甲上,即木星正值甲寅生命干之上。本日太阳躔心三度,加在地盘,寅时正三刻或卯时初一刻,此为木星太阳照元官主,即于甲方修造。本月天德在乙,月德在甲,天道东行,宜修造东方,刻期取效,最为神速。六十二岁十月修方,六十三岁八月生子。

按:本宅十月修东方,云"天道东行",是十月以东方为天道。若以飞宫天道论,则十月天道在坎方,风马牛不相及,故知飞宫天道乃谬设无义,不能为据。

另《佐元直指·卷七》有"天道人道图"可参阅。

人道篇第十七

【原文】言人道月临之方。

大月方:正癸、二艮、三甲、四乙、五巽、六丙、七丁、八坤、九庚、十辛、十一乾、十二壬。

小月方:正丁、二坤、三庚、四辛、五乾、六壬、七癸、八艮、九甲、十乙、十一巽、十二丙。

人道之行有旨归,常行八干并四维。

月大正癸二从艮,此例常言无定期。

端的须看大小月,冲月小方而用之。

人道行八干四维,须看月份大小。如正月大在癸,正月小在丁,对冲用。

为病出行人道昌,就之迎福又消殃。

惟此不须飞吊替,各处其神之正方。

人道方不用吊宫,但以本方取之。凡守宫犯凶星或人病,速移就人道方,吉。

　　　　庚寅家长甲申岁,正月出火向坤方。

　　　　坤犯庚寅撞命杀,一家大小病难当。

　　　　其年正月是大尽,速移癸上乃安康。

　　昔一庚寅命,宅长于甲申年正月出火坤方,以月建丙寅入中宫,吊宫坤犯庚寅的命煞,出坤未数日果病,小口亦不安。遇一奇士云:"此方犯煞,急宜移就人道上。"其年正月大尽,便移癸上,一家遂得平安。

　　　　古人用术甚奇特,后学宜加细审详。

　　【注解】出火:又称"避宅出火"。为改建房屋,请祖先神佛香火暂居他方者。古人对出火非常讲究,必选吉日。经云:"出火皆避经命星,或因年月速修营,或因就旺并改革,故移家口暂居停。今人遇此常作仪,大小修营亦用之,土木犯轻人犯重,此理时师须得知。"《象吉通书》载"逐月出火吉日",特录于下:

　　正月:乙亥、乙卯。二月:辛未、乙亥、甲申、乙未、癸丑,外乙丑、丁未、癸未、己未。三月:乙卯,外癸酉、丁酉。四月:甲子、丙子、乙卯,外庚午、庚子、癸卯、丙午。五月:甲戌、乙亥、辛未、乙未、癸丑,外乙丑、壬辰、己未。六月:乙亥、戊寅、甲申、庚申,外丙庚、甲寅。七月:甲子、辛未、丙子、壬子,外庚子、丁未、丙辰。八月:甲戌、癸丑,外乙丑、壬辰、丙辰。九月:庚午、壬午、丙午。十月:甲子、辛未、丙子、乙未、壬子,外庚午、庚子、丁未。十一月:辛未、乙亥、甲申、庚申,外癸未、壬辰、丙辰。十二月:戊寅、甲申、庚申,外丙寅、甲寅。

　　从上各日可以看出:大凡出火,忌本命冲破之方及月令太岁冲破之方,喜本命、太岁及月令三合之方及生旺之方。本书例庚寅命,甲申年、丙寅月出火,太岁与本命及月令皆相互冲克,故凶。

　　的命煞:请参阅本册《阳明按索》第 517 面。

所谓人道,以二十四山顺序论,大月在月建的后三位。如正月建寅,后三位为癸;二月建卯,后三位是艮;三月建辰,后三位是甲等。小月则在月建对冲之神的后三位。如正月建寅,对冲申方,申后三位是丁;二月建卯,对冲酉方,酉后三位是坤;三月建辰,对冲戌方,戌后三位为庚等是。

修报人道之方,主要用于祛病避难。南宋天人家吴叟,与人修方息病,必以人道方为主,男用生气,女用天医并天月德、解神、太阳、奇门、禄马、贵人诸吉到方,再以命主、日主、命宫主、九曜恩星躔照命度及方位,岁月日时各入中顺遁用神到方,以方位卦配命卦,遁子、父、财、官到方,病即除。

如广德汪九成,庚寅生,于隆兴二年上元甲申岁正月作坤申方,犯太岁月破,月入中顺行,壬申金加临其方,克庚刑寅,金冲木命,当月暴病,至夏渐重。八月人道转到坤申,遇一天人家洪德风修报此方。以本命主、日主、命宫主曜气中避仇难,趋恩福,用神内调赦解到方位;秋分中局,一宫甲子,逆遁甲申八艮,庚寅二坤;顺遁乙奇在坤,八白生门在坤;申岁入中顺遁,本命禄马甲申,阳贵戊寅,食禄辛亥俱在坤;月入中顺遁,本命阴贵壬午在坤得令当权,癸酉月选辛未开日,生气在坤;选庚寅时比助身强,月德在坤;辛未日以庚寅为阳贵,合时上贵人格,修后病除无恙。

按:此例与原文举例年、月及本命均同,虽事不同,其理一样。由是观之,人道方虽可祛病,还须诸吉并临,更须造命吉格,方能有效。若无诸吉,亦难应验。

解神篇第十八

【原文】解神正月起于申酉戌,顺行十二辰。

官符用之公事解,

正月申、二月酉、三月戌,顺行十二辰,能解诸凶。官符用之,能解争讼。

【注解】《历例》《大六壬》《钦定协纪辨方书》等解神与本书阳月相同,阴月有异。《历例》曰:"正、二月申,三、四月戌,五、六月子,七、八月寅,九、十月辰,十一、十二月午也。"曹震圭解释说:"解神者,月中奏对直谏之臣也,常居与月建对冲之阳辰,与太岁中奏书一义,盖忠臣之位,不处阴私之位也。"《钦定协纪辨方书》曰:"阴阳之性,非冲不解。而解神于六阳辰即用冲神,于六阴辰则不用冲神,而即用阳辰之冲神者何也?阳者,德也,冲之而即解,所谓如日月之食者也。阴者,慝也,冲之即慝作矣,然而阴非无阳者也,必冲其阳则慝,亦解动其固有之德也。虽然,不可径冲其本位也。为臣者知此,得进谏之方焉。为君者知此,得受谏之道焉。故曹震圭比之奏书也。"

要知二者何正何误?首先要明白"解神"的用处。《总要历》曰:"解神者,月中善神也,所值之日宜上词章,雪冤枉。"《钦定协纪辨方书·宜忌》云:"宜上表章,陈词讼,解除、沐浴、整容、剃头、整手足甲、求医疗病。"并云:"旧本止宜上表章,陈词讼,解除。今按沐浴以下等事,皆解除类也。况破日宜疗病,而解神吉于月破,故并宜之。"从上述之论可以看出,解神之所以为吉,就在于"月破",因破即解散,即破除,官讼、疾病等均为凶灾,故宜破解。而婚姻、催官、催丁等和合之事,反忌解神。何者能解?何者可散?即月冲也、月破也,所以本书之论为正。而曹震圭强把"解神"与"奏书"混二为一,纯属牵强附会。《钦定协纪辨方书》之释,亦属穿凿。如云"阳者,德也",德为吉神,逢冲则德散,岂非吉反成凶么?亦与解神之义不符,故为误。

【原文】疾病用之医疗臻。

　　　　但向吊宫求泊处,此理知其幽秘深。

疾病用解神,医疗可痊。吊宫以岁支入中宫,飞寻月解神所到方修之。如巳年，将巳入中宫，二月解神在酉，吊宫酉到离，宜作离解凶。

　　凡位凶星及恶煞，殃消祸散自欢欣。

　　【注解】解神吊宫之法，是以年支入中宫，寻十二月的解神飞临之宫。如本书举例，巳年二月修作祛病，以太岁巳入中宫，午到乾、未到兑、申到艮、酉到离。酉为二月解神，修离方则散讼祛病。由此例推，各年、各月解神见下表；另有解神歌云：

　　正申二酉三戌推，四亥五子六丑是，

　　七寅八卯九辰当，十巳十一午腊未。

月令＼年支方位	子	丑	寅	卯	辰	巳	午	未	申	酉	戌	亥
正月	巽	震	坤	坎	离	艮	兑	乾	中宫	兑	乾	中宫
二月	中宫	巽	震	坤	坎	离	艮	兑	乾	中宫	兑	乾
三月	乾	中宫	巽	震	坤	坎	离	艮	兑	乾	中宫	兑
四月	兑	乾	中宫	巽	震	坤	坎	离	艮	兑	乾	中宫
五月	中宫	兑	乾	中宫	巽	震	坤	坎	离	艮	兑	乾
六月	乾	中宫	兑	乾	中宫	巽	震	坤	坎	离	艮	兑
七月	兑	乾	中宫	兑	乾	中宫	巽	震	坤	坎	离	艮
八月	艮	兑	乾	中宫	兑	乾	中宫	巽	震	坤	坎	离
九月	离	艮	兑	乾	中宫	兑	乾	中宫	巽	震	坤	坎
十月	坎	离	艮	兑	乾	中宫	兑	乾	中宫	巽	震	坤
十一月	坤	坎	离	艮	兑	乾	中宫	兑	乾	中宫	巽	震
十二月	震	坤	坎	离	艮	兑	乾	中宫	兑	乾	中宫	巽

　　例：汀郡黄孝廉，壬申生，住兑宅，每年十余官事。邱应远为之散讼。于宣和七年下元乙巳岁，官符在申，遁甲申水运，丙戌土月、庚午土日、丙戌土时，克制甲申官符。寒露中局，九宫甲子顺遁，庚子在乾，甲申在坤、丙戌在巽，地风升死加巽，顺挨开在申，逆遁丙奇在甲申方，得丙奇开门。岁入中顺遁，命禄辛亥在

申,阳贵乙巳在中;月入中顺遁,太岁食禄丙午,阳贵戊子俱到兑宫,命禄辛亥,正马壬寅到向,金舆禄在中寄坤申方,太阳躔乙卯,对照兑宅,合照坤方,天德、月德在中宫,为赦德、恩德、解神、赦文,诸吉到方,修报讼尽解散。

　　按:四月解神在亥,以太岁乙巳入中宫,丙午到乾、丁未到兑、戊申到艮、辛酉到离、庚戌到坎、辛亥到坤。辛亥为四月解神,再并诸吉,故有散讼之效。

催官鬼使篇第十九

　　【原文】四时催官鬼使:春用乙、夏用丁、秋用辛、冬用癸。

　　　　累举无名宜自回,须凭造作报官催。

　　　　乙辛丁癸四尊贵,更与贵人同局来。

　　　　春乙夏丁秋用辛,三冬用癸合其神。

　　　　只如丙子年五月,艮宫丁酉吊宫寻。

　　　　能将此法修方报,来岁荷衣必定新。

　　凡士子应举,久不成名,须吊寻催官鬼使到方,修报方可成名,三年内立应。如丙子年五月作艮寅山申向,以月建甲午入中宫,顺寻得丁酉到艮,丁为夏季催官,酉为丙年阴贵人,作之主士子登科,官吏荣迁,闲谪复起。

　　【注解】春天木旺、夏天火旺、秋天金旺、冬天水旺。若旺时再用阳干,物极必反,反为不吉,故用阴干为催官使,取其未极旺而有力也。如甲子年,辛未月修方催官,未月为夏令,催官鬼使在丁,便以月建辛未入中宫顺布,寻丁火泊宫,则壬申到乾、癸酉到兑、甲戌到艮、乙亥到离、丙子到坎、丁丑到坤,所以坤方便是辛未月催官使方,修其方可令有职者升迁,闲居者复出。至于举子成名者,还要兼修科名星方验。依上而推,各年各月飞宫催官鬼使成下表(见下面)。

年干 方位 月令	甲己年	乙庚年	丙辛年	丁壬年	戊癸年
正月	中宫	震	坎	艮	乾
二月	巽	坤	离	兑	中宫
三月	震	坎	艮	乾	中宫
四月	巽	坤	离	兑	中宫
五月	震	坎	艮	乾	中宫
六月	坤	离	兑	中宫	巽
七月	中宫	震	坎	艮	乾
八月	巽	坤	离	兑	中宫
九月	震	坎	艮	乾	中宫
十月	巽	坤	离	兑	中宫
十一月	震	坎	艮	乾	中宫
十二月	坤	离	兑	中宫	巽

　　催官之说，诸书也有异别，魏青江《阳宅大成》取法："甲在酉辰，乙在申巳，丙在午未，丁在卯戌，戊在寅亥，己在亥寅，庚在巳申，辛在子丑，壬在未午，癸在丑子。"同时，该书还有取天官之法："甲以辛为正官，辛禄在酉，故以丁酉为天官。乙以庚为正官，庚禄居申，故以甲申为天官。丙以癸为正官，癸禄居子，故以甲子为天官。丁以壬为正官，壬禄居亥，故以辛亥为天官。戊以乙为正官，乙禄居卯，故以乙卯为天官。己以甲为正官，甲禄居寅，故以丙寅为天官。庚以丁为正官，丁禄居午，故以丙午为天官。辛以丙为正官，丙禄居巳，故以癸巳为天官。壬以己为正官，己禄居午，故以庚午为天官。癸以戊为正官，戊禄在巳，故以丁巳为天官。"并云"甲入羊群乙爱龙"之说难验。

　　本书另收《璇玑经》中有"官星第二十八"一节，可参阅。

　　胡晖在《选择求真》中则以坐山为主，诀云："乾甲山辛为官星，坎癸申辰山戊为官星，艮丙山癸为官星，震庚亥未山丁为官星，巽辛山丙为官星,离壬寅戌山己为官星,坤乙山庚为官星,兑丁巳丑山壬为官星。"该书把"春乙、夏丁、秋辛、冬癸"称为活催官。

以上诸说,各执一词,且均有例。先将各例摘录于下,再从例中一一分析。

例1. 见本册第58面所举京兆余待御例,此例从催官角度分析,是以本命与当年之年月日时论,兼及修方,并不论吊官。

例2. 汴江颜绍,癸丑生,屡科不中,日者曰命不贵。杨氏曰:"修食禄文昌方必中。"颜曰:"拙命文章,何必如是。"又不中,托杨修方。癸命以巳为天乙贵人,在巳方造一书楼,咸通十二年,中元辛卯岁、辛卯月、丁卯日、癸卯时,取丁为癸财,财旺生官;癸食乙禄在卯,为食禄到方,卯与巳皆命中贵,文曲、文星俱系卯,巳与丑命三合,暗藏一酉,冲动必发。课云:食禄在卯贵亦同,再逢便乘龙;丁酉年来必有应,子当加敬信。乾符四年丁酉科果中。杨曰:"命乎?文章乎?"杨曰:"修方改天命,良然。"

按:此催官是以本命天乙贵人及文星、文昌论。若论修方,调己亥到巳方,反为冲破,不吉。此说明催贵以本命为主。

例3. 见本册第51面所举庄心田例。

按:此以太阳躔度及本命三合禄元为主,并未提及飞宫催官。

例4. 饶州宋大昌,壬午生,造巳山屋,托天人家选四丁未,以壬取丁为财,丁禄归命支,合马到山,记云:"天干连丁支浑未,天地同流皆一气,干支命合德愈奇,管取家豪代代贵。"四丁正财发富,财旺生官,大贵。后父子节度使。

按:此亦以本命财禄及支合取,并未取吊官修方催官。

例5. 庆历三年,中元癸未岁、乙丑月、甲子日、甲子时,天人家陈从之为杨元长,戊午生,住坎宅,修午丁方。小寒上局,二宫起甲子,顺遁甲寅兑,逆遁乙奇一坎,丙奇九离,甲子时景门到离。岁入中顺遁,主命阴贵己未,金舆禄在中宫;月入中顺遁,主命阳贵乙丑,阴贵己未,金舆禄同在中宫。岁禄甲子,阳贵乙卯,食禄己卯同在坎山,天月二德合乙丑在中,为赦德、仁德、官德,本命贵德到中。拆除旧屋用大寒上局,己卯日、戊辰时,乙奇坤二、丙奇坎一、丁奇离九,戊辰时在兑,甲子岁首在震三,以震加兑,离方得丁奇、休门,动作修造。年独火、月财、生气、官国同到离方,壬申时安门,丁奇、生门又到向,以命主取九曜恩星到命度照方向,催官最速。次年甲申内转侍郎,升尚书。

按:此以本命恩星及奇门,吊宫论催官,并未论催官使者。

例6. 绍兴十七年上元丙寅岁、庚寅月、十四甲申日、辛未时,刘朴庵为福州蔡子通,丁未生,修巽山。雨水中局,六宫甲子,顺遁辛未在巽,以乾加巽逢开门,逆遁丙奇到巽。岁入中顺遁,阳贵辛亥在中宫;月入中宫顺遁,太岁阳贵己亥,食禄丁巳俱在中宫;命贵己酉文星到乾向,金舆禄戊申在中宫,月德合辛卯到乾向,为合德、和德、福德、金德,春木又以金为官,其实辛纳于巽为一家,不致克巽山也。蔡子通当年入选,次年罣误闲居。仍延朴庵修丙方,用丙奇、开门、官国禄星、催官鬼使、福星贵人,本命禄马贵人诸吉同临丙方,即于丙子年复任荣迁。

按:此以奇门遁甲,吊宫及本命禄马贵人诸吉并临为美,并非独用催官使。

例7. 绍兴二十一年,上元辛未岁、辛卯月、辛卯日、庚寅时,欧阳升为张魏公修甲山庚向,用辛为正官,惊蛰下局,乙奇开门到甲,月德、天德合在甲,当年得选,但未沾厚。欧阳子取廪禄、开星报方,官国、天官贵,国印、福星贵,天恩、天福、运财、食禄、催官、火星同到修作,果于兴隆元年开都督府于建康。

按:此以坐山之方论官星及诸贵并临论,并未论及吊宫。

以下是胡晖《选择求真》"修贵人科甲法"一节中所收案例。

例1. 晋巴陵卢氏,兑宅,修甲卯向,用甲申年、壬申月、庚戌日、辛巳时,乙丑生命,甲以辛为官,甲申太岁入中顺飞,遁得活催官辛卯到,又为本年催官、天官,今兑山修甲方,甲属木,辛为官星,甲卯方又为命禄,次年乙酉,果中五魁。再看四柱,年干甲,日干庚,贵人趋丑命,乙命贵人趋年月申支,故吉。

例2. 昔福建宁化县武家,修乾山巽屋,宅主辛酉生命,取丁丑年、癸丑月、甲寅日、丙寅时,本年年魁星在巽向,天官星在乾山,冬月以癸活催官,飞遁到乾山。以太岁丁丑入中宫顺飞,主命真阴贵甲午到巽向。以月建入中宫顺遁,太岁真禄丙午亦到巽向。乙酉科合禄之年,定主请举;丁亥合马之岁,必中黄甲。后果验。

从以上诸例及诸法观之,赵载取正气官星为催官使者,是以五行阴阳相克,或阴阳克合为官星,如甲为阳木,辛为阴金。阴金克阳木,阴阳相谐;乙为阴木,庚为阳金,阳金不仅克阳木且相合,符五行生克合制化之理。胡晖取八卦纳甲所克之神为催官使者。如巽纳辛,辛为阴金,丙为阳火,阳火克阴金且相合,故巽辛山以丙为催官使;艮纳丙,丙为阳火,癸为阴水,阴水克阳火,阴阳相谐为正官,所以艮丙山以癸为催官使者等,亦合五行生克合制化之理,故为上。本文取四季临官之干,将旺而未及,尚合义理,但与官星之义不甚相合,故为次。魏青江所取之法,除甲在酉、乙在申、己在寅、壬在未等尚合义理外,余干均悖义理,且本人在举例中亦未见使用应验,故不必拘执。

须要注意的是,催官使者是以干为主,而选择风水以支为重,所以干吉支吉,诸吉并临,催官使者可验。若干吉支凶,则无应验。如丙寅生命,丙午年、辛丑月修兑方催官。以月建辛丑入中宫顺遁,壬寅到乾,癸卯到兑,癸水为丙火生命及丙年太岁正气官星、催官使者,又为冬季活催官,均为吉庆,然地支卯木与兑宫酉金相冲,是干吉支凶,吉气冲散,虽修无益。

卷三

三元年禁篇第二十

【原文】子年巳午未，丑年午未申，寅年未申酉，卯年申酉戌，

辰年酉戌亥，巳年戌亥子，午年亥子丑，未年子丑寅，

申年丑寅卯，酉年寅卯辰，戌年卯辰巳，亥年辰巳午。

三杀年禁用之危，岁在卯方申酉推。

年禁名三禁杀。如太岁在卯，酉为的杀，申为旁杀，戌为照杀。凡太岁正冲辰为的杀，前一为照杀，后一为旁杀。余皆仿此例推。

须把吊宫分月建，临方犯者莫施为。

只如子岁月当寅，正南之作且妨人。

的杀先忧家长死，次忧小口又频频。

如甲子年正月作离方，以月建丙寅入中宫，行见己巳在艮为旁杀，己巳纳音木，木克艮土，主杀辰戌丑未命人。行见庚午在离为的杀，庚午纳音土，土克水，若修离方，主杀申子辰水命人。又行见辛未在坎，为照杀，辛未纳音土，土克水，亦主杀申子辰命人。犯的杀主家长，旁杀主小口，照杀主盗贼、破财、词讼之咎。其法原有中宫则论方，若未有中宫则论坐山。

【注解】三杀吊宫之法，亦以月建入中宫顺飞，如上例，甲子年正月修造，甲子年三杀在巳午未方，以月建丙寅入中宫顺布，丁卯到乾、戊辰到兑、己巳到艮、庚午到乾、辛未到坎，则该月三杀吊宫在艮离坎三方，若修此三方则是犯了三杀。依此法各年各月三杀表见《佐元直指·卷六·吊宫岁禁定局》。

的杀取太岁对冲之方，与岁破同。太岁为至尊之神，谁敢与其相对？其理通。旁杀、照杀为斜冲之方。旁杀虽气已过，但尚

有余力；照杀虽尚未及，然破气将近，其理亦通。故旁杀与照杀之凶远比的杀轻，所以灾小。且卯年照杀在戌，辰年旁杀在酉，酉年照杀在辰，戌年旁杀在卯，均为六合之方，不仅不能为凶，且有小喜，故要分清。

赵载之注认为，三杀之凶，应在纳音之克命。如纳音为金，杀亥卯未木命人；纳音为土，杀申子辰水命人；纳音为水，杀寅午戌火命人；纳音为木，克辰戌丑未土命人；纳音为火，克巳酉丑金命人。其说纯属臆想，毫无义理，不可为凭。其一，大凡论命，当以命支正五行论。如申属金，辰属土，子属水，各占其位。每人本命只有一，有一则无合，无合则不化，所以本命均以正五行论。修作年月日时中有三合、六合之支，方才论化，所以三合为本命之说不妥。如纳音为土，克申子辰水命之说，见壬申本命人，以正五行，纳音五行均为金，如何能与水命连在一起？见丙辰本命人，纳音与正五行皆土，又何以论水乎？其二，凡论生克，用正五行者，即言与正五行生克；用纳音五行者，即言与纳音五行生克，用三合五行者，即言与三合五行生克，决无混淆之理。而本注将纳音五行与正五行混为一团，风马牛不相及，相互抵触，矛盾重重。如原注言己巳纳音木，杀辰戌丑未命人一说，辰戌丑未虽为土，若与天干相配论纳音，均只有一干属土，余皆非土。即：甲戌、甲辰、己丑、己未纳音火，戊辰、戊戌、癸丑、癸未纳音木，乙丑、乙未、庚辰、庚戌纳音金，辛未、辛丑、丙辰、丙戌纳音土，丁丑、丁未、壬辰、壬戌纳音水。己巳木遇纳音土者能杀，勉强可通，若逢纳音金、纳音火，纳音木者又如何去克？去杀？实在不能自圆其说。若论相克，其法有二。一是以本命地支论之。如本命为卯，遇三杀在酉而犯之，主伤卯酉命人；本命为子，遇三杀在午而犯之，主伤子午命人。二是以八卦论应何人，即乾为老父，坤为老母，震为长男，巽为长女，坎为中男，离为中女，艮为少

男,兑为少女。举例以说明:

例1.余姓祖茔,癸脉巳向,癸卯年孟春在茔甲卯方造屋,山尖冲射。本命辛卯生,二月雨埊溜坡,折伤左足,断其踝骨。盖本年太岁卯方,正月兴工时,辛酉岁破灾杀到太岁之方,且辛酉对冲辛卯,又为月建之杀,天克地冲,金干金支,天金神到震木位,震即卯,震为足,故应卯命卯年卯月受伤。

按:癸卯年旁杀在申,的杀在卯,照杀在戌。正月甲寅兴工修震方,以月建甲寅入中顺飞,乙卯到乾、丙辰到兑、丁巳到艮、戊午到离、己未到坎、庚申到坤、辛酉到震,辛酉为当年的杀。依本文论,辛酉纳音木,当杀辰丑戌未命人,然此局却应在辛卯命人,是卯酉相冲为破故,此证应以修方之支论应例。

例2.张姓,庚戌生,住京山艮宅,便门丑方,紧对墙头。戊戌年二月,在右厢内掘地作蒸酒灶。三月,因失火上屋坠,跌伤右手脚兼右腿。适予过问断,丑隶艮,艮为手,丑为足,又为腮,彼腮有伤痕。后天乾方忌火烧,今灶在本命戌方,寅午戌三合火,所以因火致疾患。乾系先天艮位,《易传》艮为指、为手,戊戌太岁占方,二月丙辰加临,不但冲岁冲命,而干支且克击本命,岁破月杀叠凶,故应戌命手足。丑戌相刑,俱在宅右,故主右折。择吉制煞修方后渐愈。次年孟冬会于左城,安然无恙。

按:戌年旁杀在卯,的杀在辰,照杀在巳,此宅戊戌年二月修作乾方,以月建乙卯入中宫顺布,丙辰的杀到乾,辰戌相破,故应戌命人灾咎。以原注论,丙辰纳音属土,当克杀申子辰水命人,是百无一验矣。

例3.参本册第51面所举刘姓例。

按:未年旁杀在子,的杀在丑,照杀在寅。该宅己未年十月修丑艮方,以月建乙亥入中顺布,丙子到乾、丁丑到兑、戊寅到丑艮方,寅木为照杀。以原注论,戊寅纳音属土,当杀申子辰水命

人，然此造却伤及少男及未命人，是以八卦及太岁论，说明纳音
生克之说不能圆说。

太岁一星篇第二十一

【原文】 一星太岁祸难防，此杀凶危不可当。

但把三元自推数，遇之家内布重丧。

此太岁星最大，切不可犯。法先看三元年，中宫得何星值年，
即大统历年神方位图。次看本年岁支位得何星，即大统历年神方
位九星图。遂将岁支位上所得之星，再入中宫飞求，值年中宫星
之所在宫，即为太岁一星所在之宫，切忌修作，定不止杀一人。

太岁一星兀谁知，一年之内有凶期。

逐月运行方至妙，便无定准及常仪。

只如上元甲子年，一白来中布九天。

子上六白重入位，再来离白不堪怜。

如上元甲子年，是一白值年，便将一白入中宫，坎为子，年岁
支位见六自在坎，值岁支本位。遂将六白入中宫，再飞寻原值年，
至一白到离，即年家真太岁一星在离也。上元甲子年的不可修作
离方。中元、下元仿此例推。

吊官逐月香因期，常忌太岁又相随。

只如一白居离是，二月虽之艮位知。

如一白在午为太岁一星，其年二月将丁卯入中宫，寻见午到
艮，又将管月中宫星七赤入中再飞，见一白到艮，与月吊宫午合，
乃是真太岁一星也。

祸期灾挠终非小，家长沦亡子弟危。

【注解】 求太岁之法，诸书各有不同，先谈本书。本书是以
当年入中九星为太岁，再以吊替之法，顺寻太岁所临之方。要知
此法，首先要知道三元九星入中之星。详见第105面的表。

入中星 三元 流年	上元	中元	下元	入中星 三元 流年	上元	中元	下元
甲子	一	四	七	甲午	七	一	四
乙丑	九	三	六	乙未	六	九	三
丙寅	八	二	五	丙申	五	八	二
丁卯	七	一	四	丁酉	四	七	一
戊辰	六	九	三	戊戌	三	六	九
己巳	五	八	二	己亥	二	五	八
庚午	四	七	一	庚子	一	四	七
辛未	三	六	九	辛丑	九	三	六
壬申	二	五	八	壬寅	八	二	五
癸酉	一	四	七	癸卯	七	一	四
甲戌	九	三	六	甲辰	六	九	三
乙亥	八	二	五	乙巳	五	八	二
丙子	七	一	四	丙午	四	七	一
丁丑	六	九	三	丁未	三	六	九
戊寅	五	八	二	戊申	二	五	八
己卯	四	七	一	己酉	一	四	七
庚辰	三	六	九	庚戌	九	三	六
辛巳	二	五	八	辛亥	八	二	五
壬午	一	四	七	壬子	七	一	四
癸未	九	三	六	癸丑	六	九	三
甲申	八	二	五	甲寅	五	八	二
乙酉	七	一	四	乙卯	四	七	一
丙戌	六	九	三	丙辰	三	六	九
丁亥	五	八	二	丁巳	二	五	八
戊子	四	七	一	戊午	一	四	七
己丑	三	六	九	己未	九	三	六
庚寅	二	五	八	庚申	八	二	五
辛卯	一	四	七	辛酉	七	一	四
壬辰	九	三	六	壬戌	六	九	三
癸巳	八	二	五	癸亥	五	八	二

　　三元九星入中还可列成一个更简单的表,见本书下册第6面,亦可用图的形式表示,见本册《璇玑经》第365面。

　　知道了当年太岁入中之星,便以该星入中顺布九星,布至当年岁支之宫,看为何星;再以此星入中宫顺布,至当年入中之星所临之宫,该宫便是当年太岁之方。如上元甲子年修造,上元甲子年是一白入中宫顺布,则二黑在乾、三碧在兑、四绿在艮、五黄在离、六白到坎,坎为当年岁支;再以六白入中,顺布九宫,则七赤在乾、八白在兑、九紫在艮,一白到离。一白是当年入中之星,离宫地支是午,所以甲子年的太岁便是午火离宫。由此,各年太岁所临之方成第107面和第108面的表。

　　从此表可以看出,所谓替宫太岁者,即是太岁对冲之方,也就是岁破或者的杀,凶不可犯,并非太岁本身之方不可犯。至于乾、坤、艮、巽四维,太岁在未则取坤,在坤则取未,在辰则取戌,在戌则取辰,在寅则取申,在申则取寅,在亥则取巳,在巳则取亥,岁冲之方耳,合义理也。若四孟取四季,或四季取四孟则非其义。

　　求九星太岁之法,还有两种,亦介绍如下。

　　一是以流年岁支配九星,即子为一白,未坤为二黑,卯为三碧,辰巳为四绿,五黄随寄宫地支而定,戌亥为六白、酉为七赤、丑寅为八白、离为九紫。法以当年入中之星入中顺飞,看该宫之星飞临何处,何宫即为太岁之宫。如上元乙丑年,丑为八白,该年九紫入中宫顺布,则一白在乾、二黑在兑、三碧在艮、四绿在离、五黄在坎、六白在坤、七赤在震、八白在巽,巽方就是乙丑年的太岁之方。依此法太岁之方成第109面的表。

　　此种太岁所临之方,如果与撞命杀及其他凶神相并,决不可修造营葬。如果其方为本命禄贵或天德、月德等吉神之方,却主吉庆。若飞宫太岁与地盘太岁同宫,名“太岁还宫”,特别有力,所以取用时必须特别谨慎,仔细较量神杀轻重,以免发生大凶祸。

太岁 流年	上元			中元			下元		
	入中	吊星	替星	入中	吊星	替星	入中	吊星	替星
甲子	一	坎	离	四	坎	离	七	坎	离
乙丑	九	艮	坤	三	艮	坤	六	艮	坤
丙寅	八	艮	坤	二	艮	坤	五	艮	坤
丁卯	七	震	兑	一	震	兑	四	震	兑
戊辰	六	巽	乾	九	巽	乾	三	巽	乾
己巳	五	巽	乾	八	巽	乾	二	巽	乾
庚午	四	离	坎	七	离	坎	一	离	坎
辛未	三	坤	艮	六	坤	艮	九	坤	艮
壬申	二	坤	艮	五	坤	艮	八	坤	艮
癸酉	一	兑	震	四	兑	震	七	兑	震
甲戌	九	乾	巽	三	乾	巽	六	乾	巽
乙亥	八	乾	巽	二	乾	巽	五	乾	巽
丙子	七	坎	离	一	坎	离	四	坎	离
丁丑	六	艮	坤	九	艮	坤	三	艮	坤
戊寅	五	艮	坤	八	艮	坤	二	艮	坤
己卯	四	震	兑	七	震	兑	一	震	兑
庚辰	三	巽	乾	六	巽	乾	九	巽	乾
辛巳	二	巽	乾	五	巽	乾	八	巽	乾
壬午	一	离	坎	四	离	坎	七	离	坎
癸未	九	坤	艮	三	坤	艮	六	坤	艮
甲申	八	坤	艮	二	坤	艮	五	坤	艮
乙酉	七	兑	震	一	兑	震	四	兑	震
丙戌	六	兑	震	九	兑	震	三	兑	震
丁亥	五	乾	巽	八	乾	巽	二	乾	巽
戊子	四	坎	离	七	坎	离	一	坎	离
己丑	三	艮	坤	六	艮	坤	九	艮	坤
庚寅	二	艮	坤	五	艮	坤	八	艮	坤
辛卯	一	震	兑	四	震	兑	七	震	兑
壬辰	九	巽	乾	三	巽	乾	六	巽	乾
癸巳	八	巽	乾	二	巽	乾	五	巽	乾

三元 太岁 流年	上元			中元			下元		
	入中	吊星	替星	入中	吊星	替星	入中	吊星	替星
甲 午	七	离	坎	一	离	坎	四	离	坎
乙 未	六	坤	艮	九	坤	艮	三	坤	艮
丙 申	五	坤	艮	八	坤	艮	二	坤	艮
丁 酉	四	兑	震	七	兑	震	一	兑	震
戊 戌	三	乾	巽	六	乾	巽	九	乾	巽
己 亥	二	乾	巽	五	乾	巽	八	乾	巽
庚 子	一	坎	离	四	坎	离	七	坎	离
辛 丑	九	艮	坤	三	艮	坤	六	艮	坤
壬 寅	八	艮	坤	二	艮	坤	五	艮	坤
癸 卯	七	震	兑	一	震	兑	四	震	兑
甲 辰	六	巽	乾	九	巽	乾	三	巽	乾
乙 巳	五	巽	乾	八	巽	乾	二	巽	乾
丙 午	四	离	坎	七	离	坎	一	离	坎
丁 未	三	坤	艮	六	坤	艮	九	坤	艮
戊 申	二	坤	艮	五	坤	艮	八	坤	艮
己 酉	一	兑	震	四	兑	震	七	兑	震
庚 戌	九	乾	巽	三	乾	巽	六	乾	巽
辛 亥	八	乾	巽	二	乾	巽	五	乾	巽
壬 子	七	坎	离	一	坎	离	四	坎	离
癸 丑	六	艮	坤	九	艮	坤	三	艮	坤
甲 寅	五	艮	坤	八	艮	坤	二	艮	坤
乙 卯	四	震	兑	七	震	兑	一	震	兑
丙 辰	三	巽	乾	六	巽	乾	九	巽	乾
丁 巳	二	巽	乾	五	巽	乾	八	巽	乾
戊 午	一	离	坎	四	离	坎	七	离	坎
己 未	九	坤	艮	三	坤	艮	六	坤	艮
庚 申	八	坤	艮	二	坤	艮	五	坤	艮
辛 酉	七	兑	震	一	兑	震	四	兑	震
壬 戌	六	乾	巽	九	乾	巽	三	乾	巽
癸 亥	五	乾	巽	八	乾	巽	二	乾	巽

入中星／三元／流年	上元	中元	下元	入中星／三元／流年	上元	中元	下元
甲子	中	坤	艮	甲午	兑	巽	坎
乙丑	巽	坎	兑	乙未	坎	兑	巽
丙寅	中	坤	艮	丙申	坤	艮	中
丁卯	坎	兑	巽	丁酉	艮	中	坤
戊辰	震	离	乾	戊戌	艮	中	坤
己巳	巽	坎	兑	己亥	离	乾	震
庚午	坎	兑	巽	庚子	中	坤	艮
辛未	巽	坎	兑	辛丑	巽	坎	兑
壬申	中	坤	艮	壬寅	中	坤	艮
癸酉	坤	艮	中	癸卯	坎	兑	巽
甲戌	坤	艮	中	甲辰	震	离	乾
乙亥	震	离	乾	乙巳	巽	坎	兑
丙子	艮	中	坤	丙午	坎	兑	巽
丁丑	兑	巽	坎	丁未	巽	坎	兑
戊寅	艮	中	坤	戊申	中	坤	艮
己卯	巽	坎	兑	己酉	坤	艮	中
庚辰	乾	震	离	庚戌	坤	艮	中
辛巳	兑	巽	坎	辛亥	震	离	乾
壬午	巽	坎	兑	壬子	艮	中	坤
癸未	兑	巽	坎	癸丑	兑	巽	坎
甲申	艮	申	坤	甲寅	艮	中	坤
乙酉	中	坤	艮	乙卯	巽	坎	兑
丙戌	中	坤	艮	丙辰	乾	震	离
丁亥	乾	震	离	丁巳	兑	巽	坎
戊子	坤	艮	中	戊午	巽	坎	兑
己丑	坎	兑	巽	己未	兑	巽	坎
庚寅	坤	艮	中	庚申	艮	中	坤
辛卯	兑	巽	坎	辛酉	中	坤	艮
壬辰	离	乾	震	壬戌	中	坤	艮
癸巳	坎	兑	巽	癸亥	乾	震	离

太岁三元 / 流年	上元			中元			下元		
	入中	吊星	替星	入中	吊星	替星	入中	吊星	替星
甲子	一	坎六	离一	四	巽三	乾四	七	兑九	震七
乙丑	九	离四	坎九	三	震一	兑三	六	乾七	巽六
丙寅	八	艮二	坤八	二	坤八	艮二	五	中五	中五
丁卯	七	兑九	震七	一	坎六	离一	四	巽三	乾四
戊辰	六	乾七	巽六	九	离四	坎九	三	震一	兑三
己巳	五	中五	中五	八	艮二	坤八	二	坤八	艮二
庚午	四	巽三	乾四	七	兑九	震七	一	坎六	离一
辛未	三	震一	兑三	六	乾七	巽六	九	离四	坎九
壬申	二	坤八	艮二	五	中五	中五	八	艮二	坤八
癸酉	一	坎六	离一	四	巽三	乾四	七	兑九	震七
甲戌	九	离四	坎九	三	震一	兑三	六	乾七	巽六
乙亥	八	艮二	坤八	二	坤八	艮二	五	中五	中五
丙子	七	兑九	震七	一	坎六	离一	四	巽三	乾四
丁丑	六	乾七	巽六	九	离四	坎九	三	震一	兑三
戊寅	五	中五	中五	八	艮二	坤八	二	坤八	艮二
己卯	四	巽三	乾四	七	兑九	震七	一	坎六	离一
庚辰	三	震一	兑三	六	乾七	巽六	九	离四	坎九
辛巳	二	坤八	艮二	五	中五	中五	八	艮二	坤八
壬午	一	坎六	离一	四	巽三	乾四	七	兑九	震七
癸未	九	离四	坎九	三	震一	兑三	六	乾七	巽六
甲申	八	艮二	坤八	二	坤八	艮二	五	中五	中五
乙酉	七	兑九	震七	一	坎六	离一	四	巽三	乾四
丙戌	六	乾七	巽六	九	离四	坎九	三	震一	兑三
丁亥	五	中五	中五	八	艮二	坤八	二	坤八	艮二
戊子	四	巽三	乾四	七	兑九	震七	一	坎六	离一
己丑	三	震一	兑三	六	乾七	巽六	九	离四	坎九
庚寅	二	坤八	艮二	五	中五	中五	八	艮二	坤八
辛卯	一	坎六	离一	四	巽三	乾四	七	兑九	震七
壬辰	九	离四	坎九	三	震一	兑三	六	乾七	巽六
癸巳	八	艮二	坤八	二	坤八	艮二	五	中五	中五

太岁\三元\流年	上元			中元			下元		
	入中	吊星	替星	入中	吊星	替星	入中	吊星	替星
甲午	七	兑九	震七	一	坎六	离一	四	巽三	乾四
乙未	六	乾七	巽六	九	离四	坎九	三	震一	兑三
丙申	五	中五	中五	八	艮二	坤八	二	坤八	艮二
丁酉	四	巽三	乾四	七	兑九	震七	一	坎六	离一
戊戌	三	震一	兑三	六	乾七	巽六	九	离四	坎九
己亥	二	坤八	艮二	五	中五	中五	八	艮二	坤八
庚子	一	坎六	离一	四	巽三	乾四	七	兑九	震七
辛丑	九	离四	坎九	三	震一	兑三	六	乾七	巽六
壬寅	八	艮二	坤八	二	坤八	艮二	五	中五	中五
癸卯	七	兑九	震七	一	坎六	离一	四	巽三	乾四
甲辰	六	乾七	巽六	九	离四	坎九	三	震一	兑三
乙巳	五	中五	中五	八	艮二	坤八	二	坤八	艮二
丙午	四	巽三	乾四	七	兑九	震七	一	坎六	离一
丁未	三	震一	兑三	六	乾七	巽六	九	离四	坎九
戊申	二	坤八	艮二	五	中五	中五	八	艮二	坤八
己酉	一	坎六	离一	四	巽三	乾四	七	兑九	震七
庚戌	九	离四	坎九	三	震一	兑三	六	乾七	巽六
辛亥	八	艮二	坤八	二	坤八	艮二	五	中五	中五
壬子	七	兑九	震七	一	坎六	离一	四	巽三	乾四
癸丑	六	乾七	巽六	九	离四	坎九	三	震一	兑三
甲寅	五	中五	中五	八	艮二	坤八	二	坤八	艮二
乙卯	四	巽三	乾四	七	兑九	震七	一	坎六	离一
丙辰	三	震一	兑三	六	乾七	巽六	九	离四	坎九
丁巳	二	坤八	艮二	五	中五	中五	八	艮二	坤八
戊午	一	坎六	离一	四	巽三	乾四	七	兑九	震七
己未	九	离四	坎九	三	震一	兑三	六	乾七	巽六
庚申	八	艮二	坤八	二	坤八	艮二	五	中五	中五
辛酉	七	兑九	震七	一	坎六	离一	四	巽三	乾四
壬戌	六	乾七	巽六	九	离四	坎九	三	震一	兑三
癸亥	五	中五	中五	八	艮二	坤八	二	坤八	艮二

　　刘伯温的《佐元直指》寻太岁又有一法,法以上元一白坎宫起甲子,中元四绿巽宫起甲子,下元七赤兑宫起甲子,各在本元内逆轮寻太岁住处。如泰定七年庚午,系上元甲子,起一白坎宫,乙丑离、丙寅艮、丁卯兑、戊辰乾、己巳中、庚午巽,太岁在巽四,即以四绿入中宫顺行,五黄乾、六白兑、七赤艮、八白离、九紫坎、一白坤、二黑震、三碧到巽,再以三碧入中宫顺行,见四绿在乾,所以乾方就是庚午年太岁所住之方。据此法各元各年太岁临方成第110面和第111面的表。

　　从这个表上可以看出,此法取所谓太岁,即当年九星本宫位之对冲方。如上元己未年,九紫入中,九紫本宫在离,而当年太岁在坎;中元己未年,三碧入中,三碧本宫在震,而当年太岁在兑;下元己未年,六白入中,六白本宫在乾,而当年太岁在巽是。飞宫反吟,又叫穿心煞,故凶。

　　从以上三种方法看来,本书太岁之方为地支所破之方,第二种方法为岁支所泊之方,第三种则是九星反吟之方,似乎均有义理,然均非真正求九星太岁之法。因岁破、穿心各有其理,非太岁之凶也。真正的九星太岁之法,是以每月月建九星入中,求当年入中九星之泊宫,此宫即本年太岁之方。如上元辛酉年七赤入中宫,六月修造,六月三碧当值,便以三碧入中顺行,四绿在乾、五黄在兑、六白在艮、七赤在离,离方就是辛酉年六月太岁所临之方,忌修造动土。举例以说明:

　　例1. 卯命,兑宅犯震艮,上元乙卯八月,八白受克冲太岁,下夺上;壬辰害卯,日杀到月破、月厌之方,长妇破败私奔。四绿太岁到艮,客强主弱,手折伤、疮痈,非祸横加,官事牵连。以艮戊子刑卯,应长房,先天震也。

　　按:上元乙卯年四绿入中,八月一白入中宫,二黑到乾、三碧到兑、四绿到艮。四绿为当年太岁,为木克艮方土,故有诸凶。

例 2. 巳命,坎宅犯巽,上元乙卯十月,四绿太岁一星到山,动作破败淫奔。七赤到巽,金入木乡,客强主弱,非祸横加,官事牵连。钓乙未官符到巳官,乃丙申刑胎杀巳官,巳为面、为唇齿、为腹、为手、为三焦、为小肠,阴人灾祸,俱应。

　　按:上元乙卯,四绿入中。十月八白入中,四绿到坎,故云太岁一星到山。

例 3. 酉命乾宅犯巽,上元乙卯丑月,五黄到四绿太岁本庙,举家大病,犯凶灾。查血刃、胎杀在巳,巳命漏红小产。钓丁酉,

上元甲子:

太岁\流年 月令	甲子 癸酉 壬午 辛卯 庚子 己酉 戊午	乙丑 甲戌 癸未 壬辰 辛丑 庚戌 己未	丙寅 乙亥 甲申 癸巳 壬寅 辛亥 庚申	丁卯 丙子 乙酉 甲午 癸卯 壬子 辛酉	戊辰 丁丑 丙戌 乙未 甲辰 癸丑 壬戌	己巳 戊寅 丁亥 丙申 乙巳 甲寅 癸亥	庚午 己卯 戊子 丁酉 丙午 乙卯	辛未 庚辰 己丑 戊戌 丁未 丙辰	壬申 辛巳 庚寅 己亥 戊申 丁巳
入　中	一	九	八	七	六	五	四	三	二
正　月	兑	离	坤	巽	乾	艮	坎	震	中
二　月	艮	坎	震	中	兑	离	坤	巽	乾
三　月	离	坤	巽	乾	艮	坎	震	中	兑
四　月	坎	震	中	兑	离	坤	巽	乾	艮
五　月	坤	巽	乾	艮	坎	震	中	兑	离
六　月	震	中	兑	离	坤	巽	乾	艮	坎
七　月	巽	乾	艮	坎	震	中	兑	离	坤
八　月	中	兑	离	坤	巽	乾	艮	坎	震
九　月	乾	艮	坎	震	中	兑	离	坤	巽
十　月	兑	离	坤	巽	乾	艮	坎	震	中
十一月	艮	坎	震	中	兑	离	坤	巽	乾
十二月	离	坤	巽	乾	艮	坎	震	中	兑

刑酉害戌，中男长女不利；月杀辰方，先天兑位，少女不祥，乃庚子刑卯害未。按《洪范》辰为肩背，生搭手疖；为腹、胃气疼；为腰膝、为命门、为足腿臂、为皮肤、为声；又巽为股肱、为头、为口、为乳，其家酉戌子卯未生人，俱一一应是病患。

按：乙卯年四绿入中为太岁，四绿居巽，所以为犯太岁本庙。

例4.上元乙卯，一人于立冬后一日辛酉修壬子方，不知本年辛酉为太岁七杀、岁破、灾杀，十月四绿太岁到坎，木入水中，破败淫奔。壬为背臂、膀胱、颔颈；子为耳、肾、背、腰、脚，诸处病

中元甲子：

流年 太岁 月令	甲子 癸酉 壬午 辛卯 庚子 己酉 戊午	乙丑 甲戌 癸未 壬辰 辛丑 庚戌 己未	丙寅 乙亥 甲申 癸巳 壬寅 辛亥 己未	丁卯 丙子 乙酉 甲午 癸卯 壬子 辛酉	戊辰 丁丑 丙戌 乙未 甲辰 癸丑 壬戌	己巳 戊寅 丁亥 丙申 乙巳 甲寅 癸亥	庚午 己卯 戊子 丁酉 丙午 乙卯	辛未 庚辰 己丑 戊戌 丁未 丙午	壬申 辛巳 庚寅 己亥 戊申 丁巳
入　中	四	三	二	一	九	八	七	六	五
正　月	坎	震	中	兑	离	坤	巽	乾	艮
二　月	坤	巽	乾	艮	坎	震	中	兑	离
三　月	震	中	兑	离	坤	巽	乾	艮	坎
四　月	巽	乾	艮	坎	震	中	兑	离	坤
五　月	中	兑	离	坤	巽	乾	艮	坎	震
六　月	乾	艮	坎	震	中	兑	离	坤	巽
七　月	兑	离	坤	巽	乾	艮	坎	震	中
八　月	艮	坎	震	中	兑	离	坤	巽	乾
九　月	离	坤	巽	乾	艮	坎	震	中	兑
十　月	坎	震	中	兑	离	坤	巽	乾	艮
十一月	坤	巽	乾	艮	坎	震	中	兑	离
十二月	震	中	兑	离	坤	巽	乾	艮	坎

应。次年正月，一白还方，修报皆痊。

按：上元乙卯年四绿入中，十月八白入中顺行，四绿到坎，故云太岁到坎。

例 5. 戌命，艮宅犯兑，上元乙卯，申月五黄坐艮，四绿到兑，暗剑、剑锋在庚，阴符在辛，岁破、灾杀在酉，无吉制化。钓丙戌，乃壬辰天克地冲，太岁一星在兑，下犯上，大口舌，官讼囚禁；木入金，斗牛杀，自逞强暴，不知所止，取祸招非，因户役钱粮破败；岁杀丙戌，吊灾杀方受壬辰冲克太岁，胎生不育，人财衰耗，灾生

下元甲子：

流年 太岁 月令	甲子 癸酉 壬午 辛卯 庚子 己酉 戊午	乙丑 甲戌 癸未 壬辰 辛丑 庚戌 己未	丙寅 乙亥 甲申 癸巳 壬寅 辛亥 庚申	丁卯 丙子 乙酉 甲午 癸卯 壬子 辛酉	戊辰 丁丑 丙戌 乙未 甲辰 癸丑 壬戌	己巳 戊寅 丁亥 丙申 乙巳 甲寅 癸亥	庚午 己卯 戊子 丁酉 丙午 乙卯	辛未 庚辰 己丑 戊戌 丁未 丙辰	壬申 辛巳 庚寅 己亥 戊申 丁巳
入　中	七	六	五	四	三	二	一	九	八
正　月	巽	乾	艮	坎	震	中	兑	离	坤
二　月	中	兑	离	坤	巽	乾	艮	坎	震
三　月	乾	艮	坎	震	中	兑	离	坤	巽
四　月	兑	离	坤	巽	乾	艮	坎	震	中
五　月	艮	坎	震	中	兑	离	坤	巽	乾
六　月	离	坤	巽	乾	艮	坎	震	中	兑
七　月	坎	震	中	兑	离	坤	巽	乾	艮
八　月	坤	巽	乾	艮	坎	震	中	兑	离
九　月	震	中	兑	离	坤	巽	乾	艮	坎
十　月	巽	乾	艮	坎	震	中	兑	离	坤
十一月	中	兑	离	坤	巽	乾	艮	坎	震
十二月	乾	艮	坎	震	中	兑	离	坤	巽

不测。按《洪范》庚为腰、大肠；辛为膝与肺；酉为口舌、缺唇、辅颊、手膊、右肋，为肺鼻与声，为精血与肾，以上皆有病患。一白壬辰水入金乡，中房风声损败。会丙戍犬咬跌伤，泄泻瘟疫，肿胀，脚腿不便。后择吉扶命报方制化，凶渐解散。

按：上元乙卯四绿入中为太岁。申月二入中顺行，三到乾、四到兑，故为犯太岁。

例 6. 见《八宅明镜》第 456 面所举"亥命坎宅"例。

按：上元乙巳年五黄入中为太岁，九月三碧入中，四绿到乾，五黄到兑，修兑方为犯太岁。

三元流年九星太岁之方分别见第 113、114、115 面的表。

须要注意的是，玄空飞星法对太岁一星的吉凶看法却不同，其法认为，太岁一星为本元生气、旺气或辅气，且生入、克入者为吉；若为本元死气、休囚之气，且生出、克出为凶。如七运卯山酉向屋，下元辛巳年八入中，六月修酉方，宅命飞星如下：

六　一 六	一　五 二	八　三 四
七　二 五	五　九 七	三　七 九
二　六 一	九　四 三	四　八 八

从宅命图上可以看出，向首一星为七赤金，属当运旺星，该宅为吉宅。下元辛巳年八白土入中，为当年太岁。六月六白金入中顺布，七赤金到乾，八白土到兑，虽八白土为太岁，但既为生气，又生向首七赤金，所以为吉动，更增其吉，并不以犯太岁论。

相反，如果三碧木、四绿木为太岁到兑，既为死绝之气，又犯克出，必主大凶。

按：太岁共有两种，一是以当年岁支为太岁，一是以当年入中之九星为太岁。本文专取九星入中太岁，并非言岁支太岁，二者不可混淆。

五行妙断篇第二十二

【原文】水火太岁复何如,杀妻换长事尤多。

不出三年一载外,定主重丧及发疴。

如上元甲子一白为太岁一星,看三月"月白图",得一白到离,是水火太岁,主重丧,更主疾。

【注解】此太岁是以值月建之星入中顺布,看当年太岁一星飞入何方,何方便为太岁泊处。如上元甲子年一白为太岁一星。三月六白入中顺行,七赤到乾、八白到兑、九紫到艮、一白到离,所以离方为甲子年三月太岁一星住处。

水火太岁:太岁一白为水,飞临火宫,水克火是。

【原文】金木淫乱中房损,水土瘟疫的主忧。

水木失财并自缢,火水折伤蛇犬愁。

如上元甲子,一白为太岁一星,看正月月白图,得一白到兑,是金水太岁;看二月月白图,得一白到艮,是水土太岁;看七月月白图,得一白到巽,是水木太岁;看四月月白图,一白到坎,是水水太岁。

水木刑伤事可哀,(九紫值中宫之年,月九紫到卯巽是也。)

【注解】水为一白,木为三碧、四绿,一白值中宫之年,月一白到震方为水木太岁,因子卯相刑,故云刑伤。

【原文】火金产难乃伤胎。(九紫值中宫年,月到兑是。)

火土病伤子夭死,(九紫值中宫年,月九紫到坤艮是。)

火火太岁损婴孩。(九紫值中宫年,月到本宫是。)

木木风声杀伤死,(碧绿值中宫年,月碧绿到卯巽。)

木金囚禁不离牢。(碧绿值中宫年,月到乾兑。)

水土折伤兼发背, 木神为害信如刀。

碧绿值中宫之年,月三碧、四绿行到坤艮是,如碧绿到坎,名木水太岁,同前水木断;碧绿到离,名木火太岁,同火木太岁断。

金金夭折多伤暴,(七赤值中年,月七赤到乾兑是。)

金土沉疴及发癫。(七赤值中宫年,月到坤艮是。)

土土有聋兼哑疾,(黑黄值中宫年,月到坤艮是。)

五行历历信如言。

凭君更用吊宫变,日吉昭然在目前。

二黑八白到坎,名土水太岁,同水土断。二黑八白到乾兑,名土金太岁,同金土断。二黑八白到卯巽,名土木太岁,同木土断。二黑八白到离,名土火太岁,同火土断。七赤到坎,名金水太岁,同水金断。七赤到离,名金火太岁,同火金断。

【注解】 九星来源于洛书,分布于八方及中宫,合称九宫或九畴。《易》以八卦来概括宇宙万物之象,九宫则以九星来概括宇宙万物之象,相互生克均以其象来判断。所以要明白所犯九星之应,首先要知道九星概括万物之象。今据日本"易占学院院长"观象学人所举九星之象,摘要于下,以供参考。

一白之象:

于人为中男、船员、部下、外交官、恶人、参谋、幕后人、流浪者、盲人、孕妇、色情狂、淫妇、裸妇、尸体、溺死者、服丧者、书法家、画家、乞丐、间谍、私奔者、看守者、介绍人、雕刻家、裱糊者、澡堂老板、洗衣者、卖鱼者。

于身体为耳、鼻孔、血液、体液、眼泪、肾脏、髓、血管、鼻沟、背、肛门、阴部、子宫、卵巢、膀胱、尿道、精液、精力、关节、眼。

于疾病为耳痛、肾病、惧冷症、水肿、痔疮、黑斑、月经不调、性病、妇人病、酒精中毒、血行不顺、疲劳、脚疾、神经衰弱、神经病、忧郁病、糖尿病、膀胱病、尿道病、髓坏疽、下痢、肾虚。

杂象为交往、诱惑、秘密、沉溺、妊娠、色情、烦恼、思考、怀疑、悲哀、哭泣、踌躇、放浪、冷淡、绝望、谋议、偷盗、潜入、薄命。

于动物为鱼类、水母、章鱼、蝌蚪、蚯蚓、狐狸、猪、老鼠、白熊、猫头鹰、蝙蝠等。

二黑之象：

于人为老母、妻子、主妇、侄儿、副手、助理、财团法人、乌合之众、无知之人、迷童、贫困者、职员、木炭商、煤炭商、米商、古玩商、尼姑、土木工程师、劣等生、干货商、佣人、旧书商、旧知、师兄弟、故乡人、大腹便便者。

于身为腹部、肋、脾、胃、血、肉、脐、右手、消化器官、死。

于疾病为消化系统之疾，胃溃疡、胃癌、食欲不振、贫血、下体流血、过度贫劳、不眠症、恶心、下痢、黄疸、胃酸过多、胃下垂、胃扩张、脾脏之病、皮肤病、肩部僵硬、虚脱、饿死、伤寒、健忘症、皮肤褐斑、虚弱症。

于动物为牛、母马、羊、山羊、蚂蚁、蜘蛛、乌鸦及地中之虫。

杂象为柔顺、遵从、勤俭、忍耐、依赖、迷惘、急惰、谦卑、固执、外柔内刚、空虚、卑怯、忧虑、疑惑、谨慎、慈悲、正直、贞节、开拓、安静、用心周到、失去、无学识、无能、焦急、求取、拖延、消极、踏实、努力、吝啬、愚钝、古旧等。

三碧之象：

于人为长男、年长者、著名者、医师、学生、吵闹者、狩猎者、狂暴者、歌手、说唱者、音乐家、播音员、解说者、司仪、驾驶员、针灸师、歇斯底里的女性、养子、骗子、继承者、木匠、电器商、性急者、美容师。

于身为肝脏、左手脚、头发、声带、咽喉、大拇指、舌、肋膜。

于疾病为神经疼、足疾、瘀伤、脚气、歇斯底里症、恐惧症、精神失常、神经病、癫痫病、心悸亢进、关节炎、肝脏病、气喘、百日咳、喉病、手足麻痹，毛发之疾、小儿癫痫、黄疸。

于动物为龟、蛇、骏马、鸷、鹰、燕、莺雀、白眼鸟、蜈蚣、蜘蛛、蛙、蜂、蚤、萤火虫、蝉、蟋蟀、金钟儿等。

杂象为谎话、欺诈、伪物、演讲、应和、争论、传令、喧哗、性急、胁迫、讯问、通知、向上、独立、喷嚏、转移、蠢动、发奋、愤怒、尖锐、疏忽、吵闹、新产品、旺盛、发芽、明朗、漏电、开业、唱歌、旅行等。

四绿之象：

于人为长女、主妇、寡妇、秃子、游人、商人、中间人、迷路人、头额宽之人、白眼多之人、有天份之人、妾、肌肉多但缺乏力气之人、媒人、新娘、有狐臭之人、木匠、飞行员、木材商、建材商、搬运工、船舶业者、信托业者、推销员、掮客、向导、明星、广告商、出版商、贸易商、运输商等。

于身体为股肱、大腿、呼吸器官、食道、动脉、肠、神经、头发、腹筋、左手、腋下。

于疾病为感冒、喘息、支气管炎、肋骨神经痛、中风、神经病、内脏疾病、肝脏、臀病、脱肛、胆结石、秃头病、食道病、衰弱、狐臭、发恶臭之疾、毛发之疾、动脉硬化、骨折、筋骨之疾。

于动物为雉、为鸡、蜻蜓、蝴蝶、蛇、蚯蚓、蜥蜴、蝙蝠、蜜蜂、蛟蟠、长颈鹿、牛、猪、壁虎及鸟类。

杂象为迷误、心不定、疑惑多、空虚、柔和顺从、整顿、相亲、中介、雇客交涉、结婚、买卖、成功、来客、欢迎、来往、命令、通信、广告、拖延、外出、龃龉、绕道、出家、交通、外交、繁忙、通知、宣传、负债、薄情、出奔、外出、机敏、教诲、游荡、旺盛、喜悦、就职、精神信用。

五黄之象：

于人为部长、经理、老人、坏人、盗贼、暴力集团、强盗集团、小偷、恶霸、骗子、疯子、杀人犯、死于非命者、死刑犯、流浪者、殡仪馆之人、古玩商、放高利贷者、路边摊贩、郎中。

于身体为腹部、脾脏、肠、内脏、心脏。

于疾病为五脏六腑之病,发高烧、脑溢血、肿疡、溃疡、霍乱、伤寒、瘟疫、便秘、恶性传染病。

于动物为毒虫、毒蛇、猛兽、猛禽、臭虫、跳蚤、蚊子、蟑螂、虱子、毛虫。

杂象为中毒、毒杀、破坏、损害、被害、战争、恐怖、不景气、废物、故障、凶暴、绝望、闭塞、胁迫、强盗、暴行、强夺、无礼、狡猾、迷信、反抗、坚韧不拔、豪爽、管理权、强欲、残忍、高热、衰弱、旧病复发、破产、倒闭、失去信用、破绽、赃物、古物、旧工具、异变、家庭纠纷、极权、到处碰壁等。

六白之象:

于人为老父、君子、会长、主持人、部长、高官或高贵之人、贤者、牧师、校长、官僚、长者、老人、独裁者、有名望者、资本家、卜者、高僧、活动家、银行家、鞋匠、卖伞人。

于身体为头、颈、脸、心脏、肋膜、肋骨、指爪、肾。

于疾病为头痛、脑溢血、心脏病、肺疾、肋膜炎、肿症、疲劳、神经病、脖子扭伤、皮肤病、骨折。

于动物为马、狮子、象、虎、蟒、猛兽、猪、熊、狗、鹤、鲸。

杂象为坚固、固执、顽固、威严、强硬、傲慢、权力、战争、侵略、竞争、胆量、优胜、充实、满足、政治机构、房东、施舍、尊敬、宽大、正直、诚实、健壮、移动、长辈、资源、高价、晚年、神像、僧侣、圣人、卜者、易经、善报。

七赤之象:

于人为少女、年轻女性、妾、妓、歌手、空姐、继室、离婚后回娘家之女,有不良之行之人、游人、艺人、译者、演讲者、律师、涉足花柳之人、厨师、饮食业者、风雅之人、卖鸡肉者、金属加工业者、牙医、基层官员、命卜家、良媒。

于身为舌、口、肺、胸部、咽喉、牙齿。

于疾病为口腔病、牙痛、口舌病、口臭、咽喉疾病、气喘、肺病、胸部疾病、结核病、打伤、创伤、神经衰弱、缺唇。

于动物为鸡、羊、猫、雀、水鸟类。

杂象为坏话、口舌、讲习、酒食、酒会、舞会、盛宴、唱歌、愉悦、娱乐、欢喜、风趣、豪华、恋爱、结婚、色情、甜言蜜语、接吻、被妇女戏耍、诱惑、伪善、卑劣、巧言令色、为女人浪费、杀身之祸、受伤、缺陷、轻举妄动、挫折、外柔内刚、机敏、雄辩、毁坏、叹息、金钱、被盗、夫妻团圆、喜新厌旧、修缮工作。

八白之象：

于人为少男、小孩、山僧、山中之人、囚人、欲望极强之人，顽固之人、无知之人，肥胖者、身材高者、蓄财家、继承人、后任者、掮客、外交人员、管理员、守卫、看守、夜间警卫、车站工作人员、传达室、旅馆业者、糖果业者、仓库管理员、批发商、警官、养子。

于身体为背、腰、鼻、手指关节、骨、手腕、脚腕、脊髓、头足、筋、肉瘤。

于疾病为腰痛、关节病、脊髓病、鼻病、风湿病、疲劳、筋肉酸痛、背骨痛、肩部肌肉僵硬、半身不遂、手腕、脚腕之病、神经痛、血行不顺、消化不良、虚弱、小儿麻痹、肿瘤。

九紫之象：

于人为中女、美人、艺人、轻浮之人、未亡人、护士、作家、画家、书法家、学者、明星、美术家、装饰家、法官、警官、消防队员、检查官、监视人、看守人、算命者、教员、眼医、带眼镜之人、药师、会长、议员、团长、主人、顾问、理事长、官吏、豁达之人、美容师、有纵火欲者、坏人、出版业者、设计者、模特儿、电视业者、舞女、神父、新闻记者、演艺人。

于身体为眼、心脏、乳房、精神、头、脸、头脑。

于疾病为心脏病、眼疾、视力减退、近视、色盲、头痛、头昏、脑疾、乳房肿瘤、发高热之病、精神失常、发疯、精神疲劳、精神错乱、耳疾、面部之疾、火伤等症。

于动物为雉、鸡、龟、甲鱼、蟹、蛤、贝类、孔雀、鹦鹉、火鸟、金鱼、鲤鱼。

杂象为火、明亮、火灾、灯光、光线、华丽的、红色的、华美色彩、装饰美景、文才、有远见、洞察、判断、诊断、鉴识、搜索、鉴定、推测、离别、隔开、分裂、切断、发明、暴露、祭典、生气、破坏、手术、宗教、窗户、生离死别、放火、火葬、宣传、披露等。

以上九星之象取象时，不仅要看生旺休囚死，且要看九星与临宫之生克，综合分析判断。如六白临坎宫，金生水为休囚，其人物为老父、长辈、老人、高僧等。若临六白本宫或兑宫为旺，则为独裁者、官僚等；若临八白逢生，则为部长、总长、首相等高贵之人，全在灵活取象。

知道了九星之象，则以九星五行与所临之宫五行论生克，对此古人有很多论述，特摘精要介绍如下：

《玄空秘旨》云："山风值而泉石膏肓（八四），午酉逢而江湖花酒（九七）。火克金兼化木，数惊回禄之灾（九七三）；土制水复生金，自主田庄之富（一二、六七、一八）。木见火而生聪明奇士（九三、九四），火见土而出愚钝顽夫（九五、九二、九八）。木伤土而金位重重，虽祸有救；火克金而水神叠叠，灾不能侵。土困水而木旺无妨，金伐木而火荧何忌。我克彼而反遭其辱，因财帛以丧身；我生彼而反被其灾，为难产以致死。兑位明堂破震，主吐血之灾。风行地而直硬难当，室有欺姑之妇（四二）；火烧天而张牙相斗，家主骂父之儿（九六）。坎宫高塞而耳聋，离位摧残而目瞎。兑缺陷而唇亡齿寒，艮伤残而筋枯臂折。山地被风，还生疯疾（八二四）；雷风金伐，定被刀伤（四七、三七、四六、三六）。金水多情,贪花恋酒(六一、七一);木金相反,背义忘恩(三七)。

《玄机赋》云:风行地上,决定伤脾(四二);火照天门,必当吐血(九六)。木见戌朝,庄生难免鼓盆之叹(四六);坎流坤位,买臣常遭贱妇之羞(一二)。

《飞星赋》云:乙辛兮家室分离(三七),辰酉兮闺帏不睦(四七)。青楼染疾,只因七弼同黄(七九五);寒户遭瘟,缘自三廉夹绿(三五四)。赤紫兮致灾有数(七九),黑黄兮酿疾堪伤(二五)。交至乾坤,咎心不足(六二);同来震巽,昧事无常(三四)。戌未僧尼,自我有缘何益(六二)? 乾坤神鬼,与他相克非祥(六二)。当知四荡一淫,淫荡者扶之归正(四一);须识七刚三毅,刚毅者制则生殃(三七)。碧绿风魔,他处廉贞莫见(三四五);紫黄毒药,邻宫兑口莫尝(九五七)。

《紫白诀》云:四一同宫,准发科名之显;九七合辙,常招回禄之灾。二五交加,罹死亡并生疾病;三七叠至,被劫盗更见官灾。九紫虽司喜气,然六会九而长房血症,七九之会尤凶;四绿固号文昌,然八会四而小口殒生,三八之逢更恶。

今据以上内容,特将太岁与各星相会之吉凶总结于下:

一一,吉则生聪明之子,出思想家、哲学家、科甲文章、名扬四海,但无论何事都劳苦奔波。凶则有耳病、心病、溺水、血症、精神分裂,且出盗贼、争斗、遭险、漂荡。

一二,吉则受群众拥戴,上下一心,地位崇高。凶则众叛亲离、散乱、劳苦不绝,遭女人羞辱,且易患水肿病,出血、肠胃疾病,甚至凶死。

一三,吉则科甲扬名,增丁添口,事业开拓,家业兴旺。凶则困难重重,备受艰辛,子嗣稀少,或因隐私被揭发引起苦病。

一四,吉则科甲扬名,文章显达,或开矿、或兴水利而兴家。凶则"四荡一淫",主人放荡淫佚,易着凉感冒,精神失常,重则因犯票据法而入狱。

　　一五，吉则出文章魁首，生聪慧之子。凶则盗窃、欺诈、诱惑、阴部生疡、肾结石、水肿、不孕或宫外孕、流产、精神失常。

　　一六，吉则文章出众，出大儒、思想家、天文家、且有催官之效。凶则父子不和，盗窃犯刑，投机失败，婚姻或女色破财、失败、车祸、被属下或晚辈连累。且易患脑溢血、脑炎、伤寒、惧冷症及精神错乱。

　　一七，吉则贞节守法，掌实权，善理财，出文章口才优异之人。凶则钱财退败，江湖花酒，男女多情、放荡、因异性关系而苦恼，或食物中毒、吐血、堕胎。

　　一八，吉则坚韧不拔而成功，或开油矿、水利工程而发财。凶则困难艰危，兄弟不和、入狱，或因家族继承问题进退两难；或腰痛、结石、鼻炎、手伤、幼童溺水等。

　　一九，吉则水火既济，中正和平，甚至有龙墀移帝座之贵。凶则夫妻不和、官灾、火灾、梦寐牵情，或因隐患而失败苦恼。

　　二一，吉则添丁增口，出统帅，或各行业之领导者。凶则中男绝灭不还乡，出僧尼，田园流失，或腹多水而臌胀、糖尿病。

　　二二，吉则巨富，田连阡陌，或出武贵、名医，旺人丁、寡妇兴家。凶则妻夺夫权，贪鄙，亲友是非，小儿憔悴，腹疾、皮肉病、产难、恶疮。

　　二三，吉则改过向善，重新振作，修道有成。凶则因贪受害，内心不满，或因土地问题而生是非，或被重物击伤。

　　二四，吉则改进升华，信誉日增，进展顺利，家业兴旺。凶则婆媳不和，姑嫂不和，或与远方之人争执。

　　二五，吉则发田产，旺人丁，出武贵、法官，掌生杀之权。凶则出寡妇，到处碰壁，因土地而生是非，旧衅重开，或患癌症及各种不治之症。

二六,吉则财丁两旺,受上司提拔,工作平稳。凶则贪心不足,散财劳苦,秃头症,出僧尼。

二七,吉则横财巨富,踏实努力,出法官、兵刑之人,多生女或得女贵之助。凶则散财退败,因色破财,或患口腹之疾、肠病、堕胎。

二八,吉则巨富,田连阡陌,出谦厚之君子,因房地产兴家。凶则主母通童仆,出僧尼,自大、婚姻不利,家人不睦,倒闭、诉讼,或患内脏,左手之疾病。

二九,吉则旺人丁,家业兴,心情愉快,努力工作。凶则不明事理、迷信,出蠢丁,易生是非,劳苦奔波,目盲、眼翳。

三一,吉则出法官、调解人、雕刻家、遇难有救。凶则分离、阻碍、失望、变卦、火灾、受骗、失窃、车祸、女性被男性玩弄,或下部疾病、打伤。

三二,吉则得财,青蚨阗阗,生活快乐,出名,出舞蹈家。凶则有桎梏之灾,三二又为斗牛杀,易惹官非,克母,易患脾胃之疾。

三三,吉则财禄丰盈,兴家创业,选举成名,长房大旺。凶则丧子、刑妻,是非官讼,易被花言巧语欺骗,多患筋病、瘟疫、疯魔、哮喘、残疾。

三四,吉则双木成林,富贵双全,事业蒸蒸日上,志满心遂。凶则昧事无常,迷于声色,名誉有损,多出贼丐。

三五,吉则财禄丰盛,兴家创业,骤发富贵,高官厚禄。凶则赌博倾家,精神烦恼、车祸、火灾、隐私公开,或患瘟疫、胃出血、胆结石等病。

三六,吉则身高体健,中年有成,得长上提携,出建筑师。凶则因碰壁失败,陷于困境,官司刑狱,腿伤或被利器杀伤。

三七,吉则添丁进财,出武贵、少女聪秀。凶则劫盗官非,刚毅生灾,家室分离,被异性欺诈,起金钱纠纷,身体易患肝病、口腔病。

三八,吉则出聪明之子,出文才,多子孙,能权衡通变。凶则同室操戈,手足不睦、绝嗣,家财退败,希望难期,身体易患腹疾、肝病。

三九,吉则木火通明,出聪明奇士,气运鼎盛,百谋皆成。凶则木被火泄,虽聪明但刻薄无情,盛极将衰,人亦患肥胖症。

四一,吉则准发科甲、文章扬名,出诗词家、航海家,恋爱成功。凶则男淫女荡,出浪子、妾生子、离散、冲突,人亦患性病、耳病、血液病。

四二,吉则因土地获利,出天文学家、诗人、名记者、监察官。凶则出欺姑之妇、克母,于身体则伤脾、腹病。

四三,吉则富贵双全,生佳儿。凶则身败名裂,因儿女下属失名,有火灾、迷惑、孽缘、中伤毁谤,出贼丐,多生肝病。

四四,吉则科甲联芳,文章出名,女子端庄,联姻贵族。凶则丧妻,生子游荡、败家,病多气喘。

四五,吉则科甲联芳,出文豪、诗人、女强人。凶则有倒闭、破产之患,中伤、毁谤;患乳痈、疯魔之病,脓血、肝癌、流行疾病。

四六,吉则名利双收、升迁,竞赛得奖,证券发财,婚姻和美。凶则差役劳碌,股票套牢。若有水绕乾则有悬梁之厄,易患肝病。

四七,吉则出聪明文秀之人,女人掌权,诚信,利子相亲,买卖得利。凶则闺帏不睦,出孤子,损聪明之子,尤不利长女,易患肝、肺之疾。

四八,吉则因农林、畜牧业致富,出秘书,为积善之家。凶则兄弟不和,叔嫂通奸,因内部纷扰致失败,易患风湿病、神经痛。

四九,吉则木火通明,出才女、诗人,得最高荣誉,贤妇兴家。凶则火克木,易败、贬谪、淫乱、凶死,出盗贼、易患血症。

五一,吉则出文魁榜首,生聪慧之子。凶则家庭不和,恋爱失败,因饮酒过量而伤肠胃,易患肾结石,阴部生疡、水肿、不孕、流产或子宫外孕等症。

五二,吉则旺人丁,发田产,出武贵、法官,掌生杀大权。凶则易患传染病、绝症、癌症,事业上到处碰壁,缺乏主动性,多出鳏夫。

五三,吉则财禄丰盈,兴业创家,骤发富贵,高官厚禄。凶则因赌倾家,车祸,受骗上当,寒户遭瘟,魔疯之病,胃出血、胆结石。

五四,吉则科甲联芳,文章盖世,出文豪、诗人、女强人。凶则倒闭、破产,好事难成,因放纵而失败,乳痈、脓血、肝癌。

五五,吉则大富大贵,多子多孙,出帝王领袖大人物。凶则天灾巨变,横祸,季子昏迷痴呆,孟仲官讼淫乱,恶疾死亡,丧五人。

五六,吉则官居极品,威权震世,武职勋贵,富贵多丁。凶则因意气用事而失败,官司讼狱、肺癌、骨癌、脑炎。

五七,吉则发财旺丁,武途仕宦,出律师、外交家。凶则因焦急而失败,保守、退败、喉症、口腔癌、吸毒、服毒、肠癌。

五八,吉则出大忠大孝之人,富贵绵远。凶则因轻率而失败、迷惑、劳苦、瘟疫、坐骨神经痛、胃癌、鼻癌。

五九,吉则富贵文章,旺人丁。凶则火灾、官司,与亲友离别;加七主服毒,吐血、疯癫、目疾、血癌。

六一,吉则有丹诏之吉,发科甲,出法官、律师,家业兴旺。凶则打官司,争财产,女人当家,大权旁落,出乱臣,为借贷困扰,脑出血。

六二,吉则富并陶朱,家业兴隆,人丁旺盛,事业拓展。凶则吝心不足,出僧尼,梦寐牵情,初吉后败,因属下散财。

六三,吉则发财,至诚、威武不屈,出烈士。凶则过刚则折,陷入困境,或被刀伤,易患肝病足疾。

六四,吉则出文武全才,名利双收,有长上提携,一路顺风。

凶则为鼓盆杀,主丧妻,红杏出墙,身体易患肝病、肺病。

六五,吉则官居极品,威权盖世,武职勋贵,富贵多丁。凶则官司讼狱,争端纷起,众叛亲离,因意气用事而失败,易患肺癌、骨癌、脑炎。

六六,吉则威权震世,以武取贵,巨富多丁,得长上提拔。凶则官司是非,长子痴迷,孤独刑妻,寡母守家、肺病。

六七,吉则以武取贵,职掌兵权,出法官、律师。凶则六七为交剑杀,是非迭起,老夫少妇见丧亡,多生女,男庶出,投机破财,不睦,肺病、口腔病。

六八,吉则武途取贵,韬略荣身,堆金积玉,富贵双全。凶则鳏夫孤独,无子,默默无闻,投机失败,家业衰退。

六九,吉则衣紫腰金,文章冠世,荣华富贵,紧抓机遇。凶则行人远离,同伙叛逆,老夫少妻,机遇丧失,长房血症,目盲。

七一,吉则主人温柔秀丽,渔猎致富,出水利专家、雕刻家。凶则徒配流放,贪花恋酒,暴饮暴食,堕胎,易患性病。

七二,吉则出武贵、医生,添丁,出杰出人才,可得亲友资助。凶则寡母、庶妾起争端,少妇寡居、婚姻破裂、家业衰退,堕胎、流产、吐血。

七三,吉则得财,文兼武职,出文武全才之人。凶则刚毅生灾、刀伤、因钱财起纠纷,或有吐血之疾。

七四,吉则主人秀丽温柔,出文人、诗人,从事新闻业发财。凶则闺帏不睦,伤长妇、长女,钱财退败,颠疾疯狂、气喘、股病。

七五,吉则武途取贵,发财旺丁,出外科医生、律师、外交家。凶则因焦急而失败,因疏忽而破财,食物中毒、喉症、口腔癌、肠癌、吸毒。

七六,吉则出武贵、刀笔、法官、律师、教授、雕刻家,家业兴隆,婚事吉庆。凶则七六为交剑杀,多劫掠,老夫少妻,露水鸳鸯,周转困难,肾病。

七七,吉则武途仕宦,小房发福,发财旺丁,出才女、名伶。凶则唇亡齿寒,妻横死、火灾、口腔病、肺病。

七八,吉则堆金积玉,婚姻幸福,俊男美女,出忠良之人。凶则童男童女发育不良,手指受伤,少男少女放荡,小疵会凝成大患。

七九,吉则有发明、改革、进步之举,能推翻暴政,昭雪冤案。凶则虚荣,猜疑,因野心、口舌惹祸,亲友反目,经济困穷、火灾、服毒、受骗、官讼、婚姻失败。

八一,吉则能出人头地,因畜牧、渔业致富,出法官、教育家。凶则进退维谷,添丁不育,中男绝灭,家庭是非,腰痛、鼻痛久治不愈。

八二,吉则富堪敌国,因房地产致富,去旧换新。凶则童仆偷香,出僧尼,与亲友疏远,兄弟父子反目,家庭破裂,儿童被诱拐,腹病、手足病。

八三,吉则生聪明之子,科甲联登,出孝子、长寿之人。凶则损聪明之子,破财,工作迷惘,欲速则不达,火灾,手足之疾。

八四,吉则事业成功,家庭兴旺,因纺织业致富,出忠良之人。凶则损小口,亲友不和,出山林隐士,手足病与脾胃之疾。

八五,吉则出大忠大孝之人,富贵绵远。凶则迷惑,因轻率而失败,因家宅问题发生是非,瘟疫、坐骨神经痛、胃癌、鼻癌。

八六,吉则文士参军,投笔从戎,异途擢用,出银行家。凶则鳏寡孤独,无嗣,迷误于歧路,手足之疾、肺病。

八七,吉则人才兴盛,男女正配,世产贤良,少年早发,谦虚。凶则年轻夫妇不和,损人利己,陷于经济困苦,童男童女发育不良。

八八,吉则孝义忠良,富贵绵远,小房洪福,出高僧隐士。凶则小口损伤、丧子,徬徨,因家庭事故破财,筋枯臂折、鼻病、瘟疫、臌胀。

八九,吉则官高禄厚,婚喜重来,富堪敌国,外表华丽。凶则沉溺、物欲,内心困苦,因继承问题生是非,手指灼伤。

九一,吉则水火既济,喜产多男,至尊至贵。凶则牝鸡司晨,夫妇不和,河东狮吼,内乱外和,秘密公开,名誉受损,目盲、性病、血液病。

九二,吉则诸事开拓进展、旺丁、升迁,出地理师。凶则愚钝顽夫、火灾、出寡妇、争论、诉讼,因逃税而名誉受损,目病。

九三,吉则科甲连登,财丁并茂,出法官。凶则生聪明刻薄之人,牢狱之灾、火灾、欺诈,易生是非,谨防被动物咬伤。

九四,吉则木火通明,财丁并茂,科甲连登,文人出名。凶则各自为政,火灾,女人不和,红杏出墙,先吉后凶,降职、诉讼、刑狱、自杀、凶杀,身败名裂,交易受损。

九五,吉则富贵文章,人丁兴旺,九五乃至尊之贵。凶则火灾,官讼,旧事复发,名誉受损,加七主服毒、吐血、疯颠、目疾、血癌。

九六,吉则长寿,尊荣,博学多闻。凶则生骂父之儿,伤老翁,妻害老夫,官司,与长辈不和,失败,肺病、吐血。

九七,吉则享齐人之乐,妯娌和好,财大势雄,名誉、地位上升。凶则江湖花酒、伤风败俗,好色痨瘵,火灾,夫妻反目,钱财耗散,家庭不和,肺病、口腔病。

九八,吉则科甲出名,财丁并茂,经商发财,出登山者、外交官。凶则生愚钝顽夫,外表华美、内心痛苦,生离死别、产难、心病、手足病。

九九,吉则出文明之士,因烹饪、冶金、烧窑、化妆品、服饰业致富。凶则丧妻,火灾,自焚,目瞎、心病、神志不清。

以上九星相逢,是依玄空飞星之法而列。凡太岁一星为当运生旺之气,或与修方之向星为生入、克入之关系者为吉。反之,太岁一星为当运休囚死绝之气,或与修方之向星为生出、克出之关系者为凶。一定要仔细分清,万勿以一六八三白为吉,余为凶之理去分辨。

吊宫的命篇第二十三

【原文】的命惟将太岁求,更将年月两同周。

吊宫的命煞,惟忌宅长本命,余人不妨;有年家的煞、月家的煞。年的杀以太岁入中宫寻家长命,看在何宫。如壬申命宅长,甲子年修作巽方,将甲子太岁入中宫,行见壬申到巽,为犯的命杀。壬申纳音金,主杀亥卯未木命人。月家的杀以月建入中宫,寻家长本命在何宫,忌作其方。如壬申命宅长,甲子年正月作坤,将丙寅月建入中宫,行见壬申到坤,为犯月的杀,作之主大凶。

数见当生家长命,到处作之为大忧。

年煞三年内始日,月煞年中见祸忧。

犯年煞其灾应迟,在三年之内。犯月煞其灾应速,在一年之内。亦须详衰旺之气何如。

若在本甲祸频来,次甲官刑疾病灾。

太岁入中,顺游一匝见犯,立应家长死亡。如庚午本命宅主,甲子年作坤,将甲子入中宫,行见庚午命杀在坤,是本甲之内,故主立应家长死亡。飞游二匝见己,只主官刑疾病。如丙子命人,甲子年作艮,将甲子入中宫,二匝行见丙子在艮,是甲戌日内,亦主家长死亡,立应。若次甲犯之,只见官刑疾病之灾。

三甲沉吟些小病,四甲沉吟如死灰。

五六甲内何所虑,凭将此例自量裁。

飞游第三甲见之,主小小时病,无大灾。若在四甲内而灾不应,如死灰无焰。五六甲内,全无灾祸,不必上虑也。

神符自古难详谋,此理玄微应上台。

《元经》反复言此理,无补之文不载该。

【注解】的命煞:请参阅本册第 517 面。

一匝、二匝、三匝:不论是太岁入中宫还是月建入中宫,顺行飞遍九宫为一匝,再飞一遍为二匝。六十花甲共可分六匝多六位,所以最多可以飞游七匝。如甲子年修作,庚午本命,以甲子入中宫,乙丑到乾、丙寅到艮,顺寻庚午到坤,是在第一匝中见的命煞。甲子年修作丙子命,以甲子入中宫,乙丑到乾,直顺寻到巽为壬申,第一匝布完,癸酉再入中为第二匝,则甲戌到乾、乙亥到兑,丙子本命到艮,是在第二匝中见的命煞。再如癸亥本命,甲子年修作,以甲子太岁入中宫顺行,第一匝壬申到巽;第二匝癸酉入中宫顺行,辛巳到巽;第三匝壬午入中宫顺行,庚寅到巽;第四匝辛卯入中宫顺行,己亥到巽;第五匝庚子入中宫顺行,戊申到巽;第六匝己酉入中宫顺行,丁巳到巽;第七匝戊午入中宫顺行,己未到乾、庚申到兑、辛酉到艮、壬戌到离、癸亥本命到坎,是第七匝中见的命煞。其法第一匝中犯的命煞者灾重,第二、三匝中犯的命煞者灾轻,第四匝以后犯的命煞者无妨。

此说并不可信,《钦定协纪辨方书》《选择求真》等较有见解的选择书中均未收入。古例中也未见应用涉及,却有许多虽遇"的命煞"反以吉论者。如下例:

例 1. 如本册第 60 面所举"丙申生修震方"例。

按:丙申本命,庚辰年修震方,以太岁庚辰入中顺行,辛巳乾、壬午兑,直到戊子临巽第一匝完;第二匝己丑入中顺行,庚寅到乾、辛卯到兑、壬辰到艮、癸巳到离、甲午到坎、乙未到坤、丙申本命到震,当年修震方是犯了年的命煞。以本书的命煞论,第二匝见的命煞,主有官刑疾病之灾,而此宅主却生子中式,大吉大利,的命煞不验可知。

例 2. 壬申生,于甲辰年修午未方,煞在南,属火。取戊辰月、壬子日、庚子时竖柱,申命共辰子合成水局以克火煞,又甲戌庚天干三奇,辰子两干不杂,太阳躔戌,合照午方,甲戌庚贵在未方,甲年午未为庚午、辛未土,而日月皆木音以克土为财;又命马壬寅,岁禄、岁马丙寅俱到离;又节中乙奇在坎照离,丙奇正在未;清明上局,四宫起甲子戌,顺遁中五甲戌己,乾六甲申庚,兑七甲午辛,艮八甲辰壬,离九甲寅癸,逆遁乙奇震三、丙奇坤二在未,丁奇到坎照离;庚子时系甲午旬,从兑七顺遁,庚子巽四,合泽风大过,旬首兑惊加巽顺挨,开在午、休在未,未方得丙奇休门,诸吉并临。修后大发横财,巨富显贵。

按:壬申本命,甲辰年、戊辰月修午未方,以月建戊辰入中顺遁,己巳到乾、庚午到兑、辛未到艮、壬申本命到离。第一匝中即犯了月的命煞,主立应家长死亡,而此局修后却大发横财,巨富显贵,月的命煞不能圆说。

的命煞不能圆说者,其原因有三。

一是风水论命,均以地支为重。如甲子生人,子水居坎方,当以坎方本气为重。若以修年太岁入中顺遁,甲子本命飞遁他宫,并非本宫之气,故难应验。

二是修作均以宅主本命为主。大凡宅主,多在二十五岁婚后至五十五岁退位之间,其本命顺遁多在三匝、四匝之后,其力已微,故难应验。

三是以纳音五行论生克,殊不知风水均以地支之气为重,纳音五行本属旁支。如甲子本命,甲子纳音属金,壬子纳音属木,依纳音论金克木,但世上岂有水克水之理? 所以大凡论的命煞,均应以本命之方为主,飞宫则不必拘泥。

灭门杀篇第二十四

【原文】六白、七赤到艮。

二星属金,金绝寅,吊到艮为灭门大杀。又,金命宅长忌用寅月。

【注解】灭门杀者,九星五行飞临绝处是。即一白水飞临巳方,二黑、八白土飞临巳方,三碧、四绿木飞临申方,六白、七赤金飞临寅方,九紫火飞临亥方是。如本文,六白、七赤为金,飞临寅方,若修造用此为逢绝,故曰"灭门"。但统言"艮"方,却不确切。因艮方九星属八白土,土能生金,何言灭门? 同时艮方统三山,即艮山、丑山、寅山,艮丑二山与七赤、六白均无克害,又何能灭门? 所以,确切地说应是六白金、七赤金飞临艮方,绝不能修作寅方,此方合五行死绝之理。

金命人忌用寅月一句,是以纳音论,如甲子、乙丑纳音属金是。此论亦有误。如甲子命人、甲木命禄、命德、命马均为寅木,修此方当主大吉,又何有忌? 再如辛亥命,辛金正财、阳贵均为寅木,寅月或修造寅方是合贵、合财,又何有凶? 所以以纳音生命论修方很少被人使用。

【原文】三碧、四绿到坤。

二星属木,木绝申,吊到坤为灭门大杀。又,木命宅长忌用申月。

【注解】三碧、四绿属木,若飞临坤方,修造申方或用申月修造,木绝于申,言其灭门,尚合义理。但坤方九星属二黑土,木能克土,若修造坤未二方,反为财方,何言灭绝? 所以确切地说,应是三碧木、四绿木飞临坤方,切忌申月修作申方,恐有克绝之祸,此方合五行死绝之理。

木命人宅长忌用申月一句,亦是以纳音论,并不合义理。如庚申纳音为石榴木,申月修申方为修本命禄位,吉庆无比,何为灭绝? 又如己巳纳音为木,申月修申方,申金为己土本命阴贵,巳申相合为合贵,亦主吉祥,何为灭绝? 故不能为据。

【原文】九紫到乾。

九紫属火,火绝亥,吊到亥为灭门大杀。又,火命宅长忌用亥月。

【注解】九紫属火,亥方为火绝之方,亥月为火绝之月,所以九紫火飞临亥方,或十月修造,言其有灭门之祸,尚合义理。但亥方九星为六白金、九紫火到,火能克金,我克为财,何能灭绝?所以确切地说,应是九紫火飞临乾方,切忌亥月修作亥方,恐有克绝之祸,此方合五行死绝之理。

火命宅长忌用亥月是言纳音,与理不符。如丙寅、丁卯年生人为炉中火命,但丙火阴贵在亥,丁火阳贵在亥,且寅亥相合,亥卯相合,名合贵,最为吉祥,何能灭门?又如甲辰本命,甲戌本命,虽纳音属火,但亥方为甲木长生之方,亥月为甲木长生之月,若于此时修此方,主时业蒸蒸日上,欣欣向荣,何能灭绝?故纳音论修方不足为据。

【原文】一白、五黄、二黑、八白到巽。

一白属水,余三星属土,水土绝巳,用到巽,巳隶巽,为灭门大杀。又,水土宅长忌巳月。

【注解】一白属水,巳方为水绝之方,巳月为水绝之月,所以修作时逢一白水飞临巳方,或巳月修作巳方,乃水入绝处,言其灭门,尚有义理。但巳方九星为巽四木,且巽方有辰巽巳三山,若修巽方,则是水生木。经曰"一四同宫,准发科名"。若逢生旺,乃科甲中第,文章出名的最佳修方,何言"灭门"?所以确切地说,应是一白水飞临巽方,切忌修作巳方,或巳月修作巳方,恐有灭门之灾,方合义理。

水土命宅长忌用巳月之说,是言纳音,此论不合义理。如丙子命纳音属水,戊午命纳音亦属水,但丙戊之禄均为巳,修巳方是修本命禄元,巳月修造再逢巳日巳时,乃聚禄格,为造命中最吉之格,岂能冠以"灭门"二字?所以此杀从未见有人使用过,故不能为据。

水绝于巳，当属正理。但言土绝于巳，却有悖五行生克之理。巳为火，火生土，此不易之理，既云生，又何能"灭门"？不论推命，六壬还是遁甲等，均以巳为戊土之禄方、己土之旺方，生旺处又怎言"灭门"？故此亦不合义理。

【原文】寅申巳亥四宫神，灭门大杀必殃人。

紫白皆吉星，临绝地反凶，为灭门大杀，修作切忌犯此。寅申巳亥四宫，半生半灭。如金生巳而水土又绝巳，此类可推。

六白艮宫一白巽，乾加九紫火绝连。

八白加巽为土绝，吉少凶多夭横侵。

如火命宅长，于子午卯酉年十月作亥，为犯灭门煞，主大凶。盖子午卯酉十月吊九紫火到乾，火绝于亥，又亥月为火绝之月，又火命宅长亦绝于亥，其凶横立见。

若明此例将为用，自免灾殃且益人。

【注解】寅为火生之处，巳为金生之处，申为水生之处，亥为木生之处，故云寅申巳亥为四生之处。但寅为金绝之处，巳为水绝之处，申为木绝之处，亥为火绝之处，故寅申巳亥又为四绝之处。又因其既为生宫，又为绝宫，所以本文云"半生半灭"。

九星临绝处为凶，但须分清修方真正方向。如火绝于亥，亥隶乾宫，若九紫火飞乾，修亥方为忌，修乾戌方则不拘，纳音之说，更属荒唐。今举魏青江《阳宅大成·修方》中一例说明：

己丑宅主，因无子修方，于辛酉年八月二十七丙申日辰时正三刻修乾方安床，系大寒露后六日，太阳躔轸十八度，即将太阳加在地盘轸十八度，天地二盘星度同宫，太阳对应戌亥方，即在戌亥方动作。本年太阳、天喜、天嗣星在戌方，己丑宅主以丙申日为阴贵、为天厨贵人、极富星、天宝星，本月乃正天德生气吉神。予问宅主月信在于何日？答曰："在八月中旬十四五日行经。"故选此日者,按宅母甲寅日主,卯时生人,以太阴月为嗣星、为文魁、天官星,俱主生子趋福。本日太阳躔张十一度,予与宅主云:"本日太阴至酉时行到戌方,夫妇今夜种子于左,定然受孕。"果于该夜受孕,次年生子秀贵。

　　按:宅主己丑命,纳音霹雳火。修乾亥之方,是本命主犯灭门大杀,然此例不仅未灭门反主生子,是灭门大杀不验之显例。此类实例,古书中甚多,有兴趣者,可读《翰林集要》《选择求真》等书便知。

　　《通书》中收有"灭门凶日"之恶煞,每月均有固定之日,与本书以九星绝处论不同,为不使混淆,特介绍如上表,以供区别。

　　从表上可以看出,此例是以"刑、害、破"为基础而起,如正月寅巳刑,二月子卯刑,五月午酉破,七月申亥害等,也无甚义理。

杀日　年干 月令	甲己年	乙庚年	丙辛年	丁壬年	戊癸年
正月	己巳	辛巳	癸巳	乙巳	丁巳
二月	丙子	戊子	庚子	壬子	甲子
三月	辛未	癸未	乙未	丁未	己未
四月	丙寅	戊寅	庚寅	壬寅	甲寅
五月	癸酉	乙酉	丁酉	己酉	辛酉
六月	戊辰	庚辰	壬辰	甲辰	丙辰
七月	乙亥	丁亥	己亥	辛亥	癸亥
八月	庚午	壬午	甲午	丙午	戊午
九月	丁丑	己丑	辛丑	癸丑	乙丑
十月	壬申	甲申	丙申	戊申	庚申
十一月	丁卯	己卯	辛卯	癸卯	乙卯
十二月	甲戌	丙戌	戊戌	庚戌	壬戌

剑锋重赙篇第二十五

【原文】值巽乾忌戊，值坤艮忌己。

　　　　正月份甲，二月份乙，三月份巽中戊；

　　　　四月份丙，五月份丁，六月份坤中己；

　　　　七月份庚，八月份辛，九月份乾中戊；

　　　　十月份壬，十一月份癸，十二月份艮中己。

　　　　干支同位为正杀，只干神到为旁杀。

　　　　剑锋之杀不宜逢，犯着其家必大凶。

　　经云：此杀乃梵天紫微之殿神。不常降世，常在天宫，遇其干支同者乃是其神降世，主杀人口，六畜。又名重丧杀，又名千斤杀。有旁杀，有正杀。正杀伤人口、六畜，肉满千斤方止。如本家畜不足数，定损邻家人畜，补满其数。

　　【注解】所谓剑锋重赙煞者，乃干支同位之意。寅中有甲、卯中有乙、巳中有丙、午中有丁、辰戌中有戊、丑未中有己、申中有庚、酉中有辛、亥中有壬、子中有癸，所以甲见寅、乙见卯、丙见巳、丁见午、戊见辰戌、己见丑未、庚见申、辛见酉、壬见亥、癸见子是此煞。甲寅、乙卯、戊辰、戊戌、己未、己丑、庚申、辛酉均有正杀、旁杀之分，而丙巳、丁午、壬亥、癸子却只有旁杀，绝无正杀，因干支不能同位故。

　　所谓神煞，均是以年月日时干支生克制化，生旺死绝而取，吉者为神，凶者为煞。而本文注解其为梵天紫微之殿神，是在五行生克之义上增添了悖离易理的成分，故不足为凭。

　　【原文】常在旺前为剑戟，一名重赙起于东。

　　其神正立常在月前一辰，正甲、二乙、三巽中戊，四丙、五丁、六坤中己，七庚、八辛、九乾中戊，十壬、十一癸、十二亥中己，常游八干四维。

【注解】 所谓常在月前一辰者，是以二十四山方位论，并非以十二月建论。二十四山顺序从子位始是子、癸、丑、艮、寅、甲、卯、乙、辰、巽、巳、丙、午、丁、未、坤、申、庚、酉、辛、戌、乾、亥、壬。从此顺序上可以看出，甲在寅前、乙在卯前、丙在巳前、丁在午前、庚在申前、辛在酉前，故云常在月前一位。若以十二月论，寅前为卯、卯前为辰、巳前为午、午前为未等则非。

【原文】 更将吊替分轻重，便见行方及去踪。

法先以太岁入中宫，行至修宫，看得何甲子，再将所得甲子干支入中宫，行到所修作之方，其月前庚辰为剑锋杀，不可修作此方。只吊得以其甲方使杀官，得干支同到为正杀。

【注解】 本段原文前后颠倒，后两句更不明其义。细思之，当是言先以当年太岁入中宫顺布，行至修方，看其宫得何干支，再将此干支入中宫顺行，看到修方得何干支。若仅天干与本宫同为旁杀；若干支皆与本宫同则为正杀。正杀灾重，旁杀灾轻。

【原文】 只如戊子甲寅求，七月庚申值此忧。

如戊子年正月作艮，将戊子太岁入中宫，行至本月份艮宫得辛卯。再将月份宫所得辛卯入中宫，行见甲午到艮，甲为正月剑锋杀。戊子年正月建甲寅，乃正犯也，月建与剑锋干同，亦为正杀。

如戊子年六月作坤，将太岁戊子入中宫，行至本月份坤宫得甲午；再将月份宫所得甲午入中宫，行见己亥在坎，己为六月剑锋杀。如七月，将太岁戊子入中宫，行至月份宫为甲午；再将甲午入中宫，见庚子到坤是，庚为七月剑锋杀，乃正犯也。如戊申年正月作艮，以戊申太岁入中宫，行至正月份宫，得辛亥；又将辛亥入中宫，行见甲寅到艮是干支同，为正杀犯之，大凶。余依此例推。

此名年杀岁中恶，犯着教君见祸尤。

以上乃年上求剑锋之法，故以太岁入中宫求。

月杀逐一究方隅，须看支干上下俱。

月上求剑锋法,以月建入中宫,行至月份宫看得何甲子;再以月份宫所得甲子入中宫,行到所修作之方,若逢月前一辰为剑锋杀,忌修作。倘支干同到方为正剑锋杀的不可修作。

旁杀只忧六畜损,正杀必当人口殂。

肉满千斤方可止,先妨家母次家公。

旁杀灾小,故忧六畜;正杀灾大,故伤人口。

先将太岁入中宫,十二月份八位中。

四维之上皆重到,支干相遇不宜逢。

行分十二月份之法:如甲子年将甲子入中宫,遍行九宫,各取十二月份也。甲子入中宫,乙丑到乾,系九月份;丙寅到兑,系八月份;丁卯到艮,系正月份;戊辰到离,系五月份;己巳到坎,系十一月份;庚午到坤,系六月份;辛未到震,系二月份;壬申到巽,系三月份;癸酉到中宫,不依月份;甲戌又到乾,系十月份;乙亥到兑,不依月份;丙子到艮,系十二月份;丁丑到离,不依月份;戊寅到坎,不依月份;己卯到坤,系七月份;庚辰到震,不依月份;辛巳到巽,系四月份;各按时份入中宫。值戊辰到巽,三月不可作巽;戊戌到乾,九月不可作乾;己未到坤,六月不可作坤;己丑到艮,十二月不可作艮,皆为正杀,大凶。又如戊戌入中宫,九月不可作乾并中宫;戊辰入中宫,三月不可作巽并中宫,以戊寄乾巽中宫故也。己未入中宫,六月不可作坤并中宫;己丑入中宫,十二月不可作艮并中宫,以己寄坤艮并中宫故也。又乾管九月、十月,艮管正月、十二月,巽管三月、四月,坤管六月、七月,此先小数后大数。余仿此例推。

【注解】剑锋之杀,实为禄神。《御定六壬直指》曰:"甲禄在寅、乙禄在卯、丙戊禄在巳、丁己禄在午、庚禄在申、辛禄在酉、壬禄在亥、癸禄在子。"《渊海子平》曰:"禄者,天干地支所旺之乡。如甲禄在寅,乃东方甲乙之地支,辰、寅、卯配之。余皆同此。"至于干禄吉凶,诸书多以吉论,魏青江《阳宅大成·选时》一节更加详细,特介绍如下,以供参考。

一、禄何所取用?

天干同类地支,比助身强。如甲生人,以壬父之禄在乾,取用甲壬日大吉。甲壬纳于乾,壬禄在亥,甲木生于亥,亥乾同官,甲禄在寅,寅与亥禄相合,此为紧切召吉之法。乙癸纳于坤、丙纳于艮、丁纳于兑、庚纳于震、辛纳于巽、戊纳于坎、己纳于离。己土生于酉而禄在午,己禄居午而配于甲,用之尤吉。

二、禄因长生之临官,而长生因父子之禄位者何说?

甲丙戊庚壬,阳干顺行者,根父以生也。壬禄在亥,甲木生于壬水,故甲根父禄而长生于亥也。甲禄在寅,丙火生于甲木,故丙根父禄而长生于寅也,此者,子受父业而享用者。丙戊禄在巳,庚金生于戊土,戊土生于丙火,故庚因戊父之禄根丙祖之禄而长生于巳也,此子孙受祖家业而享用者。庚禄居申,壬水生于庚金,故壬因庚父之禄而长生于申也,此子受父业而享用者。谓寅申巳亥为四生之地者,阳干所由根父以生也。不于乙丁己辛癸阴干逆行者,乃母从子之禄以生也。乙禄在卯,癸水生乙木,故癸因子乙之禄而长生于卯也。癸禄在子,辛金生癸水,故辛因子癸之禄而长生于子也,此母受子奉养到老者。辛禄在酉,己土生辛金,丁火生己土,故丁因孙辛之禄而长生于酉也,此祖母受孙奉养到老者。己为阴土,己因辛子从丁母之禄而长生于酉也,此祖母、生母同受孙子奉养到老者。丁己禄在午,乙木生丁火,丁火生己土,故乙因丁子之禄、己孙之禄而长生于午也,此祖父母,父母俱庆重庆,享子子孙孙之奉养者。谓子午卯酉为四旺之地,不知阴干所由,子午卯酉又为四生之地,寅申巳亥又为四旺之地也,十干八禄总在此四生四旺之乡耳。

三、禄各有应验,何以为吉? 何以为不吉?

五行逢禄旺又遇印绶,即乐享祖父之产业,谓之禄旺生人,福泽绵绵。如甲木生丙火为泄气,遇有壬水生助谓之生生不息,上可见曾祖,下可见重孙,其吉验类此。若在旺禄生人,后逢克制,有伤根木,生忤逆子,败父业而不能享用,其不吉之验类此。书曰"生旺逢生,喜上见喜,定主世代丰厚",此禄之吉者。若休囚受制,或落空亡,必有人无产,或有产无人,此又禄之不吉者。

四、合禄如何?

有三合,如寅禄用午戌合、午禄用寅戌合、申禄用子辰合、子禄用申辰合、巳禄用酉丑合、酉禄用巳丑合、亥禄用卯未合、卯禄用亥未合、乃生、旺、墓之三合者也。有六合,寅禄用亥合、亥禄用寅合、卯禄用戌合、酉禄用辰合、午禄用未合、子禄用丑合,巳申带刑而合,俱乃日月相合者也。须按时令当权,凡甲生人以寅为禄,四柱不见寅而见亥,为合禄;或四柱不见寅而见午戌,亦为合禄。

五、食禄如何?

父母享用儿孙之禄,本于禄前三位,曰"金舆禄",本于禄前四位为"食禄",即文星。如甲木生丙火为食神,丙禄在癸巳,而甲以癸巳禄为食禄,主催丁、催官、救贫、催富,极为有力,且更悠久,世代蒙荫。如戊以庚为食神,即以甲申为食禄。庚以壬为食神,即以辛亥为食禄。乙以丁禄、丙午为食禄。丙以戊禄、丁巳为食禄。仿此例推。

以下为诸禄格局:

拱禄格:如本册第58面所举京兆余侍御例;又晋陶公为富阳县宋氏葬祖,用庚寅年、庚辰月、庚寅日、庚辰时,名天干一气,又名夹禄格,后大富贵。

冲禄格:晋郭景纯与鄱阳潘氏下地,卯脉转亥作巳向,亡命辛亥,用四辛卯。记曰:"辛干卯支冲禄格,辛禄在酉,合山更补脉。灵枢几载在庭前,选择许多年。得此年月方安葬,葬后状元并拜相。无限锦衣归,不利酉生象。"葬后登科状元,食禄三十余人,内间学士有五。

食禄格:见本册第98面所举汴江颜绍修方例。

遥禄格:池阳庄心田,戊戌生,丑方作横庭,用丙申年、辛丑月、辛酉日、己丑时。记曰:"年命二禄俱在巳,何用明见是;酉丑二合喜相逢,巳禄在其中。"

合禄格:钱塘刘林葬父,亡命癸未、申山寅向,用戊申年、丙辰月、壬申日、甲辰时,十年后其子登科。记曰:"癸未禄如何,申辰合出子,见子造化无,取用实子合,不动戊午冲动子,月桂探花取。"

聚禄格:如甲寅、丙寅、甲寅、丙寅,甲木年月日时均见禄元。如庚申、甲申、庚申、甲申,庚金年月日时均见禄元等是。

按:选时造命为选择中最高层次,有补龙、扶山、相主之妙用。选择诸书也均以禄元为吉,若禄逢空亡、冲破等方以凶论。本文强把禄位定为剑锋重赙凶杀,实有悖五行义理,此其一。

大凡凶神,用吊官之法,吊官第一轮见之,最为灵验,余多不验。而剑锋杀不以吊官见之为要,反以替官为重,是舍本逐末,难以应验。此其二。

行分十二月份之法云,甲子入中宫,乙丑到乾系九月份,丙寅到兑系八月份,丁丑到艮系正月等,依此法,第一个九宫,少了十月、十二月、四月、七月四个月,月建排法是逐月而替,岂有太阳绕过十月而十一月,绕过十二月而正月之理?若依此论,是一年中四、七、十、十二四个月排在最后,此排宫无序,四季混乱,岂能有验。此其三。

综上所述,剑锋之杀亦属虚设,古人多不为重。举例说明:

例1.《翰林集要》中例,范公与邵武黄天监下祖地卯山,用辛亥年、壬辰月、壬申日、辛亥时,葬后当年出贵子,一纪年间子孙荣贵。

按:以当年太岁辛亥入中顺布,壬子乾、癸丑兑、甲寅艮、乙卯离、丙辰坎、丁巳坤、戊午到震山。再以戊午入中顺布,己未乾、庚申兑、辛酉艮、壬戌离、癸亥坎、甲子坤、乙丑震。乙到卯方是剑锋杀,本应凶而此却吉,是剑锋不验。

例2. 鲁冈壬山宅主,甲寅生,自康熙戊寅生一子,至雍正辛亥,父子俱久纳宠而不孕,辛亥孟冬,取太阳到命度,修离坤兑三方,天德乙未到兑,先起工,预券一年外郎生三子,书存照验。果于癸丑寅月,子妾先生一男,随父妾又生一男,随子妻又生一男,四柱皆带壬丙寅午戌。

按:以巳亥月建入中顺布,庚子乾、辛丑兑、壬寅艮、癸卯离。再以癸卯入中顺布,甲辰乾、乙巳兑、丙午艮、丁未到离是剑锋杀,本应主杀千斤而此却得子,与实截然相反,再证剑锋之杀不足为凭。

将军修方篇第二十六

【原文】将军之下不堪修,宰相同权犯则忧。

将军者,三年宰相之任;太岁者,一年天子之权。太阴为太岁之后,蚕室为将军之妻。犯太岁报太阴,犯将军报蚕室,各有方法,以具下文。

寅卯辰年居正北,巳午未年在卯游。

申酉戌年居午位,亥子丑年酉上求。

如丙寅、丁卯、戊辰,虽俱在子,然丙寅年在庚子,丁卯年在壬子,戊辰年甲子是。其法用五虎遁求之即是。

月建入中寻吊替,行宫正到不宜修。

以吊宫定之，看其行宫。如丙寅年四月，将月建癸巳入中宫，见庚子在震，是将军正到之处，作之大凶。

更将本甲详深浅，值此教君定祸尤。

月建入中宫飞一匝见之，为本甲内犯之，主大凶。若在第三、四甲见之，不为灾害。如丙寅年六月作坎，以月建乙未入中宫，行见庚子在坎，是本甲内见，修之大凶。

经云一住经三载，犯者无妨不用忧。

【注解】将军又名大将军。古人认为是岁之大将，统御威武，总领战伐，攻城战阵，所以其方兴造皆不可犯。曹震圭曰："大将军其德忠直，常居四正，三年一迁。所理之地，可以命将帅、选威勇，以伐不义。"至于其理，却有两种解释。《考原》认为："大将军者，统御武臣之职，有护卫虎贲之象，故居四正之位而从岁君之后。如寅卯辰岁在东方，则居正北；巳午未岁在南方，则居正东；申酉戌岁在西方，则居正南；亥子丑岁在北方，则居正西也。"《钦定协纪辨方书》认为："克我者为贼，我克者为仇，其拒仇贼而生我又后于我者，大将军之象也。"《淮南子》云"子孙为宝爻"，即其义也。岁在东方木，西方金克我，北方水拒隔之。岁在南方火，北方水克我，东方木拒隔之。岁在西方金，与东方木为仇，中央土拒隔之。岁在北方水，与南方火为仇，西方金拒隔之。或曰："岁在西方而大将军居午，午为火，何言土也？"曰："五行家以巳为戊，以午为己，午固土也。且大将军必居太岁之右，军事尚右，其右之正位，必大将军也。"本节注云大将军为宰相，宰相乃文臣，将军乃武职，与其煞义不符。且古人以文左武右，今大将居太岁之右，亦为武职，故本文之注有误。

大将军为凶神，但也有制伏之法。《通书》认为："大将军，方伯之神，其方忌兴造。若不会诸凶，用真太阳制之吉。太阴吊客同方，其方忌兴造，宜太阳、岁德、三合制之。"《蓬瀛书》认为："岁在四孟,太阳与大将军合与四仲,名曰群丑,必须太阳到方。如申年,太阴大将军合于午,必须六月太阳到午宫,又用午时修之,所谓真太阳到方也,大吉。若寅月太阴与大将军合于子,子时太阳无光,兼取丙丁奇,九紫到方为吉。若不会太阴,不叠凶煞,则有一二吉星亦可修也。"《宗镜》认为:"大将军占方不可修,然有轻重。如巳年、未年,将军在卯,甲己年卯乃丁卯也,再以月建入中宫顺数九宫,惟乙亥月丁卯仍在卯上,谓之将军还位,修造犯之凶。余月则丁卯飞出别方,其方得年家、月家之紫白或太阳三奇,亦可修也。"《选择求真》一书中载修大将军一例:有陈姓祖地,坐酉向卯兼庚甲,葬当年,甲戌岁欲在旧茔右午方凿穴,其年大将军、白虎、金神、打头火诸凶聚午,理当忌修。予选七月二十九日午时兴工凿穴,课是"甲戌、癸酉、丁巳、丙午"。得八节丁奇与岁命贵飞替到午,用太阳正照诸吉到午而修,否则,不宜妄动。

本书认为,蚕室为大将军之妻,犯将军报蚕室则吉。蚕室者寅卯辰年在乾,巳午未年在艮,申酉戌年在巽,亥子丑年在坤。如果修造时不小心犯了将军,再修报蚕室之方,使其阴阳交泰,夫妻和谐,其灾可解。详后"报蚕室篇第三十六"。

十恶大败篇第二十七

【原文】十恶都来十个神,逐年有杀用区分。

支干冲破为正杀,还如甲戌见庚辰。

更怕乙丑冲辛未,复愁庚戌对甲辰。

凡年支干冲日支干,皆为正杀,犯此日主大凶,有夭亡、公讼及暴死。

辛丑乙未皆凶恶,乙巳己亥必殃人。

丙寅不用壬申日,癸卯丁酉怕冲刑。

岂知乙未妨己丑，又恐戊戌妨甲辰。

壬寅若见丙申凶，冲年之日例皆同。

凡年支干冲日支干为正杀，的凶不可用，主夭亡、公事及暴病。俗师不晓此旨，只十日皆凶。

上官拜相及兴师，造作葬埋皆不宜。

位此对冲日年破，败亡之应不逾时。

【注解】十恶大败，是指十干配地支，旬中无禄之日。诀曰：

甲辰乙巳与壬申，丙申丁亥及庚辰。

戊戌癸亥加辛巳，己丑都来十位神。

邦国用兵须大忌，龙蛇出穴也难伸。

人命若还逢此日，仓库金银化作尘。

《渊海子平》曰："十恶者，凶也。大败者，怯敌也。谓六甲旬中有十个日值禄入空亡，此十日谓之大败，故曰十恶大败。"何以谓之禄入空亡？如甲辰、乙巳者，甲以寅为禄，乙以卯为禄，是甲辰旬以寅卯为空亡，逢此为禄入空亡，是以败也。余仿此。

禄在命理或选择造命中均为吉处，主人一生之俸禄、食禄。如果命中无禄，必然贫困，所以选择亦以禄为重。十干禄具体是：甲禄在寅、乙禄在卯、丙戊禄在巳、丁己禄在午、庚禄在申、辛禄在酉、壬禄在亥、癸禄在子。十天干与十二地支相配，每轮均有两个地支无天干相配，这两个地支就是空亡。如果这两个地支正值用事天干的禄位，就是无禄，故曰"十恶大败"。六旬空亡具体如下：

甲子旬中戌亥空亡，壬申日禄在亥，逢空亡为十恶大败日。

甲戌旬中申酉空亡，庚辰日禄在申，辛巳日禄在酉，逢空亡为十恶大败日。

甲申旬中午未空亡，丁亥日与己丑日禄在午，逢空亡为十恶大败日。

甲午旬中辰巳空亡，丙申日与戊戌日禄在巳，逢空亡为十恶大败日。

甲辰旬中寅卯空亡，甲辰日禄在寅，乙巳日禄在卯，逢空亡为十恶大败日。

甲寅旬中子丑空亡，癸亥日禄在子，逢空亡为十恶大败日。

《三命通会》云："十恶者，譬律法中人犯十恶重罪，在所不赦。大败者，譬兵法中与敌交战，大败无一生还。喻极凶也。"又云："犯者未必皆凶，若内有吉神相扶，贵气相辅，当为吉论。"

十恶大败属命理中神杀，凶在日主无禄。但一个八字，重在四柱配合，一个禄元并非十分重要。况且壬申日，日主自坐长生；癸亥日癸水坐旺，庚辰日庚金坐印，戊戌、己丑日主坐比，日主已强，禄位己无多大作用，所以该神杀在推命中亦非重要。择吉修方借用此杀，纯属多余。细观古例，用十恶大败日者甚多，且均应吉，并无凶验。说明此煞为妄添。其例如下：

处州曹公，祖坟在海门外，地名张山，乾山癸丑亡命，用戊戌年、丙辰月、庚辰日（按：十恶大败日）、庚辰时，下后财富不绝。庚见丙为杀，庚见戊为枭，初凶。

杨公于神龙山张万山公竖造，用壬寅年、甲辰月、甲辰日（按：十恶大败日）、丁卯时，时尊帝星方出火，用谷将加生门天河转运吉星方，用之后三年举家封侯，仕宦不替。

曹公与欧宁县刘给事葬母坟，子山，用丙子年、壬辰月、壬申日（按：十恶大败日）、戊申时，葬后初损一小口，后子孙为官，取申子辰水局补山，见发福有征。

王先生在泉州下一祖坟，乾山，用乙未年、戊子月、丙申日（按：十恶大败日）、戊子时，葬后子孙出贵，代代簪缨不替，乙木病于子不为大咎。

丁亥年、癸卯月、丁亥日（按：十恶大败日）、癸卯时。是课大利坤宅，天干坐贵，名曰"日贵"，丁亥无冲，癸卯是贵人会合官星，显马列门排，富寿增清名，为人正直无私，禀性忠良，上合大贵之格。

丙戌年、辛丑月、乙巳日（按：十恶大败日）、庚辰时。酉辰六合，巳丑三合辛进禄，课合乙庚逢龙化金，名公巨卿。又云辰辛乙庚配鸾凤，处世自如福禄长。

但本文所说的"十恶大败"，并不仅限于此十日，其意也不是取无禄，而是修作之日不能与修作之年天克地冲，如甲戌见庚辰、乙丑见辛未、庚戌见甲辰、辛丑见乙未、乙巳见己亥、丙寅见壬申、辛卯见丁酉、乙未见己丑、戊戌见甲辰等。严格说来，与十恶大败本意不符，但以五行生克冲合制化之理来讲，却相合。

岁破之日修作虽凶，但如其它干支有吉神或能以合解冲者，仍可使用，故宜通变。此类古例甚多，简举数例以证：

王氏，艮山丙寅亡命，用甲子年、戊辰月、庚午日、庚辰时葬，二庚得艮山为贵人，甲戌庚又为三奇，下后子孙仕宦不替。

按：年与日虽天克地冲，得子辰合且有吉神化解。

癸未、辛酉、丁丑、己巳。巳山是阴贵之方，太阳躔翌十度正到巳方，百杀降伏，福禄增荣。巳山火以乙为印，癸为官，巳酉丑为财禄。书云：富而又贵，定为财旺生官。（按：此局癸未年与丁丑日天克地冲，但巳酉丑三合解冲，且有吉神，故反为吉。）

王氏葬，子山，乙亥亡命，用庚午年、庚辰月、庚子日、庚辰时，四庚金克乙木为官，天元一气，二庚辰纳音亦金，名金神格。

按：此局年日相冲克，但合天元一气之贵格，且子辰合而解子午冲，故化凶为吉。

卷四

年家独火篇第二十八

【原文】独火例：

年	子	丑寅	卯	辰巳	午	未申	酉	戌亥
方	艮	卯	子	巽	酉	午	坤	乾

又名黄罗游火，求占不飞吊。

独火游年五鬼神，冲年一卦用求真。

假令戌亥年居巽，乾为五鬼巽宫寻。

如戌亥年用巽卦，冲处是乾，为五鬼独火之神。余仿此。

此神独畏于一白，吊宫壬癸亦堪侵。

若独火占方，得一白到，作之不为大害。亦须一白有气方可，无气不利。或吊宫壬癸水加独火之上，作之亦吉。

九紫同到祸转凶，死丧官事女人逢。

吊宫见木忧火血，值金争讼破财伤。

若月九紫火同到独火方，作之其祸尤烈。吊宫见甲乙木同到独火方，主破财失畜。吊宫见庚辛同到独火方，主破财争讼。

更看月建并太岁，水能制火要君道。

如太岁并月建纳音属水，如君制臣，父制子，作之无害。

日辰三命临时会，丁达深微有指踪。

凡作独火，当秋冬壬癸水日辰作之无害，更水命宅长亦佳。若非秋冬及壬癸日，虽宅长水命，只应小灾。

三碧四绿并加方，修之终是有灾殃。

旺时作犯怕灾夏，犯者其难不可当。

如夏令五六月，当独火正旺时切不可修作，的主大凶。

【注解】《通书》曰："独火一名飞祸，又名六害，即盖山黄道乾宫翻卦：

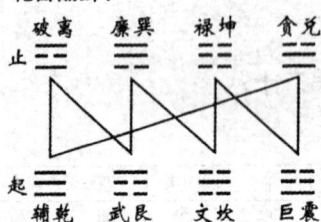

坤宫翻卦：

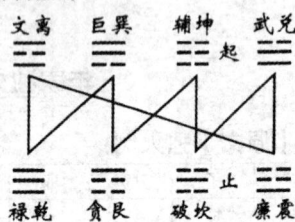

兑宫翻卦：

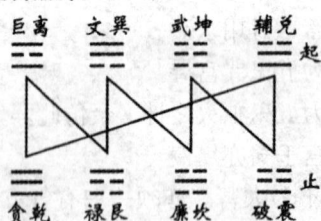

巽宫翻卦：

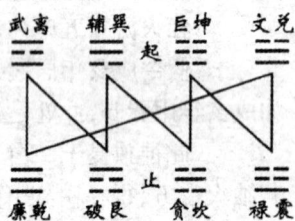

坎宫翻卦：

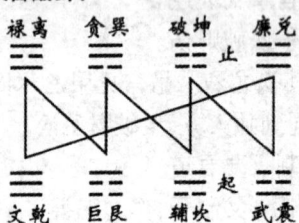

艮宫翻卦：

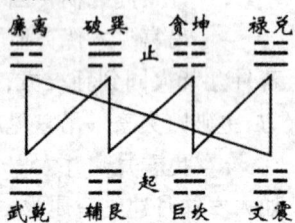

震宫翻卦：

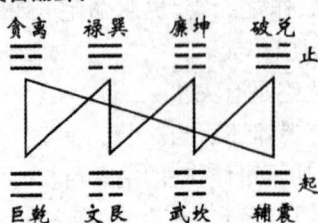

离宫翻卦：

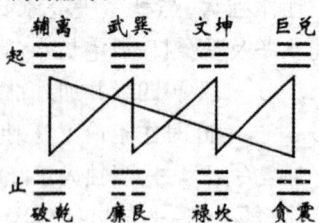

内朱雀廉贞火,修营动土犯之主灾,埋葬不忌。"求独火与盖山黄道之法同,如子年属坎,对宫为离,即以离为本宫卦,下一爻变艮为廉贞,所以子年以艮为独火。丑寅年皆隶艮,对宫为坤,即以坤为本宫卦,下一爻变为震,所以丑寅年皆以震为独火。

为什么本宫下一爻变为廉贞,这是根据小游年翻卦而来。小游年以本宫卦为辅弼,第一变上爻为贪狼,第二变中爻为巨门,第三变下爻为禄存,第四变复变中爻为文曲,第五变复变上爻为廉贞,第六变复变中爻为武曲,第七爻复变下爻为破军。由此法而成第152面的格式。

从以上各宫翻卦图可以看出,廉贞均在本宫卦的第五变中,所变之象正好是本宫卦的下爻变化,所以本宫的下一爻变为廉贞。廉贞在五行中属火,每年只守一方,所以又叫独火。

廉贞独火属火星,正五行中壬癸亥子属水,九星中一白属水,故云壬癸亥子及一白所临之方,不忌独火,水能克火故,甚合义理。然言水命宅长亦能制独火,却有悖五行生克义理。言命者,是以纳音论,如甲寅、乙卯,正五行属木,纳音五行却属水,是以木论生独火?还是以水论克制独火?又如丙午、丁未,正五行均属火,而纳音五行却属水,是以火论助独火?还是以水论克独火?又如壬子、癸丑、壬午、癸未,天干五行属水,而纳音五行属木,是以水论制独火?还是以木论克独火?均自相矛盾。所以,凡制独火,均以正五行论,纳音不可用。

独火之神是否真凶?《通书》曰:"独火方遇丙丁飞吊其上,其火方发,无凶神并不妨。"这就是说,凡独火到方,只要丙丁没有飞到,则不必拘泥,仍可兴造动工。

月家独火篇第二十九

【原文】独火:

月	正	二	三	四	五	六	七	八	九	十	十一	十二
方	巳	辰	卯	寅	丑	子	亥	戌	酉	申	未	午

月家独火害神同，寅巳卯辰为最凶。

官员僧道修之吉，士庶葬埋尤怕逢。

月独火即月六害，其所在之方位，第一忌葬埋，又忌造牛栏、猪圈、羊栈、马厩，打筑墙垣。出入方位值之，主疮疖之灾，惟官员僧道作之多福。

猪牢羊栈筑场基，马厩牛栏尽不宜。

犯之值旺牲财损，疾病伤残主别离。

如何可作其神位，穿井池塘水堰陂。

多能为福不为祸，一一言之君要知。

若穿池井及堰坡，于月独火方作之，反获福而不能主灾。亦忌作窑灶，主凶。

【注解】 月独火之意与六害同。六害者，其意有二。《考原》曰："正月建寅与亥合而巳冲之，故寅与巳相害。二月建卯与戌合而辰冲之，故卯与辰相害。盖月建者，众神之首，冲其所合，是以害也。"曹震圭认为："假令卯辰相害者，卯以乙旺之木害辰之土，辰以墓土害卯中癸水也。寅巳相害者，谓寅以旺甲害巳中戊土，而巳以生庚害寅中旺甲也。丑午相害，丑以癸水害午中丁火，午以己土害丑中癸水也。子未相害者，子以所生之辛金害未中墓木，未以旺土害子中旺水也。申亥相害者，亥以生木害申中生土，申以旺金害亥中生木，又以生土害亥中旺水。酉戌相害者，戌以墓火害酉之旺金，酉以所生丁火害戌中辛金也。"此两种解释虽然牵强，但尚有依据，然以六害作为月独火之意，除寅巳相见，为木火相生之象，尚可勉强附会，余则全无义理。如申亥相见，金生水旺，一点火星也无，何能曰独火？实为穿凿，绝不合义理。

魏明远在《象吉通书》中收有"月独火"之煞，与本文不同，摘之以供参考：

月	正	二	三	四	五	六	七	八	九	十	十一	十二
方	乙	丙	丁	乙	丙	丁	乙	丙	丁	乙	丙	丁

此例除乙木外，余皆取丙丁之方，与丙丁独火有些相似。丙丁属火，飞临之方再逢九紫火，年独火等，易发生火灾，故忌修造，尚有义理。请参阅《佐元直指·卷六·年月独火图》。

暗剑杀篇第三十

【原文】一白居中杀在坎，六白金入一白之位为杀。

二黑居中杀在坤，八白土入二黑之位为杀。

三碧居中杀在震，一白水入三碧之位为杀。

四绿居中杀在巽，三碧木入四绿之位为杀。

五黄居中无定位。

六白居中杀在乾。七赤金入六白之位为杀。

七赤居中杀在兑。九紫火入七赤之位为杀。

八白居中杀在艮。二黑土入八白之位为杀。

九紫居中杀在离。四绿木入九紫之位为杀。

【注解】所谓暗剑杀，即当年或当月入中九星之本宫，与太岁月建本宫同。如上元甲子年一白入中宫，太岁一星即是一白，一白本宫在坎宫，以一白入中顺行，六白金飞入一白之位，是犯了太岁，所以为暗剑杀。他星同推。

【原文】暗剑之神深可怕，君臣反位不堪闻。

一白居中杀在坎，二黑居中杀在坤。

暗剑杀者，臣夺君、子害父、奴反主，皆为月白入中宫之杀。如子午卯酉年八白入中宫，二黑入八白之位，是臣反君位也，为凶不可犯。

【注解】九紫年飞星以上元甲子起一白逆行,历一百八十年为一周,并非每逢子午卯酉年必八白入中。若以九紫月飞星论,子午卯酉年正月与十月皆八白入中。原文有误。

【原文】此杀有动有不动,亦用三元逐位分。

但看月首是何日,又看月建是何音。

月首制杀杀不动,杀神受制不生迍。

看月建纳音与月首日辰之纳音,能克杀其灾不动。如甲子年二月,其杀在西是火神,月首日辰是癸亥水,水能制火。

【注解】此是以下元甲子或甲子年二月论。下元甲子年七赤金入中,九紫火到七赤之位。甲子年二月也是七赤入中,九紫火到兑。癸亥正五行及纳音皆属水,有克火之力,所以云能以制其杀。上元甲子一白入中,中元甲子四绿入中,暗剑杀却非九紫火,也非在西方。

【原文】子年二月赤入中,杀在西方紫火神。

如甲子年二月初一是癸亥,在中宫是七赤,九紫居西兑为杀。月首日辰癸亥水能制火,故杀不动,犯不妨。

丑年七月八白中,二黑到艮土杀临。

月首日逢甲申水,杀制月首必殃人。

如辛丑年七月,八白值中宫,二黑入八白之宫,反位为杀。七月初一日辰甲申水,反受二黑土之克制,主大凶,殃人。

月首比和多疾病,月首相生害女人。

若月首日辰之纳音与杀比和,主疾病。如丙申年二月,一白入中,六白金到坎,反位为杀。二月初一系癸酉金,与杀比和,故多病。若月首之纳音生杀,主妨女人、小口。如丙辰年三月,三碧入中宫,见一白水到震为杀,三月初一系辛亥金,能生一白水,是月首生杀,故妨女人。

杀生月首应无咎,杀神泄气可相侵。

若杀生月首日辰之纳音,作之无咎。如丙戌年二月,四绿入中宫,三碧木到巽,反位为杀。二月初一日系丙寅火,受三碧木之生,是杀生月首,犯无害。

不将此杀分清重,终是吉凶难具陈。

【注解】暗剑杀之说,源于麻衣道长的《三元选择歌》,曰:"三元且有暗剑杀,略与时师话;一白二黑至中宫,坤坎却为凶。"这就是说不论是年紫白,还是月紫白,入中之星本官就为暗剑,犯年暗剑即犯太岁,犯月暗剑即犯月建。但据本文之意与注解,似乎与理却不甚合。其一,九星乃天上之飞星,干支乃地上之五行,故风水中有"玄空飞星"一派,专以年月九星生旺衰绝论阴阳二宅吉凶,不论当年太岁及月建、日时之干支;也有专以地支三合,年月日时干支补龙扶山,而不论年月日时九星飞星者。二者是完全不同的两个派系,就像每个人身上均有金木水火土五行一样,本身肝火盛只有补本身之肾水,岂能借别人之肾水来灭本身之肝火? 本文把九星五行与干支五行混为一团,是不知地下之水,不能灭天上之火之理也。其二,如果已犯暗剑杀,若月首日辰干支纳音五行克暗剑九星五行,或暗剑九星五行生月首干支纳音五行,为杀不动、无妨;若月首干支五行生暗剑九星五行,或比和均为杀动,必殃人。据其举例,皆为二月初一、三月初一、七月初一等。不知九星飞星及风水中月令推算,均是以本月第一个节气的第一日为准。如正月从立春之日起,二月从惊蛰之日起,三月从清明之日起等,并非从本月初一日起。如二零零三年三月三碧入中,一白水飞到震方,一白水就是本月之暗剑杀。三月初一日是乙巳,纳音属火,是一白水克乙巳火,主殃人。但三月初一还未交清明节,三碧木仍未入中。直到三月初四戊申日方是清明节,而戊申日纳音是土,土克一白水杀,反主无妨。因此,本文所注,致节令混乱,十二月失序,所以不能为据。其三,假使月首之日能制暗剑九星,也应以正五行为主,纳音五行来制九星五行,纯属妄谈。如暗剑九星为九紫火,月首一日为丙午或丁未,火只能助火之力,何言纳音水能制火? 又如月首一日是甲寅、乙卯,木生火旺,更增火力,何言纳音水能制暗剑火? 再如暗剑九星是水,月首一日干支是庚申或辛酉,纳音为木,是木来泄水,还是金来生水? 若月首一日干支是壬子,纳音亦木,是助旺水? 还是泄旺水? 若月首一日干支是庚子,纳音属土,是制水? 还是助水? 均难自圆其说,故纳音五行制生九星说亦无理。

暗剑杀之说,古人并不为意,常见犯暗剑反吉之例,举以说明:

例1. 吴姓,丙子生,五十三岁无子,住宅子山午向,卧房在东北艮方,癸丑日主。生人本命天嗣星在亥,太阳、天喜在巳,又以癸亥为命宫益后星,以酉为金柜红鸾、天喜,取巳酉丑三合马在亥,俱是生子发福贵神。戊辰年五月月德合辛,十一辛未日寅时,天德麟星,壬戌仁德、合德、月德、纳德,丙辰和德、旺德、仁德俱到向;天德合癸亥到山,用工匠六人并工修改子方,即在子方安床。至未申时工毕,即于本日酉时进房为始。再以五月戊午月建入中顺行,癸亥到坎,本月以癸亥为天德,癸禄在子,又为天嗣,益后,与月建戊癸相合,坎宅纳戊为一气,今移床在坎方,辛日长生在子,禄在酉,以巳酉丑为福星、天禄、续世、生气,俱是生子吉神,且辛未居巽卦九三、九五之间,于九四君子高位,得清才、美誉、柔顺、谦恭,是为封拜大人,应生贵子,发福最远。次年四月,闰四月初六辛酉日丑时生一子,合巳酉丑格局。

按:戊辰年正月五黄入中,二月四绿入中,三月三碧入中,四月二黑入中,五月一白水入中宫,六白金到坎,坎方就为暗剑杀。但本例恰在五月修子方,不仅未凶,反而获福,暗剑杀不能圆说。

例2. 见本册第64面所举"淳熙六年胡公式造丙向屋"例。

按:己亥岁正月二黑入中,二月一白入中,三月九紫入中,四月八白入中,五月七赤入中,六月六白入中,七赤金到乾,为暗剑杀,本应主凶,本例偏骤发,与该杀吉凶截然相反。

月家官符篇第三十一

【原文】月官符:

月 方	正 午	二 未	三 申	四 酉	五 戌	六 亥	七 子	八 丑	九 寅	十 卯	十一 辰	十二 巳

月家官符何所之,月建入中顺飞离。

飞到离宫得何支,本月官符依此推。

正午二未三申地,四酉五戌顺排移。

求月官符之法,每以用事月建入中宫,顺行到离,得何支为月官符所在之方。如正月以月建寅入中顺飞,正月官符在午,午到离,是官符到离,主争讼,公私不吉且多灾。余月仿此。

南木西火北金宫,谁会东方水到凶?

官符原无所属,每以逐月五虎遁至本月官符位而寻其所属。南木者,如甲己年十二月作巳方,遁得己巳木,亦为南木。乙庚年正月作南,官符在午,以月建戊寅遁得壬午木到南,此乃正南木。金火木水四命宅长犯之主大凶。又如丁酉年作南,正月建壬寅,以五虎遁见丙午水官符到南,午属火而丁酉太岁又属火,火生寅旺午,若金水命人犯之,或受太岁克及克太岁,必有官灾。火土木命宅长犯之,与太岁或受太岁生及生太岁者,无官刑有争讼虚惊。西火如丙辛年四月作兑,官符是西,以五虎遁得丁酉火为西火。又三月作申方,遁得丙申火,亦为西火。北金如戊子年七月作坎,官符是子,以五虎遁得甲子金为北金,火木命宅长犯之大凶。又,丁丑年六月作亥方,遁得辛亥金,亦为北金。东水如戊癸年十月作卯,十月官符卯,五虎遁得乙卯,为东水。又戊癸年九月作寅,遁得甲寅亦为东水。

若识土居四维地,自别官符五处逢。

乾坤艮巽居四维,土官符居四维,作之大凶。如丙辛年八月作丑方,遁得辛丑;乙庚年九月作寅方,遁得戊寅;五月作戌,遁得丙戌;六月作亥,遁得丁亥。丁壬年三月作申,遁得戊申;甲己年二月作未,遁得辛未;戊癸年十月作辰,遁得丙辰;十二月作巳,遁得丁巳,皆为土居四维,作之大凶。

【注解】以上两节原文纯属牵强。如云"丁酉年作南,正月建壬寅,以五虎遁见丙午水官符到南,午属火而丁酉又属火",先言丙午为水,旋而又言火,是五行混乱,莫衷一是,故不可信。实际上,原文是指官符与月建的相生关系。如寅卯属东方木,午未属南方火,寅月官符在午,卯月官符在未为南,而月建在东方,是东方木生南方火,泄月建之气,故曰南方木;巳午属南方火,酉戌属西方金,巳月官符在酉,午月官符在戌,是巳午月建生西方之金,泄月建之气,故曰西火。申酉属西方金,亥子丑为北方水,申月官符在子,酉月官符在丑,是申酉月建生北方之水,泄月建之气,故曰北金。亥子属北方水,卯辰属东方木,亥月官符在卯,子月官符在辰,是亥子月建生东方之木,泄月建之气,故曰东水。土居四维者,辰月土旺,官符在申;未月土旺,官符在亥;戌月土旺,官符在寅;丑月土旺,官符在巳,均有三合之义。如此则官符愈强,所以为凶。其意甚明,万勿被纳音五行所迷。

【原文】土木官符重罪亡,

(乃乙庚年九月作寅,十月作卯,遁见戊寅、己卯为土木官符。)

　　　　土金官符事延长。

(乃丁壬年三月作申方,四月作酉方,遁见戊申,己酉土为土金官符。)

　　　　土火失财不平事,

(乃甲己年正月作午,遁见庚午土是;戊癸年十二月作巳,遁见丁巳土。）

　　　　土水莫非好奸盗赃。

（乃丙辛年七月作坎，遁见庚子土是；乙庚年六月作亥，遁见丁亥土。）

　　　　土土自家相究告，

（乃丙辛年八月作丑，遁见辛丑土。已具前，可察。）

　　　　金金僧道巫医亡。

（乃甲己年三月作申，遁见壬申金；四月作酉，遁见癸酉金，乃金金官符。）

　　　　金木文书有回改，

（乃于壬年九月作寅，十月作卯，遁见壬寅、癸卯金。）

　　五行大例故难详。

　　其余之月虽云有，犯亦无灾且不妨。

　　附：

　　金水官符。戊癸年七月作子，遁得甲子金；丁壬年六月作亥，遁辛亥金。

　　金火官符。丙辛年正月午，遁甲午金；乙庚年十二月巳，遁得辛巳金。

　　金土官符。戊癸年八月丑，遁乙丑金；丙辛年二月未，遁乙未金；丁壬年五月作戌，遁庚戌金。

　　水水官符。戊癸年六月作亥，遁癸亥水；甲己年七月子，遁丙子水。

　　水木官符。戊癸年九月寅，遁得甲寅水；十月作卯，遁得乙卯水。

　　水火官符。丙辛年十二月作巳，遁癸巳水；壬丁年正月作离，遁丙午水。

　　水金官符。乙亥年三月作申，遁得甲申水；巳月作酉，遁得乙酉水。

水土官符。甲己年八月作丑,遁丁丑水;丙辛年十一月作辰,遁壬辰水;丁壬年丑月作未,遁丁未水;戊癸年五月作戌,遁壬戌水。

木木官符。丙辛年九月作寅,遁庚寅木;十月作卯,遁辛卯木。

木火官符。甲己年十二月作巳,遁得己巳木;乙庚年正月作午,遁壬午木。

木金官符。戊癸年三月作申,遁庚申木;四月作酉,遁辛酉木。

木水官符。丙辛年六月作亥,遁得己亥木;丁壬年七月作子,遁壬子木。

木土官符。丁壬年八月作丑,遁癸丑木;甲己年十一月作辰,遁戊辰木;乙庚年二月作未,遁癸未木;丙辛年五月作戌,遁得戊戌木。

火火官符。丁壬年十二月作巳,遁乙巳火;戊癸年正月作午,遁戊午火。

火金官符。丙辛年三月作申,遁得丙申火;四月作酉,遁丁酉火。

火水官符。甲己年六月作亥,遁得乙亥火;乙庚年七月作子,遁戊子火。

火木官符。甲己年九月作寅,十月作卯,遁得丙寅、丁卯火。

火土官符。乙庚年八月作丑,遁己丑火;丁壬年十一月作辰,遁甲辰火;戊癸年二月作未,遁己未火;甲己年五月作戌,遁甲戌火。

【注解】月家官符又名"地官符"。因为《通书》年表神煞中,以三合五行临官方位为天官符,所以把官符称为地官符以别之。言其地者,因其随地支逐步而移变,阴阳家最重山向,并论三方,地官符三合三方可吊照太岁,故忌兴造。

官符起例有两说。一说是月令入中，飞到离位之神便是官符。曹震圭云："岁中掌符信之官，文权之职也。常居三合前辰，故前辰为文官，后辰为武职。假令岁在寅，寅午戌为三合，则午有官符文权也，戌有白虎武职也。余仿此。"另一种说法是从月建起建字、数至定字便是官符。如正月建寅，除卯、满辰、平巳、定午，故午位是正月官符；二月建卯，除辰、满巳、平午、定未，故未位是二月官符；三月建辰，除巳、满午、平未、定申，故申位是三月官符。余月依此。《历例》曰："官符者，岁之凶神也，主官符词讼之事，所理之方，不可兴土工，犯之者当有狱讼之事。常居岁前四辰。"由此可见，官符是主官讼刑狱之神，但这两种解释均未言及"午"位或"定"位为何会犯官符，其理仍觉不清。

本书官符是以月建入中寻求，即其煞为月建之煞。诸选择书则认为官符为岁煞，均以岁入中，顺寻"午"方或"定"字之神。故其起例是：

年支	子	丑	寅	卯	辰	巳	午	未	申	酉	戌	亥
官符	辰	巳	午	未	申	酉	戌	亥	子	丑	寅	卯

《通书》曰："地官符忌修方，一年占一字。"《选择宗镜》曰："岁前五位为地官符。"所以，地官符当以年为准，月令飞宫只是求飞地官符方。如子年地官符在辰，正月修建，便以寅入中顺飞，卯至乾、辰至兑，故子年正月飞地官符便在兑方，辰为土、兑为金，为土金官符，亦合本书中"土金官符事延长"等论。因其兑方统庚酉辛三山，所以官符亦隶此三方。这样每月飞地官符便占一宫三山。由此成下面的表。

须要注意的是，子年地官符在辰，七月飞宫地官符到巽，辰隶巽，是辰到本宫，叫作"地官符还宫"。依此丑年八月，寅年正月，卯年十二月，辰年正月，巳年六月、九月，午年八月、十一月，未年九月、十二月，申年六月，酉年九月，戌年十月，亥年七月均

年支＼月令＼煞方	正月	二月	三月	四月	五月	六月	七月	八月	九月	十月	十一月	十二月
子年在辰	庚兑辛	戌乾亥	中	庚兑辛	戌乾亥	中	辰巽巳	甲震乙	未坤申	壬坎癸	丙离丁	丑艮寅
丑年在巳	丑艮寅	庚兑辛	戌乾亥	中	庚兑辛	戌乾亥	中	辰巽巳	甲震乙	未坤申	壬坎癸	丙离丁
寅年在午	丙离丁	丑艮寅	庚兑辛	戌乾亥	中	庚兑辛	戌乾亥	中	辰巽巳	甲震乙	未坤申	壬坎癸
卯年在未	壬坎癸	丙离丁	丑艮寅	庚兑辛	戌乾亥	中	庚兑辛	戌乾亥	中	辰巽巳	甲震乙	未坤申
辰年在申	未坤申	壬坎癸	丙离丁	丑艮寅	庚兑辛	戌乾亥	中	庚兑辛	戌乾亥	中	辰巽巳	甲震乙
巳年在酉	甲震乙	未坤申	壬坎癸	丙离丁	丑艮寅	庚兑辛	戌乾亥	中	庚兑辛	戌乾亥	中	辰巽巳
午年在戌	辰巽巳	甲震乙	未坤申	壬坎癸	丙离丁	丑艮寅	庚兑辛	戌乾亥	中	庚兑辛	戌乾亥	中
未年在亥	中	辰巽巳	甲震乙	未坤申	壬坎癸	丙离丁	丑艮寅	庚兑辛	戌乾亥	中	庚兑辛	戌乾亥
申年在子	戌乾亥	中	辰巽巳	甲震乙	未坤申	壬坎癸	丙离丁	丑艮寅	庚兑辛	戌乾亥	中	庚兑辛
酉年在丑	庚兑辛	戌乾亥	中	辰巽巳	甲震乙	未坤申	壬坎癸	丙离丁	丑艮寅	庚兑辛	戌乾亥	中
戌年在寅	中	庚兑辛	戌乾亥	中	辰巽巳	甲震乙	未坤申	壬坎癸	丙离丁	丑艮寅	庚兑辛	戌乾亥
亥年在卯	戌乾亥	中	庚兑辛	戌乾亥	中	辰巽巳	甲震乙	未坤申	壬坎癸	丙离丁	丑艮寅	庚兑辛

为地官符还宫。古人认为逢此,官符极旺,必须用三合局制之方吉。如寅年正月,官符在午方还宫,年月日时须调申子辰水到方制其午火,方可修造。

本文中土木官符,土金官符注解,均以纳音论,是不知飞宫之法而穿凿臆造。若知飞宫之法,则土木、土金官符等均一目了然。如午年官符在戌,二月飞震,是火木官符,三月飞坤,是火土官符,四月飞坎,是火水官符,五月飞午,是火火官符,七月飞兑,是火金官符,何其明了,不必再取用五虎遁强求纳音。

报官符篇第三十二

【原文】误作官符欲报之,贵人月德两相宜。

贵人即前所论二遁贵人,月德即前所论月德,丙、甲、壬、庚四月德是。

阴用贵人阳用德,此秘先贤亦未知。

官符在午申戌子寅辰为阳官符,在未酉亥丑卯巳为阴官符。报阳官符用月德,报阴官符用贵人。如丙子年正月作离,犯甲午金火阳官符,至二月报艮,得甲午到艮,为月德,报之则变祸为福。

欲得如何是贵人,十二年遁好区分。

只如丙子年二月,阳遁己未犯其神。

五月己亥来过坎,作之得福又消迍。

报阴官符,如丙子年二月作未,犯乙未金土官符,却用五月作坎报之。以月建甲午入中宫,见阳贵己亥,用次修之,能救二月所犯之官符。

【注解】报官符即化解官符,如果误犯官符,欲求化解,则寻求本月月德飞临方和本年太岁贵人飞临之方,按阴阳官符之法修报可解。《选择宗镜》则认为修地官符遇窍马即吉,遇紫白亦吉,不必寻求克地官符年月日时。

《选择求真》中载有杨筠松为人解官符一例。癸亥年地官符在卯,修主乙亥生命,阴贵人戊子,用癸亥年、戊午月、甲午日、丙寅时修震方,取以太岁癸亥入中宫,戊子阴贵到卯震方;用午月,卯木官符死于午;用甲午日,乃天赦也。记曰:"贵人造楼台,果见赦文来,官符散枷锁,修主进横财。"修后讼果解。

魏青江在《阳宅大成·修方》中亦收修官符三例,均录于下:

例1. 天人家邱应远,为邵武谢伯章(丙辰生人)修官符方。宣和二年,下元庚子岁、辛巳月、甲申日、庚午时,修未坤脉,庚申山,安甲寅门向,丙火命克庚金山,用庚辛年月日时为财。岁入中顺遁,命贵丁酉到寅向;月入中顺遁,命禄癸巳到寅向,命马庚寅,阳贵己亥,食禄丁巳俱到中宫,阴贵丁酉到甲向,岁禄甲申,岁马、阳贵戊寅、食禄辛亥俱到寅向,天德辛巳镇中宫为赦德,仁德、金德、天德合在丙命;于月德在庚山,为还宫,解神在申,月财在未,可修卯申。先是伯章于甲辰年七月修犯申方,田地官讼由县府而司院,终不能结,且一年数官事,应之甚惶,竟为所困。今一修报,讼既解,因而得钱数万,遂致富家。

按:子年地官符在辰,以辛巳月建入中顺遁,辰土官符临庚酉辛方,为本例之坐山,故云修官符方。

例2. 见本册第95面所举"邱应远为黄孝廉散讼"例。

按:乙巳年官符在酉,并非在申,九月飞地官符也在庚酉辛方,并非在申坤方,本例引用有误。

例3. 乙亥生,于癸亥年修地官符卯方,主命乙禄在卯,岁贵在卯,取戊午月、甲午日、丙寅时。夏至上局,九宫起甲子戊,逆遁甲戌己八艮,甲申庚七兑,甲午辛六乾,甲辰壬五坤,甲寅癸四巽;顺遁乙奇一坎,丙奇二坤,丁奇三震;丙寅时系甲子旬,从九离逆遁,丙寅在七兑,合火泽睽,以离景加兑顺挨,开加艮,休加震,则卯方得丁奇,休门。太阳躔未,合照卯方,用午月,卯木官符死于午;用甲午日乃天赦。卯木死在午日,所谓支犯支制;其年乙卯方属水,岁遁庚午土到方,月遁乙丑替己巳土到方,己丑中藏酉金克制卯木官符,不止散讼,且主进财。乙命生午旺寅,果出狱而锄地获金致富。

按:此例命主与取年月日均与前杨筠松例同,结局获财之说有异,且月遁乙丑替己巳非土,而是木,当是传抄之误。

事例虽言之凿凿,细思其理,却不尽然,疑问叠生。为什么以太岁或月建入中顺道,至午方为官符?为什么从太岁起建,逢定字为官符?曹震圭认为,官符者是岁中掌符信之官,文职也,常居三合前辰,大抵岁辰月建,以其三合前辰为文官。既曰官,当是主吉,又何以曰主官讼刑狱?同时,官符为岁月三合之辰,三合者有相合之情,又为太阳合照之方,皆为选择中至吉之方,又何以主官讼刑狱?如此种种,均是官符不合义理之处。所以《钦定协纪辨方书》认为:"官符为文,白虎为武。今历家不用白虎而惟用官符,于义理不合。盖四利三元原从太岁起例,官符白虎皆岁神方位,以其吊照太岁,故避之。若其在日,则定、成为月建三合,何凶之有?历家持误以年方配日辰耳,其以临日为凶者,误亦由此。今既不用白虎,亦不应用官符也。"举例说明:

例1. 见本册第134面所举"壬申生甲辰年修午未方"例。

按:辰年辰月,官符皆在申方。以月建戌辰入中顺行,己巳到乾、庚午到兑、辛未到艮、庚申到午,正逢申金官符飞到,未遭官讼却大发横财,与官符之义不符。

例2. 宣德十年,中元乙卯岁,修八白乾方,壬午月天德在乾,辛未日、己亥时,王惟善为陈氏催进庄田。本年遁丙戌土,龙德在乾,乾属金,命主甲戌火,以金为财,得土可生金财,故兼修戌乾二方,得八艮土上生下,星生宫,艮纳丙戌为一家,不宜火多,克伤金财,只宜火生土,土生金,故取木局生火,今主命甲木生亥旺卯,以未为库,为贵人,主星有土则有田。惟爱原神有气,木生火而火生土,白手兴家,田连阡陌,置庄百万。

按:卯年官符在未,以月建壬午入中顺行,癸未官符正到乾宫修方,亦巨富,不见官讼,再说明官符之不能圆说。

吊宫四墓篇第三十三

【原文】六捷原居四墓中,吊宫端的乃为凶。

辰戌丑未为四墓,惟吊宫泊之尤甚。凡月白在处,值墓则凶。若吉星值墓亦凶也。凡凶星值墓则不生灾,人命值墓,主宅长夭亡刑病。

木墓在未火墓戌,水辰金丑事皆同。

惟有土神无住着,临时支遣在西东。

木墓乙未,火墓丙戌,水墓壬辰,金墓辛丑。惟土有三,庚午、辛未、庚子、辛丑之土墓庚辰;丙戌、丁亥、丙辰丁巳之土墓丁丑;戊寅、己卯、戊申、己酉之土墓戊戌。

吊宫遇着灾殃并,疾病官符害主翁。

庚辰三月坤方作,九紫临分事略同。

吊宫丙戌加坤未,火命之人不善终。

如甲戌火命人,庚辰年三月作坤,以月建庚辰入中宫,吊见丙戌到坤,并火命宅长亦同入墓,故主大凶。

解将此例分清浊,掺术临机不昧蒙。

【注解】六捷杀属三元紫白中神煞,注者不明此义,强以纳音五行入墓附会,实是南辕北辙,毫无相干。原文云:"庚辰三月坤方作,九紫临分事略同。"其意是庚辰年三月修作坤方,以月建庚辰入中顺飞,辛巳到乾、壬午到兑、癸未到艮、甲申到离、乙酉到坎,丙戌火墓飞到作修坤方。庚辰年三月九星以三碧木入中宫顺飞,则四绿到乾,五黄到兑,六白到艮,七赤到离,八白到坎,九紫到修作坤方。九紫属火,戌为火墓,是九星飞入吊宫之墓。一经误注,其意全非。

六捷杀源于麻衣先生《三元选择歌》:"六捷杀惟看四墓,辰戌丑未处;三年两载祸频频,退败及伤人。"取例是一白水、二黑土、五黄土、八白土在辰,三碧木、四绿木在未,六白金、七赤金在丑,九紫火在戌。

要知道每月六捷杀之方,首先要知道每月飞星之方。下面是每年每月九星入中表,依入中之星顺飞九宫,则知每月六捷杀之方。

入中 月令 年支	正月	二月	三月	四月	五月	六月	七月	八月	九月	十月	十一月	十二月
子午卯酉年	八	七	六	五	四	三	二	一	九	八	七	六
辰戌丑未年	五	四	三	二	一	九	八	七	六	五	四	三
寅申巳亥年	二	一	九	八	七	六	五	四	三	二	一	九

各星入中顺飞图:

九	五	七
八	一	三
四	六	二

一	六	八
九	二	四
五	七	三

二	七	九
一	三	五
六	八	四

三	八	一
二	四	六
七	九	五

四	九	二
三	五	七
八	一	六

五	一	三
四	六	八
九	二	七

六	二	四
五	七	九
一	三	八

七	三	五
六	八	一
二	四	九

八	四	六
七	九	二
三	五	一

　　从此图上查，凡一、二、五、八飞临巽方，三、四飞临坤方，六七飞临艮方，九飞临乾方，就是六捷杀之方。由此可知，一白、五黄入中无六捷杀。二黑入中巽方，三碧入中巽方、艮方，四绿入中艮方，六白入中坤方、巽方，七赤入中坤方，八白入中乾方，九紫入中巽方，均为六捷杀之方。

　　本文所说的六捷杀不是固定的地支，而是吊宫六捷杀。即以月建入中顺布九宫干支，然后以九星五行配之，若飞临之地支正好是飞临九星之墓，该方就是吊宫四墓六捷杀。如正月建寅，便以寅入中宫顺布，则卯在乾、辰在兑、巳在艮、午在离、未在坎、申在坤、酉在震、戌在巽。若该年为子午卯酉年、寅月八白入中顺飞，则一白水到兑遇辰，四绿木到坎遇未，此两方为九星入墓之方，便是吊宫六捷杀之方，若此月修作兑坎二方，便是犯了六捷杀，有不善终之凶祸。

　　依上例，每年十二个月的吊宫六捷杀成下面的表。

　　玄空飞星风水与形法及八宅派不同，他是以飞星生旺死绝来判断阴阳宅吉凶及造作吉凶的。如目前正当七运，七赤金为当运旺气，八白土与九紫火为生气，在此三方修作主吉；六白金为退气，三碧、四绿木为死绝之气，在此几方动作主凶。地支六捷杀与飞宫六捷杀均不重要。如一运戌山辰向宅，于子午卯酉年七月修辰向，七月二黑入中，一白水到辰方，以月建申入中，也是辰到辰方，地支与吊宫均是六捷杀方，但一白水为当运旺气到

正月	二月	三月
戌　午　申 酉　寅　辰 巳　未　卯	亥　未　酉 戌　卯　巳 午　申　辰	子　申　戌 亥　辰　午 未　酉　巳
子午卯酉年八入中,兑方,坎方;辰戌丑未年五入中,无;寅申巳亥年二入中,无。	子午卯酉年七入中,乾方;辰戌丑未年四入中,乾方;寅申巳亥年一入中,乾方。	子午卯酉年六入中,无;辰戌丑未年三入中,坤方;寅申巳亥年九入中,艮方。
四月	五月	六月
丑　酉　亥 子　巳　未 申　戌　午	寅　戌　子 丑　午　申 酉　亥　未	卯　亥　丑 寅　未　酉 戌　子　申
子午卯酉年五入中,无;辰戌丑未年二入中,兑方;寅申巳亥年八入中,巽方。	子午卯酉年四入中,无;辰戌丑未年一入中,无;寅申巳亥年七入中,无。	子午卯酉年三入中,中宫;辰戌丑未年九入中,坤方;寅申巳亥年六入中,艮方。
七月	八月	九月
辰　子　寅 卯　申　戌 亥　丑　酉	巳　丑　卯 辰　酉　亥 子　寅　戌	午　寅　辰 巳　戌　子 丑　卯　亥
子午卯酉年二入中,坎方,巽方;辰戌丑未年八入中,无;寅申巳亥年五入中,无。	子午卯酉年一入中,震方;辰戌丑未年七入中,震方;寅申巳亥年四入中,震方。	子午卯酉年九入中,中宫;辰戌丑未年六入中,无;寅申巳亥年三入中,艮方。
十月	十一月	十二月
未　卯　巳 午　亥　丑 寅　辰　子	申　辰　午 未　子　寅 卯　巳　丑	酉　巳　未 申　丑　卯 辰　午　寅
子午卯酉年八入中,无;辰戌丑未年五入中,兑方,坎方,巽方;寅申巳亥年二入中,无。	子午卯酉年七入中,离方;辰戌丑未年四入中,离方;寅申巳亥年一入中,离方。	子午卯酉年六入中,中宫,坤方;辰戌丑未年三入中,无;寅申巳亥年九入中,无。

向,是玄空飞星风水中最吉之神,且与巽方一四同官,所以修后不仅富贵双全,且文章扬名。因此,六捷杀之论不必拘泥。

吊宫太阴篇第三十四

【原文】太阴:

年	子	丑	寅	卯	辰	巳	午	未	申	酉	戌	亥
方	戌	亥	子	丑	寅	卯	辰	巳	午	未	申	酉

太岁之妻曰太阴,子年居戌顺推寻。

犯之家长多灾病,吊替之中用意分。

太阴为太岁之妻,在太岁后二辰,每以月建入中宫,寻太阴到处。

正月丙寅初入局,巽宫甲戌是其神。

如甲子年正月,以月建丙寅入中宫,所见甲戌是太阴到巽,作之大凶。

犯夫报妻斯文秘,太阴居家始吊真。

凡犯太岁,须报太阴,然亦推太阴至本家,报之方为大吉。如甲子年太阴是甲戌,以八月建癸酉入中宫,见甲戌在乾,乾与戌同宫,是太阴本家也,报之吉。或取吊宫太阴,归太岁本家时候,报之亦吉。如甲子年吊宫得戌到坎,是太阴归太岁本家。

【注解】吊替:解释请参阅"三命支干篇第五"和"替宫三元篇第五十五"注解。

依此法将每年十二个月的吊宫太阴制成下面的表,供参考。

为什么称太阴为太岁之妻?这是根据天星引伸而取。天星紫微垣中有北极五星,人们把第二颗星称为帝星,第四颗星称为后星,因后星在帝星后二位,而太阴正好在太岁后二位,所以就把太阴引伸为太岁之妻。

天上后星乃辅佐帝星佐治之星,为吉,何以太阴反为凶?其

方位年支＼月令	正月	二月	三月	四月	五月	六月	七月	八月	九月	十月	十一月	十二月
子年	巽	震	坤	坎	离	艮	兑	乾	中	兑	乾	中
丑年	中	巽	震	坤	坎	离	艮	兑	乾	中	兑	乾
寅年	乾	中	巽	震	坤	坎	离	艮	兑	乾	中	兑
卯年	兑	乾	中	巽	震	坤	坎	离	艮	兑	乾	中
辰年	中	兑	乾	中	巽	震	坤	坎	离	艮	兑	乾
巳年	乾	中	兑	乾	中	巽	震	坤	坎	离	艮	兑
午年	兑	乾	中	兑	乾	中	巽	震	坤	坎	离	艮
未年	艮	兑	乾	中	兑	乾	中	巽	震	坤	坎	离
申年	离	艮	兑	乾	中	兑	乾	中	巽	震	坤	坎
酉年	坎	离	艮	兑	乾	中	兑	乾	中	巽	震	坤
戌年	坤	坎	离	艮	兑	乾	中	兑	乾	中	巽	震
亥年	震	坤	坎	离	艮	兑	乾	中	兑	乾	中	巽

理有二。一是太岁为至凶神，其方凶不可犯，故有"不敢在太岁头上动土"之说。太阴是太岁之妻，随之亦不可犯。其二是太阴与吊客同宫，吊客居太岁后二宫，丧门居太岁前二宫，二者三合，与太岁之三合对冲。如太岁在午，前二辰为申，后二辰为辰，申辰暗拱子水成三合冲克午火太岁。又如太岁在丑，前二辰为卯，后二辰为亥，亥卯拱未，以冲太岁丑酉巳金局。此时，太阴则化作群丑，故凶。

《史记·货殖列传》曰："太阴在卯，穰；明岁衰恶。至午，旱；明岁美。至酉，穰；明岁衰恶。至子，大旱；明岁美，有水。至卯，积著率岁倍。"此论与修方吉凶毫无关系。所以《钦定协纪辨方书》曰："太阴之神为年谷丰歉水旱之占也。今历家谓修造等事不宜抵向，其说不符于古。"既不符古，则"兴工动土有阴私伤损人丁并妇女"之说亦属牵强，不必拘泥。

犯太岁修太阴之说，粗听夫妇有相合之情，似觉合理。细思之下,亦属杜撰。太岁者,至凶之神。太阴者,亦属凶神。未有听说雄狼残忍而雌狼良善者。前即言凶不可犯,旋又言犯太岁可修,前后矛盾,不合逻辑矣。

太阴还家:以月建入中顺布,吊得本年太阴还归本官是。如子年太阴在戌,戌隶乾宫,八月酉金入中,戌土临乾,是太阴还家。

太阴临太岁:以月建入中顺布,吊得本年太阴临本年太岁处是。如子年太阴在戌,巳月以巳火入中,则午临乾、未临兑、申临艮、酉临离、戌临坎、坎即子,是太阴临太岁。

据此类推,则各年太阴还官及临太岁之月如下:

子年八月、十一月太阴还官,四月太阴临太岁。

丑年九月、十二月太阴还官,七月太阴临太岁。

寅年六月太阴还官,八月太阴临太岁。

卯年九月太阴还官,五月太阴临太岁。

辰年十月太阴还官,五月太阴临太岁。

巳年四月太阴还官,三月太阴临太岁。

午年四月太阴还官,八月太阴临太岁。

未年八月太阴还官,十月太阴临太岁。

申年正月太阴还官,十一月太阴临太岁。

酉年十二月太阴还官,四月、七月太阴临太岁。

戌年正月太阴还官,六月、九月太阴临太岁。

亥年六月、九月太阴还官,七月、十月太阴临太岁。

吊宫蚕室篇第三十五

【原文】将军之妻为蚕室,常处将军后二辰。

蚕室为将军之妻,常随将军而行,俱三年移一位。将军常行子午卯酉,蚕室常行辰戌丑未。巳午未三年在丑,申酉戌三年在辰,亥子丑三年在未,寅卯辰三年在戌,皆蚕室之位也。

亦用吊宫分内外,支干俱到乃为真。

吊宫以月建入中,寻蚕室正到之处为蚕室行宫,犯之主失蚕。如甲子年蚕室在未,以正月建丙寅入中,行见辛未到坎,为蚕室行宫,修作犯之,主失蚕。凡三年一位,非蚕室正到,惟吊宫寻蚕室之行宫为正到。

若犯将军报蚕室,若搪蚕室报将军。

蚕室归将军家,如甲子年将军金酉,蚕室在未,以四月建己巳入中,行见辛未到兑,是蚕室归将军家,仍用未日时谢之吉。将军入蚕室者,如甲子年将军在酉,以二月建丁卯入中宫,行见癸酉到坤,是将军入蚕室家,若犯蚕室,宜选此年月谢报。蚕食还本家,如甲子年十二月以月建丑入中宫,行见未到坤,为蚕室还家。

此法幽奇人未得,得之自是掌中金。

【注解】《堪舆经》云:"蚕室者,岁之凶神也,主丝茧绵帛之事。所理之方,不可修动,犯之蚕丝不收。"《广圣历》曰:"蚕室者,常与力士对冲。"而力士亥子丑年在艮,蚕室当在坤。力士寅卯辰年在巽,蚕室当在乾。力士巳午未年在坤,蚕室当在艮。力士申酉戌年在乾,蚕室当在巽。因蚕室在太岁之后隅,为后宫之地,而后宫之事莫大于亲蚕以供郊庙祭祀之服,故以蚕室名之。《考原》曰:"蚕官者,蚕室之官,使蚕得养也。如岁在东方属木,木养于戌,故在戌。岁在南方属火,火养于丑,故在丑。岁在西方属金,金养于辰,故在辰。岁在北方属水,水养于未,故在未也。"从上可知,蚕室之方位是以卦论,蚕官之方位是以支论,故本文云"蚕室"者,实为"蚕官",特订正。

吊宫蚕室:即以月建入中顺行,本年蚕室飞临之宫是。如甲子年丙寅月,子年蚕室在未,以月建丙寅入中,则丁卯临乾、庚辰临兑、辛巳临艮、壬午临离、癸未临坎。坎方就是子年正月的吊宫蚕室方。依此法,把十二年每月的吊宫蚕室制成下表。

方位 月令 年支	正月	二月	三月	四月	五月	六月	七月	八月	九月	十月	十一月	十二月
子年	坎	离	艮	兑	乾	中	兑	乾	中	巽	震	坤
丑年	坎	离	艮	兑	乾	中	兑	乾	中	巽	震	坤
寅年	巽	震	坤	坎	离	艮	兑	乾	中	兑	乾	中
卯年	巽	震	坤	坎	离	艮	兑	乾	中	兑	乾	中
辰年	巽	震	坤	坎	离	艮	兑	乾	中	兑	乾	中
巳年	兑	乾	中	巽	震	坤	坎	离	艮	兑	乾	中
午年	兑	乾	中	巽	震	坤	坎	离	艮	兑	乾	中
未年	兑	乾	中	巽	震	坤	坎	离	艮	兑	乾	中
申年	兑	乾	中	兑	乾	中	巽	震	坤	坎	离	艮
酉年	兑	乾	中	兑	乾	中	巽	震	坤	坎	离	艮
戌年	兑	乾	中	兑	乾	中	巽	震	坤	坎	离	艮
亥年	坎	离	艮	兑	乾	中	兑	乾	中	巽	震	坤

　　蚕室还本家:以月建入中顺布,吊得本年蚕室还归本宫是。如子年蚕室在未,未隶坤宫,丑月以丑土入中顺行,吊得未土临坤,是蚕室归本家。

　　蚕室归将军家:将军者,亥子丑年在酉,寅卯辰年在子,巳午未年在卯,申酉戌年在午。以修作月建入中宫顺行,吊得本年蚕室临本年将军之宫是。如甲子年将军在癸酉,巳月修作,以月建己巳入中顺行,吊得辛未到兑,是蚕室归将军家。

　　将军入蚕室:以修作月建入中顺行,吊得本年将军临蚕室之宫是。如子年蚕室在未,将军在酉,二月修作,便以丁卯入中顺行,吊得癸酉到坤是。

　　依此法推,各年蚕室归将军家,蚕室还宫,将军入蚕室之月如下:

亥子丑年，十二月蚕室还官，四月、七月蚕室归将军家，二月将军入蚕室。

寅卯辰年，八月、十一月蚕室还官，四月蚕室归将军家，正月、十月将军入蚕室。

巳午未年，九月蚕室还官，五月蚕室归将军家，十一月将军入蚕室。

申酉戌年，七月蚕室还官，十一月蚕室归将军家，九月将军入蚕室。

报蚕室篇第三十六

【原文】修报蚕食欲何如，累年不得报之宜。

吊看蚕室到何处，本音旺神日用之。

只如甲子年辛未，四月辛未吊居西。

更用辰戌丑未日，此方修造吉相随。

如甲子年蚕室在辛未，以四月建己巳入中宫，行见辛未在兑，是蚕室正到。用辰戌丑未日修报其方，必倍获蚕利。

蚕室还家最可修，修之必定主蚕收。

累岁收蚕须仔细，轻动终是有灾忧。

惟累年不收蚕者，可修报蚕室。若累年收蚕而妄动以修之，反主失蚕。又兼损女，并小口有灾病。

【注解】本音：以本年五虎遁，遁得本年蚕室干支，其干支纳音即是蚕室本音。如甲子年蚕室在未，五虎遁正月起丙寅，至未遁得辛未，辛未纳音为土，土旺于辰戌丑未，所以宜辰戌丑未日修其方。据此各年蚕室纳音及旺日成下例：

甲子、己亥、己丑三年，蚕室遁得辛未；乙卯、庚寅、庚辰三年，蚕室遁得丙戌；丙午、辛巳、辛未三年，蚕室遁得辛丑；戊申、癸酉、戊戌三年，蚕室遁得丙辰。此十二年蚕室纳音均属土，所以宜辰戌丑未土音旺日修蚕室方。

乙丑、庚子、乙亥三年,蚕室遁得癸未;丙寅、辛卯、丙辰三年,蚕室遁得戊戌;丁巳、壬午、丁未三年,蚕室遁得癸丑;甲申、己酉、甲戌三年,蚕室遁得戊辰。此十二年蚕室纳音均属木,所以宜寅卯木音旺日修蚕室方。

丙子、辛亥、辛丑三年,蚕室遁得乙未;丁卯、壬寅、壬辰三年,蚕室遁得庚戌;戊午、癸巳、癸未三年,蚕室遁得乙丑;乙酉、庚申、庚戌三年,蚕室遁得庚辰。此十二年蚕室纳音均属金,所以宜申酉金纳音旺日修蚕室方。

丁丑、壬子、丁亥三年,蚕室遁得丁未;戊寅、癸卯、戊辰三年,蚕室遁得壬戌;甲午、己巳、己未三年,蚕室遁得丁丑;丙申、辛酉、丙戌三年,蚕室遁得壬辰。此十二年蚕室纳音均属水,所以宜亥子水纳音旺日修蚕室方。

戊子、癸丑、癸亥三年,蚕室遁得己未;甲寅、己卯、甲辰三年,蚕室遁得甲戌;乙巳、庚子、乙未三年,蚕室遁得己丑;丁酉、壬申、壬戌三年,蚕室遁得甲辰。此十二年蚕室纳音均属火,所以宜巳午火纳音旺日修蚕室方。

修报蚕室之义,亦有矛盾之处。

其一,前章刚云"蚕室行官,犯之主失蚕",诸选择书也认为是岁之凶,犯主蚕丝不收,而此章却云累年不收蚕,可修蚕室报蚕室方。既已为凶,又何能变吉?前后矛盾。其二,既云本音旺处,其旺日亦以纳音论之,反以正五行论,是五行混淆,无法取舍。如本文举例,辛未土音,宜辰戌丑未日纳音旺处修报蚕室。若本日为辛丑、辛未、丙戌、丙辰,纳音亦土,可以说纳音旺日。若是癸丑、癸未、戊辰、戊戌四日,虽正五行属土,但纳音属木,反成木克土,又岂能云旺?所以此论尚有不合义理之处。

蚕室为何取辰戌丑未四墓?因此四支为五行养处。木胎于酉养于戌,故东方太岁以戌为蚕室。金胎于卯养于辰,故西方太岁以辰为蚕室。火胎于子,养于丑,故南方太岁以丑为蚕室。水胎于午养于未,故北方太岁以未为蚕室。实际上,蚕室本身并无凶义,也非凶煞。言忌修其方,只是恐怕伤了本年生气者是。

月家病符篇第三十七

【原文】病符。

年	子	丑	寅	卯	辰	巳	午	未	申	酉	戌	亥
月	亥	子	丑	寅	卯	辰	巳	午	未	申	酉	戌

病符顺行十二辰,子亥分明认取真。

岁后一位是,犯之主家人疾病不安。

亦取吊宫看下落,犯之时病不离门。

如甲子年病符在亥,以正月建病寅入中宫,行见乙亥到中宫为病符。切勿修中宫,况在本甲内,其灾病立至,若在三甲外不验。若见吊宫上土下水,或上水下土,上火下金,上金下木,上木下土,相克者祸大;若五行相生,其灾不多。须用五行详之,乃不失也。

其神本来无所属,遇着纳音为本身。

病符无所属,并以吊宫月份生纳音为其所属。如甲子年四月作坤,以四月建己巳入中宫,行见乙亥火到坤,则病符亦属火。余仿此。

火土瘟癀伤损女,

(如甲子年四月,吊得乙亥火到坤,是上火下土,故主瘟癀云云。凡火纳音吊到坤、艮、中宫,皆此类。)

水金儿女自沉吟。

(主中房小口有沉吟之祸。水金病符,凡水纳音到乾兑宫皆是。)

木土中堂宅长病,

（木土乃木纳音到坤、艮、中宫皆是。）

　　　　木金刀斧折伤人。

（木金乃木纳音为病符，到乾兑宫是。）

　　　　土水湿瘟邪疫气，

（土水乃土纳音为病符，吊到坎宫是。）

　　　　土金发皆乃冲心。

（土金乃土纳音干支为病符，吊到乾兑宫是。）

　　　　水火或时寒疟病，

（水火乃水纳音为病符，吊到离宫是。）

　　　　火金眼障及盲喑。

（火金病符乃火纳音为病符，吊到乾兑宫是。）

　　　　木木颠邪多谩语，

（木木病符乃木纳音为病符，吊到卯巽宫是。）

　　　　五行用意自区分。

　　　　学术若能精五字，方知不是等闲人。

　　附修病符方：用天医、人道、天德、月德，本命禄马贵并差方，诸吉齐到，修之效。

　　【注解】病符：居太岁后一辰，如子年在亥等是。取新岁已旺，旧岁已过而衰，衰退则病。本书病符以月论有误，应更正。

　　吊宫病符：即以修造之月入中宫顺行，吊得本年病符临何宫，何宫就是本年本月病符之方，忌修造。如甲子年丙寅月修造，以丙寅入中宫，则丁卯临乾、戊辰临兑，依此直推至乙亥复居中宫。亥为子后一辰，故中宫为甲子年丙寅月之病符方。依此法，则各年各月飞宫病符之方成下页的表。

　　病符五行本书以干支纳音论，见本书下册《八宅明镜·卷上·六十花甲纳音》一节。

　　天医：正月起戌，二月亥、三月子、四月丑、五月寅、六月卯、

方位 月令 年支	正月	二月	三月	四月	五月	六月	七月	八月	九月	十月	十一月	十二月
子年	中	巽	震	坤	坎	离	艮	兑	乾	中	兑	乾
丑年	乾	中	巽	震	坤	坎	离	艮	兑	乾	中	兑
寅年	兑	乾	中	巽	震	坤	坎	离	艮	兑	乾	中
卯年	中	兑	乾	中	巽	震	坤	坎	离	艮	兑	乾
辰年	乾	中	兑	乾	中	巽	震	坤	坎	离	艮	兑
巳年	兑	乾	中	兑	乾	中	巽	震	坤	坎	离	艮
午年	艮	兑	乾	中	兑	乾	中	巽	震	坤	坎	离
未年	离	艮	兑	乾	中	兑	乾	中	巽	震	坤	坎
申年	坎	离	艮	兑	乾	中	兑	乾	中	巽	震	坤
酉年	坤	坎	离	艮	兑	乾	中	兑	乾	中	巽	震
戌年	震	坤	坎	离	艮	兑	乾	中	兑	乾	中	巽
亥年	巽	震	坤	坎	离	艮	兑	乾	中	兑	乾	中

七月辰、八月巳、九月午、十月未、十一月申、十二月酉。

人道、天德、月德见前注。本命禄、马、贵、差方详见后注。

修病符之说，也不尽然。病符者，凶煞也。凶煞喜制，若逢克制，其凶必减；凶煞忌生，若逢生助，其凶尤烈。诸家五行术数，均依此为据。然本书原文却云"相克者祸大；若五行相生，其灾不多"，与义理不符。如果病符煞生飞星之宫，是泄其凶气，其理亦通。同时病符之五行以纳音论，八宫则以正五行论，犯了五行混淆之病。如壬寅、癸卯金临震，是旺耶？是克耶？壬子木临乾兑，是克耶？是生耶？均不能自圆其说。所以修病符吊宫之说亦不可拘。

金神七杀篇第三十八

【原文】 凡金神以纳音遇金为正杀，更乘旺祸重。天干遇庚辛为天上金神,地下遇申酉为地下金神,皆非正杀。修造动土犯之,主患目。制杀宜用寅午戌火年月及丙丁奇,火星、太阳、天月德、天赦、九紫到方不忌。

甲己年:甲子、乙丑海中金,纳音金神。庚午、辛未土,天上金神,正杀。壬申、癸酉剑锋金,纳音及地下金神。

乙庚年:庚辰、辛巳白腊金,为正杀,纳音及天上金神。甲申、乙酉井泉水,地下金神。

丙辛年:正杀,甲午、乙未海中金,纳音金神。庚寅、辛卯,天上金神。丙申、丁酉山下火,地下金神。

丁壬年:壬寅、癸卯金泊金,为纳音金神。庚戌、辛亥钗钏金,纳音及天上金神。

戊癸年:庚子、辛丑壁上土,为天上金神。庚申、辛酉石榴木,天上地下金神。

西方七杀号金神,犯之灾祸自相寻。

若值干头支更旺,遇着须令死七人。

金神七杀者,以洛书兑七历正西之位,而十干自甲到庚为第七。凡支干逢者,即是其杀,犯之主伤七人。如甲子年正月建丙寅,数到壬申、癸酉,是金神七杀。亦有干神为之,遇庚辛亦是。有支神为之,遇申酉亦是。然皆非正杀。

太岁冲前其祸速,月建冲前亦大迕。

如甲申年正月建丙寅,又如甲寅年申上,己卯年酉上,为太岁冲方,犯之其灾必重。又"月建冲前亦大迕"有二说。如甲己年数到申酉为金神七杀,七月、八月作是月建相加,故主大凶。又云太岁入中宫,行到月建并杀来加其方,亦主大凶。月建冲前者,只如甲己年正月作申,二月作酉,十二月作未,皆冲太岁前是也。

木命三长皆可畏,更详旺气及秋深。

三长有亥卯未木命人，犯之大凶，以金神克木也。金生在巳，旺在酉，更值巳酉丑年月日或七八月，皆乘杀之旺气，尤凶也。

【注解】金神共有三种：一种是天金神，一种是地金神，一种是纳音金神。《堪舆经》说："甲己之年在午未申酉，乙庚之年在辰巳，丙辛之年在子丑寅卯午未，丁壬之年在寅卯戌亥，戊癸之年在申酉子丑。因甲己年五虎遁午未天干为庚午、辛未，乙庚年五虎遁辰巳天干为庚辰、辛巳，丙辛之年子丑寅卯月五虎遁天干为庚子、辛丑、庚寅、辛卯，丁壬之年戌亥月五虎遁天干为庚戌、辛亥，戊癸之年申酉月五虎遁天干是庚申、辛酉，所以以上称为天金神。地支为申酉者称为地金神。纳音五行为金者为纳音金神，如甲子、乙丑、壬申、癸酉、庚辰、辛巳、甲午、乙未、壬寅、癸卯、庚戌、辛亥等是。"

犯金神有何凶灾？《选择宗镜》曰："金神忌修方动土，犯之主目疾。盖木属肝，肝为木，金能克木也。"《洪范篇》曰："金神者，太白之精，百兽之神，主兵戈丧乱，水旱瘟疫。所理之地，忌筑城池，建宫室，竖楼阁，广园林，兴工上梁，出军征伐，移徙嫁娶，远行赴任。若犯干神者，其忌尤甚。"犯金神是否就有此应？《钦定协纪辨方书》就提出质疑："《洪范篇》所云未必若是之甚。兵戈丧乱，水旱瘟疫，岂系一家之犯金神煞所致耶！"

制金神之法，也有三种。一是天干遇庚辛者，宜用天干丙丁火制之。一是地支遇申酉者，宜用地支巳午火制之。一是遇纳音金神者，宜以纳音火制之。《通书》云遇纳音金宜用巳午火制之说不妥。如辛巳、甲午纳音金，是火制其金，还是增其旺？庚辰、庚戌、乙丑、乙未遇己未，是论生？还是论制？于理不合。制金除了用丙丁巳午及纳音火外，择吉时还要配上丙丁奇、太阳、罗星、九紫火等吉神，方为全吉。须要注意的是，若金神在巳方为生方，在申酉方为旺方，均为得地，尤为难制，必选用寅午戌火局方能制服,否则不能制矣。

　　金神为七杀之说,属名称混乱。七杀本是推命中用神,取阳克阳,阴克阴者是。因天干正好相隔七位,故名之。如甲见庚、乙见辛、丙见壬、丁见癸、戊见甲、己见乙等是。金神乃纯以干支及纳音为金是,故借用七杀之名是名不符义。

　　魏青江《阳宅大成·修方》中有犯金神煞数例,特录于下以供参考。

　　例1.见本书下册第104面所举"宅母坤方厕窖"例。

　　按:此例正月吊庚申至坤为天地金神,又为月破,故有此应。

　　例2.见本书下册第433面所举"丙申生人作榨房"例。

　　按:此例以太岁丙辰入中,吊辛酉天地金神到坎,以月建入中,吊丙申地金神到坎,患病之月又吊庚子天金神到坎,与五黄、白虎等凶并,故有此凶应。

　　须要注意的是,第一例正月庚申到坤为月破,又有月五黄飞临。第二例天地金神到,亦有五黄、白虎等煞飞临,若无凶煞并则主无灾。若金神之支为本命或太岁禄马贵人,仍以吉论。此类古例甚多,不再赘举。

卷五

离合杀篇第三十九

【原文】卯酉呼为二八门,或离或合固难分。

　　卯为喜会酉离别,燕来燕去皆若云。

　　自古以卯酉为二八之门,离合忧喜有分。卯为二月,其雷始震,燕初来,故二卯为合门。合门相会,有欢会宴乐之事,《通书》以寅卯为五合本此。酉为八月,其雷藏燕去,故八酉为离门;离门相遇,有生离死别之事,故《通书》以申酉为五离本此。

　　酉为雷藏卯雷发,或悲或喜故难陈。

　　欲识吉凶何处觅,用事月建入中寻。

　　惟有戊癸年正月,辛酉加震是合神。

　　将离就合多吉庆,先凶后吉财喜臻。

　　如戊子年正月,以月建甲寅入中宫,吊得辛酉加震,是将离就合,以悲就喜,主先凶后吉,必进财喜也。

　　又如壬子年十二,乙卯来兑就离真。

　　喜投悲地终不美,先吉后凶离别云。

　　假令壬子年十二月,以月建癸丑入中,吊乙卯到兑,是喜投悲,主先吉后凶。

　　能令此例万分一,东辛酉乙加为真。

　　此例与万一中须得,东见辛酉,西见乙卯,始为正杀。除戊癸丁壬之外,余年卯酉相加皆不合,非其正也。

【注解】五合:《历例》曰"五合者,寅卯日也"。曹震圭认为:"十干乃夫之象,十二支乃妇之象。自子始以甲相配,至酉而止,不及戌亥。但戌可进五辰配寅中之甲,亥可进五辰配卯中之乙,而成夫妇会合之礼,故曰五合。"《钦定协纪辨方书》则认为,以寅配甲，以卯配乙，而六甲乃成，有贞下起元之义，则使五位相得而各有合者，寅卯也，故曰五合。六十甲子至戌亥而绝，则未绝而离者，乃申酉矣。"《枢要历》曰："五合者，月内良日也，其日宜结婚姻、会亲友、立券交易。"《象吉通书》之论更为详细，曰："甲寅、乙卯日月合，宜造作嫁娶。丙寅、丁卯阴阳合，宜荣迁、婚姻、移居。戊寅、己卯人民合，宜嫁娶拜谒。庚寅、辛卯金石合，宜砌石、熔铸。壬寅、癸卯江河合，宜远行。"

五离：《历例》曰"五离者，申酉日是也"。曹震圭认为，申酉是阴阳重会之辰，再合则离也。《钦定协纪辨方书》认为，申酉为秋天清肃之气，故宜解除。《枢要历》曰："五离者，月中离神也，其日忌结婚姻、会亲友、作交关、立契券。"《象吉通书》之论更为详细，曰："甲申、乙酉天地离，忌开店、造仓库。丙申、丁酉日月离，忌会客。戊申、己酉人民离，忌嫁娶、出行。庚申、辛酉金石离，忌铸琢。壬申、癸酉江河离，忌行船装载。"

本书认为，雷发、燕来为二月、为合；雷藏、燕去为八月、为离。其说来自《礼·月令》，仲春之月，"日夜分，雷乃发声"。是言二月始有雷声。燕来之时，并非二月。北方有"七九河冻开，八九燕子来"之谚。八九当在正月雨水节内，并非二月。至于雷藏燕去，也并非八月，其意难立。殊不知卯属震为东方，乃日月出升之门，日月出则为来、为明、为合，故吉。酉属兑，为西方，乃日月落入之门，日月入则为去，为暗、为离，故凶。言卯为春，万物生发为合；酉为秋，万物收藏曰离，其义方通。

卯为合、酉为离本属择吉。细想一年三百六十日，六轮花甲共有六十日为寅、卯，亦有六十日为申、酉，这样一年有六分之一之日不可用，再加上什么周堂，大利月等，可婚之日所剩无几，七月、八月是否就无人结婚？若在申酉日结婚必分离么？答案肯定并非如此。有一女于丙子年，十二月辛丑，初五乙卯日结婚，未满百日而离异，可说明五合日结婚并非全吉。择吉已属不验，修方强而借之，何况以辛酉加乙卯方为合，乙卯加辛酉为离？天下术数，莫不以六合、五合、三合局为吉，莫不以六冲、天克地冲为至凶。此论乙卯加辛酉为离尚合义理，然辛酉加乙卯乃天克地冲，至凶之神，冠以"合"字，是悖离五行十二支冲合之理，谬之远矣。

阴阳杀篇第四十

【原文】丙壬子午相加处，阴阳相反亦为殃。

丁壬七月作离午，吊宫壬子加其上。

须忧宅长衰危死，又惧子弟幼儿亡。

又如丙辛十二月，坎宫丙午亦相伤。

壬子加南，丙午加北，此为阴阳相会杀，最凶。如丁壬年以七月建戊申入中宫，吊见壬子支干同加南，是子午相反，阴阳相会之杀，必主大凶。又如辛丑年十二月，以月建辛丑入中宫，吊见丙午到坎，亦犯此杀，凶。

午来会子男儿苦，子来加午女人当。

阴阳反杀真奇妙，不读《元经》何处详。

壬子加离是阳会阴，主女人不吉。丙午加坎是阴会阳，主男子灾凶。

【注解】《通书》中有"阴阳击冲"之煞。《堪舆经》曰："五月阴阳俱至午，阳建挟丙而击壬，阴建居午而冲子，故五月以壬子为阴阳击冲。十一月阴阳俱至子，阳建挟壬而击丙，阴建居子而冲午，故十一月以丙午为阴阳击冲。"

子月阴极，但阳气渐生；午月阳极，但阴气渐生。所以这两个月为阴阳交合之月，故有水火既济，坎离交泰之说。因而壬子、丙午两个干支，天干为阳，地支为阴，子中暗藏癸水，午中暗

藏已丁就是明证。所以本文云壬子加离是阳会阴,丙午加坎是
阴会阳并不确切。此两个干支都是阴阳相会,但却天克地冲,故
云阴阳大杀,不如云阴阳击冲合义理。坎为中男、离为中女,壬
子加离是中男冲克中女,故主女人不吉;丙午加坎,是中女冲动
中男,故男不利。壬子冲丙午不仅能冲且能克击,灾重;丙午加
壬子只能冲动,不能克害,故灾轻。

罗网杀篇第四十一

【原文】巳亥乙辛相对配,罗神网杀不宜逢。

还似乾巽之反激,又如巳亥击生凶。

只如丁壬三月作,乾加乙巳例皆同。

罗网杀:乙巳加乾,辛亥加巽是。又巽入乾,乾入巽,名曰"反
激"。乙巳加乾,巳能生金,来克亥木,是亥被巳制。辛亥加巽,是
两相反而为恶也。如丁壬年三月作乾,以月建甲辰入中宫,吊乙
巳到乾为正杀,祸最凶。

丁壬二月巽加辛,必有刑伤横祸迍。

如丁壬年二月作巽,以月建癸卯入中宫,吊辛亥到巽为正杀,
主徒流暴亡。

一处交加真可怕,但寻戊癸及丁壬。

妇女产伤并自缢,牛羊死失又殃人。

巳乾亥巽相交加,其杀甚凶。如丁壬年二月吊辛亥到巽,三
月吊得乙巳到乾;戊癸年三月吊丁巳到乾,二月吊癸亥到巽,均犯
之。余年无。

【注解】亥为天罗,巳为地网。因天倾西北,亥为六阴之终;
地陷东南,巳为六阳之终。阴阳到终极之时则暗昧不明,就如人
在罗网一样,此即其义。大凡术数,皆忌六冲,风水修方亦然。
修亥方吊得巳到,修巳方吊得亥到,每年二月、三月皆是,巳亥

冲击,再临凶煞,凶祸无比,此是常理。然细读原注,云"乙巳加乾,巳能生金,来克亥木,是亥被巳制"等,却面目全非。众所周知,四面八方共分二十四山向,每一卦均统三山。乾统戌乾亥三山,巽统辰巽巳三山。若修亥方吊得巳到,修巳方吊得亥到,巳亥相冲为正理。若修乾戌方吊得巳到,与亥方毫无干系;修辰巽方吊得亥到,亦与巳方毫无牵连,又何冲之有?修乾方吊得巳,巳能生金;修巽方吊得亥,亥又何不能生木?同时,亥为水、巳为火,亥能制巳,巳不能制亥,此为正理,而本文云巳可制亥,皆与义理不符,难于圆说。

大凡修方吊官,皆以干支论,从无以卦位论者,二者千万不可混淆。同时,修何方即是何支,也不能与卦位混淆。如修巳方不能云修巽方,修申方不能云修坤方等是。

魁罡杀篇第四十二

【原文】辰戌魁罡宰制神,更兼加戌始为真。

辰为天罡,戌为河魁,主凶猛、宰制。须得戊辰加乾,戊戌加巽,始为正杀。

譬如甲己年二月,辰加于戌例斯陈。

甲己年二月以丁卯入中宫,吊戊辰加乾,乾与戌同,故正杀在乾,勿作。

又如丙辛年正月,戊戌加巽互相侵。

丙辛年以正月建庚寅入中宫,吊戊戌到巽,巽与辰同,故正杀在巽方,大忌犯之,先杀辰戌丑未生人。

谁知灾祸频频至,流血汪汪害气深。

其神不杀不能止,田蚕牛马并伤人。

饶君富贵如山岳,终是逡巡化作尘。

此杀犯之,须有别灾,若未伤人流血,别灾难退。

【注解】魁罡：北斗七星中的第一星至第四星称为魁，也有把第一星称为魁者。北斗七星的第五星至第七星称为罡，也有把第七星称为罡者。魁居西北，罡必指于东南。西北为戌，东南为辰，所以戌为河魁，辰为天罡。因戌居五阴，辰居五阳，都是阴阳即将绝灭之处，所以为凶神。

魁罡引入修方，修戌方而吊辰到戌，修辰方而吊戌到辰，相互冲击故以凶论。然本文云戌巽互侵，辰乾互侵有误。辰土加乾是土生金，何以言侵？所以，论修方干支冲击，必以二十四山向为准，乾坎艮巽四卦只能代表本山，并不能代表其他二山。而坎离震兑只代表子午卯酉，也不能代表其他二山，切勿混淆。如二月修戌方，以月建卯入中，吊辰至戌，为魁罡、为凶，但若修乾亥二方却不犯此忌，中下旬更美。再如七月修丙方，虽吊子至午，但修丙方无妨，再有吉神加临，亦不犯忌，切勿被俗论所误。

刑害杀篇第四十三

【原文】寅申庚甲遁相刑，用之终是祸非轻。

相刑相克杀神并，水火寅申各恃生。

申金寅木，金能克木，又申刑寅，故凶。且水火寅申恃生各相克，如申能生水，寅能生火，申恃生水克寅火，是一重凶。申又刑寅，是二重凶。

只如戊癸年四月，艮宫庚申要君明。

寅申庚甲两重克，有刑有克祸交临。

如戊癸年四月作艮，以月建丁巳入中，吊庚申到艮，艮与寅同，庚克甲木，申又制寅，又月建巳与寅为刑害，故大凶。

又如丁壬年七月，甲寅加坤不可论。

内外两重皆有害，若人犯着命难存。

上下相加的杀同，善星难救此般凶。

如丁壬年七月作坤，以月建戊申入中，吊甲寅到坤，犯此的杀，凶甚。

支干此杀诚幽秘，莫与九流显祖宗。

【注解】水火寅申各恃生：此是以三合论，申子辰三合水局，故申为水。寅午戌三合火局，故寅为火。各恃生者，申水有天干庚金之生，寅火有天干甲木之生。大凡修方坐山朝向，必以正五行论，言三合者皆非正论。其实庚申、甲寅本就天克地冲，其凶甚明，不必巧立名目，画蛇添足。

贵人窠会篇第四十四

【原文】贵人大会于丑未，六己加临吉庆随。

己丑是阳贵窠，己未是阴贵窠，两相遇处自然吉昌，修作大吉。

戊癸艮宫三月作，吊宫己未会佳期。

如戊癸年以三月建丙辰入中宫，吊己未加艮，作之吉。

又如乙庚年六月，坤加己丑合天期。

如庚年六月作坤方，以月建癸未入中宫，吊见己丑贵人到坤，丑为庚年贵人，是为阴阳大会。作此方道，不问一切凶星恶杀，自然发福。

若能用得斯方道，财喜婚姻福佑之。

更得甲戊庚时日，任是凶星勿禁伊。

（更从甲戊庚日时合，修此方道，则吉庆有余。）

或得三长命相合，转被加官事勿疑。

如宅长甲戊庚命人，作此方道，主子孙文章荣显。《元经》中一切吉星虽多，如此君臣庆会，造作百事安全。

余诸丑未皆无用，妙术由来别有机。

如己丑、己未吊坤艮乃为贵窠会，余癸丑、癸未、乙丑、辛丑、丁丑、乙未、辛未皆非。

【注解】窠者,窝也,这里指贵人本家。

贵人全名天乙贵人,因天上有星名天乙(亦曰天一),居紫微垣左枢旁而得名。起于丑未者,因此星居紫微垣之坤方,在南方之右,而对宫为丑方,乃紫微垣后门之左,内外有别,阴阳分治,故有阴贵、阳贵之分。言丑为阳贵,未为阴贵者,是因为丑为二阳,居门左为阳;未为二阴,居门右为阴。言丑为阴贵,未为阳贵者,因丑为夜,后门为阴;未为昼,前门为阳,均有其理。但推其法,甲加丑为逆行,甲加未为顺行,顺为阳而阴为逆,未为阳贵、丑为阴贵之理甚明,故本文将阴阳颠倒。又因阴阳二贵起于丑未,所以丑未就是贵人之本宫,即本文"窠"之意。贵人窠会天干必是"己"者,因丑未亦为土,"己未、己丑",土旺也。

本文所说的"贵人窠会"是以吊得己未临丑或己丑临未。丑未虽为贵人之窠,一则丑未相冲,二则丑未相刑,刑冲并见,必主先凶后吉。如甲子年六月作坤未,以月建辛未入中宫,调阴贵丁丑到方,丑冲未、未刑丑,有司审判不利,后得臬台救免。

由此可知,贵人窠会并非全吉;若犯太岁、三煞等,则凶。

辨地将篇第四十五

【原文】古之八贵十六贱,二十四路亦难辨。

八贵者,艮为丰盈穴,坤为豪富穴,巽为天聪穴,乾为文武穴,甲为青龙穴,庚为金匮穴,丙为天阳穴,壬为天心穴,此八贵穴也。若子午卯酉、寅申巳亥、辰戌丑未、乙辛丁癸,皆为十六贱。古人只用八贵穴,后人始用二十四路。则随穴定局,因穴成形,始为妙用也。

【注解】龙穴之贵贱,古义甚多,仅举二种。

五贵龙:

1. 亥龙，要左旋，自北而东，继向南再转西，为催官，主贵。

2. 卯龙，要右旋，自东转西入南，为上贵格。

3. 艮龙，由西入东南，大贵局。

4. 酉龙，转艮入首，或转巽入首，左右旋均吉。

5. 艮丙辛巽兑丁龙，此六秀龙，必须转亥入首，方主大吉。他方入首非。

此五龙之所以贵，与本书之八贵皆取之天星。因艮方天星为天市垣，为天子财赀之库，故云丰盈。乾方为紫微垣，文武大臣列殿排班，故为文武穴。巽方为文章之府，故为天聪。壬为北极之枢，故曰天心。甲为青龙者东方也，庚为金匮者西方也，丙为天阳者南方也。故以贵论。

净阴净阳贵贱穴：

语出《平砂玉尺经》，以艮丙、巽辛、亥卯未、巳酉丑、庚丁十二龙为净阴龙，为贵龙。以乾甲、坤乙、壬癸、申子辰、寅午戌十二龙为贱龙。

龙穴贵贱之说，与地理不符。蒋大鸿在《平砂玉尺辨伪》一书中说："至谓论地，只论其是地非地，不必论其定要属何卦体，属何干支。若果龙真穴的，水神环抱，坐向得宜，虽阳亦吉。若龙非真来，穴非真结，砂水飞背，坐向倾斜，虽阴亦凶矣。又拘所谓三吉六秀，而以为出于天星。考之天官家言，紫微垣在中国之壬亥方，太微垣在丙午方，天市垣在寅艮方。且周天二十八宿分布十二宫，皆能为福，也皆能为灾。地支二十四干支，上应列宿，亦犹是也，何以在此为吉，在彼为凶？此与天星之理，亦为不合。"由此观之，以天星、净阴、净阳及本书之法来论穴之贵贱，与地理风水实际不符，故不必拘泥。

本书原文云"古人只用八贵穴，后人始用二十四路"，此说不合实际。本书署名东晋郭璞所著，且勿谈其真伪，东晋前有东汉、西汉及秦诸王朝。汉代陵墓多子山午向,始皇陵墓为午山子向,皆非此八贵穴。我们的祖先黄帝陵墓亦坐北向南,皆非此八贵。本书作者欺人耳,不足信。

【原文】三元惟作八方局,坤艮如何辨吉凶?

本有二十四路,纵横九宫以配九州。凡年以太岁入中宫,以太阳一岁一周天。惟三元以月建入中宫,以太阴一月一周天。太阳迟,太阴速,故三元从速。三元以二十四位总并作八方,用坎管壬子癸,属水。离管丙午丁,属火。震管甲卯乙,属木。兑管庚酉辛,属金,俱无别议。惟艮宫管丑艮寅,丑艮属土而寅属木,如六白到艮,在丑艮土则为土金相生,吉;若寅木则金来克之,为凶。吉凶于何定?要以一月节气,总在三十日内分。如艮宫,上十日属丑土,中十日属艮土,下十日属寅木。昔有二人同是丁亥命,又同月生,同于庚午年六月作艮,月家六白到艮,一人于十四日戊申作之获吉,此上二十日属丑艮土,与金相生,又丁亥土命长生于申也。一人于本月二十三日丁巳作艮,杀长,凶。此十日属寅木,被六白金克,又丁亥土命绝在巳,故凶也。

【注解】三元:见本书中册《佐元直指》第9面。

二十四山冲克者,是以当年太岁及本月干支入中顺布九宫,吊到修方处干支与修方地支论生克。如甲子年己巳月修艮方,以月建己巳入中宫,则庚午到乾、辛未到兑、壬申到坤。虽壬申与艮宫中寅木相冲克,但修艮不修寅,则不以寅申相冲论。修丑方同艮。如果是修寅方,方以冲克论。至于一月三十日,上旬为丑、中旬为艮、下旬为寅之说,实属捏造。若修方根本不动寅方,不管何旬何日,均不能冲动寅方,岂有一月分成三种五行之理。本文所举之例,二人均丁亥命,一人与庚午年、癸未月、戊申日修作,年支午为本命之禄,月支与日支为当年太岁贵人及禄位,故能获吉。而丁巳日修作者,日支与本命巳亥相冲,凶兆极明。什么六白金克寅木,丁亥土命绝于巳,全属妄谈,不足采信。

【原文】四孟俱从初字起,仲季犹来次第通。

凡一月节气有三十日,如艮宫有丑寅之分,俱以孟仲季三旬而定。艮有七分土、三分木,坤有七分土、三分金。乾有戌亥,三分土、三分金、三分水。巽有辰巳,三分土、三分木、三分火。俱以一月三十日而定。如艮宫,上二十日属丑艮土,下十日属寅木,斯孟仲季三元匀配无差矣。

坤艮巽乾多驳杂,或为爻路亦难推。

但寻三七分为定,此法深微不可遗。

【注解】爻路:即住方与修方的方位来路。如坎宅修坤方,如果坤方有吉神,是爻路吉;如果坤方为凶神,可使自己移住吉神方位,把坤方变成自己所住之兑方、震方或离方等,使修方变为吉方,是爻路之吉。详见下章注解。

一月分为三份之说不可信。我们知道地支有十二个,代表十二个月。地球绕太阳一周正是十二个月,这就是说,地球一个月公转正好是一个地支。如子月,太阳在地球之丑位。虽然丑隶艮宫,但艮宫有丑艮寅三山,所以,子月太阳只能照到艮宫之正中,根本不可能临寅宫。所以此法与太阳过宫、历法皆相悖,故不可信。

爻路篇第四十六

【原文】爻路皆由避命星,或因日月速经营。

或因就旺并改革,故移家口暂时停。

出爻方道,或因避命星座,或因方道未开,或因改革就新,或因舍宇崩摧,急有修营,或立爻样不得已而为。如丙午命人,作丙午方,缘是本命座,不可作,只得出爻,或座西向东,坐南向北。如庚午命人,甲子年急欲作坤,以甲子太岁入中宫,吊庚午到坤,缘本命的杀加坤,欲用出爻,或坐西向东,或坐南向北,盖缘移避命星,不然何须出爻以犯星杀。

　　或值倒修并被坏,亦用权时就吉星。

　　或倒宫尽拆去旧屋者,须就吉方道造小屋,谓之权移,盖因尽拆去别无存着,故不得已移家口就吉而作也。

　　今人藉此作常仪,小小修方亦用之。

　　土木犯轻人犯大,此理俗师胡得知。

　　土木无情,犯之灾少。人有情,凡出若犯凶星,其灾大,勿轻动易常。

　　坐作惟应一处防,守爻二处祸难当。

　　多见时师无忖度,先弘意一见行丧。

　　如能用得古人意,就吉遗凶免受殃。

　　凡坐作只忧作方方道犯恶星,若守爻则防二处之凶。要守爻路,宜于宅长本命生旺神上最妙。

　　【注解】爻路吉凶,是以修方论。而修方又有坐宫修方与移宫修方之不同。何谓坐宫修方?所谓坐宫修方者,就是在住屋内左右两旁或住屋墙外左右两旁修造。要先于本屋中用罗经格定修方,看在何字位上,查其年月,没有什么紧要凶煞占犯,且有吉神在方,利于修造,方可择日兴工。这种修作法不倒堂,不动中宫香火,没有出入避宅,故谓坐宫修方法。如果修方须用一两个月的时间,可依此法。若三五天的时间,而修方欠利,却又势必要修,则必须先从吉方修起,连修凶方,而后复从吉方完工,其法名叫带修法,亦主吉庆。

　　所谓移宫修方者,是修方有紧要凶煞,或家主本命,或太岁方、岁破方、戊己大煞方、三煞方等居其方,或与祖堂不利,且必须要修,则须移徙他方,且香火神灵等均须出而避之,叫作移宫修方。这种方法一是其所住处,必使修方处于吉方。二是必须待修作完毕,方可择吉入宅,否则移宫出火仍视为无效,其凶仍在。如果必须修作,又不能出宅避火者,可在吉方另盖一小屋,使修方亦处于吉方,也是权宜之法。

修方的方位该如何判定? 答案是肯定的:"当以罗经格之。"然如何判定中宫,罗经该从何处下却有讲究。赵九峰说:"下罗经之法有四:外面离屋,以星火堂梁脊下罗经;家中六事,以梁前第二架下罗经;行门,以顶对前檐枋中下罗经;放水,以天井左右前三折中间下罗经。"从此论可知,定中宫下罗经竟有四法。亦有以地基正中,床前第二桁及中层栋柱为中宫。盖中宫不定,方隅难准。我认为如果修屋外或修一方房屋,应以整个地基之正中下罗经。如果只修屋内,则应以本屋之正中放罗经。因中宫者必属正中,偏则非中。

今举《选择求真》作者胡晖的老师麦秋蟾修胡氏祖祠一例,其法是用移宫修法,时间为嘉庆十年(一八零五)冬。

据胡晖记载:"乙丑年、戊子月、庚申日、甲申时兴工拆卸,是年戊己都天在子丑,而十一月戊己杀值令。虽本年太岁贵人在子,四柱三奇贵人在丑,而杀乘旺令,非吉之可化也。吾师命附近祠之巳午未方住屋,各在屋内之申庚方瓦面上预先拽去,使其震动以纳岁贵之气而出北方之杀,然后再拆卸祖祠。上梁选十二月二十七日,本月十六日立春,课是丙寅、庚寅、丙午、戊戌,则年、月、日、时三杀又在亥子丑北方。吾师又命此三方屋再将辛酉方瓦面拽动,以泄杀而纳吉气,待毕工后,方行盖复。此法较诸避宅迁居更为简便,且遇邻家修作有碍,可预用此法。或取太阳方、三德方、岁、命贵禄方均吉,真趋吉避凶之妙诀也。"

年马命马篇第四十七

【原文】年马命马两相同,亦用推来吊替宫。

年马,太岁之马,如申子辰年马在寅,以当年五虎遁入吊宫,如壬申年,遁得壬寅金是岁马。人命之马,如申子辰命人,马亦在寅,以本生年五虎遁入吊官,属何五行,如戊申生人,命马遁得甲寅水。凡造作先须究此,岁命二马更得相生尤妙。

年马木兮命马水,水木相生福庆重。

如癸巳命人,于辛巳年造作,癸巳命马在亥,遁得癸亥水。辛巳年马亦在亥,遁得己亥木。此命马生年马,吉。又十月造作是木乘生气,凡禄马乘生旺之气者,虽有凶星,不能为灾。

更有水金并火土,木火相逢与禄通。

但取五行相合用,别推仔细看吉凶。

【注解】 驿马:申子辰马在寅,寅午戌马在申,

亥卯未马在巳,巳酉丑马在亥。

年命真驿马表

年命干支	驿马	年命干支	驿马
甲子、甲申、甲辰	丙寅	乙丑、乙巳、乙酉	丁亥
丙子、丙申、丙辰	庚寅	丁丑、丁巳、丁酉	辛亥
戊子、戊申、戊辰	甲寅	己丑、己巳、己酉	乙亥
庚子、庚申、庚辰	戊寅	辛丑、辛巳、辛酉	己亥
壬子、壬申、壬辰	壬寅	癸丑、癸巳、癸酉	癸亥
甲午、甲寅、甲戌	壬申	乙未、乙亥、乙卯	辛巳
丙午、丙庚、丙戌	丙申	丁未、丁亥、丁卯	乙巳
戊午、戊寅、戊戌	庚申	己未、己亥、己卯	己巳
庚午、庚寅、庚戌	甲申	辛未、辛亥、辛卯	癸巳
壬午、壬寅、壬戌	戊申	癸未、癸亥、癸卯	丁巳

何为驿马?其说纷纭。储泳认为:“今世之所谓驿马者,先天三合数也。先天寅七午九而戌五,合数二十有一,故自子顺数至申,凡二十有一而为火局之驿马。亥卯未之数四六八,合

为十八，故自子顺数至巳，凡十八而为木局之驿马。木火阳局也从子一阳顺行。金水阴局也，从午一阴顺行。故申子辰之数七九五，合二十有一，自午顺至寅，凡二十有一，而为水局之驿马。巳酉丑之数四六八，合为十八，自午顺至亥，凡十有八而为金局之驿马。"曹震圭认为："驿马者，五行将病，得见妻子，似人值困途逢妻子者也。假令寅午戌火也，病于申，中有庚为妻、戊为子，故以申为马。申子辰水也，病于寅，中有丙为妻、甲为子。亥卯未木也，病于巳，中有戊为妻，丙为子。巳酉丑金也，中有甲为妻、壬为子也。"

　　两种说法，前一种以数论，并未说明为什么二十一与十八就是驿马。而后一种以病见妻子，更属牵强。若依此，驿马为病则属凶神，何以反有吉庆？亦无道理。实际上，古人认为，亥为天门，巳为地户、寅为功曹、申为传送，皆道路之象，且均与三合之首字对冲，冲者动也，故为驿马。驿马即为冲动之神煞，动则亦有吉动与凶动，并非皆为吉。万育吾在《三命通会》中把马分为"福星马、旺禄马、正禄马、文星马、天德马、天乙马、大败马、空亡马、破禄马、截路马"等类。魏青江在《阳宅大成·选时》中对驿马的运用及吉凶作了详细论述，特录于下：

　　马即三合局之病位，宜在命后，忌在命前。盖我逐马则我劳而有殆，马已远去，追何及焉。故欲马逐其命，不欲命逐其马。如马在命前，则取其合；马在命后，则取其拱。且马有牝牡，牝马塞而钝，巳亥是也。牡马健而疾，寅申是也。如戌马在申、辰马在寅，为牡马逐命，我可徐待其福也。如午马在申、子马在寅，为牡马，是命逐其马，宜用巳合申马、亥合寅马。邪说草粮引动，如申马在寅、寅马在申、申又冲克寅马，不知岁月日时冲克刑害，虽发富贵当显权之时，或被诽谤，刑伤孝服；巨富之家，或被小人盗贼暗害，福终休歇。凡寅申为凶马，勿得轻用，若庚寅、庚申为带甲凶马，或冲克本命，或是本年岁破、都天、三杀、金神等凶，其受克之人，灾祸不小。若寅申遇天月二德，德合相配，或是本年太阳、天喜值日用之，又能制伏凶杀。

邪说马须加草料，鞍辔缰屉方为乘马，发福极快。四柱内取甲乙寅卯为草料，取壬癸亥子为泉涧，取辰巳为龙驹，遇贵乘加鞭皆为引提，乃造福趋吉。此太认死煞，非马之妙道也。如申子辰马在寅，鞍屉在丑，缰辔在亥，以申为鞭。寅午戌马在申，鞍屉在未，缰辔在巳，以寅为鞭。亥卯未马在巳，鞍屉在辰，缰辔在寅，以亥为鞭。巳酉丑马在亥，鞍屉在戌，缰辔在申，以巳为鞭。均不通，勿泥。凡寅申生人，选用四柱中不可见寅申二字全，谓之二马交驰，必有一伤。寅以月建入中，寻寅申到处作之，或用寅日以调宫寻申，或用寅日以吊宫寻寅，马同一宫方妙。凡催官生子，出行，莫如本命之马，太岁之马为当道。如甲子、甲辰年命，以丙寅为正马，遇生旺贵禄，日时临官，逢天月德合相配，大有力量。又如癸巳年癸亥为岁马，纳音属水，十月己亥日用事，得月建癸亥是岁马癸亥水，生命马己亥木，且亥月份是岁马帝旺之时，又是本命木马长生之乡，此为旺地逢生，二马俱得，令主速迎祥福。凡马忌旬中空亡，谓之折足，用之反坑陷。余仿此。

马分三元，下元择日为准。一卦统三方，左旋顺推详。如乾宫戌三分土，占上元交节十日初旬。乾四分金，占中元中气前后各五日，司中旬。亥三分水，占下元中气后六日起，次节前一刻止，司末旬，故亥马在下元择吉。余仿此。一丙戌生人，马丙申，于丙寅年四月初八（小满后第六日）至十八日（卯时芒种）正下旬修寅方，癸巳月建入中，丙申到艮寅方，下元寅木被申金刑冲在太岁头上、本年天金神方。巳月天官符加庚寅方，虽丙申为命马，大受冲克，冲动寅方诸杀。丙申是本月劫杀、天官符，遇庚金凶神带刀在本甲内，其方受天克地冲，官非灾祸，宅主痰火咳嗽，死而复生。盖四月丙火得令，丙以癸巳为禄，尚可制庚金之杀，丙火生于寅方，故不得死。庚申金属肺，被火冲克，主咳嗽痰火。仗岁干丙与命干丙以癸月为正官，癸巳长流水司令，交冬月水旺，其病始愈。当月上中旬修丑艮则吉，盖丙申火生丑艮土为进气。故凡寅申巳亥处在下旬管事，选用日辰干支不可与本方冲克，必须生助比和，或按律吕隔八相生，兼得日时星辰登垣入庙，地德天光契合乃吉。

　　如辰巽巳，辰占三分土，巽占四分木，巳占三分火，三元分择之，三旬始准。昔二人同庚，皆七月丁亥日主生命，纳音属土，俱庚午年六月修作艮方。一人用六月十四戊申日，乃土命长生在申，用丑时起工，十四日中旬，艮土管事，后果发财生子。一人在六月二十三丁巳日寅时起工动作艮寅，以为马到，不知丁亥土命绝在巳日，并值下旬寅木管事，乃寅刑巳。七月建申，申寅刑冲，巳又刑申，是日与亥命正相冲，申亥又相害，本年寅方有戊都、白虎、太岁驾杀加临，造后七日，遇癸亥犯死丁亥。盖亥乃本年劫杀，与寅方岁杀、白虎、戊都、戊癸寅卯亥诸杀纠合结党。寅刑巳、巳刑申、申刑寅、寅申巳亥两相冲破，诸杀交战，癸水克丁火，亥又刑亥，亦在巳时气绝。漫然轻用驿马，此日噬脐何及！

　　按：此两例凶者，皆为相冲。第一例修艮寅方，调申到寅方；第二例亦修艮寅方是以丁巳日入中，调庚申到，均寅申相冲为害，且第二例丁巳日与本命相冲，故凶又重。而六月十四戊申日修艮方一例，是仅修艮方，并未犯动驿马太岁，所以吉凶有别，并非一月前十日管丑，中十日管艮，下旬十日管寅。详见前注。

　　大凡驿马最忌相冲，修寅方吊得申到，修申方吊得寅到，修亥方吊得巳到，修巳方吊得亥到，若无吉神化解，相互冲克，决然为凶，千万莫以吉论。

　　马之吉凶，试析数种。

甲子、甲辰见寅为正禄马，丙子、丙辰见寅为长生马，壬子、壬辰见寅为食禄马，癸未、癸卯见巳为天乙贵人马，乙丑、乙酉见亥为长生马等均主吉庆。而甲申、丙申、戊申、壬申、庚申见寅，甲寅、戊寅、丙寅、庚寅、壬寅见申，乙亥、丁亥、己亥、辛亥、癸亥见巳，乙巳、丁巳、己巳、辛巳、癸巳见亥等为冲破马；甲辰见寅、甲戌见申，为驿马空亡，均主凶。且甲辰见寅又为无禄，是大败马，尤为无用。

大凡使用驿马，不论正马、偏马，只要是驿马到修方，均以马论，本旬之内更为有力，万勿拘泥正马。特将各年各月驿马到方列成下表，以供参考。

方位 年支 ＼ 月令	正月	二月	三月	四月	五月	六月	七月	八月	九月	十月	十一月	十二月
申子辰年	中	兑	乾	中	巽	震	坤	坎	离	艮	兑	乾
寅午戌年	坤	坎	离	艮	兑	乾	中	兑	乾	中	巽	震
巳酉丑年	中	巽	震	中	坎	离	艮	兑	乾	中	兑	乾
亥卯未年	艮	兑	乾	中	兑	乾	中	巽	震	坤	坎	离

按：此表申子辰年七月修申方，巳酉丑年二月修巳方，寅午戌年四月修寅方，亥卯未年三月、六月修亥方，虽为驿马到方，但均是相互冲克，若无年日时以合解冲或至吉之神，均以凶论。

山家禄马篇第四十八

【原文】禄住马行性各异，禄迟马速事难猜。

禄在马前禄到发，若禄马后穴难裁。

禄住故行迟，马走故行速。禄在马前，终被马追而发。禄在马后，行无可及，不可待发。若阳宅从宅长命，阴地从亡命。如坎山坐癸向丁，亡命甲申生，禄马共在寅，寅卯辰上有小山来朝此坟,大旺发长。

　　　　禄马之位要高强,水流缺陷是寻常。

　　禄马之位山须顿起向坟,吉利,若或缺陷破坏,或神庙窑灶,大凶。

　　　　若得泉流从此入,子孙富足有文章。

　　禄马方位,有水来朝或泉流,主子孙富贵文章。

　　【注解】十干禄:详见本书中册《佐元直指》第120面;此外,魏青江对用禄较有体会,请参阅本册前"剑锋重赙篇第二十五"的注解。

　　禄在马前:是指本命天干或当年太岁天干的禄位在驿马之前。如丙子、丙申、丙辰、戊子、戊申、戊辰,禄位在巳,驿马在寅,是禄在马前。乙巳、乙酉、乙丑,乙禄在卯,驿马在亥,是禄在马前。癸巳、癸酉、癸丑,禄在子、马在亥,不仅禄在马前,且同一五行又贴身,尤为有力。壬午、壬寅、壬戌,禄在亥、马在申,是禄在马前。丁亥、丁未、丁卯,禄在午、马在巳,不仅禄在马前,且禄马同一五行而贴近,尤为有力。而甲子、甲申、甲辰,禄马俱在寅,庚午、庚寅、庚戌,禄马俱在申,是禄马同宫,最美。

　　禄居马后:是指本命天干或当年太岁天干的禄位居驿马之后。如壬子、壬申、壬辰,禄在亥、马在寅,是禄在马后,但此三干禄马相合,马被合而不发,亦为有情。丙寅、丙午、丙戌、戊寅、戊午、戊戌,禄在巳、马在申,是禄在马后,但此六干禄马巳申相合,马被合名有绊,不发而有等待之情。乙亥、乙卯、乙未,禄在卯、马在巳,是禄在马后。癸未、癸卯、癸亥,禄在子、马在巳,是禄在马后。辛巳、辛酉、辛丑,禄在酉、马在亥,是禄在马后。

宅禄喜神篇第四十九

　　【原文】宅禄宅喜要君知,命前五神将配之。

　　本命正宅常在命支前五神,正宅冠带位为宅命,正宅墓库位为宅神,正宅干禄位为宅禄。若宅禄在巳午未,喜神在丑。宅禄在寅卯辰,喜神在戌。宅禄在亥子丑,喜神在未。宅禄在申酉戌,喜神在辰。喜神常居辰戌丑未四位,亦看本命运得何宅神,便知喜神处所。如甲子命人,己巳木为正宅,木生亥,冠带丑,丑为宅命,木墓未,未为宅神,己禄午,午为宅禄。余仿此例推。

　　　　宅禄可作喜可入,更把吊宫仔细推。

　　善作宅者,得宅禄在宅而作之,则易发而少灾。如甲子命人,运得己巳木为命正宅,宅禄在午,吊得临方作之,此为宅禄,可作也,且易发。

　　　　迎喜入宅是何如,须将月建吊宫推。

　　　　假如甲子人入宅,丑年月日丑方奇。

　　　　己丑之年当十月,吊宫丁丑喜到西。

　　　　从西入东为背喜,自东入西迎吉时。

　　　　所遇喜禄之位上,终应与福喜相期。

【注解】本章首先要分清以下几个概念:

　　正宅:正宅在命支前五神。如本命甲子,宅前五位是己巳,己巳则为正宅。本命是乙丑,宅前五位是庚午,庚午则是乙丑命之正宅。

　　宅命:正宅之冠带位,此是以纳音五行论。如甲子正宅是己巳,纳音属木,冠带在丑。乙丑正宅是庚午,纳音是土,冠带则在戌。

　　宅神:正宅之墓库位,此是以纳音五行论。如己巳纳音木,木墓未,则未是己巳正宅之宅神。庚午纳音土,土墓辰,则辰是庚午正宅之宅神。

　　宅禄:此是以正宅天干之禄论。如正宅己巳,己土禄午;正宅庚午,庚金禄申;正宅辛未,辛金禄酉是。

　　喜神:以宅禄地支论。若宅禄在巳午未,喜禄在丑;宅禄在

本命	正宅	宅命	宅神	宅禄	喜神	本命	正宅	宅命	宅神	宅禄	宅喜
甲子	己巳	丑	未	午	丑	甲午	己亥	丑	未	午	丑
乙丑	庚午	戌	辰	申	辰	乙未	庚子	戌	辰	申	辰
丙寅	辛未	戌	辰	酉	辰	丙申	辛丑	戌	辰	酉	辰
丁卯	壬申	未	丑	亥	未	丁酉	壬寅	未	丑	亥	未
戊辰	癸酉	未	丑	子	未	戊戌	癸卯	未	丑	子	未
己巳	甲戌	辰	戌	寅	戌	己亥	甲辰	辰	戌	寅	戌
庚午	乙亥	辰	戌	卯	戌	庚子	乙巳	辰	戌	卯	戌
辛未	丙子	戌	辰	巳	丑	辛丑	丙午	戌	辰	巳	丑
壬申	丁丑	戌	辰	午	丑	壬寅	丁未	戌	辰	午	丑
癸酉	戊寅	戌	辰	巳	丑	癸卯	戊申	戌	辰	巳	丑
甲戌	己卯	戌	辰	午	丑	甲辰	己酉	戌	辰	午	丑
乙亥	庚辰	未	丑	申	辰	乙巳	庚戌	未	丑	申	辰
丙子	辛巳	未	丑	酉	辰	丙午	辛亥	未	丑	酉	辰
丁丑	壬午	丑	未	亥	未	丁未	壬子	丑	未	亥	未
戊寅	癸未	丑	未	子	未	戊申	癸丑	丑	未	子	未
己卯	甲申	戌	辰	寅	戌	己酉	甲寅	戌	辰	寅	戌
庚辰	乙酉	戌	辰	卯	戌	庚戌	乙卯	戌	辰	卯	戌
辛巳	丙戌	戌	辰	巳	丑	辛亥	丙辰	戌	辰	巳	丑
壬午	丁亥	戌	辰	午	丑	壬子	丁巳	戌	辰	午	丑
癸未	戊子	辰	戌	巳	丑	癸丑	戊午	辰	戌	巳	丑
甲申	己丑	辰	戌	午	丑	甲寅	己未	辰	戌	午	丑
乙酉	庚寅	丑	未	申	辰	乙卯	庚申	丑	未	申	辰
丙戌	辛卯	丑	未	酉	辰	丙辰	辛酉	丑	未	酉	辰
丁亥	壬辰	戌	辰	亥	未	丁巳	壬戌	戌	辰	亥	未
戊子	癸巳	戌	辰	子	未	戊午	癸亥	戌	辰	子	未
己丑	甲午	未	丑	寅	戌	己未	甲子	未	丑	寅	戌
庚寅	乙未	未	丑	卯	戌	庚申	乙丑	未	丑	卯	戌
辛卯	丙申	辰	戌	巳	丑	辛酉	丙寅	辰	戌	巳	丑
壬辰	丁酉	辰	戌	午	丑	壬戌	丁卯	辰	戌	午	丑
癸巳	戊戌	丑	未	巳	丑	癸亥	戊辰	丑	未	巳	丑

亥子丑,喜神在未,宅禄在寅卯辰,喜神在戌;宅禄在申酉戌,喜神在辰。

据以上五个概念,六十甲子本命正宅、宅禄等成上面的表。

知道了本命正宅之禄神、喜神,则以修作之月建入中顺布,吊得禄神到何宫,何方就是本命的飞官禄神、喜神之位。

细思义理,所谓正宅者,即本命天干相合之干,宅禄即相合天干之禄;而宅喜则取神煞天喜之意,因天喜与十二建除的"成"日相同,万物莫不喜其有成,故曰天喜。《钦定协纪辨方书》认为:"历书以春戌、夏丑、秋辰、冬未为天喜日,而曹震圭谓母见子,然亦有成就之意。如春之令属木,木生火,火墓在戌,至于戌则火之道成矣,故春以戌为天喜。夏之令属火,火生土、土生金,金墓在丑,至于丑则金之道成矣,故夏以丑为天喜。秋辰冬未可以类推。"今阳宅风水将其神引入而以方论,则其说难立。

1. 凡术数多以空亡为凶,风水尤忌。但正宅之法,共有十二命落于空亡。如甲子旬中无戌亥,己巳见甲戌,庚午见乙亥是。甲戌旬中无申酉,己卯见甲申,庚辰见乙酉是。甲申旬中无午未,己丑见甲午,庚寅见乙未是。甲午、甲辰、甲寅三旬中仿此例推。诸如此类,正宅已落空亡,禄喜又有何益!

2. 禄神与本命正宅相冲,若修禄位,非本命冲破之方,即正宅冲破之方,乃至凶之处,又何吉之有?如本命甲子,正宅己巳,宅禄午;己卯本命,正宅甲申,宅禄寅;庚辰本命,正宅乙酉,宅禄卯;乙酉本命,庚寅正宅,宅禄申;丙戌本命,正宅辛卯,宅禄酉;辛亥本命,正宅丙辰,宅禄巳;壬子本命,丁巳正宅,宅禄午;丁巳本命,正宅壬戌,宅禄亥;戊午本命,正宅癸亥,宅禄子;癸亥本命,正宅戊辰,宅禄巳等。本命与正宅均被冲破,宅禄为吉之说有误。

3. 宅喜吉者,因其为成神故。但若逢冲破,成就之义已无,其喜自破。如辛未本命，正宅丙子，宅禄巳，宅喜丑；本命丁丑，正宅壬午，宅禄亥，宅喜未；庚辰本命，正宅乙酉，宅禄卯，宅喜戌；癸未本命，正宅戊子，宅禄巳，宅喜丑；丙戌本命，正宅辛卯，宅禄酉，宅喜辰；本命己亥，宅命甲辰，宅禄寅，宅喜戌等皆是天喜与本命、正宅相冲。

至于禄喜、宅命与宅神等刑害本命者则更多。由是可见，其说不可尽信。大凡修宅，均以本命与当年太岁之禄位为主，余说可弃之不用。

年禄命禄篇第五十

【原文】年禄命禄一同推，爻向之禄且幽奇。

年禄者，太岁干禄也。命禄者，本命之禄也。只十干与四维有禄，在十二支中。甲艮禄在艮寅，乙禄在卯，丙戊禄在巽巳，丁己禄在午，庚坤禄在坤申，辛禄在酉，壬乾禄在乾亥，癸禄在子。且十干有禄无马，十二支有马无禄，古今不易。善作者取年禄在爻，其向中之禄为作首之地，更于来年节气过去，年禄上报之为吉。大凡报命禄亦有旨法，须候来年节气过后一年方可报。又云，以今年过，取来年报之，尤得其秘也。

年禄无爻向禄住，命中之禄报尤宜。

报之命禄福何如，须候来年节气过。

如甲子生人，戊申年七月作之，甲禄在寅，是报命禄也。凡去年立秋前作，须候来年立秋后报之为佳。凡尽一年方为报，或二年尤佳。

一岁之中不可报，勿合性命禄尤多。

年禄堪为财帛库，向禄井泉并小池。

财帛出入运用，若造作财帛库，立此年禄上亦有益。向中之禄，一生之镃基，若得井泉并池水在其方，主久益人家，亦取运用难尽也。

　　　　命禄吊宫乘旺气,余凶难及少人知。

　　命禄,如戊申命人,禄在巳,于甲申年七月造作,以月建壬申入中宫,吊辛巳到中宫,为戊命之禄。然七月系阴遁,辛巳金临官坤申,为命禄乘旺气,又秋金旺,乃得禄深也。如甲子命人,命禄寅,于己酉年三月造作,以月建戊申入中宫,吊见戊寅到乾,为甲命禄。戊寅土临官于亥,为命禄乘旺气。如此之禄,乃得禄深也,虽小小凶灾不为害。

　　【注解】岁命之禄吊宫,又名飞天禄,其说有二。《通书》年神立成,只取命禄地支一字,法以月建入中宫顺飞九宫,见地支禄飞到即是。如甲子年禄在寅,正月建寅入中,是禄在中宫。二月卯建入中宫,顺数则寅在兑,是禄在兑方。据此法,十年各月飞天禄如第 209 面上表。

　　《宗镜》则取本遁天干为真禄马。如此则甲禄在寅,天干遁丙,丙寅为甲命之真禄。乙禄在卯,天干遁己,己卯是乙命之真禄。丙禄在巳,天干遁癸,癸巳为丙命之真禄。丁禄午,天干遁丙,丙午为丁命之真禄。戊禄亦巳,天干遁丁,丁巳为戊命之真禄。己禄午,天干遁庚,庚午为己命之真禄。庚禄申,遁干甲,甲申为庚命之真禄。辛禄酉,遁干丁,丁酉为辛命之真禄。壬禄亥,遁干辛,辛亥为壬命之真禄。癸禄子,遁干甲,甲子便是癸命之真禄。法亦以月建入中顺数,一匝、两匝,甚至三匝、四匝,直到真禄为止。依其法,则各命各月之真禄成第 209 面下表。

　　二说均有其理。两相比较,《通书》之说比较简捷,使用较方便,更为通用。《宗镜》之禄虽真,但多在数匝之后,其力已薄,且推算较繁,故用之者少。

　　《通书》曰:"马到山头人富贵,禄到山头旺子孙。若逢禄马一同到,千祥百福自骈臻。"《选择宗镜》曰:"禄马贵人,山方并

禄位　年干／月令	甲年	乙年	丙戊年	丁己年	庚年	辛年	壬年	癸年
正　月	中	乾	艮	离	坤	震	中	乾
二　月	兑	中	兑	艮	坎	坤	巽	中
三　月	乾	兑	乾	兑	离	坎	震	巽
四　月	中	乾	中	乾	艮	离	坤	震
五　月	巽	中	兑	中	兑	艮	坎	坤
六　月	震	巽	乾	兑	乾	兑	离	坎
七　月	坤	震	中	乾	中	乾	艮	离
八　月	坎	坤	巽	中	兑	中	兑	艮
九　月	离	坎	震	巽	乾	兑	乾	兑
十　月	艮	离	坤	震	中	乾	中	乾
十一月	兑	艮	坎	坤	巽	中	兑	中
十二月	乾	兑	离	坎	震	巽	乾	兑

禄位　年干／月令	甲年	乙年	丙戊年	丁己年	庚年	辛年	壬年	癸年
正　月	中	乾	艮	离	坤	震	中	乾
二　月	坎	中	兑	艮	坎	坤	巽	中
三　月	离	坎	乾	兑	离	坎	震	巽
四　月	艮	离	中	乾	艮	离	坤	震
五　月	兑	艮	坎	中	兑	艮	坎	坤
六　月	乾	兑	离	坎	乾	兑	离	坎
七　月	中	乾	艮	离	中	乾	艮	离
八　月	巽	中	兑	艮	坎	中	兑	艮
九　月	震	巽	乾	兑	离	坎	乾	兑
十　月	坤	震	中	乾	艮	离	中	乾
十一月	坎	坤	巽	中	兑	艮	坎	中
十二月	离	坎	震	巽	乾	兑	离	坎

吉,在本遁内者有力,遁外次之。"禄马均为吉神,大凡到方,均宜造作,但其有无效验,却有分别,特述于下。

贵所到之宫,最怕刑害;禄马所临之地,却忌空亡。若临旺处,但逢刑空,主一发便衰,反有衣食之厄,此为禄马无效验者。大凡禄贵妙用,全在"引提冲合"四字,如贵禄守宫朝元,若未仕之人取禄贵守宫宜冲不宜合,发达方速。已仕之缙取贵禄贵元则宜合不宜冲,升迁最美。如若用反,士庶终无一遇,仕缙则罢职归家。朝元者,取禄马到方到向;归元者,取贵禄到位到山;冲合者,取年月日时与贵禄冲合,到方到向。若能妙用,则发福催官甚速。如庚申主命,以戊寅为阳贵正马。甲子年正月修艮方,以丙寅月建入中,调戊寅到艮,艮寅同宫。戊土长生在寅,贵马到本位谓之守宫。月建丙寅是月德在中宫。修艮方,中旬动作大吉,果当年登科联捷入第。

旺气:禄马旺气,本文是以纳音五行取,其法与二十四山五行不符,有悖义理。如丙寅命,甲子年戊辰月修亥方,己巳命禄到方,己巳纳音木,是木长生于亥,是为禄乘旺气。不知巳亥相冲,巳又绝于亥,是冲破日禄,反主大凶。所以论禄马生旺之气,只以正五行论。即金旺申酉庚辛乾,生巳辰戌丑未。木旺甲乙寅卯巽,生癸亥壬子。火旺丙丁巳午,生甲乙寅卯巽,水旺壬癸亥子,生庚辛申酉乾。土随水生旺。万勿以纳音五行取生旺,误人深矣。

卷六

报宅灾篇第五十一

【原文】宅受灾宅人疾病，往往当初岁月凶。

人居宅受灾危，人口不安，盖是当初造宅年月不吉所致。

报之别自有年月，入宅之年推祸踪。

十干有鬼用推之，臣制于君不可为。

却以吊宫干上定，支位凌干事不宜。

须看人宅年月吉凶而报之。鬼者取下贼上之意。上为干、为君、为父、为夫。下为支、为臣、为子、为妇。凡报宅灾，须知十干鬼所在之处。甲鬼在申，乙鬼酉、丙鬼亥、丁鬼子、戊鬼寅、己鬼卯、庚鬼午、辛鬼巳、壬鬼戌、癸鬼未。报灾宅有二法：一报原造作所犯吊宫天干之鬼，一报作主本命之鬼。因原作犯吊宫甲子纳音克本方者，宜报原修作方吊宫天干之鬼。原修作吊宫支为作主本命之鬼者，宜报作主本命之鬼，报吊宫十干鬼之所在。吊宫得甲干，宜报作吊宫之丙申。吊宫得乙干，宜报作吊宫之丁酉。吊宫得丙干，宜报作吊宫之己亥。吊宫得丁干，宜报作吊宫之戊子。吊宫得戊干，宜报作吊宫之庚寅。吊宫得己干，宜报作吊宫之辛卯。吊宫得庚干，宜报作吊宫之癸巳。吊宫得辛干，宜报作吊宫之壬午。吊宫得壬干，宜报作吊宫之戊戌。吊宫得癸干，宜报作吊宫之乙未方。

【注解】鬼贼：术数中称干克支为"克"，支克干为"贼"。同时，又以阳干克阴干，或阴干克阳干，因阴阳相谐而称"官"；以阳干克阳干，阴干克阴干，因阴阳不谐而称为"鬼"。所以鬼贼者，即阳支克阳干，阴支克阴干者是。如甲见申、乙见酉、戊见寅、己见卯之类是。丙见亥，是亥中藏壬水，阳克阳；丁见子，是子中藏癸水,阴克阴,其义均通。然庚见午,午中暗藏丁火,为庚之官;辛见巳,巳中暗藏丙火,为辛之官且与辛合;以此二支为鬼有悖鬼之理,应是庚见巳、辛见丁,方与"鬼"义合,特更正。

所谓犯鬼而报鬼者,是取鬼受克之干。如甲干犯申,宜报丙申,丙食制申鬼。乙干犯酉,宜报丁酉,丁食制酉鬼。丙干犯亥,宜报己亥,己伤制亥鬼。丁干犯子,宜报戊子,戊伤制子鬼。余戊犯寅,报庚寅;己犯卯,报辛卯;庚犯午,报壬午;辛犯巳,报癸巳,均同此理。然壬犯戌报戊戌却有误。戊亦为"壬"之鬼,报戊戌反增鬼之力,使鬼气益盛,何吉之有? 故应是"犯壬干,报甲戌"之误。天干甲可制戊土之鬼,合义理,特更正。

干有十个,支有十二个,所以鬼亦应有十二个,本文只注明十个,缺壬见辰、癸见丑二支。若壬犯辰,宜报作吊宫之甲辰。癸犯丑,宜报作吊宫之乙丑。如此则十二支全,特补足。

【原文】只如丙寅三月艮,从坤入艮是其时。

　　　　吊宫乙未来加艮,入艮侵寅事可悲。

　　　　凑偶又当辛卯命,乙未金刑木不实。

若金用丑艮方则吉。今侵三分寅,受吊宫纳音金克,故凶。偶至木命宅长,亦受三分克,仅不死,有半年之厄,人口不安,须用报之,吉。

　　　　报法吊宫干上取,吊宫干鬼报无危。

　　　　乙未到艮鬼在西,吊宫之西可修之。

报法但看原修作所犯吊宫得何干,即作其鬼位吊到宫。如前吊宫得乙未到艮,即知鬼在西,即报吊宫之西,能变灾为福也。辛未年、辛卯月、甲戌日、丙寅时报坤,得报宅灾之法。

【注解】原文"乙未金刑木不实"句不通,细思其义,当是言乙未纳音金可刑辛卯木命。若此为理,卯未卯三合木局又该作何解释? 故不可信。因其他版本与该书皆同,无法改正,特说明。

用纳音论克之说不妥。若吊宫之神论纳音,本宫之神亦应论纳音;若本宫之神论正五行,则吊宫之神亦应论正五行,两种五行不可以混合作用。其实,吊乙未至艮,艮宫有丑,若修丑方,丑未相冲,始为正理。修吊宫酉金者,丑酉合可解丑未冲。且酉金为辛卯命主之禄,故吉,非酉金制乙未之金也。同时,乙未属金,吊酉属金,以本文之法是金扶金。且乙木即以金论,酉金又何能制之?所以此法不能为据。

【原文】辛未之年二月报,报坤丁酉合其机。

酉是金兮丁是火,金遭火制例须知。

能知此秘通太妙,海内同声事亦稀。

又如丁丑九月巽,戊午吊宫加可知。

辛丑命人初出巽,午为辛鬼勿猜疑。

如酉为原吊乙干之鬼,至辛未年、辛卯月、甲戌日、丙寅时报作坤方,以月建辛卯入中,吊丁酉到坤,是丁火能克制酉鬼,又上克下,其灾必息。又辛丑命人,于丁丑年九月出巽,以月建庚戌入中,吊戊午到巽,午为辛命之鬼,辛丑命值吊宫之午火鬼方,出未经数日果多病,小口不安。此杀乃十干鬼为灾也。

【注解】此说难以令人信服。先以修作年月日时入中宫,看作方坤宫四柱。辛未年吊得丁丑到,纳音水;辛卯月吊得丁酉到,纳音火;甲戌日吊得庚辰到,纳音金;丙寅时吊得壬申到,纳音金。以正五行论,虽年月二丁为火,但支全土金且合局,干透庚壬,一点微火且受壬水之克合,岂能制成党之酉金?以纳音五行论,一火、二金、一水,火受克明矣,亦无力去制伏酉鬼。以吊宫论,年月日时均临天克地冲之位,岁破、月破、日破、时破齐临,又岂能发福?惟有扶命一说可通。酉为辛禄,丑酉、辰酉均合金,修造之时丙寅又为辛金正官,天乙贵人,故为相主扶命之局。余说皆属妄谈。

【原文】直至庚辰三月报,兑宫壬午则便宜。

壬为水也午为火,壬能克火合天医(一本作机)。

君制臣兮父制子,故将此秘救灾危。

午为辛命原犯之鬼,至庚辰年三月报作兑方,以月建庚辰入中,吊壬午到兑,是壬水能制午鬼,乃上克下,君制臣,父制子,其灾自息而大吉。

【注解】原书云"午为未命原犯之鬼",午与未合,何鬼之有?且未为地支与本章之意不合,故应是"辛"字所误,特说明更正。

【原文】传令辛亥十二月,北方丙午吊宫时。

辛卯命人坐作午,午为辛鬼例皆知。

如辛卯命人,辛亥年腊月作坎,以月建辛丑入中宫,吊丙午到坎,辛鬼在午,亦是吊宫值本命暗鬼,主疾病灾。

辛属金兮午属火,来年四月值灾危。

且午火克辛金,如今年十二月作北,渐至明年四月火愈旺,故灾愈兴。

累累值灾皆不大,须知此法可凭依。

戊午吊宫报乙卯,须将吊替定兴衰。

四月兴灾四月报,果然安吉少灾危。

修作惟看十二辰,戊子报寅事亦真。

乙丑庚寅同乙未,辛卯甲辰并丙申。

癸巳丁酉及甲戌,己亥壬午显然分。

报宅灾吊宫十二辰,吊宫甲戌、甲辰、乙未、乙丑之方,宜报土鬼,亦宜用此日辰。丙申、丁酉宜报金鬼,戊子、己亥宜报水鬼,庚寅、辛卯宜报木鬼,壬午癸未宜报火鬼。

吊宫局日辰皆用,此令灾去福相寻。

但将制下为规式,不比时流泥五行。

吊宫方及修报月辰,但取干克支,不拘泥纳音五行。

【注解】鬼贼之说不可尽信。大凡阳宅修作,所择年月日时四柱,当以扶山相主为要,神煞次之。至于地支克本命天干,抛开地支不能克本命天干不论,即使能克,还有冲合生克之说,要整个四柱统一衡量,并非见一克贼就以凶论。鬼贼变化,有如下数种。

1.鬼贼被其他三柱合化,反为生我之神。如甲见申为鬼,但其他地支中有子和辰吊到同宫,申子辰三合水局而生木是。又如丙以亥为鬼,但其他支中寅木和卯未吊到同宫,亥卯未三合木局反生火,寅亥亦合木生火是。余如戊见寅鬼,他支中有午戌吊到修方;癸见丑鬼,他支中有巳酉吊到修方等,均是化鬼为生,应以吉论。

2.鬼贼被其他三柱合化,反扶本命,为助我之神。如壬见辰为鬼,但其他支中有子水和申金吊至修方,申子辰三合水局反助壬水本命。庚见巳为鬼,但其他支中有酉金和丑土吊至修方,巳酉丑三合金局反助庚金本命。均是鬼化比肩助身,亦以吉论。

3.鬼贼被其他三柱化为本命之财。如壬水见戌为鬼,但其他支中有寅午吊至修方,寅午戌三合火局,再加天干助本命,主旺财强,反是大富之局。

4.鬼贼被其他三柱或冲、或合、或克制,均主不能克本命天干。如乙以酉为鬼,其他三柱或亥卯未木强冲酉,或有亥子水化酉,或有午火克破酉金,均不能为害。又如己土以卯木为鬼,但其他三柱或有巳午火化卯木而生土,或有戌土合卯,或有申酉金冲克制木,卯鬼亦不能为害。余仿此。

由此可见,吊官见鬼并不可怕,只要有合有化,有克有制,均不能克制本命,举例以说明。

例1.丁丑日主生人,在丙子年八月动作丑艮寅方。本年文昌、文曲、太阳、天喜俱在丑艮寅宫,选用八月初二辛亥日、壬辰时动作,本月天道、天德、极富星、母仓、月德、生德、合德、嗣德诸吉降临于艮。本年太阳、天喜在丑,是太阳、天喜扶助丁命。正贵、正马俱是辛亥,正是日辰所主。修后联科登第,且生贵子。

按:此局以太岁丙子入中宫,吊己卯到修方艮宫。以月建丁酉入中宫,吊庚子到修方艮宫。以日辰辛亥入中宫,吊甲寅到修方艮宫。以作时壬辰入中宫,吊乙未到修方艮宫。月建所吊庚子为本命丁丑之鬼,但子水与本命丑土作合,且有寅卯未之木化杀生身,鬼气尽失,故能发福。

例2. 见本书下册第260面所举"甲子生修兑方"例。

按:此局以太岁甲午入中宫,调丙申到修方兑宫,申虽为岁命之鬼杀,但与本命子水三合化水,杀反为生身之神,是化凶为吉之显例。

例3. 见本册第134面所举"壬申生于甲辰年修午未方"例。

按:此局以太岁甲辰入中宫,吊戊申至离,庚戌至坤。以月建戊辰入中宫,调壬申至离,甲戌到坤。以壬子日辰入中宫,吊丙辰至离,戊午至坤。以作时庚子入中宫,调甲辰至离,丙午至坤。以本章鬼贼之义论,壬水以辰戌为鬼贼,此局吊得二辰至午,二戌至坤,鬼贼极盛。然二辰合子,二戌合午,各有所归,故主吉祥。

以上三例均未提及鬼贼,是知古人并不究支鬼;大凡修作只忌天干之鬼克本命或犯本年太岁,地支并不忌讳,故要分别。

月家火血篇第五十二

【原文】月家火血要君知,正五九申酉戌为。

须晓年家有深意,须信其神逐月移。

月家火血为阴阳不和之神,偏伤六畜牛马,凶。其例:

正月申吊到坤,二亥吊到巽,三寅吊到乾;

四巳吊中，五酉吊艮，六子吊坎；

七卯吊到震，八午吊中，九戌吊中；

十丑吊兑，十一辰吊离，十二未吊到坤。

　　　　寅午戌月在申酉戌，亥卯未月在亥子丑，

　　　　申子辰月在寅卯辰，巳酉丑月在巳午未。

　　　　更将吊替入中抽，五子元中问事由。

　　如甲子年正月，月火血在申，以月建丙寅入中宫，吊见壬申在坤，勿作坤。

　　　　逐月入中求去处，犯着须令失马牛。

　　　　只如太岁申子辰，辰戌丑未将频频。

　　如申子辰年太岁属水，若值辰戌丑未土为火血杀，是土能克太岁之水，为臣反君，子反父，犯之大凶。又如甲子年三月，吊得戊寅土到乾为火血杀，属土，太岁支属水，土克水为害。候来年活太岁到巽方，冲动逼发此杀，始损六畜。

　　　　更防水土相刑克，臣反君兮子害亲。

　　　　若乘旺气灾来速，五行用意好推寻。

　　　　土木牛瘟猪疾病，火金豺豹虎狼侵。

　　　　土为太岁木为杀，当春木旺时，主灾来速。

　　　　此中用度真消息，各有玄机在寸心。

　　【注解】月家火血除寅月在申，十二月在未，为月破之方，言其凶者尚合义理外，余与五行生克制化之义毫无干涉。如寅到乾，乾中有戌乾亥三山，除乾外，寅亥、寅戌皆合。而卯到震，子到坎均为还官，又何凶之有？所以此煞亦不必尽拘。至于纳音克本年岁支，更属妄诞。如原书举例，"甲子年三月，吊得戊寅土到乾为火血杀，属土，太岁支属水，土克水为害"，此例甚是荒唐。即戊寅以纳音论，年干支亦应以纳音论。甲子纳音金，戊寅纳音土，土生金，吉。若以正五行论，子属水，寅属木，水木相生吉。

如果把风水中各种五行混而用之,则一寅木或属木、或属金、或属土、或属火、或属水,可随心所出,吉凶亦可随心所定,则是背经弃义,毫无章法。以此吊宫论,甲子年三月修乾方,以月建戊辰入中宫,第二匝吊戊寅到乾,寅木即为岁干甲木之禄,且为岁支子水驿马,是禄马同宫,乃大吉之方。本书前章论禄马时亦云"随时可修,大吉,诸凶不避",此处又云凶,勿作,是前后自相矛盾。况且若修戌亥二方,又禄马与方道相合,极吉之处,冠以"凶"字,非背理者何? 同时,查《钦定协纪辨方书》《选择求真》《象吉通书》等均未收入此煞,当属术家捏造妄添之名,与五行生克制化义理无干,故不必拘泥。《选择宗镜》云:"民间最畏刀砧火血,术士捏造恶名以吓人耳。"

报火血篇第五十三

【原文】火血之神记属阴,若用干德解灾迍。

血为纯阴之杀,干德为纯阳之神,善报作者,取干德并一白之方而报之,则火血自不能为害。(法具于后)

土杀信于申旺月,丁壬正月作坤申,

本年七月坤方报,甲寅须信德加临。

木庚金丙水求戊,火壬土甲用区分。

如丁壬年正月作坤申,以月建壬寅入中宫,吊戊申火血到坤,为犯土杀,以甲为干德,于本年七月再作坤方报之,以月建戊申入中,吊甲寅到坤,甲为土之干德,故能改祸为福。凡木为火血杀,取庚德以报之。金为火血杀,取丙德以报之。金为火血杀,取丙德以报之。水为火血杀,取戊德以报之。土为火血杀,取甲德以报之。盖甲丙戊庚壬为阳干之德,故用以解阴火血之凶也。

报之此杀不可久,一年之外费劳神。

　　其余诸例临时课,触目多头毕具阵。

　　凡报此杀在一年之内则吉,如远经年岁,报之不得力。

　　【注解】干德:请参阅前面"干德篇第十三"注解。

　　火血杀:该杀以地支为主,此法取天干制天干,天干合天干,与地支并无干涉,其杀仍在,何能去了? 如本书举例,丁壬年正月作坤申,调戊申火血杀到坤,为犯土杀,以甲为德,故报甲寅到坤,能改祸为福。若以正五行论,甲木能克戊土,但申又为甲之鬼贼,甲何能制申? 若以纳音五行论,甲寅纳音属水,戊寅纳音属土,水何能制土? 故此说为谬。同时,即其名曰干德,亦当指名是何干之德,是岁干、命干、日干,或是吊宫之干,而本书却未说明,故不合义理。

吊宫三元篇第五十四

　　【原文】吊宫本命星杀马,亦看太岁干相刑。

　　吊宫三元,常以月建入中宫,行九宫,知吉凶,一切星杀,皆由吊宫之行以布八方,察五行之比和生克而知吉凶之应验也。三元阴阳,常以吊宫三元为星杀之马,又以月建入中行九宫,求本年太岁所在,须看太岁纳音与本宫上下比和,相生相克何如。若与本宫相克则凶,与本宫比和相生则不为灾。只如戊寅土到乾能生金,甲戌火到艮生土,吉。

　　犯者只看三甲内,深浅从兹定重轻。

　　第二第三灾较可,四五甲外祸全无。

　　凡吊宫太岁在本甲内见之,若逢上下相克,主凶灾重。如甲戌年七月作兑方,以月建壬申入中,行见甲戌太岁在兑,是火克金,凶灾立至。若飞游二匝见太岁为二甲,飞游三匝见太岁为三甲,其灾渐可轻。如己卯年正月作离,以月建丙寅入中,二匝吊见己卯到离,是二甲。如己丑年正月作坎,以月建丙寅入中,三匝吊见己丑到坎,是三甲,火入水乡,亦主小可灾。若在四五甲内见之,虽相克亦不凶。

　　　出甲惟忧岁杀祸,五行比用亦无伤。

　　　吊宫月建亦须知,太岁来中抽换之。

　　凡吊太岁不在本甲内,须防岁杀之祸。如己卯年正月作坤,以月建丙寅入中,行见己卯太岁不在本甲内,须防岁杀之祸,值岁杀丁卯火到乾,火入金乡相克,其凶立至。凡岁杀五行与本方比和相生不刑克,亦不能为灾。前是以月建入中宫求太岁杀,此又以太岁入中宫求月建杀。如甲子年三月作离,将太岁甲子入中宫,行见三月建戊辰在离,又在本甲内,虽木入火乡相生,亦主大凶,土命宅长更凶也。如甲寅年七月作中宫,将甲寅太岁入中宫,得三甲吊壬申月建到中宫,在三甲内,又壬申金与中土相生,无妨也。只如本月建杀在坤,吊得庚申木,木克坤土,大凶,的不可作。此太岁吊宫之杀,若替宫并无月建杀。

　　　亦认如何本甲内,吉凶加减在心机。

　　【注解】所谓吊宫杀马者有二。一是以修造之月建入中宫顺布九宫,若修方正值本年太岁,以太岁纳音与修宫五行生克比和论吉凶。二是以修造本年太岁入中宫顺布九星,恰值本月月建临修造之方,以月建纳音五行与修宫五行生克比和论吉凶。太岁月建纳音与修方之宫相生比和为吉,相克者凶。还要注意的是看所犯是否在本甲之内,若在本甲之内犯月建,即使月建五行与修宫五行相生、比和,亦以凶论。

　　本书所说之生克,吊宫太岁月建是以纳音五行论,修方之宫则是以八卦五行论,亦是五行混淆使用,自相矛盾。殊不知一卦统三山,三山各有自己五行,除坎离震兑四方属金木水火纯方外,余乾坤巽艮均为杂卦。如乾宫,隶戌乾亥三山,戌为土、乾为金、亥为水。又如巽宫,隶辰巽巳三山,辰为土、巽为木、巳为火,岂有地上之火能克天上之金,地下之水能克天上之火之理?同时一卦统三山,因修方不同,生克冲合亦有不同。如甲子年七月修巳方,以甲子本年太岁入中宫,吊得壬申到巳,巳与申合,为吉。若修辰方,则申子辰三合,更吉。若以本书论,则是壬申月纳音之金克巽宫之木,又在本甲子内,反是大凶,误矣! 如本文所举二例。一是甲子年三月作离,将太岁甲子入中宫,吊三月建戊辰到离,言其犯岁杀,大凶。殊不知一则戊辰为本年戊已大杀,二则以戊辰月建入中,调得壬申到离,年月吊宫与本年岁支三合申子辰冲克离宫午火,此为真杀。本书不论戊已大煞,太岁冲克之真杀,专论岁建之伪杀,故非正理。又如本文所举甲寅年七月作坤宫之例,以太岁甲寅入中宫,吊得庚申到坤,言其木克土,乃太岁吊宫之杀,大凶,不可作。坤方本属申,吊得申到,申能克申,岂非怪论? 殊不知太岁甲寅,岁破在申,若甲寅年修申方,又吊得申到,是岁破归宫,故凶,岂能舍此真杀而妄谈什么假杀,误矣。细观古例,均未依此为法。

例1. 甲戌生,坎宅,子山开午门,庚午年八月庚寅日,岁、天、月三德,岁、日干禄,本年催官贵人,太阳、天喜镇未坤方,甲戌与岁君寅午三合,禄马居申,甲命以坤卦乙未,癸丑为贵人,此为修动岁命禄马贵人方。以寅日为马草,以子分金,用辰时三合申子辰为水泉,卯为鞍屈,辰巳为缰辔,寅为马鞭,戌命在申马之前,为得禄马贵人乘坐,是刻竖柱修造,主速发福。生于戌命,虽与未方相刑,应有小人不足,卑下欺上。仗吉神得令,终不为咎。

按:此局庚午年乙酉月修作未坤方。以本年太岁入中宫,第二匝吊得乙酉月建到坤,乙酉纳音井泉水,坤宫为土,是土克水,以本章之义论极凶,然此局却吉,是不以纳音论生克之例也。

例2. 乾道二年,上元丙戌岁、戊戌月、己酉日、壬申时,刘朴庵为李子吉修艮宅。霜降上局,丁奇开门到艮,年定官符皆到山方。月建入中，天月德辛丑还艮，为印德、和德、续德、贵德、合德、仁德、金德。朴庵预定石下得物。后果于石下得金钗一双，走报朴庵，云："不止此，可再挖下。"依行得物甚多，因而骤富。

　　按：此局丙戌年，戊戌月修作艮宅，以本年太岁丙戌入中宫，第二匝吊得月建戊戌纳音木到艮，以戊戌月建入中宫，第五匝得丙戌太岁到艮方，两者俱犯，且纳音木克艮宫土，依本章之义论当主极凶，然此宅却骤富，亦与该杀不符。

　　例3. 杨公为丙午生人，造酉山卯向屋，用辛巳年、辛丑月、辛未日、辛卯时，以四辛干聚禄于酉山，又聚贵于午命也。

　　按：此局辛巳年、辛丑月造酉山屋。以辛巳本年太岁入中宫，第四匝吊得月建辛丑到兑宫。以月建辛丑入中宫，第三匝吊得本年太岁辛巳到兑宫。辛丑纳音土与兑宫土金相生；辛巳纳音金与兑宫二金比和，以本文之义，似乎是纳音与修宫相比相生之吉。但原书认为是丙火本命合四辛为财，四辛以兑方禄，以本命地支午火为贵人，是聚禄聚贵之验，并未言及吊宫之岁杀，故知古人不用此神杀，不必尽拘有据矣！

替宫三元篇第五十五

　　【原文】替宫妙用入玄微，皇曜重行事最奇。
　　　　　　年取本年月换月，替宫抽换遍分飞。

　　年取本年者。年家替宫也。如甲子年将甲子入中宫，吊到本年坎上得己巳木，再将己巳入中宫复行到坎上得甲戌火，是替宫与吊宫纳音相生，吉。比和亦吉，相刑克凶。月换月者，月家替宫也。如甲子年五月，将月建庚午入中宫，吊见甲戌到离，是本月月份上替宫。又将甲戌入中宫，行见戊寅在离，亦相生，吉。然须看有克、有刑、有害如何。

　　　　　　吊宫月份要君通，乾坤艮巽不相同。

　　替宫三元之法,理亦深远,只有十二月份,诸家三元未曾开载。如乾管戌亥,九月、十月份。艮管丑寅,正月、十二月份。巽管辰巳,三月、四月份。坤管未申,六月、七月份。此四维也,岂可乾坤艮巽两月共行一宫。至子午卯酉,岂可一月行一宫,其法不平,是不然也。如甲子年十二月,将丁丑入中宫行到艮上见庚辰;正月将丙寅入中宫,再行寅上是己巳,此逐月月建不同,星辰躔次亦无差失。若太岁求月份,只如甲子年将甲子入中宫,行乙丑到乾,是九月份,若十月又将乙丑入中宫,是两月星辰共行一宫,必不然也。须以甲子再行二匝周天,方得月份全备精当。又如甲子年,将甲子入中宫,行乙丑到乾是九月份,丙寅到兑八月份,丁卯到艮正月份,戊辰到离五月份,己巳到坎十一月份,庚午到坤六月份,辛未到震二月份,壬申到巽三月份,癸酉到中宫不系月份,甲戌再到乾是十月份,乙亥到兑不系月份,丙子到艮不系月份,丁丑到离不系月份,戊寅到坎不系月份,己卯再到坤七月份,庚辰到震不系月份,辛巳再到巽为四月份,是九宫十二月份共行一周天。六十甲子二九一十八,四九三十六,管周天三百六十五度二十五分半,是星辰躔次。凡有先小数后大数,只如到乾,先九后十,此其义也。

　　年下月来重过取,故将此秘显诸公。

　　吊替九宫皆其义,亦须标举向君知。

　　年月本方皆再入,轮环布局似天机。

　　吊替三元起法一同,惟吊宫不布局,替宫则用再得星辰布局也。替宫年家九星者,如上元甲子年得一白入中宫,再寻本年太岁位子上是六白,又将六白入中宫以布八方。凡作主星辰,须有气为佳。如六白到坎为主星,当秋月六白金乘旺气,故小小神杀不能伤人。月家替宫三元,如甲子年三月,是六白值月,将六白入中宫,见五黄在巽三月月份上,又将五黄入中宫,得六白到乾,是诸星杀皆伏也。又如本年五月四绿入中宫，见八白在五月月份离上，又将八白入中宫，见九紫到乾，凶。一白在兑，吉。其余仿此例，行八方以求吉凶。

六仪有刑人不知，甲子加卯是凶期。

甲戌入坤还是恶，申艮午离皆慎之。

辰巽寅巳俱凶丑，若系斯时不可为。

甲子到震，子刑卯也。甲戌到坤，戌刑未也。甲午入离，午刑午也。甲申入艮，申刑寅也。甲辰到巽，辰刑辰也。甲寅到巽，寅刑巳也。皆是六仪刑方，吊替遇之，主官灾夭亡。

九星反复最堪悲，一白来南兴祸期。

七赤还东乾入巽，艮坤交位并非宜。

九星反本，亦谓穿心煞，即反吟也。如一白入离，九紫到坎，七赤到震，六白入巽，八白到坤，皆为穿心反本杀，更与吊宫五行相克，主横灾。

若人犯者教君会，公事年年不失期。

飞宫本与吊宫同，九星六甲自相通。

若犯异名相诳惑，不知师旨取谁宗。

飞宫三元，本无其局，空有其名，今以九星八位通行，谓之替宫。六十花甲子入内通行，谓之飞宫。后之好事者，妄取六甲入内通行，未知当初以谁为宗，只诳惑人耳。

月刑月破不相逢，刑主官灾横祸凶。

破主瘟瘴兼贼盗，替宫遇着祸灾重。

吊宫刑害并前文，惟怕临方意不分。

月刑：正月刑巳、二月刑子、三月刑辰、四月刑申、五月刑午、六月刑丑、七月刑寅、八月刑酉、九月刑未、十月刑亥、十一月刑卯、十二月刑戌。凡吊宫本作方见刑必凶也。如吊宫戌子到震，或卯命家长，或二月并是正犯相刑，的主公事、疾病、夭亡。月破者是月建到冲神也。如正月建丙寅，月破是壬申。月建是甲子，月破是庚午，并取对冲方一辰是也。吊宫本作方见月破，主其家多瘟气兼被盗贼，或小大不和，主分产破败。用日辰亦同前，主灾咎也。刑与害已载二卷内，兹不重具。惟在详度，以入吊替乃为准也。

　　　　但取五行宗旨义，欲求了了在精勤。

　　【注解】 吊替：所谓吊者，以本年、本月当值九星或太岁、月建干支入中宫飞布九宫者是。所谓替者，以当年太岁或月建本宫吊到之九星或干支再入中顺布八宫者是。如上元甲子年，一白值年，便以一白入中顺布，一白为坎子，到子宫为六白，此为吊宫。再以吊宫六白入中宫顺布九星，替得二黑土到子宫，此即为替宫。月建九星入中法同，这是九星入中吊替之法。又如甲子年，先以太岁甲子入中宫顺布干支，子宫太岁方得己巳是为吊宫。再以吊得己巳入中宫顺布干支，坎宫子上得甲戌，是为替宫。月建干支入中法同，这是流年及月建入中吊替之法。其吉凶判断，却亦有异，下面予以分别介绍。

　　一、流年及月建干支入中顺布九宫，视其宫吊替干支与太岁、月建的生克关系而判吉凶。法取生旺相生为吉，克制死绝为凶。其五行生克则以太岁与月建纳音为主。如辛酉年、丁酉月，辛酉纳音属木，便以辛酉木入中顺布，壬戌水到乾金，癸亥水到兑金，甲子金到艮土，乙丑金到离火，丙寅火到坎水，丁卯火到坤土，戊辰木到震木，己巳木到巽木，此为岁吊。坎方与坤方为火，受太岁之生，吉；艮方与离方为金，克太岁木，凶。复以岁支酉位吊得癸亥水入中顺布，甲子金加乾金之水，乙丑金加兑金之水，丙寅火加艮土之金，丁卯火加离火之金，戊辰木加坎水之火，己巳木加坤土之火，庚午土加震木之木，辛未土加巽木之木。是艮离二方之火受岁生，吉；乾兑二方之金克太岁木，凶，此为岁替。

干支	吊宫		替宫		干支	吊宫		替宫	
	干支	纳音	干支	纳音		干支	纳音	干支	纳音
甲子	己巳	木	甲戌	火	甲午	戊戌	木	壬寅	金
乙丑	戊辰	木	辛未	土	乙未	辛丑	土	丁未	水
丙寅	己巳	木	壬申	金	丙申	壬寅	金	戊申	土
丁卯	甲戌	火	辛巳	金	丁酉	己亥	木	辛丑	土
戊辰	丙子	水	甲申	水	戊戌	己亥	木	庚子	土
己巳	丁丑	水	乙酉	水	己亥	庚子	土	辛丑	土
庚午	甲戌	火	戊寅	土	庚子	乙巳	火	庚戌	金
辛未	丁丑	水	癸未	木	辛丑	甲辰	火	丁未	水
壬申	戊寅	土	甲申	水	壬寅	乙巳	火	戊申	土
癸酉	乙亥	火	丁丑	水	癸卯	庚戌	金	丁巳	土
甲戌	乙亥	火	丙子	水	甲辰	壬子	木	庚申	木
乙亥	丙子	水	丁丑	水	乙巳	癸丑	木	辛酉	木
丙子	辛巳	金	丙戌	土	丙午	庚戌	金	甲寅	水
丁丑	庚辰	金	癸未	木	丁未	癸丑	木	己未	水
戊寅	辛巳	金	甲申	水	戊申	甲寅	水	庚申	木
己卯	丙戌	土	癸巳	水	己酉	辛亥	金	癸丑	木
庚辰	戊子	火	丙申	火	庚戌	辛亥	金	壬子	木
辛巳	己丑	火	丁酉	火	辛亥	壬子	木	癸丑	木
壬午	丙戌	土	庚寅	木	壬子	丁巳	土	壬戌	水
癸未	己丑	火	乙未	金	癸丑	丙辰	土	己未	水
甲申	庚寅	木	丙申	火	甲寅	丁巳	土	庚申	木
乙酉	丁亥	土	己丑	火	乙卯	壬戌	水	己巳	木
丙戌	丁亥	土	戊子	火	丙辰	甲子	金	壬申	金
丁亥	戊子	火	己丑	火	丁巳	乙丑	金	癸酉	金
戊子	癸巳	水	戊戌	木	戊午	壬戌	水	丙寅	火
己丑	壬辰	水	乙未	金	己未	乙丑	金	辛未	土
庚寅	癸巳	水	丙申	火	庚申	丙寅	火	壬申	金
辛卯	戊戌	木	乙巳	火	辛酉	癸亥	水	乙丑	金
壬辰	庚子	土	戊申	土	壬戌	癸亥	水	甲子	金
癸巳	辛丑	土	己酉	土	癸亥	甲子	金	乙丑	金

十二支 \ 九星		一白	二黑	三碧	四綠	五黃	六白	七赤	八白	九紫
子	吊	六	七	八	九	一	二	三	四	五
	替	二	三	四	五	六	七	八	九	一
丑	吊	四	五	六	七	八	九	一	二	三
	替	七	八	九	一	二	三	四	五	六
寅	吊	四	五	六	七	八	九	一	二	三
	替	七	八	九	一	二	三	四	五	六
卯	吊	八	九	一	二	三	四	五	六	七
	替	六	七	八	九	一	二	三	四	五
辰	吊	九	一	二	三	四	五	六	七	八
	替	八	九	一	二	三	四	五	六	七
巳	吊	九	一	二	三	四	五	六	七	八
	替	八	九	一	二	三	四	五	六	七
午	吊	五	六	七	八	九	一	二	三	四
	替	九	一	二	三	四	五	六	七	八
未	吊	七	八	九	一	二	三	四	五	六
	替	四	五	六	七	八	九	一	二	三
申	吊	七	八	九	一	二	三	四	五	六
	替	四	五	六	七	八	九	一	二	三
酉	吊	三	四	五	六	七	八	九	一	二
	替	五	六	七	八	九	一	二	三	四
戌	吊	二	三	四	五	六	七	八	九	一
	替	三	四	五	六	七	八	九	一	二
亥	吊	二	三	四	五	六	七	八	九	一
	替	三	四	五	六	七	八	九	一	二

八月丁酉,纳音属火,便以丁酉火入中顺布,戊戌木到乾金,己亥木到兑金,庚子土到艮土,辛丑土到离火,壬寅金到坎水,癸卯金到坤土,甲辰火到震木,乙巳火到巽木,此为月吊。复以月支酉位己亥木入中顺布,庚子土加乾金之木,辛丑土加兑金之木,壬寅金加艮土之土,癸卯金加离火之土,甲辰火加坎水之金,乙巳火加坤土之金,丙午水加震木之火,丁未水加巽木之火,此为月替。乾坎艮巽吉,离坤兑震凶。余皆仿此。据此法,六十花甲子入中吊替干支成第226面的表。

又一法:一、以修方吊替之神辨吉凶。如甲子年丙寅月作兑方。先以太岁甲子入中顺布,乙丑到乾,丙寅到兑,是太岁到修方之吊神。复以丙寅入中顺布,丁卯到乾,戊辰到兑是太岁替宫之神。再以月建丙寅入中宫顺布,丁卯到乾,戊辰到兑官修方,此是月建吊官之神。复以戊辰入中宫顺布,己巳到乾,庚午到兑官修方,此是月建替宫之神。由是观之,虽太岁吊官丙寅为岁禄主吉,但太岁替宫与月建吊官都是戊辰,为戊己凶煞,月建替官庚午又与太岁甲子天克地冲,是凶多吉少,故不宜动作。

二、年星及月星入中顺布九宫吊替,以吊替九星组合判断吉凶。如上元甲子年一白入中顺布九星,六白在子,叫岁吊岁。复以六白入中顺布,二黑在子是岁替岁。子年三月修作,六白入中顺布,五黄在辰,为月调月。复以五黄入中顺布,四禄到辰,是月替月。其吉凶则以吊替九星组合来判断。据此法十二支九星吊替之星成第227页的表。

九星吊替吉凶,特介绍魏青江《阳宅大成·一吊一替两星同宫如何辨》一节,以供参考。

四一同宫,准发科名之显;九七参途,常招回禄之灾。二五交加而损主,亦且重病;三六迭临而被盗,更见官刑。三九、九六、六三,惟乾离震攀龙有兆,而二五八之间亦可蜚声;一七、

七四、四一,但艮坤中附凤非雄,而一四七房均堪振羽;八二、二五、五八,在兑巽坎登云足贺,而三六九之屋俱早题名。遇退煞亦无嫌,逢生旺则益利,非独运与局可以参观,亦且年与月尤须并论。运气双逢分大小,年月交会辨三元。宅以局方为主,层以图运操权。坤兑流东丁向,科名独盛;庚水出巽艮山,甲第流芳。下元癸卯,坎局之中宫发科;岁在壬寅,兑上之六白入泮。煞旺须求身旺,制煞不如化煞。七赤先天火数,九紫后天火星。旺官单遇,动始为映;煞处重逢,静亦肆虐。如火星叠见,或都天加临,不分动静,火患维钧。庙宇刷红在一白煞方,尚主瘟火;楼台耸尖当七赤旺地,岂免炎灾;二星同到一宫,万家成烬片刻。巽方庚子造书馆,坎兑二局尽毁而坤界不侵;巳上丙午起高楼,巽申离兑俱烧,而艮局远方始免。五黄关煞,不拘临方到间,人口当损;二黑病符,无论小运流年,疾病多生。五主孕妇受灾,黄遇黑时出寡;二主宅母多毒,黑逢红又居鳏。运如已退,九火相逢灾不轻;运若未来,二五交临疾不免。三碧好勇斗狠之夫,七赤肃杀剑锋之象。交剑杀兴多劫掠,斗牛杀起犯官刑。七逢三到生财,岂知财多招盗;三遇七临生病,岂知病已遭官。运至何虑穿心煞,而煞星过旺终逢贼劫;身强不畏反吟,但因助神一去,遂见官灾。

若求恩星弼盗,何须局外搜求;要识祛病延年,全在畴星讨论。六八武科发迹,七九韬略荣身,八六文士参军,二九异途擢用。旺生一遇即利,死退双临孰当。六同九而长房血疾,七九之会大凶;八会四而小口殃生,八三之逢更恶。八逢九紫,喜庆重来;六遇八星,尊荣叠至。欲求嗣续,惟取生神如紫白;至论帑藏,尤宜旺气在飞星。二黑飞乾,逢八白而财源大进,遇九紫而螽斯蛰蛰;三碧临庚,遇一白而丁口频添,交二黑而青蚨阗阗。木间逢一白为生,八白同宫,虽添丁而不育;火层遇木运招财,年逢戌亥,却惹官而生灾。故遇煞未可言煞,宜求化煞为恩;逢生未可言生,尤惧恩星受制。方曜宜配局、配山、配层乃善;间星必合山合层,尤宜方位增光。

替官之说,与理不合。以本年太岁、月建入中宫飞吊者,太岁为一年之君,管一年之吉凶;月建为一月之主,司一月之祸福,是为本年、本月至尊之神,故镇中宫皇极之位,司令八方之神。而飞入八宫干支者,将来之太岁与月建,本年及本月之下属,分居八方以司吉凶。故各方吉凶以本年、本月飞到之干支与本宫五行生克冲合论吉凶,此合义理。年九星与月九星入中顺布之理亦同。若再以吊宫之神入中宫而顺布干支或九星,是天有二日,方有二主。若有二主,必有一伪。真者,吊宫也;伪者,即替官。以前举辛酉年之例论,辛酉纳音木入中顺布,壬戌水到乾金,癸亥水到兑金,甲子金到艮土,乙丑金到离火,丙寅火到坎水,丁卯火到坤土,戊辰木到震木,己巳木到巽木。以正五行论,癸亥临兑为驿马,丙寅贵人临坎,离方乙丑,巽方己巳均与太岁三合,此四方为吉。若再以替官癸亥入中顺布,替丁卯到离,与辛酉太岁天克地冲,反为凶方,是吉凶大异。所以,替官之说,纯属添足,不合义理。若强云其玄妙,那么若以所替之神再入宫顺布,岂非更加深幽玄妙,又因何不再虚设一词?凡智者遇此,一辨即明。纵观古例,替官亦未见用。

例1. 见本册第51面所举"庄心田在丑方造横庭"例。

按:先以本年太岁丙申入中顺布,吊己亥到修作丑方。吊壬寅到太岁申方;复以己亥入中宫顺布,替得壬寅到修方;再以太岁方吊得壬寅入中,替得戊申到太岁申方。以吊替纳音之法论,丙申纳音火,丑土修方吊得己亥木,替得壬寅金,一生太岁,一被太岁所克。且壬寅与太岁丙申天克地冲,是丑艮方不宜修也。再论本月月建吊替之神,先以月建辛丑入中宫,吊得甲辰到修作丑方。复以吊得甲辰入中，替得丁未到丑方及月建方。辛丑纳音土，吊得甲辰纳音火，火生土，宜动作。然替丁未纳音属水，是月建纳音克替宫纳音，且与修方天克地冲，又主极凶，是又不宜作也。由此可知，古人择日是不以吊替为据的。

例2. 黄氏修庚酉方，用庚午年、己丑月、丁酉日、乙巳时，乃三德聚庚，修后果有连添三丁之应。

按：以太岁庚午入中宫，吊得壬申到庚酉修方，吊得甲戌至太岁方。复以壬申入中，替得甲戌到庚酉修方，替得戊寅到太岁方。庚午纳音土，修方吊壬申金，替甲戌火，虽均与太岁相生，但与吊替之纳音相克。而太岁之方吊得甲戌火，替得戊寅土均吉。以太岁论，修方吉中藏凶。再以月建己丑入中宫，吊得辛卯到修方，吊得壬辰到月建方。复以辛卯入中宫，替得癸巳到庚酉修方；再以壬辰入中宫，替得甲午到月建方。月建己丑，纳音火，与修方吊得辛卯木相生，却被替得癸巳水所克；被月建方吊得壬辰水所克，月建纳音却克替神甲午金。由是断之，是凶多吉少，不宜动作，然此局修作却吉，是不论吊替之法矣。

例3. 癸未生，于庚申年修灸退卯方，乃太岁死地，冷落休囚。取己卯月、乙卯日、丙子时修卯方。癸命以乙卯日为贵人，以己卯月为食禄，文星贵人在卯方为长生，月干禄到卯方。春分中局，九官起甲子戊，顺遁甲戌己一坎，逆遁丙奇七兑，对照卯方。丙子时系甲戌旬，从一坎顺遁丙子到震；以坎加震顺挨，休门在卯方，卯方得休门一白水生木，上下旬大吉。方位与命支卯未合，修后至癸亥年发财致富，以竹木茶货起家。

按：以太岁庚申木入中顺遁，吊丙寅火到太岁方，吊丁卯火到修方。复以丙寅入中替壬申金到太岁方；再以丁卯入中，替甲戌火到修方。太岁方替得壬申金克庚申木，凶。以月建己卯土入中宫，吊得丙戌土到月建修方；复以丙戌土入中，替得癸巳水到月建修方,是月建克替宫之神,均不宜修。而此局修后大富,是以知古人不重替宫之说也。

九星吊宫吉凶,但以生气、旺气到处为吉,死绝之气为凶。至于"四一同宫,准发科命之星"等论,也是以生旺之气为准,衰死之气却非。详见前注。

卷七

身壬用度篇第五十六

【原文】身壬用度理玄幽,常将月将替相求。

　　　　十二月中分善恶,子午寅申得自由。

　　身壬之法,常以十二辰反复相加,或加太岁,或加宅神,或加宅命,以求吉凶,惟子午寅申四位为吉。神后子,胜光午,功曹寅,传送申,若值小吉未平平。登明亥损六畜,大吉丑主小疾,太冲卯招鬼祟,从魁酉杀宅长,河魁戌杀宅母,天罡辰大凶,先杀长,次小口;太乙巳损畜。月将例:

　　　　正月雨水后四日登明将,二月春分后六日河魁将,

　　　　三月谷雨后八日从魁将,四月小满后八日传送将,

　　　　五月夏至后八日小吉将,六月大暑后七日胜光将,

　　　　七月处暑后八日太乙将,八月秋分后十一日天罡将,

　　　　九月霜降后十二日太冲将,十月小雪后十一日功曹将,

　　　　十一月冬至后七日大吉将,十二月大寒后四日神后将。

【注解】月将:管辖一个月中所有事情的神将叫月将。月将以太阳入宫为主而取。如日躔娵訾之次,是太阳入亥宫,此时正是正月中气后的雨水节气,所以亥就是正月中气后的月将。简言之,月将就是太阳行度之处,由此十二月的月将分别如下:

　　　　正月建寅,雨水中气后,太阳居亥位,故将是亥。

　　　　二月建卯,春分中气后,太阳居戌位,故月将是戌。

　　　　三月建辰,谷雨中气后,太阳居酉位,故月将是酉。

　　　　四月建巳,小满中气后,太阳居申位,故月将是申。

　　　　五月建午,夏至中气后,太阳居未位,故月将是未。

　　　　六月建未,大暑中气后,太阳居午位,故月将是午。

七月建申,处暑中气后,太阳居巳位,故月将是巳。

八月建酉,秋分中气后,太阳居辰位,故月将是辰。

九月建戌,霜降中气后,太阳居卯位,故月将是卯。

十月建亥,小雪中气后,太阳居寅位,故月将是寅。

十一月建子,冬至中气后,太阳居丑位,故月将是丑。

十二月建丑,大寒中气后,太阳居子位,故月将是子。

由上可知,每月月将是以中气过宫后即开始当权,大六壬就是遵循此法而取月将。本文却云中气后二日,甚至多达十二日后方用月将,与月将之法不符。

神后、胜光等皆十二月将神名,但细查本文立意与十二月将神名不符。如"大吉丑主小疾","小吉未平平"等,既曰吉,又主凶,是自相矛盾。

【原文】第一运:命墓二位君要知,本方太岁两相期。

　　　　　　　　若同金神魁罡到,死丧公事又灾危。

本命正宅之冠带位为宅命,正墓位为宅神。如甲子命人,遁得己巳木为命正宅。戊辰命人,遁得癸酉金为命正宅,常在命支前五辰。若运得木宅,木生亥,宅命在丑,宅神在未。运得火宅,火生寅,宅命在辰,宅神在戌。运得金宅,金生巳,宅命在未,宅神在丑。运得土宅,有三等之不同,备居首卷,各立成局。法以本作方之将,加太岁看宅神、宅命何将为吉凶。本方将:

　　子癸方神后,丑艮方大吉,寅申方功曹,卯乙方太冲,

　　辰巽方天罡,巳丙方太乙,午丁方胜光,未坤方小吉,

　　申庚方传送,酉辛方从魁,戌乾方河魁,亥壬方登明。

如戊辰命人,甲子年作午方,其人宅命在未,宅神在丑。以本作方胜光加太岁子上轮去,见小吉在宅神丑上,见大吉在宅命未上,小大二吉,亦夫可动用。余诸将吉凶,俱已注前。

【注解】本文所说的轮转之法,并非是以九宫论,而是以

十二支一周方位论。如以午加子,则未在丑、申在寅、酉在卯、戌在辰、亥在巳、子在午、丑在未、寅在申、卯在酉、辰在戌、巳在亥。余仿此。依照此法此例,十二支均居冲位,冲者为十二支修方至凶之处,此却云吉,是不合五行生克冲合之义理。况本命与太岁均受冲犯,何吉之有? 实不敢苟同。

宅命、宅神见前"宅禄喜禄篇第四十九"一章注。

【原文】第二运:当生之将得何神,入中行用任区分。

若见行年居四正,自然吉庆少灾迍。

当生将者,子生人神后将,丑生人大吉将之类。以当年本属将入中宫,起一岁行九宫,数至所作用之年,岁当得何将何宫,若逢神后、胜光、功曹、传送曰吉将,又临坎离震兑之宫,大吉。如戊辰命人,行年五十七岁上造作,以当生将天罡入中宫起一十,二十太乙乾,三十胜光兑,四十小吉艮,五十传送离,五十一坎,数至五十七,正见胜光在兑,临四正之宫,大吉,可作。

【注解】原文入中之法有误。如戊辰命人,行年五十七岁修造。若以本命戊辰入中顺布九宫,数至五十七岁为甲子,正临兑方,子为神后将,是行年见四正,与原文之意同。若以月将天罡入中,因月将为逆布,如正月是亥登明将,二月是戌河魁将,三月是酉从魁将等,所以月将入中应逆数,数至五十七岁,应是传送申至兑宫。若月将天罡入中,天罡、大乙、胜光顺数,至五十七岁应是子神后至兑,均不能吊胜光至兑,故原法有误。如果月将入中,顺布十二宫,数至五十七岁是在午方,月将为胜光然与原五十传送离,五十一坎之推法又不符。两法均不相合,故为讹。

原文云"若见行年居四正",是言如果本命行年临子午卯酉四正之方,则吉多凶少;而原文却又云若行年逢子午申寅曰吉将,是自相矛盾,特说明。

【原文】第三运:寅申二位是行年,丙壬逆顺例如前。

莫问阴阳称二命,此般运用自来传。

寅申为阴阳之会,阴至申会与阳,阳至寅会于阴。丙壬为阴阳之极,阳到丙阳盛已极,阴到壬阴盛亦极。故用小运之法,男一岁起丙寅顺,女一岁起壬申逆,古今常行之正例。法数至用事之年,小运值本命前三辰为大当梁杀,值本命后三辰为小当梁杀。值本命对冲辰为悬命杀。以上在阳命为勾神,在阴命为绞神。犯之主自缢、水亡。凡所值小运与本命相冲、相刑、相克、相害皆凶。

【注解】关于勾绞请参阅本书中册《佐元直指》第219面。

以丙寅为男命小运,起一岁顺行;以壬申为女命小运,起一岁逆行,此借大六壬推行年之法,本章既名"身壬用度",故取月将,取小运行年等均效六壬。

【原文】第四运:神后来加太岁支,行年本命两相欺。

或值魁罡来入位,定应坎坷有灾危。

常以神后加太岁支,看本命及行年小运之位得何将。如戊辰命人,于甲子年造作,其年五十七岁,行年小运在壬戌。以神后加太岁支上,本命辰上得天罡,小运壬戌上得河魁,又是伏吟,主大凶。

【注解】伏吟:十二支与十二天将吊还本宫为伏吟,如子吊坎宫,卯吊震宫,或神后加子,河魁加戌等皆是。

【原文】第五运:更把行年加宅命,本命支上得何神。

得神以配于九曜,主曜居中善恶分。

若见吉星照方位,才可兴工运斧斤。

先以小运位将加本命当生宅命之位,轮看本命支位得何吉将。次以本命支位所得将配九曜将,入中宫飞看值贪巨武辅弼到所作之方为吉。如戊辰命人,甲子年作,行年五十七在戌上,宅命未。以河魁戌加宅命未,本命神辰上见小吉贪狼星,以贪狼入中宫,行见本方得何星,贪中、巨乾、禄兑,顺行九宫,以知吉凶也。

十二辰配九曜:寅卯破军,辰天罡,巳午禄存,未申贪狼,酉戌文曲,亥子武曲,丑巨门,左辅、右弼无所管。

【注解】九曜之说门类甚多,小游年变卦以贪狼、巨门、禄存、文曲、廉贞、武曲、破军、左辅、右弼为序。九宫则以贪狼为一白属水,巨门为二黑属土,禄存为三碧属木,文曲为四绿属木,廉贞为五黄属土,武曲为六白属金,破军为七赤属金,左辅为八白属土,右弼为九紫属火。五星则以贪狼为生气木,巨门为天医土,禄存为绝体土,文曲为游魂木,廉贞为五鬼火,武曲为福德金,破军为绝命金,左辅右弼则从本宫。地理家、选择家均有所主,惟独无用九曜代替地支之论。若强要配支,除入中星外,其余八曜各主一方,管四十五度可也。若要配支,以八卦方位之支统属可也。此则一星有属一支者,有属二支者,还有无属者,毫无章法,与理相悖,故不可取。

【原文】第六运:造作月将加行年,宅命宅神月将迁。

　　　　　　若值魁罡居二位,死丧公事损牛田。

以本年造作月月将加宅长行年小运位,看本命之宅命、宅神得何吉将。如戊辰命人,五十七岁甲子年八月造作,行年小运在戌,以月将天罡加行年戌上,见小吉在宅神丑位,大吉在宅命未位,主平平。

第七运:更以月将加月建,行年之上见何神。

以本年造作月将加本月月建上,看宅长行年小运上见何神。如戊辰命人,五十七岁小运壬戌,甲子年八月建作,以天罡月将加于月建酉上,行见太乙在戌行年上,主损牛羊,不利。

　　　　　　凶多吉少那堪作,五吉三凶亦堪修。

　　　　　　若得身壬俱通利,何须吊替细推求。

【注解】身壬用度仿"走马六壬",但有断章取义之嫌。先介绍"走马六壬"。《通书》曰:"六壬天罡年月,例取天罡为首,顺行十二支。以天罡配辰，太乙配巳，胜光配午，小吉配未，传送配申，从魁配酉，河魁配戌，登明配亥，神后配子，大吉配丑，功曹配寅，太冲配卯。取神后子，胜光午，功曹寅，传送申，天罡辰，河魁戌六位为吉，配三合月日时。杨救贫造葬用山头吉星，修方用方道吉星。如修凶方从吉方起手，主十二年田蚕大旺。"其法子年以天罡加辰，每年退行一位。取古时岁厌之法，因岁厌每年退一位，所以天罡每年亦退一位。依其法则成下表。

十二神　年支　坐山	子年	丑年	寅年	卯年	辰年	巳年	午年	未年	申年	酉年	戌年	亥年
壬子	神后	大吉	功曹	太冲	天罡	太乙	胜光	小吉	传送	从魁	河魁	登明
癸丑	大吉	功曹	太冲	天罡	太乙	胜光	小吉	传送	从魁	河魁	登明	神后
艮寅	功曹	太冲	天罡	太乙	胜光	小吉	传送	从魁	河魁	登明	神后	大吉
甲卯	太冲	天罡	太乙	胜光	小吉	传送	从魁	河魁	登明	神后	大吉	功曹
乙辰	天罡	太乙	胜光	小吉	传送	从魁	河魁	登明	神后	大吉	功曹	太冲
巽巳	太乙	胜光	小吉	传送	从魁	河魁	登明	神后	大吉	功曹	太冲	天罡
丙午	胜光	小吉	传送	从魁	河魁	登明	神后	大吉	功曹	太冲	天罡	太乙
丁未	小吉	传送	从魁	河魁	登明	神后	大吉	功曹	太冲	天罡	太乙	胜光
坤申	传送	从魁	河魁	登明	神后	大吉	功曹	太冲	天罡	太乙	胜光	小吉
庚酉	从魁	河魁	登明	神后	大吉	功曹	太冲	天罡	太乙	胜光	小吉	传送
辛戌	河魁	登明	神后	大吉	功曹	太冲	天罡	太乙	胜光	小吉	传送	从魁
乾亥	登明	神后	大吉	功曹	太冲	天罡	太乙	胜光	小吉	传送	从魁	河魁

其法取神后子，胜光午、功曹寅、传送申、天罡辰、河魁戌六神为吉者，盖六阳辰也。选择之法多以阳为吉。

《通书》又把此法进行加工改造，叫作"猪头身壬"；也有起行年之法，子寅辰午申戌六阳命一岁起丙寅，丑卯巳未酉亥六阴命一岁起壬申。如戊辰生人，三十四岁八月修造，辰属阳命，故一岁起丙寅,十一岁起丙子,二十一岁起丙戌,三十一岁起丙申,三十二岁为丁酉,三十三岁为戊戌,三十四岁为己亥。然后再从亥上起正月逆数至八月临天罡,再将天罡加行年亥上顺排,看宅神、宅命上是何将来判断吉凶。

又如乙丑生人,四十三岁六月修作,乙丑属阴,则一岁起壬申,十一岁起壬戌,二十一岁起壬子,三十一岁起壬寅,四十一岁起壬辰,四十二岁为辛卯,四十三岁为庚寅。然后再从寅上起正月,逆数至酉位为六月,复把酉位河魁将加庚寅行年上顺排十二神,看宅神与宅命上是何神来判断吉凶。

走马六壬与猪头身壬,《选择宗镜》等书均诋毁其不足为据。至于其吉凶必须先看山头与修方神煞,如果修方叠吉神者为吉,若并凶煞则亦以凶论。由此可知,其法纯属添足,毫无实际意义。本文所说的身壬用度,经过加工,更加繁杂,此吉彼凶,此凶彼吉,相互抵触,均无义理。试将其所谓七运推演如下。

1. 以作方天将加本年太岁,看宅神、宅命得何将论吉凶。

2. 以当生之将入中宫,起一岁行九宫至作用之年,看得何将论吉凶。

3. 以男女行年入中顺数至用事之年,若正值本命前后三辰为勾绞,凶。

4. 以神后子加本年太岁地支,看本命和行年小运得何将论吉凶。

5. 以行年小运加本命、宅命地支,看本命地支得何将、何曜,再以此曜入中宫,看修作之方得何曜论吉凶。

6. 以造作月将加行年地支上,看本命宅命、宅神上得何将论吉凶。

7. 以造作月将加造作月建地支,看宅长行年小运上得何将论吉凶。

　　以本文所举之例为准,戊辰本命,五十七岁甲子年八月修作午方,逐一推演各运吉凶。

　　修主本命戊辰,修作之年甲子,本命行年小运五十七岁壬戌,修作之月癸酉。修作月天将,按秋分后取是天罡辰。修作之方:午方。修作方天将:胜光午。本命正宅:支前五支为癸酉。本命宅命:正宅金之冠带位为辛未。本命宅神,正宅金之墓库位为乙丑。

　　1.以修作方天将胜光加本年太岁子位,宅命辛未上得大吉丑,宅神丑上得小吉未,本书原注云吉,可动作。

　　2.以当生之将天罡辰入中宫,起一岁至修作之年五十七岁在酉,原注云天将胜光临兑,可作。但天将顺行十二将,五十七岁得天将是神后子,逆行五十七岁天将是传送申,均非胜光,原注有误。但以本文论寅申子午均吉,亦可修作。

　　3.以行年寅入中,顺数至用事之年,五十七岁为壬戌,虽非勾绞神煞,但与本命戊辰天克地冲,主凶,不能修。

　　4.以神后子加本年太岁地支子水。以十二神论,则十二天将均处于伏吟状态,主大凶,不能修。

　　5.以行年小运壬戌河魁将加本命宅命未上,本命地支辰上得小吉未。复以小吉未入中宫顺布,至修方午上得登明亥。以本文之意论,得神后子、胜光午、传送申、功曹寅为吉将,余皆凶,故亦主凶,不能修。

　　6.以造作日月将天罡辰加行年壬戌地支上,则十二将均临反吟之位,宅命宅神上虽得大吉丑,小吉未天将,但均与地盘冲刑,亦凶。

　　7.以造作月将天罡加造作月建地支,宅长行年戌上得太乙巳,亦为凶将,不可修。

　　以上七运,且不谈吉凶相抵,就是推算方法,均悖义理。天将者,当月太阳所在之位,子月在丑位,丑月在子位,寅月在亥位,卯月在戌位等,此不移之理。而本文忽云以修方之支为天将,名曰本方将。忽云以本生年地支为天将,叫作当生将。支离破碎,实无深义。同时推算小运与行年之法混乱。忽而以小运丙寅入中算,忽而以本命岁支入中算,忽而以九宫顺布推,忽而以十二支顺推,随心立设,荒诞不经,极为荒唐,故不可不辨。万莫以此为法,特举古例以说明其谬。

戊午生人,行年五十无子,屡科不第,选丁未年、丁未月、丁卯日、丁未时。四丁一气,取丁禄归午命,以补丙午退方。本年马在巳,前一位午为退方,本不宜修改,犯主退财。今本年午方恰有岁禄,天官贵、岁德合、催官、黄甲、天厨、禄勋等,众吉聚会一宫,宅主戊旺在午,以卯日为金柜、续世、天官、科甲、催官、天福,且太阳入垣,此时文魁武曲拱迎,辅弼尊帝二星驾镇坐向,众吉当权。本宅坐子向午,午方修动,众吉贵神齐至。本年登科驰捷,娶妾连生三子。

以本文之法论:修主本命,戊午。修作之年,丁未。本命行年小运,五十岁乙卯。修作之月,丁未。修作月天将,胜光午(按大暑后取)。修作之方,午方。修作方天将,胜光午。本命正宅,癸亥,本命支前五位是。本命宅命,正宅水之冠带位壬戌是。本命宅神,正宅水之墓库甲辰是。

1. 先以修作方天将胜光午加本年太岁之位,宅命戌上得从魁酉,为凶将不可修。

2. 以当生之将胜光入中,数至五十岁临午,以月将逆布为太乙巳,亦凶,不可修。

3. 以行年寅顺数,五十岁至乙卯,为本命支后三辰,犯绞神,亦凶;若以寅入中顺数至用事之年则为午,既为伏吟,又午午自刑,亦凶,不可修。

4.以神后子加本年太岁未,本命午上得天将登明亥,行年小运乙卯上得传送申,是传送吉而登明凶,吉凶参半。

5.以行年小运乙卯加宅命戌上,本命地支午上得登明亥,再以亥武曲入中,到修方午上得卯木破军,是凶,不可修。

6.以造作月将胜光加行年地支卯上,宅神辰上得未土小吉将,宅命戌上得丑土大吉将,虽将为吉,但丑戌未三刑全,且辰戌相冲,亦凶,不可修。

7.以造作月将胜光加月建未上,到行年小运上得功曹申,是吉,可修。

从以上七运可以看出,以身壬用度论前例是六凶一吉,决不可修,主大凶,然此局却大吉,吉凶迥然而异。《元经》之中,惟此法最谬,万不可为据,另可参阅《璇玑经·六壬运用第四》。

三元内外篇第五十七

【原文】子午卯西八位求,常将月将取情由。

假如甲子年正月,丙寅月建遍诸州。

又如辰戌丑未年,五黄中土独为尊。

如甲子年正月月建,以丙寅入中宫,三元以八白入中宫,是内局正月寅要作中宫,外局遁二黑在艮寅上,丁卯九紫到乾,是内局。外局从中出,六白在震,吉。如要作乾,虽内外吉星,只从五行刑克。乾属金,九紫属火,外局六白又属金,火来克金,是臣克君,客克主,大不利。如乙丑年正月,以戊寅月建入中宫,三元以五黄入中宫是内局,八白在艮寅是外局,吉凶又内通吉。又如辛未年二月,以月建辛卯入中宫,三元以四绿入中宫。如要作南离,行到离上见辛未及八白值方为内局,见一白值未坤方为外局,一白水穿心煞,南方火却被八白在离,本宫内属土,火能生土,土能克水,内克为君克臣,故外吉而不能为害也。

寅申巳亥四年中,二黑来中布九宫。

须把五行分内外,内外相生始可通。

诸文用看推其理,只此惟君掌握中。

甲寅年三月作震,以月建戊辰入中宫,行见乙亥火在震。三元以九紫入中宫,行见七赤金在震,是内局七赤金克震木,外局得一白水到乾亥,是外局吉,内局凶。愚谓内局虽凶,却得外局之水泄金而生木,内局亦可作。

【注解】原文解释比较含糊,理解这段话的意思主要要明白"内外"两字。何谓内?即当年、当月所修之方飞到干支及紫白之星是。如辛未年二月作南离,先以月建辛卯入中宫顺布,壬辰到乾、癸巳到兑、甲午到艮、乙未到离(原注云辛未到离,为误,特更正)。以月建紫白四绿木入中,五黄到乾、六白到兑、七赤到艮、八白到离。这样,修作之方离方飞到干支辛未及八白就为内局。何为外局?即修方飞到之干支原宫为外局。如离方飞到干支是辛未,辛未原宫居坤,便以坤方为外局。然后以内外局紫白生克论吉凶。如本局离方飞到八白,原方为火,外局飞到坤方为一白,一白水克九紫火,是外克内,或云臣克君,主凶。但有八白土克水护火,又为君克臣,故一白水不能为害。

再如甲寅年三月作震方。先以月建戊辰入中宫顺布,吊乙亥到震方;次以九紫火入中宫,吊七赤金到震。则乙亥与七赤为内局,七赤金克震木,是内局凶。然乙亥属乾方,紫白飞星得一白水为外局。如此则为外局一白水可泄七赤金,反成金生水,水生木连环相生之状,凶反化为吉,是又可修。

原文意思可概括成"子午卯酉八位求,辰戌丑未五黄中,寅申巳亥二黑来",这是言每年正月入中之星,即子午卯酉年正月均八白入中,以后诸月逆推入中;辰戌丑未年正月五黄入中,以后诸月逆推入中;寅申巳亥年正月二黑入中,以后诸月逆推。本书上册第368面和中册第559面有图表和说明,请参阅。

以修造月建入中,看所吊之神干支,与修方干支生克冲合论吉凶;及以修作月建当值紫白之星入中,看修方吊得紫白,与修方原值紫白五行论吉凶,古例中常见运用。惟以吊到干支为内局,吊到干支本宫为外局,以外局与内局紫白结合论吉凶之法,古例中从未见一例使用,是古人重内局而不用外局。

如一例:乾道六年,上元庚寅岁、甲申月、己丑日、丁卯时,胡公式为汉元军钟元亮,癸丑生人救冷退,修丙午向门所。月建入中,遁戊子天德合到离,为旺德、仁德;月德壬午亦到离,为合德、官德、和德。九紫火同到向方,岁禄马在中宫,阴贵壬午到离,阳贵戊寅、食禄辛亥俱到中宫,修后兴发。

按:此局以月建甲申入中,吊戊子到修方,以月令值紫白五黄入中,吊九紫到方为内局。外局戊子方吊得一白水到,一白水克九紫火,为外局克内局,臣克君且为穿心煞,主大凶,然此却大吉,是古人不用外局之明证。

阴阳二宅篇第五十八

【原文】阴阳二宅何可分,正阳为木正阴金。

亥子阳生当木旺,乘其阳气故为君。

夏至一阴杀万物,南生西旺属于金。

巳午阴生阴渐盛,故乘其顺合为臣。

冬至一阳生,万物渐盛,故木乘其阳,亥子生,寅卯旺,一体全阳,故木为全阳之宅也。夏至一阴生,万物凋零,故金乘其阴生于巳,旺于酉,一体全阴,故金为全阴之宅也。阳有君德,阴有臣政,各当其位而自然吉也。

水土火宅若何为,阴阳相半不同归。

火土南方水居北,当其二至力皆微。

土在中宫坤艮地,坤为阴兮艮阳位。

故有阴阳相半名,术者详之须仔细。

夏至火,生于寅卯而旺在巳午,出乎阳而入乎阴也。冬至水,生于申酉而旺在亥子,出乎阴而入乎阳也,故水火土宅半阴半阳。中宫土旺辰戌丑未之位而播于四季,坤土属阴,艮土属阳。土位众多,故半阴半阳。

阳宅须求阳年月,阴年阴宅自合宜。

更宜旺神加减用,临时消息在深微。

【注解】十二支阴阳之分,古时有多种。一是以子为一阳、丑为二阳、寅为三阳、卯为四阳、辰为五阳、巳为六阳。午为一阴,未为二阴、申为三阴、酉为四阴、戌为五阴、亥为六阴。其理据冬至一阳生,夏至一阴生,此以二至为分界。一是以子寅辰午申戌为六阳支,以巳卯丑亥酉未为六阴支,此是以月令奇数为阳,偶数为阴。本书所分阴阳者,是据辰南戌北斜分一界之图,关于此说,请参阅《八宅明镜·卷下·辰南戌北斜分一界之图》。

丧门杀篇第五十九

【原文】丧门之位亦须陈,常居太岁前二辰。

切忌行丧并埋葬,犯之必有死丧临。

只此年家有此神,月中无验不妨人。

起造兴工终不畏,一应诸事不为迕。

岁前二辰为丧门杀,如子年在寅,丑年卯、寅年辰,顺行十二辰。惟年家有此杀,月家无之。凡丧门之位,忌行丧葬埋,若修造出火,犯之无害。

愚人不忖有才量,月中也道有须防。

吊宫更忌所到处,甲寅正月在西方。

当入吊宫之法,如甲寅年丧门在辰,正月以丙寅入中宫,吊见戊辰在兑是丧门杀,不可犯。

　　　　　　行丧惟看亡人命,命若相生不可当。

　　　　　　命若克方终不畏,方来克命亦无殃。

　　　　　　只如甲子年十月,艮方犯着有人亡。

　　　　　　正值丧门还本位,其灾故速不为祥。

　　　　　　年家丧与月家建,一局天轮看到方。

　　若亡命之纳音与吊宫丧门之宫相生,主大凶。若相克,虽值之不妨。若比和不犯,只行丧宜避之,犯主重丧。

　　　　　　只如甲子年二月,丁卯吊宫行八方。

　　　　　　行尽一周俱不见,此时纵犯亦无妨。

　　　　　　能将此理分轻重,终是吉凶知住场。

　　【注解】丧门杀在太岁前二位,详见下表:

岁支	子	丑	寅	卯	辰	巳	午	未	申	酉	戌	亥
丧门杀	寅	卯	辰	巳	午	未	申	酉	戌	亥	子	丑

　　飞宫丧门杀:以每月月建入中顺遁,当年丧门杀飞临何宫,何方即当年当月飞宫丧门杀之方,忌造葬。详见下面的表。

　　曹震圭认为,丧门是太岁之辕门,常居岁前二辰。也有人认为白虎为至凶之神,丧门恰与白虎对冲,白虎主丧服之事,丧门即与白虎对冲,所以也主死丧哭泣,盗贼遗亡等事。

　　选择中还有一种凶杀名"吊客",居岁后二辰,常与丧门并论,故也有称为"丧吊"者。其理认为,太岁前二辰与太岁后二辰必处于三合之位。如太岁在午,前二辰属申,后二辰为辰,申与辰暗拱子,且此三合必与当年太岁对冲。如午年,申辰拱子合水冲午;未年,酉巳拱丑合金冲未木局;申年,戌午拱寅合火冲申水局等,故以太岁前后二辰为凶杀。此说较前两说合义理,但必须丧吊合用,仅一丧门,又非此义。

杀方　月令 岁支	正月	二月	三月	四月	五月	六月	七月	八月	九月	十月	十一月	十二月
子年	中	无	无	无	巽	震	坤	坎	离	艮	兑	乾
丑年	乾	中	无	无	无	巽	震	坤	坎	离	艮	兑
寅年	兑	乾	中	无	无	无	巽	震	坤	坎	离	艮
卯年	艮	兑	乾	中	无	无	无	巽	震	坤	坎	离
辰年	离	艮	兑	乾	中	无	无	无	巽	震	坤	坎
巳年	坎	离	艮	兑	乾	中	无	无	无	巽	震	坤
午年	坤	坎	离	艮	兑	乾	中	无	无	无	巽	震
未年	震	坤	坎	离	艮	兑	乾	中	无	无	无	巽
申年	巽	震	坤	坎	离	艮	兑	乾	中	无	无	无
酉年	无	巽	震	坤	坎	离	艮	兑	乾	中	无	无
戌年	无	无	巽	震	坤	坎	离	艮	兑	乾	中	无
亥年	无	无	无	巽	震	坤	坎	离	艮	兑	乾	中

《纪岁历》曰:"丧门所理之地,不可兴举。"然《钦定协纪辨方书》认为,丧门吊官为岁破三合之小煞。三合之冲破则凶,破之三合未为凶也。如两方同修,则与岁破合局,冲克岁君大忌。若单修一方,则止取吉星照临,用岁三合日,惟忌岁破三合月日耳。如子年丧门在寅,吊客在戌,修寅方,宜用子辰月日时合太岁,忌用寅午戌日时合岁破,亦不用申,冲寅方故。问病、寻医、吊孝、送丧,均不忌。且如太岁在南方,将终年不向南行乎!

由此可知,丧吊合则忌,单一则不忌。古人亦多不取,举例以说明:

杨公为钟氏下祖坟,乙龙作辰山戌向,用甲申年、壬申月、壬申日、戊申时,半纪登科。

按:申年丧门在戌,正临钟氏祖墓朝向,是犯丧门。

杨公为陶氏下祖坟,艮山坤向,用壬子年、壬子月、壬子日、庚子时，下后周年进入田庄，大发非常。

按：子年丧门在寅，寅隶艮，是丧门到坐山。

杨公为许氏葬庚山甲向地，用己未年、辛未月、己未日、辛未时，是庚山聚贵于四未也。

按：未年丧门在酉，未月飞宫丧门酉金临兑为还宫，此丧门与飞宫丧门均居坐山，依丧门之义主大凶，而此局实却吉。

从上诸例可见，逢丧门忌送葬之说不可信。逢丧门修方之例更多，有兴趣者，可参看《翰林辑要》与魏青江《阳宅大成》。

五不遇时篇第六十

【原文】五不遇时真可怕，年月日时作本宫。

但取下凌尊上意，五般不遇信为凶。

只如己丑年十月，庚申之日信皆同。

丙戌火时庚干克，何可兴工作震东。

终时灾来难救止，败亡公事少和同。

只如己丑年十月建乙亥，庚申日、丙戌时作卯方，吊得壬午到震，此真五不遇时也。吊宫壬午干克丙戌，时干又克庚申日，庚申日干又克乙亥月，乙亥月干又克己丑年干，总为下克上，凡此日时最凶。

又如甲子年五月，庚午月干克年干。

丙寅日干克月干，吊宫癸酉艮宫攒。

乙丑命人终不吉，下之凌上祸千般。

凡逢此例终非吉，任是好星凶亦及。

月干克年干有殃，日干克月干俱失。

名曰阴阳反逆凶，灾害于人不可从。

更有时干克日干，出行求事遇应难。

任是所为俱不利，祸灾交至几千般。

外有年干克月干，名曰君臣庆会间。

日时干克同其意，上能制下福自安。

欲识人家多忤逆，兄弟相凌不同广。

皆由造化犯斯辰，丑行不谨君须识。

若年干克月干，月干克日干，日干克时干，名君臣庆会，大吉，且无灾悔。

上官入宅并参谒，五不遇时宜暂歇。

马空车败空回首，直信出门仍死别。

【注解】五不遇时出自《奇门遁甲·烟波钓叟歌》，原歌曰："五不遇时龙不精，号为日月损光明，时干来克日干上，甲日须知时忌庚。"原注云："葛洪曰，五不遇时者，谓刚柔日相克而损其明，纵有奇门不可行，百事凶。即甲日庚午时，乙日辛巳时，丙日壬辰时，丁日癸亥时，戊日甲寅时，己日乙丑时，庚日丙子时，辛日丁酉时，壬日戊申时，癸日己未时。此乃时干克日干，名为本主不和，极凶。旧选择书内差载时支克日干，所以不准，今本理校正，《历府》《通书》悉皆改正刊行。"又云："五不遇时即时干克日干，阳干克阳干，阴干克阴干也。"

截例诗曰：时干克日有灾危，甲日从午逆数之。

若到戊亥便越过，百事不宜莫用之。

又起例曰：甲日怕庚己怕乙，乙辛庚丙最为殃。

丙壬丁怕癸时恶，辛丁壬愁戊不良。

戊畏甲兮君莫用，癸应嫌己莫相当。

《遁甲隐公歌》曰："时克干兮五不遇，此时名为辱损明，举事遥遥终不定，朝行暮败损精兵。"注曰："时干克日干，时支克日支，名为损明，凡事不用。如甲乙日庚辛时，亥子日辰戌时，寅卯日申酉时之类并是。"由此演推，则亥子日逢辰戌丑未时，寅卯日逢申酉时，巳午日逢亥子时，申酉日逢巳午时，辰戌丑未日逢寅卯时，皆为五不遇时。

《钦定协纪辨方书》认为，天干五行气纯，地支五行气杂，如寅中有丙火，则遇土有相生之义，五行之性，则逢生即生而见克不克，此天地之性，故干克干纯而不杂。然尚须论其所临之支，是否与日干日支相生，如其相生，则又不为五不遇，焉得以土日遇寅卯时即为五不遇耶！由此理而推，则甲戌日与庚午时，丙申日与壬辰时，戊午日遇甲寅时等均不能为五不遇时。

从以上诸注可知，所谓五不遇时者，只限于本日天干被时干所克，故云"不遇时"。而本文则推演为修方吊宫之日干克时干，时干克日干，日干克月干，月干克年干，并谓之以下凌上。乍听之，似乎很合义理，深思之，却大背五行生克之理。试问之，作用时干已被修方吊宫天干所克制，本身已是无力，何能再克日干？而日干亦被时干克制，又何能克制月干？月干与年干亦同。譬如凶犯，虽有行凶之动机，但已被官府拘捕入狱，又怎能行凶？由此论之，五不遇时不仅不为太岁之凶神，反为太岁之救神。况且甲年庚月、乙年辛月、丙年壬月等均是月干克岁干，莫非此一月均无人造葬，修作，均无人出行乎？所以，五不遇时之理是《奇门遁甲》中选择方位之法，并非修方择吉中神煞，不必拘泥。特举古例以说明：

杨公为钟氏下祖坟，乙龙作辰山戌向，用甲申年、壬申月、壬申日、戊申时。

杨公为李枢密下祖坟，子山午向，丁巳化命，用壬申年、戊申月、壬申日、戊申时。

杨公为汴江颜绍修巳方，用辛卯年、辛卯月、丁卯日、癸卯时，调巳亥到修方。

此三例第一例为时干克日干；第二例为时干克日干，月干克岁干；第三例为修方吊宫天干克时干，时干克日干，日干克月干、岁干,依理均犯五不遇时,然不凶反吉,故知此杀不必拘泥。

天赦篇第六十一

【原文】春秋用戊及寅申,此理如何可据陈。

戊为阳主同君德,春到秋收是此因。

何以春用戊寅,秋用戊申为天赦?盖戊己土居中央,戊为阳土,比德君王;己为阴土,比德皇后,故专用戊寅申为阴阳之会。春木生于寅,临吉得位,故可行恩而布德于天下。秋金至申临官得位,故可主赦而被泽于天下也。又春青帝行令,戊寅日星辰同朝紫微帝君,故赦用戊寅。秋白帝行令,戊申日星辰同朝北极,故赦在戊申。

夏冬用甲及子午,甲为制令制于臣。

子午阴阳之极处,紫微布德会星辰。

葺宅修营一日工,能当天赦免灾凶。

夏用甲午,冬用甲子为天赦者,夏长万物,冬藏万物,天地动静之时也。甲为立制之首,子午为阴阳之极。十一月子,阴遁之极而至于阳;五月午,阳遁之极而至于阴。夏火旺于午,故用甲午。冬水旺于子,故用甲子。夏赤帝行令,甲午集众星而朝北极,故赦在甲午。冬黑帝行令,甲子会众星而朝北极,故赦在甲子。若用一日工修葺墙宇,选天赦日,百无禁忌。

《元经》反复言其旨,后学寻头得指踪。

【注解】天赦　曹震圭:"赦者,乃天之赦过宥罪之神也。生万物者,土也;土之所居者,四季也;助土而成功者,甲己也。子午者,阴阳气争之辰,是其罪也。寅申者,阴阳否泰之辰,是其过也。至此四辰,天道悯其罪过,故以甲己配合而助以赦之。辰戌者,阳土也,以甲配之,春起甲戌,秋起甲辰。丑未者,阴土也,以己配之,夏起己丑,冬起己未,皆四时长生前一辰,顺数至当旺之阳辰是。"其说义理不明，故《考原》辨云："天赦为赦过之辰，非以子午寅申为罪过也。盖子午寅申者，乃四时当旺之阳辰，甲戊于十干中为最尊，所谓甲为诸神之首，戊以助甲成功也，故以配其日，皆取干不克支，有上能生下之意。如戊寅，木非土不能生也，甲午木生火也，戊申土生金也，甲子虽非相生，若戊子则以土克水，故以甲配之，且甲木生于亥水，亦生木，故曰天赦也。"

《历神原始》曰："天有五纬，岁星为仁而甲应之，镇星为德而戊应之。仁德之神，莫甲戊若也。"《钦定协纪辨方书》认为，此说高于曹震圭远矣。《史记·天官书》以木土为吉星，道家以甲戊日为祈禳所宜，其来久矣。天赦与天恩义相似，从六十甲子而论，则有天恩十五日；从四季而论，则有天赦四日。甲为天干之首，戊为天干之中，寅申为春秋之始，子午为冬夏之中。不以己为中者，己则过中，又为阴干，故《易》曰"己日乃革之"，言甲至戊则数穷当变。不用卯酉者，生物者春始夏终，成物者秋始冬终。始之者天，终之者地。春秋属天，故不用中而用始，用卯酉乃阴支也。用支之始而配干之中，故春戊寅而秋戊申。用支之中而配以干之首，故夏甲午而冬甲子。是为天地合德之辰，天地生心之所见端也。死而忽生，莫大于赦，故以天赦名之。

《天宝历》曰："天赦者，赦过宥罪之辰也。天赦其日可以缓刑，雪冤。但忌畋猎取鱼。"如一乙亥生人，于癸亥年、戊午月、甲午日、丙寅时修卯方，主命乙禄卯，岁贵亦在卯，甲午又为天赦。修前官讼连连，修后不仅散讼出狱，且锄地获金而致富。

卷八

黄黑二道篇第六十二

【原文】黄道黑道吉凶星例：

青龙木吉，黄道。明堂土吉，黄道。天刑火凶，黑道。

朱雀火凶，黑道。金柜火吉，黄道。天德土吉，黄道。

白虎金凶，黑道。玉堂水吉，黄道。天牢水凶，黑道。

玄武水凶，黑道。司命木吉，黄道。勾陈土凶，黑道。

黄黑二道六神颂：青龙属木春夏旺，明堂属土四季旺，

作合青龙，福禄攸同，赀财进益，田蚕盈丰。明堂之时，内外佳期，子孙荣富，千年不衰。

金柜属火春夏旺，天德属土四季旺，玉堂属水秋冬旺，

金柜之时，百福相随，婚姻和合，钱财丰足。天德光辉，喜庆尤宜，子孙富贵，福与时随。时逢玉堂，喜庆当阳，赀财契合，永寿而昌。

司命属木春夏旺。

时遇司命，常随吉庆，福至财来，喜呈婚聘。以上黄道六神之颂。

天刑属火春夏旺，朱雀属火春夏旺，白虎属金秋癸良，

天刑之凶，祸难皆同，牢狱罪戾，天地不同。朱雀之时，人鬼同欺，祸患奸诈，公讼多词。白虎之时，产厄是非，贼盗疾病，年有隐私。

天牢属水秋冬旺，玄武属水秋冬旺，勾陈属土四季旺。

天牢当阳，罗网四张，田蚕耗失，刑辟非常。玄武之旺，盗贼阴私，妻妾内乱，公讼伤夷。勾陈之时，疾病公讼，田蚕耗失，文书失宜。以上黑道六神之颂。

正七起子二八寅,三九原来却在辰,

四十还从午上起,五十二月并居申,

六十二月起于戌,黄道为祥黑为凶。

诀皆取六阳起青龙,顺行十二辰。又法,取道远几时通达,路遥何日还乡,有之绕字黄道,无之绕字黑道。

日辰黄道人皆会,谁显临方理秘幽。

吊替二法求去处,尽从指上别踪由。

日时人皆晓,惟黄道临吊替二宫,理实幽秘。法将本月月建入中宫,行见正到处是。如甲子年正月子上起青龙,以正月建丙寅入中宫,行见丙子在乾为青龙黄道,丁丑到兑为明堂黄道,顺轮去看方道。

或乘人道愈饶益,地道之时更吉亨。

人道者,白星也。凡月家三白与黄道合,谓之黄道乘人道,主大益财道,子孙吉昌。如甲子年二月作灶,寅上起青龙,又以二月建丁卯入中宫,吊戊寅在兑,为青龙黄道。己卯到艮,为明堂黄道。三元二月以七赤入中,行见一白吉星到艮,是为黄道乘人道也,要有气,虽凶星无害。地道者,本太岁纳音长生处也,纳音长生与年月黄道合,更有力。如甲子年青龙到艮,甲子纳音金,生在巳,正月以丙寅入中宫,恰得己巳到艮,为太岁长生,黄道乘地道,更为吉亨处也。

黄黑二道事难精,惟用吊宫分重轻。

年月日时皆可用,此般凶吉亦难明。

【注解】黄道十二神之名称,曹震圭认为:《易传》云乾为天、为君,是天皇之正位;主御群灵,司万物生死,故曰司命,亦能掌握万物,故又曰天符。今皆作天府,此乾卦之主也。初行其道,起于戌,是乾之世爻纳甲也。其对冲巽宫为明堂,是天皇治事之宫也,圣人南面而听天下,故以巽为明堂,又名曰执储,是天皇所操执以除暴虐也，故曰齐乎巽。初行其道，起于丑，是巽之初爻纳甲也。其明堂之左有青龙，宰相之象，是震宫也。震为雷、为龙，故曰青龙，又名曰雷公，初行其道，起于子，是震之初爻纳甲也。其明堂之前有朱雀，是离宫也，又曰飞流，故离为火。朱雀，飞流之象，初行其道起于卯，是离卦初爻纳甲也。明堂之右有白虎，将军之象，又曰天棒，是天皇之先驱；又曰天马，是天皇之所乘，初行其道起于午，是震卦外体之纳甲也；谓震为大臣之象，向外则为将军也。其天皇之右有玉堂，是天皇寝安之宫，天后之位，是坤宫也。又曰天玉，是天王宠爱之所，初行其道起于未，是坤之初爻纳甲也。天皇之左有金柜，是宝藏之府库，艮之位也，又曰天宝，初行其道起于辰，是艮卦初爻纳甲也。天皇右旁有天德，兑也，是天皇施仁布德喜乐之宫，又曰天对，是天皇纳谏听政，论道经邦之所，初行其道起于巳，是兑之初爻纳甲也。天皇左旁有天刑，坎也，劳卦也，是掌刑罚之所，又曰蚩尤。蚩尤者，虐民之神，初行其道起于寅，坎之初爻纳甲也。白虎天棒之后有天牢，又曰天狱，是囚禁之所，配之朱雀明堂之间，盖使刑禁明而无私也。初行其道起于申，是坎之外体纳甲，故云劳乎坎。天皇天牢之间有玄武，又曰阴私，是邪妄之臣，故论正道必有谗言，举正直则邪妄亦进。初行其道起于酉，是离卦外体纳甲也。中宫之位有勾陈，是天皇嫔妃之位，天帝之所居也。初行其道起于亥，是乾宫之阴辰，兑宫之外体纳甲也。

邵泰衢在《原始》中认为，黄道十二神与建除十二神相配。《钦定协纪辨方书》认为，曹震圭之说荒诞不经，邵泰衢之论亦徒多遁词。并解释云，法以天罡加于建上，视各神所临之辰，神吉则吉，神凶则凶。因天罡为北斗临制四方之柄，故以加建。择日则加月建，择时则加日建，此乃神道之枢机。罡既加于阳建，则破必指于阴建，此阴阳之妙用。罡指阳建则阳明用事，破指阴建则阴曀伏藏,于是视其日其时所履之神以定吉凶。如寅月日,罡为辰加阳建,破为申,指阴建;申月日罡为戌,加阳建,破为寅,指阴建。则寅天刑、卯朱雀、辰金柜、巳天德、午白虎、未朱雀、申天牢、酉元武、戌司命、亥勾陈、子青龙、丑明堂。卯月日,罡加卯为阳建,破为酉指阴建;酉月日,罡为酉加阳建,破为卯指阴建,是为伏吟。则卯明堂、辰天刑、巳朱雀、午金柜、未天德、申白虎、酉玉堂、戌天牢、亥元武、子司命、丑勾陈、寅青龙。余月日仿此。奇门所谓"月月常如戌,时时见破军",亦即此义。盖用建则日月常加戌矣,言昏时斗柄所指之方,当以天罡加之,便得起例矣。此司命以下十二神,向以黄道、黑道命之。今按黄道为日行躔度,无只以子午卯酉寅未为黄道之理,若黑道之说,盖不见经传。即黄赤二道亦历家识于仪象以纪天度,后世相沿以为名称,岂天真有此黄赤异色耶!然则此所谓黄黑道云者,亦即吉凶之别名,而非有深义决矣!

黄道十二神起例与吉凶诗诀,《通书》载之甚详,特录于下:

青龙黄道,半吉。诗例:

> 正七月逢鼠,二八虎当头,
> 三九龙居水,四十马方求,
> 五十一猴泪,六十二犬忧。

金柜黄道,宜修造求嗣,百事大吉。诗例:

> 正七跨龙去,二八骑马走,
> 三九听猿叫,四十嫌犬呕,
> 五十一鼠吟,六十二虎吼。

天德黄道,修作百事吉。诗例:

> 正七蛇当路,二八羊归栈,
> 三九金鸡唱,四十野猪伤,
> 五十一牛走,六十二兔还。

玉堂黄道,宜修作、安床帐,开仓库店,安牛马,并主进财,吉。诗例:

> 正七求羊二八鸡,三九寻猪四十牛,
> 五十一月玉兔走,六十二月南蛇游。

司命黄道,宜修作,百事大吉。诗例:

> 正七逢犬二八鼠,四十寻龙三九虎,
> 五十一月马行迟,六十二月猴来舞。

明堂黄道,宜修造、上官、受爵,百事大吉。诗例:

> 正七寻牛二八兔,三九逢蛇四十羊,
> 五十一月听鸡唱,六十二月把猪详。

天刑黑道,忌修造、词讼、嫁娶、移徙,犯之主损人丁、六畜。诗例:

> 正七寻寅二八辰,三九逢午四十申,
> 五十一月应知戌,六十二月子宫停。

天牢黑道,忌出行、移居、词讼。诗例:

> 正七是申二八戌,三九位子四十寅,
> 五十一月寻辰地,六十二月午上明。

朱雀黑道,忌出行、移居、词讼。诗例:

> 正七兔中取,二八蛇当头,
> 三九羊归栈,四十鸡栖藏,
> 五十一猪圈,六十二牛栏。

玄武黑道,犯主女人私情,盗失财物。诗例:

> 正七逢鸡二八猪,三九寻牛四十兔,
> 五十一月会蛇去,六十二月寻羊位。

勾陈黑道,犯主退败田庄。诗例:

> 正七寻猪二八牛,三九休卯四十蛇,
> 五十一羊程奔走,六十二路上鸡留。

白虎黑道,忌修造、嫁娶、针刺。诗例:

> 正七马朝天,二八近猴边,
>
> 三九犬为伴,四十鼠正鸣,
>
> 五十一虎畏,六十二龙眠。

据以上起例,每月黄道十二神轮值成下表:

十二神 \ 方位月日	子	丑	寅	卯	辰	巳	午	未	申	酉	戌	亥
青龙	申	戌	子	寅	辰	午	申	戌	子	寅	辰	午
明堂	酉	亥	丑	卯	巳	未	酉	亥	丑	卯	巳	未
天刑	戌	子	寅	辰	午	申	戌	子	寅	辰	午	申
朱雀	亥	丑	卯	巳	未	酉	亥	丑	卯	巳	未	酉
金柜	子	寅	辰	午	申	戌	子	寅	辰	午	申	戌
天德	丑	卯	巳	未	酉	亥	丑	卯	巳	未	酉	亥
白虎	寅	辰	午	申	戌	子	寅	辰	午	申	戌	子
玉堂	卯	巳	未	酉	亥	丑	卯	巳	未	酉	亥	丑
天牢	辰	午	申	戌	子	寅	辰	午	申	戌	子	寅
元武	巳	未	酉	亥	丑	卯	巳	未	酉	亥	丑	卯
司命	午	申	戌	子	寅	辰	午	申	戌	子	寅	辰
勾陈	未	酉	亥	丑	卯	巳	未	酉	亥	丑	卯	巳

知道了每月黄道十二神的方位,则以每月月建入中顺布,则可知每月飞宫黄道十二神的方位。如卯年卯月修卯方,以月建明堂卯入中顺布,则天刑辰在乾,朱雀巳在兑,金柜午在艮,天德未在离,白虎申在坎,玉堂酉在坤,天牢戌到震,震方为天牢黑道之方,凶,不可修。依此,每月飞宫黄道十二神成下面的表。

黄道黑道到底有没有吉凶?这就要知道黄道的真正含义。天文学把地球绕日的轨道面,即假想扩大与天球相交的大圆叫作"黄道";从地球上看,太阳每年绕这条路线视行一周,这一

飞宫 月日 / 十二神	子	丑	寅	卯	辰	巳	午	未	申	酉	戌	亥
青龙	巽	中	乾	兑	中	乾	兑	艮	离	坎	坤	震
明堂	中	乾	兑	中	乾	兑	艮	离	坎	坤	震	巽
天刑	乾	兑	中	乾	兑	艮	离	坎	坤	震	巽	中
朱雀	兑	中	乾	兑	艮	离	坎	坤	震	巽	中	乾
金柜	中	乾	兑	艮	离	坎	坤	震	巽	中	乾	兑
天德	乾	兑	艮	离	坎	坤	震	巽	中	乾	兑	中
白虎	兑	艮	离	坎	坤	震	巽	中	乾	兑	中	乾
玉堂	艮	离	坎	坤	震	巽	中	乾	兑	中	乾	兑
天牢	离	坎	坤	震	巽	中	乾	兑	中	乾	兑	艮
元武	坎	坤	震	巽	中	乾	兑	中	乾	兑	艮	离
司命	坤	震	巽	中	乾	兑	中	乾	兑	艮	离	坎
勾陈	震	巽	中	乾	兑	中	乾	兑	艮	离	坎	坤

周的十二分之一，天文学家把它称为次舍，十二个次舍正好是一周，黄道十二宫恰好与十二次舍相合。由此可知，所谓的十二黄道，实际上就是地球绕日的运行轨道，根本没有什吉凶。正如《钦定协纪辨方书》所云："所谓黄道者，亦即吉凶之别名，而非有深义诀矣。"古人认为太阳是绕地球而行，太阳是万神的主宰，由于人们对太阳的崇拜，久而久之，就生出了吉凶神煞，且沿习日久，根深蒂固。实际上，黄道与黑道并没有什么吉凶内涵。

黄黑十二道五行生旺，亦不可信。如青龙虽属木，但每月均变换不停。如正月、七月以子为青龙，二月、八月以寅为青龙，三月、九月以辰为青龙，四月、十月以午为青龙，五月、十一月以申为青龙，六月、十二月以戌为青龙，则生旺死绝亦在变化。如子为青龙，在七月为生旺，正月则为休囚。寅为青龙，二月为生旺，八月则为死绝。午为青龙，四月为生旺，十月为死绝等，岂可一概而论,故不可取。

六神用时篇第六十三

【原文】四孟甲庚壬丙时,此是四杀入四维。

四仲乾坤艮巽依,用此之时益光辉。

四季乙辛丁癸上,神藏杀没吉无疑。

取四煞没之法,常以月将加用时,寻天罡、河魁、大吉、小吉、泊乾坤艮巽四维之地时而用之,则四煞皆没于四维而不见矣,自然召吉免凶。

谨按:四煞即牛、亢、鬼、娄四金之杀,河魁、天罡、小吉、大吉四将也。《历府》云:"寅午戌火之位,杀在丑,金墓也。亥卯未木之位,杀在戌,火墓也。申子辰水之位,杀在未,木墓也。巳酉丑金之位,杀在辰,水墓也。"东方朔曰:"四煞入四维,鬼藏人不知。"何谓六神藏?善用时者,令朱雀破头,腾蛇入水,勾陈入狱,白虎烧身,玄武折足,天空被戮,则时时迎吉矣。此谓六神藏,四煞没,《大统历》月头可查。今人忽而不用,亦未探其源耳。甲戊庚三日尤佳,见六壬本。

选时用将得其中,吉有吉兮凶者凶。

既无差欠与一失,从此玄微是术通。

选时用日务推节气月将交中气,自然不差而吉凶亦不爽矣。

【注解】四煞:即辰戌丑未。古人认为二十八星宿中有四金宿:亢金龙,分野在辰;牛金牛,分野在丑;娄金狗,分野在戌;鬼金羊,分野在未。因四星中均有金字,故又名暗金杀;又因分野在辰戌丑未,亦名四墓煞。

六神藏,四煞没(简称神藏杀没):出自大六壬。《通书》又将其更名为"贵登天门时"。要明白此节用法,首先要懂得大六壬排局及十二贵神的顺序与吉凶。

十二贵神的顺序是:贵人、螣蛇、朱雀、六合、勾陈、青龙、天空、白虎、太常、玄武、太阴、天后。但须要注意的是,十二贵神有顺布和逆排之分。如果贵人临亥子丑寅卯辰六位时,十二贵神依上法顺排。如果贵人临巳午未申酉戌六位,则十二贵神逆排。顺序是贵人、天后、太阴、玄武、太常、白虎、天空、青龙、勾陈、六合、朱雀、螣蛇。其中贵人、六合、青龙、太常、太阴、天后六神为吉,螣蛇、朱雀、勾陈、天空、白虎、玄武六神为凶。

取十二贵神之法,是以当月月将加临占时之上,然后根据当日天干之天乙贵人临何宫而排十二贵神。如正月雨水后甲子日酉时亥将,排法如下面(此法本社已出版的《御定六壬直指》上卷有详细介绍,有兴趣的读者可参阅)。

地盘式　　　　　　　　　　天将亥加占时酉

巳	午	未	申
辰			酉
卯			戌
寅	丑	子	亥

未	申	酉	戌
午			亥
巳			子
辰	卯	寅	丑

甲子日阳贵是未,阴贵是丑。今占时为酉,为夜占,所以用丑阴贵人。丑土临亥,为顺排,依此,正月雨水后甲子日酉时亥将用事成下盘(见下面)。

何谓六神藏,四杀没?即六凶神临受制之方,四墓杀临四维之地。其中螣蛇火临地盘壬子为投江,朱雀火临地盘癸丑为破头,勾陈土临地盘卯为受刑,天空土临地盘巽巳为受辱,白虎金临午火名受制,玄武水临申金为折足。如此则六凶神均临受制

天空	白虎	太常	玄武
未	申	酉	戌

青龙	午			亥	太阴
勾陈	巳			子	天后

辰	卯	寅	丑
六合	朱雀	腾蛇	贵人

之方，不能为凶，故曰"藏"。四煞均入四维之墓，不能为害，故曰"没"。如前正月雨水节后甲子日酉时亥将例即是。

须要注意的是十二月将是以当月中气太阳过宫为准。中气解说详参前注。

有趣的是，凡遇六神藏伏，贵人必居亥位，依此则腾蛇临壬子，朱雀临癸丑，勾陈临甲卯，天空临巽巳，白虎临丙午，玄武临坤申。古人把亥方称为天门，所以《通书》把这种排法称为"贵登天门时"。《通书》曰："经云，年之善不如月之善，月之善不如日之善，日之善不如时之善。贵人登天门乃时之最善也。其法以月将加用时，昼用阳贵，夜用阴贵，以天乙贵人为主，而腾蛇、朱雀、六合、勾陈、青龙、天空、白虎、太常、玄武、太阴、天后随之。故贵人临乾亥登天门，则腾蛇临壬子而落水，朱雀临癸丑而铩羽，六合临艮寅而乘轩，勾陈临甲卯而登陛，青龙临乙辰而游海，天空临辰巳而投匦，白虎临丙午而烧身，太常临丁未而登筵，元武临坤申而折足，太阴临庚酉而回宫，天后临辛戌而入帷。六吉将得地，而六凶将敛威，故曰'神藏煞没'，又为六神恶伏，此择时之妙用也。"

贵登天门，因一日有阴阳两贵，所以一日有二时。今据《钦定协纪辨方书》将大六壬七百二十课中贵登天门时成表于下：

占时＼天干／月将	阴阳	甲	乙	丙	丁	戊	己	庚	辛	壬	癸
雨水亥将	阳	卯				酉		酉	申	未	巳
	阴	酉	戌	亥	丑	卯	寅	卯			
春分戌将	阳					申	酉	申	未	午	辰
	阴		酉	戌	子	寅	丑	寅	卯		
谷雨酉将	阳				酉	未	申	未	午	巳	卯
	阴				亥	丑	子	丑	寅		
小满申将	阳				申	午	未	午	巳	辰	寅
	阴			戌	戌	子	亥	子	丑	寅	
夏至未将	阳		戌	酉	未	巳	午	巳	辰	卯	寅
	阴					亥	戌	亥	子	丑	
大暑午将	阳		酉	申	午	辰	巳	辰	卯	寅	
	阴					戌		戌	亥	子	寅
处暑巳将	阳	酉	申	未	巳	卯	辰	卯			
	阴					酉		酉	戌	亥	丑
秋分辰将	阳	申	未	午	辰		卯				
	阴	寅	卯						酉	戌	子
霜降卯将	阳	未	午	巳	卯						酉
	阴	丑	寅	卯					酉	亥	
小雪寅将	阳	午	巳	辰							申
	阴	亥	丑	寅						申	戌
冬至丑将	阳	巳	辰								未
	阴	亥	子	丑	卯		辰			酉	
大寒子将	阳	辰	卯							申	午
	阴	戌	亥	子	寅	卯					申

甲日贵登天门时图

乙日贵登天门时图

丙日贵登天门时图

丁日贵登天门时图

戊庚日贵登天门时图

己日贵登天门时图

辛日贵登天门时图

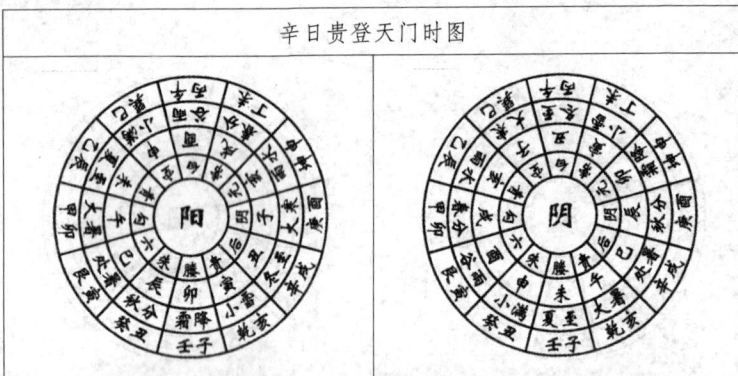

壬日贵登天门时图

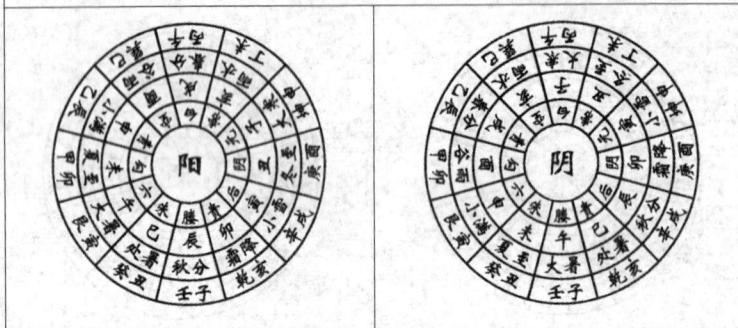

癸日贵登天门时图

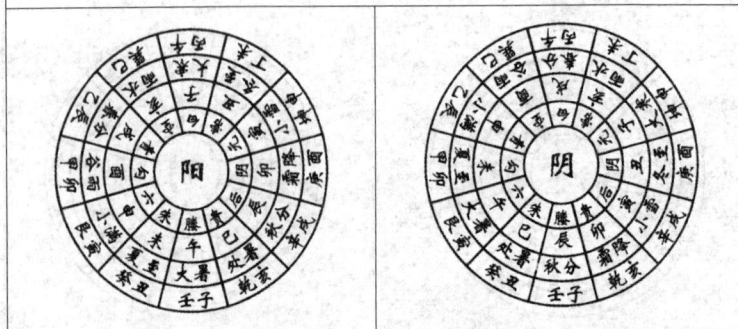

　　如雨水后甲日卯时,以月将亥加卯,则阳贵未临乾亥,是阳贵登天门。又如雨水后甲日酉时,以月将亥加酉,则阴贵丑临亥,是阴贵登天门。余仿此法。

　　十二贵神排法,阴阳顺逆有异,前已注明。为使查阅方便,特将《钦定协纪辨方书》十干日贵登天门图介绍给大家,见第264 至 266 面。

　　以下诸日,虽都是"六神藏伏",但并非都是"四煞隐没"。因辰戌丑未为四杀,必待此四支飞入乾坤艮兑四维方是四杀没。究其十干中,辰戌贵人不临,只有丑未二处可寻,而未为甲日阳贵,戌庚日阴贵。丑为甲日阴贵,戌庚日阳贵。只有甲戌庚三日丑未临乾亥,辰戌才能飞入四维,所以只有甲戌庚三日才是真正的"神藏杀没",余皆是神藏而非煞没。所以原注云"甲戌庚三日尤佳"。

　　《大统历》:明初刘基所作历法名《大统历》,而本书署名晋郭璞撰,门人赵载注,明代与东晋相差数百年,赵载岂能知后来会有《大统历》? 此书系明代之人托名伪著明矣。

非用术篇第六十四

　　【原文】八遁之中行气候,大冬居坎午离分。

　　　　　轩后遗文真可秘,算来不是等闲文。

　　八门遁甲以五日为一元,三元为一气,三气四十五日为一节;冬至起坎,夏至起离,用度妙合天轮,盖缘轩辕皇帝伐蚩尤之所作也;吉凶应验,合于天人,直是玄秘,非俗师浅薄所能窥也。

　　　　　翻来遁甲名超接,五日一元而用之。

　　　　　以年续月月续日,未知此法凭何依。

　　后人亦以五日一元,皆用遁甲之翻局来年下求月,月下求日时,妄言太岁、官符、火血诸神杀,各随变动,毫无所据,并是差谬,不可信之。

月建官符诸五行,旨从时下逐元生。

此术误人君莫信,用之何异哑夫盲。

【注解】八遁:即八门遁甲,或云八节。古人认为,天有八风以值八卦,地有八方以应八节。而每节则有三气,八节以成二十四气。八节分别是:冬至、立春、春分、立夏、夏至、立秋、秋分、立冬。每节均从本宫起甲子,冬至后用阳遁顺飞九宫,夏至后用阴遁逆飞九宫,此即原文“大冬居坎午离分”之意。而后查各方飞星吉凶。如此则:

冬至属坎宫,用阳遁一局,坎一起甲子。

立春属艮宫,用阳遁八局,艮八起甲子。

春分属震宫,用阳遁三局,震三起甲子。

立夏属巽宫,用阳遁四局,巽四起甲子。

夏至属离宫,用阴遁九局,离九起甲子。

立秋属坤宫,用阴遁二局,坤二起甲子。

秋分属兑宫,用阴遁七局,兑七起甲子。

立冬属乾宫,用阴遁六局,乾六起甲子。

如庚申年冬至节内用事,从坎一宫起甲子,顺飞九宫,太岁庚申临震三宫。乙庚年正月五虎遁为戊寅,便从震三宫起戊寅顺布,则己卯巽四宫,庚辰入中,辛巳乾六宫,壬午兑七宫,癸未艮八宫,甲申离九宫,乙酉坎一宫,丙戌坤二宫,丁亥震三宫。即庚申年冬至节乙、丙、丁三奇在坎坤震三方,若修作此三方为到方,主进田产,生贵子,旺财丁。

轩后遗文:轩是轩辕,即黄帝,姓公孙,名轩辕,生而神异,才智周遍,敦敏聪明。时神农氏世衰,诸侯相侵伐,暴虐百姓,轩辕修德振兵,先与炎帝战于阪泉之野,三战而胜。后炎帝之裔蚩尤复作乱。相传蚩尤铜头铁额,谙阴阳,能起昏雾迷军士。黄帝战蚩尤不下,九天玄女遂授天书一卷,黄帝命大臣风后将其推演,此即《奇门遁甲》。而后用此法在涿鹿擒蚩尤,定天下。故云"轩后遗文"。

五日一元,三元一气:五日一元,三元一气、八节、超接等语出自《烟波钓叟歌》:"轩辕皇帝战蚩尤,涿鹿经今苦未休。偶梦天神授符诀,登坛致祭谨虔修。神龟负图出洛水,彩凤衔书碧云里。因命风后演成文,遁甲奇门从此始。……次将八卦论八节,一气统三为正合。阴阳二遁分逆顺,一气三元人莫测。五日都来换一元,接气超神为准的。"气即是节气,一个节气平均十五天多一点。十五天中又以五天为一元,所以一个节气中就有三元,即上元、中元、下元。为什么五天为一元?因为每天十二个时辰,五天共六十个时辰,一花甲正好轮完,第六天则重新开始,所以以五天为一元。遁甲纪数起局是从甲子日甲子时开始,第六天则是己巳日甲子时,所以遁甲中又把甲、己两个天干称为符头,即每逢甲己日就要换局。这样一元五日,三元十五日,正好是一个节气。遁甲中把这五日又称为一候。这样一年就有八节,二十四节气,七十二候。

超接:即超神接气。我们知道,相邻两个节气之间平均约十五点二天,节气最短的不足十五天,这样就会出现两个问题。一个是节气未到,符头已到;一种是节气已到,符头却未到。《奇门遁甲》中便把节气未来,而甲子、己卯等符头先到的现象称为超神;而把甲子、己卯等符头未到而节气先至的现象叫作接气。

一个节气共十五点二天,三元只有十五天,这样,每个节气中都会多出约零点二天来,如此积月、积年,一年就会多出约五点二天来,两年就会多出十天多。为了解决这个多出的问题,遁甲根据历法中闰月的方法,又设出"闰奇"来,即累积时间只要超过九天以上则须闰奇,遁甲中叫作"置闰"。但其置闰的时间必须是在每年的芒种与大雪两个节内。其他节气中,即使超过十天也不能置闰。这样就解决了每年多出约五点二天的问题。此即本文"以年续月月续日"之意。

月建:神煞名,有大月建与小月建之分,请参阅《佐元直指·卷九·大小月建》。

大小月建均忌修方动土。《钦定协纪辨方书》云:"小月建专用月支,故曰小。大月建兼用月干,故曰大。大月建为土府,故动土忌之。然在山在方,自以定位为重,飞宫为轻。选择最重太岁,而未有用飞太岁者,则月建之轻重可以类推。术者不明其义,乃因其大小之名而谬为之说,谓犯小月建则伤小儿,犯大月建则伤宅长,又别名小月建为小儿煞,举世畏忌而不知其由,惑世诬民,不已甚乎!"

官符:居岁前四辰,即子年在辰、丑年在巳、寅年在午、卯年在未、辰年在申、巳年在酉、午年在戌、未年在亥、申年在子、酉年在丑、戌年在寅、亥年在卯。《历例》曰:"官符者,岁之凶神也,主官符词讼之事,所理之方,不可兴土动工,犯之者当有狱讼之事。"阴阳家认为官符之方与太岁三合,名吊照太岁,犯其方就是犯太岁,故忌兴造。

本节虽言遁甲之法,但未言所取何为吉。查本书"遁甲地将篇第七十五"一节,是言八门三吉五凶,与八诈门九天九地之吉凶。依此类推,本节选择当是言"八节三奇"。详参本书《璇玑经》"三奇发用"一节注解。

东西宫篇第六十五

【原文】阳山颂:东宫乾甲并坤乙,坎癸申辰共路行。

午戌壬寅难辨识,十二山头尽属阳。

阴山颂:巽辛艮丙同西用,兑丁巳丑并推寻。

亥卯未庚同一位,十二山头尽属阴。

吉歌二首:东宫流水自东流,终是安然少祸尤。

财帛自来家宅旺,子孙昌盛亦何忧。

西宫流水自西流,安吉和同蚕亦收。

不但子孙忠孝义,亦能四季旺田牛。

凶歌二首:东水西流事若何,年年只是祸灾多。

不惟退产并瘟疫,终是贫穷有事磨。

西水东流事何为,年年月月有灾危。

终是贫穷无定着,亦多流浪不思归。

附:天定卦例,此即归藏卦,从上变下,如☰乾,从上变下,一变为兑☱,故乾山以兑为贪狼。兑二变震☳,故乾山以震为巨门。震三变为坤☷,故乾以坤为禄存。坤四变为坎☵,故乾山以坎为文曲。坎五变为巽☴,故乾山以巽为廉贞。巽六变为艮☶,故乾山以艮为武曲。艮七变为离☲,故乾山以离为破军。离八变为乾☰,故乾山以乾为本宫。如此上下相变,循环不已。他卦变仿此例。

【注解】本文的东西之分,即风水中的"净阴净阳"之说。寅午戌合火局,离纳壬,故壬从离;申子辰合水局,坎纳癸,故癸从坎;先天八卦乾居离,乾纳甲;先天八卦坤居坎,坤纳乙。因先天八卦中乾坤坎离居四正,当洛书一三七九奇数,所以后天此十二方属阳。

亥卯未三合木局,震纳庚,故庚从震。巳酉丑三合金局,兑纳丁,故丁从兑。先天巽居后天坤方,巽纳辛,故辛属巽。先天艮居后天乾方,艮纳丙,故丙属艮。因先天八卦中艮巽兑震居四隅,当洛书二四六八偶数,所以后天此十二方属阴。

用法:如果属阳龙,则宜立阳向,水亦流向阳方。若属阴龙则宜立阴向,水亦宜流向阴方。此法名净阴净阳,主吉,即应本文之"吉歌二首"。如果阳山立阴向,阴山立阳向,则阴阳混乱,主凶,即应本文之"凶歌二首"。

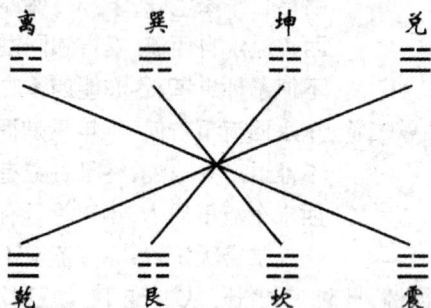

离　　巽　　坤　　兑

乾　　艮　　坎　　震

净阴净阳之说由天定卦翻变而出,所以原文附天定卦翻变顺序。天定卦以乾、艮、坎、震后天四阳卦横列于下,离、巽、坤、兑后天四阴卦横列于上,而按先天生卦之序,乾与兑对,离与震对,巽与坎对,艮与坤对,自本宫对卦,一上一下,次第翻之,中起中止,旁起旁止(如上图)。

天定卦例,只取本卦之上爻为对卦,故便于翻卦。乾震居中,艮坎居旁,阳卦居上,阴卦居下,亦无不可,非果有一定也。

纪大奎《地理末学》"净阴阳水法"一节曾言其起源:

净阴阳水法,即俗言黄黑水也。阳龙向收阳水,阴龙向收阴水。其法以龙向本卦为辅星,从上爻递变而下,复翻而上,又复而下,又复而上,即洛书斗数之天父卦也。亦名五鬼卦。邱公颂曰:"三般大卦如何起?先圣当年亲口传。三吉只求来势好,向家须变鬼爻看。"三吉来势乃坐山九星之法,向变鬼爻即五鬼卦之向上起廉贞也。相传廖公以五鬼卦廉辅二星互易其名,以廉武破辅贪巨禄文之序,易为辅武破廉贪巨禄文。盖因河图卦以龙土本卦为辅,故此亦以向上本卦为辅,易其名曰"辅星卦",名异而实同也。此法只收客水,若随龙抱穴之水又不在此论,所谓

"不须寻纳甲"也。又客水仍当以天盘及官旺诸法为主,而以此法参用之。若合天盘水法,又合净阴阳则更吉。若不合天盘水法,虽合净阴阳亦不可遽言吉也。龙向皆合固好,不能皆合,则以向为重。

　　纪大奎云此为天父卦,实际上是言地母卦。邱公颂原注甚明:坤为地母,诸山所托,察龙坤卦索求三吉。三吉来山,阳山阳落,阴山阴落,上吉;阳山阳落而阴水朝,阴山阴落而阳水朝,次吉。所谓地母卦者,物举坤以见例耳。

　　净阴净阳之说,至清已不甚被人重视。易曰:"一阴一阳谓之道。"经云:"纯阳不生,纯阴不长。"是言世间万物均以阴阳交媾为美,而此论却执净阴净阳之说,与阴阳冲合之理相悖,故风水家多不采纳。蒋大鸿说:"以砂水在净阴方位者为吉,在净阳方位者为凶,尤为拘泥。"诚是论矣!

星山卦篇第六十六

【原文】天父卦以来山为主,论向与水吉凶,惟乾山以此定吉凶有准。

天父卦	中	乾	兑	艮	离	坎	坤	震	巽
乾山一	弼	贪	巨	禄	文	廉	武	破	辅
坤山四	禄	文	廉	武	破	辅	弼	贪	巨
坎山五	文	廉	武	破	辅	弼	贪	巨	禄
离山八	破	辅	弼	贪	巨	禄	文	廉	武
艮山七	武	破	辅	弼	贪	巨	禄	文	廉
巽山六	廉	武	破	辅	弼	贪	巨	禄	文
兑山二	贪	巨	禄	文	廉	武	破	辅	弼
震山三	巨	禄	文	廉	武	破	辅	弼	贪

【注解】天父卦是从乾翻起,自上而中、而下、而复中、而复

上，依次逆变。乾上爻变为兑为贪狼，兑中爻变为震为巨门，震下爻变为坤为禄存，坤中爻变为坎为文曲，坎上爻变为巽为廉贞，巽中爻变为艮为武曲，艮下爻变为离为破军，离中爻变为乾为辅弼。

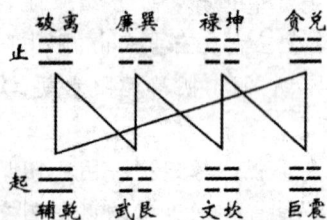

原表中的乾山一是代表本卦，兑山二即第一变，震山三即第二变，坤山四为第三变，直至离山八为最后一变止。而表中所列贪巨武等则是该变后九星排例所在方位。

【原文】 天定卦以来山为主，用之坐穴有准。

	紫气	天财	孤曜	扫荡	燥火	金水	天计	土水
	一木	一土	二土	一水	独火	一金	四金	伏位
天定卦	贪狼	巨门	禄存	文曲	廉贞	武曲	破军	辅弼
大八卦 天地卦	生气	天医	绝体	游魂	五鬼	福德	绝命	本宫
乾甲山	兑	震	坤	坎	巽	艮	离	乾
坤乙山	艮	巽	乾	离	震	兑	坎	坤
坎癸申辰山	巽	艮	离	乾	兑	震	坤	坎
离壬寅戌山	震	兑	坎	坤	艮	巽	乾	离
艮丙山	坤	坎	兑	震	离	乾	巽	艮
巽辛山	坎	坤	震	兑	乾	离	艮	巽
兑丁巳丑山	乾	离	艮	巽	坎	坤	震	兑
震庚亥未山	离	乾	巽	艮	坤	坎	兑	震

【注解】 原表最左边一行"乾甲山、坤乙山"等是以八卦纳甲与三合论。如乾卦纳甲，故曰乾甲山。坤卦纳乙，故曰坤乙山。

坎卦纳癸,坎为子,申子辰三合水局,故曰坎癸申辰山。离卦纳壬,离即午,寅午戌三合火局,故曰离壬寅戌山。余同义。

本表第一行"紫气、天财、孤曜、扫荡、燥火"等,是廖瑀"天机九星"之名称,一则不全,二则"天计、土水"之名有误。天机九星是:"太阳、太阴、金水、紫气、天财、天罡、孤曜、燥火、扫荡"。《九星正变穴星歌》曰:"九个星辰有正形,细说与君听。太阳端正覆钟样,太阴半月象。金水原来似凤飞,紫气笏囊垂。天财三体形有异,凹脑展诰是。双脑贵人立马容,平脑玉屏风。天罡张盖形相并,孤曜如覆磬。燥火尖刀最是凶,扫荡展旗同。"为说明"紫气"等真正含义,特附"九星正体"图于下:

第一太阳名正体,好把覆钟比,此星最喜近清光,大小立朝纲。太阳一穴自尊崇,却有天然穴在中。依此得乘生气脉,为官必定至三公。

第一太阴为正体,低凹真可喜。现出天心半月明,男贵女为妃。平脑金星号紫微,角边魄生与心齐。案朝堂聚皆真穴,依此安扦不用疑。

太阳　　　　太阴　　　　金水

第一金水名正体,席帽形可拟。此星清贵号官星,州县播声名。九个金水曲兼圆,一顶分明开两肩。百千子孙由此出,谁知富贵兼双全。

紫　气	凹脑天财	双脑天财

　　第一紫气名正体,秀嫩方可取。中间脚手有多般,高著眼来看。顿起尖峰号木星,上中下穴是三停;细看朝迎分高下,一举登科显大名。

　　第一天财名正体,凹脑斯为美。形如展诰最分明,富贵永传名。土星发用号天财,多是横龙出面来。凹脑原来居金土,天然正穴请君裁。

　　第一天财名正体,双脑木金水。贵人马上势轩昂,富贵此中藏。正体天财脑本双,最宜弯耸忌腰长。双子双妻乘鞍马,禾谷金银冠一乡。

平脑天财	天罡	孤曜

　　第一天财名正体,真形元在彼。垂珠倒气始堪扦,主盛出魁元。土星无穴古今传,倒气垂珠始可扦,两脚传金居角上,开茔若大号天然。

　　第一天罡为正体,车盖形无二。此星凶杀最难当,囚死阵中亡。天罡恶曜号天魁,正体言来是祸胎。带曜太阳最相似,请君仔细莫轻裁。

　　第一孤曜名正体,覆磬形可疑。少年相继入泉台,无板上山

燥火

扫荡

埋(无板指死后无棺木)。

第一燥火为正体,尖刀形不美。名为劫杀最难当,路死没人扛。燥火形恶莫安扦,重重公事日连绵。田园卖尽儿孙绝,身丧他州最可怜!

第一扫荡名正体,形势如流水。误扦后代生异乡,更出少年亡。扫荡星辰极是凶,儿孙漂荡走西东。田园卖尽因酒色,作贼为娼辱祖宗。

以上为九星正体,每体亦有九变。摘述其正体是想说明扫荡紫气等原本言山之形体,并非方位,故变体不再摘录。有兴趣者可参考廖公《扒砂经》一书。

原表第二行"一木、一土"等是言九星五行。因"土水、天计"等与九星不合,故用四金、伏位等搪塞。

原表第三行天定卦已见前,第四行"生气、天医、绝体"等是"小游年变卦",因本节下文吉凶与"小游年"有关,故亦予介绍。

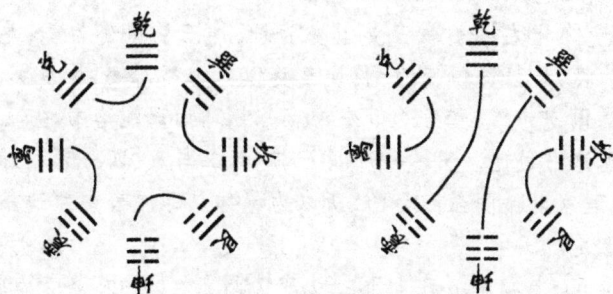

生气(上左图)：乾上一爻变为兑,兑上一爻变为乾;离上一爻变为震,震上一爻变为离;巽上一爻变为坎,坎上一爻变为巽;艮上一爻变为坤,坤上一爻变为艮。乾兑,老阳所生;离震,少阴所生;巽坎,少阳所生;艮坤,老阴所生,乃先天生卦自然之序。乾兑两金相比,震离木火相生,坎巽水木相生,艮坤两土相比,为最吉之象,故小游年称为生气,即原表左边第二行变化者是。

天医(上右图)：乾上二爻变为震,震上二爻变为乾;兑上二爻变为离,离上二爻变为兑;巽上二爻变为坤,坤上二爻变为巽;坎上二爻变为艮,艮上二爻变为坎。虽乾震金木相克,兑离火金相克,但皆为阳仪所生。虽巽坤木土相克,坎艮土水相克,但皆为阴仪所生,洛书又阴阳相配,虽相制但不相害,故为天医。即原表中左边第三行变化者是。

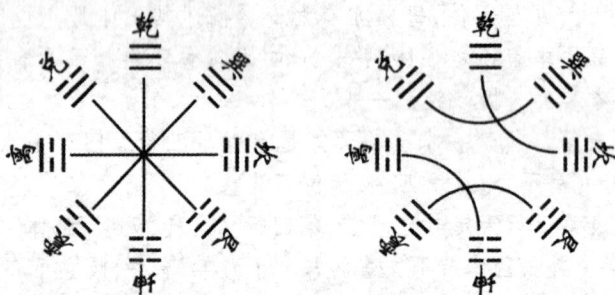

绝体(上左图)：乾三爻俱变为坤,坤三爻俱变为乾;兑三爻俱变为艮,艮三爻俱变为兑;坎三爻俱变为离,离三爻俱变为坎;震三爻俱变为巽,巽三爻俱变为震。乾坤坎离配洛书之奇,兑艮震巽配洛书之偶。又,一与九、三与七、二与八、四与六相加皆十数,地理家以孤阴孤阳为凶,所以为绝体。即原表中左边第四行变化者是。

游魂(上右图)：乾上下二爻变为坎,坎上下二爻变为乾;兑上下二爻变为巽,巽上下二爻变为兑;离上下二爻变为坤,坤上下二爻变为离;震上下二爻变为艮,艮上下二爻变为震。二仪四象,交易相变,八卦九宫,阴阳老少皆不相配,往而不相得,故为游魂。即原表中从左数第五行变化者是。

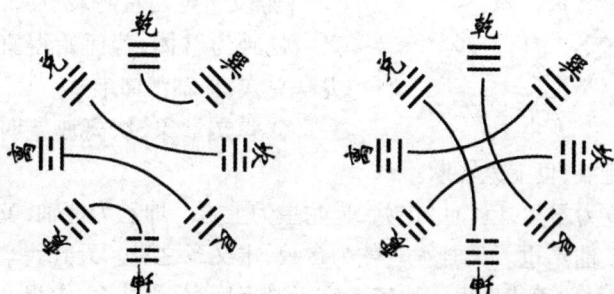

五鬼(上左图):乾下一爻变为巽,巽下一爻变为乾;兑下一爻变为坎,坎下一爻变为兑;离下一爻变为艮,艮下一爻变为离;震下一爻变为坤,坤下一爻变为震。以乾兑离震之四阳,往交与巽坎艮坤之四阴;巽坎艮坤之四阴,往交于乾兑离震之四阳,老少皆不相配,故曰五鬼。即原表中左数第六行变化者是。

福德(上右图):乾下二爻变为艮,艮下二爻变为乾;兑下二爻变为坤,坤下二爻变为兑;离下二爻变为巽,巽下二爻变为离;震下二爻变为坎,坎下二爻变为震。乾艮土金相生,兑坤土金相生,二老相配。巽离木火相生,坎震水木相生,二少相配。论八卦则以阴阳自得为德,论九宫则以阴阳相得为德,故曰"福德"。即原表中左数第七行变化者是。

绝命(下图):乾中爻变为离,离中爻变为乾;兑中爻变为震,震中爻变为兑;巽中爻变为艮,艮中爻变为巽;坎中爻变为坤,坤中爻变为坎。乾离火金相克,兑震金木相克,巽艮木土相克,坎坤水土相克,奇偶老少皆不相配,且皆自还本仪,适与生气相反,

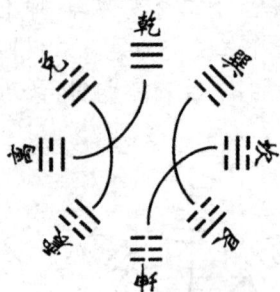

又变卦翻卦皆至七变而止，为最凶之象，故曰"绝命"。即原表中右数第二行变化者是。

本宫即本卦，又曰伏位。

【原文】乾山右弼入中宫。

乾卦为君体，若何始得宜？天龙扶兑穴，地轴镇坤维。

乾巽文章象，坎离迍蹇时。子孙聋哑疾，艮上鬼轻欺。

乾为君父，巨门星在兑，是龙星为上吉。坤乙为地轴，乾山得天卦武曲星也。天卦本宫乾为贪狼，主文章之贵。天卦巽辛得右弼星，主文章荣贵也。坎离二宫天卦得廉贞、文曲，主灾祸。震得破军，亦凶。乾山艮丙虽为天定卦之福德，却为天父卦之禄存，故主子孙带疾。

【注解】原注云兑得巨门，乾得贪狼，坤得武曲，坎得廉贞，离得文曲是以天父卦论。而艮得福德、乾得武曲是以天定卦论，而天父卦又为禄存，故云"鬼轻欺"。查其断吉凶，均以前二表为例，吉凶自明，故后文不再详注。

【原文】坤山禄存入中宫。

坤卦纯阴德，居家禀母仪。长男荣禄位，小子福镱基。

乾兑奸淫败，巽坤名誉辉。贼盗连破败，离土不相侵。

坤为地母，震一索而为长男，坤山震得天卦贪狼星，故主贵。坤山艮得天卦武曲星，故主富。坤山乾甲水得天卦文曲，坤山兑得天卦廉贞星，并主奸淫破败。坤山巽辛水，天卦得巨门星；坤乙水，天卦得右弼星，皆主文章光显。坎得辅亦吉。离壬寅戌水得天卦破军，主子孙不义为盗。

兑山贪狼入中宫。

兑泽居阴体,故知少女宜。坎乾分子贵,震巽得家肥。

中女终无禄,少男身必危。回身方顾兑,鬼贼已侵欺。

兑为二阴之位,故兑泽三索而得少女。兑山坎癸申辰水得天卦武曲星,兑山乾甲水得巨门,并主子孙荣贵。兑山得震庚亥未水,天卦左辅星;巽辛水,天卦右弼,并主富贵。离壬寅戌水,天卦得廉贞,主夭寿、横死、破败。兑山艮丙水得天卦文曲,主淫荡疾病。兑本宫得天卦伏位水,为禄存星,故主多疾病。

离山破军入中宫。

南方炎上火,中女正光辉。巽乾多产货,艮兑旺蚕丝。

大母主淫荡,中男少据依。岂知回本土,家业满郊畿。

离为中女,离山巽辛水,得天卦武曲星;乾甲水,得天卦左辅星,并主子孙富贵。离山艮丙水,天卦得贪狼;兑丁巳丑水,得天卦右弼星,皆主旺田蚕财帛。离山坤乙水,天卦得文曲,与本山游魂正相合,主淫荡风声。离山坎癸申辰水,天卦得禄存,主子孙贫苦。离山离壬寅戌水,系本山伏位,得天卦巨门星,主大旺多财。

巽山廉贞入中宫。

巽风齐万物,长女好姿容。父母先蒙吉,兄妹终是凶。

子午多欢会,丙辛乖始终。

巽为风,主整齐万物。巽一索而得长女,巽山乾甲水,得天卦武曲星;坤乙水,天卦得巨门星,与本山天医正合,主发福禄。巽山兑丁巳丑水,天卦得破军星,最凶。巽山震庚亥未水,天卦得禄存星,亦凶。巽山坎癸申辰水,天卦得贪狼星,与本山生气合,最吉。巽山离壬寅戌水,天卦得右弼星,亦吉。巽山艮丙水,天卦得左辅星,合吉。巽辛未得文曲水,故凶。

震山巨门入中宫。

震山苍龙体,雷行万物威。荣官皆出巽,财帛合于离,雷地皆丰足,泽山妇道亏。冀州君莫往,疾病可堪悲。

震为东方青龙之位,震山巽辛水,虽本山绝体,得天卦贪狼星,主富贵荣昌。震山离壬寅戌水,得天卦武曲星,与本山生气相合,主有文章。震为雷、坤为地,震山坤乙水,得天卦左辅星,主大富贵。亥未庚水得天卦右弼星,主大富贵。震山兑丁巳丑水,得天卦文曲星,与本山绝命合,主淫邪。震山艮丙水,得天卦廉贞星,与本山游魂合,皆大凶。震山坎癸申辰水,虽是本山福德,得天卦破军星,主夭亡,大凶。

艮山武曲入中宫。

丰富无过艮,名山第一宜。奢华归坎上,才貌出南离,
父母多迍厄,姊兄又困危。要荣婚少女,才貌两皆奇。

二十四山八贵十六贱,艮为第一丰富穴也。艮山坎癸申辰水,得天卦巨门星与本山天医合,主大富贵。艮山离壬寅戌水,虽是本山五鬼,天卦得贪狼星,故主文丁贵显,大吉。乾父坤母,艮山乾甲水,天卦得破军星,主多迍厄。坤乙水虽本山生气,天卦得禄存星,主凶恶。巽为长女,是姊也;震为长男,是兄也。艮山巽辛水,于天卦得廉贞星,主疾病。震庚亥未水于天卦得文曲星,与本山游魂合,主贫困。艮山兑丁巳丑水,天卦得左辅星,主才貌双美,大富贵。艮山丙为伏位,天卦得右弼星,吉。

坎山文曲入中宫。

水流皆习坎,坤离足可稀。西园逞词添,东鲁衣轻肥。
群贼山头望,孀妻风下悲。请君回顾北,中子曰光辉。

坎山坤乙水是本山绝命,天卦得贪狼星,亦主大富。坎山离壬寅戌水,虽是绝体,天卦得辅佐星,主大富贵。西园,兑也。坎山兑丁巳丑水,虽得五鬼,天卦得武曲星,故主文章。震为东鲁,坎山震庚亥未水,得天卦巨门星,与本山福德合,主富贵。艮为山,坎山艮丙水,虽天医天卦得破军星,主出凶恶贼徒。巽为风,坎山

巽辛水，天卦得禄存星，故出孤寡。坎山坎癸申辰水，系本山伏位，天卦得右弼星，故主中子光辉也。

【注解】本文所云禄存、贪狼、巨门、文曲等九星之名，出自杨筠松《撼龙经》：请从垣卦论九星，北斗星官系九名。贪巨武星并辅弼，禄文廉破地中行。由此可知，原九星乃山头形体之名，并非方位吉凶。为使大家深刻了解其义，特将九星形体一一详细注解。

贪狼：属木体，顿起如生笋。杨筠松云：贪狼顿起笋生峰，若是斜枝便不同。斜枝侧定为破面，尖而有脚号乘龙。脚下横拖为带剑，文武功名从此辨。横看是顶侧是峰，此是贪狼出阵龙。贪狼共有十二样，尖圆平直小为上，敧斜侧岩倒破穴，祸福轻重自不同。若龙真多出圣贤、宰辅、神童、魁元、文章清贵之士。龙凶则出巫祝、贫困之人。

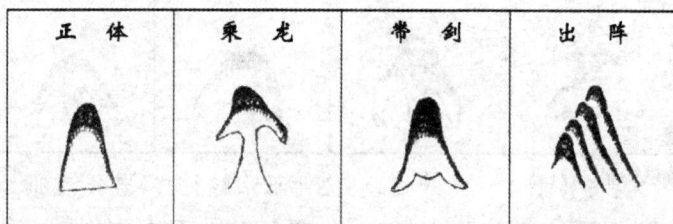

正体	乘龙	带剑	出阵

巨门：属土体，形如顿笏，左右无足。杨筠松云：巨门尊星性端庄，才离祖宗即高昂。星峰自与众星别，不尖不圆其体方。高处定为顿笏样，但是无脚生两旁。如此星峰止一二，方冈之下如驱羊。方冈或如四角样，帐中出带势飞扬。其体端方尊重，无敧斜之形，龙大势雄，多为都会禁地。龙小亦出公卿，大夫。入首粗，出巨富。如果独行、孤露，非作梵宇出高僧，则主衰败。

禄存：属土体。杨筠松云：禄存上形如顿鼓，下生有脚如瓜瓠。瓜瓠前头有好峰，此是禄存带禄处。小脚带禄围本身，将相

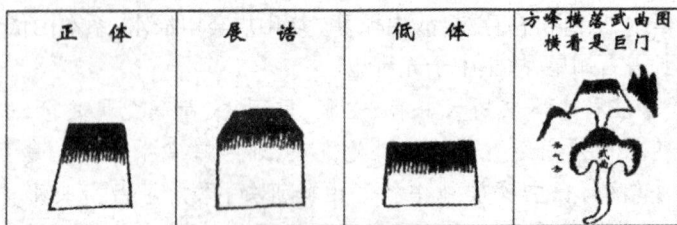

正体	展诰	低体	方峰横落武曲图 横看是巨门

公侯出方处。大如螃蟹小蜘蛛，此是禄存带杀处。杀中若有横磨剑，此是权星先出武。禄存星有吉有凶，屈曲活动，起脊开面为吉，将相公侯多从此出。试看太行之马耳峰，泰山之日观峰，皆禄存身上贪狼峰。故曰：君若识得禄存星，珍珠连城贵无价。若纯阴，脉不分背面，欹斜等则为禄存之凶。

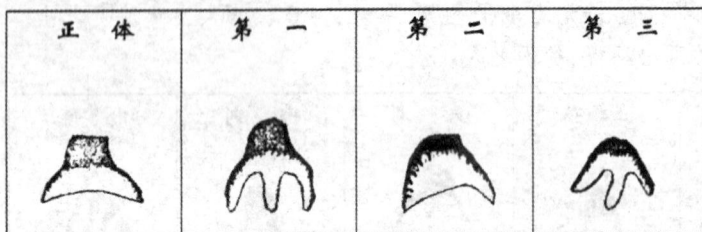

正体	第一	第二	第三

文曲：属水体。杨筠松曰：文曲正形蛇行样，若作淫邪如撒网。此星柔顺最高强，形神恰似生鳝样。问君如何生此山，定出廉贞绝体上。问君如何寻绝体，本宫山上败绝气。问君如何寻本宫，宝殿之下初出龙。又云：九星皆挟文曲行，若无文曲星无变。变星便看何星多，多者为主分善恶。大抵文曲穴，坪、掌宜泡突，过颈宜短小而巧。水不阴流，以枕泡就坪为真。模糊、懒坦、不收则假。

廉贞：属火体。杨筠松云：廉贞如何号独火，此星得形最高大。高由顶上石嵯峨，伞褶犁头裂丝破。只缘尖焰耸天庭，其性炎炎号火星。起作龙楼并宝殿，贪巨武曲因此生。古人深识廉

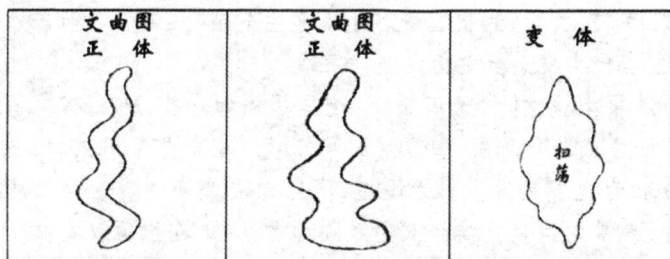

文曲图正体	文曲图正体	变体
		扣荡

贞体,唤作红旗并曜气。此星威烈属阳精,高焰赤黑峰头起。其形有四,尖曰"龙楼",平曰"宝殿",独峰脚摆曰"红旗",土头石脚曰"曜气"。如果顶生天池,带辅弼出,龙次第生峰,则为禁地。余则随龙贵贱而辨大小吉凶。

龙楼	宝殿	红旗	曜气
		石	上土　石石石石　下石

武曲:属金体。杨筠松云:武曲星峰覆钟釜,钟釜之形有何故。钟高釜矮势不同,高即为武矮为辅。武曲端严富贵牢,辅弼随龙厚薄取。真龙若行五六里,临落之时则辅星。如釜如印如皎月,三三两两牵联行。前阔后狭相引从,峡若多时龙猛勇。剥到辅星三四重,仔细来此认龙踪。武曲形体,如果龙大穴真,出

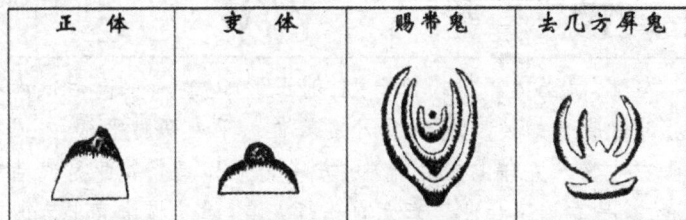

正体	变体	赐带鬼	去几方屏鬼

王侯、宰辅、文行、武权之贵。龙小亦主节钺、兵政。武曲若作间星，主当代大发。若龙伪穴假，主凶。

破军：属金体。杨筠松云：破军星峰如走旗，前头高卓尾后低。两旁失陷落坑阱，壁立反裂形倾攲。不知此星出六府，上有三台远为视。然后生出六曜星，贪巨禄文廉武辅。三台星辰号三阶，六星两两鱼眼挨。双尖双圆如贪巨，却在绝顶双安排。双圆生出武曲来，上台中台下台出。行到六府文昌台，文昌六星如偃月。平顶上头生六星，六处微堆作凹凸。凹中微起如六星，生出九星若排列。其形有：头高尾摆曰"走旗"，左右齐摆曰"盖天帅旗"，一高一下曰"马驰"，层叠曰"天梯"，低横为"刀剑"；其行龙带辅弼，间贪巨武为禁地；次产王侯、宰辅、边疆武功之人；若带护无卫，则为水口、神庙，立穴凶。

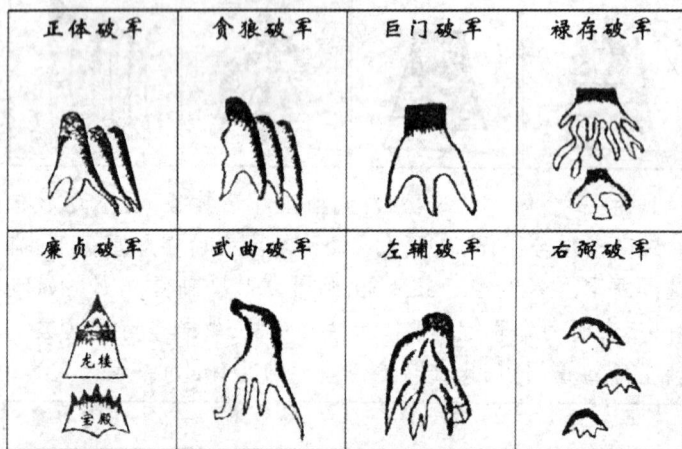

正体破军	贪狼破军	巨门破军	禄存破军
廉贞破军	武曲破军	左辅破军	右弼破军

左辅：属土体。杨筠松曰：左辅正形如幞头，前高后低大小球。伸舒腰长如杖鼓，后大前小驼峰侔。下有两脚平行去，或在武曲左右游。左辅自有左辅形，方峰之下如卓斧。此是武曲辅星形，若是真辅不如此。真龙自作贵龙身，幞头横脚高低去。高

顶高峰圆落肩，忽然堆起如螺卵，又如梨栗堆簇繁。左辅之形，因处穴之方位不同，名称亦各异。在贵龙之左称为左辅，在山顶天池曰侍卫，在明堂曰天乙、太乙，在垣前为左执法，在峡为金乌、玉兔，在水口曰天关、地轴。如果贵龙带左辅为幢幡、旗鼓、马驼、印剑等则为禁穴大地。若自作行龙，形如驼峰、幞头等，主出台谏、翰苑。清贵、独行、孤露，则非为道院，则衰败出僧尼。

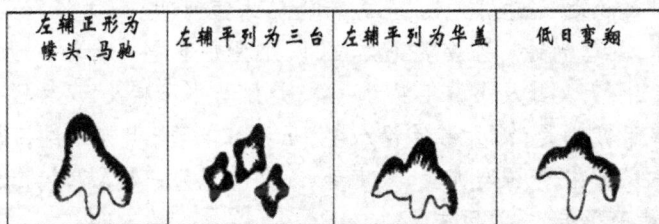

左辅正形为幞头、马驰	左辅平列为三台	左辅平列为华盖	低日鸾翔

右弼：属金体。杨筠松曰：要识弼星正形样，于星断处引藏行。引藏是形名隐曜，此是弼星最要妙。抛梭马迹线如丝，蜘蛛过水上滩鱼。惊蛇入草失形迹，断脉断迹寻来无。……博龙失脉失迹时，地上朱弦琴背见。若识弼星引曜官，处处观来皆是吉。此星多吉多旁凶，盖为藏形本无实。若右弼散在诸山之中，作行龙过脉，撒落平阳，常带辅星作铺毡展席之势，穿珠浪涌之形，主出高贤、大贵、妃嫔。若龙衰败，则出官人、闲散、游食。

起顶为鱼袋、玉尺、蛾眉	方为金箱、玉印	小为银瓶、玉盏	圆为穿珠

至此，天机九星，杨公九星及小游年变卦均已注完。把以上三种方法连贯起来分析，则本文所云之水法不可信矣。

其一、天机九星与杨公九星是论峦头之形体,属风水中形法一派。小游年变卦是言八卦之变化,与方位毫无干系。本文强把二者混为一体,用以收山收水,是以张之孙继李之宗祖,血脉不通,鬼神不通,岂能吉庆!且杨廖为唐宋之人,晋时之郭赵竟能知后来之术,岂非怪哉!此为后人妄添杜撰者甚明。

其二、杨廖九星,是以五行论峦头形体,水法若强要借用,则应以形论之,金圆、火尖、土方、水曲、木直可也,破军禄存无非变体,其理尚通。即使要论方位,以九星亦不失一家之言,反与天定卦,天父卦及小游年混为一体,是风马牛不相及,反致驳杂。小游年亦如是,如大游年论八宅,虽不合义理,但亦清纯,不失为一家之说,今强与九星、天定卦、天父卦混为一起,却成为大杂烩,诸论尽失,故为伪法。

其三、地理水法,诸论甚多,若以形论,则莫不以屈曲之玄为吉,反跳直射为凶,而此法不论其形如何,只方位论;若武曲、贪狼吉位有水直射而入,或反跳而去,不知该论吉还是论凶?反之,破军、廉贞、文曲之方有水屈曲朝入,清澈清香,不知是该论吉庆还是该论凶祸、淫荡?与地理形法自然之理相悖,故伪。

其四、吉凶互抵。如乾山巽方来水,天父卦为辅弼,吉;小游年则为廉贞五鬼,凶。震方来水,天父卦为破军,大凶;小游年却是巨门天医,大吉。艮方来水,天父卦为禄存,凶;小游年却为武曲福德,吉。再如坤山,震方来水,天父卦为贪狼方,最吉;小游年却为廉贞五鬼方,至凶。兑方来水,天父卦为廉贞凶方;小游年却为武曲福德吉方。其余六卦皆如是。此凶彼吉,此吉彼凶,一理之中,抵触如是,何能为法?故为伪。

其五、古人以二十四山配二十四节气,则山山有用,向向不同。本文不仅强以纳甲之法论吉凶,且混入三合。如坎纳癸,申辰从之;震纳庚,卯未从之等。自认为标新立异,自成一家,却不知步步错误,无一合法。如坤乙山,震方水来,以纳甲论,震中有乙,为纳甲水,故云"长男荣禄位"。但乙隶震,震方小游年又为廉贞五鬼,反主凶。又如坎山申方水来,申金为坎之长生位,又为三合,当以吉论。但申隶坤,小游年又为绝命至凶之方。又如离山收壬寅戌三方之水,壬方为纳甲,寅戌方为三合,应主吉。但壬隶坎,小游年为禄存绝体;寅隶艮,小游年为廉贞五鬼;戌隶乾,小游年为破军绝命,皆为凶方。此本山与纳甲吉凶之相抵者。再如形法中以穴后来水为至凶,若有水缠,方是气聚,又是水缠玄武吉格。而本文却主张山后有水流入冲背为吉。如乾山乾方有水流入为贪狼,主文章之贵。坤山有坤水流入,天卦得右弼星,皆主文章光显。离山离水系本山伏位,天卦得巨门星,主大旺多财。震山得震水,得天卦右弼星,主大富贵。艮山得艮水亦为右弼星,吉。坎山得坎水,也是本山伏位,天卦得右弼星,因坎为中子,故主中子光辉。诸如此类,皆是以穴后有水流入为吉,与地理自然水法相悖,故为伪。

对于九星与卦例断风水吉凶,古人早以为谬,特摘几节辨谬于下,以供参考。

蒋大鸿在《平砂玉尺辨伪·龙属五行辨》一节中说:夫五行者,阴阳二气之精华,散于万象,周流六虚,盈天地之内,无处不有五行之气,无物不具五行之体。今以龙而言,则直者为木,圆者为金,曲者为水,锐者为火,方者为土。又穷五行之变体而曰贪狼木、巨门土、禄存土、文曲水、廉贞火、武曲金、破军金、左辅土、右弼金,五行之变体尽矣。此杨曾诸先觉,明目张胆以告后人者也。夫此九星五行者,或为起祖之星,或为传变之星,或为结穴之星,或为夹从辅佐之星。或兼二、或兼三、或兼四,甚而五星传变,则地大不可名言。此以见五行者变化之物,未有单取一行不变以为用者也。今不于龙体求五行之变化,而但执方位论五行之名字,是使天地之生机不变不化,取其一盖废其四矣!……我愿世之学地理者,山龙只看结体之五星,平壤只看水城之五星,此乃五行之真者。苟精其义,虽以步武杨赖,亦自不难。至于方位五行,小玄空五行,宗庙洪范,双山三合,断不可信。即正五行,八卦五行,亦不可拘。

梅漪老人《阳宅辟谬·辨九星》:八宅中有抽爻换象之术,其法以本宫为伏位,兼主辅弼二星。因从上爻变起为一变,为生气贪狼木,如坎☵上爻变为巽☴,是生气。再变中爻为五鬼廉贞火,如巽中爻再变为艮☶,是五鬼。再变下爻为延年武曲金,如艮下爻变离☲,是延年。又变中爻为六煞文曲水,如离中爻又变为乾☰,是六煞。又变上爻为祸害禄存土,如乾上爻又变为兑☱,是祸害。又变中爻为天医巨门土,如兑中爻又变为震☳,是天医。又变下爻为绝命破军金,如震下爻又变为坤☷,是绝命,八宫皆如此例。试问初变何以当为贪狼?再变何以当为廉贞?则其本原不可得而知也。斗为帝车,斟酌元气。辅弼二曜,隐扶斗纲,生人系命,皆在于此,故以九曜分配九宫,实与洛书相为表里。今将辅弼合并八星混配,与昔圣人画井分州之意先已刺谬,又焉知定卦审星无穷妙用乎!亦有用此术忽然由中者,是乃偶与时会,故巧相合,而非其术之灵,世人切莫误会也。

徐善继、徐善述《人子须知·论九星之谬》一节,更为精细,亦介绍如下。

九星云者,贪狼、巨门、禄存、文曲、廉贞、武曲、破军、左辅、右弼是也。立名之谬,则牧堂蔡氏曰:名出于北斗经咒文。按《星经》北斗之名,一曰天枢、二曰璇、三曰玑、四曰权、五曰衡、六曰开阳、七曰瑶光、八曰辅、九曰弼,无贪狼、巨门之说也。其法以贪为上吉,武巨次之,辅弼又次之,禄文廉破皆凶。立法之谬,蔡氏按《汉书》曰:贪狼以贪如狼虎为凶,廉贞以廉而贞节为吉,无贪狼为吉,廉贞为凶之说也。其为五行,以贪为一木,巨为一土,禄为二土,文为一水,廉为独火,武为一金,破为二金,辅为二木,弼为九土。五行之谬,蔡氏按《星经》曰:一星主天,二星主地,三星主火,四星主木,五星主土,六星主木,七星主金,无贪狼为木,巨门为土之说也。至于以贪狼为生气,巨门为天医,禄存为绝体,文曲为游魂,廉贞为五鬼,武曲为福德,破军为绝命,辅弼为本宫,蔡氏曰:谓生气、天医、福德为三吉,绝体、游魂、五鬼、绝命,本宫为五凶,皆非郭氏本说也。他如以贪为太常六合,巨为朱雀,禄为贵人,文为小吉,廉为勾陈、螣蛇,武为太阴、青龙,破为白虎。又有一家以贪为木星、巨为天财、禄为孤曜、文为扫荡、廉为燥火、武为金水、破为天罡、辅为太阳、弼为太阴。又有一家以贪为生龙、巨为福龙、禄为病龙、文为狂龙、廉为死龙、武为旺龙、破为败龙、辅弼为绝龙。又有一家以贪为小吉传送,巨为大吉,禄为太乙、胜光,文为从魁、河魁,廉为功曹、太冲,武为登明、神后,破为天罡。……凡此,皆各执偏见而各立门户,互相争竞,有不胜其舛错也。其在天星,以贪为天蓬,巨为天芮,禄为天冲,文为天辅,廉为天禽,武为天心,破为天柱,辅为天任,弼为天英。其在卦例以贪为一坎、巨为二坤、禄为三震、文为四巽、廉为五中、武为六乾、破为七兑、辅为八艮、弼为九离。其在五色,以贪为一白、巨为二黑、禄为三碧、文为四绿、廉为五黄、武为六白、破为七赤、辅为八白,弼为九紫。白为吉,紫次之,余色皆凶。夫以碧绿黄赤为凶者,谓其历廉禄文破也。紫白取贪武辅弼以为吉,碧绿赤黄因禄文廉破以为凶,犹其术也。何二黑既属巨门,已为吉星,二黑反为凶色,星吉色凶,自相水火。况又是既以文曲为凶,奇门又以天辅为吉;九星既以贪狼为吉,遁甲又以天蓬为凶。是何吉凶之颠倒难凭? 若是乎,又按翻卦配星,以贪配生气,廉配五鬼,庶几同矣。乃又有移之于山水,以本山起破军,顺行三匝,周二十四位。又有移之于主山起破军,逆行九匝而周七二骨节之说。则今之贪非复向之生气,安得犹谓之吉?今之廉非复向之五鬼,安得犹谓之吉?以其消水法为例,申子辰寅午戌壬癸艮甲乙巽丁坤庚辛等一十六向,皆要水倒左边,殊不知在左边如三匝之说,则必吉凶相参,未尝不置贪巨于禄文之先。巳酉丑亥卯未丙乾八方又要水倒右边,殊不知其右边如山水骨节之例,则亦吉凶叠居,未必不排辅弼于武破之后,何得便以切近一字处分左右之善恶乎?无怪乎蔡氏之黜之曰:"九星之五行,所属不足据,而吉凶无准。"斯言诚万世不移之定论也。

另:魏青江、沈六圃、叶九升等均有言九星、大小游年变卦之谬者,有兴趣者,可参看《地理大成》《阳宅大成》《地学》等书。

古人不以本文为法,阴阳宅皆同。举例以说明。

例 1. 见《平砂玉尺经》第 555 面所举"银邑叶氏祖地"例。

按:该地壬山丙向,丁、艮、巽、甲四方有水屈曲朝入,至酉方消出;后托有长鬼,带墩如拳,称长鬼证穴格。以本文之理论,坎山得丁水,小游年为禄存绝体,凶。坎山得艮水,天卦为破军星,主出凶恶贼徒。坎山得巽辛水,天卦得禄存星,主出孤寡。均主凶,而此局却大吉,以说明本文之谬。

例 2. 见《平砂玉尺经》第 76 面所举"戴广一公地"例。

按:旧有偈云:"獭赶鲤鱼走,走到汪坑口,有人葬得着,量金须用斗。"此局巳山亥向,巳隶巽;亥龙转庚酉辛入丁作亥向,眠堆谷形案。向上两水朝入为贵证。但本文云:"巽山得震庚亥未水,天卦得禄存星,亦凶。"小游年巽见乾水为廉贞五鬼,亦凶。均与实不符,故本书之法为伪。

例 3. 见《平砂玉尺经》第 114 面和《水龙经》第 23 面所举"丰城陆侍御祖地"例。

按:此局酉山卯向,酉隶兑。卯方水朝,西方及丙方亦有水朝入,至子方合襟消出。以本文论,兑山得本宫水为天卦伏位水,为禄存星,主多疾病。得丙方水为天卦文曲,主淫荡疾病。得卯水虽天卦为左辅星,小游年却为破军绝命至凶水,均主凶,亦与实不符。

后第六十七、六十八两篇皆言贪巨武九星,理同上注,不再详述。

羲皇卦篇第六十七

【原文】欲识羲皇卦,乾离是的亲。

坎坤相结托,震兑自相邻。

此即绝命卦,从天地卦七变而来,向坐穴以此定吉凶。一名入中卦,于天定卦之绝命位装本宫。天定卦,乾山兑上装生气,离山震上装生气。羲皇卦乾山生气震,离山生气兑。天定卦坎山生气巽,坤山生气艮。羲皇卦坤山生气离,震山生气乾。

长女情须切,少男意亦深。

天定卦巽山生气坎,艮山生气坤。羲皇卦巽山生气坤,艮山生气坎。

流泉冲吉处,终须保万金。

此卦水亦要出处吉,如东汉金日磾宅,坎山丙向,癸乙水折寅归坎去,数世公侯,堆金积玉,主大富贵,应此卦。附地母卦:

乾禄廉文艮贪狼,巽巨坎破坤辅行。

震廉兑武坐中宫,顺飞九宫要分明。

【注解】羲皇:即伏羲,古代传说的三皇之一,故曰羲皇。八卦即此人始画,称"先天八卦",为《易经》之正宗。但本文所说的羲皇卦虽借其名,却为伪法,两者一真一伪,不可混淆。

地母卦:地母卦从坤翻起。坤上爻变为艮为贪狼,艮中爻变为巽为巨门,巽下爻变为乾为禄存,乾中爻变为离为文曲,离上

文离　　巨巽　　辅坤　　武兑
　　　　　　　　　　　　　　起

禄乾　　贪艮　　破坎　　止廉震

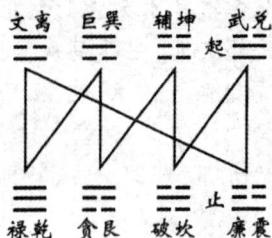

爻变为震为廉贞，震中爻变为兑为武曲，兑下爻变为坎为破军，坎中爻复变为坤为辅弼。

羲皇卦的求法，是从天地卦第七变中装生气，而天地卦的第七卦，正好是破军绝命，由此，天定卦的最凶之位绝命，反为羲皇卦的最吉位生气。如天定卦乾山以震方为破军，羲皇卦则震方为生气。天定卦坤山以离方为破军，羲皇卦则以离方为生气。余六卦同。由是可知，此法与前天定卦之法吉凶恰好相反，相互抵触，何真何伪，实难自圆其说，故均为伪法。详参前章注解。

金日碑（日碑音密堤）（公元前134—前86年）：本为匈奴休屠王太子，汉武帝时归汉，赐姓金。初没入官，后为马监，迁侍中，因笃实忠诚而为汉武帝信爱。汉武帝死后，受遗昭辅政，为霍光之副，封秺侯，原文言为东汉人有误。再看其宅，壬山丙向，癸乙水折寅，归坎而去。坎山天定卦以坤方为贪狼，艮方为破军，而羲皇卦则以艮（寅）方为生气，故云吉。殊不知此局坤水至寅，绕抱气聚。癸水曲折有情，吉实在形，而非合天定、羲皇二法。

卷九

九星吉凶篇第六十八

【原文】贪狼一木星，遇着福来迎。寅卯辰为旺，亥子丑为生。官荣终可待，财帛亦堪并。但看三八数，喜庆到门屏。

木生数三，成数八，其星应三八之年月。

左辅为二木，喜庆多财禄。束帛遍乡间，婚姻得宦族。

及第锦衣新，牛羊满山谷。田宅尽膏腴，儿孙世丰足。

巨门惟一土，中居五行主。富贵高齐秦，文章显邹鲁。

辰戌永相扶，丑未递匡辅。五与十年月，祯祥集门户。

巨门主文章，旺辰戌丑未年月日，生数五，成数十，应在五十年月。

禄存为二土，子孙多困苦。女子事娇淫，儿孙学游赌。

丑陋遍乡村，风声辱门户。疾病百般灾，仃伶又聋瞽。

文曲一水星，逢之事事迍。官灾常在户，疾病不离身。

女子多淫荡，儿孙亦苦辛。一六之年内，瘟疫失姻亲。

水生数一，成数六，其吉凶应一六之年月。

斗柄破军星，其星不可听。公事年年至，资财日日倾。

火盗家无主，奸淫有外情。四九灾须至，二金凶恶名。

金生数四，成数九，其吉凶应四九之年月。

武曲为一金，造作福来临。荣官多进职，积贮旺宫音。

女嫁豪家子，男婚富锦衾。畜牲遍间野，家富海宏深。

右弼火星君，吉凶未可分。旺生增福禄，败绝长灾迍。

旺在东南喜，衰为西北嗔。二七生成数，兴亡渐有因。

在生旺乡则吉，能增人长寿、福禄，在败绝能生灾祸。

廉贞独火星，其恶不堪闻。女有风声秽，男罹灾病迍。

刑伤来倾刻,祸败亦逡巡。但候生成数,居家火自焚。

【注解】齐秦:秦是言苏秦,战国时东周洛阳人。曾游说燕韩赵魏齐楚六国合纵抗秦,因而身佩六国相印,故本文以富贵喻之。后其合纵为张仪所破,苏秦遂至齐为客卿,故曰齐秦。

邹鲁:邹,孟子故乡;鲁,孔子故乡;代指文化发达之地。

此节九星吉凶之应,是以九星生旺而论,如木生于亥子丑月,旺于寅卯辰月,贪狼木为吉星,故吉应在此六月。又如文曲水生于申酉戌月,旺于亥子丑月,文曲为凶星,故凶应在此六月。余七星同。至于三八、一六、二七之说,是指吉凶所应之时间,并非指某一个月。

方道远近篇第六十九

【原文】方道村坊与山谷,造作如何远近同。

更有邻居人造作,隔街衢巷亦相通。

但看修造方隅处,数尺之间有犯无。

凡京城、府、州、县与村坊及山谷之地,各有不同,造作方道不可一例而拘,京城府县为寸金之地。

只隔街衢并大道,修营不用问方隅。

但取身壬六分利,自然可作勿常拘。

州县官员修廨宇,只有楼台不可为。

凡京城州县为寸金之地。民家作方,但隔街衢并大路,修营不必问方隅,作之虽近不妨。只看身壬有五六分利便可作,不问方隅吉凶、星煞及有气无气,只忌刑方之年月并刑命杀之年月。官家作方,只忌更楼、鼓楼、敕书楼台。

更有站城并馆驿,二者犯之主有危。

轩亭内舍及池塘,修葺并为莫问方。

凡官家兴建亭榭轩宇,内舍池塘,小小修葺,不问吉凶之方,但取日吉，余并不畏。州府县京都，以衙庭为正。

不比寻常村落地，犯之当月见灾殃。

修方或近隔大水，非舟不渡水流长。

吉凶不应由君意，惟选日时最可忧。

古云寸水当丈山，或远神杀不相关。

任是山源村落地，吉凶终是一般般。

村落之地修葺方道，或近隔大溪水长流不绝，用桥梁舟渡处，亦不问吉凶方道星杀，惟忌太岁一星、五般会杀、暗剑、剑锋，日家正杀；余皆不忌。山源地吉凶仿此推。

爻位之方远则强，近时或犯两三方。

但就一辰为吉处，吉凶可否自家详。

邻家造作须稍近，异姓非宗亦不妨。

凡造作须看爻位，远则方隔正，近则犯两三方，吉凶难裁酌。如坐丙作壬，只忌丙壬上凶星，或近则乾亥壬子癸可知，此三四方难得一时俱好也。若近人家造作，不同姓不妨，虽同姓不是服内亦不妨。

服内但看天德避，吉凶斟酌更裁量。

七十衰翁气力羸，推之为长更多危。

三岁小儿运未足，用之亦遂少便宜。

如服内近亲犯宅长凶杀，须移床就天德方避之，亦须审其吉凶之位。宅长七十以上不用，三岁小儿不用，妇人为宅母亦如此。

但取丁年旺盛者，自然久久福堪奇。

俗云长以重爻忌，此说从来不可听。

惟取临方安吉处，自然昌盛益家荣。

俗云前造作于此立爻，再立则大灾，此说不可信。

几见愚夫别用心，乱言吉凶似迷人。

若能依此《元经》意,应验吉凶如指陈。

【注解】郭璞在《葬经》中说:"气乘风散,界水则止。"气不自行,因水以导之;气不自止,因水以界之;气不自聚,因水交会而聚之。所以,凡水弯环抱之处,其气必聚;凡水割断之处,其气必止。周景一在《山洋指迷》中说:"气者水之母,水者气之子。有气斯有水,有水斯有气。水来则气来,水止则气聚,水抱则气全,水汇则气止。水有聚散,而气之聚散因之;水有浅深,而气之厚薄因之,故因水可以验气。"蒋大鸿在《天元歌第三》中说:"自上而下山之止,自外入内水之止。山来多止止求真,水来多止止贵神。"《都天宝照经》云:"好龙脱卸出平洋,百十里来长。离祖离宗星辰出,此是真龙骨。前途节节出儿孙,文武脉中分。直见大溪方住手,诸山皆不走。"又有歌云:"山去水去龙送去,此是龙行犹未住;山走斜飞水不停,不是真龙作穴处。""大水大河齐到处,千里来龙住。"以上诸论,皆言水能界止龙气。故本文云"修方或近隔大水,非舟不渡水长流。吉凶不应由君意"。这是因为邻居修造虽近,但因其气被水界断,彼方之气与我不连,故吉凶与我毫不相关,其理通。城市房屋稠密,无水界割,但以路作虚水,凡两屋之间,有街巷道路,均为虚水界气,其气亦不能通。故本书云"只隔街衢并大道,修营不用问方隅"。

本节旨在讲修方。全文中除"界水止气","但就一辰为吉处"等语合义理外,余"但取身壬六分利"等皆无义理。为使大家懂得修方真谛,特介绍《钦定协纪辨方书》《选择求真》《象吉通书》《阳宅集成》等书中有关修方章节如下,以供参考。

论修方:

凡修方,先定中宫,于中宫下罗经,格定所修之方属何字,先查此字何年可修,次查何月可修,然后择吉日与方生合则吉。

方之必不可修者,日本年戊己方,岁破方,太岁到方而带戊己、打头火、金神。月家则大月建、小儿煞，此皆必不可犯者也。至月家丙丁火及飞官之打头火，天地官符次之，有制可修。

方之可修者有三种。一曰空利方。本年无甚大凶煞占方，亦无甚吉神到方，但择吉月吉日以修之方亦自平稳。二曰修吉神方。或太岁方而带吉不带凶也，必要八节三奇到；或三德方，如甲年六月，则岁德、天德、月德会于甲方也；年天喜方也，子年酉、丑年申、寅年未、卯年午、辰年巳、巳年辰、午年卯、未年寅、申年丑、酉年子、戌年亥、亥年戌。次之则年月三台土曲方也（即平字），青龙官国方也（即开字），极富谷将方也（即危字），魁罡显星方也（即定字），月家之金匮方也，本年之窍马方也，此皆年月之吉方也。又或本命之禄马贵人方也，本命食禄方也，又或本命之贵人禄马飞到此方也。此三者乃本命之吉方也，必年月之吉方又合本命之吉方，择吉日修之，则无不吉也。

择吉日之法如何？曰：吉方宜扶不宜克，扶则福大，克则无福。年家与此方或三合局，或一气局，又必此方旺相之月，则诸吉当权，修之自然发福。然修吉方必不叠紧要煞乃可，盖吉不宜克，而煞又要克，二者不可相并也。若不紧要之煞，则不必论也，方吉命吉自然降伏矣。三曰修凶煞方，除戊己、岁破及太岁带凶者不修外，其余皆可制而修也。

论修方兼山向及中宫：

修方亦有分别，不问正向横向，但在后不作住房而只作书室下房者，则只论修方，而开山立向之吉凶不必论也。若在后欲作住房，则以开山立向为主，而兼修方论。必山向利，方向又利乃可修也，此论甚确。盖虽修方而欲作正寝，则是其宅以所修之屋为主房，故即同开山论。今人修方不论后面是住屋闲屋，一概论方不论山向，大失古人之旨。

四围有屋，则中间之屋名中宫，太岁在向及戊己煞占山向，则中宫终年不吉，不可修。月家大月建、小儿煞，打头火占中宫，亦不可修。

月家飞宫天地官符入中宫，若年月紫白三奇在中宫，或本命贵人禄马飞入中宫，则可修也。

凡修中宫，忌戊己日。盖中宫本属土，又用戊己日，则助起土煞，不吉也。若辰戌丑未日，尤忌戊己日。

论开山立向与修山修向不同：

凡鼎新开居，倒堂竖造，皆谓开山立向，则单论开山立向吉凶神，至年与月之修方凶神，俱不必论。修主原有住屋，欲于屋后修造，谓之修山，不名开山，则忌开山凶神，兼忌修方凶神也。向上凶神，除太岁、三煞二者外，其余不必论矣。住屋前修造，谓之修向，不名立向，则忌立向凶神，兼忌修方凶神也。坐山凶神，除岁破、三煞二者外，其余不必忌矣。若所修之处前后还有屋，则又兼中宫凶神论。

修山修向修方，看与修主住房利否，如与住房不利，又欲急修，则宜避宅别居，俟工完后入新宅可也。既避宅而去，则只论山向空利，而方道与中宫神煞皆可不拘。修方神煞年家以三煞、岁破为最，打头火、天地官符次之。月家以大月建、小儿煞为最，飞宫官符、独火次之。凡修山修向者，必要兼避方煞，惟新开山立向者不论方煞也。修山而忌三煞在向者，盖三煞在向亦凶，必俟休囚之月乃可修山也。修向而忌三煞岁破在山者，盖山既大不利，则向亦不利也。

坐宫修方法：

修方动土，如家主不出火避宅是。即在屋内左右两旁或住屋墙外左右两旁修造。将罗经格定在某字位上，查其年月，无甚紧杀占方，利于修造，然后择日兴工。盖不倒堂，不动中宫，不必避宅出火，此为坐宫修方法。

胡晖认为，坐宫修方若在一二月方毕工者，依上法修造。若只三五日内完工者，则宜先从吉方修起，连及凶方，复从吉方毕工，则不凶反吉，此为带修之法。

移宫修方法：

修方忌于祖堂不利，则合家不利，然相离稍远者皆可。若于祖堂利而于修主之屋不利，则主不利而合家不得受福。修主之屋若与祖堂同栋，则吉凶同论，若异则必兼论。古人云，祖堂不利，则移香火于吉方好修；主住屋不利，必要迁居于吉方乃可修作。如本年利作兑方，不利作震方，则移香火与住房于东，其所修之方昔视之为震，今视之为兑，此活变之法。凡移徙而修者，必待修完后方可择吉入宅。

邻家修作：

凡邻家修作，就本家中宫置立罗经，格邻家所修之方，如值年月官符、太岁、三煞、大小月建等杀，当用移宫活法，请祖先福神香火暂居空界，将符使照起邻家所修之方，令转向为吉方，候月节已过，本家住居再无杀道占居，然后奉回香火，待岁除卸符，无妨。

按：本文云邻家修方若异姓或同宗但出服，犯凶煞无妨之论不通。既犯凶神，同宗者为犯，异姓者也是犯，何以此凶彼无事？莫非异姓犯之，可嫁祸于他人么？不可信。

修方吉凶神煞甚多，今据《象吉通书》择常见紧要者制表于下，以供有兴趣者参考研究。

年家开山修方吉凶总局见第302面至306面的表。

古时神煞，多至数百。同位异名者有之，相互抵触者有之，毫无义理者亦有之。这里只拣一些常见者录出，供有兴趣者参考。清时魏青江集五十余年经验，对神煞的吉凶应验有所体会，在《阳宅大成·修方应验》中一一列出，特摘于下：

月游煞,同年三煞在方,疾病破败,刑克生命,主损伤。吉神制化发福添丁。

戊子游煞:犯动宅长凶,惟水木二命不忌,但防疾病火灾。

戊午游煞:犯动宅母患目,火灾损畜。吉制平安无咎。

羊刃:犯动主痰病。吉星制化发财禄,无吉星不可动。

飞刃:又名指背煞,叠凶遭冤枉,吉星制修发横财。

吉神名 ＼ 年干	甲	乙	丙	丁	戊	己	庚	辛	壬	癸
岁干德	甲	庚	丙	壬	戊	甲	庚	丙	壬	戊
岁德合	己	乙	辛	丁	癸	己	乙	辛	丁	癸
岁干禄	寅	卯	巳	午	巳	午	申	酉	亥	子
阳贵人	未	申	酉	亥	丑	子	丑	寅	卯	巳
阴贵人	丑	子	亥	酉	未	申	未	午	巳	卯
福星贵人	寅	丑亥	子戌	酉	申	未	午	巳	辰	卯
解神	巳	巳	申	申	寅	寅	酉	酉	卯	卯
天厨贵人	巳	午	巳	午	申	酉	亥	子	寅	卯
天福贵人	酉	申	子	亥	卯	寅	午	巳	午	巳
文魁星	午丁	午丁	辰酉	卯戌	辰酉	辰申	巳丑	子	午	未
文曲星	巳丙	午丁	申庚	酉辛	亥庚	戌辛	寅壬	卯乾	甲	乙
科甲星	丁卯 艮	己卯 离	辛卯 坎	癸卯 坤	乙卯 震	丁卯 巽	己卯 中	辛卯 乾	癸卯 乾	乙卯 兑
黄甲星	戌	申	午	辰	寅	戌	申	午	辰	寅
催官星	辰酉	巳申	午	卯戌	寅亥	寅亥	巳申	子丑	未	子丑
天禄星	艮	震	巽	离	巽	离	坤	兑	乾	坎
天帑星	乾	坤	艮	兑	坎	离	震	巽	乾	坤
天喜星	寅卯	戌亥	申酉	午未	辰巳	寅卯	戌亥	申酉	午未	辰巳
天财星	午未	辰巳	辰巳	寅申	寅申	戌亥	戌亥	申酉	申酉	午未
魁名星	震	震	巽	巽	坤	坤	乾	乾	坎	坎

吉方神名＼年支	子	丑	寅	卯	辰	巳	午	未	申	酉	戌	亥
岁天德	巽	庚	丁	坤	壬	辛	乾	甲	癸	艮	丙	乙
天德合	申	乙	壬	巳	丁	丙	寅	己	戊	亥	辛	庚
岁月德	壬	庚	丙	甲	壬	庚	丙	甲	壬	庚	丙	甲
月德合	丁	乙	辛	己	丁	乙	辛	己	丁	乙	辛	己
岁支德	申	未	午	巳	辰	卯	寅	丑	子	亥	戌	酉
岁支合	丑	子	亥	戌	酉	申	未	午	巳	辰	卯	寅
地仓	巳	辰	午	申	亥	辰	丑	寅	巳	辰	午	酉
金匮	子	酉	午	卯	子	酉	午	卯	子	酉	午	卯
博士	巽	巽	坤	坤	坤	乾	乾	乾	艮	艮	艮	巽
奏书	乾	乾	艮	艮	艮	巽	巽	巽	坤	坤	坤	乾
催官鬼使	午	子	丑	未	寅	申	卯	酉	辰	戌	巳	亥
天官星	癸	癸	乙	乙	乙	丁	丁	丁	辛	辛	辛	癸
文昌星	巳	午	巳	午	巳	午	巳	午	巳	午	巳	午
进禄星	乾	巽	坤	乾	巽	坤	乾	巽	坤	乾	巽	坤
三台星	巽	巽	离	离	坤	兑	巽	坤	坎	艮	艮	震
八座星	乾	兑	坤	离	离	巽	巽	震	艮	艮	坎	乾
天寿星	乾	坎	坎	坎	乾	乾	乾	坎	坤	坤	坤	坤
官国星	子午	辰戌	丑未	亥巳	寅申	卯酉	子午	辰戌	丑未	亥巳	寅申	卯酉
天嗣星	甲卯	巽巳	子未	庚酉	乾亥	庚酉	辛戌	壬子	艮寅	辛戌	壬酉	癸申
财帛星	庚酉	戊乾	丙午	甲卯	辰巽	未坤	庚酉	戊乾	丙午	甲卯	辰巽	未坤

吉方神名＼月干	甲	乙	丙	丁	戊	己	庚	辛	壬	癸
月干德	甲	庚	丙	壬	戊	甲	庚	丙	壬	戊
干德合	己	乙	辛	丁	癸	己	乙	辛	丁	癸
月正禄	寅	卯	巳	午	巳	午	申	酉	亥	子

吉方　月令　神名	正月	二月	三月	四月	五月	六月	七月	八月	九月	十月	十一月	十二月
天道行	南	西南	北	西	西北	东	北	东北	南	东	东南	西
天德方	丁	坤	壬	辛	乾	甲	癸	艮	丙	乙	巽	庚
天德合	壬	巳	丁	丙	寅	己	戊	亥	辛	庚	申	乙
月德方	丙	甲	壬	庚	丙	甲	壬	庚	丙	甲	壬	庚
月德合	辛	己	丁	乙	辛	己	丁	乙	辛	己	丁	乙
月恩方	丙	丁	庚	己	戊	辛	壬	癸	庚	乙	甲	辛
月空方	壬	庚	丙	甲	壬	庚	丙	甲	壬	庚	丙	甲
月财方	午	乙	巳	未	酉	亥	午	乙	巳	未	酉	亥
极富星方	午	未	申	酉	戌	亥	子	丑	寅	卯	辰	巳
天医星	卯	亥	丑	未	巳	卯	亥	丑	未	巳	卯	亥
天喜	戌	亥	子	丑	寅	卯	辰	巳	午	未	申	酉
五富	亥	寅	巳	申	亥	寅	巳	申	亥	寅	巳	申
六合	亥	戌	酉	申	未	午	巳	辰	卯	寅	丑	子
解神	申	申	戌	戌	子	子	寅	寅	辰	辰	午	午
天嗣星	未	酉	亥	酉	戌	子	寅	戌	子	丑	卯	巳

日、时吉神略。

山向修方凶神局：

凶方　岁干　煞名	甲	乙	丙	丁	戊	己	庚	辛	壬	癸
羊刃	卯	辰	午	未	午	未	酉	戌	子	丑
飞刃	酉	戌	子	丑	子	丑	卯	辰	午	未
正都天	子	乾	子	乾	兑	午	巽	午	巽	卯
游都天	兑	午	巽	卯	子	卯	子	乾	兑	离
破败五鬼	巽	甲	乾	庚	丁	巽	甲	乾	庚	丁
千斤血刃	巽	艮	坤	震	离	坎	兑	乾	巽	艮
隐伏血刃	乾巽	午未	寅戌	亥乾	丑卯	乾巽	午未	寅戌	亥乾	丑卯
金神七杀	午未申酉	辰巳	寅卯午未子丑	寅卯戌亥	申酉子丑	午未申酉	辰巳	寅卯午未子丑	寅卯戌亥	申酉子丑

吉方神名＼岁支	子	丑	寅	卯	辰	巳	午	未	申	酉	戌	亥
坐山罗睺	乾	艮	巽	离	兑	坤	坤	艮	坎	坎	巽	乾
天官符	亥	申	巳	寅	亥	申	巳	寅	亥	申	巳	寅
地官符	辰	巳	午	未	申	酉	戌	亥	子	丑	酉	卯
皇天炙退	甲卯	壬子	庚酉	丙午	甲卯	壬子	庚酉	丙午	甲卯	壬子	庚酉	丙午
白虎煞	申	酉	戌	亥	子	丑	酉	卯	辰	巳	午	未
阴府太岁	未	午	巳	辰	卯	寅	丑	子	亥	戌	酉	申
巡山罗睺	乙	壬	艮	甲	巽	丙	丁	坤	辛	乾	癸	庚
打头火	子	酉	午	卯	子	酉	午	卯	子	酉	午	卯
独火	艮	卯	卯	子	巽	巽	酉	午	午	坤	乾	乾
劫杀	巳	寅	亥	申	巳	寅	亥	申	巳	寅	亥	申
灾杀	午	卯	子	酉	午	卯	子	酉	午	卯	子	酉
岁杀	未	辰	丑	戌	未	辰	丑	戌	未	辰	丑	戌
流财煞	乾	申	丑	丑	丑	乾	乾	乾	丑	申	申	申
净栏煞	巳	午	未	申	酉	戌	亥	子	丑	寅	卯	辰
旁杀	巳	午	未	申	酉	戌	亥	子	丑	寅	卯	辰
的杀	午	未	申	酉	戌	亥	子	丑	寅	卯	辰	巳
照杀	未	申	酉	戌	亥	子	丑	寅	卯	辰	巳	午
丧门	寅	卯	辰	巳	午	未	申	酉	戌	亥	子	丑
病符	亥	子	丑	寅	卯	辰	巳	午	未	申	酉	戌
暗刀煞	辰	卯	亥	申	未	丑	辰	卯	亥	申	未	丑
八座	酉	戌	亥	子	丑	寅	卯	辰	巳	午	未	申

吉方凶煞＼月令	正月	二月	三月	四月	五月	六月	七月	八月	九月	十月	十一月	十二月
剑峰杀	甲	乙	巽	丙	丁	坤	庚	辛	乾	壬	癸	艮
土皇方	巳	辰	卯	寅	丑	子	亥	戌	酉	申	未	午
土瘟方	辰	巳	午	未	申	酉	戌	亥	子	丑	寅	卯
月　建	寅	卯	辰	巳	午	未	申	酉	戌	亥	子	丑
地　皇	午	巳	辰	卯	寅	丑	子	亥	戌	酉	申	未
游都神	丙	丁	坤	庚	辛	乾	壬	癸	艮	甲	巽	乾
四季大煞	酉	酉	酉	子	子	子	卯	卯	卯	午	午	午
地　络	酉	戌	亥	子	丑	寅	卯	辰	巳	午	未	申
天　罡	巳	子	未	寅	酉	辰	亥	午	丑	申	卯	戌
河　魁	亥	午	丑	申	卯	戌	巳	子	未	寅	酉	辰
独　火	巳	辰	卯	寅	丑	子	亥	戌	酉	申	未	午
月　破	申	酉	戌	亥	子	丑	寅	卯	辰	巳	午	未
月　刑	巳	子	辰	申	午	丑	寅	酉	未	亥	卯	戌
月　害	巳	辰	卯	寅	丑	子	亥	戌	酉	申	未	午
月　杀	丑	戌	未	辰	丑	戌	未	辰	丑	戌	未	辰
月　厌	戌	酉	申	未	午	巳	辰	卯	寅	丑	子	亥
天罗地网	子	申	酉	辰	戌	亥	申	丑	未	子	巳	戌
天　穷	子	寅	午	酉	子	寅	午	酉	子	寅	午	酉
绝烟火	辰巳	巳亥	午子	未丑	申寅	酉卯	戌辰	亥巳	子午	丑未	寅申	卯酉
红沙日	巳		丑	丑	巳	酉	丑	巳	酉	丑	酉	卯
披麻杀	子	酉	午	卯	子	酉	午	卯	子	酉	午	卯
冰消瓦陷	巳	子	丑	申	卯	戌	亥	午	未	寅	酉	辰
天地灭没	丑	子	亥	戌	酉	申	未	午	巳	辰	卯	寅

日、时凶煞表略。

血忌：主脓血疮恙，生产防厄。制修发畜牲。安床经不调，久闭塞。

红罗：安床受孕，是男必秀，吉神会临，修动贡福，主生贵子。

天喜：安床孕男胎，吉神如临获福。经不调者，居此久必验。

重游：受胎是男，多福多寿。若孕是女，生儿不育。吉星化解可修。

戊煞：病伤宅主，土旺十八日内动作极毒，刑克年命，主凶。

己煞：本月土旺十八日犯，应宅母灾咎，水土命妇女亦病。

小刃：土旺十八日内中宫犯动，小口灾，壮老患目，防堕胎。

重刃：土旺用事犯中宫，六畜灾。叠凶，畜损，小产，胃气。

劫煞：为天狱，同都公事差拿，暗中失财。吉神制化，修发财禄。

灾煞：为披麻，同都主病，产室损胎，生亦不育。制修大发财禄。

岁煞：同都主小口灾，叠凶必损。吉神化解，修发财福，孕人移房。

退神：同都刑克生命，主冷退。水土山头破碎，主堕胎，产厄，小儿生灾，残疾、破财，加刃在方，犯损人口。扶补退神，修之发财。

官符：同都与年煞、月煞合在一起，主官事退败，徒配充军。

死符：同都煞合太岁，刑克生命，疾病破财，损六畜，不孕。

病符：并都煞与太岁同到方，主母生灾。有吉星则平安无事。

戊己煞：合三煞及太岁同到方向，又有神煞刑克，犯主损伤。

诸煞到山到向到方，人各有忌有不忌者，不可一概作凶论。山向分金纳音克生命纳音则忌之，煞有刑冲克害本命者则忌之。如阳刃到坐山，分金克家主，官非口舌，瘟痢疮痘损小口。再叠凶犯动，防人命官事，刑狱破败。不冲动减半。飞刃叠刃仿此。

中宫有煞，不问山向方道，只按月份，堕胎，损所刑克之命。凶煞方外有桥木水沟冲射或屋脊冲逼，犯动本命受刑克，主损。后有小屋、灰舍、厕窨合太岁煞到，破财损人，宅母小口不利。前有屋斜侧倒败，或左或右，主人逃走，其屋内损人，拆去改正可免。亦必吉星到方改之，若犯凶煞拆改，当月灾祸。外有墙堑砖石及小屋直射房中,其房损人,不损亦必重病。

以上诸煞,试过五十年来,必刑冲克害本命方有验,如与本命不刑冲克害,仍然平安无事。亦有为本命所克制者,大发财禄。生合本命者,亦无灾祸。若得岁命禄贵诸吉用神遁到方位,而又七政恩星福曜照命主、日主、命宫主,并方位化解为吉,更主催丁、催官,发财增福。

按:诸神煞生合本命者,吉方有验;冲克刑克本命者,凶才有应,此为正论。大凡选择,必以主命为主,神杀次之,此为确论,万不可本末倒置。详参本书中、下册《八宅明镜》《三白宝海》,可明造命之妙。

除此节外,魏青江对修方还有独见到解,一并录下:

修方荫命,若吉方无可动作如何?

曰:凡修吉方,大修大发福,小修小发福。如有暗疾久病,择吉扶命,将门房更改,或将墙壁拆卸修砌,其病不药而愈。至于宅舍东西、层进高低不合式者,亦须择吉扶命,或将高改低,或以低增高,自应祥福,永为吉宅矣。尝见一家有高楼在凶方欺压本宅,遇都天加之,月煞加临,人命官事,破败损伤。后遇明师将正梁大门取下刨光油漆,选吉日良时上梁安门,改造修整,颇能挽回造化,永无灾咎,发福生男,名利如意。亦有本年太阳、天喜、天嗣、龙德、岁德、德合、禄贵等方旧屋本好,无容动土改造,而必欲修方催福,或催丁催贵,散讼救贫,将其方旧屋中梁起转,去其尘垢,洗净,乘吉日吉时安上;或将墙壁修砌粉饰,或揭盖整理,取命主、日主、命宫主恩曜吉神躔度到方,修之极有准验。不但荫现在年命,并荫将来生人,长享福庆。

煞方克命如何?

曰:每年十二方,系本岁何干支,何纳音,住房与主命看相合相冲。如戊癸年甲子方,合己丑命,冲戊午命。如乙庚年壬午方,合丁未命,冲丙子命。例推。纳音论生克,印比上吉,财子次吉。官煞方凶,然不犯动,亦无大祸。又看太岁煞,戊子煞,或遇诸凶重加,而分金纳音克主命纳音,或主命克犯太岁而凶祸难免。如癸亥年,方值本年岁支,九月壬戌入中,又遁太岁到其支位,如犯之大凶。故凡太岁所临之支,或太岁所飞之宫,皆不可犯动。至于戊己煞所至之地,值三煞,官符等凶同到,将月建入中顺遁,本命与凶同宫,大凶。若值太阳、太阴、龙德、福德诸吉神到,其祸减半。戊己二字所加支上,属人本命或彼此冲克,必应其祸。故戊己落在命宫及冲人之命,俱凶。本房分金亦有纳音,而年月日时之纳音,冲克住房分金及本命纳音,其祸尤大。甲年戊辰木克丙戌土,己年己巳木克丁亥土;乙庚年戊寅、己卯土克甲申、乙酉水;丙辛年戊戌、己亥木克丙辰、丁巳土;丁壬年戊申、己酉土克甲寅、乙卯水;戊癸年戊午、己未火克甲子、乙丑金。余年命虽刑冲而不受克者,总无忌讳。

修方何以有可修者？何以有不可修者？

曰:方之可修者,本年空利方,无大凶煞所占,亦无大吉神到方,择得吉月吉日,七曜恩星躔命度兼照方位,或奇德到修之,不惟稳当无祸,而且催富发祥。至修吉神方,宜扶不宜克,扶则福兴,克则福替。如太岁带吉不带凶之方,三奇、三德、德合到方,岁命禄贵、紫白生合之方,择吉扶命,年月与此方或三合局,或一气局,又必此方旺相之月日诸吉当权,自然应福催丁。财官贵到方之不可修者,本年本月五黄方,戊己都天方,岁破刑克方,太岁带戊己或旺火、金神、三煞到方,逐月之大月建、小儿煞、天地官符,戊子坐宫或对冲之方,此皆必不可犯,俟凶煞退而吉神进之年月,其方始可修。

凶方不叠紧要煞乃可,有煞又要克制,故修凶煞方除戊己、五黄、岁破乃太岁之带凶者,不可修,其余皆可制而修也。除炙退宜旺月扶补之,其余必于本方凶煞休谢之月,四柱干支克制,或方位调替之纳音并命主纳音克制之,吉曜拱合,禄贵加临,修方大吉。

房屋破损,又为岁破等凶方,急需修作,如何制伏修营?

曰:按《时宪》书取天道、天月二德临方,或待神煞出游,择吉时一二日并工修砌,速完无害。若在住宅凶方倒塌,不能制伏,移家眷住本宅太阳、天喜、龙德、太阴等吉方,将此凶方拨在天月德、德合等吉之位修动,可免灾祸。万一无处可避,即当于倒塌日修砌速完,待后加工报之。若日久未得修砌,看倒塌日是某花甲纳音五行,又看值日禽星登垣入庙,变化升腾,与天河转运、三奇帝星,取年命贵禄,二德德合飞临,尊帝驾镇所作方隅坐向,取此时太阳天星正照,方为妙用。

至此,修方神煞及选择,除造命外基本注完。千言万语,不外乎与本命及太岁生克冲刑一语。凡与本命及太岁相生、相合、相比者,凶神亦不为祸;凡与太岁、本命相克、相冲、相刑害者,吉神亦可为祸。本文云"只看身壬有五六分利便可作"之论,实无义理,读者深思。

太岁关篇第七十

【原文】太岁威权如帝君,犯之灾咎必殃人。

年月日时皆禀制,太岁如君星似臣。

吉星须得君臣会,凶星惟怕主凌宾。

若将太岁加星杀,此术深微值万金。

太岁如君父,月日时如臣子。若太岁克凶星,其灾不应。太岁同帝王之统,月建司侯伯之权,太岁能伏十二月之星辰,月建亦能伏一月之凶杀。若用年月吉星,须得太岁比和相生有力,若相刑克不可用也。凶星若刑克太岁,则灾重祸大。若太岁制年月星辰,其灾必少。

【注解】太岁共有四种。一种是当年太岁,即当年地支。一种是飞宫太岁。即以修作月建入中宫顺布,当年太岁之支飞到处是,叫作飞宫太岁。此两方太岁若为吉神时,可修。若带凶神,决不可犯。

另两种即当年九星当值之星,如上元甲子年,一白当值,一白即是当年太岁。一种是以月建九星入中顺布,当年当值之星飞入何宫,何宫即飞宫太岁。如上元甲子年二月修作,以七赤入中宫顺布,一白到艮,则艮宫为飞宫太岁。以九星论,此两种太岁也不可轻犯。以玄空飞星法论,却有区别。如果当年太岁之星为本运死绝之气,则不宜犯动。若为本运生旺之气,则恰宜修作。如下元壬午年七赤入中宫,壬午年为下元七赤金运,则七赤为当运旺星,八白与九紫为当运生气。三月修作,以月九星六白金入中宫,则七赤飞乾,因七赤是当运旺星,虽为太岁,反吉上加吉,故宜作乾。详参前“太岁一星篇第二十一”章。

月建关篇第七十一

【原文】年星既伏于太岁,月内星辰月建尊。
　　　　建伏凶星灾自息,杀凌月建祸难论。
　　　　吉星或与建相生,作者能令福庆迎。
　　年星伏太岁,月星伏月建。月内凶星为月建所制,有灾无害。星杀反凌月建纳音,则灾祸重大。守方吉星若与月建纳音相生者吉。

　　　　不但进财并进产,亦应欢会集门庭。
　　　　建为灾害实难磨,一切凶星不奈何。
　　　　但将气候分星宿,吉星相顾未曾讹。
　　如正月须得雨水前后,方为正月中气,吉星照顾,未曾讹也。

【注解】原注云"月内凶星为月建所制,有灾无害"句,其义不通。既云有灾,必不能无害;既云无害,必不为有灾,二者不可同论,自相矛盾。

月建有两种。一是本月地支。正月建寅,居东北偏东。二月建卯,居正东。三月建辰,居东南偏东。四月建巳,居东南偏南。五月建午,居正南。六月建未,居西南偏南。七月建申,居西南偏西。八月建酉,居正西。九月建戌,居西北偏西。十月建亥,居西北偏北。十一月建子,居正北。十二月建丑,居东北偏北。若该月犯其方,就是犯了本月月建。月中凶煞,详参前章。

另一种则是当月九星入中之星所属之方。如下元甲子年六月修离方。子年正月起八白为月建,二月七赤为月建,三月六白为月建,四月五黄为月建,五月四绿为月建,六月三碧入中,则三碧为六月月建。由是观之,知月建即本月入中一星。但每月月建均在中宫,何为犯月建?法以入中之星本方为月建。即一白为坎方,二黑为坤方,三碧为震方,四绿为巽方,五黄为中宫,六白为乾方,七赤为兑方,八白为艮方,九紫为离方。与神煞中的大月建同。依此,则各月月建成下表:

月令		正	二	三	四	五	六	七	八	九	十	十一	十二
子午卯酉年	入中	八	七	六	五	四	三	二	一	九	八	七	六
	方位	丑寅	兑	戌亥	中	辰巳	卯	未申	子	午	丑寅	兑	戌亥
辰戌丑未年	入中	五	四	三	二	一	九	八	七	六	五	四	三
	方位	中	辰巳	卯	未申	子	午	丑寅	兑	戌亥	中	辰巳	卯
寅申巳亥年	入中	二	一	九	八	七	六	五	四	三	二	一	九
	方位	未申	子	午	丑寅	兑	戌亥	中	辰巳	卯	未申	子	午

犯月建之说,古人并不太看重,举例以证:

例1.昔曾公为饶氏造巳山亥向屋,主命壬午生,用四己巳。

盖己为壬命正官,己禄到午命,壬命贵在巳,壬禄在亥,四巳冲之,故又名冲禄格,又合马在亥向上,吉。

按:巳月月建在巳,在坐山,今于巳月建巳山屋,是犯了月建,但月建为命主吉神,故发福。

例2. 见本册第51面所举"庄心田在丑方造横厅"例。

按:此局丑月修丑方,是犯了月建,但因酉丑三合巳禄,故以吉论。

例3. 见本册第241面所举"戊午生人修午方登科得子"例。

按:此局丁未年、丁未月修午方,未年正月五黄入中,六月九紫火入中,九为午,是犯动月建,但众吉咸聚,故仍以吉论。

例4. 见本册第158面所举"吴姓修方得子"例。

按:戊辰年正月,五黄入中,二月四绿入中,三月三碧入中,四月二黑入中,至五月,是以一白入中官,一白本方在坎,坎即子。五月修子方即犯月建,又为月破之方,但该方吉星云集,故反为吉。用工匠六人者,子方本为一白水,一六合而化水,亦取扶山之意。再证古人不以月建为重。

例5. 见本册第231面所举"癸未生庚申年修炙退卯方"例。

按:此局己卯月修卯方,是犯了月建,然吉神聚会,不凶反吉,是古人不以犯月建为害矣。

注:月建没有飞官。因月建吊替,均是以月建本身入中官,若依此法,是终年不能修动中官,故月建不论吊替,没有飞官。

五行关篇第七十二

【原文】五行旺相:

春:木旺、火相、土死、金囚、水休。

夏:火旺、土相、金死、水囚、木休。

秋:金旺、水相、木死、火囚、土休。

冬：水旺、木相、火死、土囚、金休。

五行金木水火土，其用虽同旺不同。

旺相死囚休五字，循环运转故无穷。

旺相吉星当位时，福如春草信堪奇。

非但消灾并减祸，自然光显吉相依。

囚死吉星复如何，祸亦少兮福亦稀。

五行衰旺，代谢不息，如得吉星乘旺相最妙。吉星若临囚死，吉无凶无。

用得其神无气概，终难发迹自衰羸。

旺相凶星得位时，祸殃堆积足灾危。

非但破财并疾病，亦因死绝百般衰。

一切凶星皆囚死，寒灰无焰减灾危。

只是人家无发迹，资财耗失未曾休。

半凶半吉当休气，前有灾殃后吉祥。

或是吉星乘旺气，亦能致福减灾忧。

【注解】 原书五行中缺土，古人论土有二法。一是云土从水生于申，旺于子，墓于辰。此类说法是以土即坤，坤即申为据。另一种是土生于寅，旺于午，墓于戌，如推命术即以戌午为羊刃。此说是以土即艮，艮即寅为据。两种说法均不甚确切。若以土生申论，土生金为泄气，而巳午火本生土反为绝胎，与五行之理不符。若以土生寅论，虽寅中有丙火，但本五行是木，以土生寅，亦与五行之理相悖。以四季论，则应是旺于辰戌丑未月，相于巳午月，死于寅卯月，囚于亥子月，休于申酉月，此方与五行生克之义相符。

以五行旺相死囚休论神煞吉凶，此是正理。大凡择吉，应择吉神旺相或三合之年月日时。吉神有力，发福极速。若吉神临死绝之处，自身亦无力生存，何能助人？故虽吉而无用。反之，凶煞宜居死绝之年月，其性虽凶，但自顾不暇，故不能为恶。若凶神处旺相之时，则其势愈炽，为祸愈烈。故善择吉者，必置凶神于死绝处，置吉神于旺相之处，方能趋吉避凶，迎福召祥。

星辰关篇第七十三

【原文】立极初分九位星，相生相克递相成。

冬至水兮夏至火，主南主北自分明。

春分三碧秋分赤，四分旺气君须识。

惟有艮坤及中宫，二土之星君未得。

艮为阳土立春兴，坤为阴土秋有力。

冬至水旺，夏至火旺，一主南，一主北。三碧旺春分，七赤旺秋分。艮为阳土，旺立春之时；坤为阴土，旺立秋之时。

惟有五黄无定着，在阳比阳合阳德。

夏至以后配与坤，凶恶亦同于二黑。

自是此星无定准，阳遁顺兮阴遁逆。

顺为吉气逆为凶，神仙妙用谁人识。

五黄土无定，在冬至后阳遁寄艮，比德八白。在夏至后阴遁寄坤，凶比二黑。必须阳遁处阳宫为顺，主吉。若阳遁处阴宫，及阴遁处阳宫，俱为逆，凶。

乾坎艮震为阳宫，五黄到处得和同。

巽离坤兑为阴地，五黄到处终不利。

惟有阳时又阳位，则向人间增善瑞。

阴遁又居阴位中，解作瘟瘴成疫气。

有人了晓此般祸，千万之中无一二。

万工以下年白吉，千百之工月白利。

凡造作须看工夫多少，数千工以上，万工以下，取年白星；千工以下百工以上，取月白星；若作一二日工，只看日白时白为吉。

临时斟酌自消详,旺相吉兮囚死殃。

但取吉星乘旺用,小小神杀亦不妨。

第一无过七赤凶,三碧四绿不堪逢。

二黑瘟瘟多疾病,阴时不顺用中宫。

文武二白吉星昌,非止降福又消殃。

九紫用时当炎夏,自然吉庆福无疆。

五黄在阴遁时,的不可用。一白水为文星,六白金为武星,皆吉。

【注解】一白主冬至、八白主立春、三碧主春分、四绿主立夏、六白主立冬、二黑主立秋、七赤主秋分、九紫主夏至,此以八星主八节,且各有生旺,与九星八节之理尚合。然强以九星分吉凶,且以此判断旺衰吉凶之理,却与九星之本义不符。盖龟从洛出,背献天文。五点黄色现于背中,则知五黄为中央,属土。右足上六点白色,现于西北,则知六白为乾,白色属金。右旁七点赤色,现于正西,西为金,故知七赤属金。左足上八点白色现于东北,则知八白为艮,艮属土,故八白亦为土。顶上九点紫气现于正南,南为火,故知九紫属火。尾后一点白色,现于正北,北方属水,故知一白为水。右肩上二点黑色,现于西南,西南属土,故知二黑为土。左片三点碧色现于正东,正东为木,故知三碧亦为木。左肩上四点绿色现于东南,色绿属木。此是洛龟献图之本意,只有方位、五行、颜色与数字之分,并未言二黑为凶,一白为吉,七赤最凶,六白为吉,此皆后人妄测为之。若以色论,绿色代表生命,白色代表死亡,黄色为帝王专用之色,极为高贵,何以此反吉凶颠倒?绝非古人本意,故不可信。况且九星各主一运,合称九运,莫非三碧、二黑、七赤、五黄、四绿等凶星当运,此二十年均不可修作么?故其以九星强分吉凶之说不可信。

五黄立春后寄艮八宫,立秋后同坤二宫,其义出自《奇门遁甲》。该法以天禽五寄坤二宫,死门,排局至五时,均以坤方计。而《奇门法窍》等书却主张天禽五冬至到芒种节应寄艮八宫,为生门,夏至到大雪节方寄坤二宫死门。此说虽亦有理,但奇门九星与三元九星不同。奇门是讲八门,多一星而寄宫。紫白九星是言九曜,即九宫,每一运每一年,甚至每月、每日、每时都有入中之星,五黄独立之一星,何必寄此寄彼。况且五黄既属凶星,则阴为凶,阳亦为凶。正如恶狼,雌是狼,雄亦属狼,何以雄狼反能为吉?与自然之理不合,故不可信。

五黄在中央属土,为至尊至贵,飞临他宫则为廉贞火,反为至凶。地理诸书多有论及,特摘其要于下:

《河洛生克吉凶断》云:五黄土为戊己大煞,不论生克俱凶,宜安静,不宜动作。年神并临,即损人丁。轻则灾病,重则连丧到五数止。季子昏迷痴呆,孟仲官讼淫乱。

《玉镜》云:八山最怕五黄来,纵有生气绝赀财,凶中又遇堆黄(按:月五黄又逢年日时及运五黄中一个到方,即云'堆黄')到,弥深灾祸哭声哀。

《探微》云:五黄中内戊己土,飞出外方是恶火。金木相关必损人,关煞来临生大祸。金木相关必主绝,水火相关也遭灾。木来关土必招瘟,土遇关水败亡别。(按:关即冲克)

《安宅定论》云:五黄所在宜安静,不宜动作,主瘟病、横灾,应五数人。以五黄为瘟病之主,定数五也。大抵五黄凶星,宜落受制之方,不宜落制方之地。无六事冲动则祸不见,不动作兴工则祸不烈。制泄则祸灭,助杀则祸甚。

《阳宅大成》云:五黄犯动遭瘟火。黄在离方建塔,是以九火助五黄之煞,岁杀加临,常毁五数家或杀五数人,有水克制则无恙。在坤艮土方造屋,以二土结成局,必发瘟疫,有木制则无恙。在乾兑金方造圆厕,泄五黄之气,其祸少减,若造方坑祸重,又不可救，尖形更犯大火焚烧。在坎方五黄所制之地，瘟火任其所施，无不惨伤酷烈，有木克制则祸减。在震巽方以二木制五黄之土，祸亦自然少轻，然亦不可造屋，立锥子。此凶星宜落受制之地，不宜在他所制之方。大凡五黄关煞所在方位，不动则祸不见，不助则祸不烈，遇克则祸少轻，助生则祸又不小，叠凶更大灾大冤，不测祸殃凭空而降。此第一凶狠，断不可犯动，必下月交中气而始移官易位，方可动。惟大门在关方泄出地下之煞气，大吉，但外屏不可高逼，恐反扑天上之煞气入内也。

按：此论五黄在大门为吉之说有误，门可泄气，亦可纳气，人来回走动为犯五黄之气，其凶必应。详见下例可知。

五黄煞有大运、流年、月建及日、时五种，以大运、流年、月建为重，日时为轻。求流年五黄之法，先查本年何星入中，然后顺布九星，五黄飞临何宫，何宫即该年五黄之方。如下元癸未年，六白入中宫，则七赤乾、八白兑，直到巽为五黄，巽方就是该年之五黄方。依此法，则九星入中五黄之方成下表：

入中之星	九	八	七	六	五	四	三	二	一
五黄之方	坎	坤	震	巽	中	乾	兑	艮	离

求月五黄则以当月轮值九星入中顺布，五黄临何宫，何方就是月五黄。如子午卯酉年正月，以八白入中，则九紫乾、一白兑，直到坤方为五黄，坤方就是该月之五黄方。依此法，则每年、每月五黄之方成下表：

月令	正	二	三	四	五	六	七	八	九	十	十一	十二
子午卯酉年	坤	震	巽	中	乾	兑	艮	离	坎	坤	震	巽
辰戌丑未年	中	乾	兑	艮	离	坎	坤	震	巽	中	乾	兑
寅申巳亥年	艮	离	坎	坤	震	巽	中	乾	兑	艮	离	坎

关于五黄,还可参阅本书中册第 510 面和第 627 面。

五黄在玄空飞星中也为至凶之方(但五运为旺气,四运为生气),切不可犯动,犯动必凶,轻者灾病,重则伤人,绝无例外。举例以证:

例 1. 巳命坎宅,上元乙卯年犯卯,卯为都天太岁方加五黄,岁煞巡癸巳,应巳月巳命胁腋疮毒,左传右,病厄凶灾。箕畴卯为左腋,为手筋、血、肝。五月仍凶。

按:乙卯年卯月七赤金入中,五黄到震,二月遁己卯,为犯五黄戊己大煞,故凶。若以本文之义论,五黄立春后为八白土,主吉,且临震方阳位,应是吉上加吉。即使五黄为凶,卯年、卯月、卯方,三木克一五黄土,亦主无灾,然此例却正相反。

例 2. 叶宅之否泰叠见。

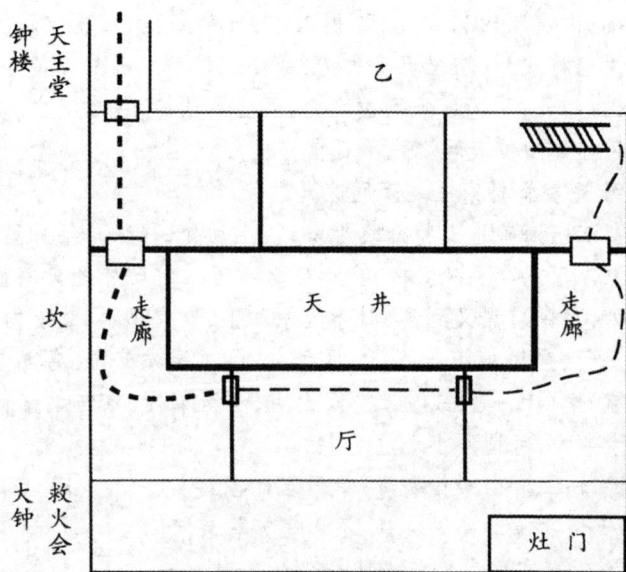

上海小南门南仓街叶宅,辛山乙向,两层楼,三运辛酉年入宅,气口七赤死气动,丁财交受其累。幸离宫一六水走动,聊资化解。丙寅年五黄到气口,夏至人多病,结果七月损宅主。丁卯年四绿文昌星到口,二月一白到口,气口四一相见,革命成功,福及该宅,小主人在地方党部一吐才华,声名籍盛。演数如次:

六二 二	一六 七	八四 九
七三 一	五一 三	三八 五
二七 六	九五 八	四九 四

气口

一七四	六三九	八五二
九六三	年四月七月 二八五	四一七
五二八	七四一	三九六

按:丙寅年时当中元,二黑入中,五黄到艮口,艮方为土,四月二黑病符飞到,增强五黄之力,故全家发病。七月五黄坐镇中宫,八白到艮,不仅增强五黄之力,且全局伏吟,故损宅主。此说明五黄临艮阳位灾轻之说不可信。

例3. 善岙杨家庄之疾厄惊人。

浙江宁海善岙有特殊之地势,离上动处,往往与年月星辰发生关系。丁卯年,一入中,年星五黄到离,二、三月之交惊蛰、春分节内,月令二黑又到离,时无大水冲下,仅有小水,故境内仅有天痘流行,居民惶惶。八、九月之交,白露秋分节内,离方重五,秋病盛行。十一、十二月之交,大雪、冬至节内,重伤风盛行,合庄死十余人,可谓不小之厄运也。

诗曰:二五由来作病魔,单轻双重害人多。

飞临动处兴灾祸,不幸当灾莫奈何!

例4. 孙宅之病累与损耗。

　　无锡北万安乡孙宅,坐癸向丁,三运入宅,得向首深长公路上三碧旺气,进益不恶。惟癸亥年九紫到离口,是年二、五、八、十一月,土星到离口,犯重重生出之嫌,退财可虑。丁卯年年星二黑到后方乾口,五黄到前方离口,全家川流不息为病魔所困,甲房中人受累尤甚。白露秋分节内,乾离二口堆黄,故病厄尤为严重。演数如次:

七八 二	三三 七	五一 九
六九 一	八七 三	一五 五
二四 六	四二 八	九六 四

上

丁卯年及八月飞星图

九九	五五	七七
八八	年月 一一	三三
四四	六六	二二

宅相

井邻

天井

甲宅主作新房改

天井

乙灶长子房改　老母房

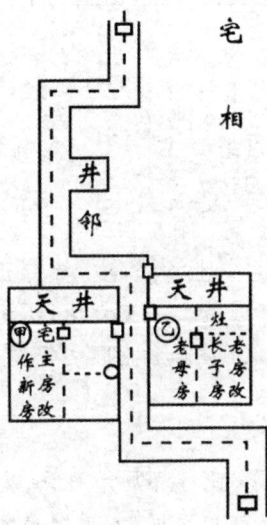

　　按:丁卯年时当中元,一入中。该年五黄到离向首,二黑到乾后口。八月又是五黄到向,名为堆黄,故尤为凶甚。此说明五黄到处为凶。

　　九星吉凶之分,大玄空飞星并非是以一六八九为吉,二三四五七为凶,而是以当运旺星与将来运星为吉,名为旺气与生气。凡旺气、生气到向,到气口动处,不论何星皆以吉论,五黄亦然。若为已过之退气与死绝之气,不论何星,到气口动处皆以凶论,一六八亦然。举例以说明:

例 1. 小范围中大生意。

上海南市老永新染房,占地紧窄,生意颇旺。坐庚向甲,四运入宅。三叉要道在震方,吸收旺气。后户在坤,兼得生气,生意发展,名誉远播,乃小店屋中一奇局也。演数如下。

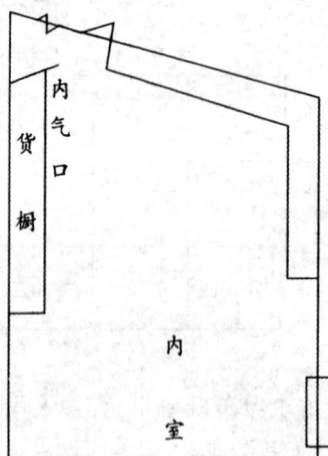

	内气口 货橱		
	内室		

七 三 三	二 七 八	九 五 一	后户
前口 八 四 二	六 二 四	四 九 六	
三 八 七	一 六 九	五 一 五	

诗曰:老马路中老永新,染房虽小生意盛。

前门甲向后门坤,生旺全收发四运。

按:此局四运入宅,四为旺气,五为生气。前口四到收旺气,后户五临收生气,生旺之气尽收,故四运中生意兴隆。待交五运,四为退气,五为旺气,后户常走,亦有进益。一交六运,四为死气,五为退气,此宅退败如灰。此四绿、五黄若逢生旺之气,亦以吉论例。

例 2. 出类拔萃之宅舍。

锡北万安乡秦巷镇,位于白荡圩西岸,此圩环周十里许,大水照于震宫,明明为下元福地。故当前清道咸之间,右近发福之家,举目皆是。一交上元,境内一切殷室之家,以震水化为衰死之气,失元,故莫不相继衰退,甚至儿孙不肖,一败涂地,一片萧索气象。举目皆受大气之制裁,不克自振,呜呼!岂知此一方衰败宅舍中,独有一家上合天心,飞黄腾达,而有出类拔萃之气概。其宅坐癸向丁兼子午,前门在坤上,后户在坎宫,大水在东方,广场在南首。二运底丁酉年十二月二十六日迁入,先数日将大门改为未向,吸收市街坤气。当改向日,一路人驻足言曰"一向值千金"。此戏说即为此宅发息之预兆。迁住此宅约七八年,得科名,得崭新学术,得达官贵人传诵令誉,得禄,得克家之子。后因图谋儿辈就学方便而他徙。该宅所得天星,试草演如下:

上元己亥年,二入中、六到向、八到气口、九到照水。六月六入中、一到向、三到气口、四到照水。后天合先天,照水上四九合金,生向首一六之合水,向首一六之合水生气口三八之合木。前门生气,后户旺气,安得不发福。暗合两处一四同宫,安得不出科名。

八 五	三 一	一 三
一	六	八
九 四	七 六	五 八
九	二	四
四 九	二 二	六 七
五	七	三

（左侧：大照水　右侧：气口　下方：后户）

按:此局二运入宅,二黑为当运旺气,三碧为当运生气,今二三临前门后户,生旺之气尽收,故此宅发迹。此二黑、三碧亦以吉论,并非病符、禄存之凶。

例3.洽裕衣庄无生路可寻,贸易一蹶不振。

无锡某马路上横街中洽裕衣庄,未丑坤艮三度,四运庚午九月初旬入宅,是年十一月生意甚好。该庄是双开间一进半的楼房,宅无后路,对方无高楼,演星如次。

辛未甚清淡,客上门难成交。经云:"全无生气入门,粮艰

宅　相

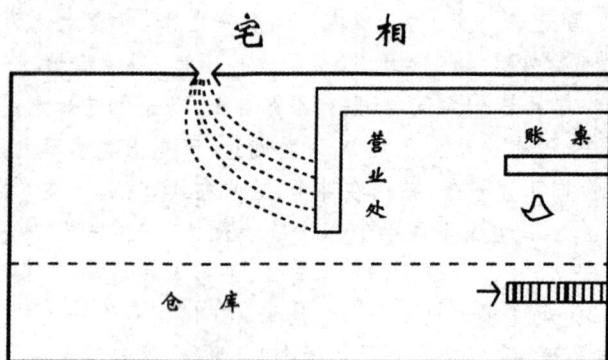

九　六 三	五　二 八	七　四 一
八　五 二	一　七 四	三　九 六
四　一 七	六三气 九口	二　八 五

一宿；会有旺神到穴，富积千箱。"此店四运开业，向星四绿旺气，反装在后面毫无门路之静处，虽有若无。向上飞到一个失运之一白，一白失运，即为流贼。癸酉年九月寒露后四星期内，恐发生劫案，否则被歹人诬累，累失多金。又向星一白水，气口在营业处坎官向星三碧木星之方，犯生出之病，退财折本无疑。前无高屋，回不到财气；后无出路，引不进旺气，非折本而何！或不久有变化之事。庚午年十一月生意甚好者，因年月星均七入中，与宅命中向星比和，自然发生好现象。辛未年六入中，二到口，口子上犯克出，主无意间得罪顾客，故生意十之八九不成交。又年星九到向，一克九，也犯克出之病故。

按：此局一白水到向，辛未年九紫火到向，以本文之意论，一九为吉星，当主吉庆。然一白、九紫为四运衰死之气，故反退财。此一九亦以凶论。

宅　相

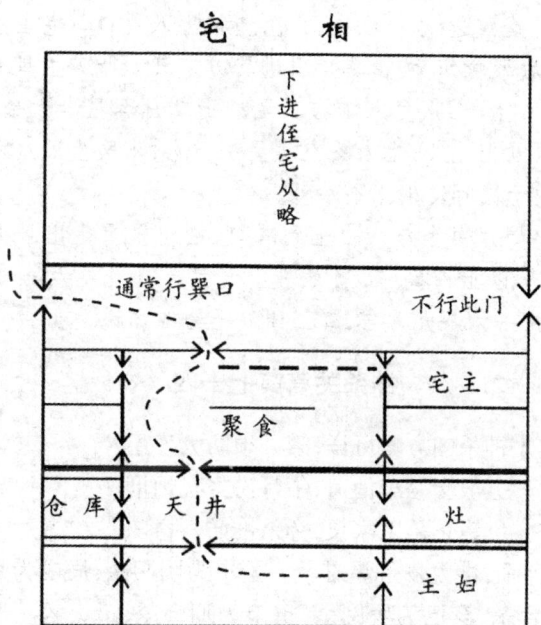

例 4. 口子犯生出,三百金化蝶飞去。

海南岛文昌县水北村某家,因朋友来家消遣,失却现金三百元,事后思之,追悔不已。闻蛟塘村某先生通易学,能知过去未来事,坚邀至家视察,究竟何因招此不幸。该先生至家,出指南针视之,布图演数,得其中变化莫测之情状,详加剖析,知此中有定数,演数如次。

该村乙兼辰脉入首,两边坑水向西流,合出巽方。宅后高前低,子午兼壬丙三度,上元二运营

气口	八 五 一	三 一 六	一 三 八
	九 四 九	七 六 二	五 八 四
	四 九 五	二 二 七	六 七 三

造,三开间共五进,本家住上两进,通常出入巽口。宅主室、主妇室及客堂后聚食处,均由巽口引进巽方来气。此方主星五土,年客星三碧木生气到,克入本吉。无如正二月客星七六金星接踵而至,盗泄五土元气,生大玄空运星一白水,水又生三八木,犯重重生出,适于彼时发生此不幸事。

按:此局六白金与八白土到巽口,因犯重重生出且失运,故以凶论。从以上四例中,当可悟出九星生旺死绝及吉凶之理。但绝非本文一六八九为吉,二三四五七为凶之说。

神杀关篇第七十四

【原文】神杀凶方略可详,第一须防太岁星。

五般会杀难消遣,午月份方犹怕刑。

剑锋正杀杀家长,旁杀惟妨六畜凶。

一切神杀,惟太岁一星难救。子午为阴阳杀,辰戌为魁罡杀,卯酉为离合杀,亥巳为罗网杀,寅申为刑会杀,最大凶。刑杀者,或年月相刑,或吊宫刑本方,或刑本命,犯之主官灾。剑锋月份见支干同者为正杀,单干为旁杀,犯之灾必大。如正甲二乙之类。

金神须旺加月建,年禁暗剑并相逢。

其余或值善星临,犹可消禳止祸迍。

七八月作金神七杀,正杀旺之时,凶加本命宅长,更凶。或月建并,其凶不可犯。年禁的杀,暗剑正杀,亦不可犯。以上凶杀,虽有吉星难救。

十般大杀君须看,灾危祸败不由人。

五行定属于三杀,独火火兮金神金。

其余诸杀无所属,只看吊宫之纳音。

独火属火,金神属金,其余杀皆属月建吊宫之纳音。惟三煞在北属水,在东属木,在南属火,在西属金。

月建纳音制神杀,其灾减少不殃人。

杀凌月建灾须重,此理由君自酌斟。

月建神杀两比和,灾害逡巡必定多。

或更相生亦可怕,祸患频来无奈何。

岁刑神杀灾未发,月压神杀灾祸迟。

凡太岁刑克神杀,一年之内其灾未发。月建克制神杀,其祸应迟,亦主过一年也。

尤恐来年活太岁,径兴此杀事堪悲。

若太岁、月建神克神杀,其灾且未发,候来年活太岁吊到此方,始径兴灾祸而无容逃避。

但移关杀详生克,孰味玄玄入细微。

【注解】的杀:见本册第101面,即岁破,不过另立名目而已。

年禁:子年在巳、丑年在酉、寅年在丑、卯年在巳、辰年在酉、巳年在丑、午年在巳、未年在酉、申年在丑、酉年在巳、戌年在酉、亥年在丑,此即破碎,以三合金局为例。细思之,若寅卯木遇之为破碎,尚合义理。然巳酉丑年本属金,见金为吉,辰年酉、巳年丑、酉年巳等属三合、六合,若以破论,实不合义理。

五般会杀:见本册《璇玑经》第379面。

神杀逢制,怕逢来年太岁生助,复兴灾祸之说,亦不可信。大凡修作,煞方忌动,若非动不可,则宜选制伏凶杀之日。凶杀既制,灾亦不兴。来年不论太岁比和该杀,还是生扶该杀,只要不再犯动,不动则祸不兴,故此论不能成立。

如本册第215面所举"丁丑日主丙子年动作丑艮寅方"例。

按:该例妙在辛亥日干,辛贵在寅,亥与寅方贵合,此与日马与岁命二马同途。居宅坐子向午,与寅方寅午戌三合火,本年独火在艮,与飞天雷火同宫,本主有火灾。但修方之法,以坐官为主,本年坐子谓太岁镇宅,丙子岁君,用辛亥日,取丙辛合而化水。丁丑宅主纳音属水,壬辰亦水,又以丁酉月建入中宫顺飞,庚子月德到艮,是癸水冠带之地,又壁水貐值日,火星是日轮在亥宫,坐壁水度,亥是火星墓绝之地,乃火被水制,故不畏惧。

大抵神杀制伏,应以正五行为主,月建纳音制神杀之说不可信,详参前注。

卷十

遁甲地将篇第七十五

【原文】轩后八门精要深，不言地将似迷人。

轩辕黄帝战蚩尤，命风后制为八门，遂平蚩尤。至汉张留侯得黄石公秘授正理，始行于世，其法甚精。惟不言地将，亦似惑人，今考其也。值六甲加丙为鸟跌穴，值丙加甲为龙返首，以至庚癸十干相加，并有吉凶。异说夏无甲丙十干杂加，并无天甲直符加地下之说，果如何解？得八门遁甲精要，乃始知地将法，以逐日五子元取以求地干配成一卦，以断用事之吉凶，以决今日时之吉凶。其法支干轮行十二宫为地将，系以八卦配十二宫轮六十甲子，此非九宫法也。以逐日五子元遁轮去，名曰"地将"。如乙庚日起丙子在坎，丁丑、戊寅在艮；丙辛日起戊子在坎，己丑、庚寅在艮；丁壬日起庚子在坎，辛丑、壬寅在艮；戊癸日起壬子在坎，癸丑、甲寅在艮。依法轮去，至若八门直事之甲子，具在全本，不详述。

阴有阴比阳共用，五子元中究所因。

阴与阴比，阳与阳比，并取本日五子元遁，以地将看上下宫之十干所在相加，如值使到巽，其日丙子，丙辛日遁戊子，数到巽却是壬辰、癸巳，此阳时用壬辰，阴时用癸巳。

五凶三吉就门推，吉有吉兮不可为。

五凶门：死门、伤门、杜门、惊门、景门。三吉门：一开门、一休门、一生门。吉事从吉门出，凶事从凶门出，半凶半吉有景门。如射猎、捕盗从伤门，死丧送葬从死门，上书献策从开门，各依吉凶之事依类推用。亦须看刑格并九星诸吉凶。

九天宜起九地伏，刑格可止大格飞。

　　　　奇门用度多头绪,略举一隅须自知。

　　　　九天之中利扬兵,九地之中可立寨,太阴之下设伏兵,六合之中利逃亡。刑格时可止不可起,大格时可起不可伏。

　　　　　　选时出入无过此,莫信他文说是非。

　　【注解】黄石公:又名圯上老父。相传张良刺秦始皇事败,亡匿下邳,尝游圯上,遇一老人授以《太公兵法》,自称黄石,约良十三年后相见于济北榖城山下,后果见。据说,黄石公所传即《奇门遁甲》。

　　　　鸟跌穴,龙返首,刑格、大格、九天、九地等皆出自《奇门遁甲·烟波钓叟歌》:"一千八十当时制,太公删成七十二。逮于汉代张子房,一十八局为精艺。""直符前三六合位,太阴之神在前二。后一宫中为九天,后二之神为九地。九天之上好扬兵,九地潜藏好立营。伏兵但向太阴位,若逢六合利逃行。""庚加癸兮为大格,加已为刑最不宜。""丙加甲兮鸟跌穴,甲加丙兮龙返首。"

　　　　相传黄帝(即轩辕)战蚩尤不下,九天玄女命彩凤衔书以赐黄帝,黄帝命风后演成《奇门遁甲》,以此在涿鹿战胜蚩尤,平定天下。当时奇门共四千三百二十条,因一节管三元(一节十五日,上、中、下三元各管五日),三元共一百八十个时辰,故为一百八十局。一年共二十四个节气,一百八十局乘以二十四,得四千三百二十数,所以共四千三百二十局。风后又将一节改为四十五局,四十五乘以二十四,得一千零八十数,故为一千八十局,是将黄帝四局总为一局。到周时有个叫吕尚的人,因年老钓鱼而遇西伯,吕尚深谙兵法,他把一节分三元,称作一候,一候管五天,五天一花甲,一年二十四个节气,二十四乘以三,这样一年共有七十二候,吕尚便把《奇门遁甲》立成七十二活局,并以此法助周伐纣而得天下。到了汉代,张良得黄石公秘传。他认为遁甲虽有七十二局,但每局均有四局重复,据此又改成阳遁九局,阴遁九局。如冬至上元,惊蛰上元,清明中元,立夏中元,此四候皆为阳遁一局是。此十八局虽简捷,但终不能越一千八十活局及四千三百二十局。此即原注至汉张良得黄石公秘授,整理始行于世之意。

要明白龙返首、大格、九天等,还必须知道《遁甲》的推演方法。《奇门遁甲》是用遁甲盘来推演的。其盘共分三层。

最下一层名地盘,盘上标名八卦方位、九星方位、洛书九数及六仪。即北方"坎一,天蓬星,甲子戊";东北方"艮八,天任星,月奇,丙";东方"震三,天冲星,甲申庚";东南"巽四,天辅星,甲午辛";南方"离九,天英星,日奇乙";西南"坤二,天芮星,甲戌己;另天禽星,甲辰壬寄坤二宫";正西"兑七,天柱星,星奇丁";西北"乾六,天心星,甲寅癸"。

中盘又名人盘,上标八门。即"北方休门、东北生门、正东伤门、东南杜门、正南景门、西南死门、西方惊门、西北开门"。

第三层叫天盘,盘上标名九星及三奇六仪。即北方"天蓬星,甲子戊";东北"天任星,月奇丙";正东"天冲星,甲申庚";东南"天辅星,甲午辛";正南"天英星,日奇乙";西南"天芮星,甲戌己;另天禽星,甲辰壬寄坤二宫";正西"天柱星,星奇丁";西北"天心星,甲寅癸"。地盘、人盘、天盘三层图见下面。

最上一层名叫作八诈门,此门分阴阳二遁。阳遁顺行,其顺序是:坎一宫,直符;艮八宫,腾蛇;震三宫,太阴;巽四宫,六合;离九宫,勾陈;坤二宫,朱雀;兑七宫,九地;乾六宫,九天。阴遁逆行,其顺序是:坎一宫,直符;艮八宫,九天;震三宫,九地;巽四宫,玄武;离九宫,白虎;坤二宫,六合;兑七宫,太阴;乾六宫,腾蛇。

以上均为一局的静止盘。用法先查本候属几局,然后阳顺阴逆布局,布好后依时辰变化,看天地人三盘到该方的星门断吉

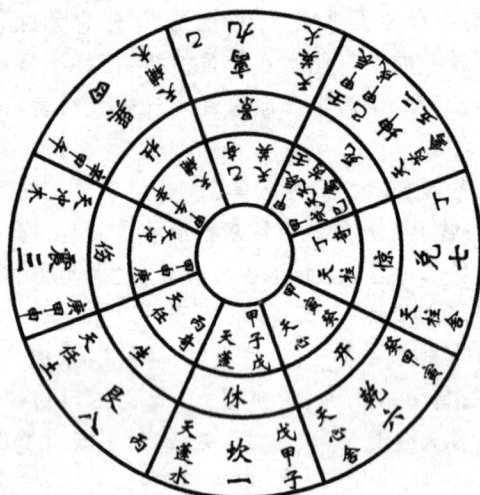

阴遁直符活局图(逆行)　　　阳遁直符活局图(顺行)

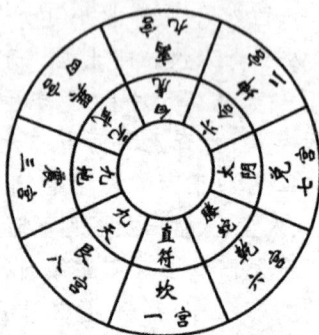

凶。《奇门遁甲》使用方法比较复杂,详细写来,又是一本书,所以只作简述。有兴趣者,可参考《奇门遁甲》诸书。

　　鸟跌穴　葛洪曰:"六丙加六甲,名飞鸟跌穴,阴阳二遁此时为万事利,出兵、行营、举造、葬埋大吉。"赤松子曰:"进退得地,云龙聚会,君臣燕喜,举动皆利。"此即天盘丙加地盘甲子是。如大寒阳遁九局,甲己之日辛未时,此时六丙在七宫,以直符天芮加时干六辛于三宫,即六丙下临六甲于九宫是。解曰:"丙加六甲在门上,利远行出兵,百事吉,大人君子利,小人凶,从生击死,一敌万人。"

龙返首　葛洪曰:"六甲加六丙,名青龙返首,凡阴阳二遁,此时可造,百事吉,更合奇门,利攻战,出行,最为良。"此即天盘六甲加临地盘丙上是。如冬至上元阳遁一局,甲己之日丙寅时,六丙在八宫,以天上甲子天蓬直符加时干六丙于八宫,得天蓬为六甲六丙在八宫之上,是此格。解曰:"利见大人,求名举兵,利客扬威,万里出入利,此时从生击死,一敌万人。"

刑格　汤谓曰:"六庚加六己为刑格,谓天上六庚加地上六己,此时出军,车破马伤,中道而止,士卒逃亡,慎勿追之,反招凶咎。"《奇门大全》云:"六庚加六己,求谋主失名,破财疾病。"歌曰:"六庚加六己,赤地须千里,远行车马坠,军兵半路止。"如大寒上元阳遁三局甲己日、丙寅时,此时六庚在五宫,寄二宫,以直符天冲加时干六丙于一宫,即得天禽为六庚下临六己于四宫,是"刑格"。因刑克,主中道而止,故本文云"刑格可止"。

大格　汤谓曰:"六庚加癸名曰大格是也,谓天上六庚临地下六癸,此时不可用,百事凶,遗亡亦不可得,求人即不在,反招其咎。"歌曰:"太白加六癸,图谋未可遂,求人终不见,端坐即还营。"故课得大格时不宜远行,车破马死,造作人财破散。如秋分下元阴遁四局,甲己日丙寅时,此时六庚在二宫,以直符天辅加时干六丙于六宫,即得天芮六庚下临六癸,于人有害,是大格。本文云"大格飞",飞是动,而此格不宜动,其义不符。

《奇门遁甲》格局甚多,如吉格还有天遁、地遁、人遁、神遁、鬼遁、风遁、云遁、龙遁、虎遁、三奇得使、玉女守门、天三门、地四户、太冲、天马等;凶格还有龙逃走、虎猖狂、蛇夭矫、雀投江、荧入白、白入茨、岁格、月格、日格、时格、飞干格、伏干格、飞勃、六仪击刑、天网四张等;有兴趣者可参阅《奇门遁甲》。

九天、九地、六合、太阴:此为八诈门中名称,以螣蛇、勾陈、朱雀三方为凶,其余五方各有所主。《本理》曰:"九天九地秘通神,太阴六合定乾坤。能知此诀备于我,肯把三门别立根。出行奇门分造化,人于心上起经纶。守攻胜负凭于此,道不虚行只在人。"所谓九地者,幽隐之至深也;九天者,刚健之至极也。藏于九地言守之至深,动于九天言攻之至极。九天乃天之杀伐之气运,在此方亦可藉此气扬兵威武。九地乃地之蒙晦之气运,在此方亦可藉此气遮藏形迹。太阴为隐匿之气,故利伏兵。六合为阴私之气,故利逃亡。如阳遁上元一局甲己之日丙寅时,天上值符临八宫,后一九天临一宫,后二九地临六宫,前二太阴临四宫,前三六合临九宫。

按:《孙子兵法》第十一章名"九地篇",孙子曰"用兵之法有散地、有轻地、有争地、有交地、有衢地、有重地、有圮地、有围地、有死地",是为九地。须要分别的是,孙子之九地是言形,而遁甲之九地是方位之气,二者不可混淆。

《遁甲》中有八门,以开、休、生为吉门,以伤、杜、景、死、惊为五凶门,烟波钓叟歌曰:"三为生气五为死,胜在三兮衰在五。能识游三避五时,造化真机须记取。"故动作宜选三吉门,尽量避开五凶门。特将八门吉凶述下,供大家研究。

开门:　　　开门欲得临照来,奴婢牛羊百日回。

财宝进时地户入,兴隆宅舍有资财。

田园招得商音送,巳酉丑年绝户来。

印信子孙多拜受,紫衣金带拜荣回。

休门:　　　休门最好足钱财,牛马猪羊自送来。

外口婚姻南上应,迁官职位坐京台。

　　　　　　　　定进羽音人财业,居家安稳永无灾。

生门：　　　生门临着土星辰,人旺孽牲每称情。

　　　　　　　子丑年中三七日,黄衣捧笏到门庭。

　　　　　　　蚕丝谷帛皆丰足,朱紫儿孙守帝庭。

　　　　　　　南上商音田地进,子孙禄位至公卿。

死门：　　　死门之宿是凶星,修造逢之祸必侵。

　　　　　　　犯着年年田地退,更防人口损财凶。

伤门：伤门不可说,夫妇又遭迍;疮疼行不得,折损血财身。

　　　　天灾人枉死,绝年有病人;商音难得好,余事不堪闻。

杜门：杜门原属木,犯着灾损频;亥卯未年月,遭官入狱迍。

　　　　生离并死别,六畜逐时瘟;落树生脓血,祸来及子孙。

景门：景门主血光,官符卖田庄;非横多应有,儿孙受苦殃。

　　　　外亡并恶死,六畜也遭亡;生离并死别,用者要提防。

惊门：惊门不可论,瘟疫死人丁;辰年并酉月,非横入门庭。

　　《奇门遁甲》不仅八门有吉凶所主,且有反吟,伏吟及所临各方克应。同时,九星、十干、三奇等均有所主克应,非常繁杂,不能一一详注。有兴趣者,可详参《奇门遁甲》。

遁甲八卦篇第七十六

【原文】变事变动别有机,天甲将来地将归。

　　　　　假如乙丑加辛未,风泽中孚会者稀。

　　　　　甲乙雷风壬癸水,庚辛乾兑丙丁离。

　　　　　戊地己山分两卦,遁甲八卦理玄微。

　　法以用时甲子之壬与所用时值使所至之宫,所得地下之干配成六十四卦,以决时下吉凶。十干配卦法：

　　甲为震雷,乙为巽风,丙丁为离火,庚为乾天,

　　辛为兑泽,戊为艮山,壬癸为坎水,己为坤地。

　　各以天甲配地干，以成一卦。如天壬加地庚，为水天需卦。天壬加地甲，为水雷屯卦。天壬加地乙，为水风井卦。如丙加戊得火地晋卦。以此决吉凶，推发用。

　　　　假令冬至甲子日，夜半还生甲子时。

　　　　乙丑到坤丑时课，阴与阴时辛未比。

　　如冬至上元一局甲子日丑时，甲己日还生甲子时，直使休门在坎，地将亦是甲子，是甲加甲，配成纯震卦。乙丑时移休门至坤，坤原有辛未，壬申二地将，似难于舍此从彼。殊不知阳与阳比，阴与阴比，此乙丑是阴时，故比辛未之阴地将，正得乙加辛。乙属巽风，为天甲之干；辛为兑泽，为地将之干，正配得风泽中孚卦，求人望信得此，射猎彼此俱胜。丙寅时移值使休门到震，震地将乃丁卯，是丙加丁，配成纯离卦。丁卯时移直使休门到巽，巽之地将乃戊辰、己巳，此丁卯时阴与阴比，是丁加己配成火地晋卦。余仿此推。

　　【注解】五子元遁：是以日干求当日每时天干的一种方法，歌曰："甲己还加甲，乙庚丙作初，丙辛从戊起，丁壬庚子居，戊癸何方法，壬子是真途。"《考原》云："甲子日起甲子时，一直顺数到第二日子时，得干支为丙子，所以乙庚日起丙子。从甲日到己日共经过五天六十个时辰，合一花甲之数，周而复始，所以己日子时也起甲子。"因为此法是求每日子时之天干，所以叫"五子元遁"。又因子肖鼠，故亦称"五鼠遁"。因本节与上章均是求地将，故必先用此法求出每个时辰的天干。依此法成下面的表。

　　上一章是以遁甲之法求地将，本章是以遁甲之法求地将配卦，二者都是巧立名目，毫无实际意义，且与易理相悖，不能为据。易以乾为天、坤为地、震为雷、巽为风、坎为水、离为火、艮为山、兑为泽，此不移之法。而本法以甲为雷、丙丁为离火、辛为泽、壬癸为坎水，甲居震方、辛居兑方、丙丁居离方、壬癸居坎方，

时＼日	甲己	乙庚	丙辛	丁壬	戊癸
子	甲子	丙子	戊子	庚子	壬子
丑	乙丑	丁丑	己丑	辛丑	癸丑
寅	丙寅	戊寅	庚寅	壬寅	甲寅
卯	丁卯	己卯	辛卯	癸卯	乙卯
辰	戊辰	庚辰	壬辰	甲辰	丙辰
巳	己巳	辛巳	癸巳	乙巳	丁巳
午	庚午	壬午	甲午	丙午	戊午
未	辛未	癸未	乙未	丁未	己未
申	壬申	甲申	丙申	戊申	庚申
酉	癸酉	乙酉	丁酉	己酉	辛酉
戌	甲戌	丙戌	戊戌	庚戌	壬戌
亥	乙亥	丁亥	己亥	辛亥	癸亥

勉强可合易理。然乙居震方而为巽风，庚居兑方而为乾天，戊无位而为艮山，己无位而为坤地，均与易理不符。同时，既求出地将，就应以遁甲天盘之干与地将之干生克论吉凶，其十干相加之法遁甲俱有，本章却弃天干生克而不用，又巧立配卦名目，却不言吉凶如何判断，致使遁甲与配卦吉凶相反。如天盘己干加地盘庚，遁甲之法曰"今日之干加六庚为飞干格，此时战斗主客两伤"，是为凶格。而以卦相配却是地天泰卦，又为最吉之卦，吉凶相抵，故此法不可为据。细究其法，推演之式是以"遁甲"为主，判断吉凶，又以地将卦例，把两个截然不同的推演方法强行牵合到一起，就如强逼母牛生羊羔一样，万不可能。

地将配卦之法虽伪，但前文"八门、大格、刑格、龙返首、鸟跌穴"等却属"遁甲"之正法，在术数最高层次"三式"中占一席之地，选择中亦有借用。但亦有持不同意见者，纪大奎《地理末学》中有"论奇门之法不可用一节"可参考，今仅将魏青江《阳宅大成》中有关章节摘录于下：

九畴遁甲与奇门遁甲，一耶二耶？

曰：甲乃天干之首，统领六甲干支。遁乃飞布之义，始于洛书九畴。考龟背之文，即天以遁甲示人者。观戴九履一，左三右七。九紫离火，应居南方丙丁中。一白坎水，应居北方壬癸中。三碧震木，应居东方甲乙中。七赤兑金，应居西方庚辛中。此先天正东之离，所以移于正南九宫；正西之坎，所以移于正北一宫；东北之震，所以移于正东三宫；东南二兑，所以移于正西七宫。观二四为肩，六八为足。二黑坤土，应居西南未申中。四绿巽木，应居东南辰巳中。六白乾金，应居西北戌亥中。八白艮土，应居东北丑寅中。此先天正北之坤所以移于西南二宫，西南之巽所以移于东南四宫，正南之乾所以移于西北六宫，西北之艮所以移于东北八宫，是即遁之所由起也。至五黄戊己土应归中宫，合成九畴，孔圣所以为纵横十五生成数之主，天造地设，一画不可易者。五黄居天地之中，调替以岁建月建入中宫，由中五而乾六、兑七、艮八、离九、坎一、坤二、震三、巽四，而中五又飞八方，挨数目次序循环轮转六十花甲于九畴，逢吉则趋，逢凶则避，诚以人生祸福，莫能逃此，九宫遁甲也。后世选择奇门，刻载运书云，轩辕命九天玄女演奇门遁甲，根于洛书九宫。不想洛书在第二十甲子上元壬午，夏禹七年始出，而轩辕伐涿鹿乃前十二甲子下元癸亥，距禹之前五百年，洛书尚未现出，何以五百年前倒根于五百年后？此后世假托之弊，不攻自破矣。奇门三代无考，汉末孔明行兵设此布阵，未闻以之择日也。历两晋六朝，隋唐五代，宋元明初，千百年来，无以是择日者。崇顺年间，妖巫倡言，私刻《通书》内云根于洛书九宫，妄加许多名色，如天芮、咸池、轩辕，种种怪诞，难以悉数，愈肆枝蔓，愈晦根源，何不即遵洛书本来名色，从五行看生克！三奇何尝非六甲，八门何尝非八卦，阴阳顺逆，掌诀布飞，遁与九畴调替大相悬远。试思洛水何以出书？天恐人拘于《河图》,不知阴阳五行有参伍错综,故又现出九畴为流行之用,逐年逐月移官换位,以阴渐消而阳渐长,阳渐亏而阴渐盈,固其常也。然而常之中变化无穷焉,时而冷带热,时而热带冷,春夏亦有收藏,秋冬亦有生长。因此,五行流布飞遁九宫,看六甲干支有生旺贵禄比助制化则吉;若衰病墓绝冲克刑害则凶。万事灾祥,皆由此始,极为紧要,最为简便,何事纷纷《奇门遁甲》。为只照《时宪书》年神方位之图,并逐月下九宫白星推衍,星生宫者吉,星克宫者凶,一目了然,视蓬芮冲任等类,岂不彰明较著也哉!

　　按:《奇门遁甲》以一居坎、八居艮、三居震、四居巽、五居中、六居乾、七居兑、九居离,确悉出于洛书。而洛书出于大禹之时,本文云遁甲得于黄帝之时,的确有误,故《烟波钓叟》歌中"轩辕黄帝战蚩尤,涿鹿经今苦未休。偶梦天神授符诀,登坛致祭谨虔修。神龟负图出洛水,彩凤衔书碧云里。因命风后演成文,遁甲奇门从此始"等句应是后人伪撰。

为何《金弹子》云"太阳帝星压百杀,奇门不到亦徒然"?

　　曰:奇门专为用兵布阵而设,或修方催福,前辈亦用之,至间造葬之期,原不相关涉。天上之星光,莫有大于太阳者,若谓太阳到奇门不到而太阳遂不足用,则是奇门反重于太阳,噫,多见其不知量也。殊不知乙奇到金位、丙丁到水位、开门到火方、休门到土方、生门到木方、景门到水方,皆为奇门大凶矣。

　　一黄姓自负精于奇门,于庚申年、九月丙午日、庚寅时入宅。丙火生寅旺午,住宅向午,本命庚午,与日支相刑,谓之旺处自刑,杀临旺位,极则有变。盖丙火有炎炎之势,属火星,其色红赤,其味苦焦,为毒药。宅主与月日时三合寅午戌旺火,应离卦,离为中女,其家次妇有外心,与众同谋,以毒药毒死宅主。古云:"万事喜逢三六合,合中带杀蜜中砒。"此凶神带煞逢合,又日犯岁君,死伤立见。庚午以丙午为七杀自刑,丙火克庚金、午火克申金,凡午命与庚申年不可用丙午日,岂日戊月以丙午为天月德乎。天德、月德尚不能化解,而何有于奇门哉?是奇门虽到徒然矣!十月太阳到寅,合照午向,何不查取亥月内之吉日乎!

　　一王姓,自擅奇门,于戊午年五月造午山,取四戊午,名天地同流。不知误用太岁重刃,都天大杀,岁刑等凶日,官非破败,人丁死伤。此乃知其阴不知其阳者,安得泥一奇门死板法而遂不顾七政干支也。六月太阳到午向,何不查取未月内之吉日也!

　　按:从上例可以看出,大凡修作选择,必以本命与当年太岁为重。如果是本命与当年太岁吉方,再加三奇、三吉门,当锦上添花,吉上加吉。若是本命与太岁凶方,再是三奇、三吉门之方亦无可取,万不可泥一奇门而论。

　　例1. 见本册第98面所举"陈从之为杨元长修午丁方"例。

　　例2. 见本书下册第164面所举"嘉定十七年柳仲达为巴陵卢家修甲卯向方"例。

　　例3. 见本册第244面所举"胡公式为钟元亮修丙午向"例。

　　例4. 见本册第64面所举"胡公式为周尚质竖造丙向屋大富"例。

　　按:熟读以上四例,自能悟出如何使用奇门之玄机。

山家五行篇第七十七

【原文】乙丙离壬南炎火,乾亥兑丁从革乡。
　　　　丑癸坤庚未稼穑,震艮巳位曲直装。
　　　　申子寅甲巽辛地,辰戌皆同润下行。
离壬丙乙四山俱属火,生寅、旺午、墓戌、绝亥,为炎上卦。
兑丁乾亥四山俱属金,生巳、旺酉、墓丑、绝寅,为从革卦。
丑癸坤庚未五山属土,生申、旺子、墓辰、绝巳,为稼穑卦。

震艮巳三山俱属木,生亥、旺卯、墓未、绝申,为曲直卦。

甲寅辰巽戌坎申辛八山俱属水,生申、旺子、墓辰、绝巳,为润下卦。

【注解】山家五行即所谓"洪范五行",与五行大多相悖,古人亦多有解释,但均未脱牵强附会之迹,终难畅通。本书中册《三白宝海》第330面对此做了介绍,请参阅。

五山生绝篇第七十八

【原文】正生正绝干中取,金位乃推巳丙乡。

木向癸庚为正位,

正生正绝,并取五行相生相克,以求正干。己属土,土能生金,故金生在己巳。巳丙属火,火克金,故金绝在丙。寅木生在亥,癸属水,能生木,故木生在癸亥。庚属金,金能克木,故木绝在庚申。

火来甲癸不相忘。

水流庚巳犹相近(一本作"忌"),丙乙原来占土乡。

甲木能生火,故火生在甲寅。癸水能克火,故火绝于癸亥。庚属金,金能生水,故水生在庚申。己属土,土能克水,故水绝在己巳。丙属火,火能生土,故土生在丙申。乙属木,木能克土,故土绝在乙巳。皆以正生正绝,求取正干。

【注解】十干五行:甲乙属木、丙丁属火、戊己属土、庚辛属金、壬癸属水。本文言火生于甲木而不言生于乙木者,乙木柔嫩,生火自焚,无力故。言土生于丙火,不言丁火者,丁火微弱故。言金生于己土,不言戊土者,戊为燥土,不生金故。言水生于庚,不言辛,辛金柔嫩故。言木生于癸而不言生于壬者,壬水过旺,水泛木漂故。

丙火既为土之生处,巳为丙火之藏宫,何以反为死绝?《钦定协纪辨方书》解曰："水土之同生于申者,申为坤、坤为地,水土所以凝也。土之寄生于寅者,寅为孟春,孟春之月,天气下降,地气上腾,天地所以和同,草木所以萌动也。是故《洪范》家独以土生于申为五行之体,阴阳选择诸家皆以土生于寅为五行之用,盖长生在寅,则临官在巳,乃为土旺金生,与木水火同一例。然则以土为生于申者,所以顺五行相生之序,固与月令土旺于夏秋之交以顺四时相生之序者,同出于理之自然而非为臆说也。"

细思二者,申中虽藏戊土,实乃土之余气,且土金水相生,其气尽泄,言其生者,实有违自然之理。土生于寅者,木虽克土,但寅中暗藏甲丙戊,实有相生之意,故寅生比申生要合自然之理。且生于寅则临官巳,旺于午,火旺土强,极为自然。生于申则旺于子,水旺土熔,何理之有? 故术数家多以土生于寅,旺午、墓戌而用之;生申、旺子,则多弃之。

山家正墓篇第七十九

【原文】山家与命值正墓,此杀元来亦忌之。

丙戌丙辰为火忌,乙丑乙未木非宜。

辛丑辛未金堆位,壬辰壬戌水怕伊。

土慎戊辰并戊戌,宫音值此一般危。

丙乙离壬四山及徵音人,大墓丙戌,小墓丙辰,忌此正墓杀。

震艮巳三山及角音人,大墓乙丑,小墓乙未,忌此正墓杀。

丑癸坤庚未五山及宫音人,大墓戊辰,小墓戊戌,忌此正墓杀。

兑丁乾亥四山及商音人,大墓辛丑,小墓辛未,忌此正墓杀。

甲寅辰巽戌坎申辛八山及羽音人,大墓壬辰,小墓壬戌,忌此正墓杀。

但信山家为八墓,吊替之宫人不知。

山家入墓者,如乾山正体本属金,金生在巳,巳旺在戊申,绝在丙寅，大墓忌辛丑，小墓忌辛未耳。却不知再以年月入中宫，吊见正墓支干同到用事之宫，尤为大忌。

【注解】徵音、角音等：古人把天下姓氏分为五类，称五音，以合五行。即角音姓属木，有赵、周、曹、孔、金、华、岳、荆等37个。徵音姓属火，有李、陈、钱、郑、秦、龙、施、唐等78个。商音姓属金，有王、蒋、韩、何、张、洪、关、杨等97个。宫音姓属土，有孙、冯、沈、严、魏、陶、水、范等61个。羽音姓属水，有朱、吴、卫、许、吕、苏、鲁、苗等51个（参本社已出版的同类书《鲁班经·五音造牛栏法》注解）。五音主姓，早有异议，唐吕才云："言皆不类。如张王为商，武庚为羽，是以音相谐附。至柳为宫，赵为角则为不然。其间一姓而两属，复姓数字不得所归，是直野人巫师说尔。按《堪舆》，黄帝对天老始言五姓，且黄帝时独姬姜姓耳，后世赐姓者浸多，然管、蔡、郕、霍、鲁、卫、毛、聃、郜、雍、曹、滕、毕、原、丰、郇，本之姬姓，孔、殷、宋、华、向、萧、亳、皇甫，本之子姓。至因官命氏，因邑赐族，本同末异，岂为配官商角徵羽所管摄也。"

按：五音借于风水之说者，周时即有，盛行于宋代，而后则慢慢衰退，直至被遗弃，今已无人用也。

大墓、小墓　《考原》曰："以五音论若临绝位为气绝，胎为白虎，自墓为大墓，冲墓为小墓，克岁支为害财，岁支来克者为鬼贼，同类为大通，相生为小通。如宫音属土，长生于申，则巳年气绝、午年白虎、申酉年小通、辰年大墓、戌年小墓、丑未年大通、亥子年害财、寅卯年鬼贼。商姓属金，寅年气绝、卯年白虎、丑年大墓、未年小墓、巳午年鬼贼、申酉年大通、辰戌亥子年小通。角姓属木，申年为气绝鬼贼、酉年为白虎鬼贼、未年为大墓、丑年为小墓、辰戌年为害财、寅卯年为大通、巳午亥子年为小通。……宜大通小通月，不宜大墓、小墓月。"

本文所述，即山家墓龙变运，《钦定协纪辨方书》论述甚清，特介绍如下：

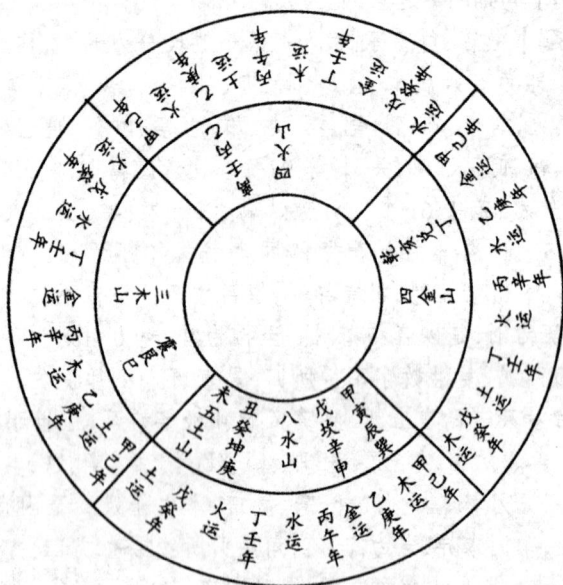

《通书大全》曰："二十四山，洪范五行为正运，即本年五子元遁，数至本山墓辰，其墓辰之纳音为变运，取太岁纳音与本年墓运纳音生合为吉，墓运纳音克太岁纳音尤吉，惟忌年月日时之纳音克墓运纳音耳。"

甲寅辰巽戊坎辛申，八山正运属水，丑癸坤庚未五山正运属土，水土墓在辰。

　　　　甲己年戊辰木运，忌用金年月日时。

　　　　乙庚年庚辰金运，忌用火年月日时。

　　　　丙辛年壬辰水运，忌用土年月日时。

　　　　丁壬年甲辰火运，忌用水年月日时。

　　　　戊癸年丙辰土运，忌用木年月日时。

离壬丙乙四山正运属火,火墓在戌。

甲己年甲戌火运,忌用水年月日时。

乙庚年丙戌土运,忌用木年月日时。

丙辛年戊戌木运,忌用金年月日时。

丁壬年庚戌金运,忌用火年月日时。

戊癸年壬戌水运,忌用土年月日时。

震艮巳三山正运属木,木墓在未。

甲己年辛未土运,忌用木年月日时。

乙庚年癸未木运,忌用金年月日时。

丙辛年乙未金运,忌用火年月日时。

丁壬年丁未水运,忌用土年月日时。

戊癸年己未火运,忌用水年月日时。

乾亥兑丁四山正运属金,金墓在丑。

甲己年乙丑金运,忌用火年月日时。

冬至后丁丑水运,忌用土年月日时。

乙庚年丁丑水运,忌用土年月日时。

冬至后己丑火运,忌用水年月日时。

丙辛年己丑火运,忌用水年月日时:

冬至后辛丑土运,忌用木年月日时。

丁壬年辛丑土运,忌用木年月日时。

冬至后癸丑木运,忌用金年月日时。

戊癸年癸丑木运,忌用金年月日时。

冬至后乙丑金运,忌用火年月日时。

按:墓龙本山龙,洪范五行之墓库变运者,本墓库之纳音,随岁运而变。用五子遁者,与七政自冬至起算同义。上年冬至已属今年,今年冬至即明年,天地之运,皆自子始也。然五子元遁始子终亥,而一岁统四时,冬至后丑月,岁君未更而墓运已改,丑为金墓，故金山之墓运，冬至后又重变。如甲山正运属水，水墓辰，甲己年五子元遁，自甲子顺数得戊辰，纳音属木，即为木运。乾山属金，金墓在丑，甲己年五子元遁自甲子顺数得乙丑，纳音属金，即为金运。冬至后属乙庚年，用乙庚年五元遁自丙子顺数得丁丑，即为水运。余仿此。

本文取大墓、小墓之法，是以洪范五行入墓，天干与洪范五行同。如震艮巳木山及角音人，木墓未，天干配本五行乙是。与山家正墓不符，毫无通变，故未采用。

山命旺神篇第八十

【原文】先课生年本命由，旺神常在绝中求。

法以本命、本山绝位装卦，推见生气贪狼是正旺神。如火山及火纳音命，绝在亥，装乾卦，乾之生气在兑宫，故乙酉为火之旺神。

金山及金纳音命绝在寅，装艮卦，艮之贪狼在坤，故戊申为金之旺神。

土山及土纳音命绝在巳，装巽卦，巽之生气在坎，故丙子为土之旺神。

木山及木纳音命绝在申，装坤卦，坤之生气在艮，故壬寅为木之旺神。

水山及水纳音命绝在巳，装巽卦，巽之生气在坎，故庚子为水之旺神。

阳宅从宅长命，阴宅从亡人命，惟旺神正到之方可作。

更把命山分所属，火酉金申四位收。

土子木寅君记取，水乡便向坎冀州。

火纳音命并离壬丙乙四火山，旺神是乙酉。

金纳音命并兑丁乾亥四金山，旺神是戊申。

土纳音命并丑癸坤庚未土山,旺神是丙子。

木纳音命并震艮巳三木山,旺神是壬寅。

水纳音命并甲寅辰巽戌坎辛申八水山,旺神是庚子。

　　吊替二宫求月份,自然兴旺免灾危。

【注解】此与第六十七篇羲皇卦大同小异。羲皇卦从绝命位装本宫,本节从五行绝处装卦。前法已伪,此法更不可信。

　　其一,前山家五行篇清楚标明五山生旺墓绝之方,如离壬乙丙四火山生寅、旺午、墓戌、绝亥等。此篇既云"山命旺神"等,是取山命及本命纳音之旺处,然就本文之例看来,除水土纳音及山命旺神在庚子、丙子二处,尚与前篇旺神相合外,余皆不符。然木在寅、金在申,虽临官处言旺尚合义理,而火旺神在乙酉却是死地,何以言旺? 自相矛盾,且与义理不符。

　　其二,若以本命纳音及山命论,则应以纳音旺处为旺,如火纳音及火山,以戊午为旺处。木纳音命及木山,以辛卯为旺处,金纳音命及金山,以癸酉为旺处,水纳音命及水山,以丙子为旺处,土纳音命及土山,以庚子为旺处,是纳音及旺处皆合。本书除金纳音及金山旺神是戊申,金临官申,纳音土,尚勉强合义理外,余皆非。火纳音命及火山旺神乙酉,纳音是水,水克火;木纳音命及木山旺神壬寅,纳音是金,金克木;水纳音命及八水山旺神庚子,纳音是土,土克水;土纳音命及土山旺神丙子,纳音是水,亦土克水。本命纳音及本山均临所克之方,何旺之有? 我以本文之谬而证其谬,谁能再言此法可据乎!

八局吊宫三元篇第八十一

【原文】常将太岁入中求,年月分明用两周。

　　先以吊宫行九位,旺神墓绝要当头。

年家常以本年太岁入中行九宫,先看本山本命旺神在何宫,又看大墓、小墓到何宫，又看生神到何宫，又看绝神到何宫。若得本山本命旺神、生神到所作方及本山，大吉；若值大墓及绝神到本山及所作之方，大凶；或一吉一凶到所作山方，亦主吉凶相半。如甲子金命人，于戊辰年造作，以戊辰太岁入中宫，行见己巳生神在乾，本命小墓辛未在坤，大墓辛丑亦到坤，旺神戊申在离，次见绝神亦在离，是甲子命人作乾山方大吉，作离山方半吉半凶，作坤山方大凶。凡守爻，宜在宅长之生旺神上住最妙。

再把月建入中行，九位同来甲上生。

尽看九宫并八卦，年家依此莫纵横。

月家每以月建入中行九宫，求本山本命生旺神正到之处，作之最吉。凡生旺所到之宫，宜以纳甲支干配取，且如旺神到离，则壬寅戌山皆同受旺神之气。又如生神到坎，则癸申辰方皆同受生神之气，余仿此。

若见旺神来本山，山家旺盛自然安。

生主安荣绝主祸，更妨二墓在其间。

凡造葬值旺神到山方，主旺盛。值生神到山方，主安荣。值绝神到山方，主灾祸。若值大墓到山，坟宅犯之，不惟不发，而先应灾祸，纵龙真穴的，亦必生灾病刑凶之事。小墓主十二年灾祸，大墓主二十四年灾祸。

开山造作家家用，并用轮还入吊宫。

莫信诸家说神煞，不留吊替尽愚蒙。

元经妙用类神仙，不把五音乱正言。

惟求五字按衰旺，括尽天机入奥渊。

凡大造大葬，及修方造作，并用太岁及月建入中宫行吊，以求生旺神到山方，为至大关键，更避墓绝之神为佳。一挽近术家，每以一百二十位神煞为用，则全无俱吉之理。把先贤吊替之法略而不言，举世尽愚蒙，不知《元经》之为妙选也。《元经》从始至末，不言五音,惟据五行衰旺以定吉凶,凭三元吊替以考星煞,则灾福应验有准,可谓精义入神者矣。

传术若知斯旨要,不羡当时樗里贤。

后学能究其旨要,虽樗里之贤,亦不必羡。六国时秦樗里子著有《风水口义》行世。

【注解】樗里子:按《史记·樗里子传》,樗里子名疾,秦惠王之弟,滑稽多智,秦人号曰"智囊"。因其室在秦昭王庙西,渭南阴乡樗里,故俗谓樗里子。昭王七年卒,葬渭南章台之东,曰后百岁当有天子之宫夹我墓。至汉兴,长乐宫在其东,未央宫在其西,武库正值其墓。据说,此君精通阴阳风水。

本文以年月入中吊替,寻生旺绝墓之处,是以纳音论。生旺墓之法,前章均述,惟绝未言。所谓绝者,即本年月纳音克本命纳音及本山五行。如前章云,火纳音命及火山绝亥,金纳音命及金山绝寅,木纳音命及木山绝申,水土纳音命及水土山绝巳等是。据此,再用年月入中吊替之法,寅申巳亥必在同一方位。如前例甲子金命,戊辰年造作,以戊辰入中,己巳到乾是生神;第二轮则是戊寅到乾,又是绝神;第三圈又是丁亥到;依此推完一花甲,则寅申巳亥全在一位。且己巳与乾方之亥相冲克,又何吉之有?故吊替之法只以第一轮为有力,第二轮之后其力大减而无用。本文吊替之说,却是一直往下顺轮,如甲子金命,戊辰年造作坤方例,第一轮到坤为甲戌,第二轮到坤为癸未,第三轮到为壬辰,第四轮方是辛丑大墓到坤,第五轮是庚戌到坤。依此第四轮辛丑方到,是无力矣。

本文又云"《元经》从始至末,不言五音,惟据五行衰旺以定吉凶",又云术家"每以一百二十位神杀为用,则全无俱吉之理"。然而本书第七十九篇即用五音之人,且通篇论及神杀。所谓五行生旺者,亦以正五行论者少,纳音、山家等五行论者多,是其言与其书内容不符。

　　所谓山家五行临绝之说，古人还有"年月克山家"一意。《通书大全》曰："本年二十四山墓龙变运，某山运为年月纳音所克，即为年月克某山。惟新建宅舍，新立坟茔论之，其拆修竖造，不动地基及旧茔附葬者皆不论。"此即本文"开山造作家家用"之意。如甲子年纳音属金，本年水土山墓运戊辰属木，受年纳音之克，即为本年克甲寅辰巽戌坎辛申八水山及丑癸坤庚未五土山。甲子年丙寅、丁卯、甲戌、乙亥月纳音属火，本年金山墓运乙丑，属金，受月纳音之克，即为正、二、九、十月克乾亥兑丁四金山。戊辰、己巳月纳音属木，本年木山墓运辛未属土，受月纳音之克，即为三、四月克震艮巳三木山。庚午、辛未月纳音属土，本年二十四山无水运，即其月无克。壬申、癸酉月纳音属金，与本年纳音同，故亦克水土山。丙子、丁丑月纳音属水，本年火山墓运甲戌属火，受月纳音之克，即为十一、十二月克离壬乙丙四火山。以后诸年月依此类推。此亦一法，制图如下面，供大家参考。

　　由是书观之，最后数章都是言《洪范》五行，尽管本书言之凿凿，但仍为大多数风水家及选择家所弃。《人子须知·诸家五行》一节中说："洪范五行，以穷其山音，此景鸾吴公表为宋仁之朝者，诚地学之标准矣。然洪范最玄，而管辂之注近于牵强，世有斥之为《灭蛮经》。而更论山音，于正五行者，此俗学之杜撰也。"魏青江《阳宅大成·问诸家五行》中说："洪范即洛书，甲寅辰巽大江水，戊坎辛申水一同，艮震巳山原属木，离壬丙乙火为宗，兑丁乾亥金生处，丑癸坤庚未土中。明系后人平仄押韵之歌，禹箕洪范之五行，未必如是。如云艮土处衰丑病寅之间，思欲更相代立，故自然化木，变为官鬼。巽木处衰辰病巳之间，不能自立，反归于水，变为父母。申本金，因水生于申故属水变为儿子。巳火因木所生，故属木也，而变为父母。甲寅巽木也，辰

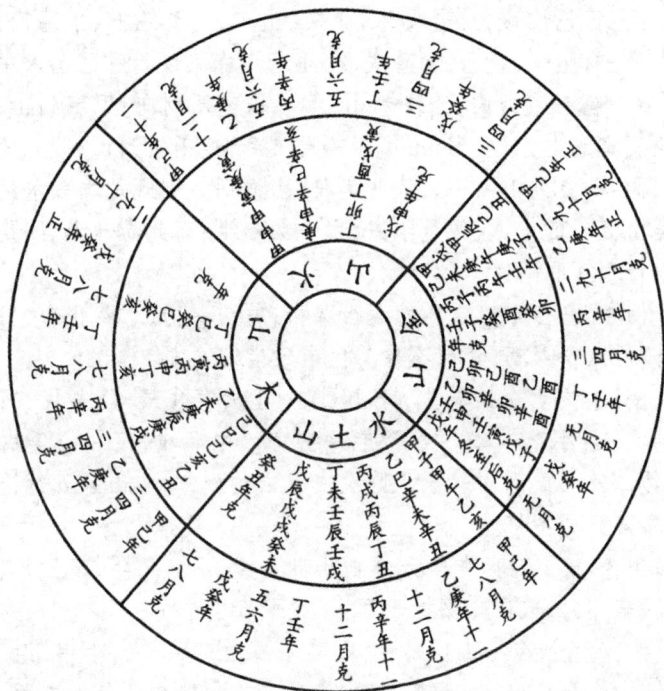

戌土也，申辛金也，一变为水者，因甲寅、甲申、壬辰、壬戌、癸巳、乙酉纳音属水也。艮土也，巳火也，皆变为木者，以癸丑、己巳纳音属木也。诸如此类，矫揉造作，无一处不牵强怪诞，非天地自然之气化，离经叛道，违背《时宪》，而愚民深信不疑，致漫衍于世，悲夫！"蒋大鸿在《龙属五行辨》一节中说："至于方位五行，不特小玄空生克出入，宗庙洪范，双山三合，断不可信，即正五行，八卦五行亦不可拘。"

古人择吉，亦不拘洪范五行及年月克山家之说，举例说明。

例 1. 杨公与陈长者葬祖坟，坤山艮向，己巳化命，用四己巳，下后三年即出四科状元，子孙兴旺。

按：己巳亡命，纳音属木，生亥、绝申、大墓乙丑、小墓乙未。坤山属土，生子、绝巳、大墓戊辰、小墓戊戌。以年月己巳入中顺布，第一轮壬申到向，乙亥到山；第二轮辛巳到向，甲申到山；第三轮庚寅到向，癸巳到山；第四轮己亥到向，壬寅到山；第五轮戊申到向，辛亥到山……。依此类推，山向两方则既是本命木纳音及坤山五行的生方，又是绝方，主吉凶参半；而此局却大吉，是山家五行之不能圆说。

例2. 曾公为醴陵县彭运祖葬祖，乾山巽向，丁亥化命，用四壬寅，后八子入朝，食禄不替。但申巳生人不吉。

按：丁亥亡命纳音土，乾山属金，土大墓戊辰，小墓戊戌；金大墓辛丑，小墓辛未。今以年月壬寅入中顺布，第一轮庚戌到向，第二轮戊辰到向。依此则辰戌丑未均到方，依山家五行论主凶，亦与此局不符。

例3. 杨公为丙午生人造酉山卯向屋，用辛巳年、辛丑月、辛未日、辛卯时，取四辛聚禄于酉山，又聚贵于午命。

按：丙午生人，纳音属水，大墓壬辰，小墓壬戌，生申，绝巳。酉山属金，生巳绝寅，大墓辛丑，小墓辛未。以辛巳年入中顺布，癸未到酉山，一直顺轮则辰戌丑未全在酉山，是山墓与本命纳音之墓皆在酉山。以月建辛丑入中，则寅申巳亥均临朝向，是生处与绝处同宫，吉凶参半。且月令辛丑，纳音属土，克丙午生人水之纳音，件件不吉，亦与实不符。

由是观之，洪范五行实不可为据。

癸未年，十二月二十三日凌晨四时十二分
完稿于海口

珍珠塔

乾隆庚戌年重刊

陰陽五要奇書

板藏姑蘇胥門外樂真堂

原书正文

克择璇玑经括要　璇玑大理歌

【原文】立极初分五位星,有生有克有冲刑。

坎离位上阴阳限,主南主北自分明。

【注解】五位星,即金、木、水、火、土五星。其生者,金生水,水生木,木生火,火生土,土生金,金复生水,循环不息。其克者,金克木,木克土,土克水,水克火,火复克金,周流不断。

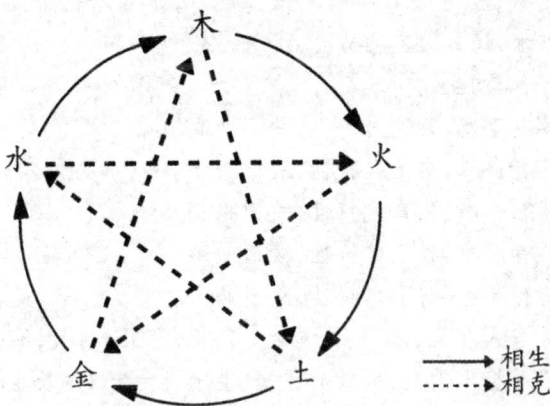

五行相生相克图

五行之说,最早见于《尚书·洪范》:"一曰水,二曰火,三曰木,四曰金,五曰土。"《大禹谟》认为,其源起于河图洛书,在图左旋而相生,在书右转而相克,他们既相互相生,又相互相克,这种相互依存、对立正是宇宙万事万物生生灭灭的规律和原因。

所谓相生,就是互相滋生、促进、助长之意。为什么左旋而顺次相生?古人认为,水能滋润树木,木能燃烧产生火,火能使燃烧后的东西变成灰土,土里能找到含金的矿物,而寒冷的金属能产生露水。所以北方之水生东方之木,东方之木生南方之火,南方之火生中央之土,中央之土生西方之金,西方之金生北方之水,左旋为顺也。

所谓相克,就是相互制约,克制,抑制之意。我克他者为顺克,他克我则叫逆克,或叫反侮。为什么右旋而隔一相克?古人认为,水能够灭火,火能够熔化金属,金属制品能够砍伐树木,树木之根可以穿透任何土壤,而土则能吸收水份使其消失。但火金、金木、木土等俱间隔一位,且依序右转。所以北方水右旋隔克南方之火,西方金右旋隔克东方之木,东方木克中央土,中央土克北方水,南方火克西方金。

五行各具其性:

木具有生发、条达之特性,故曰曲直。

火具有炎热、向上之特性,故曰炎上。

土具有长养、化育之特性,故曰稼穑。

金具有清净、收杀之特性,故曰从革。

水具有寒冷、向下之特性,故曰润下。

五行与人相同,亦有胎,有生,有长,有旺,有衰,有死。《考原》曰:"木长生于亥,火长生于寅,金长生于巳,水长生于申,土亦长生于申,寄生于寅。各由长生、沐浴、冠带、临官、帝旺、衰、病、死、墓、绝、胎、养,顺历十二辰。盖天道循环,生生不已。木方旺而火已生,火方旺而金已生,金方旺而水已生,水方旺而木已生。由长生而顺推,稚则必壮,盛则必衰,终而复始,迭运不穷。此四时之所以错行,五行之所以顺布也。"据此,古人把一年十二个月与五行生死相配,且根据阴阳消长之意而立阳生阴死阴生阳死五行十二运,见下面的表。

此表中,阳生阴死,阴生阳死,阳顺阴逆,各有其序。但甲乙均木,何以会此生彼死,此死彼生?此表与自然之理不符,故在实际运用中大多以阳五行为准,不用阴五行之生死。

十干＼十二名词	甲	乙	丙	丁	戊	己	庚	辛	壬	癸
长生	亥	午	寅	酉	寅	酉	巳	子	申	卯
沐浴	子	巳	卯	申	卯	申	午	亥	酉	寅
冠带	丑	辰	辰	未	辰	未	未	戌	戌	丑
临官	寅	卯	巳	午	巳	午	申	酉	亥	子
帝旺	卯	寅	午	巳	午	巳	酉	申	子	亥
衰	辰	丑	未	辰	未	辰	戌	未	丑	戌
病	巳	子	申	卯	申	卯	亥	午	寅	酉
死	午	亥	酉	寅	酉	寅	子	巳	卯	申
墓	未	戌	戌	丑	戌	丑	丑	辰	辰	未
绝	申	酉	亥	子	亥	子	寅	卯	巳	午
胎	酉	申	子	亥	子	亥	卯	寅	午	巳
养	戌	未	丑	戌	丑	戌	辰	丑	未	辰

也有把五行与四季联系之说。在每年的四个季节中,每一个季节都有一个五行处于"旺"的状态。一种处于"相"的状态,即次旺之意。一种处于"休"时,即休息状态。一种处于"囚"时,即衰落之状态。一种处于"死"时,即被克制之状态。由此,五行与四季的旺相休囚死成下面的表。

状态＼五行	旺	相	休	囚	死
木	春	冬	夏	四季月	秋
火	夏	春	四季月	秋	冬
金	秋	四季月	冬	春	夏
水	冬	秋	春	夏	四季月
土	四季月	夏	秋	冬	春

　　按:以上五行生旺相休囚死等是本书选择之依据,故要熟记。

　　冲刑:此言五行地支六冲、三刑。古人把天干分成十个,地支分成十二个,并配以方位及五行。

　　十天干:甲乙属木,居东方;丙丁属火,居南方;戊己属土,居中央;庚辛属金,居西方;壬癸属水,居北方。

　　十二支:亥子属水,居北方;寅卯属木,居东方;巳午属火,居南方;申酉属金,居西方;辰戌丑未属土,居四维。

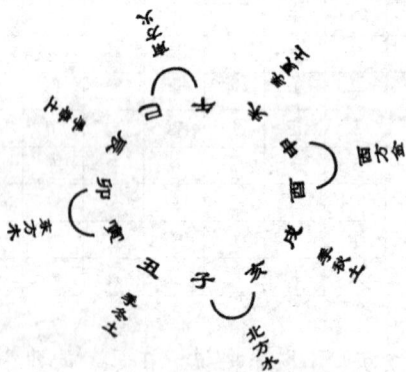

　　从上图中可以看出,凡两个地支正好相对者,就叫作对冲。因为地支相冲共有六组,所以又叫六冲。即,子午相冲,寅申相冲,卯酉相冲,辰戌相冲,巳亥相冲,丑未相冲。冲主散,是选择中最忌讳的一种现象。与太岁地支相冲叫岁破,与月建地支相冲叫月破,与日支相冲者叫日破,与时支相冲叫时破。岁破最紧,名犯太岁;月建次之,日时又次之。六冲之凶,在选择中无法可解,故忌犯之。即使逢贵人、禄马、三德、太阳等至吉之神,亦主冲散而吉神无力。

　　刑有两种,一是地支三刑,即寅刑巳,巳刑申,申刑寅,为恃势之刑;丑刑戌,戌刑未,未刑丑,为无恩之刑;子刑卯,卯刑子,为无礼之刑；辰午酉亥，自刑之刑。《阴符经》云："恩生于害，害生于恩，三刑生于三合。"如申子辰三支相合化水，遇上寅卯辰三位，那么申就刑寅，子刑卯，辰遇辰是自刑。寅午戌三支相合化金，遇上巳午未三位，那么寅就刑巳，午遇午是自刑，戌刑未。巳酉丑三支相合化金，遇上申酉戌三位，那么巳就刑申，酉遇酉是自刑，丑刑戌。亥卯未三支相合化木，遇上亥子丑三位，亥遇亥是自刑，卯刑子，未刑丑。这与人伦夫妇相合相得，也会造成相伤的道理是一致的。三刑为选择中凶神，切忌使用，如某人甲子年正月修艮方，用辛未日，辛卯时，子未相害，子卯相刑，月建丙寅入中，调己巳到艮寅，寅巳又刑，课与方位俱犯刑，修后一年妻缢死，家产荡散，故应慎。但若课中或修方调得贵人、天德、月德等吉神到，则能逢凶化吉；但若逢三四重刑害，亦难化解。

还有一种叫支干刑害，出自《郭氏元经》第十节。原文云："甲刑申，乙刑酉，丙刑子，丁刑亥，戊刑寅，己刑卯，庚刑午，辛刑巳，壬刑戌，癸刑未。"其中甲申、乙酉、戊寅、己卯、庚午、癸未等支为七杀，言刑尚通。然丙见子，丁见亥等为正官，且丁见亥又为贵人；辛见巳为正官，又为长生之处，言刑甚悖义理。详参《郭氏元经·支干刑害篇第十》。

坎离位上阴阳艰：坎属北方，分野在子，于时为冬至，其时虽为至阴，但阳气已逐渐生长，至卯而壮，至午极盛。离属南方，分野在午，于时为夏至，其时虽为至阳，但阴气已逐渐生长，至酉而壮，至子极盛，故坎离为阴阳相互消长之地。看了太极图(图见下面)，自会一目了然。

白代表阳，自子起，即阳生于子，子即坎，渐长，渐壮，渐盛，以极于午，入未而渐消。黑代表阴，自午起，午即离，渐长，渐壮，渐盛，以极于子，入丑而消。图中的黑点和白点是太极阴阳的眼目，代表至阴至阳，象征阴极阳生，阳极阴生的消长转化规律。

因其阴阳均是从子午始，所以云"坎离位上阴阳限"。

【原文】九宫八卦体，阴阳对待情。

休废与生旺，四势五行评。

乾称父，统三男(震坎艮)；坤称母，率三女(巽离兑)。

运用从此分，顺逆无违理。

【注解】九宫：八方加中宫是，言洛书九畴之数。即坎一、坤二、震三、巽四、中五、乾六、兑七、艮八、离九。其中坎一阳中男与离九阴中女相对待，坤二阴老母与艮八阳少男相对待，震三阳长男与兑七阴少女相对待，乾六阳老父与巽四阴长女相对待。此四组不仅皆阴阳相对，且数皆合十。

八卦：乾坎艮震巽离坤兑八方。先天八卦乾居正南，坤居正北，二老阴阳对待。离居正东，坎居正西，中男中女阴阳对待。震居东北，巽居西南，长男长女阴阳对待。艮居西北，兑居东南，少男少女阴阳对待。大凡选择，均以九宫八卦为体，五行生旺死囚及神杀为用,离开了九宫八卦与阴阳五行,选择就失去了义理的依据。

后天八卦乾居西北,为老父,统坎中男,艮少男,震长男居于东北之方,为阳,为顺。坤居西南,为老母,统巽长女,离中女,兑少女,居于西南,为阴为逆。大六壬贵人临亥至辰为阳,为顺行;贵人临巳至戌为阴,为逆行,即取此义。

【原文】造凭向,葬审穴,祸福于此精分别。

五行宗旨推洪范,更配元空方向列。

【注解】造凭向,是言造作以朝向为主;葬审穴,穴即中宫,是言埋葬当以中宫为紧要。此说有误。《钦定协纪辨方书》云:"造葬二者,及选择大端,不可不慎。慎之如何? 曰:合造命之体用而已。然竖造与葬地亦略不同,葬以补龙为主,而山向亡命次之。造以山向主命为重,而补龙次之。盖葬称生气,生气旺而体自暖,虽山向与亡命不甚全利亦无妨也。若修造,则斧斤震动,且旷日持久,倘山向不空,主命受克,不敢妄议兴举,况八宅祸福皆论坐山乎!"大凡造葬,据脉选穴,为我一家所用,龙脉旺则气自旺,故葬必以补龙为要。如一亥龙,乾山巽向,曾文辿用壬寅年、壬寅月、壬寅日、壬寅时,后八子入朝。系丁亥亡命,取丁与壬合,以丁命言之为合官。又四点壬禄到亥龙,四寅与亥命合,又与亥龙合,妙甚;四壬水又补亥龙,上上吉课也。又有一子龙,艮山坤向,曾文辿取癸巳年、丁巳月、癸酉日、癸丑时,后代贵显。此因艮山坤向俱属土,能克子龙之水,故不用申子辰局而用巳酉丑金局,以生子水而泄土气也,又三点癸禄到子,重龙不重坐山也。由是观之,葬以穴为主之说不合义理。

大凡竖造,若为一家一户,尚可参照龙脉。若在城市村庄,数十户,数百户,甚至数万户,数十万户聚居一处,无法补龙,故当以扶山为紧要。如杨筠松为乙巳命主修艮山坤向屋,取丁丑年、庚戌月、庚申日、庚辰时。乙命与庚官合,庚禄居申坤向,驿马到艮寅山,故其课曰:"三合马进山,三禄向上颁。"又有杨公为丙午生人造酉山卯向屋,用辛巳年、辛丑月、辛未日、辛卯时。记曰:"四位辛干丙命合,堆干无杂驳;四位进禄都到山,食禄万千年。"盖丙午命与四干辛合,合财也。未日与午命合,四辛贵人到午命,四辛禄归于酉山,巳丑与酉山相合,故取也。由此二例则知,竖造应以主命与坐山为要,本文云"造凭向"之说不合义理。

洪范:《郭氏元经》称之为"山家五行",阴阳宅风水均认其为伪法,故又称其为《灭蛮经》。详见本书中册第339面。

元空:又称玄空,有大玄空与小玄空之别,均盗"天玉玄空"之名,实为伪法。小玄空歌曰:

　　　　丙丁乙酉原属火,乾坤卯午金同坐。

　　　　亥癸艮申是木神,戌庚丑未土为真。

　　　　子寅辰巽辛兼巳,申与壬方俱水神。

其法以双山为体,以玄空为用。双山之龙,忌玄空之向坐,并来水去水泄破,当以双山之向收玄空之水。如丙午火向,忌子寅辰巽之水来去,叫作克入,凶。喜亥癸艮申之水来去,木生火,叫作生入,吉。大玄空四经五行列:

　　　　乾丙乙子寅辰——一金龙。艮庚丁卯巳未——二水龙。

　　　　巽辛壬午甲戌——三木龙。坤申癸酉亥丑——四火龙。

其法宜龙向水都在此六位之中往来,为清纯。

此两种五行亦属伪法,前贤徐继善兄弟,蒋大鸿,魏青江等均有辨伪,均列其于杜撰五行之中,亦不可为据。

【原文】大凡克择有元微,岁贵禄马要相随。

　　　　生旺克期增福泽,休囚应自失便宜。

　　　　命禄命贵宜本甲,甲外逢之沐泽稀。

【注解】禄马贵人,详参本书第五节"禄马贵人"篇。本节言本命及当年太岁之禄马贵人,宜临生旺之方,有力作福;若临休囚死绝之地,自顾无暇,不能为福,此说甚合义理。本甲即九宫顺布第一轮中见者是,如果在第二轮,第三轮,甚至第四五轮方相见,离我甚远,亦无力为福。

【原文】用升玄,凭纳甲,合山运,裁四课。

紫白要同加,召吉消极祸。

三白九紫例,年月寻吊替。

【注解】升玄:详见本书"雷霆合气第二十"。

三白九紫:即一、六、八白和九紫。古人认为,三元九星中一、六、八三白为最吉,九紫为次吉,余皆为凶,故造葬修方,宜年

上元甲子六十年紫白图

五黄
癸甲乙丙丁戊己
亥寅巳申亥寅巳

中元甲子六十年紫白图

月日时紫白到山、到向、到修方，忌二、三、四、五、七等凶星到山、到向、到修作之方。寻年月日时紫白到方之法如下。

年家紫白

歌曰：上元甲子一白求，中元四绿甲子游。

　　　　下元七赤兑上发，九星顺走尽年头。

古人以一百八十年为一周，以六十年为一元，故名"三元"。前六十年名"上元"，中六十年名"中元"，后六十年为"下元"。由此可知，一百八十年中有三个甲子，第一个甲子即上元，第二个甲子为中元，第三个甲子为下元。上元甲子年以一白入中宫，以后每年逊退一位，即乙丑年以九紫入中，丙寅年以八白入中，丁卯年以七赤入中……，直至中元甲子正值四绿入中。则乙丑年以三碧入中，丙寅年以二黑入中，丁卯年以一白入中……，直至下元甲子正值七赤入中，此即本歌之意。

　　知道入中之星以后，则依此顺布九宫。如上元甲子年一白入中，则二黑到乾，三碧到兑，四绿到艮，五黄到离，六白到坎，七赤到坤，八白到震，九紫到巽。由此则知当年紫白在中宫、坎方、震方及巽方。以紫白论，该年此四方宜造作。三元一百八十年，各年九星入中见第 365、366、367 面的三图。三元九星入中亦可用表的形式表示，见本册第 105 面和下册第 6 面。

下元甲子六十年紫白图

　　按：此三图均表示本年入中之星。如上元甲子在坎一白方，当年便以一白入中；乙丑在离九紫方，当年便以九紫入中。

月家紫白

子午卯酉年月上紫白图

（图中所列：四绿五月　九紫二月　二黑三月；三碧六月　五黄四月　七赤十一月；八白十正月　一白八月　六白十二月）

辰戌丑未年月上紫白图

（图中所列：四绿十二月　九紫　二黑八月；三碧三月　五黄十月　七赤七月；八白七月　一白五月　六白九月）

寅申巳亥年月上紫白图

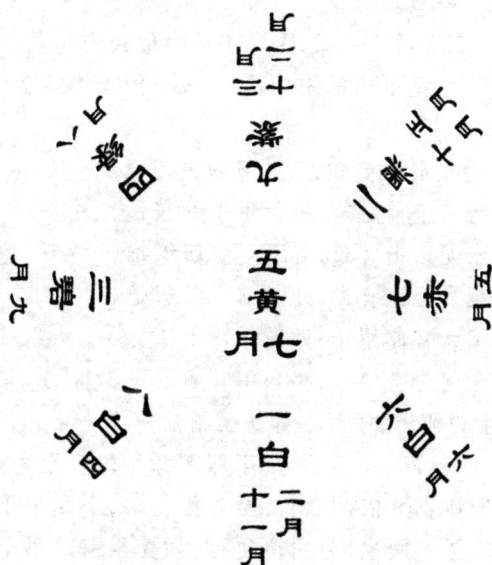

四绿 正月
三绿 十二月 十三月
二绿 十四月 三碧
月八 五黄 月七 七赤 月五
月九 三碧 六白 月六
四白 月四 一白 二月 十一月

歌曰:子午卯酉八白求,寅申巳亥二黑游。

辰戌丑未五黄发,掌上飞遁用逆抽。

其法把十二支分为三组,每年正月入中之星如上歌,即逢子午卯酉年正月以八白入中宫,依此逆退,则二月七赤入中宫,三月六白入中宫,四月五黄入中宫,直至辰戌丑未年正月,正逢五黄入中宫;再依此逆退,至寅申巳亥年正月是二黑入中宫;不论上中下三元,均依此法;参上面三图便知道每月入中之星,则依此顺布九宫,其紫白所临之宫,即该月紫白吉方,宜修造。

需要注意的是,择吉只以年月为要,日时紫白次之。开山立向及修方,最忌五黄一星,切不可犯,犯之诸事不利。至于九星吉凶,本书之法只可作参考,惟配合玄空飞星生旺死衰,方是九星飞宫之真机。有兴趣者,可参考蒋大鸿《归厚录》,沈竹礽《沈氏玄空学》等书。

　　上面推月家紫白入中之星是以图的形式表示的,其实还可用表的形式表示,见中册第559面;另可参阅上册第243面。

日家紫白

　　歌曰:修造星辰且要知,三元日白最为奇。

　　　　　冬至阳生前后节,顺行甲子一宫移。

　　　　　雨水便以七宫起,谷雨还犹四绿推。

　　　　　阴生夏至九宫逆,处暑前后三碧是。

　　　　　霜降六宫起甲子,顺逆分明十二支。

　　　　　有是何星会值日,移入中宫顺逆飞。

　　冬至阳生为阳遁,顺行。如冬至前后甲子为上元,甲子日起一白,乙丑日二黑,丙寅日三碧,丁卯四禄……直至雨水前后中元甲子日起七赤。又依此顺行,至谷雨前后,下元甲子起四绿,此为阳遁。夏至一阴生,为阴遁逆行,如夏至前后甲子为上元,甲子日起九紫,乙丑日八白,丙寅日七赤,丁卯日六白……直至处暑前后,中元甲子日起三碧。又依此逆行,至霜降前后,下元甲子起六白。此为阴遁。

时家紫白

　　诀曰:三元时白最为佳,冬至阳生顺莫差。

　　　　　孟日四宫仲一白,季日七赤发萌芽。

　　　　　每把时辰起甲子,本时星耀照光华。

　　　　　时星移入中宫去,顺飞八方递细查。

　　　　　夏至阴生返回首,孟在六白季加三。

　　　　　仲在九宫时起甲,依然掌上逆轮跨。

　　时家紫白也有不分阴阳遁者,特录魏青江《阳宅大成·时畴》如下:

　　诸家《通书》以冬至夏至分阳遁、阴遁者,大非。自古时依月转、逐月逆遁,不分阴阳,皆逆传中宫,逐月渐退一位,其实飞加总系顺布八方,与月例同也。但月从寅起而时从子起,子卯午酉年正月起八白,子卯午酉日子时起一白;丑辰未戌年正月起五黄,丑辰未戌日子时起七赤;寅巳申亥年正月起二黑,寅巳申亥日子时起四绿,逐时换次逆遁。如丑日子时七赤,丑时六白,寅时五黄,卯时四绿,辰时三碧,巳时二黑,午时一白,若日犯火星则取一白水时以制之。又须看火在何方位,如火在离方,用丑日,以值时六白入中宫,七赤乾、八白兑、九紫艮、一白到离,水克火矣。余仿此推。由此而成下表。

入中日支＼时	子时	丑时	寅时	卯时	辰时	巳时	午时	未时	申时	酉时	戌时	亥时
子午卯酉日	一	九	八	七	六	五	四	三	二	一	九	八
丑辰未戌日	七	六	五	四	三	二	一	九	八	七	六	五
寅巳申亥日	四	三	二	一	九	八	七	六	五	四	三	二

　　紫白日时比较复杂,有兴趣者可参考《三白宝海》。

　　【原文】君臣反逆不堪亲,内外相比为上吉。

　　　　　天皇紫极气,日月孕精华。

　　　　　葬埋妙地暗,造作喜天明。

　　　　　推太阳,测躔次,三帝星,宜值日。

　　　　　阴遁(逆)阳遁(顺)顺逆行,造作修方无不利。

　　【注解】君臣反逆、内外相比、地暗、天明等详见后注。

　　太阳躔次:躔次指日月星辰的轨迹。"推太阳""测躔次"句是指要推太阳在天空运行的度数。选择中以太阳到方为最吉,又叫真太阳,余太阳皆为假太阳,并无真正用处。既有真太阳,便有假太阳,为了使大家更好地掌握太阳在天空运行的方位与

度数,特将《钦定协纪辨方书》中二节摘录于下:

太阳到方图见下。

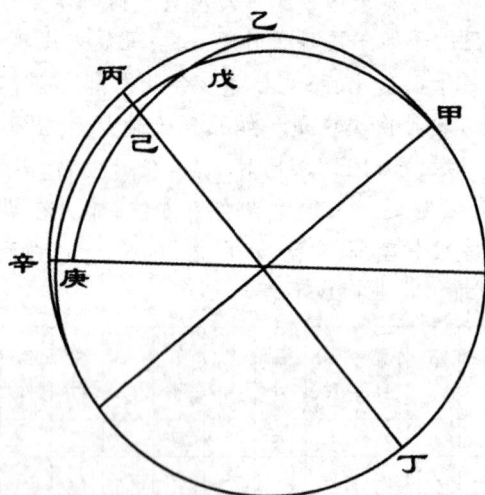

甲为北极,乙为京师天顶。甲乙相矩五十度五分。丙丁为赤道,戊为太阳。甲戊为夏至太阳,去极六十六度三十分,即戊己之余。戊庚为高弧,庚辛为太阳地平经度,距午七度三十分,即庚乙辛角。用弧三角形法求得戊甲乙角二度二十六分,即丙乙弧,为太阳距午赤道度。变时得十分以减午正,得午初三刻五分,为太阳到午方时刻,以加午正,得午正初刻十分为太阳到丁方时刻也。余仿此推。

太阳到方时刻表见第373、374、375面。

地平二十四方,每方十五度,子正初刻当子中,午正初刻当午中,则是午正前七度半已交午,而午正后七度半方尽午而交丁,前后递加十五度算。用表之法,如夏至节作午方,宜用午初三刻五分至午正初刻十分,皆为太阳到方。余仿此。

地平方位	冬至			小寒大雪			大寒小雪			立春立冬		
	分	刻	时	分	刻	时	分	刻	时	分	刻	时
子	零五	三	子初	零五	三	子初	零四	三	子初	零三	三	子初
癸	一零	初	子正	一零	初	子正	一一	初	子正	一三	初	子正
丑	零零	二	子正	零一	二	子正	零四	二	子正	零九	二	子正
艮	零八	三	子正	一一	三	子正	零一	初	丑初	一零	初	丑初
寅	零九	一	丑初	一二	一	丑初	零六	二	丑初	零五	初	丑初
甲	零八	初	丑正	一三	初	丑正	一零	一	丑正	一三	二	丑正
卯	零零	一	寅初	零五	一	寅初	零五	一	寅初	一零	三	寅初
乙	零零	三	寅正	零六	三	寅正	零六	初	卯初	一二	一	卯初
辰	一二	一	卯正	零一	二	卯正	一四	一	卯正	零九	三	卯正
巽	零零	初	辰正	零四	初	辰正	一三	初	辰正	零四	一	辰正
巳	零六	一	巳初	零八	一	巳初	一四	一	巳初	零八	一	巳初
丙	一四	一	巳正	零零	二	巳正	零四	二	巳正	零九	二	巳正
午	零零	二	午初	零一	二	午初	零一	一	午初	零四	初	午初
丁	零零	二	午正	一四	二	午正	一三	一	午正	一一	一	午正
未	零一	二	未初	零零	二	未初	二一	一	未初	零六	一	未初
坤	零九	二	未正	零七	二	未正	零一	二	未正	零七	一	未正
申	零零	初	申正	一一	三	申初	零二	三	申初	一一	二	申初
庚	零三	二	酉初	一四	一	酉初	零一	一	酉初	零六	初	酉初
酉	零零	一	戌初	零九	初	戌初	零九	三	酉正	零三	二	酉正
辛	零零	三	戌正	一零	二	戌正	一零	一	戌正	零五	二	戌正
戌	零七	三	亥初	零二	三	亥初	零五	二	亥初	零二	一	亥初
乾	零六	二	亥正	零三	二	亥正	零九	一	亥正	一零	初	亥正
亥	零七	初	子初	零五	初	子初	一四	三	子初	零五	三	亥正
壬	零零	二	子初	一四	一	子初	一一	一	子初	零六	一	子初

地平方位	雨水 霜降			惊蛰 寒露			春分 秋分			清明 白露		
	分	刻	时	分	刻	时	分	刻	时	分	刻	时
子	零零	三	子初	一三	二	子初	一零	二	子初	零八	二	子初
癸	零零	一	子正	零二	一	子正	零五	一	子正	零七	一	子正
丑	零一	三	子正	零八	三	子正	零一	初	丑初	零八	初	丑初
艮	零七	一	丑初	零四	二	丑初	零二	三	丑初	一四	三	丑初
寅	零六	初	丑正	零八	三	丑正	一二	三	丑正	零零	初	寅初
甲	零四	初	寅初	一二	一	寅初	零六	三	寅初	零零	一	寅正
卯	零六	三	寅正	零三	三	寅正	零零	三	寅正	一二	二	卯初
乙	零七	三	卯初	零三	一	卯正	零一	一	卯正	一三	初	辰初
辰	零八	三	辰初	零零	三	辰初	一零	初	辰正	零六	二	辰正
巽	一三	二	辰正	零零	初	巳初	零四	二	巳初	零七	二	巳初
巳	零四	三	巳初	零二	初	巳正	一四	初	巳正	零四	二	巳正
丙	零零	三	巳正	零八	三	巳正	零零	初	午初	零零	初	午初
午	零六	二	午初	零八	三	午初	一一	二	午初	一三	二	午初
丁	零九	一	午正	零七	一	午正	零四	二	午正	零二	一	午正
未	零零	一	未初	零七	初	未初	零零	初	未初	零零	初	未初
坤	一一	初	未正	一三	三	未正	零一	三	未初	一一	二	未初
申	零二	一	申初	零零	初	申初	一一	二	未正	零八	一	未正
庚	零七	二	申正	零零	一	申正	零五	三	申初	零九	一	申初
酉	零八	初	酉正	一二	二	酉初	一四	二	申正	零二	三	申正
辛	零九	二	戌初	一二	一	戌初	零零	一	酉正	零三	一	酉正
戌	一一	三	戌正	零三	二	戌正	零九	初	戌正	零零	三	戌正
乾	零九	三	亥初	零七	二	亥初	零三	一	亥初	零零	初	亥初
亥	零八	二	亥正	一一	初	亥正	一三	初	亥正	零一	初	亥正
壬	一四	初	子初	零七	初	子初	零零	初	子初	零七	三	亥正

地平方位	谷雨 处暑			立夏 立秋			小满 大暑			芒种 小暑			夏至		
	分	刻	时	分	刻	时	分	刻	时	分	刻	时	分	刻	时
子	零六	二	子初	零三	二	子初	零二	二	子初	零一	二	子初	零零	二	子初
癸	零九	一	子正	一二	一	子正	一三	一	子正	一四	一	子正	零零	二	子正
丑	零零	一	丑初	零六	二	丑初	零一	二	丑初	零零	二	丑初	一零	二	丑初
艮	一一	初	丑正	零七	一	丑正	零一	二	丑正	零七	二	丑正	一零	二	丑正
寅	零三	三	寅初	一一	二	寅初	零三	三	寅初	一一	三	寅初	零零	初	寅正
甲	零八	二	寅正	零七	初	卯初	零二	一	卯初	一四	一	卯初	零四	二	卯初
卯	零九	初	卯正	零四	初	卯正	一零	二	卯正	一零	初	辰初	零零	一	辰初
乙	零九	二	辰初	零四	初	辰正	一零	二	辰正	一零	二	辰正	零零	三	辰正
辰	一一	三	辰正	零四	初	巳初	零五	二	巳初	一三	二	巳初	零七	三	巳初
巽	一零	三	巳初	一一	初	巳正	零九	二	巳正	零三	二	巳正	零七	二	巳正
巳	零九	二	巳正	零五	三	巳正	一四	二	巳正	零四	初	午初	零七	初	午初
丙	一四	初	午初	零六	一	午初	一四	一	午初	一四	一	午初	零八	二	午初
午	零零	三	午初	零三	一	午初	零五	二	午初	零五	三	午初	零五	三	午初
丁	零零	一	午正	一二	初	午正	一一	一	午正	一零	初	午正	一零	初	午正
未	零一	三	午正	零九	二	午正	零一	二	午正	零一	二	午正	零七	一	午正
坤	零六	一	未初	一零	初	未初	零一	二	未初	零一	二	午正	零八	三	午正
申	零五	四	未正	零四	三	未初	零六	二	未初	一二	二	未初	零八	一	未初
庚	零四	初	申初	一三	二	未正	一零	二	未正	零二	二	未正	零八	初	未正
酉	零六	一	申正	一一	三	申初	零五	二	申初	零五	一	申初	零零	一	申初
辛	零六	三	酉初	零五	初	酉初	零五	初	酉初	零五	三	申正	零零	三	申初
戌	零七	一	戌正	零八	三	酉正	一三	二	酉正	零一	二	酉正	一一	一	酉正
乾	一二	二	戌正	零四	二	戌正	一三	初	戌正	零四	初	戌正	零零	初	戌初
亥	零四	三	亥正	零八	二	亥初	一四	一	亥初	零八	一	亥初	零五	一	亥初
壬	零零	三	亥正	零九	二	亥正	零四	二	亥正	零零	二	亥正	一一	一	亥正

【原文】　母仓二德同解喜,未问还宫先有气。

坎离乌兔分南北,冬至顺兮夏至逆。

每例一卦占三山,元堂入庙尤难得。

选时遁得三奇妙,禄马贵人随奇到。

九星反复占吉凶,六仪击刑仍灾挠。

【注解】　母仓、乌兔、三奇、禄马贵人见后注。

二德:天德和月德,参见本册《郭氏元经》第69面;此外,天月德有本宫天月德,亦有飞宫天月德,请分别参阅《郭氏元经》第十四篇和第十五篇。

六仪击刑:这是《奇门遁甲》中的凶格,歌曰:"六仪击刑何太凶,甲子直符愁向东。戌刑在未申刑虎,寅巳辰辰午刑午。"此即指六甲中的地支相刑。如甲子遇见卯是子卯相刑,甲戌遇见未是戌未相刑。余甲申遇见寅,甲寅遇见巳,甲辰遇见辰,甲午遇见午等都是遇见三刑或自刑。王璋曰:"甲子直符加三宫,甲戌直符加二宫,甲申直符加八宫,甲午直符加九宫,甲辰直符临四宫,甲寅直符临四宫,以上皆为六仪击刑。"如冬至上元阳遁一局甲子之日夜半,甲子为直符,至日出卯时,是六仪击刑。至庚午时,以甲子直符加六庚于三宫,即六仪击刑时,其时极凶,不可用事。本书所言"六仪击刑",并非用奇门之法,而是以太岁或月建入中吊替之法,若逢三刑到坐山、朝向或修方为凶。

解喜:即天解和天喜,《通书》中还有解神、地解和天喜星等,均属解喜。解神可参阅《郭氏元经·解神篇第十八》。

天解方:正月申,二月戌,三月子,四月寅,五月辰,六月午,七月申,八月戌,九月子,十月寅,十一月辰,十二月午。

地解方:正二月在申,三四月在酉,五六月在戌,七八月在亥,九十月在午,十一月十二月在未。

内解神:甲乙年见巳,丙丁年见申,戊己年见寅,庚辛年见酉,壬癸年见卯。

以上诸解神宜报方退煞散讼,检举刑狱。以此意推,解神即月破凶煞、诉讼之事宜冲宜破,忌合忌成,此尚合义理。而天解、地解等尚有与月建相合者,如天解二月在戌,六月在午,十月在寅;地解三月在酉,五月在戌等。既合又何能解?与理不合。

《通书》中有天喜,又有天喜星。天喜歌曰:"正犬二猪三鼠喜,四牛五虎六兔是,七辰八巳九马逢,十羊十一猴腊鸡。"

天喜星:甲年在寅卯,乙年在戌亥,丙年在申酉,丁年在午未,戊年在辰巳,己年在寅卯,庚年在戌亥,辛年在申酉,壬年在午未,癸年在辰巳。

逢天喜日宜施恩拜封,举正直、庆贺、赏赐、宴会、上官赴任、临政亲民、结婚姻、纳彩、问名、嫁娶。

【原文】甲戊庚,入四维;四杀没,少人知。

　　　　符合太阳又稀奇。

　　　　山头合年月,年月契山头。

　　　　阴阳相唱和,夫妻如友僚。

　　　　太岁位有帝王统,月令权有侯伯职。

　　　　日时佐使年月用,制下奉上乃为吉。

【注解】四杀没:见本册《郭氏元经》第260面。

太岁位,月令权:请参阅《郭氏元经》第七十和七十一篇。

【原文】吊替节候细推详,生克制化要善取。

　　　　审宫分,辨内外,看节度,至未至。

　　　　审纳音,看凶煞,年伏于年月伏月。

　　　　岁月日时之君师,日时岁月所统摄。

【注解】审宫分:每一宫有三山,即乾宫有戌乾亥三山,坎宫有壬子癸三山,艮宫有丑艮寅三山等。所作为何山,忌何神煞,定要分清。如甲申年月作艮宫,如果作寅方,寅为申金冲破之方,则是月破、岁破,至凶之方。若作丑方,丑土则为甲木贵人,反为吉方,二者虽均隶艮宫,但吉凶却有天壤之别。故凡造作葬埋选择,首先宜详审官分。

辨内外:何为内? 即地盘九宫八卦二十四山之原方位。如乾宫隶戌乾亥三山,戌乾亥三方即为内。何为外? 即吊替所临之神是。其生克制化则以吊宫之神与本官之神正五行论。如寅月修作乾宫,虽吊卯木临乾,却有区别。若修作亥方,亥水生卯木,是内外相生且三合,吉。修作戌方,虽卯木克戌土,但卯与戌合,是内外相合,亦吉。若修作乾方,则是乾金克卯木,是内克外,主凶。又如巳月修作乾宫,吊午火到乾,若修作戌方是午火生戌土,外生内,且午戌三合,吉。若修作乾方,午火克乾金,是外克内,凶。若修亥方,是亥水克午火,为内克外,且火绝于亥,主大凶。此即内外、五行生克制化之法,为择吉之要,与神煞吉凶之说有别。

看节度:节指节令,即前言五行生旺死囚。如壬子年、壬子月修坎方,以太岁与月建子水入中顺布,吊巳火到坎方,巳火为太岁与月建的天乙贵人,但贵人在死绝之月,又临死绝之方,自身难保,何能招吉? 虽有实无。如果壬子年四月修坎方,以太岁子水入中顺布,吊巳火到坎,虽临死绝之方,但巳月火旺水绝,贵人有气,虽不能尽全力,总可为福。故凡吊宫之神,一定要与季节联系起来,根据生旺死绝判断其力量的大小。度则是指每山所占的度数。古人把一周三百六十度分成二十四,每山各占十五度,若在十五度内为本山,出了十五度则为另一山。此即前"审官分"之义。

年伏于年月伏月:年中的凶煞宜当年太岁到方制伏,使其不能为祸,叫年伏于年。月中凶煞宜月建到方制伏,使其不敢为祸,叫月伏月。

【原文】太岁一星本是凶，重辰岁贵犹堪压。

三元年禁与都天，七煞金神皆回避。

横天朱雀非可制，通天镇天生气伏。

五般会杀祸难防，一卦三山义不长。

假如戊辰加戌位，将乾及亥作魁罡。

其余会杀详加减，触类区分用主张。

【注解】太岁、重辰、横天朱雀、通天、都天等煞详见后注。

三元年禁：请参阅《郭氏元经·三元年禁篇第二十》。

金神七杀：见《郭氏元经·金神七杀篇第三十八》。

五般会杀：子午为阴阳杀，辰戌为魁罡杀，卯酉为离合杀，巳亥为罗网杀，寅申为刑合杀。应注意此五般会杀只有相见方为杀，如子临午，午临子，寅临申，申临寅，相互冲克方为杀，单见一个则不以杀论。详《郭氏元经》第三十九篇至第四十三篇。

生气：见本书中册《佐元直指·卷九·年月生气方》。

魁罡：魁者，河魁，即戌；罡者，天罡，即辰。古人认为辰戌乃二气之枢纽。阳从辰而左至于戌而成剥蔑之象，阴从戌而右至于辰而成夬决之象，二者不能比而和，且辰戌相互冲击，故须畏忌。由是观之，凡造作修方，逢辰戌相加方为魁罡，二者只一，则不能以魁罡论。如正月修辰，戌加辰；二月修戌，辰加戌，二者相见相冲是魁罡，论凶。若正月修兑，吊辰至兑；五月修离，吊戌至离等皆非魁罡。详参《郭氏元经·魁罡杀篇第四十二》。

【原文】认地支，避金神，废绝无气可劳心。

六捷忌命主，剑杀怕重辰。

月刑月破与命害，吊宫相逐起灾迍。

【注解】认地支：有二说。一是《郭氏元经》中所谓的认地将。法以五子元遁加于当日各时辰，再以十二时辰配入八宫。即坎宫为甲子，艮宫为乙丑、丙寅，震宫为丁卯，巽宫为戊辰、己巳，离宫为庚午，坤宫为辛未、壬申，兑宫为癸酉，乾宫为甲戌、乙亥，再以吊宫干支与修方本宫干支生克制化论吉凶。另一说是须认二十四山之位。如艮宫统丑艮寅三山，上旬主丑，中旬主艮，下旬主寅，如果地支混淆，则吉凶大变。如甲寅月修坤方，首十天在未为甲日阳贵；中十天在坤，为甲日正财，均吉。若下旬修作坤方，则为寅申相互冲克，反主大凶，所以一定要认清地支。

六捷杀：见本册《郭氏元经》第 168 面。

剑锋怕重辰：见《郭氏元经·剑锋重赙篇第二十五》。

月刑月破与命害：月刑即三刑，见本册《郭氏元经》第 54 面。命害是言六害，见本册《郭氏元经》第 63 面。

月破歌曰：子逢酉兮丑逢辰，卯嫌午兮戌嫌未，寅忌亥兮巳忌申，以地支隔三位为破，此说犹无道理。寅与亥合，水木相生，何等吉庆，风水诸书均以为大利，此说冠之以破，实与义理不符。巳与申亦合，虽巳火可克申金，但申亦长生于巳，又何害之有？至于戌嫌未，则刑已有之，害则重复。子酉，卯午皆相生，若强立名，咸池桃花可也，何必再巧立名目，故月破之说不可信。但月建对冲之方也称月破，如子月见午，丑月见未，寅月见申，卯月见酉等是，此为真月破，却须避之。

【原文】余杀皆可略，聊举嘱云云。

催官贵人用鬼使，岁命二贵并加临。

解使白衣应乡举，嫁娶莫犯天狗头。

犯着之时难嗣续，求嗣须是报金乌。

旺财立可修金匮，造仓作库看三仓。

天狗下食避群鼠。

【注解】催官贵人用鬼使：古人认为，如果士子应考，屡试不第，久不成名，如果寻得催官鬼使到方，修而报之，三年内必主成名。详参《郭氏元经·催官鬼使篇第十九》。

　　天狗头：天狗之说，为庸人杜撰，毫无义理。胡晖在《选择求真·辨天狗煞》中说，天狗之论，支离不通，以此硬配头、尾、口、腹、背、足成一天狗，并以此定其妨大人、妨小人、无子、生子等占断，谬尤极甚。天狗之说另可参阅本书中册第225面。

　　天狗下食：正月起子、二月在丑、三月寅、四月卯、五月辰、六月巳、七月午、八月未、九月申、十月酉、十一月戌、十二月亥。其日宜修仓，因天狗下食，群鼠不敢为害。

　　三仓：即天仓、地仓、人仓。又有母仓者，见"母仓第七"。

　　天仓：正月起寅，逆行十二辰。即正月在寅、卯月在丑、辰月在子、巳月在亥、午月在戌、未月在酉、申月在申、酉月在未、戌月在午、亥月在巳、子月在辰、丑月在卯。天仓为天库之神，既要入库，必要收藏，藏必有仓。所以，天仓之日必与收日六合。如天仓在寅，则亥为收日。天仓在丑，则子为收日。其日可以修仓库、受赏赐、纳财、牧养。

　　地仓：正九月在午，二月在申，三月在亥，四、八、十一月在辰，五月在壬，六月在寅，七、十二月在巳，十月在戌。

　　人仓：申子辰年在丑方、寅午戌年在未方、巳酉丑年在辰方、亥卯未年在戌方。

　　仓库小者为一家之蓄，大者为一州、一县郡、甚至是一省一国之蓄，所以古人非常重视。除选择以上三仓月外，还要与以下吉日相合。

　　起仓吉日：乙丑、己巳、庚午、丙子、己卯、壬午、庚寅、壬辰、甲午、乙未、庚子、壬寅、丁未、甲寅、戊午、壬戌及满日、成日、开日。忌灭没日，十恶大败日。

　　造仓吉日：春己巳、丁未，夏甲午，秋乙亥、壬午，冬辛未、庚寅、壬辰、乙未、己亥、丙辰、壬戌及成日、满日、开日，天仓、天财、月财等日。

　　苫盖吉日:甲子、乙丑、辛未、乙亥、庚子、丁酉、甲申、辛卯、乙未、己亥、乙巳、癸丑及成日、开日。

　　泥仓吉日:宜己巳、乙亥、庚辰、乙酉、庚寅、壬辰、甲午、乙未及建日、闭日。

　　修仓吉日:宜甲子、乙丑、丙寅、丁卯、壬午、甲午、乙未、甲辰、庚午、己卯、癸未、庚寅、癸卯、戊午、己未、癸丑及满日、成日、开日。忌大耗、小耗、空亡。

　　逐月作仓吉日:正月,丙寅、庚寅;二月,丙寅、己亥、庚寅、癸未、辛未、乙未、丁未、巳未、甲寅;三月,不吉;四月,辛卯、丁卯、庚午、庚子;五月,己未;六月,丙寅、甲寅,外甲申、庚申;七月,丙子,外壬子;八月,乙丑、乙亥、己亥、癸丑;九月,庚午、壬午、丙午、戊午;十月,庚子、辛未、乙未、戊申;十一月,戊寅、甲寅、丙寅、壬寅;十二月,丙寅、甲寅,外甲申、庚申、壬寅。

　　《通书》造仓还有许多古怪神煞,均不合义理,故不介绍。

　　【原文】麒麟位,审钓宫,干头立处不为凶。

　　　　　　赌博出入孤虚位,背向孤时面对虚,

　　　　　　有人识得孤虚法,八面都来庆有余。

　　【注解】男女嫁娶等,逢天狗日主无子。但如果麒麟星也到,麒麟星不仅专制天狗,且为催丁吉星,却又主有子,故古有"麒麟送子"之说。麒麟星又有年、月、日、时之分。

　　年麒麟:甲年在辛、乙年在戌、丙年在乙、丁年在辰、戊年在壬、己年在癸、庚年在丁、辛年在未、壬年在亥、癸年在壬。

　　月麒麟:正月在戌、二月在子、三月在寅、四月在辰、五月在午、六月在申、七月在戌、八月在子、九月在寅、十月在辰、十一月在午、十二月申。

　　时麒麟:因年月与天将不同,时麒麟之星也随着时辰而变化,见下表:

节气 方位 时辰	立春	雨水	惊蛰	春分	清明	谷雨	立夏	小满
子时	戌	亥	丑	寅	辰	巳	未	申
丑时	亥	子	寅	卯	巳	午	申	酉
寅时	子	丑	卯	辰	午	未	酉	戌
卯时	丑	寅	辰	巳	未	申	戌	亥
辰时	寅	卯	巳	午	申	酉	亥	子
巳时	卯	辰	午	未	酉	戌	子	丑
午时	辰	巳	未	申	戌	亥	丑	寅
未时	巳	午	申	酉	亥	子	寅	卯
申时	午	未	酉	戌	子	丑	卯	辰
酉时	未	申	戌	亥	丑	寅	辰	巳
戌时	申	酉	亥	子	寅	卯	巳	午
亥时	酉	戌	子	丑	卯	辰	午	未

节气 方位 时辰	芒种	夏至	小暑	大暑	立秋	处暑	白露	秋分
子时	戌	亥	丑	寅	辰	巳	未	申
丑时	亥	子	寅	卯	巳	午	申	酉
寅时	子	丑	卯	辰	午	未	酉	戌
卯时	丑	寅	辰	巳	未	申	戌	亥
辰时	寅	卯	巳	午	申	酉	亥	子
巳时	卯	辰	午	未	酉	戌	子	丑
午时	辰	巳	未	申	戌	亥	丑	寅
未时	巳	午	申	酉	亥	子	寅	卯
申时	午	未	酉	戌	子	丑	卯	辰
酉时	未	申	戌	亥	丑	寅	辰	巳
戌时	申	酉	亥	子	寅	卯	巳	午
亥时	酉	戌	子	丑	卯	辰	午	未

节气 时辰 \ 方位	寒露	霜降	立冬	小雪	大雪	冬至	小寒	大寒
子时	戌	亥	丑	寅	辰	巳	未	申
丑时	亥	子	寅	卯	巳	午	申	酉
寅时	子	丑	卯	辰	午	未	酉	戌
卯时	丑	寅	辰	巳	未	申	戌	亥
辰时	寅	卯	巳	午	申	酉	亥	子
巳时	卯	辰	午	未	酉	戌	子	丑
午时	辰	巳	未	申	戌	亥	丑	寅
未时	巳	午	申	酉	亥	子	寅	卯
申时	午	未	酉	戌	子	丑	卯	辰
酉时	未	申	戌	亥	丑	寅	辰	巳
戌时	申	酉	亥	子	寅	卯	巳	午
亥时	酉	戌	子	丑	卯	辰	午	未

孤虚：见本书"孤虚方第四十七"。

【原文】葬宜寻极富，造要觅旺神。

水闭更逢箕与壁，安重设帐夜无蚊。

重辰六畜栏圈取，只有嫁娶忌重辰。

六畜三台执，奇罗与太阳。

旺神报火血，豢养自成行。

三元辰用宝义和（干生支，支生干，支干比和），

自然福庆日增加。

五行和顺无刑克，富贵千年吉庆多。

【注解】极富、水闭、箕、壁、重辰、三台、奇罗、太阳、宝义和等均是神煞，其所主与吉凶，详见后注。

五行运用第一

【原文】克择元微有真踪，阴阳顺逆不雷同。

火主南离水主北,生成合数定其踪。

水,生一成六,一为阳而六为阴也。火,生二成七,二为阴而七为阳也。水先阳后阴,火先阴后阳,故水用冬至之顺,火用夏至之逆。

趋阴就阳,分进气、退气。

水就阳用,故曰进气,取冬至之后也。火就阴用,故曰退气,取夏至之前也。

金木生成,亦有先后。

木,生三成八,三为阳而八为阴也,是先阳后阴,就阳用之,为得令也。金,生四成九,四为阴而九为阳也,是先阴后阳,就阴用之,为得令也。故阴先取初气为准,阳先取中气为的。

土为五行之全气,生五成十,三等殊生,分阴分阳,以为妙也。如艮为阳土,旺于立春,是艮为进气也。坤为阴土,旺于立秋,是坤为进气也。

土旺于四季之中,辰戌丑未并中以土论者,播旺于四季之中,气节前后各旺一十八日,故曰旺于四季之中也。

生养不同。

艮为阳,丑辰皆隶于阳也,故丑辰隶冬至(丑)后、谷雨(辰)中为用。坤为阴,未戌皆隶于阴也,故未戌隶夏至(未)后、霜降(戌)前为用,皆为乘令气也。

纳音生旺,亦不相类。

如戊寅、己卯(城头土),戊申、己酉(大驿土),旺于寅。庚午、辛未(路旁土),庚子、辛丑(壁上土),旺于申。丙戌、丁亥(屋上土),丙辰、丁巳(沙中土),旺于巳,此其不相类也。

凡择四课(年月日时),各当取其时令。

【注解】水,生一成六等语及阴阳之数,皆出于河图,详参本册《郭氏元经》第13面。

　　进退：将来之气为进，已去之气为退，见本册《郭氏元经》第47面。此说是从正五行论，而此处言春夏为进气者，是言万物在春为生长之期，在夏为最旺盛之期。言秋冬为退气者，是言至秋万物老而成熟，至冬而收藏，故云退。二者论之，当以正五行论为正，以四季论略失其本。比如梅花，当是秋冬进而春夏退，故四季之说欠妥。

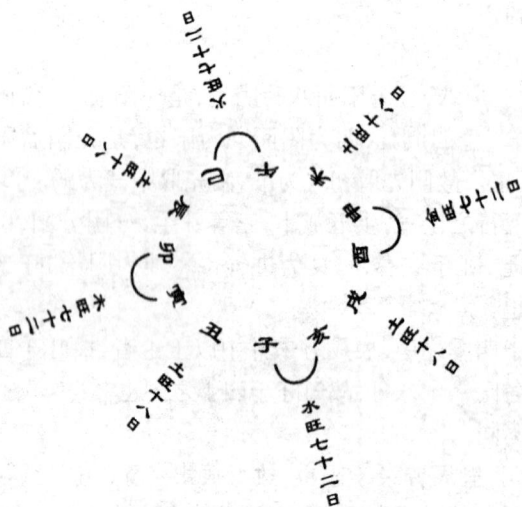

　　中气：每年有24个节气，每月有两个节气，第一个叫"节"，第二个叫"气"，即中气。因一年为三百六十日，以五相除，得七十二数，故五行各旺七十二日。即春木旺七十二日，土旺十八日；夏火旺七十二日，土旺十八日。秋金旺七十二日，土旺十八日；冬水旺七十二日，土旺十八日。合三百六十日，为一年之数。另参本册《郭氏元经》第27面。

　　土有三处生旺之说，详参《郭氏元经》第二、四两篇。

　　纳音五行土分阴阳，亦于理不合。若以干支阴阳言者，则戊寅、戊申、庚子、庚午、丙戌、丙辰为阳土;己卯、己酉、辛丑、辛未、丁亥、丁巳为阴土可也。若以方位论之,则庚子、辛丑、戊寅、己卯、丙辰、丁巳居阳方为阳土;庚午、辛未、戊申、己酉、丙戌、丁亥居阴方,为阴土可也。而此说干支阴阳混杂,方位阴阳同处,却要分生死不同,牵强之意甚明。

木火金山专主第二

【原文】木只生亥旺在卯,火只生寅旺于午。

金只生巳旺在酉,所属专主则皆同。

(以上疑有脱落,与下注不合。)至若墓以变运,洪范惟以坐穴,元空论以方向,虽所用不同,取其当令而已。如艮山,木以变运,年年不同,洪范是也。木以定方向,年年则一,元空是也。故洪范逐年以变山音,元空硬例以推岁运方向,各取有气而已。

【注解】墓以变运:即指山家墓龙变运,详见本册《郭氏元经》第343面。

元空五行:元空五行之说有两种。一是所谓四经大元空五行。以乾、丙、乙、子、寅、辰六山为一龙,属金。巽、辛、壬、午、申、戊为二龙,属木。艮、庚、丁、卯、巳、未为三龙,属水。坤、甲、癸、酉、亥、丑为四龙,属火。凡龙向水在六位中往来者为清纯。清纪大奎认为此元空即元窍四局之元空大五行。他在《地理末学》"四经大元空五行说"一节中说:"第一龙乾窍辰关,即乙丙交而趋戊。第二龙巽窍戊关,即辛壬会而聚辰。第三龙艮窍未关,即斗牛纳丁庚之气。第四龙坤窍丑关,即金羊收癸甲之灵也。一龙属金者,戊乾元窍为西北金季,而巽辰为元关,即巽庚癸之武曲位也,故乾者,窍也;丙乙者,配合之龙水也;辰者,关也;寅者,龙水生旺之地;子者,癸向之禄也。言癸向而不及庚向者,此举阳龙丙、阴水乙之午寅戊局阴向而吉之,知丙龙乙水之辰寅子,则知乙龙丙水之辰午申矣。午为龙水之生旺,申为庚向之禄也。
癸水发源,关右之卯位,历寅子生旺以归于左窍;庚水发源,关
左之巳位,历午申生旺禄以归于右窍,此元空大五行之法也。第
二三四龙并仿此推。青囊元空四局大五行,以阳龙阴水之配合
为经,阴龙阳水配合为纬。举四经之元空五行,而四纬之元空五
行可知矣。"按,此说牵强,既云元空五行,而只有金木水火四龙,
与古人立五行之法已悖,且名实不符,为伪明矣。又盗用《玉尺
经》四大水口来解释,更属支离。有兴趣者,可参考本丛书之
《平砂玉尺经》。

又有《青囊叙》小玄空折水法。歌云:若论元空分五行,知
得荣枯死与生。丙丁乙酉原属火,乾坤卯午金同坐。亥癸艮甲
是本神,戌庚丑未土为真。子寅辰巽申兼巳,辛与壬方是水神。
四木四金并入水,四火四土俱入坐,坐向须明生克化,进退水路
要知踪。生入克入为进神,生出克出是退神。"叶九升解释说:
"此以二十四位之性情变化为二十四位之五行。壬水受西金之
生,甲木受北水之生,丙火受东木之生,唯庚金不能受南火之生,
故变土以受生焉。四阴情喜生子,辛生北水而变为水,癸生东木
而变木,乙生南火而变火,惟丁不能生西金,故守其火焉。以八
支言之,万物生于天,归于地。四生为天道,天以水为生气,故寅
申巳属水。惟亥本属火,春情喜生木,故变木也。四墓为地道,
地以土为体,故丑戌未属土,惟辰为水中湿土,其性为水所移,故
以而变水焉。"若以此论,五行皆乱,亥水生木而化木,何以子水
亦生木而不化? 若以生某即可以化某,是母生子而变为子,四阴
干亦如是,不仅有悖人伦,且有违自然之理,支离极矣。

洪范五行与元空五行合用,是以洪范五行论坐山,以元空五
行论收水。即收水之方元空五行与坐山洪范五行相生(生入、生
出)为吉,相克(克出、克入)为凶。依此法,则成下例:

甲寅辰巽戌坎辛申八水山,宜收乾坤卯午四金方水及癸亥艮甲四木方水,忌收戌庚丑未四土方水及丙丁乙酉四火方水。

离壬丙乙四火山,宜收癸亥艮甲四木方水及戌庚丑未四土方水,忌收乾坤卯午四金方水及子寅辰巽辛巳壬申八水方水。

震艮巳三木山,宜收子寅辰巽辛巳壬申八水方水及丙丁乙酉四火方水,忌收乾坤卯午四金方水及丑未庚戌四土方水。

乾亥兑丁四金山,宜收丑未庚戌四土方水及子寅辰巽辛巳壬申八水方水,忌收丙丁乙酉四火方水及癸亥艮甲四木方水。

丑戌庚未四土山,宜收丙丁乙酉四火方水及乾坤卯午四金方水,忌收癸亥艮甲四木方水及子寅辰巽辛巳壬申八水方水。

本文原注疑有脱落,将原文连接起来看,当是少木火金三山生旺注解与山家五行及元空五行之原意。两下相合,其文可通。

山家五行与元空五行,古人皆认为是伪法,支离不通。如本文例,丙乙之山属火,收寅方水为长生方水,收巳方水为禄旺水,皆大吉,而此方法却以寅巳方为克入,不吉。又如癸山,收子方水为禄水,收申方水为长生水,皆大吉,此法却为克出,反凶。诸如此类,不胜枚举。详参本册《郭氏元经》第七十七篇至八十一篇可知。

八卦司用第三

【原文】乾戌亥各管十日,艮丑寅各管十日。

巽辰巳各管十日,坤未申各管十日。

| 坎 | 壬 分管 癸 | 上下 半月 | 震 | 甲 分管 乙 | 上下 半月 | 离 | 丙 分管 丁 | 上下 半月 | 兑 | 辛 分管 庚 | 上下 半月 |

中五,阳辰寄艮,阴辰寄坤,亦同四维(乾艮巽坤),各管三分而寅申不与焉。

经云:星辰加处例须起,孟仲季兮分四隅(乾艮巽坤),什位

（坎震离兑）还分上（半月,阳）下（半月,阴）月,阴阳（阴遁逆阳遁顺）颠倒教君知。

星辰加处分孟仲季者,以一月三十日分之（初孟、中仲、末季）,非孟月、仲月、季月也。如戌乾亥隔山,以一月定诸星照临,初十日（初一至初十）值戌为孟,中十日（十一至二十）值乾为仲,下十日（廿一至三十）值亥为季,故曰"孟（初旬）仲（中旬）季（下旬）分四隅"者,此也。又如壬子癸仲山,止以上下月分之,如上半月初一至十五,诸吉星照临壬坎,下半月十六至三十日,照临坎癸,故曰"月中分上下"者,此也。此阳遁顺行之例。至于阴遁逆行,如戌乾亥三山,诸星照临,初十日为孟主亥,中十日为仲主乾,下十日为季值戌,此逆加之例。故曰"阴阳颠倒",须知者此也。凡吊替禄马贵人并吉星照临之位,均照此论。隅为乾坤艮巽,仲为子午卯酉,孟为甲庚丙壬,季为乙辛丁癸。

【注解】一卦各管十日之说,古法亦有,举例以说明:昔二人同庚,皆七月丁亥命主,生命纳音属土,俱庚午年六月修作艮方。一人用六月十四戊申日,乃土命长生在申,用丑时起工,十四日中旬,艮土管事,后果发财生子。一人在六月二十三丁巳日寅时起工,动作艮寅,以为马到,不知丁亥土命绝在巳日,又值下旬寅木管事,乃寅刑巳。七月建申,申寅刑冲,巳又刑申,是日与亥命正相冲,申亥又相害,本年寅方有戊都、白虎太岁驾杀加临,造后七日,遇癸亥犯死丁亥。盖本年劫杀与寅方岁杀、白虎、戊都诸凶杀纠合结党,寅刑巳,巳刑申,申刑寅,寅申巳亥两相冲,诸杀交战,癸水克丁火,亥又刑亥,亦在巳时气绝。漫然轻用驿马,悔恨何及!

一月三十日,到宫星辰十日走一位,似乎甚合逻辑,前举实例,似乎亦证此法甚为合理。但细细推算,却大悖星辰运行之道。天上星辰大莫过于太阳,就以太阳过宫之期为例:

大寒五日,太阳到癸,十五日过子。

立春太阳在子,十五日后过壬。

雨水四日太阳在壬,十五日后过亥。

惊蛰太阳在亥,十五日后过乾。

春分六日太阳在亥,十五日过戌。

清明太阳在戌,十五日过辛。

谷雨九日太阳到辛,十五日过酉。

立夏太阳在酉,十五日后过庚。

小满九日太阳在庚,十五日过申。

芒种太阳在申,十五日后过坤。

夏至七日太阳到坤,十五日过未。

小暑九日太阳在未,十五日后过丁。

大暑九日太阳到丁,十五日过午。

立秋太阳在午,十五日后过丙。

处暑十一日太阳到丙,十五日后过巳。

白露太阳在巳,十五日后过巽。

秋分十二日太阳到巽,十五日过辰。

寒露太阳在辰,十五日后过乙。

霜降十二日太阳到乙,十五日过卯。

立冬太阳在卯,十五日后过甲。

小雪十一日太阳到甲,十五日过寅。

大雪太阳在寅,十五日后过艮。

冬至七日太阳到艮,十五日过丑。

小寒太阳在丑,十五日后过癸。

从太阳过宫时间中可以看出,一周天为三百六十度,一年三百六十天,太阳正好一天历一度。古人把一年分为二十四节气,把一周天分为二十四山,一节配一山,一山十五度,这就是说,太阳历一山的时间正好是十五天。若以本书之法论,则是太阳十天历一宫,一周天为二百四十天,余下一百二十天,不知太阳该在何处? 明显不符。七政四余中金木水火土及日月绕天各有经度,二十八宿绕天,亦有经度,且经度各不相同,岂能如本文所说正好十日过一宫,故此说有悖星辰运转时日次序之理,不得为法。

　　至于阳顺阴逆之说,更属牵强。如太阳历官是一直逆行,而地球绕日,则一直顺行,绝不会绕一半又返身逆行。诸天星辰,也是按照一定的轨道不停运转,岂有只转半圈之理,万不可信。如本文所说取禄马贵人,均照此论而推,若以地支静宫论,其方位千载不动,绝无十天到十天不到之理。如丁命贵人在亥,只有修亥方才是贵人方。其它二十二方皆非(按:酉方为阴贵人方),不管是何月何日,均依此论,一定不移。若以吊宫论,其阳顺阴逆,各管十日之说更谬。如丁命人三月修作,吊得亥贵临卯;若四月修作,吊得亥贵在坤,坤震之间,顺行隔巽离二宫,逆行隔艮坎乾兑四宫,莫非星辰运转可以跳宫而行么? 故其说甚荒唐。即以前文所举之例论之,二者不同之处甚多,故吉凶有异,决非中十日、后十日所管不同所致。细析于下:

　　一、前一人只修艮方,后一人却修的是艮寅方。艮方无支,寅方有支。

　　二、前一人用的是戊申日,吊亥水阳贵到方,且与寅合。后一人用的是丁巳日,冲破本命丁亥;又吊庚申到方,与寅方冲克;又用寅时,调巳火到方,冲破本命,以造命论,为极凶之日时。

　　三、前一人用六月中旬,气在未土,为庚午太岁阴贵。修艮方不动丑方,亦不为破。后一人,在六月二十三日,气至下旬,若中气过宫较早,则已近申月,寅方有月破之凶。

　　由于以上三种选择不同,导致吉凶有异明矣。而本文所云之法,纯属偶合。

六壬运用第四

【原文】六壬运用例须明,三吉加临四吉星。

　　旺宅五辰联宅命,岁君本命任纵横。

　　六壬运用,即《元经》身壬运度之类也。三吉即一贪、二巨、三武之三吉也。四吉即功曹、神后、胜光、传送之四吉也。旺宅二神,即山命旺神、生命旺神也。宅命即本命冠带之乡,宅神乃宅命对冲之地也。造作身运,浩繁无据,惟此数者为切用。

　　三吉者,如行年得未,即以小吉同贪狼入中宫,行见九宫得何星为吉。如此则巨门在乾,武曲在坎之类。

　　四吉者,常以十二神或当生之将,或岁君行年之将,入中宫反复加之,得何星为吉。功曹传送主人丁,胜光神后主财帛。

　　旺神者,常以行年太岁入中宫,寻本山命旺神。此论布卦纳甲,不论排山,如在坎,即坎癸申辰皆有旺神。余仿此。

　　宅命、宅神,各以太岁十二位求之,轮至行年,又将入中宫寻所到之地为的。命前五辰,如甲子生命数得己巳木,即为运得木宅,由此论生旺休衰。例如戊辰木命人,甲午年造作丙午山方。如本命冠带为宅命,对宫为宅神。加宅神,即以小吉加子,加宅命即以大吉加子,加方位即以胜光加子,加命前五辰即以河魁加子,加行年即以所轮之行年加子,数至当生之将,位隶某九星之下,以所值之九星入中宫,行见得何星及行何将。他仿此。戊辰行年,至甲子岁得五十七,值河魁。

　　【注解】功曹、小吉、大吉、神后、胜光、传送:大六壬中把子、丑、寅、卯等十二地支称为十二神或十二月将,且各有别名,即子为神后之类,见《郭氏元经·卷七·身壬用度篇第五十六》。本书借其名,并以神后子,功曹寅,胜光午,传送申为吉,即所谓四吉,余八将为凶。其吉星歌曰:

胜光星下好田庄,横财岁岁好修装。

连年进入终有益,人口安宁大吉昌。

传送金星富贵昌,连年长见进田庄。

人丁大旺财赀盛,加官进爵喜非常。

神后星官好吉谋,金银进入女家财。

坐向修方居其位,儿孙绯紫入门来。

功曹星下好修宫,资财进入足丰隆。

修方坐向逢三合,子孙绯紫换门庭。

三吉:即九星中的贪狼、巨门、武曲三吉星。身壬用度之法把十二支配成九星,以行年九星加宅命以顺布,看三吉星落于何处,修何方者吉,其余诸方则为凶方。十二辰配九曜的方法是:寅卯为破军,辰为天罡,巳午为禄存,未申为贪狼,酉戌为文曲,亥子为武曲,丑为巨门左辅,右弼无所管。

山命:即本宅坐山纳音。法以修作之年五虎遁至本山地支,其支上得何纳音,即为何山命。如甲子年修寅方,甲己之年丙作首,正月建寅,天干配丙,故其坐山为丙寅,纳音属火,火旺在午,所以本山的山命旺神在午。如果坐山属甲庚丙壬乙丁辛癸八干及坤乾艮巽四维,则各隶地支。即癸隶子,艮隶丑,甲隶寅,乙隶卯,巽隶辰,丙隶巳,丁隶午,坤隶未,庚隶申,辛隶酉,乾隶戌,壬隶亥。如此,二十四山命可知。

宅命:原文云宅命即本命冠带之乡,其说有误。查《郭氏元经》及《通书》,均以正宅冠带之位为宅命。如甲子年生人,以宅前五辰己巳为正宅,己巳纳音属木,木生亥,沐浴子,冠带丑,所以丑方为甲子生人之宅命。若以本命论,则甲子纳音金,金生巳,沐浴午,冠带在未,则未方为甲子生人宅命,有误。

宅神:即本宅宅命对冲之方。如宅命在丑、宅神在未,宅命在戌、宅神在辰等是。

旺神：本书所说的旺神，非以火旺在午，金旺在酉，水旺在子，木旺在卯而论。而是以纳甲三合论，即坎癸申辰为水旺处，离壬寅戌为火旺处，艮丙坤乙为土旺处，震庚亥未巽辛为木旺处，兑丁巳丑乾甲为金旺处。

正宅：即本命前五辰。因前五辰天干必与本命天干相合，所以为正宅。如甲子生人，正宅在己巳；乙丑生人，正宅在庚午；丙寅生人，正宅在辛未；丁卯生人，正宅在壬申；戊辰生人，正宅在癸酉；己巳生人，正宅在甲戌；庚午生人，正宅在乙亥等是。

行年：即从当生之年数起，直到修作之年为止，数是何数，即是何行年。然后又从寅上起一数，直数至行年数，此数临何宫，何宫就是宅主行年小运。如戊辰生人，甲子年修作，从戊辰数至甲辰为五十七岁。从寅上数五十七岁临戌土值河魁，即宅主行年为河魁。应注意的是，修作只论宅主行年，其余家庭成员皆不论。又一说：如果宅主是宅母，女属阴，则从申上起一岁逆行。如戊辰生命，甲子年五十七岁修作，则一岁申，二岁未，三岁午，逆数，直至五十七岁值神后子，则女宅主的行年为神后。

本生将：即本命地支。如辛卯年生人，本生将即卯。

知道了以上基本知识，则将测修作吉凶分为七步：

1. 以修作本方之将加太岁顺布，看宅神、宅命上得何将来判断吉凶。

2. 以当生年太岁入中宫起一岁，直数至作用年上，看得何将来判断吉凶。

3. 男从寅上顺数，女从申上逆数，至行年方看得何将，与本命将生克刑冲论吉凶。

4. 以神后子加太岁岁支上顺布，看本命及行年之位所得神将生克刑冲论吉凶。

5. 把行年天将加宅命顺布，以看本命支上所得之神判断吉凶。

6. 以造作本月月将加宅长行年上顺布,看宅命,宅神上所得神将判断吉凶。

7. 以造作本月月将加本月月建上,看宅长行年上神将论吉凶。

此说实属伪法,不仅反复相加后,吉凶相互抵触,且毫无义理,若以此为用,很难应验。偶有一中,也是与造命天星偶合,绝非此法所验。详参《郭氏元经·身壬用度篇第五十六》。

《象吉通书》中载有壬运诸宅神、宅命等,见下表:

方位神煞 本命	宅神	宅命	大墓	小墓
木命人	卯	亥	未	丑
火命人	午	寅	戌	辰
金命人	酉	巳	丑	未
水土命人	子	申	戌	辰

此法以五行旺处为宅神,五行长生处为宅命,远比本书以正宅冠带之方为宅命,宅命对冲之方为宅神合理,有兴趣者,可参考《象吉通书》卷二十一"修造壬运","猪头身壬","五行壬运","修造诸家壬运排岁定局"诸节。

吊替入用第五

【原文】守宫星宿不为凶,并用轮还入吊宫。

但看时师说神煞,不分坐向(一本作吊替)是愚家。

守宫之星,行年之所在也。吊替之位,内外相加之法也。其起例故不相同,有以壬子相加者,有以子癸(逆)相加者,又以纳音相加者,皆阴阳顺逆之理,冬至夏至之所分也。故阳遁以加壬子,阴遁以加子癸,纳甲三合,取其生旺正到为上吉。符合星辰,谓与星辰合气也。

起造以向为主,星辰取其照向,故云"禄到向中为住禄",又云"命禄在向作之宜"。以人君来出入之所顾,宜向处吉也。葬埋吉宿吊替,取其到坐山,禄马令其入穴也。造以向为急务,葬以坐为切要。又有朝水之地,星辰合其扶坐;顺水之地,星辰合其扶向。朝以坐旺,去以向吉,自无偏胜而致祸也。古人谓"吉星到向为朝元,到坐为居垣"者,此也。

【注解】吊替:以本命干支或修作之年、月、日、时入中宫顺行九宫,叫作"吊";以吊到本命、坐山、朝向或修作之方干支再入中宫顺行,叫作替。见本册《郭氏元经》第36和228面。本文所注之吊替,是以身壬用度之法论,毫无义理,纯属谬说,不可信。

壬子、子癸:此言双山五行。古人把壬从子,癸从丑,艮从寅等叫作"壬子双山";癸从子,艮从丑,寅从甲等称作"子癸双山"。

原文第四句"不分坐向(一本作吊替)是愚家"句,坐向二字与本节标题之意不合,反是吊替二字与标题甚切,故应是本文之讹,将坐向改为吊替,与理与文皆合。

顺水之地,星辰合其扶向:风水中把从朝向方直流出去之水叫顺水,形法中为至凶之水,即使吊得太阳、禄贵诸吉神到,其气已泄,亦不为吉。本书云只要吊得吉神到之说,与自然之理不合,亦不可信。

原文云起造以向为主,葬以坐山为主,在本书首篇"璇玑大理歌"一章中就已注明,埋葬以补龙为要,造作以扶山为主,此乃选择最高层次"造命"一法中的重要原则,本书下册第481面的注解对补龙、扶山等有详细说明,请参阅。

知补龙、扶山、立向之理,则龙、山、向孰重孰轻之意自明。

天恩第六

【原文】天恩之日人人会,惟有临方至妙机。

但以吊宫求正到,一任凶星尽伏依。

正月：甲子、乙丑；二月：丙寅、丁卯；三月：戊辰、己卯；四月：庚辰、辛巳；五月：壬午、癸未；六月：己酉；七月：庚戌；八月：辛亥；九月：（无）；十月：壬子；十一月：癸丑；十二月：甲子。

天恩与天赦（系逐岁天赦星）同宫，永主家无灾刑。以月建入中宫，吊寻各季日辰所在，为天恩到处，更得还宫为上吉。能召福致祥，不忌一切小小星辰。如丙子年（正月起庚寅）八月作乾，以月建酉入中宫，寻见戌在乾，乾宫有戌，谓之天恩还宫也。止以支论。

【注解】 还宫：即吊宫之支飞还本宫者是。如六月修兑方，兑即酉，六月天恩在酉。以月建未入中宫顺布，申临乾，酉临兑，是天恩还宫。原文所举例八月作乾，八月天恩在亥，以月建酉入中，戌到乾，非天恩还宫，故为错讹，特更正。

本文所求的天恩，是以月建入中宫，求天恩所临之方，叫作"飞天天恩"。依此则正月以寅木入中顺布，天恩子飞临乾宫，天恩丑飞临兑宫。二月以卯木入中顺布，天恩寅飞临兑宫，天恩卯入中宫。三月以辰土入中宫，天恩辰占中宫，天恩卯临兑宫。四月以巳火入中宫，天恩辰临兑宫，天恩巳占中宫。五月以午火入中宫，天恩午占中宫，未临乾。六月以未土入中宫，天恩酉临兑，为还宫。七月以申入中宫，天恩戌临兑。八月以酉入中宫，天恩亥临兑。九月无天恩。十月以亥入中宫，天恩子临乾。十一月以子入中宫，天恩丑临乾。十二月以丑入中宫，天恩子临兑。

《通书》中也收有天恩之神，但与本书取法不同。诀云："甲子乙丑至戊辰，己卯癸未五日临，己酉数至癸丑日，天恩到此万事兴。"曹震圭认为："天有四禁，子午卯酉也。子为玄武门，午为明堂门，卯为日门，酉为月门，盖圣人居明堂而治天下，故常开此四门，《易》所谓圣人面南听天下，向明而治者也。甲为乾之纳甲，己为离之纳甲，先天乾居正南，后天离居正南，故甲配子，己配卯酉。然则不配午者,以甲己皆南方卦之纳甲也。各进五辰而不及六者,谓五为君位中央之数,不可过也,故各配五日,合之成一十有五,为天恩大吉日。"

《钦定协纪辨方书》的解释是:"十母皆天也,十二子皆地

也。然就十母而分之,则甲乙丙丁戊又属天,己庚辛壬癸又属地,天地之心,无往而非恩也,然必有所见端焉。其端维何?曰:天必以始而地必以中。元善,乾之所以统也。黄中,坤之所以大也。天必有始,故自甲子至戊辰,六十甲子之首五日为天恩。地必以中,故自己卯至癸未,己酉至癸丑六十而半之,此十日者各居其中,亦为天恩。甲至戊,天也;己至癸,地也。天五而地十者,阳一而阴两也。不曰地恩而皆名天恩者,地统于天也。"

逢天恩之日,宜覃恩,肆赦,施恩惠,恤孤茕,行惠爱,雪冤枉,缓刑狱,庆赐赏。与驿马,天马,建日并宜颁诏宣政事。与修造吉神并,尤宜兴造。

本书天恩十五日强以月分义理不明，又用吊宫，更属支离。如三月天恩己卯，以月建辰入中宫，卯临兑，卯酉冲破，何吉之有？故不可用。

母仓第七

【原文】春亥子，夏寅卯，秋辰戌丑未，冬申酉，土王后巳午。

母仓元是星辰母，凶煞逢之便见降。

泊得之辰居旺（生旺）地，自然福庆倍寻常。

以月建入中宫，求各季支辰落处为母仓所到。更用其辰，不忌一切小小辰煞，能报犯白虎、太岁。只宜其辰泊旺地为有力。如四月用卯日，以月建巳入中宫，寻见卯字在乾，卯属木，乾中有亥水，为木受生之地，故吉也。

【注解】曹震圭解释说："生我者为母，积藏者为仓，故以名之，各以生当时五行之辰为之。"《考原》云："春属木，水生之，故以亥子为母仓。余仿此。不用干而用支者，支为地，有母道焉。万物生于土，有藏道焉。"

《钦定协纪辨方书》曰："母仓者，种植畜牧，纳财等事之吉辰。春木以亥子为母，木者，亥子所生，水至木成则休矣，母老则待养于子也，故以仓为名。又木生于水，木之所以能旺于春者，由水生之，则木固由水而得养也，故以母为名。又我克者为财，而克我之所由生者亦财也，以母仓之辰而纳财，一以见藏于生我之方，则其源不匮也。一以见生我之方宜致养焉，以是为报本返始也。一以见财者所以养人，而多藏则克我之所由生，转以为我害矣，非所以为养也，母仓之义大矣哉！"

按：母仓之日，《通书》载宜纳财、载种、牧养、纳畜，而不言其日宜造作者，因母仓之日为四时休气，不能与旺气相比。又一说，春月亥日吉，子日次之；夏月寅日吉，卯日次之；冬月申日吉，酉日次之。盖寅申亥皆令星之长生,而子卯酉为令星败地也。原文言宜修造,并能报犯太岁与白虎之凶,与《通书》之意不符。

母仓泊宫:即飞宫母仓,法以当月月建入中宫,顺布干支,吊得本月母仓临何方,何宫就是母仓泊宫。若吊母仓回本宫,名曰"还宫",犹为有力。依此,则各月飞宫母仓是:

正月:亥中、子乾　　　　　　二月:亥巽、子中

三月:亥震、子巽　　　　　　四月:寅中、卯乾

五月:寅巽、卯中　　　　　　六月:寅震、卯巽

七月:戌未兑、丑坎、辰巽　　八月:戌未乾、丑离、辰震

九月:戌未中、丑艮、辰坤　　十月:申中、酉乾

十一月:申巽、酉中　　　　　十二月:申震、酉巽

母仓临生旺之地,本身有力,可以发福,此说合五行生旺休囚之说。如寅临震,丑临离,丑临艮,辰临坤等方是。若卯临乾,酉临乾,辰临巽,酉临巽等却要分清所修之方。如卯临乾,若修亥方,是卯临亥为相生。若修作乾方则是卯木临金,木受金克,反是无力。又如辰临巽,若修作辰方,是母仓还宫,极为有力,吉。修作巳方,火生土,亦吉。若修作巽方,巽为木,巽木克辰土,亦为无力,并不能召吉。

白虎:此是言年中白虎杀,并非黄黑十二道中的白虎方。居岁后四辰,为岁中凶神,犯其方主有丧服之灾,切宜慎之。因为白虎为太岁三合之方,又居太岁之后。古人以太岁前为文,太岁后为武,故以白虎称之。《钦定协纪辨方书》云:"白虎为岁三合,若叠凶煞,则为太岁所吊照,其凶有力,故以为忌。若叠吉星,则亦吉矣。故当以吉星照临为取用之法,纳音克制次之。其曰三合制之尤伏,似亦以为太过之意。"由此可见,犯白虎并非均凶,而是其方有大凶煞者为凶,有吉神者仍论吉。盖大凡择吉,均以太岁三合为佳,而三合处又设此凶煞,实与义理不符,故白

虎应与其他神煞合论之,逢凶则凶,逢吉则吉。

《通书》中还有一种"四季白虎",歌曰:"春来白虎向南游,夏月东方不可修,秋月北方行凶败,冬月西方人自忧。"其春秋二季取泄本季旺气之方,冬夏二季则与母仓同,其理亦不甚合。

六甲归宫第八

【原文】四生五气要推详,旺相生死自专量。

运用劝君明此义,不同时俗论阴阳。

四生即四势之地,以生五行之方,旺相比和,各得垣局,不比时俗泛论阴阳也。今排各宫所宜之日,派于各宫之下,克制衰败,皆不具载,列图于前,俾用者知所依归。

年月日时总式:(见下面的表)

【注解】四生者,寅申巳亥四长生之方。火生于寅,金生于巳,水生于申,木生于亥者是。五气者,金木水火土五行。六甲

巽

甲辰 丙申 中吉
壬申 癸巳 辛酉 上吉
庚辰 戊子 乙巳 下吉
甲午 乙未

中

甲戌 己未 乙巳 下吉
丙午 丙辰 丁巳 戊午 中吉
庚子 辛丑 己未 戊辰 上吉
壬子 壬申 戊申
中吉　庚午 辛未 己酉

乾

辛丑 丁亥 甲子
戊戌 己亥 中吉
戊申 丁巳 庚子
丙戌 上吉
壬子 癸亥 下吉

震

丁未 乙亥 戊戌 己未 甲寅
下吉
壬申 癸未 丙子 己亥 上吉
庚寅 癸丑 中吉

兑

己巳 辛未 戊申 己巳 下吉
乙未 癸酉 丙辰 丁巳 上吉
己酉 壬申 戊戌 戊辰 中吉
壬申

四季月不作中宫

辰戌丑未月凶

神悉占中宫

坤

丙申 丁酉 戊子 壬寅
丁巳 甲申 下吉
辛未 戊午 乙酉 壬申 丙戌
癸巳 甲午 乙未 中吉 上吉
庚午

艮

丁丑 乙未 己亥
乙丑 丙午 中吉 壬寅
乙卯 丙寅 戊申 丁卯 己酉 庚寅 上吉
辛卯 下吉 甲戌 甲午

坎

壬子 中吉
壬寅 丙子 庚申 癸亥 甲午 上吉 壬戌
辛亥 己酉 甲申 癸巳 庚戌
丙午 己酉 壬申 庚午 丙申 下吉

离

乙未 己巳 壬午 辛未
丙午 中吉
戊寅 甲寅 乙巳 庚午
辛卯 上吉
庚辰 癸未 甲辰
下吉 甲辰

者,古人把六十花甲以十天干为准,十天分为一旬,每旬之首均从甲始,六甲即甲子、甲戌、甲申、甲午、甲辰、甲寅,以上六甲代替六十花甲,称为旬首。归官者,六十花甲各归其位,言其生旺也。故原注云:"以生五行之方,旺相比和,各得垣局。"如木得亥卯未及甲乙寅巽方,水得申子辰壬癸亥方等均是。此以五行生旺论修方,甚合义理。然细析原图,却令人费解。如坎方,若以正五行论,己酉、壬申、丙申、辛亥、庚申、癸亥、丙子、甲申、壬子都属金水,是临生旺之方,而庚戌、壬戌克方,甲午、丙午与坎方子水相冲,癸巳临于死绝,均不合。若以纳音五行论,则壬申、庚戌、辛亥、壬寅、甲午、纳音属金;丙午、癸亥、癸巳、甲申纳音属水;壬子、庚申、纳音属木,其义尚合。而丙申纳音火,己酉纳音土又不合。再如震宫,以正五行论,甲寅、乙亥、己亥、庚寅、丁未、己未均与震方三合为归垣,合生旺之理。而壬申、戊戌、癸丑、丙子却不合;以纳音论,己亥、庚寅、戊戌、癸丑、癸未皆纳音木;丁未、甲寅、丙子皆纳音水,乙亥、己未纳音火,尚合生旺之理,而壬申纳音为金,却又不合。其余七宫,除离宫正五行均属寅卯辰、巳午未;兑宫正五行均属申酉辰巳未,两宫尚合归垣外,余皆不能全合,所以此图只宜参考。

禄马贵人第九

【原文】禄贵须知局内奇,进时退气理深微。

　　　　临山临向分轻重,吊替分明勿妄施。

　　禄马贵人,为命主之三奇,但以局内一甲中见者为佳,故经云"出甲须知福力轻"也。禄贵所临,要明进退之气。在进气则为福重而速,在退气则为福轻而迟。如丙寅生命,庚寅年十一月作坎,丙寅命以癸巳为真禄,十一月戊子入中宫,行见癸巳禄到坎为水旺之乡,又系冬至内进气之禄,局内见之,必发福重而且速。经云:

"但取二时生旺处,祸灾自远福齐生。"故禄马一途取用,贵人分阴阳二例。又有命前之禄为住禄之地,作之乃佳。《元经》云"今年禄报明年禄"是也。禄马贵人临山临向,运用不同。如造作,禄马止宜到向,贵人止宜到山。葬埋禄马止宜到山,贵人只宜到向。一月之内,又凭八卦用例内详某日照某宫,须吊替分明,不可妄施。又云,到山为守宫,禄马到向为朝元禄马。命前之禄,如戊申生命,用甲申年七月作中宫并坤宫之类,即"今年禄报明年禄",尤为贵也。所用禄贵,最忌刑害空亡,反有衣禄之厄。又须禄先马后,则为追禄,而为福;勿令马先禄后,则禄迟马速,发福无由矣。

　　贵人分阴阳二遁,冬至一阳生,用阳贵乃吉。夏至一阴生,用阴贵乃吉。当阳遁得阴贵人临阳位,则福力乃大。当阴遁而阳贵人临阴位,不能为福,亦不能救灾。阴位巽坤兑离是,阳位乾艮震坎是。

　　【注解】 禄:十干禄。甲禄在寅,乙禄在卯,丙戊禄在巳,丁己禄在午,庚禄在申,辛禄在酉,壬禄在亥,癸禄在子。

　　知道了十干禄位,便以月建入中宫,顺布干支,寻求本命禄位及当年岁干禄位所临之方,叫作飞天禄,其方就是本命或当年太岁的禄方,宜修作。详参本册《郭氏元经》第208面。

　　马:驿马。申子辰在寅,寅午戌在申,亥卯未在巳,巳酉丑在亥。知道了十二支驿马,便以月建入中宫,顺飞九宫。如子申辰年,驿马在寅,二月修造,以月建卯木入中顺布,寅临兑七宫,兑就是申子辰年二月的驿马飞临之位。依此可知各年月飞宫驿马,请参见本册《郭氏元经》第198面表。

　　《选择宗镜》一书有取本年遁干为真驿马。如甲子、甲申、甲辰年驿马在寅,甲年寅月天干遁丙,故此三年以丙寅为真禄马。如此正月丙寅入中,是真驿马在中宫。二月以丁卯入中宫,直数至第七匝,丙寅临坎。所以甲子年二月真驿马在坎方。此说虽合义理,但直至第七匝方见,大凡取用,以本匝所吊为重,为有力,七匝之后,其力已泄,离我极远,力量极微,故不取用,仅供参考。

　　贵:天乙贵人,有阴阳贵之分,详本册《郭氏元经》第39面。

　　知道了十干贵人之方,便以月建入中宫顺飞九宫,寻求飞宫贵人。如甲年阳贵未、阴贵丑、正月修作,以寅入中宫,未土阳贵在坎,丑土阴贵临兑是。各年各月飞宫贵人(即吊宫贵人)表见本册《郭氏元经》第42面。

　　《选择宗镜》云:"先以五虎遁寻岁贵得何干支,次以月建入中宫,顺寻岁贵在何宫,即以吉论。如乙丑年六月建癸未,修乾坎二山方。先以本年五虎遁起戊寅顺寻,甲申为真阳贵,戊子为真阴贵。次以月建癸未入中顺行,阴贵甲申到乾,阴贵戊子到坎,二山方修造皆吉。余仿此。"此说是为寻得本岁真贵人方。但上论,以癸未入中,本轮吊得甲申到乾,戊子到坎,格外有力。若是乙酉月修造,则甲申、戊子在七轮之中,遥远无力。所以选择时不必拘泥真贵人,只要是贵人之支到方,就是贵人加临,就以吉论。

　　贵人禄马有何作用? 本书云:"如造作,禄马止宜到向,贵人止宜到山。葬埋禄马止宜到山,贵人止宜到向。"此说错谬。贵人禄马即云吉庆,到何方皆吉,何以有此吉彼不利之分?《通书》云:"马到山头人富贵,禄到山头旺子孙,若逢禄马一齐到,千福百祥自骈臻。"并无山头坐向之分。本册《郭氏元经》已引述魏青江论禄、论马、论贵,请参阅该书第45、142、199面诸处。

三奇发用第十

　　【原文】遁甲三奇乙丙丁,随奇禄马与通行。

　　　　　　就中三局三山配,识者何曾用得精。

　断云：　三奇八节论行年,遁甲分明仔细传。

　　　　　乙丙丁临天界内,诸凶恶杀悉皆潜。

　　　　　奇履西处照东地,若在南边顾北边。

　　　　　造葬三奇全禄马,子孙世代拜君颜。

　已亥年秋分兑上起,甲子在兑,甲戌在乾,甲申在中,甲午在巽,轮行巳亥在艮。甲己之年丙寅起,丙奇在艮,丁奇在兑,乙奇在乾。余仿此。

　三奇配日月星三象,乙为日奇,丙为月奇,丁为星奇。日乃太阳,月乃太阴,星乃晓星。隶用各当其时,太阳利日,太阴利宵,晓星亦利宵,丑寅卯为克择时家之首吉也。运行虽不过八卦九宫,然一奇主占,非一奇以占三宫,三宫皆当一奇之理。如冬至上元一宫起甲子,顺布六仪,逆布三奇,则离得乙奇,不在离而在丙;艮得丙奇,不在艮而在丑;兑得丁奇,不在兑而在庚。此乙丙丁三奇冬至上局只占丙丑庚之三山。至中局照离艮兑之三山,下局方照丁寅辛之三山。随奇禄马贵人,亦如此例。如冬至上局用甲寅日,奇禄正照丙位为吉,马与贵人皆此类也。一奇占三山之说,已失天机之旨矣。用之精当,须如地将之宫,即七十二局之地将也。夏至局逆奇亦逆,如坎山三卦,上局在癸,中局在坎,下局在壬。八门相加,大忌逼宫、反吟、伏吟。禄马入用,大忌空亡。局之六十时,门无逼克,凶门亦佳,刑害吉而无用。

　三奇例诀(按:以下系原书眉批):

　　　　　立春艮上青山色,春分震上定无移。

　　　　　立夏巽宫起甲子,夏至离火逆当时。

　　　　　立秋坤上从布数,秋分兑上好推依。

　　　　　立冬但云乾宫取,冬至坎宫还顺飞。

　　　　　配处教君起甲子,须寻太岁泊宫移。

　　　　　年干起例遁寅月,正月天干作引飞。

逢乙丙丁奇是实,个中埋葬不须疑。

假如甲子年冬至节,经云"冬至坎宫还顺飞",以甲子太岁入坎宫,又云"年干起例遁寅月,正月天干作引飞"。甲年正月是丙寅。又云"须寻太岁泊宫移",即坎上起丙寅,丁卯在坤上,乙亥又在坎上,是乃乙奇在坎,丙奇亦在坎,丁奇在坤。又云"逢乙丙丁奇是实"是也。夏至逆行,冬至顺行。

【注解】三奇,六仪:奇门遁甲中除天干之首甲木外,以乙丙丁为三奇,即乙为日奇,丙为月奇,丁为星奇。以戊己庚辛壬癸为六仪,分配于六甲之首,即甲子配戊,甲戌配己,甲申配庚,甲午配辛,甲辰配壬,甲寅配癸。冬至后用阳遁,顺布六仪,逆布三奇,如上元冬至坎上起甲子戊,则甲戌己在坤,甲申庚在震,甲午辛在巽,甲辰壬入中,甲寅癸在乾,此六仪顺布之序。乙奇在离,丙奇在艮,丁奇在兑,此三奇逆布之序。夏至后用阴遁,逆布六仪,顺布三奇。如原文所举实例,秋分兑上起甲子戊,甲戌己在乾,甲申庚在中,甲午辛在巽,甲辰壬在震,甲寅癸在坤,此逆布六仪。丁奇在坎,丙奇在离,乙奇在艮,此顺布三奇。原文之例含糊不清,且三奇混乱讹误,特此更正。

逼宫:"门迫","宫迫"。歌曰:"宫制其门不为迫,门制其宫是迫雄。"《三元经》云:"吉门被迫,则吉事不成;凶门被迫,则凶事尤甚。"宫制其门是凶迫,门制其宫是吉迫。如开门临于震三宫,开门为金,克震三宫之木;休门临于离九宫,休门为水,克离九宫之火;生门临于坎一宫,生门为土,克坎一宫之水等,是吉门被迫,则事不成,不吉也。假令伤门、杜门临坤二宫、艮八宫,伤门、杜门皆为木,克坤二宫与艮八宫之土;死门临坎一宫,死门为土,克坎一宫之水;惊门临震三、巽四宫,惊门为金,克震三宫与巽四宫之木等是凶门被迫,则主为凶尤甚。

伏吟:歌曰"就中伏吟是为凶,天蓬加着地天蓬",九星伏吟,是指天盘天蓬加地盘天蓬,九星仍在本官不动。主孝服,损人口。汤谓云:"甲子来加甲子为伏吟,不宜用兵,惟宜收敛货财。"凡六甲子时,门、符皆是伏吟。假令冬至上元阳遁一局甲己之日甲子时,天蓬值符加临时干在一官,此名门、符皆伏吟。

按:奇门伏吟,主要是言九星,并非言三奇。选择之法以地支为重,并不注重九星,故应以修作之方吊官之支论吉凶。如丁酉年六月修作兑方,吊得酉金贵人到兑,名贵人归垣,格外有力,故以吉论。若其为凶神,却以凶论,千万莫被伏吟之说讹误。

反吟:歌曰"天蓬若到天英上,须知即是反吟官",九星反吟者,天盘一官天蓬星加地盘九官天英星上为反吟格。余八官同此。直符反吟,谓上盘甲子加下盘甲午,上盘甲戌加下盘甲辰,上盘甲寅加下盘甲申,遇奇门盖之,不至凶害。不然,灾祸立至。汤谓曰:"子来加午为反吟,此时不利举兵动众,惟宜散恤仓库之事。凡星符对冲皆反吟。"假如冬至上元阳遁一局,甲己日乙丑时,六乙在九官,以天上天蓬直符加临时干在九官,即是直符反吟。遇此,虽得星奇亦不可用。

本书取三奇,并非《奇门遁甲》中以时为主,而是以八节排局取三奇。《选择宗镜》曰:"八节三奇从本节起甲子;阳遁顺飞九官,阴遁逆飞九官,寻见本年太岁泊何官,便于其官起本年虎遁,依八节顺逆飞寻三奇分布取用。"如庚申年冬至节用事,以坎一官起甲子,顺飞九官,寻见太岁庚申在震三官,乙庚年五虎遁得戊寅,便从震三官起戊寅,亦顺布九官,乙酉在坎一官,丙戌在坤二官,丁亥在震三官。即庚中年冬至节乙奇在坎,丙奇在坤,丁奇在震。修作三奇到山到方,主进田产、生贵子、旺财、旺丁。

八节即冬至、立春、春分、立夏、夏至、立秋、秋分、立冬。将一年三百六十日分为八节,每节隔四十五日,并将每节与九官相配,至何节即在何官起甲子。《钦定协纪辨方书》云:"冬至属坎宫,用阳遁一局,坎一起甲子。立春属艮宫,用阳遁八局,艮八起甲子。春分属震宫,用阳遁三局,震三起甲子。立夏属巽宫,用阳遁四局,巽四起甲子。俱顺飞九宫。夏至属离宫,用阴遁九局,离九起甲子。立秋属坤宫,用阴遁二局,坤二起甲子。秋分属兑宫,用阴遁七局,兑七起甲子。立冬属乾宫,用阴遁六局,乾六起甲子。俱逆飞九宫,此即时奇门法也。至以太岁所泊之宫,起五虎遁,则与奇门顺布六仪逆布三奇之法不同。"

为什么要以乙丙丁为三奇?《通书》曰:"天上三奇乙丙丁者,出于贵人之干德,游行十二支辰,以阳贵顺行,则乙德在丑,丙德在寅,丁德在卯,三干之德相联而无间断。以阴贵逆行,则乙德在未,丙德在午,丁德在巳,亦相联而无间断。又以其随贵人在天,故谓之天上三奇。"《珞琭子》云:"奇为贵也,奇者异也,犹物以贵而奇也。"《玉霄宝鉴》曰:"古人以正月为岁之始,日出于乙,故乙为日奇。凡为瑞,见于丁位,故以丁为奇。月照夜,到丙位而天下明,故以丙为月奇。"也有认为奇门以六甲为符使,最忌庚金克甲,所以用乙来合庚,用丙丁火来制庚,所以称乙丙丁为三奇。今将《钦定协纪辨方书》中八节三奇到宫表介绍如第411至418面,以供大家参考研究。

三奇能制煞发祥,中宫坐向得之,上官、嫁娶、入宅、移居、修造、营葬并吉。《通书》曰:"飞天宝宿号三奇,立向安坟切要知。修方若得奇临位,山头坐向一同吉。若遇三奇到坐向,兴工起造任意为。不避流财诸恶煞,宫得太岁尽皈依。更得奇星临对照,令人富贵足丰衣。此是丘公真口诀,千金不可与人知。"

也有人认为,选择中遇丙丁为独火,而此则以丙丁为奇,两相矛盾。然丙丁亦有不同,如只有丙丁,可制金神。若杂廉贞、打头火、月游火则为凶,故要分别。

冬　至

巽四

辛壬癸甲乙丙丁
酉子卯午酉子卯

乙乙乙乙乙乙
离兑中巽坤离兑

丙丙丙丙丙丙丙
坎艮乾巽震坎艮

丁丁丁丁丁丁丁
坤离兑中巽坤离

离九

丁戊己庚辛壬
巳申亥寅巳申

乙乙乙乙乙乙
震坎离兑中震

丙丙丙丙丙丙
巽坤离艮乾巽

丁丁丁丁丁丁
中震坎离兑中

坤二

己庚辛壬癸甲乙
未戌丑辰未戌丑

乙乙乙乙乙乙乙
坤震兑中震坤离

丙丙丙丙丙丙丙
坤坎艮乾巽坤坎

丁丁丁丁丁丁丁
震坤离中中震坤

震三

庚辛壬癸甲乙丙
申亥寅巳申亥寅

乙乙乙乙乙乙乙
坎艮乾巽震坎艮

丙兑兑丙丙丙丙
坤离兑中震坤离

丁丁丁丁丁丁丁
震坎艮乾巽震坎

中五

壬癸甲乙丙丁戊
戌丑辰未戌丑辰

乙乙乙乙乙乙
艮乾中震坎艮乾

丙丙丙丙丙丙丙
离兑中巽坤离兑

丁丁丁丁丁丁丁
坎艮乾中震坎艮

兑七

乙丙丁戊己庚
卯午酉子卯午

乙乙乙乙乙乙
中震坎兑艮中

丙丙丙丙丙丙
乾巽坤离兑乾

丁丁丁丁丁丁
兑中震坎艮兑

艮八

丙丁戊己庚辛
辰未戌丑辰未

乙乙乙乙乙乙
巽坤离艮乾巽

丙丙丙丙丙丙
中震艮兑中

丁丁丁丁丁丁
乾巽坤离艮乾

坎一

戊己庚辛壬癸甲
午酉子卯午酉子

乙乙乙乙乙乙乙
坤坎艮乾巽坤坎

丙丙丙丙丙丙丙
震坎离兑中震坎

丁丁丁丁丁丁丁
巽坤坎艮乾巽坤

乾六

癸甲乙丙丁戊己
亥寅巳申亥寅巳

乙乙乙乙乙乙乙
兑乾巽坤离兑乾

丙丙丙丙丙丙丙
艮乾中震坎艮乾

丁丁丁丁丁丁丁
离兑乾巽坤离兑

立 春

巽四

癸甲乙丙丁戊己
亥寅巳申亥寅巳

乙乙乙乙乙乙乙
中巽坤离兑中巽

丙丙丙丙丙丙丙
乾巽震坎艮乾巽

丁丁丁丁丁丁丁
艮中巽坤离兑中

离九

己庚辛壬癸甲乙
未戌丑辰未戌丑

乙乙乙乙乙乙乙
离兑中震坎离兑

丙丙丙丙丙丙丙
离艮乾巽坤离艮

丁丁丁丁丁丁丁
坎离兑中震坎离

坤二

辛壬癸甲乙丙丁
酉子卯午酉子卯

乙乙乙乙乙乙乙
兑中震坤离兑申

丙丙丙丙丙丙丙
艮乾巽坤坎艮乾

丁丁丁丁丁丁丁
离兑中震离离兑

震三

壬癸甲乙丙丁戊
戌丑辰未戌丑辰

乙乙乙乙乙乙乙
乾巽震坎艮乾巽

丙丙丙丙丙丙丙
兑中巽坤离兑中

丁丁丁丁丁丁丁
艮乾巽震坎艮乾

中五

乙丙丁戊己庚
卯午酉子卯午

乙乙乙乙乙乙
震坎艮乾中震

丙丙丙丙丙丙
巽坤离兑中巽

丁丁丁丁丁丁
中震坎艮乾中

兑七

丁戊己庚辛壬
巳申亥寅巳申

乙乙乙乙乙乙
坎艮兑中震坎

丙丙丙丙丙丙
坤离兑乾巽坤

丁丁丁丁丁丁
震坎艮兑中震

艮八

戊己庚辛壬癸甲
午酉子卯午酉子

乙乙乙乙乙乙乙
离艮乾巽坤离艮

丙丙丙丙丙丙丙
坎艮兑中震坎艮

丁丁丁丁丁丁丁
坤离艮乾巽坤离

坎一

庚辛壬癸甲乙丙
申亥寅巳申亥寅

乙乙乙乙乙乙乙
艮乾巽坤坎艮乾

丙丙丙丙丙丙丙
离兑中震坎离兑

丁丁丁丁丁丁丁
坎艮乾巽坤坎艮

乾六

丙丁戊己庚辛
辰未戌丑辰未

乙乙乙乙乙乙
坤离兑乾巽坤

丙丙丙丙丙丙
震坎艮乾中震

丁丁丁丁丁丁
巽坤离兑乾巽

春　分

巽四

己庚辛壬癸甲乙
未戌丑辰未戌丑

乙乙乙乙乙乙
巽坤离兑中坤

丙丙丙丙丙丙
巽震坎艮乾巽震

丁丁丁丁丁丁
中巽坤离兑中巽

离九

乙丙丁戊己庚
卯午酉子卯午

乙乙乙乙乙乙
兑中离坎离兑

丙丙丙丙丙丙
艮乾巽坤离艮

丁丁丁丁丁丁
离兑中震坎离

坤二

丁戊己庚辛壬
巳申亥寅巳申

乙乙乙乙乙乙
中震坤离兑中

丙丙丙丙丙丙
乾巽坤坎离乾

丁丁丁丁丁丁
兑中震坤离兑

震三

戊己庚辛壬癸甲
午酉子卯午酉子

乙乙乙乙乙乙乙
巽震坎艮乾震

丙丙丙丙丙丙丙
中震坤离兑中震

丁丁丁丁丁丁丁
乾巽震坎艮乾巽

中五

庚辛壬癸甲乙丙
申亥寅巳申亥寅

乙乙乙乙乙乙乙
震坎艮乾中震坎

丙丙丙丙丙丙丙
巽坤离兑中巽坤

丁丁丁丁丁丁丁
中震坎艮乾中震

兑七

壬癸甲乙丙丁戊
戌丑辰未戌丑辰

乙乙乙乙乙乙乙
坎艮兑中震坎艮

丙丙丙丙丙丙丙
坤离兑乾巽坤离

丁丁丁丁丁丁丁
震坎艮兑中震坎

艮八

癸甲乙丙丁戊己
亥寅巳申亥寅巳

乙乙乙乙乙乙乙
离艮乾巽离艮

丙丙丙丙丙丙丙
坎艮兑中震坎艮

丁丁丁丁丁丁丁
坤离艮乾巽坤离

坎一

丙丁戊己庚辛
辰未戌丑辰未

乙乙乙乙乙乙
乾巽坤坎艮乾

丙丙丙丙丙丙
兑中震坎离兑

丁丁丁丁丁丁
艮乾巽坤坎艮

乾六

辛壬癸甲乙丙丁
酉子卯午酉子卯

乙乙乙乙乙乙乙
坤离兑乾巽坤离

丙丙丙丙丙丙丙
震坎艮乾中震坎

丁丁丁丁丁丁丁
巽坤离兑乾巽坤

立夏

巽四

戊己庚辛壬癸甲
午酉子卯午酉子

乙乙乙乙乙乙乙
中巽坤离兑中巽

丙丙丙丙丙丙丙
乾巽震坎艮乾巽

丁丁丁丁丁丁丁
兑中巽坤离兑中

离九

癸甲乙丙丁戊己
亥寅巳申亥寅巳

乙乙乙乙乙乙乙
坎离兑中震坎离

丙丙丙丙丙丙丙
坎离艮乾巽坤离

丁丁丁丁丁丁丁
震坎离兑中震坎

坤二

丙丁戊己庚辛
辰未戌丑辰未

乙乙乙乙乙乙
兑中巽坤离兑

丙丙丙丙丙丙
艮乾巽坤坎艮

丁丁丁丁丁丁
离兑中震坤离

震三

丁戊己庚辛壬
巳申亥寅巳申

乙乙乙乙乙乙
乾巽震坎艮乾

丙丙丙丙丙丙
兑中震坤离兑

丁丁丁丁丁丁
艮乾巽震坎艮

中五

己庚辛壬癸甲乙
未戌丑辰未戌丑

乙乙乙乙乙乙乙
中震坎艮乾中震

丙丙丙丙丙丙丙
中巽坤离兑中巽

丁丁丁丁丁丁丁
乾中震坎艮乾中

兑七

辛壬癸甲丙丁
酉子卯午酉子卯

乙乙乙乙乙乙乙
震坎艮兑中震坎

丙丙丙丙丙丙丙
巽坤离兑乾巽坤

丁丁丁丁丁丁丁
中震坎艮兑中震

艮八

壬癸甲乙丙丁戊
戌丑辰未戌丑辰

乙乙乙乙乙乙乙
坤离艮乾巽坤离

丙丙丙丙丙丙丙
震坎艮兑中震坎

丁丁丁丁丁丁丁
巽坤离艮乾巽坤

坎一

乙丙丁戊己庚
卯午酉子卯午

乙乙乙乙乙乙
艮乾巽坤坎艮

丙丙丙丙丙
离兑中震坎离

丁丁丁丁丁丁
坎艮乾巽坤坎

乾六

庚辛壬癸甲乙丙
申亥寅巳申亥寅

乙乙乙乙乙乙乙
巽坤离兑乾巽坤

丙丙丙丙丙丙丙
中震坎艮乾中震

丁丁丁丁丁丁丁
乾巽坤离兑乾巽

夏 至

巽四

癸甲乙丙丁己
亥寅巳申亥寅巳

乙乙乙乙乙乙
震巽乾艮坎震巽

丙丙丙丙丙丙
坤巽中兑离坤巽

丁丁丁丁丁丁
坎震巽乾艮坎震

离九

戊己庚辛壬癸甲
午酉子卯午酉子

乙乙乙乙乙乙
艮离坤巽乾艮离

丙丙丙丙丙丙
兑离坎震中兑离

丁丁丁丁丁丁
乾艮离坤巽乾艮

坤二

丙丁戊己庚辛
辰未戌丑辰未

乙乙乙乙乙乙
乾艮坎坤巽乾

丙丙丙丙丙丙
中兑离坤震中

丁丁丁丁丁丁
巽乾艮坎坤巽

震三

乙丙丁戊己庚
卯午酉子卯午

乙乙乙乙乙
中兑离坤震中

丙丙丙丙丙
巽乾艮坎震巽

丁丁丁丁丁
震中兑离坤震

中五

壬癸甲乙丙丁戊
戌丑辰未戌丑辰

乙乙乙乙乙乙
坤巽中兑离坤巽

丙丙丙丙丙丙丙
坎震中乾艮坎震

丁丁丁丁丁丁
离坤巽中兑离坤

兑七

庚辛壬癸甲乙丙
申亥寅巳申亥寅

乙乙乙乙乙乙
离坤巽乾兑离坤

丙丙丙丙丙丙丙
艮坎震中兑艮坎

丁丁丁丁丁丁
兑离坤巽乾兑离

艮八

己庚辛壬癸甲乙
未戌丑辰未戌丑

乙乙乙乙乙乙
艮坎震中兑艮坎

丙丙丙丙丙丙丙
艮离坤巽乾艮离

丁丁丁丁丁丁
兑艮坎震中兑艮

坎一

丁戊己庚辛壬
巳申亥寅巳申

乙乙乙乙乙乙
兑离坎震中兑

丙丙丙丙丙丙
乾艮坎坤巽乾

丁丁丁丁丁丁
中兑离坎震中

乾六

辛壬癸甲乙丙丁
酉子卯午酉子卯

乙乙乙乙乙乙
坎震中乾艮坎震

丙丙丙丙丙丙丙
离坤巽乾艮离坤

丁丁丁丁丁丁
艮坎震中乾艮坎

立秋

巽四

丙丁戊己庚辛
辰未戌丑辰未

乙乙乙乙乙乙
艮坎震巽乾艮

丙丙丙丙丙丙
兑离坤巽中兑

丁丁丁丁丁丁
乾艮坎震兑乾

离九

庚辛壬癸甲乙丙
申亥寅巳申亥寅

乙乙乙乙乙乙
坤巽乾艮离坤巽

丙丙丙丙丙丙
坎震中兑离坎震

丁丁丁丁丁丁
离坤巽乾艮离坤

坤二

戊己庚辛壬癸甲
午酉子卯午酉子

乙乙乙乙乙乙
坎坤巽乾艮坎坤

丙丙丙丙丙丙
离坤震中兑离坤

丁丁丁丁丁丁
艮坎坤巽乾艮坎

震三

丁戊己庚辛壬
巳申亥寅巳申

乙乙乙乙乙乙
离坤震中兑离

丙丙丙丙丙丙
艮坎震巽乾艮

丁丁丁丁丁丁
兑离坤震中兑

中五

乙丙丁戊己庚
卯午酉子卯午

乙乙乙乙乙
兑离坤巽中兑

丙丙丙丙丙
乾艮坎震中乾

丁丁丁丁丁
中兑离坤巽中

兑七

壬癸甲乙丙丁戊
戌丑辰未戌丑辰

乙乙乙乙乙乙
巽乾兑离坤巽乾

丙丙丙丙丙丙
震中兑艮坎震中

丁丁丁丁丁丁
坤巽乾离离坤巽

艮八

辛壬癸甲乙丙丁
酉子卯午酉子卯

乙乙乙乙乙乙
震中兑艮坎震中

丙丙丙丙丙丙
坤巽乾艮离坤巽

丁丁丁丁丁丁
坎震中兑艮坎震

坎一

己庚辛壬癸甲乙
未戌丑辰未戌丑

乙乙乙乙乙乙
坎震中兑离坎震

丙丙丙丙丙丙
坎坤巽乾艮坎坤

丁丁丁丁丁丁
离坎震中兑离坎

乾六

癸甲乙丙丁戊己
亥寅巳申亥寅巳

乙乙乙乙乙乙
中乾艮坎震中乾

丙丙丙丙丙丙
巽乾兑离坤巽乾

丁丁丁丁丁丁
震申乾艮坎震中

秋　分

巽四

辛壬癸甲乙丙丁
酉子卯午酉子卯

乙乙乙乙乙乙
艮坎震巽乾艮坎

丙丙丙丙丙丙丙
兑离坤巽中兑离

丁丁丁丁丁丁丁
乾艮坎震巽乾艮

离九

丙丁戊己庚辛
辰未戌丑辰未

乙乙乙乙乙
巽乾艮离坤巽

丙丙丙丙丙
震中兑离坎震

丁丁丁丁丁
坤巽乾艮离坤

坤二

癸甲乙丙丁戊己
亥寅巳申亥寅巳

乙乙乙乙乙乙
坎坤巽乾艮坎坤

丙丙丙丙丙丙丙
离坤震中兑离坤

丁丁丁丁丁丁丁
艮坎坤巽乾艮坎

震三

壬癸甲乙丙丁戊
戌丑辰未戌丑辰

乙乙乙乙乙乙
离坤震中兑离坤

丙丙丙丙丙丙丙
艮坎震巽乾艮坎

丁丁丁丁丁丁丁
兑离坤震中兑离

中五

庚辛壬癸甲乙丙
申亥寅巳申亥寅

乙乙乙乙乙乙
兑离坤巽中兑离

丙丙丙丙丙丙丙
乾艮坎震中乾艮

丁丁丁丁丁丁丁
中兑离坤巽中兑

兑七

戊己庚辛壬癸甲
午酉子卯午酉子

乙乙乙乙乙乙
乾兑离坤巽乾兑

丙丙丙丙丙丙丙
中兑艮坎震中兑

丁丁丁丁丁丁丁
巽乾兑离坤巽乾

艮八

丁戊己庚辛壬
巳申亥寅巳申

乙乙乙乙乙
中兑艮坎震中

丙丙丙丙丙
巽乾艮离坤巽

丁丁丁丁丁
震申兑艮坎震

坎一

乙丙丁戊己庚
卯午酉子卯午

乙乙乙乙乙
震中兑离坎震

丙丙丙丙丙
坤巽乾艮坎坤

丁丁丁丁丁
坎震中兑离坎

乾六

己庚辛壬癸甲乙
未戌丑辰未戌丑

乙乙乙乙乙乙
乾艮坎震中乾艮

丙丙丙丙丙丙丙
乾兑离坤巽乾兑

丁丁丁丁丁丁丁
中乾艮坎震中乾

立冬

巽四

庚辛壬癸甲乙丙
申亥寅巳申亥寅
乙乙乙乙乙乙
乾艮坎震巽乾艮
丙丙丙丙丙丙丙
中兑离坤巽中兑
丁丁丁丁丁丁丁
巽乾艮坎震巽乾

离九

乙丙丁戊己庚
卯午酉子卯午
乙乙乙乙乙乙
坤巽乾艮离坤
丙丙丙丙丙丙
坎艮中兑离坎
丁丁丁丁丁丁
离坤巽乾艮离

坤二

壬癸甲乙丙丁戊
戌丑辰未戌丑辰
乙乙乙乙乙乙乙
艮坎坤巽乾艮坎
丙丙丙丙丙丙丙
兑离坤震中兑离
丁丁丁丁丁丁丁
乾艮坎坤巽乾艮

震三

辛壬癸甲乙丙丁
酉子卯午酉子卯
乙乙乙乙乙乙
兑离坤震中兑离
丙丙丙丙丙丙丙
乾艮坎震巽乾艮
丁丁丁丁丁丁丁
中兑离坤震中兑

中五

己庚辛壬癸甲乙
未戌丑辰未戌丑
乙乙乙乙乙乙乙
中兑离坤巽中兑
丙丙丙丙丙丙丙
中乾艮坎震中乾
丁丁丁丁丁丁丁
巽中兑离坤巽中

兑七

丁戊己庚辛壬
巳申亥寅巳申
乙乙乙乙乙乙
巽乾兑离坤巽
丙丙丙丙丙丙
震中兑艮坎震
丁丁丁丁丁丁
坤巽乾兑离坤

艮八

丙丁戊己庚辛
辰未戌丑辰未
乙乙乙乙乙乙
震中兑艮坎震
丙丙丙丙丙丙
坤巽乾艮离坤
丁丁丁丁丁丁
坎震中兑艮坎

坎一

癸甲乙丙丁戊己
亥寅巳申亥寅巳
乙乙乙乙乙乙乙
离坎震中兑离坎
丙丙丙丙丙丙丙
艮坎坤巽乾艮坎
丁丁丁丁丁丁丁
兑离坎震中兑离

乾六

戊己庚辛壬癸甲
午子酉卯午酉子
乙乙乙乙乙乙乙
中乾艮坎震中乾
丙丙丙丙丙丙丙
巽乾兑离坤巽乾
丁丁丁丁丁丁丁
震中乾艮坎震中

须要注意的是,选择三奇,不能只看天干,一定要和地支同参,还要结合三奇所临之宫。如果三奇所坐的地支是本命或当年太岁的禄马贵人者为吉,带吉星者尤吉。如壬寅本命或太岁,得丁亥、乙卯、丁巳等。壬水以亥为禄元,以卯巳为天乙贵人,且壬寅与丁亥天地德合,故吉。又如庚子,得乙丑、丁丑等。乙木为庚金正财,丁火为庚金正官,且丑土为庚金阳贵,又与子合,一片吉庆,故吉。再如癸卯得丁巳、乙巳,巳火不仅为癸水阳贵,又为驿马,贵马同宫,故吉。相反,如果三奇坐支与本命或太岁相冲相刑,或三奇落入墓宫,或三奇逢空亡或临空亡,或三奇临三刑之位等,虽是三奇,亦以凶论,再有吉神,也不能化解。如壬申遇丙寅,癸亥遇丁巳、乙巳,丁酉逢乙卯等,是三奇逢冲克;壬申逢丙寅,甲戌逢乙未、丁未、乙丑、丁丑等是三奇遇三刑。甲寅逢乙丑,丁丑逢乙酉等是三奇逢空亡,均不能为吉。所以运用三奇,绝不能概以吉论,定要详细检点,带吉神者以吉论;不带吉神者则未必吉。

岁君禄马第十一

【原文】求官求贵与求财,岁君禄马贵人催。

正位合方俱有气,贫能致富列三台。

太岁禄马贵人,为星煞之主宰,能压一切凶星。贵人为上,禄马次之。要与造主本命禄马同行,乃能致福。用命禄马而岁君禄马不至者,命主无管摄。用岁君禄马而命禄马不相值者,岁禄不依归。岁命交会,方为全美。克择务令有气得时,如木向春生,金逢秋旺。六合吊宫,合贵为上,合禄次之。禄马不到,徒施克择四课耳。

合禄,如甲寅命,禄在寅,丙子年十二月作艮,以月建丑入中,遁得寅字到乾,乾中有亥,合艮中之寅也。余仿此。

【注解】选择之法，以命主与太岁禄马贵人为要，此是真论。杨筠松曰："年月妙用少人知，年月无如造命法。"吴景鸾云："克择之法，莫如造命，体用之妙，可夺神工。"郭景纯云："天光下临，地德上载，岁神合朔，神迎鬼避。"其法选成四柱八字，支干纯粹，成格成局，此为选择中至吉也。《钦定协纪辨方书》云："杨筠松千斤造命歌，言言名理，愈玩愈佳，真千古日家之指南车也。嗣是廖金精，曾文迅，陈图南，吴景鸾以及后来一切名家葬课，皆以扶龙相主为宗。其修吉方则曲尽扶吉之法，其修凶方则曲尽制凶之法，取而玩之，无不凿凿有理。《通书》未有及此者也。"

选择中之最精深者为选时造命，本书下册《八宅明镜》第479面介绍了杨筠松的"造命歌"，可参阅。

另：《象吉通书》卷五、卷六皆言造命，其中诸格甚为精细，并录《翰林集要》中诸多古课，有兴趣者，可参考其书。

又：原文所举合禄例有误。甲寅命，命禄在寅，丙子年十二月作辰，以月建丑土入中，遁寅到乾，卯到兑，辰到艮，虽寅禄与乾方亥合，但修作为艮方，非亥方，不能说其为合禄。若修作亥方，调得寅到，与亥方相合，是合禄格，方符其义。故说明。

天河尊帝第十二

【原文】不入中宫，只八宫数。

天河尊帝二星名，天帝行宫上吉星。

三局推排分上下，每宫二十日无零。

冬至、小寒、大寒、立春起乾，

雨水、惊蛰、春分、清明起坎。

谷雨、立夏、小满、芒种起乾，

夏至、小暑、大暑、立秋起坎。

处暑、白露、秋分、寒露起乾，

霜降、立冬、小雪、大雪起坎。

冬 至 例		
初中末 辰巽巳 各二十日	中	初中末 戌乾亥 各二十日
初中末 甲震乙 各二十日		初中末 庚兑辛 各二十日
初中末 未坤申 各二十日		初中末 丑艮寅 各二十日
初中末 壬坎癸 各二十日	顺局	初中末 丙离丁 各二十日

夏 至 例		
末中初 辰巽巳 各二十日	中	末中初 戌乾亥 各二十日
末中初 甲震乙 各二十日		末中初 庚兑辛 各二十日
末中初 未坤申 各二十日		末中初 丑艮寅 各二十日
末中初 壬坎癸 各二十日	逆局	末中初 丙离丁 各二十日

　　其例以二十四气分为六候，每候各得六十日，共得三百六十日，为一岁之成功也。一候又分三局，每局各得二十日，阳遁顺行二十四山，阴遁逆行二十四山。顺局如冬至二十日内，用戌乾亥山，尊星在戌而不在乾亥，此顺加之法也。又如夏至逆局，二十日内用壬坎癸山，尊星在癸，不在壬坎。中二十日到坎，末二十日到壬，此逆加之法也。其星无所管属，所临之地，随花甲纳音为所属。如冬至后用丙寅日，作艮山，即纳音火，生于寅。他仿此。故曰"尊帝二星无管属，纳音消息有真机"是也。

　　【注解】尊帝二星，本文虽仅举一例，实际上有年、月、日、时之分，其取法也各有异，请参阅《佐元直指·卷四·论天河转运尊帝内局帝星流行次第》。

四吉帝星第十三

　　【原文】贪巨武文为尊临，占向临方福惠臻。

年月日时寻正到,七星排值九宫寻。

逐年占向帝星:

申子辰年贪狼帝星值向,寅午戌年巨门帝星值向,

已酉丑年破军帝星值向,亥卯未年禄存帝星值向。

方位 星 年		中宫	贪狼	巨门	文曲	武曲
子	顺飞	贪狼	震	乾巽	艮	坎
	逆飞	贪狼	兑	巽	坤	离
丑	顺飞	巨门	坤	震	兑	离
	逆飞	巨门	艮	兑	震	坎
寅	顺飞	禄存	坎	坤	乾巽	艮
	逆飞	禄存	离	艮	巽乾	坤
卯	顺飞	文曲	离	坎	震	兑
	逆飞	文曲	坎	离	兑	震
辰	顺飞	廉贞	艮	离	坤	乾巽
	逆飞	廉贞	坤	坎	艮	巽乾
巳	顺飞	武曲	兑	艮	坎	震
	逆飞	武曲	震	坤	离	兑
午	顺飞	破军	乾巽	兑	离	坤
	逆飞	破军	巽乾	震	坎	艮
未	顺飞	武曲	兑	艮	坎	震
	逆飞	武曲	震	坤	离	兑
申	顺飞	廉贞	艮	离	坤	乾巽
	逆飞	廉贞	坤	坎	艮	巽乾
酉	顺飞	文典	离	坎	震	兑
	逆飞	文典	坎	离	兑	震
戌	顺飞	禄存	坎	坤	乾巽	艮
	逆飞	禄存	离	艮	巽乾	坤
亥	顺飞	巨门	坤	震	兑	离
	逆飞	巨门	艮	兑	震	坎

子起贪狼午破军,丑亥巨门卯酉文。

申辰廉位巳未武,寅戌支辰起禄存。

年月日时同起例,排成永定九宫寻。

例如子年月日时起贪狼入中宫,顺飞九宫,寻得贪狼值震向,为值岁之星,大吉。其星到方值向,最为有力,修造中第一妙用。星例:贪、巨、禄、文、廉、武、破。

冬至后入中宫,从乾顺加。夏至后入中宫,从巽逆加。寻卯年之四帝星到向方是。

【注解】"子起贪狼午破军"等,是言该年入中宫之星,如子年以贪狼入中宫,午年以破军入中宫,丑亥年以巨门入中宫等是。依此十二支四吉星临方成上面的表。

此法与义理不符。既以星与宫配,地有九宫,当以九星配之,今只以七星配,余二宫重复,与九星之义不符。既以九星与二十四山配,则一星配三山可。今有以一星配一支,有以一星配二支,度数与周天不符,配位与九宫不合。同时,原书逐年占向帝星与例不合,禄存之星前章为凶而此章论吉,相互抵触,均无义理,所以不能为法。

又:原文最后一句"寻卯年之四帝星到向方是"应是"寻当年"或"寻本年"之误,"寻本年四帝星到向方是"与前文合。

神藏煞没第十四

【原文】孟月甲庚丙壬上,仲月煞没四维时。

四季乙辛丁癸取,神藏煞没吉当从。

神藏煞没,备载《元经》,为克择时家之妙用。但学者运用,不明归垣入局之理以取吉。如正月雨水节一日后,交中气管事,用子时上四刻作壬子山向,则为神藏煞没。其他甲庚丙山向,亦仿此推。每太阳在处,一日只有一时。诸星归垣入局,太阳在子,则壬子时奇。太阳在午,则丙午时吉。此即归垣入局之妙,吉莫大焉。《元经》云:"善用时者,常令朱雀披头,勾陈入狱,白虎破身,元武折足,腾蛇落水,天空被戮,吉迎百福。"更查大六壬月将加时,寻贵人昼夜顺逆用之,为精当。

【注解】神藏煞没是大六壬申的一个特殊格局,法以贵人临天门,顺布十二神。详参本册《郭氏元经》第 260 面。

差方禄马贵人奇白第十五

【原文】冬至后逆布三奇,顺布六仪。夏至后顺布三奇,逆布六仪。

坎山羊位艮龙头,离宫犬吠巽宫牛。

乾宫赤马无人问,坤宫鼠子闹啾啾。

金鸡叫破扶桑树,玉兔还归西岭游。

阳奇坤,阴奇艮,天罡马,神后贵,传送禄。

差方禄马贵人星,三合临方得木情。

大利兴工并造作,更加奇白任经营。

三合临方者,即已时得已禄是也,余例同法。冬至后阳逆,六宫起甲子、甲午,三宫起甲戌、甲辰,九宫起甲申、甲寅,逆行九宫,逢戊回元位。夏至后阴顺,六宫起甲子、甲午,九宫起甲戌、甲辰,三宫起甲申、甲寅,顺行九宫,逢戊回元位。皆寻所用之日,到乾位吊入离壬寅,到坎吊入亥卯未,到坤吊入申子辰,到巽吊入巳酉丑,到艮吊入子申辰,到离吊入戌寅午,到兑吊入卯未亥,到震吊入酉丑巳,到中宫阳遁吊入坤申子辰,阴遁到中宫吊入艮辰申子。将十二月以所吊之宫方次第加数,坤寻子,即以天罡在子,为马;传送在辰,为禄;神后在申,为贵人。阳遁逆加干维,阴遁顺加干维。如冬至后甲子,阳辰从乾,则天罡带马到离,丁上亦有马也。又如冬至乙丑,阴遁到中宫寄艮,寻丑则天罡带马到丑，艮上亦有马也；传送带禄到巳，则丙亦有禄也；神后带贵到酉，则辛位亦得贵人也。如夏至后逆局到午，则丙上亦有差方；传送到未上，则丁上亦有差方也。禄马贵人，余宫仿此，以分阴阳顺逆。

盖山奇白例：如前例用冬至甲子在乾，即以六白入中宫顺行，七赤到乾为内吉外凶，不可用。八白到兑，为内凶外吉，相生可用。九紫到艮，吉。一白到离，外来克制，不宜。夏至逆行，皆寻三白为上，九紫次之。大要五行生山向，为臣奉君，子事父，为吉。大忌九星克山方，为臣犯君，子执父，为凶。盖山奇如冬至甲子日逆行，乙丑到中宫，则乙奇到中；丙寅到巽，则丙奇到巽；丁卯到震，则丁奇到震。此三奇虽吉，要审纳音生旺休废以定福禄轻重，利于修造，故名差方禄马。如禄马到申子辰方，更用申子辰日，尤为得法。

禄马贵人正三合例：

寅午戌乾，巳酉丑兑，亥卯未震，申子辰坤。

禄马贵人零三合例：

艮丙辛合，巽庚癸合，乾甲丁合，坤壬乙合。

一白、二黑、三碧、四绿、五黄、六白、七赤、八白、九紫。

夏：（夏至）子午卯酉六，寅申巳亥三，辰戌丑未九。

冬：（冬至）子午卯酉六，寅申巳亥九，辰戌丑未三。

诀曰：夏至六三九顺行，冬至六九三逆行。

法以本日所到之宫，从中宫阳顺阴逆而行，定局布在《直指》（按：指《佐元直指》）。

【注解】原文条理不清，很难明白其义，试做如下解说。

差方禄马全名"差方禄马贵人盖山三奇白星"，其法与"走马六壬"（天罡诀）相似，皆用天罡十二将星。但走马六壬以天罡、胜光、传送、河魁、神后、功曹六阳星为吉，而差方禄马则以天罡为正马,又为太阳;传送为太阴,又为正禄;神后为大吉,又为贵人,取此三神之三合方为吉。其起例仿《奇门》阳局逆布三奇,顺布六仪;阴局顺布三奇,逆布六仪,而取奇白禄马贵人之吉方。

十二神将顺序:天罡(正马、太阳)、天乙、胜光、小吉、传送(太阴、正禄)、从魁、河魁、登明、神后(贵人)、大吉、功曹、太冲。

知道了神将顺序,然后查其所用年月日时在何宫,冬至后用阳遁,夏至后用阴遁,依次排局。如冬至后丙子日用事,丙子属坎宫,起例歌云"坎山羊位",即坎山在未上起十二星,不问阴阳二遁,皆从掌上顺布十二宫。如此则未上天罡(正马、太阳),申上天乙、酉上胜光、戌上小吉、亥上传送(正禄、太阴),子上从魁、丑上河魁、寅上登明、卯上神后(贵人),辰上大吉、巳上功曹、午上太冲。从以上顺序中可看出,未上为天罡(正马、太阳),则其三合亥卯未三山在差方禄马贵人之方。

次查盖山白星,以用事年月日时所属之宫星入中顺布九宫。如前丙子用事,丙子在坎宫,属一白,便将一白入中宫,不论阴阳,皆顺布九星,则二黑到乾,三碧到兑,四绿到艮,五黄到离,六白到坎,七赤到坤,八白到震,九紫到巽。从以上布宫中得知一白在中宫,六白在坎宫,八白在震宫,九紫在巽宫,此四方则为紫白吉方。

《象吉通书》《鳌头通书》《选择求真》等书中均有差方禄马贵人奇白全图,但均有讹误,今将修正后图表介绍如下,以供大家研究参考。

冬至后用事(见下面的表)。

乾宫起甲子逆行,戊辰还原宫顺行;

震宫起甲戌逆行,戊寅还原宫顺行;

离宫起甲寅逆行,戊午还原宫顺行;

中宫四课寄在艮宫同推。

巽四	中五	乾六
己 壬 丙 酉 辰 寅 壬 丙 己 戌 申 卯	寄艮为例　庚 癸 乙 戌 巳 丑 癸 乙 庚 亥 未 辰	辛 甲 辛 甲 亥 午 巳 子 丁 戊 丁 戊 巳 戌 亥 辰
震三 戊 丁 戊 丁 申 酉 寅 卯 辛 甲 辛 甲 酉 辰 卯 戌	冬至后用　阳遁定局	**兑七** 壬 壬 己 子 午 巳 丙 己 丙 辰 亥 戌
坤二 乙 庚 癸 巳 寅 酉 庚 癸 乙 申 卯 亥		**艮八** 癸 乙 庚 丑 酉 午 乙 庚 癸 卯 子 未
坎一 丙 己 壬 午 丑 申 己 壬 丙 未 寅 子		**离九** 甲 辛 甲 辛 寅 丑 申 未 戊 丁 戊 丁 午 未 子 丑

夏至后用事(见下面的表)。

乾宫起甲子顺行,戊辰还宫后逆行;

离宫起甲戌顺行,戊寅还宫后逆行;

震宫起甲寅顺行,戊午还宫后逆行;

中宫四课寄在坤宫同推。

求差方禄马贵人三奇紫白图(见第 429 和 430 面表)。

阳遁例:子午乾宫辰戌震,寅申离位戊还原。

　　　　六仪顺布三奇逆,行到中宫寄艮垣。

阴遁例:子午乾上辰戌离,寅申旬首震宫期。

巽四	中五	乾六
癸丑　乙酉　庚午 乙卯　庚子　癸未	寄坤为例　壬子　丙戌　己巳 丙辰　己亥　壬午	辛亥　甲午　辛巳　甲子 丁巳　戊戌　丁亥　戊辰
震三 甲寅　辛丑　甲申　辛未 戊午　丁未　戊子　丁丑	夏至后用 阴遁定局	**兑七** 庚戌　癸巳　乙丑 癸亥　乙未　庚辰
坤二 丙午　己丑　壬申 己未　壬寅　丙子		**艮八** 己酉　壬辰　丙寅 壬戌　丙申　己卯
坎一 乙巳　庚寅　癸酉 庚申　癸卯　乙亥		**离九** 戊申　丁酉　戊寅　丁卯 辛酉　甲辰　辛卯　甲戌

戊亦还原中坤立,六仪逆布顺三奇。

正马到,君子加官,常人进财。正禄到,君子加官,常人进横财。贵人到,主三年内生贵子,君子加官,常人进财。俱要合白星,同生旺为吉。

差方禄马贵人还有用飞官者,亦有许多宜忌,详参本书中册《佐元直指》卷五"差方禄马贵人"一节。

胡晖在《选择求真》中说:"差方禄马贵人取三奇,不按各节气卦位起甲子,又非奇遁之首年月日时。所泊之宫不以泊宫位起天罡,而转向别支起天罡,以乾起午,坤起子,震起酉,兑起卯,艮起辰,离起戌,巽起丑,坎起未,揆于纳卦之支,与先天位及支俱不合。且十二将既有定名,而天罡为正马为太阳,传送为正禄为太阴,神后为贵人,种种支离,其伪可知。"细究原例,以禄马贵人论,舍本命及太岁之禄马贵人而别立名目;以三奇论,舍遁甲例而巧立另法;以天罡十二将论,大吉反为凶;以紫白论,又与年月日时紫白无一相合。胡晖言其为支离伪法,并非无理,《钦定协纪辨方书》未收其法,亦非委屈。

甲子旬 甲午旬	乙奇中	甲子	乙丑	丙寅	丁卯	癸酉	壬申	辛未	庚午	己巳
	丙奇巽	甲午	乙未	丙申	丁酉	癸卯	壬寅	辛丑	庚子	己亥
	丁奇辰	戊辰	癸巳	己卯	甲戌	乙亥	丙子	丁丑	癸丑	壬子
甲辰旬 甲戌旬	乙奇坤	戊戌	癸亥	己酉	甲辰	乙巳	丙午	丁未	癸未	壬午
	丙奇坎	辛亥	庚辰	壬辰	戊寅	庚寅	己丑	甲寅	乙卯	丙辰
	丁奇离	辛巳	庚戌	壬戌	戊申	庚申	己未	甲申	乙酉	丙戌
甲申旬 甲寅旬	乙奇艮									
	丙奇兑	丁巳			辛卯•			戊子		
	丁奇乾	丁亥			辛酉			戊午		
泊宫		乾	中	巽	震	坤	坎	离	艮	兑
吉星		赤马	龙头	寻牛	西岭	鼠子	羊位	犬吠	龙头	扶桑
天罡、正马、太阳		丙午	乙辰	癸丑	庚酉	壬子	丁未	辛戌	乙辰	甲卯
传送、正禄、太阴		辛戌	坤申	巽巳	癸丑	乙辰	乾亥	艮寅	坤申	丁未
神后、贵人		艮寅	壬子	庚酉	巽巳	坤申	甲卯	丙午	壬子	乾亥
一白水		离	坎	坤	震	巽	中	乾	兑	艮
六白金		中	乾	兑	艮	离	坎	坤	震	巽
八白土		兑	艮	离	坎	坤	震	巽	中	乾
九紫火		艮	离	坎	坤	震	巽	中	乾	兑

甲子旬	乙奇兑	甲子	乙丑	丙寅	丁卯	癸酉	壬申	辛未	庚午	己巳
甲午旬	丙奇艮	甲午	乙未	丙申	丁酉	癸卯	壬寅	辛丑	庚子	己亥
	丁奇离	戊辰	癸巳	己卯	甲戌	乙亥	丙子	丁丑	癸丑	壬子
甲辰旬	乙奇坎	戊戌	癸亥	己酉	甲辰	乙巳	丙午	丁未	癸未	壬午
甲戌旬	丙奇坤	辛亥	庚辰	壬辰	戊寅	庚寅	己丑	甲寅	乙卯	丙辰
	丁奇震	辛巳	庚戌	壬戌	戊申	庚申	己未	甲申	乙酉	丙戌
甲申旬	乙奇巽 丙奇中	丁巳		辛卯			戊子			
甲寅旬	丁奇乾	丁亥		辛酉			戊午			
吉星 ╲ 泊官		乾	兑	艮	离	坎	坤	震	巽	中
		赤马	扶桑	龙头	犬吠	羊位	鼠子	西岭	寻牛	龙头
天罡、正马、太阳		丙午	甲子	乙辰	辛戌	丁未	壬子	庚酉	癸丑	壬子
传送、正禄、太阴		艮寅	乾亥	壬子	丙午	甲卯	坤申	巽巳	庚酉	坤申
神后、贵人		辛戌	丁未	坤申	艮寅	乾亥	乙辰	癸丑	巽巳	乙辰
一白水		坎	坤	震	巽	中	乾	兑	艮	离
六白金		中	乾	兑	艮	离	坎	坤	震	巽
八白土		震	巽	中	乾	兑	艮	离	坎	坤
九紫火		坤	震	巽	中	乾	兑	艮	离	坎

库楼金匮第十六

【原文】库楼金匮两相兼,火土连行福泽绵。

室尾翼觜星不值,更加天喜妙难言。

逐年从太岁上起建,行十二支至所用之山,以求平字正到处为土曲星,遇定字正到为房显星,开字正到为官国星。土曲主财帛,房显主人丁,官国主官贵爵,此三吉星到处俱要得时。土曲属土,利于四季。房显属木,利于冬春。官国属金,利于夏秋。惟土曲喜与金匮同到,大忌火血,主损血财、疾病。

金匮乃火星也,化而为生气。其例申子辰年在子,亥卯未年在卯,寅午戌年在午,巳酉丑年在酉。并以月建入中宫,寻各年所占之字,与三奇相同。

天喜例:春戌亥子、夏丑寅卯、秋辰巳午、冬未申酉。只如二月建卯,以卯入中宫,行见亥字在巽,即二月天喜在巽。又如八月建酉,以酉入中宫,行见辰字在震,则八月天喜在震。又得前三吉,库楼金匮天喜并至方所,修之主进官禄、横财、人丁,大旺六畜,可报灾瘴。金匮库楼局布《直指》(按:即《佐元直指》)。

【注解】库楼星定局和金匮星定局均请参阅本书中册《佐元直指·卷六·金匮库楼图》。

七政帝星第十七

【原文】纲纪阴阳掌化机,天纲天极统推移。

璇玑妙用推其旨,惟把三元七政施。

七政三元者,日、月、金、木、水、火、土五星为七政;上、中、下三局为三元。司摄阴阳,主宰神煞,纲纪造化,为《璇玑》中第一妙用。建宅安坟,修方造作,不问命主吉凶,山方利与不利,并金神、火血、官符、的命之凶,百无避忌。凡旺人、催官、报病皆宜。

星次:天镇,天纲,吉。天刑(木),天火(火),凶。

天福(金),吉。金神(金)、天没、天极(月),吉。

天纽、天杀、天常(水),吉。土星(土)。

上元甲己,加子午卯酉年月日时,子上起天镇星。

中元甲己,加寅申巳亥年月日时,寅上起天镇星。

下元甲己,加辰戌丑未年月日时,辰上起天镇星。

十二位惟天纲、天极为上吉,天福、天常次之。十一月一阳初生,五月一阴初生,二星无力,不可用。故《元经》曰:"如逢二至力皆微"者此也。须认月将明白,寻甲己加上中下三元。

起例:如甲子、甲午日秋分后为上元,甲申、甲寅为中元,甲辰、甲戌为下元,余仿此。

【注解】日、月、金、木、水、火、土为七政,以七政选择,又叫天星选择,为选择中最高层次之一。法以七星躔度与命主、坐山相结合,取七政中恩星生本命,生坐山之时刻,课合义理,所以为古时许多较有名气的选择家所用。以下把七星简单作一介绍。

胡晖在《选择求真》中说:"星神各有分别,布天者为星,在地者为神。地神之力浊而猛,不及天星之力清而长。"郭璞云:"天光下临,地德上载。选择之首,孰当以天星为重也。然天星莫尊于日月,莫正于五星,假使天无日月,则万古如长夜;在世无五行,则斯民尽颠倒,是天地之所不能离,而阴阳之所不能补者,皆日月五星运之也。试以生人八字观之,既得日主健旺,财官有气,再查七政四余,看以何星为主,若得归垣升殿,并掌三元化曜等吉有恩,用躔互之情,无战克斗陷之弊,其人未有不大富贵者。若主星失陷,仇难相攻,庆化刃杀等项,其人未有不贫贱者。选择亦犹是也,年月日时,先要课成八字,扶山相主,成格成局。再查岁命之真禄、真马、真贵,与乎年月之吉星到山,到向、到方,然后又查七政中得何星照临,喜禄元、马元、贵元等吉。更得归垣升殿,不犯迟留伏逆,或到山,或到方向。其到山为守殿,到向为朝元,到方为拱垣,斯则造命上格也。世人皆知取合吉星,而不知吉星中当以七政为贵乎?于七政中又徒知用太阳、太阴,而不知五星、四余各有其吉乎?是岂得为知选择者哉!"

太阳

太阳为万宿之主,诸吉之宗,号星中天子,有人君之象,至尊至贵,照临万方,善宿遇之而增辉,恶曜逢之而敛伏。到山、到向、到方,大可修造、安葬。然到向为上,到方次之,到山又次之。盖到向则照我,而我有光辉向荣之意。到方,则拱我,若修方则到方乃吉。到山,惟帝王修造宫殿则宜,士庶家反不吉,恐难当其尊也。也有人认为，太阳虽能压伏一切凶杀，凡山、向、方有凶杀，得太阳到或对照，则百杀潜伏，不能为凶；但如果山、向、方得吉星聚会，而又取太阳同到，则众吉不敢抵太阳之尊而退避，反是太阳不能为人造福，所以又不可专贪太阳。凡用太阳，宜昼不宜夜，因昼为有光，夜则无光。太阳到午宫为归垣，躔星、房、虚、昴四宿为升殿，丁己年化禄元，六辛年化贵元，得之倍添福泽。丙戌年化刃，合山命为吉，否则凶。清人魏青江认为催生宜修太阳方，并附实例，兹录数节于下：

古人白星合太阳立生贵子何说？

曰：或床在白方，或门在白方，主生子。床与门俱在白方，而两白方相生，主生男无疑。若更得当年太阳星同临白方，更主生贵子。如乾隆六年辛酉岁，天喜在坎，太阳在戌，寅午戌三方合照咸吉。午方安床，戌方开门；或戌方安床，午方开门，立主受孕生子。但要夫妻命主度得七政恩星躔照方验。

催生必修太阳方，其子始贵乎？

曰：太阳即岁君之太子，修方遇贵，定生贵命男儿。如乙亥生，甲子年十二月修丑方，以月建丁丑入中宫，调庚辰到艮丑，本年岁贵在丑，子与丑合，季冬丑土当令。庚辰天月二德到，先天震为纳德。艮宫为仁德、贵德。庚临贵人，艮寅宫分，又是乙命岁德、催官，谓之岁命诸吉聚会，贵德当权。乙亥以月建并丑为福星贵人，天嗣星、天喜、生气、天富吉神，初旬动作，次年春遇贵扶助登第，选馆发福旺财，丑月丑日生贵男子，后居大位。

按：甲子年太阳在丑方，甲子年十二月修丑方是修太阳方。

修太阳亦有误否？

乙未生人，甲子年太阳在丑，用三月初旬动作，不知本年岁杀、重刃在辛未，纳音属土。以月建戊辰入中，调辛未到丑，初旬是丑用事，修后至六月辛未当令，谓之暗杀加来，辛金克宅主之命,于丑未相冲又在本甲之内,故发祸速。兄弟争产,告官破败,乙丑年损胎。忌犯岁命相冲克害,勿徒以太阳误用之。然亦非太阳不可修,要在月份调替生和,吉星到方可也。

由上可知,太阳到山到向亦有吉有凶,选择太阳,不可一概以为吉论。特录《通书》太阳到山向吉凶于下,以供研究参考:

乾亥山,二月太阳到山,吉。八月太阳到向犯地曜杀,凶。

壬子山,七月太阳到向,吉。正月太阳到坐犯三煞,凶。

癸丑山,十二月太阳到山,吉。六月太阳到向,冲破山头,凶。

艮寅山,五月太阳到向,吉。十一月太阳到山,犯地杀,凶。

甲卯山,十月太阳到山吉。四月太阳到向,坐三煞,凶。

乙辰山,三月太阳到向,吉。九月太阳到山,冲破山头,凶。

巽巳山,八月太阳到山,吉。二月太阳到向,次吉。

丙午山,正月太阳到向,吉。七月太阳到山,坐三煞,凶。

丁未山,六月太阳到山,吉。十二月太阳到向,冲破山头,凶。

坤申山,十一月太阳到向,吉。五月太阳到山,次吉。

庚酉山,四月太阳到山,吉。十月太阳到向,坐三杀,凶。

辛戌山,九月太阳到向,吉。三月太阳到山,冲破山头,凶。

也有选择家求用太阳从太阳赤道平度,其法如下:

大雪十一月节太阳出丑交子,宜用子山方向日时。

小寒十二月节太阳出子交亥,宜用亥山方向日时。

立春正月节太阳出亥入戌,宜用戌山方向日时。

惊蛰二月节太阳出戌入酉,宜用酉山方向日时。

清明三月节太阳出酉入申,宜用申山方向日时。

立夏四月节太阳出申入未,宜用未山方向日时。

芒种五月节太阳出未入午,宜用午山方向日时。

小暑六月节太阳出午入巳,宜用巳山方向日时。

立秋七月节太阳出巳入辰,宜用辰山方向日时。

白露八月节太阳出辰入卯,宜用卯山方向日时。

寒露九月节太阳出卯入寅,宜用寅山方向日时。

立冬十月节太阳出寅入丑,宜用丑山方向日时。

按:太阳为生命之源泉,主生养恩德,人君之象。所到之处,神藏煞没,吉庆无比。除岁破、月破外,余凶皆能制伏。但其用法各有不一,唯以真太阳过宫及太阳到方时刻为准(详参前注)。至于太阳到方,诸吉尽避,到山不如到向之说,不可尽信。魏青江《阳宅太成·选时》中有"六十年太阳修方生子逐一详示"表,因篇幅太长,未录入,有兴趣者,可参考,庶几可知太阳用法。

太阴

太阴即月亮。古人把月亮比作太阳之妻,乃星中后妃之象,德柔体顺,佐太阳以宣化,为万宿之母,继日而夜明,到山到向,能制伏一切凶煞,普化吉祥。《千斤歌》曰:"更得太阴照坐处,致使生化添福泽。"入未宫为归垣,行心、危、毕、张四月宿为升殿,吉。若遇月蚀、天变,凶。甲戌庚年化贵元,申子辰年化三杀,必合山命可用。太阴一时行一度,一日行十三度,一月行一小周天,六十二年行一大周天。

太阴历十二宫,除子午卯酉四宫管三日外,余八宫均管两日。还要注意的是太阴到山之时与太阳到向、到方同,若于其时修其方、其向,也是太阳到山、到向。

太阴临山时刻表见本书中册《佐元直指》第106面。

太阴一时历一宫,但一时逊太阳一度,一日逊十二度,余逊至半月十五日,积一百八十度,与太阳东西相对而为望。望后又逊至半月十五日,又积一百八十度,至第二宫与太阳宫同度而为合朔,成一个月。周十二宫次,复与前春正月之合朔相同,乃成一岁。知此,就可以用朔望之度数与时刻。例曰:

三辰六巳八午升,十一未上十三申。

十六酉时十八戌,廿一亥上记其神。

二十三从子时出,二十六日丑起程。

二十八在寅宫觅,初一加来卯上轮。

逐日寻时加卯起,太阴盖照压凶星。

　　用太阴是用月亮之光。卯时起太阳出海,酉时太阳落山,月光方明,所以用月亮宜从酉时起,丑时止,非十三至十七日此五日为美,就是初六、初七、二十六、二十七日亦可取用。如初一、初二卯时出海,初三、初四、初五辰时出海。自前月二十八至初五此八日月光无几,不可用。初六、初七月亮巳时出海,酉时到丁未山向,戌时到坤申山向,亥时到庚酉山向。初八、初九、初十午时出海,酉时到丙午山向,戌时到丁未山向,亥时到坤申山向,子时到庚酉山向。十一、十二未时出海,酉时到巽巳山向,戌时到丙午山向,亥时到丁未山向,子时到坤申山向。十三、十四、十五日申时出海,酉时到乙辰山向,戌时到巽巳山向,亥时到丙午山向,子时到丁未山向。十六、十七日酉时出海,酉时到甲卯山向,戌时到乙辰山向,亥时到巽巳山向,子时到丙午山向,丑时到丁未山向。十八、十九、二十日戌时出海,酉时到艮寅山向,戌时到甲卯山向,亥时到乙辰山向,子时到巽巳山向,丑时到丙午山向。二十一、二十二日亥时出海,戌时到艮寅大光,亥时到甲卯大光,子时到乙辰大光,丑时到巽巳大光。二十三、二十四、二十五日子时出海,子时到甲卯大光,丑时到乙辰大光。二十六、二十七日丑时出海,丑时到甲卯大光,寅时到乙辰大光。二十八、二十九、三十日寅时出海,自此至初五共八日无光可用。

　　月亮对地球的吸引力仅小于太阳,以每逢望日涨潮的情形就可以看出。古人认为,太阴得用,主农林,旅航获利,贤德妇女相助,婚姻幸福,先诞贵女,后生贵子,用以发寡妇,荫儿女尤验。也有人认为,修太阳方主生男,修太阴方主生女。但无论是用太阳,还是用太阴,均要与补山相主之课相合。若离开补山相主,则太阳、太阴亦失其用。查古课不用太阳、太阴而获福应验者甚多。原注云"不问命主吉凶,山方利与不利,并金神、火血、官符、的命之凶"之说误甚深,万不可信。

木星

古人认为木星是东方木之精,名为岁星,又名摄提星。其色青性仁,应青龙之位,主生息之权。行有顺、逆、伏、留。顺轨必致福德文星,逆轨必生灾咎。入寅亥为归垣,行角、奎、斗、井四木宿为升殿,行水宿为得势,到本山为主星,到火山为恩星,到水山为用,金山为财,俱吉。惟到土山为难星,凶。甲壬年化禄,丙辛年化贵,申子辰巳酉丑年化马,吉。木星六日或七日行一度,一年移行一宫,十二年行一小周天,八十三年行一大周天。

木星是九大行星中最大的一颗,直径约为地球的 11 倍,其公转周期为 11.86 年,我国称其为"岁星"。西方星相学则称其为"幸运之星",得其为用则百业欣欣向荣,福寿富贵全备。

火星

古人认为,火星是南方火之精,名荧惑,其色赤,其性礼,应朱雀之位,主舒长之权。行有疾、迟、顺、逆、伏、留。顺轨必主福禄荣昌,逆轨必主火灾瘟疫。如入戍宫为归垣,行尾、室、觜、翼四宿度为升殿。行木宿度为得势,到火山为主星,土山为恩,木山为用,水山为财,俱吉。惟金山为难,凶。六乙年化禄元,壬癸年化贵元,大吉。甲年化刃,亥卯未年化杀,合山命方可用。火星顺行一十八时一度,约五十日移一宫。若遇迟留伏逆,二日一度,两月方过一宫。疾行七日过五度,四十五日过一宫。两年一小周天,七十九年一大周天。

火星直径是地球的二分之一,自转周期为二十四小时三十七分。其性炎上,若得其为用,主诞生军事家,统领人才。

夏令忌其到向,主火灾。

土星

古人认为土星是中央之精,名镇星,其色黄,其性德,应勾陈之位,主养成之德。行有顺、逆、留、伏,顺轨必致富贵兴隆,出人温厚;逆轨必生瘟疫黄肿。入子丑宫为归垣,行氐、女、胃、柳四土宿度为升殿,行火宿度为得势。到土山为主星,金山为恩,木山为财,火山为用,俱吉。惟水山为难,凶。六癸年化禄元,乙、己、甲、戊、庚年化贵元,到山大吉。壬年化刃,寅午戌年化杀,凶。土星八日行一度,或九日行一度,二十七个月过一宫,约二十九年一小周天,约五十九年一大周天。

土星直径是地球的9.5倍,自转周期约十小时,公转周期约二十九年五个月又十六天。西方星相学称其为“恶魔之星”。若其为用,主朴实志诚,能承创大业。其伏时名“破家星”,留时为“天奸星”,皆凶。与人会有困厄、孤独,与团体会有经济恐慌。

金星

古人认为,金星乃西方金之精,名太白,其色白,其性义,应白虎之位,主收敛之权。行有迟、留、顺、逆。诸星均要顺行,惟此星宜留伏。因金性刚锐,当顺、迟、伏、留之时,发福无比。若值逆轨疾行,犯其锋者,必生巨殃。入辰酉二宫为归垣,行亢、牛、娄、鬼四金宿度为升殿,行土宿度为得势。到金山为主星,到水山为恩星,到火山为财星,到土山为用,俱吉。惟木山为难,凶。六辛年化禄,丙丁年化贵,吉。乙庚年化刃,巳酉丑年化杀,凶。金星一日行一度,一月移一宫,一年行一小周天,八年行一大周天。

金星处于太阳与地球之间,叫作“内行星”。其自转与其他行星不同,系逆转,周期是243日。每243年过日面四次,称作“金星凌日”。我国称为“太白”,西方星相学称为爱神,象征欢乐、美丽、爱情婚姻等,若得其用,婚姻美满,文名,钱财丰。

水星

古人认为,水星乃北方水之精,名辰星,其色黑,其性智,应玄武之位,主归藏之气。行只有疾、迟、伏、退,无逆行。当顺时必得祯祥。遇迟、留失舍,为福必轻。入巳申二宫为归垣,行箕、轸、壁、参四水宿度为升殿,行金宿度为得势。到水山为主星,木山为恩星,金山为用,土山为财,俱吉。惟火山为难,凶。丙辛年化禄,壬癸乙己年化贵,亥卯未寅午戌年化马,用之大妙。五纬之中,水木二星每年多犯亡劫,必审合山命吉。水星一日行一度半或五日行七度,一月过一宫。迟行六十九日,疾行二十日,最疾十七日过一宫。一年行一小周天,六十五年行一大周天。

水星是离太阳最近的行星,自转一周五十九日,公转一周八十八日。因其在地球上只有一个时辰能看见,故名"辰星"。其星得用时,最宜安书桌,造书房。

知道了日月及金木水火土五星的躔度,则要根据造葬主本命及山命选择,若生扶比助造葬命主及山命为吉,若克制造葬命主及山命为凶。如造葬本命为金,山命为土,则宜金星躔本命之度,土星躔坐山度,或土山躔本命之度,火星躔坐山度,均吉。最忌火星躔命主度,火克金;木星躔山命度,木克土,均凶。本文注云"修作造方,不问命主吉凶",实属荒谬。

用七政四余造命,还宜结合二十八宿,有兴趣者可参考《果老星宗》《星平会海》等书。

原书所举十二星次,与黄黑十二道,建除十二家,六壬十二神,及七政星辰躔次皆不尽合,其法与《佐元直指》中亦异,且无甚义理,故不必拘泥。另可参阅本书中册《佐元直指》"乌兔太阳要合元堂入庙"和"纲极二星外局吉曜"二节。

乌兔太阳例第十八

【原文】定局布《直指》。（按：指《佐元直指》）

三宫一卦分三气，一气十五日为期。

四仲日时逢四季，元堂入庙少人知。

例以四十五日分主三山，每山各得十五日。只如立秋节用丙申日作癸山丁向，系夏至后逆，从坤上起甲子，坎上甲戌，离上甲申，艮上甲午，兑上乙未，乾上丙申，系所用之日。又从乾上起土星在亥，金星到中寄坤，水星在巽巳，月孛星震宫乙，罗星在坤宫申，太阳在坎宫癸，太阴在离宫丁。此太阳太阴正分照南北，更得合元堂入庙，尤吉。

元堂入庙取日法：

子午卯酉日作乾、坤、艮、巽山。

立夏 小满 芒种 各十五日	夏至，阴局逆行，二十四山皆逆；如先癸后坎壬是。	冬至，阳局顺行，二十四山皆顺；如先壬后坎癸是。	大雪 小雪 立冬 各十五日
春分 清明 谷雨 各十五日			霜降 寒露 秋分 各十五日
白露 处暑 立秋 各十五日			立春 雨水 惊蛰 各十五日
冬至 小寒 大寒 各十五日			大暑 小暑 夏至 各十五日

寅申巳亥日作乙、辛、丁、癸山。

辰戌丑未日作甲、庚、丙、壬山。

起例诗具下：

先天大卦孰能寻，造化中分阳与阴。

天地坎离归一路，雷风山泽自同伦。

甲子立春从艮上，春分甲子震上行。

立夏巽宫当起发，夏至离宫至此明。

立秋坤上从头数，秋分兑上莫迟停。

立冬乾上分明会，冬至坎宫布九程。

图具下（图见上面）

阳顺阴逆：土、金、水、孛、罗、日、月、木、火。

【注解】孛：孛即月孛，又云水孛。古人认为，月孛为水星之余奴。凡值山向，遇吉星同宫则为福，与凶星同宫则为祸。此星行亦顺轨，无迟留逆伏，但性多凶少吉，然不能自作其害。遇七政得地顺轨，彼断不敢肆其凶。若五纬逆轨，彼则助之，以致大祸。月孛一日行三度，九个月过一宫，九年行一小周天，六十三年行一大周天。

罗：即罗睺，又云火罗。古人认为，罗睺是火星之余奴，又名天首星。此星顺宫、逆度，亦无退伏、迟留，性最急而猛毒，善宿怨交仇，不顾其义。日月若于同宫同度，必主晦蚀，天变。临山向，主火灾盗贼之祸。其星或十八日一度，或十九日一度，十八个月过一宫，十九年一小周天，九十三年一大周天。

古代推算七政四余躔度过宫有捷法，歌曰：

八十年前论火躔，月孛六十有三年。

气星二十九年然，惟有水流六十六。

罗计九十四无偏，八十四年加木德。

太阳分明二十年，金星九载土六十。

　　古人以日、月、金、木、水、火、土为七政，以紫气、月孛、罗睺、计都四星之余气为四余，用其推步天星过官躔度的选择之法，叫七政四余天星法。七政西方相星学中均有，而四余则为我国古代星相学家之独有发明，但元时著名天文学家郭守敬《历书》中无载。明《图书集成历法典论四余》曰："辨天之行星，并无紫气，四余测验，无象可明，推验无数可定，无理可据。"清时汤若望在奏章中说："四余删改，罗睺即白道之正交，计都即中交，月孛乃月行极高之点，至紫气一余，无数可定，明史附会，今俱改。"南怀仁奏云："罗睺，计都，月孛系推算之用，故载于七政之后。其紫气星无用处，不应造入。"

　　我国古天文学以四余为隐曜，不知缘何而起。《象吉通书·日月蚀之图》中注释曰："日之朔，月之望，与天首地尾二星会为其度，而始蚀矣。日何蚀朔？谓日月会于辰，遇首尾二星，则以月之阴气盛而行掩日之光，乃为日蚀矣。月何蚀望？谓日月相望，得日之气而明，遇首尾二星，则日之气为二星所夺，而月为蚀矣。天首，罗睺也；地尾，计都也。"我们知道，日蚀者，乃月居日与地球之间；月蚀者，乃地球居月与日之间。月至远地点称为月孛，至近地点称为紫气。月亮的轨道与黄道面之倾角为五点一度，月由黄道南向北过异交点入黄道，此时称为"罗睺"。再由黄道北向南，过降交点时称为"计都"。由此可见，罗睺、计都、紫气、月孛，四余在天无象，并非四星，而是月亮运行轨道中的四个点。而其对地球磁场的影响则是由四个点与其他行星位置相交而带来的各种磁场反射。

　　知道了七星及四余的运转规律，则可计算各星各时的准确躔度，以求各星所在位置的角度。乌兔太阳一节即用此例，其法据说始于杨筠松，其名为"斗杓七政天元乌兔"之法。斗杓即北斗七星主柄，以指四时月令；七政即日月金木水火土七星；乌即太阳,为火之精,乃天中之君;兔即太阴,为水之精,乃天中之后。
原书用法颠倒混乱,今据《通书》予以介绍。乌兔经曰:

> 仰观俯察古圣言,堪舆两字义相连。
>
> 初年祸福天时验,岁久方知地有权。
>
> 诸家选择尽纷纭,拘泥多端误杀人。
>
> 此家云吉彼云凶,争执不决欲从谁。
>
> 惟有斗柄七政诀,禀命天机造化根。
>
> 此是克择大纪纲,不关地术名天相。
>
> 有福之家不用请,无缘之辈真难逢。
>
> 世人若昧吉凶理,真机莫使仙人现。

各星顺序:土、金、气、罗、孛、日、月、计、木。

按:此与本书九星略不同,但孛即水,罗即火,五行仍全。

各星吉凶主应断之诀:

> 第一太阳星最吉,时日逢之长房起。
>
> 二男三子次第成,富贵荣华履福祉。
>
> 第二催官名木星,时日值此产英雄。
>
> 众房长幼俱多福,代代儿孙拜帝京。
>
> 太阴吉星亦堪取,时日相逢事事宜。
>
> 人发财兴真可羡,文章潇洒姓名驰。
>
> 土星原来是恶星,生灾作祸太无情。
>
> 水火刀兵一起至,时日逢之恶事生。
>
> 瘟疫疮疽时见血,先妨小口及公婆。
>
> 火星最恶起瘟疫,八载须防五口亡。
>
> 官讼火灾田地尽,家门不睦定分张。
>
> 水星用着不为灾,福禄盈门日日来。
>
> 子孙能文科第续,田园广置发丁财。
>
> 好个金星最利人,足钱贯朽满金银。

仓箱盈积多富贵，积德行仁治比邻。

好个金星最奇特，事日逢之事事宜。

田园广置人英杰，巳酉丑年姓名驰。

木星原来是瑞星，安邦定国位公卿。

子孙代代生豪杰，广积金银富厚成。

木星一名号紫气，时日相逢喜事随。

富贵相承立业高，人多寿考足神怡。

罗睺恶毒不堪言，青春少年哭皇天。

犯着刀枪并水火，官非鼎镬祸相连。

计都恶曜祸无边，财散人亡横事连。

巳酉丑年辰巽岁，产亡禄绝旅沉船。

修造之方是孛星，遭官哭泣不安宁。

财散产退人多病，倾覆家门且绝丁。

　　用法：1. 明八节。冬至后坎一宫起甲子，立春后艮八宫起甲子，春分后震三宫起甲子，立夏后巽四宫起甲子。此四节为阳局，均顺行二十四山，顺布九宫。夏至后离九宫起甲子，立秋后坤二宫起甲子，秋分后兑七宫起甲子，立冬后乾六宫起甲子。此四节为阴局，均逆行二十四山，逆布九宫。

　　2. 定用日。知道所用日临何节后，则要寻该用日所泊之宫。如原书例，立秋节后用丙申日作癸山丁向。立秋节系夏至后，逆布九宫，所以从坤上起甲子逆行，乙丑坎、丙寅离、丁卯艮、戊辰震、己巳乾、庚午入中、辛未巽、壬申震、癸酉坤、甲戌坎，知一旬退一宫，则甲申离、甲午艮。丙申日在甲申旬中，照样逆布，则甲午艮、乙未兑、丙申乾是用日泊乾宫。

　　3. 布星辰。知道了用日所泊之宫，便从该日该宫起土星，冬至后顺，夏至后逆，布九宫。如上例，用事日丙申泊乾宫，便从乾上起土星在亥。夏至后逆布，则金星到中寄坤，水星在巽巳，月孛星在震乙,罗星在坤宫申,太阳在坎宫癸,太阴在离宫丁。所作为癸山丁向,正是太阳太阴分照南北之方,所以为吉方。

《通书》所载"乌兔太阳"之起法与本书又有不同。因乌兔太阳之法并非用真太阳之法,皆为假太阳,与历法不符,故不录用。有兴趣者可参考《通书》进行研究。

龙德太阳第十九

【原文】寅上起戌顺行游,十二宫中遍一周。

乙未之年如作巳,太岁临落在猪头。

每以寅上加戌顺行十二宫,数周太岁顺加至所用之山方,得某星,以所得之星吊入中宫,以论祸福。如乙未年作巳,将丙戌从寅遁,至亥上得乙未太岁,子上太阳,丑上丧门,寅上太阴,卯上官符,辰上死符,巳上岁破。遂以岁破入中宫,龙德在乾,白虎在兑丁巳丑之类,此系造葬例用。

修方须吊入中宫,只寻太阴、太阳、龙德、福德四星为吉。能报犯白虎煞并久病不愈,余凶各忌犯方,不忌葬埋。星次:

一太岁——宅长煞,　　二太阳——伏凶煞,
三丧门——主哭泣,　　四太阴——主报病、患疾苦,
五宫符——主公讼,　　六死符——主灾疾,
七岁破——宅母煞,　　八龙德——主散讼、逐疫,
九白虎——小儿煞,　　十福德——旺人丁、喜事,
十一吊客——主孝服,　十二病符——宅长煞。

又例:以月建入中宫,寻太岁到处谓之太岁宅长煞,于例无验,不足凭也。

【注解】看此法十二神之排列与起法,即选择中的"四利三元",相传为唐初李淳风所作。《选择宗镜》曰:"李淳风四利三元,一太岁,二太阳,三丧门,四太阴,五宫符,六死符,七岁破,八

龙德,九白虎,十福德,十一吊客,十二病符。太阳、太阴、龙德、福德为吉,余方为凶。"与本文十二星相符,故即"四利三元"。

《钦定协纪辨方书》云:"三元之义未详,而四利方则载于《通书·年表》,八凶方皆载于《时宪书》,今以各义例推之。太岁、岁破不敢犯也。丧门、吊客,则合拱岁破,以冲太岁也。官符、白虎,则三方吊照太岁者也。病符,旧太岁也;死符,旧岁破也。惟太阳在太岁之前,方兴未艾;龙德在岁破之前,安吉无虞。太阴、福德界乎太岁、岁破之间,不冲不照,其吉固宜。然此乃从太岁起例,犹日之有建除,故《宗镜》又有以四利配建除之说。若以三合而论,则辰戌丑未年之太阳又为劫煞。寅申巳亥年之福德亦为劫煞,太阳又为天官符。子午卯酉年之龙德又为岁煞,不可以吉言矣。故须兼看各神,未可执一而定也。"

若以"四利三元"论,则十二年十二神成下面的表。

一行禅师亦有"四利三元法",是以月干入中宫飞布九宫,寻当年太岁干支所泊之宫,再以太岁所泊之宫起太岁顺排十二神。如壬申年(公元1992年)正月壬寅,以壬寅入中宫顺排,直数至壬申临艮,便从艮上起太岁,则太阳在离(年三煞方不用),太阴在坤(年五黄方不用),龙德在乾(戌山、乾山吉,亥山犯三煞不用),福德在艮(月五黄方不用,寅山犯太岁,大凶)。

本文所说之法,与前又不相同,是以本年戌月干支加寅上顺数太岁,然后再从太岁泊宫起十二神。

如此则六十花甲就要六十种排法。如原书举乙未年作巳方例。乙未年正月五虎遁起戊寅,至戌为丙戌。则以丙戌加寅顺数,则丁亥加卯,戊子加辰,己丑加巳,庚寅加午,辛卯加未,壬辰加申,癸巳加酉,甲午加戌,乙未加亥。乙未即当年太岁,便从乙未泊宫亥上起太岁,则子上太阳,丑上丧门,寅上太阴,卯上官符,辰上死符,巳上岁破。

十二方 神名 年支	子	丑	寅	卯	辰	巳	午	未	申	酉	戌	亥
子年	太岁	太阳	丧门	太阴	官符	死符	岁破	龙德	白虎	福德	吊客	病符
丑年	病符	太岁	太阳	丧门	太阴	官符	死符	岁破	龙德	白虎	福德	吊客
寅年	吊客	病符	太岁	太阳	丧门	太阴	官符	死符	岁破	龙德	白虎	福德
卯年	福德	吊客	病符	太岁	太阳	丧门	太阴	官符	死符	岁破	龙德	白虎
辰年	白虎	福德	吊客	病符	太岁	太阳	丧门	太阴	官符	死符	岁破	龙德
巳年	龙德	白虎	福德	吊客	病符	太岁	太阳	丧门	太阴	官符	死符	岁破
午年	岁破	龙德	白虎	福德	吊客	病符	太岁	太阳	丧门	太阴	官符	死符
未年	死符	岁破	龙德	白虎	福德	吊客	病符	太岁	太阳	丧门	太阴	官符
申年	官符	死符	岁破	龙德	白虎	福德	吊客	病符	太岁	太阳	丧门	太阴
酉年	太阴	官符	死符	岁破	龙德	白虎	福德	吊客	病符	太岁	太阳	丧门
戌年	丧门	太阴	官符	死符	岁破	龙德	白虎	福德	吊客	病符	太岁	太阳
亥年	太阳	丧门	太阴	官符	死符	岁破	龙德	白虎	福德	吊客	病符	太岁

　　修方巳上十二神为岁破，但还须以吊得之神入中，再寻修方替得之神。如此则岁破入中宫，龙德在乾，白虎在兑，福德在艮，吊客在离，病符在坎，太岁在坤，太阳在震，丧门在巽巳方，是凶方，不宜修。

　　从以上诸例中看出，四利三元之法，尽不必拘，本书之法更无义理，支离破碎，毫无章法。

雷霆合气第二十

　　【原文】雷霆合气要知踪，四课山音紫白同。

　　　　　　勿令星辰克年月，但令四课战星宫。

　　雷霆之法，以山运为主，以紫白为用。山运与雷霆合气，而三元白星不到者，吉中有凶。加临虽吉，而不克战四课者，无从致福。故用雷霆者，先吊吉星合克择。四课与吉星克战加以三元紫白，则吉无不利,福无不速。如震山木运,用太阳奇罗合气,四课中有甲乙卯寅,纳音又逢金相战得时合局,斯为完美。此家法用精微,汉司马深得其旨,学者不可不知。(汉司马师名聪,汉末人,善推雷霆。)合气年太阳:

　　　　甲己年坤上起血刃,乙庚年兑上起血刃,
　　　　丙辛年坎上起血刃,戊癸年离上起血刃,
　　　　丁壬年震上起血刃。

　　先以合气定年,次以守宫加临,以定吉凶。年起例:

　　　　甲庚血刃丙壬金,丁癸月孛还加寻。
　　　　六己三台戊紫气,乙辛年向太阳君。
　　　　时师会得幽微理,富贵祯祥指掌陈。

　　如甲庚年,将血刃入中飞寻,看山方吉星。如戊子年作癸山丁向,戊年离上起血刃,顺行至坎上得太阳,癸纳坎,是坐得太阳。月孛坤乙,金水震庚亥未,台将巽辛,天罡中,土源乾甲,奇罗兑丁巳丑。向得奇罗,逢木运并金音大吉。

　　雷霆以此为正例,十干年为合气,气例俱吉为妙用。月起例:

　　　　遁甲常归太岁停,却将停处起元正。
　　　　寻见本月星辰处,将入中宫布九程。

　　雷霆定月值向例:

　　顺布月、逆布星,以求所用之月份。如戊子年九月作丙向,于停星太阳局内寻见戊子在未,即从未上起正月顺行。二月在申,三月在兑,四月在戌,五月在亥,六月在子,七月在丑,八月在寅,九月在卯。就从卯上起血刃逆行,寅上太阳、丑上月孛、子上金水、亥上台将、戌上天罡、酉上土源、申上奇罗、未上燥火、午上丙乙、巳上水潦。丙向寄巳,又将值巳丙之水潦入中宫,行见紫气在乾甲,血刃在兑丁巳丑,太阳在艮丙,丙纳于艮,故戊子年九月作丙,得太阳正到。余月仿此。

子	丑	寅	卯	辰	巳
太阳	血刃	紫气	水潦	丙乙	燥火

午	未	申	酉	戌	亥
奇罗	土潦	天罡	台将	金水	月孛

雷霆太阳日例（以纳甲取山向）：

各以阴阳日值星入中，分阴逆阳顺求之。如阳日，用戌日作丙，金水入中，顺行得土潦到丙。阴日用卯日，以水潦入中逆行，得台将到丙是。余仿此。日起例：

　　　　丑上原来是刃星，星移逆顺四三辰。

　　　　假如午日寻方道，便把奇罗入内行。

顺飞九宫，寻吉星到山向。

又例：不分阴逆阳顺，只以子日太阳，丑日血刃，寅日紫气相加用，亦有验。但雷霆逆路，与前相合，故备录与知者用焉。

雷霆时例（即合气例）：

甲己时以燥火入中，乙庚时以太阳入中，丙辛时以天罡入中，丁壬时以月孛入中，戊癸时以紫气入中，俱顺布以求吉凶星到所作之山方。如丙向己巳时，燥火入中，寻见紫气到艮，纳音属木，与艮合气为吉（以纳甲取山向）。

其雷霆传音、直符、正杀，顺逆血刃等例，备载《佐元》集中，亦不赘。

【注解】雷霆合气又叫雷霆太阳，非常繁杂。原文有些含糊，下面予以简单介绍。

十二星吉凶断：

　　　　太阳紫气奇罗木，离壬寅戌偏为福。

　　　　欲知金水旺何方，兑丁巳酉丑相逢。

　　　　天罡震庚并亥未，须行此处多宜利。

　　　　土潦须知损户头，雷伤六畜可忧悉。

四季更防时病危,要知半载祸方休。

水潦癸宫人看哭,三年切忌火烧屋。

若还凶少吉星多,宅母明人须忌目。

月孛须忧到甲宫,失败公事祸重重。

欲知灾祸何时应?春季蛇虫咬小童。

设使凶星皆不利,伤胎血痢本人当。

燥火到壬非吉曜,逢冬贼盗扰其乡。

更忧牛出争交起,衰旺须知断吉殃。

台将坎宫凶最忌,堕胎自吊教人伤。

年年财物自亏落,定知四季损牛羊。

丙乙偏宜卯乙方,女人脚上定遭伤。

夏月更防蚕养起,因此烧屋及困仓。

血刃属金,又名从革金,凶。

血刃主刀兵,官灾动四邻。定遭流血患,丧妇更见迍。

巳酉丑年应,颠邪怪梦因。此星如有气,四十日中嗔。

金位刀兵卒,木宫刑杀人。水宫灾病起,火位火临身。

土上加黄肿,瘟疫祸患频。五行兼旺相,自缢暗伤身。

太阳属木,又名重阳木,吉。

太阳生贵子,宅母进田庄。东北角音契,荣华数世昌。

紫衣托为梦,卯亥未年当。有气期年应,休囚三载昌。

木宫林圃事,金位角音妨。器主金银应,火宫绿茵强。

水位多田屋,船车应此方。子孙多旺相,富贵土神乡。

月孛属火,又名太乙火,凶。

月孛火星强,母子妇遭殃。难逃产难厄,公事血财当。

有气火忱速,休囚三载长。梦异缘雷火,祸应当常生。

金位刀兵厄,兼逢毒药伤。木宫风吊患,水主病中亡。

火位心家疾,土宫患脚疮。此宫如会遇,财退更凄惶。

金水属水,又名文华水,小吉。

　　金水生才子,文章冠世贤。加官并进禄,招入羽音田。
　　文契多收拾,亥与子申年。梦想真龙应,居尊寿更延。
　　金宫家自泰,木主富多钱。更喜儿孙盛,火位熟蚕绵。
　　土宫惟角好,富贵更长年。

台将属土,又名元符土,凶。

　　台将入天中,主为半是凶。支维皆是杀,宅母妇人逢。
　　亥子并申酉,其年见吉凶。有气三百日,家合少从容。
　　梦寝鬼相伴,所为百不同。金位神伏愿,火位血流红。
　　木主人长寿,水神带血终。土位人黄肿,忧心更重重。

天罡属金,又名华盖金,吉。

　　天罡星最吉,宝契自然来。驿马金银兆,丝蚕更足财。
　　喜求儒释道,申酉亥年猜。有气四十日,无气岁终灾。
　　梦寝龙环宅,官爵至三台。金宫则宝至,木宫进外财。
　　水宫生贵子,土宫宝成堆。火宫家旺相,福庆自然催。
　　此星来临照,人丁定少媒。

土溽属土,又名天齐土,凶。

　　土溽损产主,次男瘟病悉。祸因公事起,损畜又伤牛。
　　梦土来相历,凶灾不自由。莫教常有气,四十日中忧。
　　无气三年内,危亡不可修。金位刀兵起,木位被人谋。
　　此宫为恶杀,水盗木主偷。土宫瘟疫疾,火主祸殃求。
　　此星为造作,灾害岁时休。

奇罗属木,又名曲直木,吉。

　　奇罗一木星,万福自来迎。骑马并财宝,更兼贵子生。
　　角音并羽姓,田地进逐耕。梦想乘云吉,有气一年荣。
　　比和三载外,富贵又添丁。水位多财宝,木宫百事成。
　　火宫蚕麻旺,土宫富有名。此星如逢造,官位至公卿。

燥火属火,又名荧惑火,凶。

燥火损宅母,新妇命难存。遭火忧公事,畜养不成群。

梦火成凶兆,无事被人论。休囚三百日,有气月中迎。

木官有瞽病,水宫血气亏。火宫主瘟疫,忧病虑多侵。

土官阴人害,产厄恐难存。金乡防猝死,百祸入门庭。

丙乙属火,又名离明火,半吉。

丙乙火之神,妇位受艰辛。入干方半吉,支维却坏人。

此宫伤宅母,小口更灾迍。屋舍遭荧炉,钱财化作尘。

火梦成凶兆,灾殃入宅频。金官主财讼,暗缢自伤身。

木官为劫杀,水位咳痨因。火宫成火疾,土主病相亲。

水潦属水,又名玄冥水,凶。

水潦星属水,户头先架丧。子孙为田界,公事亦难当。

六畜资财退,家计渐消亡。水火为凶恶,非灾见血光。

有气七日内,平和百事殃。金官为毒药,水主水中亡。

木气遭刑宪,土位病成狂。火宫须犯死,灾宫由寻常。

紫气属木,又名文房木,吉。

紫气木星贵,招生贵子孙。加官并进禄,田地满乡村。

梦兆僧和道,资财便入门。若然逢有气,三百日中论。

无气三载内,应子早成婚。金官妻妾位,木气进田真。

水主船车事,土中古器存。火官利蚕麻,既熟满箱中。

升玄入室歌:

世人徒知有年月,竟把诸经谬区别。

或云曜气或尊星,或说九星天圣诀。

乱装名目有千般,不识其中奇妙诀。

奇妙诀法少人通,只在雷霆四局中。

一守位行九宫转,传音直符于此同。

谁人敢作钓对使,竟有方位不知从。

惟有杨曾得真趣,各合年月归中路。
漫言会者抵千金,纵有千金莫传度。
能教白屋出公卿,能使贫人家致富。
灾祥祸福若合符,定断生死皆有据。
阳神使是损男儿,阴位妻娘终薤露。
一论年,二论月,三论日时计真诀。
四论生命细推详,杀人须审阴阳命。
仍看何坐属何宫,于此五行为准定。
论死论生论官贵,论贫论贱皆神圣。
将军太岁及官符,七煞金神皆有慎。
作着流财财便发,作着官符官超越。
身星定命好施工,万世千年无朽绝。
推察五行知妙理,祸福灾祥如屈指。
血刃金星损血财,阴阳小口同其灾。
太阳作着喜气浓,资财驱马便亨通。
月孛须知烧野火,克除新妇手搥胸。
金水星名位吉居,居官便得公侯职。
台将土星君要知,杀临宅母并孙媳。
有胎牛马不生全,八位如逢为半吉。

（八位指甲庚丙壬乙辛丁癸）
天罡金星君但作,巳酉丑年多快乐。
西方驱马自来迎,印信文书终不错。
土溽凶星损户头,肿病瘟疫家退落。
惟有奇罗乃吉星,白衣变作绿衣人。
又忧燥火烧厨屋,宅母阴人主哭声。
丙乙能凶也不祥,临到天干方半吉。
支维专主损阴娘,遭瘟被溺受灾殃。

丧长更须防小口，正犯当头人便亡。

凶星水位不堪临，兴灾起祸命逡巡。

合家长幼皆不利，资财耗数病来侵。

第一吉星君作看，元气欢欣主和乐。

出官置产此中求，要看五行相克剥。

吉凶十二位尊星，一一为君明说却。

若能作用细推详，万事施为必无错。

雷霆纳甲例：雷霆起例，均是以八卦纳甲论，依一二三四五六七八九之数周而复始而行。九宫具体是：一坎癸申辰、二坤乙、三震庚亥未、四巽辛、五中无纳、六乾甲、七兑丁巳丑、八艮丙、九离壬寅戌。

雷霆起例推演，十分复繁。本书中册《佐元直指·卷三·直符传音正杀》载有雷霆年月日时值山值向各图，可参阅。

天心都纂太阳第二十一

【原文】天心都纂例虽求，五虎元中遁甲周（一本作头）。

轮至山方将本宿，吊宫求处是情由。

星次：

九天——六仪	天蓬——日奇	明堂——月奇
太阴——星奇	天门——六戊	地户——六己
天建——金神	天狱——七煞	天牢——诛伐
华盖——金章	天盖——文章	宝盖——金瓶

凡得吉星入中为内吉，到山得凶星为外凶。例以十二星配十二支辰，数至所用山方，吊入中宫布位，以定吉凶。须内外得吉，方为可用。如内吉外凶，内凶外吉，皆为不吉。如甲己年正月，以丙寅从寅上数去，遇甲戌为九天在戌，乙亥为天蓬在亥，丙子为明堂在子。如作壬子山方，即以明堂为吉星吊入中宫，顺如丁丑太

阴在乾,戊寅天门在兑,地户在艮,天建在离,天狱在坎,为外凶。主官讼牢狱,不用。

【注解】天心都纂太阳又名天机三奇,如果天蓬、明堂、太阴三星又合乙丙丁三奇,则尤为吉祥。

杨筠松在"千斤造命歌"中云:"六个太阳三个紧,中间历数第一亲。"六个太阳有作七个太阳,计有升玄太阳、都纂太阳、乌兔太阳、四利三元太阳、循环太阳、雷霆太阳、都天宝照太阳、差方太阳等,名目繁多。若以此论,天上太阳众多,烈烈火焰,大地焦枯,生活尚难,何能召吉,故杨筠松认为都是假太阳,惟有以历法计太阳行度为真太阳,所以以上二节不必拘泥。

更为有趣的是雷霆太阳有本云为杨筠松所传,而杨公又言其为假太阳,其非杨公所传明矣。

葬埋寻极富星第二十二

【原文】埋葬须求极富星,旺神同位福非轻。
　　　　独火更忧同二墓,人丁衰替疾相仍。

遇本月中气后,以月将星加临本年太岁,寻四吉神到处。如丁巳年正月雨水节后,用登明月将加太岁巳上得神后是。又以神后入中宫顺行,看午上得何吉神,遇四吉神所在,即极富星也。

四吉星例:神后、功曹、胜光、传送。

本月既得四吉神到山,再以亡命推寻旺神在处。如甲午金命,以戊申为旺神。如丁巳年三月作丙午一山,以三月月建甲辰入中宫,行见戊申到离,金命以戊申为旺神,大吉。他仿此。

二墓即大小墓。如甲午亡命,大墓辛丑,小墓辛未。每月建入中加寻,切忌临所作之山,必主人丁衰病。

旺神例:金戊申、水庚子、木壬寅、火乙巳、土丙子。

独火例(即《元经》独火):正月巳、二月辰、三月卯、四月寅、五月丑、六月子、七月亥、八月戌、九月酉、十月申、十一月未、十二月午。

独火即六害之神，逐月以月建入中宫，遇所忌之字到为独火，不宜吊到山。葬埋主宅长不安，人丁疾病并血火，不利人口。正月作艮，以寅月建入中宫，行见巳字到艮，即独火在艮也。余仿此。

【注解】十二星顺序：十二月将，其名称和顺序及十二月将用时请参阅《郭氏元经·卷七·身壬用度篇第五十六》，亦可参本书前面"六壬运用第四"。

求极富星法：第一步先用本月占事的月将加临太岁之上，依地支顺行十二宫至修方，查看修方得何星。

第二步，以修方所得之星入中顺布九宫，看修方得何星。若是神后、功曹、传送、胜光四星之一，则为得极富星。如原书举丁巳年正月作丙午山例。正月雨水前仍用神后将，雨水后用登明亥月将，便以登明亥加太岁巳上顺数，神后临丙午修方。复以神后入中宫顺布，则大吉乾、功曹兑、太冲艮、天罡离，是未得极富星，故不利。

求得极富星后，还得以月建入中宫，吊得本命旺神到修作之方，方为全吉。本命旺神非以正五行论，而是以纳音五行论（纳音五行可参阅《八宅明镜·卷上·六十花甲纳音》），即：

甲子、乙丑、甲午、乙未、庚戌、辛亥、庚辰、辛巳、壬寅、癸卯、壬申、癸酉十二年属金命；

甲戌、乙亥、甲辰、乙巳、丙寅、丁卯、丙申、丁酉、戊子、己丑、戊午、己未十二年属火命；

甲申、乙酉、甲寅、乙卯、壬辰、癸巳、壬戌、癸亥、丙午、丁未、丙子、丁丑十二年属水命；

庚寅、辛卯、庚申、辛酉、戊辰、己巳、戊戌、己亥、壬子、癸丑、壬午、癸未十二年属木命；

　　庚午、辛未、庚子、辛丑、戊寅、己卯、戊申、己酉、丙戌、丁亥、丙辰、丁巳十二年属土命。

　　大墓即纳音五行之墓爻，本天干配以本纳音。如甲午属金，金墓在丑，天干辛为金，故纳音属金的五行皆以辛丑为大墓。大墓的对冲方为小墓，即辛未。

　　纳音水，大墓壬辰、小墓壬戌；纳音木，大墓乙未、小墓乙丑；

　　纳音火，大墓丙戌、小墓丙辰；纳音土，大墓戊辰、小墓戊戌。

　　按：极富星《通书》中均载其例，属月支吉神，正月起午、二月未、三月申、四月酉、五月戌、六月亥、七月子、八月丑、九月寅、十月卯、十一月辰、十二月巳。从上可知，极富星仅一星，而本文极富星则有四星，显然不符。遍查《通书》，有"积禾四吉星"与本书相似。《通书》云："造葬、求嗣、求财，得功曹、传送、胜光、神后四星照临，最吉。"

　　经云：修取行年加太岁，看他四吉在何隅。

　　　　功曹传送家千口，胜光神后百余丁。

　　又云：传送功曹敌国富，胜光神后百年陈。

　　若作福地，得此四星到山向极吉。须看天月将过宫方可用之，有验。

　　积禾四吉星定局见下面的表。

　　从上例可知，本书所谓"极富星"，即《通书》中的"积禾四星"，细察其定局，冲破之方比比皆是。如亥年七月，胜光午临壬子山，传送申临艮寅山，神后子临丙午山，功曹寅临坤申山。选择中以冲破为最凶，此四神均是逢冲克之方，又何吉之有？况且还有岁破、月破等。所以此四星临方，若带吉星不犯冲克者，吉。若带凶神，再犯冲克，决无吉庆之理。极富之说已误，所谓吊客、年命等，更无依据，故不必拘泥。

胜光	丙午	丁未	坤申	庚酉	辛戌	乾亥	壬子	癸丑	艮寅	甲卯	乙辰	巽巳
传送	坤申	庚酉	辛戌	乾亥	壬子	癸丑	艮寅	甲卯	乙辰	巽巳	丙午	丁未
神后	壬子	癸丑	艮寅	甲卯	乙辰	巽巳	丙午	丁未	坤申	庚酉	辛戌	乾亥
功曹	艮寅	甲卯	乙辰	巽巳	丙午	丁未	坤申	庚酉	辛戌	乾亥	壬子	癸丑
亥年	正月	二月	三月	四月	五月	六月	七月	八月	九月	十月	十一月	十二月
戌年	二月	三月	四月	五月	六月	七月	八月	九月	十月	十一月	十二月	正月
酉年	三月	四月	五月	六月	七月	八月	九月	十月	十一月	十二月	正月	二月
申年	四月	五月	六月	七月	八月	九月	十月	十一月	十二月	正月	二月	三月
未年	五月	六月	七月	八月	九月	十月	十一月	十二月	正月	二月	三月	四月
午年	六月	七月	八月	九月	十月	十一月	十二月	正月	二月	三月	四月	五月
巳年	七月	八月	九月	十月	十一月	十二月	正月	二月	三月	四月	五月	六月
辰年	八月	九月	十月	十一月	十二月	正月	二月	三月	四月	五月	六月	七月
卯年	九月	十月	十一月	十二月	正月	二月	三月	四月	五月	六月	七月	八月
寅年	十月	十一月	十二月	正月	二月	三月	四月	五月	六月	七月	八月	九月
丑年	十一月	十二月	正月	二月	三月	四月	五月	六月	七月	八月	九月	十月
子年	十二月	正月	二月	三月	四月	五月	六月	七月	八月	九月	十月	十一月

葬埋值鸣伏第二十三

【原文】识得山家合日家,瓦婢簸兮木奴歌。

分金更与山家合,月免凶灾发福多。

凡葬日辰要与坐向相合,阴阳相符,分金合坐向乃吉,更遇大葬日,所宜山向为鸣伏尤吉。若葬日不与山家相值,分金不相干摄者,终难发福。

乙辛丁癸山:宜壬申、甲申、丙申、乙巳、庚申、壬寅、甲寅、戊寅,合鸣伏。

乙癸山:宜甲寅、壬寅、戊寅、乙巳合鸣伏。

辛丁山:宜壬申、甲申、丙申、庚申合鸣伏。

乾坤艮巽山：宜癸酉、乙酉、丁酉、己酉、庚午、壬午、丙午合鸣伏。

乾坤山：宜癸酉、丁酉、乙酉、己酉合鸣伏。

艮巽山：宜庚午、壬午、丙午、甲午、壬子合鸣伏。

甲庚丙壬山：宜壬辰、丙辰、己未、乙未、甲戌、戊午合鸣伏。

甲壬山：宜丙辰、甲戌、乙巳、己未合鸣伏。

庚丙山：宜甲辰、壬辰、戊辰、乙未合鸣伏

但合此家年月日时，诸凶无忌，乃古人所用之深意。

【注解】一行云："鸣伏者，五姓安葬之辰也。用之者，得金鸡鸣，玉犬吠，上下相呼，亡灵安稳，子孙繁昌。"所谓鸣伏日者，即庚午、壬申、癸酉、壬午、甲申、乙酉、庚寅、丙申、丁酉、壬寅、丙午、己酉、庚申、辛酉十四日。

《历事明原》曰："金鸡者，兑也。兑宫，酉也。玉犬者，艮也，艮为犬也。大抵外宅之要，在山泽地势，是坤艮兑也，故以坤兑往来加艮，顺布八卦，视艮所临之辰为艮也。如兑加艮，则艮临离午也。又以离加艮，则艮临兑酉也。又以坤加艮，则艮临坤未申也。又以艮自加，艮丑寅也。丑未二辰，乃墓绝无气之位，故不可用。又十干之中，戊为阳土，以配中宫明堂之位，不可用也。甲午、甲寅、丙寅者，乃自死、自旺、自生之日，故不用。止余一十四日为鸣伏吉日也。"

《神煞起例》曰："金鸡鸣，玉犬吠并鸣伏对日，相传始于郭公而定于邵子，举世用之。大葬日曰金鸡鸣、玉犬吠，小葬日曰鸣伏对。试问何为金鸡、玉犬？何为对？则莫知所来由矣。盖生人之礼属于阳，葬者，藏也，则属于阴。夫人身有生死，一世之阴阳也。四序有春秋，一岁之阴阳也。十二时有昼夜，一日之阴阳也。阳取乎阳，阴取乎阴，各从其类，道本自然耳。时日之阴阳，分于日之出没，日出东方为阳，生人之事也。日入西方为阴，送终之事也。金鸡者，酉，为日入之门；玉犬者，戌，为闭物之会。然埋葬于土而不敢犯土。凡支干属土者，如戊己名都天，辰戌丑未名大墓，皆所不宜，故不用戊而用酉。溯酉而上，至午而止，午乃一阴之始，过午则巳，则六阳之卦矣。用五酉以为主，己，阴土，属酉，故亦不忌，是谓金鸡也。申去戊而用四申，越未而午亦去戊而用四午，共为大葬之十三日，谓之鸣吠者以此。"

　　《钦定协纪辨方书》认为："《明原》曲为之解而不能通。《考原》疑其有误而未之定。今按《神煞起例》之语，于理为安，庶几可信。其法以甲丙庚壬四干配午申得八日，避戊土不用；以乙丁己辛癸五干配酉得五日，避未土不用。共十三日，为鸣伏日。又以丙庚壬三干配子得三日，避戊土不用；甲配子为纯阳，亦不用。以甲丙庚壬四干配寅得四日，避戊不用；以乙丁辛癸四干配卯得四日，避己不用，共十一日为鸣伏对日，通共二十四日。《通书》误以庚寅、壬寅为鸣伏，甲午为鸣伏对，遂不可解。今图依《起例》改正。又按，《起例》以戊为土不用而止用酉，则止有金鸡鸣而无玉犬吠矣，何以为鸣伏也？曰：一行之言，金鸡鸣，玉犬吠，上下相呼，亡灵安稳，人之葬也。归骨于土，戊为终万物之地，至亥则又为始矣，故亥曰登明。然则戊者，指葬地而非指葬日也。言择日必以酉为主，则是金鸡鸣于上，地下玉犬与之吠应，上下相呼而亡灵安稳也。酉，辛也，然辛不居酉而居戊。辛，金也，玉金之精也，故有金鸡、玉犬之号。人事行于地上，魂魄安于地下，正以地上之金鸡呼地下之玉犬，而非并用鸡日犬日之谓也。"

　　《通书》鸣伏之日，于本书略有不同；而本书戊寅、乙巳、壬辰、丙辰、己未、甲戌、戊午等日又与鸣伏之义不合。细察古人葬课，合此日者甚少，而违此日者甚多。如托长老为丰城苑冈黄氏葬，取庚寅年、壬午月、戊午日、己未时，杨筠松葬壬午亡命，取四丁未等皆犯鸣伏所不用而吉。魏青江云："大葬日甚无当，如云金鸡鸣、玉犬吠,金鸡何形? 玉犬何状? 何如鸣? 何如吠? 又云玉女歌、金狮吼,何歌何吼? 皆捣鬼谎言。日有在此月极吉,在彼月极凶者,安得不问年月,概以鸣伏歌吼为大葬日乎! "且葬亡人,均求先人骨骸安稳,如此鸡鸣犬吠,先人又何得安宁? 故此神亦不必拘泥。

然本文开头注云"凡葬日辰要与坐向相合",此句却为正理。大凡造葬,必以补龙、扶山、立向为主,造葬日辰与坐向相合,深合其理。详参前注。

葬埋通天煞第二十四

【原文】通天大煞少人知,误犯迁茔便损妻。

假若亥年迁午位,寅加月建合真机。

如亥年,巳午未为煞,用正月作丙午山方,以寅月建入中宫顺行,见午字到离,正犯此,为克妻煞也,忌之。

申子辰年寅卯辰,亥卯未年巳午未。

寅午戌年申酉戌,巳酉丑年亥子丑。

此通天大煞例。

各以月建入中,寻见所禁字为日犯;以日建入中,寻见所禁字为时犯。日主损妻,时伤小口、血才,亦忌动土。

【注解】通天大煞:《曜仙肘后神枢经》《御定星历考原》《钦定协纪辨方书》《玉匣记》等质量较高的选择书中均未收入此煞,惟《象吉通书》中有之,足证不甚为选择家重视。胡晖在《选择求真·辨伪》一节中说:"通天大煞与马前炙退同一起例,不过调换名色愚人耳,虽左补右增,总不离子午卯酉四正之地。况凡煞皆宜克,惟炙退宜补,其理相反,不可并传。今既炙退为是,此煞之名应删除不录。"

查"炙退"起例诀曰:"申子辰年占卯方,巳酉丑年子须防,寅午戌年居酉位,亥卯未岁午位当。"又云:"天皇炙退猛如雷,犯着家财化作灰。任尔闭门深处坐,祸从天上入家来。天皇炙退不堪亲,三合死位教君轮。假如水局原于卯,金局火木例皆明。"《钦定协纪辨方书》曰:"炙退者,三合死方也,其名义不可晓。术家又为六害,又为飞天独火,大抵兼独火死气而取义耳。夫六害、独火,与炙退同行异名,于义无取,今删去不用。而其为太岁不足之气,则出于三合自然之理,故独存之,而名亦仍其旧云。"

从上论可以看出,炙退之理,是取三合局之死气。如亥卯未木局死午,申子辰水局死卯,巳酉丑金局死子,寅午戌火局死酉。而通天大煞又在死气前后各加一辰。细析之,死前一辰为驿马。如巳酉丑见亥,寅午戌见申等是。选择中均以禄马为吉神。本书第九节,第十五节中均有论及,除寅申巳亥正冲为凶外,均以吉论,此却云损妻、伤小口、血财,前后矛盾。死后一辰为墓方,亦属三合方,造命中以三合方为吉。如前举例,艮龙壬山丙向,廖金精取庚申年戊子月庚申日庚辰时;酉山卯向,赖布衣取辛酉年辛丑月辛丑日癸巳时等,均以三合局论,并未忌丑、辰等墓杀。由此可知,驿马与墓各有归宿,各有吉凶,不能与死位同论。就以原书取例论,亥年巳午未为煞,正月作丙午山方,以寅月建入中宫,行见午字到离,也是取子午卯酉四正为主,所以胡晖之说合理。关于炙退,还可参阅本书中册《佐元直指》第196面。

《钦定协纪辨方书》云其义不可晓,《通书》云其犯三合死位,均对其理尚未深究,殊不知炙退乃三合局泄气之方。如亥卯未见午,午火泄木之气;巳酉丑见子,子水泄金之气;申子辰见卯,卯木泄水之气;其气被泄,不退者何? 故其理尚存。惟寅午戌见酉为财,当主财旺,反言炙退,于理不合。

今据原书本义,把通天大煞飞宫定局成表如下,供参考:

月令 飞宫 年支	正月	二月	三月	四月	五月	六月	七月	八月	九月	十月	十一月	十二月
申子辰年	乾	中	兑	乾	中	巽	震	坤	坎	离	艮	兑
亥卯未年	离	艮	兑	乾	中	兑	乾	中	巽	震	坤	艮
寅午戌年	震	坤	坎	离	艮	兑	乾	中	兑	乾	中	巽
巳酉丑年	乾	中	巽	震	坤	坎	离	艮	兑	乾	中	兑

都天镇天煞第二十五

【原文】都天太岁月方忌，镇天大煞日家凶。

动土修营休误犯，天医到处任兴工。

都天太岁以五虎遁寻见戊己为年都天，以月建入中宫遁见戊己为月都天，以日辰入中宫遁见戊己到处为日都天。此三都天也，年忌方，月日忌山。

又每以所禁字用月建入中寻之，遇到处为镇天煞。例具下：正月卯、二月寅、三月丑、四月子、五月亥、六月戌、七月酉、八月申、九月未、十月午、十一月巳、十二月辰。

各以月建入中宫，遇逐月所忌之辰到山，动土扦营，损人口，大凶。如木方杀土命，金方杀木命。余仿此推。

天医则生气天医星，其星属土，为都天本家，故不忌。

【注解】天医：诸书起例不一。《神杀辨讹》中天医正月起辰，二月在巳，三月在午，顺行十二辰。《历例》中天医正月起戌，顺行十二辰。二者正好对冲，何错何正？曹震圭曰："天医者，三合后辰，能使成物死而复生，损而复益。如正月建寅，三合为寅午戌，而戌为寅之后辰是也。余仿此。"《钦定协纪辨方书》认为："月建后二辰，生气也；又后二辰，即生气之生气也，故曰天医。成日也，万物莫不喜其有成。"依上理，天医正月起戌较合义理。故天医正月在戌，二月在亥，三月在子，四月在丑，五月在寅,六月在卯,七月在辰,八月在巳,九月在午,十月在未,十一月在申,十二月在酉。原书云天医为都天本家,到处不忌,戊己大杀可兴工。到处有二意。一是本年天医之方,如丙寅年正月修戊方,丙年戊己大煞为戊戌,但正月戊土又为天医,故戊方又为天医方。二是以月建入中宫,本年天医临修方。如丙寅年戊己大煞为戊戌,正月修巽巳方,以月建庚寅入中顺行,吊戊戌到巽巳方,虽为戊己大煞,亦为天医星,故不忌。

戊己都天:以年月日遁干求天干戊己临支处是。如甲己年月日,以子上起天干甲,至辰上为戊辰,巳上为己巳。所以戊辰、己巳就是甲己年月日的戊己都天。依此则乙庚年月日的戊己都天在戊寅、己卯;丙辛年月日的戊己都天在戊子、己丑、戊戌、己亥;丁壬年月日时的戊己都天在戊申、己酉;戊癸年、月、日的戊己都天在戊午、己未。

知道了本年、本月、本日的戊己都天位,还须以年月日入中顺遁本年本月本日戊己都天所临之宫,叫作飞宫都天,其方吉凶与戊己都天本方同论。

戊己都天,古人认为是极凶之煞。凡戊己会辰戌丑未、子午卯酉、寅申巳亥十二支,当其为月令时,如正在前向、高楼、独阁等方皆有碍。在乾坤艮巽等方,不动作其祸稍轻。若动作犯之,宅主灾祸极大。阳年犯损男,祸应较速;阴年犯损女,祸应较迟。若与宅主宅母男妇大小本命冲克,刑官犯之,其受冲之人必坏。即使年命在生旺之时,亦主灾病。若遇戊己都天同太岁、三煞等凶加临,损宅主宅母,骨肉参商,争产官非破财,终必败绝。其势凶而猛,其祸速而大,纵有吉神不能制,切勿犯之。在山固凶,在向尤烈,即使逢贵人、禄马等吉神,不过其祸稍轻而已。原书云戊己同天医不忌之说,绝不可信。

戊己都天名目繁多,还有什么巫都、真都、定都、五行都、旁都、戌游都、夹都等二十余种，与飞宫戊己都天等，可参阅《八宅明镜·卷上·戊己都天》。

镇天煞飞宫定局：

正月在卯，飞宫在乾；二月在寅，飞宫在兑；

三月在丑，飞宫在中；四月在子，飞宫在震；

五月在亥，飞宫在坎；六月在戌，飞宫在艮；

七月在酉，飞宫在乾；八月在申，飞宫在兑；

九月在未，飞宫在中；十月在午，飞宫在震；

十一月在巳，飞宫在坎；十二月在辰，飞宫在艮。

镇天煞，手边诸书均未提及。细详起例，子临巳，午临亥，巳临子，亥临午，均为受克之方。戌临未，未临戌均为三刑之方，言其为凶，尚合五行生克之理。而卯临寅，寅临卯，申临酉，酉临申等均是临官与帝旺相加，若带吉神，当是最美，何以言凶？是与义理相悖。查古例，选择造命多以禄旺、临官局为补脉、扶山、相主之至吉，是古人不以此为凶。如亥龙乾山巽向，曾文迪用壬寅年、壬寅月、壬寅日、壬寅时，后八子入朝。

按：以月建壬寅入中，吊癸卯到乾山，卯为正月镇天大煞，并无损人口之凶，反大吉。

杨公为钟氏下祖坟，乙龙作辰山戌向，用甲申年、壬申月、壬申日、戊申时，半纪登科。

按：以月建戊申入中宫，调己酉到乾戌向，七月镇天大煞在酉，是向犯该煞。

福岗吉士侄，辛酉生，住庚山房，频生女而无男，取己酉年、癸酉月修戌乾方。因太阳临戌方，故戌年生一男。

按：以月建壬申入中，调癸酉至戌乾方，酉金为七月镇天大煞，犯主损人。而此例却偏添丁，原文与实大相径庭，足证古人不忌此煞。

本命官符第二十六

【原文】本命官符逐月行，遇之造作有深殃。

　　　　若在旺方刑害处，非刑公讼致身亡。

官符例(生命)：申子辰亥，亥卯未寅，寅午戌巳，巳酉丑申。

如乙丑生人，甲子年作兑方，丑以申为官符。甲子元遁是壬申，用五月，月建庚午入中宫，行见壬申在兑，况夏用金旺之时，官符与金同属乘旺，作之主损财、官讼、非刑，速应。惟月德到方可散，余吉不能制。

【注解】官符有天官符与地官符之别。此处起例即天官符。《通书》曰："天官符忌修方，申子辰年属水，水临官在亥，故以亥为天官符。巳酉丑年属金，金临官在申，故以申为天官符。寅午戌年属火，火临官在巳，故以巳为天官符。亥卯未年属木，木临官在寅，故以寅为天官符。"因为天官符为三合五行方临官旺气，修其方恐犯其旺，所以修造避之。

选择术不仅忌本年天官符之方，亦忌天官符飞临之方。《通书》曰："以月建入中宫，顺飞九宫，遇本年天官符所占之字，为本月天官符，每宫占三位。"如子年天官符在亥，正月修作，便以寅建入中宫顺数，复至中宫遇亥字，即子年正月天官符在中宫。若子年三月修作，便以辰建入中宫顺数，至震三宫遇亥字，震宫统甲卯乙三位，即三月天官符在甲卯乙三位。余仿此。依此，逐年逐月飞天官符成下面的表。

本图泊宫，虽为一卦，但一卦分管三山。如申子辰年二月天官符在巽，即为辰巽巳三方，并非仅取巽山。

天官符飞临本宫名"还宫"，更为有力。如申子辰年九月天官符亥临乾宫，巳酉丑年正月天官符申临坤宫，寅午戌年八月天官符巳临巽宫，亥卯未年十月天官符寅临艮宫是。

飞官年支\月令	正月	二月	三月	四月	五月	六月	七月	八月	九月	十月	十一月	十二月
申子辰年	中	巽	震	坤	坎	离	艮	兑	乾	中	兑	乾
巳酉丑年	坤	坎	离	艮	兑	乾	中	兑	乾	中	巽	震
寅午戌年	艮	兑	乾	中	兑	乾	中	巽	震	坤	坎	离
亥卯未年	中	兑	乾	中	巽	震	坤	坎	离	艮	兑	乾

天官符虽为凶神,但亦可制伏。《通书》曰:"天官符用年月日时纳音克之。如甲子年天官符在亥,遁得乙亥,纳音属火,以水纳音制之。亦可用一白水星,水德制之,余仿此。"又曰:"三奇、紫白、禄马、贵人一吉星到方,即从吉方起工,连及修之,吉。"

《宗镜》曰:"官符本非大凶,遇窍马到,或太阳到,或紫白到,或于其死月以天赦日解之,以修主命贵人禄马临支,吉。"曾文迪曰:"纷纷神杀不须求,但逢克应便堪修。吉星若照官符位,为官职位显皇州。"

杨筠松为人解讼,以命贵解官符,年月纳音克之亦可修。如己未年天官符在寅,十一月有葬寅山甲向者,小雪后太阳到山,月令丙子,纳音水,克丙寅火天官符,吉。若以三合局克之,则尤制伏矣,但其还官不能制,因还官力重耳。

《钦定协纪辨方书》认为:官符若叠凶神为凶,若叠吉星则吉。主张宜用吉星化解,纳音克制。三合制之,则嫌太过。

魏青江《阳宅大成·修方》中收有修天官符散讼数例,特录于下,以明制伏官符之意。

例1. 天人家邱应远为邵武谢伯章,丙辰生人,修官符方。宣和二年(公元1120年),下元庚子岁,辛巳月,甲申日,庚午时,修未坤脉,庚坤山,安寅甲方门向。丙火克庚金山,用庚辛年月日时为财。岁入中顺遁,命贵丁酉到向。月入中顺遁,命禄癸巳到寅向;命马庚寅,阳贵己亥,食禄丁巳俱到中宫;阴贵丁酉到甲向,岁禄甲申,岁马、阳贵戊寅、食禄辛亥均到寅向;天德辛巳镇中宫,天德合在丙命;月德在庚山,为还宫,解神在申,月财在未,可修卯申。立夏中局,一宫甲子,坤脉得开门,庚山得休门,丁奇亦到庚。先是伯章于甲辰年七月修犯申方,田地官讼由县府而司院,终不能结。且一年数官事,应之遑遑,竟为所困。今一修报,讼毕解而得钱数万,遂致富家。

按:庚子年天官符在亥,辛巳月以月建入中,吊亥到坤申,今修庚申山坤脉,是修官符方,因其叠众吉,故化凶为吉。

例2. 见本册《郭氏元经》第95面所举"邱应远散讼"例。

按:巳酉丑年天官符在申,此以天官符本宫论,并未用飞宫。是以纳音制伏与吉神到方并用而化凶为吉。

例3. 南平刘姓,壬辰生,住兑宅,修方散讼。弘治十六年(公元1503年)下元癸亥,二黑尾火值岁,九月壬戌,取丙子日,己丑时修天官符艮寅方,年遁甲寅在艮。霜降中局,八宫甲子,休门在艮寅方。岁遁壬辰命禄辛亥,食禄丙寅,命马壬寅俱到艮寅。太阴亦行艮寅,一经修报,其讼自解散矣。

按:亥卯未年天官符在寅,今修艮寅方,也是以天官符本宫论,并未用飞宫,以说明本宫比飞宫重要。

天官符是取三合临官之方以为凶,选择造命却以临官方为吉。《宗镜》曰:"补龙全在四柱地支,三合局最美。如三月内凶神占方,则临官月亦可,名曰三合兼临官地支一气局。"如艮山坤向,曾文迪取癸巳年,丁巳月,癸酉日,癸丑时,后代贵显。此例以月建丁巳入中,调庚申天官符到艮山。甲山庚向,杨筠松取乙卯年,己卯月,庚寅日,己卯时,此单用临官帝旺二字。

按:此例不仅直接取寅木天官符,且以己卯月建入中,调寅木天官符至庚向。酉山卯向,杨筠松取甲申年,癸酉月,丁酉日,己酉时。按此例以酉金月建入中,调亥水天官符到山是。古例甚多,不烦举。由此可见官符亦不必忌,只要能扶山相主,略带吉星即可。

暗冲神煞第二十七

【原文】暗冲神煞如相遇,臣杀君兮子害亲。

　　　　吊替宫中分内外,但逢逆克乃为迍。

阴煞即吊替宫暗冲之神煞,为阳冲阴,阴冲阳,而刚柔无济逢逆煞。如甲子年正月作坤方,以月建丙寅入中宫,行见壬申到坤,忌用戊日逆克,大凶。为外犯内,子逆父,奴叛主之象。犯主尊卑刑耗,凶祸。如戊土克壬水,本家壬癸水命人主夭折。用丙日谓之内犯外,其灾祸稍轻,亦主刑孝。

【注解】本文所谓暗冲神煞,即推命术中的偏官。推命术以克我者为官鬼,取阳克阴,阴克阳,为正官,因其阴阳相偕故。而阳克阳,阴克阴,为偏官,因其阴阳不能相偕故。又因其相克天干之间均相距七位,如甲克戊,乙克己等,所以又名七杀。推命术中把偏官七杀比作小人,无知而多凶暴,狠戾而无忌惮,所以选择造命中也以其为凶。魏青江云:"从本命数至第七天干处,天干相克,地支不冲,为偏官七杀。从本命数至三十一岁,正在当面为对冲,人生但忌此两日,选择中绝忌用之。"

六十花甲所忌见本书下册第495面所引"生命忌用日"。

此处所忌,乃选择造命中之正法。本法以月建入中所吊之神与日主论生克,是风马牛不相及,毫无联系,强牵硬扯,并无实际意义。所以诸多选择书均不言及,古例中亦多不顾及。如杨公为陶氏下祖坟,艮山坤向,用壬子年,壬子月,壬子日,庚子时。下后周年进入田庄,大发非常。此例以壬子月建入中宫,调戊午至坤向,是内克外。杨公为兖州孔氏下祖坟,艮山坤向,用壬寅

年,壬子月,壬午日,壬寅时,子孙五代封侯。此例以壬子月建入
中宫,调戌午至坤向,是内克外。曾文迅为徐运使下乾山巽向,
用庚戌年,戊寅月,癸卯日,乙卯时。以月建戊寅入中,己卯临乾
山,是内克外。曾文迅为叶龙图下祖地,子山午向,用四戊午,下
后子孙富贵。以戊午入中,调壬戌临午向,是外克内。以上诸例,
均犯暗冲神煞,却无凶犯,说明此煞并无实用。

官星第二十八

【原文】修方催贵。

正气官星要到方,贵人会起曲山攒。或加三四命相合,转禄
加官指日间。如甲年用辛为官,三月作艮,以月建戊辰入中宫,行
见辛未在艮,为官星。甲以未为贵人,是贵人会起同到。曲山,即
土曲帝星是也,更得三四吉合,如丙午生人是丙合辛,午合未,主
士庶加官进禄,得贵人提拔,此为外篇第一吉用,余仿此例推。官
星定局:

甲	乙	丙	丁	戊	己	庚	辛	壬	癸
辛	庚	癸	壬	乙	甲	丁	丙	己	戊

岁贵、岁禄、岁马,俱以月建入中寻。如己亥年以甲为官星,
八月以癸酉入中,寻甲戌到乾为官,辛巳马到巽,阳贵人丙子到
艮,阴贵人甲申到兑,余仿此。

如戊戌生,贵人禄马,以己亥太岁入中,寻甲寅到坤,乙卯到
震是官星,丁巳到中是真禄,己未到兑是阴贵人,乙丑到巽是阳贵
人,亡命贵禄马亦与生命同数。余仿此。

【注解】官星即推命术中的正官。虽然克我,但阴阳相偕。
如甲官辛,甲为阳,辛为阴;乙官庚,乙为阴,庚为阳等是。又因
其阴阳相配,所以叫作正官,为命中之贵气。选择造命借其法,
以阴干为美,因阴干均与官星相合。如乙见庚,乙与庚合;丁见

壬,丁与壬合,己见甲,己与甲合;辛见丙,丙与辛合;癸见戊,戊与癸合等是。故阴干取官星格,官星愈多愈美,四位官星尤佳。如曾公为人下寅山申向,丁巳亡命,用壬申年,壬子月,壬辰日,壬寅时,丁命与四壬官相合,巳午年出贵。王氏葬乙亥亡命,用庚午年,庚辰月,庚子日,庚辰时。乙木与四庚官相合,后出宰相。如果造主或亡命为阳干,则本命天干不能与官星相合。如甲见辛,丙见癸,戊见乙,庚见丁,壬见己等是。此类取官星只宜取一点、两点,多则官化为鬼,反能克我,则由吉变凶。故用官星亦要分别。

　　造命中用正气官星,只注意四课。本书所云官星,却是注重山向与修方的飞宫官星。这就不仅要与本命、太岁相结合,更要与飞宫所临地盘山向相结合。如果官星临修方,但与地盘相冲、相克、相刑,虽与官星相合,亦以凶论。因修方与山向以支为重,以干为轻故。如乙丑造主,修子方,用癸卯年、乙丑月、乙丑日、乙酉时,取天干三乙比肩助乙命,年支卯木为乙命之禄,丑酉相合而冲卯禄,当为吉课。若以月建和用日入中宫顺行,吊庚午到子方,虽庚金为乙命正官,午火为乙命食禄,惜与修方地支子午相冲,吉反化凶。因此,要论吊宫官星,必然兼论修方与山向。

　　还要注意的是,不论取四课正官,还是取吊宫正官,必须以造作命主和葬埋化命为主。原注云"甲年以辛为官"之说,是以本年太岁天干取正官,与造命之法并不合,应弃之勿用。如果太岁属阴干,取官星仅以合太岁论,非取正气官星。

　　原文本节是为"修方催贵",意思是言修正官方,可以催贵,选用四课正官合命主催贵为正法,取吊宫正官,与理亦通,但并非只修此方可以催官。胡晖《选择求真》中催贵则兼取催官星、科甲星、文魁星等,其取官星也是以二十四山纳甲取,与本书不同,其法如下:

乾甲山，辛为官星；坎癸申辰山，戊为官星；

艮丙山，癸为官星；震庚亥未山，丁为官星；

巽辛山，丙为官星；离壬寅戌山，己为官星；

坤乙山，庚为官星；兑丁巳丑山，壬为官星。

其举例曰：昔福州蔡氏罢职家居，刘朴庵为修乾山巽向屋，丁未生人，用丙寅年，庚寅月，甲申日，辛未时。巽山以丙为官星，故取丙年，又合土曲到巽，雨水太阳临乾照巽，其时雨水中六局，开门亦到巽，后果起用。

凡用官星，最宜与本命禄马贵人同宫。若官星能坐禄坐贵或坐马尤佳。如辛命见丙寅，己命见甲子、甲申，丙命见癸巳，甲命见辛丑、辛未等是。

财帛第二十九

【原文】修方催财。

欲报人家进横财，青龙并与月财堆。

吊宫月德同金匮，命禄相加是禄媒。

青龙太阴方，逐月吊同月财，更加入星旺地，作之福禄，日进横财自来。

青龙方（太阴同）：

子年戌	丑年亥	寅年子	卯年丑
辰年寅	巳年卯	午年辰	未年巳
申年午	酉年未	戌年申	亥年酉

月财方：正七午　　二八卯　　三九巳

　　　　　四十未　　五十一酉　　六十二亥

每逐月用吊宫寻之，值青龙太阴相会，为月财堆处。

月德方：　申子辰兮壬，亥卯未甲轮。

　　　　　寅午戌丙旺，巳酉丑庚寻。

以逐月之月德吊宫会作主命,值一甲内,真禄到者为吉。若本命禄不到,虽前吉都会,亦不甚验。

金匮火星例:申子辰年月子,亥卯未年月卯。

巳酉丑年月酉,寅午戌年月午。

火星火地月:如正月子为金匮星,修坎癸为有气。又如六月修寅方,以月建入中,吊寅字到震为木旺之地,亦是有气。

凡用金匮,忌吊九紫与甲乙木并到方,主公讼死丧。

【注解】青龙:此青龙并非黄黑十二首中的青龙,而是《通书》中所列的青龙星。《通书》中起例云与"开"同位。但开是以月论,此是以年支论,却又有异。

飞宫青龙是以月建入中宫,寻本年青龙临何方。如子年青龙星在戌,正月修作便以月建寅木入中宫顺布,吊戌至巽,巽方就是子年正月的青龙星泊宫。依此成下表。

月德:月为阴,无光,所以以阳干为德。寅午戌为地火,丙为

飞宫 月令 年支	正月	二月	三月	四月	五月	六月	七月	八月	九月	十月	十一月	十二月
子年	巽	震	坤	坎	离	艮	兑	乾	中	兑	乾	中
丑年	中	巽	震	坤	坎	离	艮	兑	乾	中	兑	乾
寅年	乾	中	巽	震	坤	坎	离	艮	兑	乾	中	兑
卯年	兑	乾	中	巽	震	坤	坎	离	艮	兑	乾	中
辰年	中	兑	乾	中	巽	震	坤	坎	离	艮	兑	乾
巳年	乾	中	兑	乾	中	巽	震	坤	坎	离	艮	兑
午年	兑	乾	中	兑	乾	中	巽	震	坤	坎	离	艮
未年	艮	兑	乾	中	兑	乾	中	巽	震	坤	坎	离
申年	离	艮	兑	乾	中	兑	乾	中	巽	震	坤	坎
酉年	坎	离	艮	兑	乾	中	兑	乾	中	巽	震	坤
戌年	坤	坎	离	艮	兑	乾	中	兑	乾	中	巽	震
亥年	震	坤	坎	离	艮	兑	乾	中	兑	乾	中	巽

天上之火,地火所禀者,天火也。所以寅午戌火局以丙为德,余皆仿此。

飞宫月德,则是以月建入中宫,顺布看该月月德飞临何方,何宫即飞宫月德所临之方。如甲子年正月修作,正月建丙寅,丙即月德,以丙寅入中宫,中宫即甲子年正月月德泊宫。余仿此。本册《郭氏元经》第86面有飞宫月德表,可参阅。

月财:《通书》与《选择求真》中与本书略有不同,即二月八月为乙,而本书为卯。以其起例析之,其余十个月均用地支。何以此二月用天干? 于理不通,当是认为卯中暗藏乙木,卯即乙,故误之,应以本书为准。

金匮星:取三合旺处之爻是,然本书所举例皆误。原文云:"如正月子为金匮星,修坎癸为有气。"查金匮星起例,寅午戌年月在午,正月建寅,当是正月金匮在午,非在子。若以吊宫论寅木入中,亦是吊午至离,是为有气,原书误。原文又云:"六月修寅方,以月建入中,吊寅字到震为木旺之地,亦是有气。"查六月建未,亥卯未年月金匮在卯,非在寅。以未土月建入中,吊卯木至巽,亦非在震,原书亦误。逐年逐月吊宫金匮表可参阅本书中册《佐元直指·卷六·金匮库楼图》。

原文云"吊宫月德同金匮",注释云青龙太阴方,当是把月德误写成太阴。二者并非相同,特订正。

催财之法,胡晖亦有不同。他在《选择求真》中说:凡人家财畜不旺者,多有财帛、田宅二星落空,又或修造犯有大耗故也。宜修流财方而带月财、金匮、火星、极富、谷将、青龙、天富等星,并合本命禄马、正财二星及太阳、乙丙丁奇、休生开门共到其方,修之必骤发。魏青江认为:"凡修方催财,取天富、月财、三仓、三德及运财星,同本命财星禄马,并临其方,共照命度,兴工动作,自得横财。"

从以上可看出，不论取何吉星，必须本命禄马、财星到方方验，否则多不甚验。说明大凡选择，必以本命贵神为重，星煞次之，万勿颠倒。如淳熙六年，上元己亥岁，辛未月，十七甲辰日，辛未时，胡公为周公修乾亥方，时本年独火在乾，月财在亥，流财在丙向，壬戌主命禄在亥，修后至次年，果遇横财。

报金乌第三十

【原文】修方催嗣。

人丁衰弱报金乌，贪巨文廉次第周。

金匮行年加四吉，立生贵子绍箕裘。

金乌星例：

子年贪起乙辰　丑年贪起甲卯　寅年贪起艮寅

卯年贪起癸丑　辰年贪起壬子　巳年贪起乾亥

午年贪起辛戌　未年贪起庚酉　申年贪起坤申

酉年贪起丁未　戌年贪起丙午　亥年贪起巽巳

每以贪狼星加，遇太阳金乌吉（定局布《直指》）。

金乌位次：

贪狼　巨门　太阳　禄存　文曲　廉贞

武曲　玉兔　破军　金乌　左辅　右弼

法以各年山向起贪狼，轮值年金乌到何山向。次以令主六壬诀，将行年星加太岁，遁至本山方得四吉神与金乌相会报男，玉兔相会报女。凡报法只以地支为主，如甲卯方不报甲而报卯，以地支应速故也。余仿此例。更造主贵人到，尤速。

【注解】金乌：据《辞源》谓，金乌即日。相传日中有三足乌，故名。如唐韩愈诗曰："金乌海底初飞来，朱辉散射青霞开。"

玉兔：据《辞源》，传说月中有白兔，后因称月为玉兔。韩王宗诗曰："金乌长飞玉兔走，青鬓长青古无有。"《太平御览·拟天问》："月中何有？玉兔捣药。"

金乌星各年泊宫定局：

由上注可知，金乌即太阳，玉兔即月亮，亦名太阴。古人催

十二星 ＼ 泊宫 ＼ 年支	子年	丑年	寅年	卯年	辰年	巳年	午年	未年	申年	酉年	戌年	亥年
贪狼	辰	卯	寅	丑	子	亥	戌	酉	申	未	午	巳
巨门	巳	辰	卯	寅	丑	子	亥	戌	酉	申	未	午
太阳	午	巳	辰	卯	寅	丑	子	亥	戌	酉	申	未
禄存	未	午	巳	辰	卯	寅	丑	子	亥	戌	酉	申
文曲	申	未	午	巳	辰	卯	寅	丑	子	亥	戌	酉
廉贞	酉	申	未	午	巳	辰	卯	寅	丑	子	亥	戌
武曲	戌	酉	申	未	午	巳	辰	卯	寅	丑	子	亥
玉兔	亥	戌	酉	申	未	午	巳	辰	卯	寅	丑	子
破军	子	亥	戌	酉	申	未	午	巳	辰	卯	寅	丑
金乌	丑	子	亥	戌	酉	申	未	午	巳	辰	卯	寅
左辅	寅	丑	子	亥	戌	酉	申	未	午	巳	辰	卯
右弼	卯	寅	丑	子	亥	戌	酉	申	未	午	巳	辰

丁，报太阳生男，报太阴生女，沿用已久，本无异议。然本起例中有金乌，又有太阳。若把金乌与太阳分别为两颗星，与古例不符。若二者同为太阳，莫非天有二日，与自然不符。且贪狼九星是与九宫相配，若与十二支相配则少三星。本文强加太阳、金乌、玉兔三星以凑够十二星，牵强附会，支离破碎，不可信。

修方催丁，因派系不同，取星各异。有修天嗣方催丁者，有修麟星催丁者，亦有修太阳、太阴方催丁者，也有以二十八宿恩星催丁者。诸法详参本书下册《八宅明镜》。

止盗第三十一

【原文】人家常被盗来侵,岁上庚方审纳音。

假如戊年辛酉木,却加丁卯是冲神。

其法每年用虎遁,如甲年遁丙寅,数到庚酉上得癸酉金,四课内用己卯制之。

逐年盗方纳音起例:

甲年癸酉金(剑锋金)　　乙年乙酉水(井泉水)

丙年丁酉火(山下火)　　丁年己酉土(大驿土)

戊年辛酉木(石榴木)　　己年癸酉金(剑锋金)

庚年乙酉水(井泉水)　　辛年丁酉火(山下火)

壬年己酉土(大驿土)　　癸年辛酉木(石榴木)

如甲子年,五虎遁庚方癸酉金,四课日择己卯、乙奇、开门报之,永弭盗害。更雷霆太阳到,盗远惊遁。

【注解】本书以庚酉方为盗贼者,因酉方属七赤破军星,庚为贼路故。若云制伏,当取五行克制或用午破酉,或用丙制庚,丁制辛,均合义理。然本书既以纳音论其煞,就当以纳音制伏。如甲年癸酉金,当用丁卯火冲克;本书却用己卯,取己制癸,卯冲酉之理。不知己卯纳音属土,土又生金,是论冲克还是论生扶?义理不明。且用卯冲酉,古有“东冲西不动”之说,是木不能冲克酉金,今取此义,又何能制? 所以不能为据。

要想制盗,首先须知为何会遭盗,不外乎形与气两种。

形法认为:子午辰戌申未贱脉遇贼砂,出人为盗。正脉遇贼砂,出人被盗。卯水破局,多盗偷。死绝病方卯水冲,为盗牵官。子方有路来,贼盗家财。前山右砂射穴,常被盗劫。前山暗砂反射,无近处砂水横拦,常被盗贼。凶火凶金交射,主遭劫掠。探头侧面在午方,大盗打劫。篱墙勾曲向门来,盗劫家财。胁腋开门,盗贼至。钟鼓坐腰犯盗贼,申方斜峰遭危劫。前路川字,年年有贼。前塘反月形,劫煞不能停。如一毛姓孝廉,字疑修,乾宅,犯兑。兑属先天坎,坎为耳病,为元武、阴私、盗贼。今宅北直沟冲项,正面尖砂射右胁,父子主仆皆聋。屡令改除,急缓因循,孝廉持馆金回度岁,被盗扼死。

以气论者,修造犯亡神、劫煞、天贼、地贼之方,若亡劫落在庚方尤的。

亡神:申子辰年在亥,巳酉丑年在申,寅午戌年在巳,亥卯未年在寅。

劫煞:寅午戌年在亥,亥卯未年在申,申子辰年在巳,巳酉丑年在寅。

天贼:正月起丑,二月在子,三月在亥,四月在戌,五月在酉,六月在申,七月在未,八月在午,九月在巳,十月在辰,十一月在卯,十二月在寅。正月从辰起者非。

地贼:正月在子,二月在子,三月在亥,四月在戌,五月在酉,六月、七月、八月俱在午,九月在巳,十月在辰,十一月在卯,十二月在子。

修作之法:若形犯之,必须整改,整改时须择吉日。若气犯方,则取太阳或火星照之,得三奇、休门同到其方,修之盗止。

按:盗为阴私之事,若太阳照之,使其现形,再会命中吉星,可以止盗,合义理。

也有取纳音克制者。如庚为盗门,乙庚年五虎遁,庚酉同宫,遁至庚酉方是乙酉,纳音属水,须取土年月日时克制,必须贵神同到,修后方能止盗,无贵神则难验。

散讼第三十二

【原文】连年何以讼相羁,本命官符细审之。

阳位贵人阴位德,更同天赦合天机。

本命官符,即前二十四用内官符也。各以月建寻之,审纳音之旺衰,然后治之。治处阳年以太岁贵人压之,阴年以天德报之,更合原赦(天赦)之星同天德还宫,克日散讼。仍因公获财,永息讼争。

【注解】天德:请参阅本册《郭氏元经》第69面。

天赦:春戊寅日,夏甲午日,秋戊申日,冬甲子日。另可参阅本册《郭氏元经》第251面。

飞官天赦:以月建入中宫顺布,天赦干支落在何方,何官即飞官天赦。如甲子年正月以月建丙寅入中宫,戊寅天赦到艮,艮方即甲子年正月飞官天赦方。依此,飞官天赦定局于下:

年干\泊宫\月令	正月	二月	三月	四月	五月	六月	七月	八月	九月	十月	十一月	十二月
甲己年	艮	兑	乾	震	坤	坎	中	巽	震	离	艮	兑
乙庚年	中	坎	离	离	震	兑	坤	坎	离	乾	中	巽
丙辛年	艮	兑	乾	乾	中	坎	艮	兑	坤	震	坤	坎
丁壬年	中	巽	震	离	离	中	坎	艮	离	艮	兑
戊癸年	坤	坎	离	乾	中	巽	艮	兑	乾	乾	中	坎

阳贵人与飞官贵人参《郭氏元经·刑入贵人篇第十一》。

古人修散讼,除上述外,还重视月解神。解神者,正月起申,二月酉,三月戌,四月亥,五月子,六月丑,七月寅,八月卯,九月辰,十月巳,十一月午,十二月未。因月解神为月破日,散讼喜破,尚合义理。参前"本命官符第二十六"节。

池塘第三十三

【原文】正月从午顺行时,便知天狗坐塘期。

壬戌戊戌再轮午,却与四金尾火依。

以每年正月从午上顺数,至所用之月起初一,又数至所用之日起甲子,轮数得壬戌、戊戌二日,再到午上,便为天狗坐塘之日,大利开塘。庚戌、乙未、丙寅、乙丑、庚辰五日,会四金伏断日,决水沟可断除百耗,诸兽无犯。

遇亢金龙日,烧五方土地甲马祭塘神,入小鱼数个,其鱼毙后方入鱼也。惟忌天地二耗日下之。

【注解】天狗坐塘:《通书》中取春卯、夏午、秋酉、冬子四日。用此四日凿塘,獭耗远避。此四日为四季旺日,本书取戌即狗意,各有其理。

四金伏断:二十八宿中有四金宿,即亢金龙,占辰方;牛金牛,占丑方;娄金狗,占戌方;鬼金羊,占未方。若二十八宿入此四方位为入金星之宫,名暗金伏断,其有四时之分。日禽起例:

七元禽星会者稀,虚奎毕鬼翼氐箕。

但将甲子从头数,元元精细报君知。

又云:一元虚张室轸游,二元奎娄胃昴求。

三毕尾参求觅斗,四鬼女星危月流。

五翼壁角娄金狗,六氐昂心觜火猴。

七箕井畔牛边柳,此是七元四将头。

据以上之法,永定七元伏断日成下局:

一元甲子起虚,伏断日为甲子、丙寅、癸酉、壬午、己丑、辛卯、戊戌、丁未、丙辰、癸亥。

二元甲子起奎,伏断日为壬申、辛巳、戊子、庚寅、癸巳、丁酉、丙午、癸丑、乙卯、壬戌。

三元甲子起毕,伏断日为辛未、庚辰、丁亥、丙申、乙巳、壬子、甲寅、辛酉。

四元甲子起鬼,伏断日为庚午、丁丑、己卯、丙戌、乙未、甲辰、辛亥、庚申。

五元甲子起翼,伏断日为己巳、丙子、戊寅、乙酉、甲午、辛丑、癸卯、庚戌、己未。

六元甲子起氐,伏断日为戊辰、乙亥、甲申、癸巳、庚子、壬寅、己酉、戊午。

七元甲子起箕,伏断日为乙丑、丁卯、甲戌、癸未、壬辰、己亥、戊申、丁巳。

时禽起例: 日起时禽起子时,日虚月鬼火从箕。

水毕木氐金奎位,土宿还从翼宿推。

值星　七元　时支	日 一元	月 二元	火 三元	水 四元	木 五元	金 六元	土 七元
子时	虚伏断	鬼	箕	毕	氐	奎	翼
丑时	危	柳	斗伏断	觜	房	娄	轸
寅时	室伏断	星	牛	参	心	胃	角
卯时	壁	张	女伏断	井	尾	昴	亢
辰时	奎	翼	虚	鬼	箕伏断	毕	氐
巳时	娄	轸	危	柳	斗	觜	房伏断
午时	胃	角伏断	室	星	牛	参	心
未时	昴	亢	壁	张伏断	女	井	尾
申时	毕	氐	奎	翼	虚	鬼伏断	箕
酉时	觜伏断	房	娄	轸	危	柳	斗
戌时	参	心	胃伏断	角	室	星	牛
亥时	井	尾	昴	亢	壁伏断	张	女

暗金伏断何以要分七元? 因暗金伏断是以二十八宿不断轮转六十花甲,须七轮四百二十次才能再次相逢,故有七元。

池塘所忌,《通书》又列有天贼、地贼、小耗、大耗、九空、死气、池耗、四耗、鱼破群日等凶煞,有兴趣者可参考《象吉通书》卷二十"开凿池塘"一节。

六畜栏圈第三十四

【原文】紫微卦坐皆非例,《金镜图》中总是虚。

惟有干维来合德,自然六畜可凭依。

世以六畜栏圈厥位方,多取紫微生气并《金镜图》内论之,皆非至理。惟十二干维方遁得各年干德、月德到其所作之方可依据也,必主六畜大旺。更乙奇合雷霆,奇罗、金水星盖照,尤为全美。六畜入栏,惟《六龙历法》可依,日辰合旺为美。

【注解】干德:请参阅本册《郭氏元经·干德篇第十三》。

紫微金镜图:《六畜金镜》定局,相传为郭景纯所作,共有十二种。以紫气、一德、太阳、三台、坐山奇罗为吉方,余为凶方,其图见本书下册《八宅明镜·玉辇开门放水六畜等图局》。

金水、奇罗:此奇罗非《金镜图》中的奇罗,而是前第二十节"雷霆合气"中的奇罗、金水二星。

合德:天干德五合之方。甲年在己,乙年在乙,丙年在辛,丁年在丁,戊年在癸,己年在己,庚年在乙,辛年在辛,壬年在丁,癸年在癸。干德属阳,所以干德合皆属阴。干德合亦取飞宫,以本月月建入中顺布,求其飞宫。如甲子年丙寅月修作,以月建丙寅入中顺布,干德合己巳到艮,艮方即甲子年正月合德之方。请参阅本册《郭氏元经·天德篇第十四》。

报瘟疫第三十五

【原文】鬼同天地曰三瘟,犯着之时损害人。

解喜母仓合干德,任教凶煞化微尘。

有作五音乐而至者为鬼瘟,有动土修方而至者为土瘟,有太岁神煞并方道而至者为天瘟。瘟各不同,然修之惟解神、喜神、母仓、月合、干德到方治之,其瘟即息。如人居稠密,即涓前吉所临之地,以栗欀连根,倒砍三尺三寸,上朱书太岁符压之,每晚发槌二十四下或四十九下,三日即退。

【注解】土瘟:正月起辰,二月在巳、三月在午、四月在未、五月在申、六月在酉、七月在戌、八月在亥、九月在子、十月在丑、十一月在寅、十二月在卯。

天瘟:正月在未、二月在戌、三月在辰、四月在寅、五月在午、六月在子、七月在酉、八月在申、九月在巳、十月在亥、十一月在寅、十二月在卯。

鬼瘟之说《通书》中未见提及,待查。

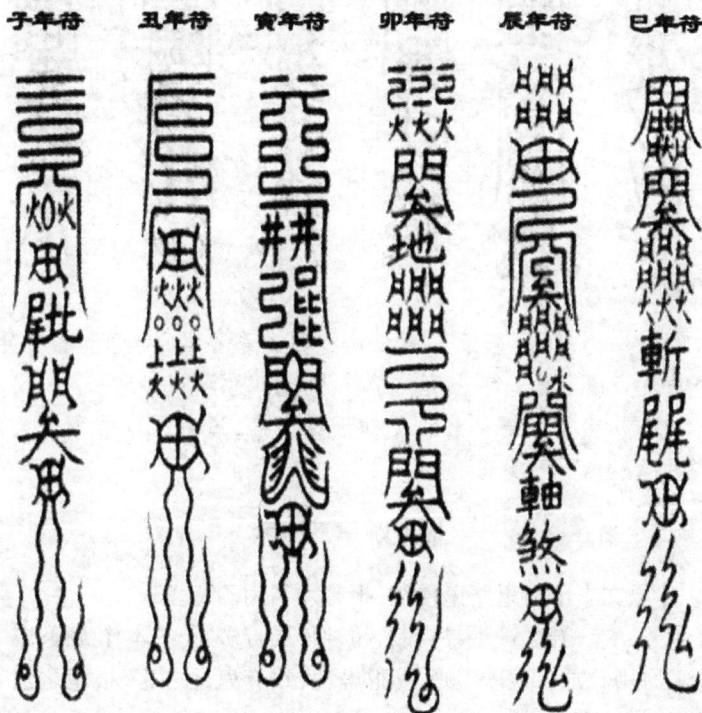

子年符　丑年符　寅年符　卯年符　辰年符　巳年符

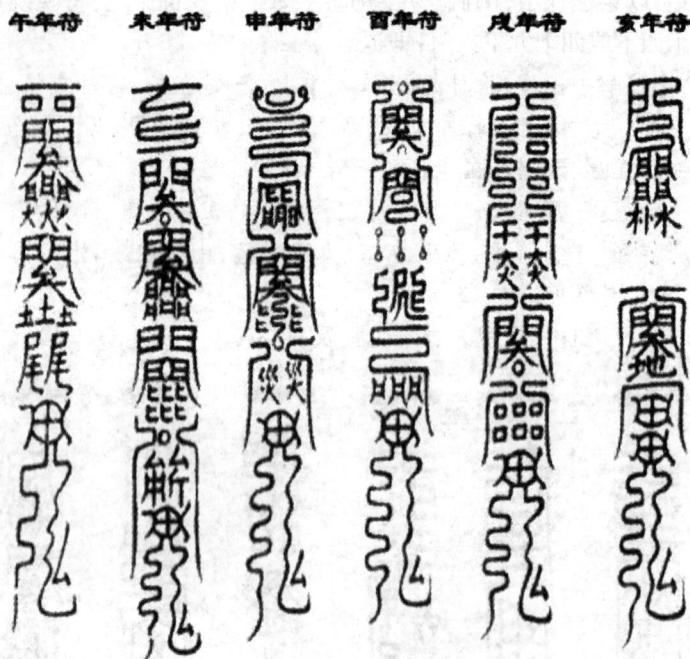

太岁符:此用符策压镇之法。因派系不同,其符也各有异。今录黄公镇宅十二年土府神杀符于此,以供研究参考。

本节旨在修方祛病。要知因何而病,请参阅本书下册《八宅明镜·卷下·疾病论》。

报鬼贼第三十六

【原文】申为鬼路鬼侵欺,报犯须当用乙奇。

　　　　五虎符头寻克制,超神得局吉多宜(一本作无疑)。

原用日辰,或犯鬼贼,或犯虚耗,致有鬼运之害,报犯之法用乙奇,择冲克之日制之,大吉。

鬼贼日:正月一日,三月三日,四月五日,五月三日,六月三日,七月、八月五日,九月十日,十月三日,十一月九日,十二月七日。

天虚日(即天鬼贼日):正七申,二八戌,三九子,四十寅,五十一辰,六十二午。

地耗日(即地鬼贼日):正辰,二酉,三寅,四未,五子,六巳,七戌,八卯,九申,十丑,十一午,十二亥。

【注解】天虚:其起例正月起申,顺行六阳辰。但除正月在申为月破,言其天虚尚有义理外,余皆无理。二月在戌,卯与戌合,三月在子,子辰三合,十月在寅,寅与亥合,十一月在辰,子辰三合,六月在午,午与未合。查选择诸书,均以六合、三合为吉。此却云凶,与理相悖甚远。所以《钦定协纪辨方书》《象吉通书》《选择求真》等较有影响的选择书均未收此煞。

地耗:其起例义理不明,除二月在酉,五月在子,八月在卯,十一月在午为月破;四月在未,九月在申,月支生煞为耗气外,余皆难合义理。如六月巳,巳生月建未;七月戌,戌生月建申,言其为耗,实无义理。

鬼贼之日犹不可信。不论干支刑冲生合,不问岁命禄马贵人,强以每月中一日为鬼贼日,千年如此,毫无变化,僵硬死板,为选择之大忌。如丁丑年正月壬寅,初三壬午,以丁火太岁论,丁以壬为正官,今二壬官星均与岁合;丁火以午火为禄,月日半合火局。丁为正月天德,壬为正月天德合,若丁亥生命逢之,亥又为壬水官星之禄,丁岁、丁命之贵人,又为岁支丑土之驿马,禄贵马诸吉相聚,何鬼之有? 何凶之有? 故不必泥之。

造作辟火第三十七

【原文】四煞没时终是美,归垣入局始为佳。

坐下更加危毕至,火殃斯殄福无涯。

以七元起甲子,遁得危、毕、心、张四宿到坐,当四神没时,太阳合格,则火灾永绝,疾痛永除。归垣者,如太阳在未,用丁时之类是也。其时诸星归垣入局,为福多矣。凡用藏神,须择甲戊庚日时为最。

【注解】四煞没时:神藏煞没时,详"神藏煞没第十四"。

危、毕、心、张:二十八宿中的四月宿,全名危月燕、毕月乌、心月狐、张月鹿。四星到坐山,有年月日时之别,今将四星行度介绍于下:

值年经星:

一元甲子:乙丑危、壬申毕、己卯张、丙戌心、癸巳危、庚子毕、丁未张、甲寅心、辛酉危。

二元甲子:戊辰毕、乙亥张、壬午心、己丑危、丙申毕、癸卯张、庚戌心、丁巳危。

三元甲子:甲子毕、辛未张、戊寅心、乙酉危、壬辰毕、己亥张、丙午心、癸丑危、庚申毕。

四元甲子:丁卯张、甲戌心、辛巳危、戊子毕、乙未张、壬寅心、己酉危、丙辰毕、癸亥张。

五元甲子:庚午心、丁丑危、甲申毕、辛卯张、戊戌心、乙巳危、壬子毕、己未张。

六元甲子:丙寅心、癸酉危、庚辰毕、丁亥张、甲午心、辛丑危、戊申毕、乙卯张、壬戌心。

七元甲子:己巳危、丙子毕、癸未张、庚寅心、丁酉危、甲辰毕、辛亥张、戊午心。

值月经星见第487、488面的表。

按:求二十八宿,以月与年为主,日时次之。若能年月日时共取尤美。以上起例只从上元起,并未轮完,若有心研究,可参考日历,自己续列中下元120年表。

本节是言辟火,当以制火星为主,而取毕、危、张、心四太阴,

星宿＼月令＼年干支	正月	二月	三月	四月	五月	六月	七月	八月	九月	十月	十一月	十二月
甲子	角	亢	氐	房	心	尾	箕	斗	牛	女	虚	危
乙丑	室	壁	奎	娄	胃	昴	毕	觜	参	井	鬼	柳
丙寅	星	张	翼	轸	角	亢	氐	房	心	尾	箕	斗
丁卯	牛	女	虚	危	室	壁	奎	娄	危	昴	毕	觜
戊辰	参	井	鬼	柳	星	张	翼	轸	角	亢	氐	房
己巳	心	尾	箕	斗	牛	女	虚	危	室	壁	奎	娄
庚午	危	昴	毕	觜	参	井	鬼	柳	星	张	翼	轸
辛未	角	亢	氐	房	心	尾	箕	斗	牛	女	虚	危
壬申	室	壁	奎	娄	危	昴	毕	觜	参	井	鬼	柳
癸酉	星	张	翼	轸	角	亢	氐	房	心	尾	箕	斗
甲戌	牛	女	虚	危	室	壁	奎	娄	危	昴	毕	觜
乙亥	参	井	鬼	柳	星	张	翼	轸	角	亢	氐	房
丙子	心	尾	箕	斗	牛	女	虚	危	室	壁	奎	娄
丁丑	胃	昴	毕	觜	参	井	鬼	柳	星	张	翼	轸
戊寅	角	亢	氐	房	心	尾	箕	斗	牛	女	虚	危
己卯	室	壁	奎	娄	危	昴	毕	觜	参	井	鬼	柳
庚辰	星	张	翼	轸	角	亢	氐	房	心	尾	箕	斗
辛巳	牛	女	虚	危	室	壁	奎	娄	胃	昴	毕	觜
壬午	参	井	鬼	柳	星	张	翼	轸	角	亢	氐	房
癸未	心	尾	箕	斗	牛	女	虚	危	室	壁	奎	娄
甲申	危	昴	毕	觜	参	井	鬼	柳	星	张	翼	轸
乙酉	角	亢	氐	房	心	尾	箕	斗	牛	女	虚	危
丙戌	室	壁	奎	娄	胃	昴	毕	觜	参	井	鬼	柳
丁亥	星	张	翼	轸	角	亢	氐	房	心	尾	箕	斗
戊子	牛	女	虚	危	室	壁	奎	娄	胃	昴	毕	觜
己丑	参	井	鬼	柳	星	张	翼	轸	角	亢	氐	房
庚寅	心	尾	箕	斗	牛	女	虚	危	室	壁	奎	娄
辛卯	危	昴	毕	觜	参	井	鬼	柳	星	张	翼	轸
壬辰	角	亢	氐	房	心	尾	箕	斗	牛	女	虚	危
癸巳	室	壁	奎	娄	危	昴	毕	觜	参	井	鬼	柳

星宿＼月令 ＼ 年干支	正月	二月	三月	四月	五月	六月	七月	八月	九月	十月	十一月	十二月
甲午	星	张	翼	轸	角	亢	氐	房	心	尾	箕	斗
乙未	牛	女	虚	危	室	壁	奎	娄	胃	昴	毕	觜
丙申	参	井	鬼	柳	星	张	翼	轸	角	亢	氐	房
丁酉	心	尾	箕	斗	牛	女	虚	危	室	壁	奎	娄
戊戌	胃	昴	毕	觜	参	井	鬼	柳	星	张	翼	轸
己亥	角	亢	氐	房	心	尾	箕	斗	牛	女	虚	危
庚子	室	壁	奎	娄	胃	昴	毕	觜	参	井	鬼	柳
辛丑	星	张	翼	轸	角	亢	氐	房	心	尾	箕	斗
壬寅	牛	女	虚	危	室	壁	奎	娄	胃	昴	毕	觜
癸卯	参	井	鬼	柳	星	张	翼	轸	角	亢	氐	房
甲辰	心	尾	箕	斗	牛	女	虚	危	室	壁	奎	娄
乙巳	胃	昴	毕	觜	参	井	鬼	柳	星	张	翼	轸
丙午	角	亢	氐	房	心	尾	箕	斗	牛	女	虚	危
丁未	室	壁	奎	娄	危	昴	毕	觜	参	井	鬼	柳
戊申	星	张	翼	轸	角	亢	氐	房	心	尾	箕	斗
己酉	牛	女	虚	危	室	壁	奎	娄	胃	昴	毕	觜
庚戌	参	井	鬼	柳	星	张	翼	轸	角	亢	氐	房
辛亥	心	尾	箕	斗	牛	女	虚	危	室	壁	奎	娄
壬子	胃	昴	毕	觜	参	井	鬼	柳	星	张	翼	轸
癸丑	角	亢	氐	房	心	尾	箕	斗	牛	女	虚	危
甲寅	室	壁	奎	娄	胃	昴	毕	觜	参	井	鬼	柳
乙卯	星	张	翼	轸	角	亢	氐	房	心	尾	箕	斗
丙辰	牛	女	虚	危	室	壁	奎	娄	胃	昴	毕	觜
丁巳	参	井	鬼	柳	星	张	翼	轸	角	亢	氐	房
戊午	心	尾	箕	斗	牛	女	虚	危	室	壁	奎	娄
己未	胃	昴	毕	觜	参	井	鬼	柳	星	张	翼	轸
庚申	角	亢	氐	房	心	尾	箕	斗	牛	女	虚	胃
辛酉	室	壁	奎	娄	胃	昴	毕	觜	参	井	鬼	柳
壬戌	星	张	翼	轸	角	亢	氐	房	心	尾	箕	斗
癸亥	牛	女	虚	危	室	壁	奎	娄	胃	昴	毕	觜

大概是认为太阳属火,月亮属水故。古人制火星,若用七政,均以轸水蚓、箕水豹、壁水貐、参水猿四水星为主,故推月宿时,将二十八宿取全,以供参考。

魏青江曰:"火星可制者乃假火星耳。如丙丁独火、飞天独火、年独火、月游火、廉贞火、打头火、童子火,以壬癸、一白、申子辰水局、水星躔照、水德到方,可以制伏。火泊坎为受制,辰星化凶为吉,倘逢恩能催官、发福、救贫、催丁、祛病,则是诸火星皆可制伏,不足忌也。惟飞天雷火,即雷击日可克不可冲,乃戊子霹雳火,用之得宜,发福最洪。若对宫冲动,犯之最速,此真火星,又如何能制? 古云天火要步荧惑躔火宿,否则不为天火。"

《通书》曰:"独火,打头火,月游火忌修造,不忌安葬。然必于年遁丙丁,或月家丙丁独火会合方忌,不会不忌。丙丁独火不与诸火会合,亦不忌。宜用一白水星、水德制之。"

《选择宗镜》曰:"打头火即大煞,为太岁三合旺方,又为金匮星。书云'人家衰弱修金匮,独火将星原同位'是也。盖太旺则亢,亢则属火,然制化得宜,修动旺方则发丁旺家,惟子午卯酉年叠岁君不可犯,其余年份仿制三煞之法,以三合制之……三合制矣,再得年月一白水星,或年月壬癸水德,本命贵禄尤妙。"

由上可见,凡辟火制火星者,必用水星、水德、一白水、壬癸水、申子辰水局。用四月宿者不合义理,故不必拘泥。

原文云:"归垣者,如太阳在未,用丁时之类是也。"古人以午为太阳,未为太阴,本文辟火用四月宿,意即取太阴之意,故"太阳"应是"太阴"之误,特说明。

报太岁星第三十八

【原文】极虐无道太岁星,犯之人物不安宁。
　　　　太阴到位君方报,岁贵加临福自增。

太岁星,即三元紫白起甲子所轮之处,复入替宫寻之,谓真太岁一星,所在犯之大凶。

如水太岁杀火命人,木太岁杀土命人,的不虚假,他吉不能压制。报犯须太阴到所犯方,会太岁贵人诸吉修之,转凶为吉。

太阴所临:

子年戌	丑年亥	寅年子	卯年丑	辰年寅	巳年卯
午年辰	未年巳	申年午	酉年未	戌年申	亥年酉

岁贵所在:如甲戊庚年丑未,以月建遁分阴阳,冬至后用阳贵(丑)人,夏至后用阴贵(未)人。又要阴阳各得元宫,乃有力。元宫者,如丙丁在南,甲乙在东之类。

【注解】太阴即岁后二辰,古人认为,紫微星后二星是后妃星,以义推之,太岁后第二辰即太岁之妻——太阴者是。此非月亮之太阴,万勿混淆。

犯太岁后修太阴之方,夫妻相合,可化凶为吉。须要注意的是,寻太阴之方,要以月建入中宫,寻当年太阴飞官处方是。十二年逐月飞官太阴见本册《郭氏元经·吊宫太阴篇第三十四》。

命运总例第三十九

【原文】造用山音葬用亡,纳音墓上审生乡。

得时旺地为真要,废绝休囚义不长。

造作以山音本运起长生,即以所用月建入中,求本山墓字到处,以论生克休比。如兑丁乾亥山,其音属金,库在丑。如四月作用,以巳月建入中,行见丑字到巽,为金受生之地,四月金生,故曰得时,泊在巽巳,故曰旺。

葬以亡命论。如甲子金命,十月作兑丁乾亥山,以亥月建入中,行见丑字到兑,虽曰旺地,然月令乃金病之乡,更值休囚废时,不能召福,故曰"义不长"也。

【注解】山音:此以洪范五行论,甲寅辰巽戊坎辛申八山音属水,离壬丙乙四山音属火,震艮巳三山音属木,乾亥兑丁四山音属金,丑癸坤庚四山音属土。

五行生旺衰病十二位表:

十二支 \ 十二位 五行	长生	沐浴	冠带	临官	帝旺	衰	病	死	墓	绝	胎	养
金	巳	午	未	申	酉	戌	亥	子	丑	寅	卯	辰
水	申	酉	戌	亥	子	丑	寅	卯	辰	巳	午	未
木	亥	子	丑	寅	卯	辰	巳	午	未	申	酉	戌
火	寅	卯	辰	巳	午	未	申	酉	戌	亥	子	丑
土	申	酉	戌	亥	子	丑	寅	卯	辰	巳	午	未

山音五行之墓十二月飞官表:

墓位 \ 十二月 五行	正月	二月	三月	四月	五月	六月	七月	八月	九月	十月	十一月	十二月
金	兑	乾	中	巽	震	坤	坎	离	艮	兑	乾	中
水	兑	乾	中	乾	中	巽	震	坤	坎	离	艮	艮
木	坎	离	艮	兑	乾	中	兑	乾	中	巽	震	坤
火	巽	震	坤	坎	离	艮	兑	乾	中	兑	乾	中
土	兑	乾	中	乾	中	巽	震	坤	坎	离	艮

纳音及用法详参前注。

三元入用第四十

【原文】大凡用日与干支,须明宝义和为期。

更辨三元分内外,刚柔六气要君知。

其法以天干生地支为宝日,地支生天干为义日,干支比为和日,干克支为制日,支克干为伐日。惟宝义日上吉,和制次吉,伐日凶。又有重辰日,如壬子、丙午、甲寅、乙卯、庚申、辛酉、癸亥、戊辰、丁巳、己未数日,造六畜栏圈用之吉,嫁娶忌重辰月。

三元六气刚柔日,内外事主吉。

内事乃婚姻、造作、入宅、开门、建路、葬埋、迁营、祀先等事。外事乃祭天、祈社、上官、出阵、行兵、封坛、建州、立郡、开市、营为等事。

天元:

甲丙戊庚壬子午日,少阴司天,阳明在泉,其日刚,外事吉。

乙丁己辛癸卯酉日,阳明司天,少阴在泉,其日柔,内事吉。

地元:

乙丁己辛癸丑未日,太阴在天,太阳在泉,其日柔,内事吉。

甲丙戊庚壬辰戌日,太阳司天,太阴在泉,其日刚,外事吉。

人元:

甲丙戊庚壬寅申日,少阳司天,厥阴在泉,其日刚,外事吉。

乙丁己辛癸巳亥日,厥阴司天,少阳在泉,其日柔,内事吉。

【注解】宝、义、专、制、伐:《淮南子》曰:"子生母曰义,母生子曰宝,子母相得曰专,母胜子曰制,子胜母曰困。以制击杀,胜而无极。以专从事而有功。以义行理,立名而不堕。以宝畜养,万物繁昌。以困举事,破灭死亡。"这里"困"即本文中的"伐日"。

曹震圭曰:"干生支者,得其天时也。支生干者,得其地利也。干克支者,得其人和,我可制彼也,故干为天,为我,支为地,为彼也。伐者,彼伐于我也,干为尊为我,支为卑为尊,是卑伐于尊,彼克于我,其义逆也。干支同类,是彼我同德,两势相敌,不分胜负,故忌出军。"

《考原》曰:"专日亦名和日。"

今据其义,将六十花甲的"宝、义、和、制、伐"五日分录于下:

宝日:丁未、丁丑、丙戌、丙辰、甲午、乙巳、戊申、己酉、庚子、辛亥、壬寅、癸卯。

义日:甲子、乙亥、丙寅、丁卯、戊午、己巳、庚戌、庚辰、辛未、壬申、癸酉。

和日:甲寅、乙卯、丙午、丁巳、戊戌、戊辰、己丑、庚申、辛酉、壬子、癸亥。

制日:甲戌、甲辰、乙丑、乙未、丙申、丁酉、戊子、己亥、庚寅、辛卯、壬午、癸巳。

伐日:甲申、乙酉、丙子、丁亥、戊寅、己卯、庚午、辛巳、壬戌、壬辰、癸丑、癸未。

据《通书》宜忌,宝日、义日、和日与吉神并,宜安抚边境、选将训兵出师。与天马、驿马等吉神并,宜颁诏。制日与伐日忌安抚边境,选将训兵出师,与德合赦愿并犹忌。查《通书》开山立向、修方神煞中,也未将此五日列入表中,说明此五日并非造葬与开山、立向修方中神煞,只宜安抚边境、选将训兵等外事中注意,余则不忌。

五运六气之说,其原理与木星运行,土木星交会,星宿岁差偏移,地球公转等星周期基本相合。若能认真研究,定会掌握五运六气之法。详参《象吉通书》卷三"五运六气"章,以及本书《佐元直指·卷首》。

女报男篇第四十一

【原文】人家生女不生男,多是阴阳有气偏。
　　　认取金乌方上报,立教蓬矢在门悬。

宜涓阳月阳日,寻前例金乌方将女眠之,遇生门、雷霆方吉。报女以玉兔阴方,择景门、休门,用阴日。

【注解】古人催丁之法,催男丁修太阳方,催女丁修太阴方,详参《八宅明镜》修方催丁一节。

设帐第四十二

【原文】欲知设帐夜无蚊，但取当旬水闭辰。

箕壁参轸以支值，自然此诀迥通神。

每月寻月内干支纳音值水闭日，更遇箕壁参轸四水宿日设帐帷，则蚊虫永绝。

【注解】闭：十二建除中的闭日。正月在丑，二月在寅，三月在卯，四月在辰，五月在巳，六月在午，七月在未，八月在申，九月在酉，十月在戌，十一月在亥，十二月在子。

箕、壁、参、轸：即二十八宿中的四水宿。行度参前注。

蚊虫孳生在水中，而本书却偏言蚊虫绝于水，于自然之理不合。《通书》认为，安床设帐宜天德、天德合、月德、月德合、三合、六合、生气等吉日，并逐月定有安床设帐吉日。今介绍如下：

正月：丁酉、癸酉、辛卯、乙卯、己卯、癸卯、癸丑、丁丑、乙丑。

二月：丙寅、甲寅、辛未、己未、乙亥、庚寅、丁未、乙未。

三月：甲子、丙子、庚子、丁酉、癸酉、己巳、壬子、乙卯、己巳。

四月：乙卯、丙子、丁丑、丙辰、辛卯、癸丑。

五月：丙寅、辛未、乙未、壬辰、庚辰、乙丑、甲寅、丙辰、己未、甲辰、庚寅。

六月：丁酉、癸卯、乙卯、癸酉、丙寅、甲寅、乙卯、丁亥。

七月：甲子、庚子、辛未、丙辰、壬子、戊辰、庚辰、丙子。

八月：丁丑、乙丑、癸丑、乙亥、甲辰、丙辰、丁巳、壬辰、庚辰、丁亥。

九月：庚午、丙午、癸卯、丙子、辛卯、乙亥。

十月：甲子、辛未、乙未、丁酉、丙辰、庚子、壬子、丙子、丙戌、癸卯。

十一月：甲寅、乙亥、丁亥、丙寅、辛未、癸未、乙未。

十二月：乙丑、丙寅、甲寅、甲子、壬子、丙子、庚子。

炉灶第四十三

【原文】炉灶惟宜月德方，五音旺处乃为良。

丙丁向坐方相值，小口汤灾宅长疮。

五音：徵音火在午，角音木在卯，羽音水在子，商音金在酉，宫音土在中之类。皆取造主本命，涓大煞月辰作灶，主不招讼。涓月财、六合与方合日泥灶，主旺。本灶口不宜向香火之前，灶炉亦不宜在享堂之后，俱不兴旺，主公讼疮病之患。

大杀日泥灶，主常时不招客。兼息时灾泥炉，主绝人往来。图具《佐元》集中，月财图具前。

【注解】五音：即宫、商、角、徵、羽五音。故人按五行把百家姓分为五音，各按其音选择。如赵姓为角音，属木，则生亥、旺卯、墓未、绝申。余例同。五姓音见本册《郭氏元经》第 343 面。

大煞：大煞即三合旺处，申子辰年在子，巳酉丑年在酉，寅午戌年在午，亥卯未年在卯。《历例》曰："大煞者，岁中刺史也，主刑伤斗杀之事。所理之地，主军不可向之，并忌修造，犯者主有刑杀。"因子午卯酉乃水火木金之正位，天地之交而日月之冲，若太岁在四正，则称为太岁而不称为大煞，如天子自理其畿内。如果太岁在孟季，则正位便成大煞，且亚于太岁，但重于官符、白虎等煞。

《例历》云，其为刺史者，因古代刺史有一方生杀之权，故大煞为凶神。取大煞不仅要取本年支方，亦要取逐月飞宫之方。即以月建入中宫，看本年大煞飞临何方何宫，即当年当月飞大煞方。如子年大煞在子，正月修作，以月建寅木入中顺布，子水到乾即是，一宫统三山，三方皆是。

逐年逐月飞大煞定局：

泊宫 / 月令 / 年支	正月	二月	三月	四月	五月	六月	七月	八月	九月	十月	十一月	十二月
申子辰年	乾	中	巽	震	坤	坎	离	艮	兑	乾	中	兑
巳酉丑年	震	坤	坎	离	艮	兑	乾	中	乾	中	巽
寅午戌年	离	艮	兑	乾	中	坎	乾	中	巽	震	坤	坎
亥卯未年	乾	中	兑	乾	中	巽	震	坤	坎	离	艮	兑

大煞与飞大煞为凶神,《通书》云忌修方。《宗镜》曰:"大煞为太岁三合旺方……盖太旺则亢,亢则属火,然制化得宜,修动旺方则发丁旺家,惟子午卯酉年叠岁君不可犯。"而本书则专择"大煞"日,相互抵触,与理不符,必须慎重。若强要取此四日,必宜与吉神同官方可,否则勿轻犯。

安灶为宅中大事之一,古人非常讲究,但因派系不同,其法也各异。八宅派的安灶法详参本书下册《八宅明镜》有关安灶注解。

《通书》中的作灶吉日是:甲子、乙丑、癸酉、甲戌、乙亥、癸未、甲申、乙酉、己巳、壬辰、甲午、甲辰、乙巳、己酉、辛亥、癸丑、甲寅、乙卯、己未、庚申并天德、月德、玉堂、生气及定日、成日。忌戊戌、己亥、庚子、辛丑、壬寅五日与以下凶神临方。

宅龙方:正、二、三、八月占灶。兴龙方:七、八月占灶。耗星:二月八月占灶。六甲胎神:四、十一月占灶。游龙:八月、十月占灶。伏龙:正月、八月占灶。羊胎:四、五、十、十一月占灶。猪胎:三、七、八月占灶。马皇:十二月占灶。牛胎:三、十、十一月占灶。牛黄杀:四、十月占灶。土公杀:春三月占灶。丘公杀:甲己年六月占灶,丙辛年十月占灶,乙庚年八月占灶,丁壬年十二月占灶,戊癸年二月占灶。

另还有朱雀、天瘟、土瘟、受死、天火、独火、天贼、地贼、毁败、重折等杀须要忌避,细细究之,可作灶之日少之又少。以笔者愚见,只要是岁命禄马贵人之方叠吉神或玄空飞星生气、旺气之方叠吉神俱可修作;绝命、宅龙等凶神可不论,丘公杀、马皇等假杀更不必避忌;然本书所说大煞是太岁旺方,却慎犯之。

辟白蚁第四十四

【原文】蚁虫为害避无难,反复推寻九紫间。

不问新迁并埋葬,居人自吉死人安。

法每以七十二候上起甲子,寻所用之年月日时在处吊入中宫,行求九紫到山,为避蚁虫之辰。如立秋中局,即于五局内起甲子,寻所用之日住处吊入中宫,求九紫到方为吉。又从月泊处起甲子,行求所用之日在处吊入中宫,行寻九紫。又从日泊处起甲子,行求所用之时住处吊入中宫,行求九紫在处。年月日时四课俱到,永绝蚁虫之害。须以生克消详,不克主山运为妙。

【注解】七十二候:古人以五天为一候,一年三百六十日共七十二候,又五天共六十个时辰,恰好一花甲,故以每候之首起甲子,与《奇门遁甲》阴阳二遁九局同,每节每候用局于下:

阳遁歌:冬至惊蛰一七四,小寒二八五同推。

春分大寒三九六,芒种六三九是真。

谷雨小满五二八,立春八五二相随。

立夏清明四一七,九六三以雨水期。

阴遁歌:夏至白露九三六,小暑八二五重逢。

秋分大暑七一四,立秋二五八流通。

霜降小雪五八二,大雪四七一相同。

处暑排来一四七,立冬寒露六九三。

每个节气分三候,第一候用第一字,第二候用第二字,第三候用第三字。如冬至节第一候,从一局起甲子,第二候从七局起甲子,第三候从四局起甲子。余仿此。

此说不可信,若以吊官论,或以太岁入中,或以月建入中,或以日辰入中寻修方或山向所得干支,此为正理。若以候上起甲子寻日,又有月建入中寻日,二者很难同在一处,且以候入中与理不合,更何况还有年月吊官与地支生合冲克,九紫是否得地等,均须详推,岂能仅以一九紫而定,故不可信。

《选择求真》中有"修治白蚁法"一节,比本书合义理,简单介绍如下:

凡白蚁为害,其故不一。有因水界不清而生,有因风吹劫而生,有因当日犯大罗睺而生,有种类带来而生者。治宜取火罗,死绝之候,水星得令之时,用暗金伏断、受死、月杀、闭、除等日,或酉亥日亦可。白蚁属火,此二日乃本气死绝之日,再合暗金伏断日时,百发百中。阳宅用木匠曲尺在白蚁处量至四尺九寸即止,将斧头在尺止处打四十九下,大发喝声,皆齐应"好",始起屋修造。阴宅在寅位上取土修理,遂及他处,用日与阳宅同。

杀位＼月令／杀名	正月	二月	三月	四月	五月	六月	七月	八月	九月	十月	十一月	十二月
受死	戌	辰	亥	巳	子	午	丑	未	寅	申	卯	酉
死气	午	未	申	酉	戌	亥	子	丑	寅	卯	辰	巳
除日	卯	辰	巳	午	未	申	酉	戌	亥	子	丑	寅

暗金伏断、闭日详参前注。

三元禄马第四十五

【原文】天上星辰照地支,周年宫主任施为。

一元朝揖尤为美,禄马双朝古亦稀。

子丑土,寅亥木,卯戌火,辰酉金,巳申水,午太阳,未太阴。

其例以禄为天元,马为地元,贵人为人元,各以月建寻太岁禄贵属何宫主论五行。如甲寅,禄寅为天元禄,属木;申马为地元,属水;丑未为贵人,属土,为人元,以论四课生克。如贵人属木,喜四课见土之类。又须三元泊于有气之山方,择进气之四课,斯为吉也。又如丙禄在巳,天元属水,喜秋冬,利坤乾坎地,四课宜纳音干支为禄马之地,故云"三元须作八方用"者,此也。

【注解】此以六合五行论,子丑合而化土,寅亥合而化木,卯戌合而化火,辰酉合而化金,巳申合而化水,午未亦合而化土。原文举申巳所属五行即据此义。

此为伪法。大凡选择造命,必以正五行为主。如甲木以寅为禄,乙木以卯为禄,均在临官之地,都是以本五行为根。如果卯以火论,是乙木生卯火,卯木反泄乙木之气,又何禄之有?即如死绝,丙火以巳为禄,巳火生寅、旺午、衰未、病申、死酉、墓戌、绝亥、胎子、养丑,死绝之方反为喜,实有悖义理,故云"伪法"。

然禄马之说乃选择造命最可令人信者,禄马贵人之用宜有气者亦合义理,但决非本文以六合化气五行论之。详参本册"禄马贵人第九"与"岁君禄马第十一"注解。

命龙星入土第四十六

【原文】合木修营别有功,三方凶路不宜逢。
　　　　中宫坤艮为归土,犯着黄梁一梦中。

巽巳　金长生　紫气	中　瘟瘟星	乾亥　木长生　地福
震　水星病死		兑　土星墓绝
坤申　水土长生		艮　寅火长生
坎　福星		离　天喜

凡命龙星,每从纳音长生宫起甲子,分男顺女逆,寻看本命往何宫,遇中宫忌修中堂,遇坤艮忌合寿木、生坟,亦忌倒堂修造。

【**注解**】《通书》中载有"命龙入土"一节,云:"纳音金生人辰戌丑未年入土。纳音木生人,寅申巳亥年入土。纳音水火土生人子午卯酉年入土。"因其入土共分三路,所以本书云"三方凶路不宜逢。"如甲子生人,纳音属金,五十三岁修造,五十三岁行年丙辰,是犯命龙入土。余仿此。

《通书》又云:"命龙入土忌倒营,修造犯者不吉,及三、六、九年内主官事,损六畜。修作中宫尤忌,动土凶。"

命龙星入土之说不合义理。古人既分五行,必有五墓,何以只有三墓,与五行之义不符。五行十二支,自古以辰戌丑未四土为墓,此例却把四生、四旺均例为墓,与古人立意不符,所以从未见一例使用过。如前举曾公为壬午生命造巳山亥向宅,用四己巳。壬午纳音木,己巳年为入土,正犯此杀,不凶反吉。又如曾公为壬午造主作巳山亥向宅,用四丁未,以本文之法,从木长生亥上起甲子,顺布九宫,己巳临坤,也是犯了命龙入土,但此二例均为先贤佳例流传,足证古人是不取命龙星入土之说的。

孤虚方第四十七

【**原文**】六甲空为孤,对宫为虚。

　　　　甲子旬,戌亥,辰巳;甲戌旬,申酉,寅卯;
　　　　甲申旬,午未,子丑;甲午旬,辰巳,戌亥;
　　　　甲辰旬,寅卯,申酉;甲寅旬,子丑,午未。

阳日坐阳孤击阳虚,阴日坐阴孤击阴虚。坐孤者胜,坐虚者负。凡博戏,行军,出阵用之。

【**注解**】古人以旬空为虚,其对为孤。如甲子旬中无戌亥,则戌亥为虚,戌亥之对宫辰巳即为孤。黄石公曰:"背孤击虚,一女可敌十夫。"古法十人用时孤,百人用日孤,千人用月孤,万人用年孤,惟有时孤最验。

旬中空亡者,是言在一旬之内,十干不及之二支而言。如甲子旬中,至戌亥无天干相配;甲戌旬中,申酉二支无天干相配者是。选择之法,用神落于空亡为无力,所以禄马贵人等贵神最忌临空亡宫中。还要注意的是,阳日取阳孤虚,阴日取阴孤虚为真。如甲子日见戌辰,乙丑日见亥巳之类。若阳见阴或阴见阳,其力便轻。如甲子日见亥巳,乙丑日见戌辰之类是。

原书开头"六甲空为孤,对宫对虚"之语有误,应是"六甲空为虚,对宫为孤",特更正。

朱雀煞第四十八

【原文】一名游天朱雀,一名横天朱雀。

初一行嫁主再娶,初九造屋必火焚。

十七葬埋多冷退,念五移居人财空。

上所忌之日犯之,灾害立至。

【注解】朱雀煞名目甚多,有天禁朱雀、山家朱雀、红嘴朱雀、九天朱雀等,横天朱雀只是朱雀煞中的一种。大凡选择,或用造命、扶山、相主为法而选岁命禄马、贵人;或用五行生克制化,而选三合六合;或用天星而选太阳、太阴躔照;即使用神煞也必合五行或天星义理,此横天朱雀仅凭每月死定四日而断吉凶,僵死呆板,毫无变化,有悖义理,故为伪煞,不必拘泥。

【原文】日家的煞例(附):以所用之日辰入中宫,遁寻本命到处为日的煞。如日辰属水,的主杀火命及寅午戌人。

【注解】的命杀是寻本命遁宫,见本册《郭氏元经·吊宫的命篇第二十三》。

造作天窍图第四十九

【原文】

年支 泊宫 名称	辰申子年	戌寅午年	丑酉巳年	未亥卯年
天安（吉）	辰	戌	丑	未
天伤	巽	乾	艮	坤
天鬼	巳	亥	寅	申
天亡	丙	壬	甲	庚
天灾	午	子	卯	酉
天厄	丁	癸	乙	辛
天耗	未	丑	辰	戌
天尊（吉）	坤	艮	巽	乾
天运（吉）	申	寅	巳	亥
天德（吉）	庚	甲	丙	壬
天库（吉）	酉	卯	午	子
天成（吉）	辛	乙	丁	癸
天华（吉）	戌	辰	未	丑
天哭	乾	巽	坤	艮
天灭	亥	巳	申	寅
天愁	壬	丙	庚	甲
天贼	子	午	酉	卯
天煞	癸	丁	辛	乙
天狱	丑	未	戌	辰
天禄（吉）	艮	坤	乾	巽
天荣（吉）	寅	申	亥	巳
天宝（吉）	甲	庚	壬	丙
天谷（吉）	卯	酉	子	午
天才（吉）	乙	辛	癸	丁

葬埋地曜局第五十

【原文】

泊官 名称 ＼ 年支	辰申子年	戌寅午年	丑巳酉年	未亥卯年
地建	辰	戌	丑	未
地劫	巽	乾	艮	坤
地克	巳	亥	寅	申
地煞	丙	壬	甲	庚
地伤	午	子	卯	酉
地败	丁	癸	乙	辛
地怨	未	丑	辰	戌
地禄（吉）	坤	艮	巽	乾
地进（吉）	申	寅	巳	亥
地德（吉）	庚	甲	丙	壬
地福（吉）	酉	卯	午	子
地库（吉）	辛	乙	丁	癸
地位（吉）	戌	辰	未	丑
地空	乾	巽	坤	艮
地刑	亥	巳	申	寅
地灭	壬	丙	庚	甲
地剑	子	午	酉	卯
地哭	癸	丁	辛	乙
地镇（吉）	丑	未	戌	辰
地华（吉）	艮	坤	乾	巽
地照（吉）	寅	申	亥	巳
地吉（吉）	甲	庚	壬	丙
地宝（吉）	卯	酉	子	午
地安（吉）	乙	辛	癸	丁

　　上天窍、地曜各二十四星,分配二十四向,加年月日时造作葬埋,合得吉星,自然获吉。前歌云"葬埋妙地暗,造作喜天明"者,此也。

　　【注解】细查天窍、地曜二图,以生三合与三合所生之方为吉,以三合局绝旺之方为凶。以申子辰三年为例,坤方有申庚,兑乾方为金,金生申子辰水局;艮方有寅,震方有甲卯乙,受申子辰水局之生。所以,申子辰年坤申庚酉辛戌艮寅甲卯乙辰诸向吉。立向之方,宜与年月三合,宜生年月或受年月之生,本无非议,若强以三合取向,亦不合五行生克冲刑之义。如寅年立申向,犯太岁与岁破,亥年立巳向亦犯太岁与岁破,未年立丑向亦犯岁破与太岁等,均大凶,不能言吉。所以凡用此法,宜与本命禄马贵人及太岁吉神合参。有吉神临者为吉,若并凶神者一定要细审,方可用之。

都天三太岁第五十一

　　【原文】其例每以五戌加寅,寻本年太岁之位上起正月,亦顺行寻所用之月到处,主灾祸不小。到向主公讼退财,到坐主疾病;到三合方冲动,阳方主男是非灾疾,阴方主女疾病横事。上半月属天干,下半月属地支。

　　【注解】都天三太岁与都天月游煞同,法从寅上起戌,顺数至本年岁支上起正月。如子年,戌加寅、亥临卯、子临辰,子是当年太岁。甲子年都天是戊辰,正是太岁临方,便正月在辰,二月在巳,三月在午,依此类推。详见下注。

游都天第五十二

　　【原文】例每以五虎遁寅入中宫,用阳逆、阴顺,寻戊午、戊子到处为游都太岁星。如己卯年正月遁起丙寅入中顺轮,戊午到震,

是阴年用五虎顺寻。阳年用五虎逆寻,戊午年管至丁亥止,戊子
年管至丁巳止,故己卯年系戊午年中,只寻戊午。

　　都天妙诀别阴阳,八卦游行分外详。

　　借问明言何处发,阴顺阳逆是其方。

　　子年午上堪嗟叹,离卦之中祸一场。

　　预断世间凶吉事,三方冲动乃为殃。

　　吉方报吉仍招吉,凶处行凶祸莫当。

　　【注解】戊午至丁亥三十年,以戊子为游都,戊午为旁都;戊
子到丁巳三十年,以戊子为游都,戊午为旁都。均以当年正月寅
遁入中,阳年逆数,阴年顺数,调戊泊宫起正,逐月轮流,三宫会
动,灾祸缠绵,向方叠煞,官事破败。如甲子年以正月丙寅入中
逆飞,调戊寅在兑,即从兑上起正月,是戊午游都正月在酉、二月
在坤、三月在中、四月在午、五月在巽、六月在中、七月在卯、八月
在艮、九月在中、十月在子、十一月在乾、十二月在中。

　　今据《象吉通书》,录各年游都天于下:

岁干 泊宫	甲	乙	丙	丁	戊	己	庚	辛	壬	癸
游都天	兑	午	巽	卯	子	卯	子	乾	兑	离

　　都天之说,至明时已非常杂乱,有旁都天、硬都天、巫都天、
真都天、总都天、定都天等二十余种,然除当年戊己都天本宫与
飞宫外,余皆伪。因都天以当年当月为重,飞宫当以本年或第一
轮见之为重,至于第二轮、第三轮见之,全然无力,何灾之有? 如
本书之游都天,甲子年寻戊午,已在第六轮之中,全无一点力量,
不必拘泥。魏青江云:“明末邪术以一都天而穿凿许多名色起
例,纷纷乱杂,而无一定之准验。”此二种即在其中也。

　　【原文】三合冲方吉凶例,分阴阳方位治之。

　　冲六畜栏圈,主公讼横祸。冲坐向,主灾疾。冲空房冷舍,主

损人。冲厕,主损畜。冲石类,主眼疾、隔病。冲枯木,劫刃方,主火殃。冲堆垛木料,主病、死人。冲神堂、庙宇、冷坛,主小儿死。冲面前大石,主腹心疾病。冲棺木与太岁到,主犯人命。冲阳刃同三煞,主盗贼劫。冲红紫花树并艳丽之物,主喜事。

上修所忌之方,只以尊帝到处并捉煞帝星同到,报之大吉,反主转忧为喜。

【注解】修造以太岁、岁破及三合局所冲之方为重,如果不犯,亦无灾咎。如果不小心犯动,或该方有道路、屋眷、墙角等冲射,或该方有枯树、破陷等均主有灾,须择吉报方修之。报方之法则须以所犯之神煞而选择。如犯太岁报太阴;犯官符,报天赦、解神;犯岁破,报六合、三合等,不能一概而论。但所报之方,必须是本命禄马、贵人及用神方验,否则,其力甚微。万勿舍本命而重神煞,甚至犯本命凶方,吉未到而祸先应!

郭氏致用口诀（附）

【原文】山家神煞,纷纭错综,悉难避忌。太岁一星,五般会煞,阴阳年月的命二煞,戊己都天,三太岁煞,横天朱雀为大凶。金神、剑锋、破败五鬼、火血、血刃、重辰、暗冲煞并为次凶。其余山家所占神煞,但得二德、三道、二奇、禄贵并临,作之转煞为权,化凶为吉。

【注解】三太岁煞:三煞,请参阅本书中册第623面。

破败五鬼:甲壬年在巽,乙癸年在艮,丙年在坤,丁年在震,戊年在离,己年在坎,庚年在兑,辛年在乾。其法是以纳甲冲方而论。乾纳甲壬,对冲在巽,故甲壬年在巽是。坤纳乙癸,对冲在艮,故乙癸年在艮是。艮纳丙,对冲坤,故丙年在坤。兑纳丁,对冲震,故丁年在震。余类推。因其为对冲,所以冠名"破败",又云"五鬼"者,因其为幽阴之象耳。《钦定协纪辨方书》认为:

以后天言之，似乎合理；但以先天位言之，反以冲射为吉。天地定位，山泽通气，雷风相薄，水火不相射，讲对待不嫌冲射也。此为强取，于理不通，故不必拘泥。

血刃：血刃名目甚多，有升玄血刃、逆顺血刃、打劫血刃、值山血刃、隐伏血刃、千斤血刃等，均无甚义理。以逆血刃为例，其例以八干四维分布六十甲子，各占一字而不用十二支。即甲子年在癸，乙丑年在庚，丙寅年在丙，丁卯年在辛，戊辰年在艮，己巳年在丙，庚午年在艮，辛未年在乾，壬申年在甲，癸酉年在丁，甲戌年在乾，乙亥年在丁，丙子年在乙，丁丑年在坤，戊寅年在壬，己卯年在乙，庚辰年在壬，辛巳年在庚，壬午年在癸，癸未年在巽等。《钦定协纪辨方书》云其"毫无理路，但取三字之可怕以恐吓愚人耳"，所以不必拘泥。

五般会煞、的命煞、金神、剑锋等见前注。

本节所说深合选择义理。《通书》所录诸煞，多至三百余名，同位异名者有之，吉凶抵触者有之，杜撰妄添、毫无义理者有之，但只以岁破(宅煞)、太岁、三煞、戊己及本命禄马、贵人为重，余皆非真煞，略带吉星，即可制伏。本文所举"横天朱雀、血刃、破败五鬼、剑锋"等均属伪煞，不必拘泥。重辰只忌婚嫁，余不忌。

【原文】年家太岁星煞，只看太岁吊替干支为主，与主宫刑冲为忌，切防本甲内犯之，大凶，出甲无祸。如甲子年作震，以甲子入中宫，行至坎位得己巳。再以己巳入中宫，行见丙子到卯，为太岁到处，子与卯刑，必有呻吟官非之厄。月家各寻所用之月，吊行论之。

【注解】此即吊替之法，先以当年太岁入中宫，寻太岁本宫上干支曰吊。再以太岁本宫上干支入中宫，寻太岁之支所泊之宫，其宫即替宫太岁方。如子年以子入中宫顺布，到子方得巳，此为吊太岁。再以巳入中顺布，子水岁支到卯，卯方即替宫太

岁。依此法,十二年吊替太岁成下表:

泊宫名称 ＼ 岁子	子	丑	寅	卯	辰	巳	午	未	申	酉	戌	亥
吊宫地支	巳	辰	巳	戌	子	丑	戌	丑	寅	亥	亥	子
替宫方位	震	中	中	坎	离	离	巽	坤	坤	乾	兑	兑

替宫太岁,古人并不避忌,举例以说明:

例1. 鲁冈壬山宅主,甲寅生,自康熙戊寅生一子,至雍正辛亥,父子俱纳宠久而不孕。辛亥冬取太阳到命修离坤兑三方,预券一年外可生三子,书存照验;后果子妾、父妾、子妻各生一子。

按:辛亥年以亥入中,吊丑至兑,再以丑入中,替亥至兑,以本文论是犯了太岁。

例2. 枣阳李元之,庚子生,住宅庚山申向兼申寅二分,坤申方有破陷,欲修补恐犯太岁、都天。天人家熊子叔择正德七年上元壬申,七月戊申,初一戊申日、庚申时修整,取四申为命禄且扶山,修后九年,辛巳年申月掘窖骤富。

按:壬申年以申入中,吊寅岁破至坤,再以寅入中,替申至坤,既犯岁破,又犯太岁。

从以上二例可以看出,替宫太岁之神无验。大凡太岁与岁破,当以吊宫之神为主,替宫之神,实属蛇足。若再以替得之神入中,一直轮去,是永无吉日矣,故不必避忌。

【原文】月家凶煞,重于年煞,年煞乃守宫之星,月煞由吊替而行,趋避之理,但以吊替为凭。

用月家,要吊替宫不犯冲伏为美。如一白到坎,八白到艮,为星伏之地;九紫到坎,八白到坤为星冲之地。子到坎,寅到艮为支伏之地,犯之大凶。冲寅申巳亥损宅长,冲子午卯酉损妻房,冲辰戌丑未损小口、奴仆,冲阳刃、冲阴宫损女。假如丁丑年十二月,巳山亥向，以丁丑入中宫，行见丑月艮上庚辰，再以庚辰入中宫，行见辛巳到乾，为巳冲亥，决主宅长犯官讼之扰。

【注解】犯反吟者为凶，以地支论，属六冲，如子见午，卯见酉之类，此为至理，千年不移。但以紫白论，如一白见九紫，二黑见八白之类，虽亦曰穿心煞，但先天八卦以对待合十为吉，又名"天心十道"，并非皆凶，详参《八宅明镜》一书中注解。至于伏吟之说为凶，更不合义理。一六八三白为吉，若得还宫，是吉上加吉；至于地支，若叠吉神，也是吉神还宫，何凶之有？如果凶星重叠，方为至凶，故要分别吉凶，万勿一概而论。

吊替之说，只以吊宫为重，替宫可不论。如本文例，丑年丑月修巳山亥向，以年月丑入中，吊寅到亥，是寅与亥合，至吉之方。若再以替宫入中，反为巳亥相冲，吉化为凶，与理相悖。

【原文】月家星煞最重，只以逐月月建入中宫吊行，寻所用之月建，再入中宫，如前例是也。如正月、十二月在艮，二月在震，三月、四月在巽，五月午，六、七月在坤，八月兑，九、十月乾，十一月坎，各正月分求之。

月家三元白星，只取生旺有气为主。如一白到坎，秋冬为旺；九紫在离，春夏为旺。若与五行相战克，反主吉中有凶，用之无益。若克本命，主公讼破财。

【注解】神煞以月家为重，此为正论。但只以本宫及吊宫论，替宫之说可弃。详参前注。

紫白旺相死绝之说，当与元运结合。如目下正当七运，七赤为旺，八白、九紫为生气，六白为退气，余皆为死凶之气，万勿只以月吊白论。详参本书下册《八宅明镜》注解。

【原文】用地将辨方正位，吊替吉凶神煞，的以正针为主，四维方三分其数，以主一月之吉凶。如戌乾亥山，冬至后顺，以上十日属戌，中十日属乾，末十日属亥。夏至后逆，以上十日属亥，中十日属乾,末十日属戌。用吉星,避凶煞,审吊替,例皆仿此。

制神煞先令凶星失时无气,更泊落死绝休废之乡,却得禄马贵人当令旺修之,化煞为权。切勿制克压伏,恐换太岁或合神煞,或冲压伏之辰,祸患大作故也。

【注解】大凡制煞,一曰合化,一曰制伏,或寻岁命吉星,或寻三合制之,均为正法。凡逢制化之年,必有吉应,并未有换太岁为凶一说。详参前注及《钦定协纪辨方书》《选择求真》及《通书》中制煞要法一节,便可知之。

【原文】克择之法,以真太阳为主,看星历某辰,气至某山某度,凭所到处之山,即择所坐之辰而用之,为神藏煞没,万山戴礼,召吉之法,以此为首焉。

【注解】本书之中,此论最精,七个太阳之中,惟真太阳为准,详参前太阳过宫度数表。

【原文】用天河转运道宫,二星每二十日管摄一宫,用主专以纳音生旺为主,喜与岁命禄贵同宫,刻期致福。如壬申日到申为生旺,壬申到艮为衰绝。他仿此。

用日期先看月令生旺之气,如艮山、艮土旺岁首寅月,即择戊寅、戊申等日时,与本山相生日作之,运得吉神佐福,可择类而长之,为吉也。

【注解】天河转运参前注。用日期为岁命禄马吉神以补山扶命,此是正论,但本文所举艮山选寅申日却非。应以辰戌丑未土助之,巳午火生之,或寅午戌火局亦佳。若独选申则泄艮山之气,寅多无化,为艮山之煞曜,均难全美。本节后两句不通,其义不明,他本与此亦同,不能修正,故仍依旧本,特说明。

【原文】葬埋先以亡命与太岁不冲克,旺神禄马贵人朝元,合年月三元白星,扶助太阳,山家运气泊入有气之宫,四课生,三德合山头,斯为尽美,极富并临尤佳。

　　修造出火，惟择方向吉利之处，会二德三道，可以就居，但忌年禁、金神、本命干鬼之方，犯之疾病。

　　选时用奇门之法，先以超接为定，次看随奇禄马贵人到局与奇相合，斯为吉也。如奇到而禄不到，为独脚奇；禄马贵人到局而奇不到为空亡禄马，皆不能为福而制伏神煞。

　　起造先看命主行年加太岁得何神将，胜光、神后为上。功曹、传送次之，再参合命前五辰，加宅神、宅命之位，看六壬得何神将，以所得之将入中宫，同九星所管之十二辰入中宫，以求四神并贪、巨、武、辅到何宫为吉。次以月将加宅长行年，看宅神、宅命得何星到山方，克择日期全以五辰纳音生旺有气为主。如戊辰生人，甲子年作丙午方，命宅在未，行年在戌，将河魁加本命位上，得小吉。而小吉属贪狼管摄，便以贪狼入中宫求之，见巨门土在乾，武曲金在坎，辅星到震，会乾坎震之传送、神后、功曹三吉神同位，又属有气之宫，更会岁命禄贵并临，吉可必矣。而此难遇，但不系天罡、河魁临行年，则亦吉也。

　　辰戌丑未月，凶神悉占中宫，切不可修造犯之，必损人财，大忌。

　　嫁娶只宜男女本命不与年月日时冲克，大喜命与月朔相合，忌犯天狗头尾方，只宜六合，喜神之位。

　　山运、亡运之类，备载经中，此不烦述。

　　召吉之法，只以雷霆太阳为主，十二星辰各取其到处，务合山家气运为主，造作取其到向，安葬取其到穴，即中宫也。如子日吊太阳到中宫，即到穴也。

　　雷霆三局，上劫升玄，取三元白星以助其吉。中劫升玄，取库楼、土曲、房显、官国以助其吉。下劫升玄，取山家禄马以助其吉。山家禄马即《元经》中甲艮禄在寅，壬乾禄在亥之类，各以月建入中宫寻之。如丁亥年十月作艮，以月建辛亥入中宫，行见甲寅到艮;其年六月丁未,以丁未入中宫,行见甲寅震,即此类也。

造葬修方,召吉发福,须以火星为生气,但得一到,便能焕发神功入,不恐有烈祸。如丑寅年独火在震,又寅年午为金匮火,十月吊到卯是。若吊得甲乙同九紫到卯,必主破财损畜。凡用月火星,忌月家九紫同到结党,为患不小。

【注解】天河转运、奇门、雷霆、六壬诸法详参前注。

本节第九条刚云"克择之法,以真太阳为主",第十九条又云"召吉之法,只以雷霆太阳为主",前后抵触,实难自圆其说。大凡用太阳,只以真太阳过宫为用,余皆非。

至此,《璇玑经》已全部注完,千言万语,千神万煞,只以岁命禄马贵人为重。如果吉神不与岁命禄马贵人并,其吉不应;若凶神与岁命禄马贵人并,其祸不验。万勿舍岁命禄马贵人而只用神煞,如此,则失易理远矣。

　　　　　　　　　　　　甲中年正月初四酉时
　　　　　　　　　　　　完稿于海口

后　跋

【原文】尝闻地犹车弩也，地之有年月犹车之有轮，弩之有机也。舍年月无以焕地灵，舍轮与机则车弩虽具，将焉用之？予生而偃蹇，无当世用，独于俯察之学醉心焉。每读《郭氏元经》并《璇玑》《宝海》诸书，觉前人示我以趋吉避凶之意，反复阐发，不一而足。年来获睹刘文成《佐玄直指》，尤觉集诸贤之大成，繇夜研思，演图纂注，其于阴阳变合之妙，时运胜复之秘，颇领其趣，乃敢稍出其说与明公商订。而古法玄奥，致索解人不得也。经曰："相山之法，势为难，形次之，方又次之。"是集遍考遗编，不敢参一臆见，期于邑先辈之旨，并以竟夫景纯方位之说云尔。若曰以克择造人之福，改天命而夺神功，则予岂敢铨衡，公欣然有当于心也。亟付剞劂以前民用，其嘉惠世道之意深矣。用是和盘托出，与世之同志者共焉。

古婺芙蓉山人江之栋跋

【注解】俯察：语出《易经·系辞》，后以俯察喻地理之学。

剞劂：古意剞为曲刀，劂为曲凿，今引伸为镌板。

《璇玑经》署名为晋赵载，但书中竟有数处云"详参《佐玄》"，《佐玄》乃明刘伯温所著，岂有古人反要参考数百年后书之理？且该书与《郭氏元经》的格式笔法如出一辙，为明时同一人托名伪撰明矣。就其内容，合义理者少，悖义理者多；虚添妄设者多，符五行生克制化之理者少，充其量不过可供参考而已，言其深奥玄微者，名实难符。

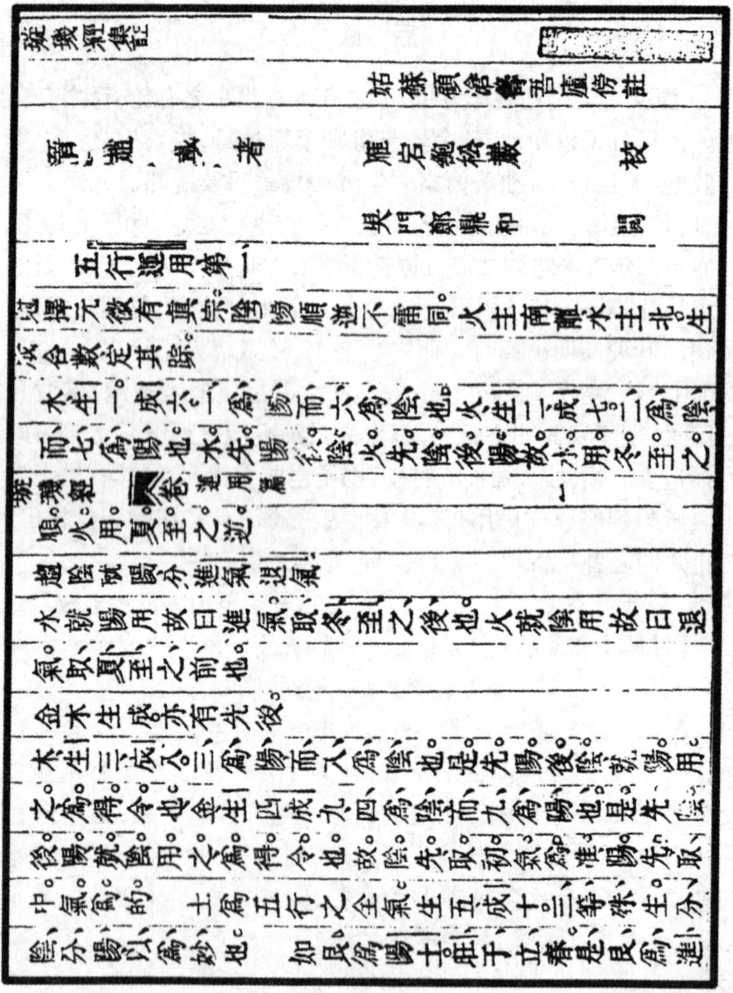
璇璣經集註

姑蘇顧滄籌吾廬傍註

晉 趙 載 者　雁宕鮑松巖 校

吳門鄭鼎和 閲

五行運用第一

冠擇元微有真宗陰陽順逆不雷同火主南離水主北生

洩合數定其踪

水生一成六一爲陽而六爲陰也火生二成七二爲陰

而七爲陽也水先陽後陰火先陰後陽故水用冬至之

璇璣經　卷一　運用篇　一

順火用夏至之逆

趨陰就陽分進氣退氣

水就陽用故曰進氣取冬至之後也火就陰用故曰退

氣取夏至之前也

金木生成亦有先後

木生三成八三爲陽而八爲陰也是先陽後陰就陽用

之爲得令也金生四成九四爲陰而九爲陽也是先陰

後陽就陰用之爲得令也故陰先取初氣爲進陽先取

中氣爲的　土爲五行之全氣生五成十三等殊生分

陰分陽以爲妙也　如艮爲陽土旺于立春是艮爲進

本面书影整理文字见上册第 392～393 面。

陽明搜索

乾隆庚戌年重刊

陰陽五要奇書

板藏姑蘇胥門外樂真堂

阳明按索图序

【原文】太史谓阴阳家多拘忌，诚哉是言也。盖因习阴阳之学者，理致不通；修阴阳之书者，删定不当。将尽从之，则彼此可否，不胜牵制；将尽弃之，则祸福显验，有不可诬。然则奚为而可？余意在权其重轻休旺而用舍焉。大而紧者避之，小而缓者略之，合于理者从之，背于理者去之，如斯而已。如太岁一星、剑锋、会煞、大月建之类，此大而紧者，所当避忌。如蚕室、太阴、流财之类，此小而缓者，可以略去，不必一一求合。如岁位吉凶，九宫飞白，神煞衰旺，吊宫刑克，旨意玄微，悉当遵用。又如杂夥天星，俚语怪诞，杜撰条例，愚弄聋瞽，不通于理，安可准凭！论阴阳者，既明去取，更当以胸中活法参用。如金神，恶煞也，其权司秋，其生在巳，正秋旺之候，值巳酉丑之方，决不免于祸。如作于冬春无气之月，分权去势，未必深害。即此而论，活法在人，可类推矣。故曰安得玄机之士，与之共论九流，冥契太史之微旨也。得是书者，作如是观，庶有裨乎！复心老人序。时至大改元著雍涒滩之岁菊月上章书

【注解】序者云"合于理者从之，背于理者去之"，深合选择之道。古时神煞二三百种，此吉彼凶，相互抵触；定其去留者，惟有一个标准，即"义理"；合五行生克制化者留，不合五行生克制化者去；合天星运转之理者留，不合天星运转之理者去；合岁命扶山、补龙、相主者留，不合岁命扶山、补龙、相主及五行生克制化等真机者去。太岁一星、剑锋、大月建等伪杀，误甚深，如本文所举金神旺衰例。何谓金神？天干见庚辛，地支见申酉，或纳音属金者是。本文云金神若值巳酉丑申方为旺，决不免于祸，试看古例：汝阳永乐魏郑公下祖坟，子山午向，用四

丙申,子孙代代入朝,富贵不替。年月日时皆犯地支金神,且为金旺之月。

　　由此可知,著者所论只可取其理,不可取其例,以免误耶!

　　至大:元武宗年号,公元1308年至1311年,仅四年。

卷首（凡例）按索图星煞致用口诀

论内局择方

【原文】图内方位星煞，并以红字为吉，黑字为凶。且如欲作卯方，先以支年图看卯方值红字为吉，三元白星同。次看干年图，不犯阴阳的杀，然后可作。即于支干二局，看何月份，卯方值红字吉星为可用。又须看吉星属何年份，不可一例作吉用。或年图不值红字，或卯方值黑字凶星，又犯命煞，却于支干二局，择何月份卯方值红字吉星，亦可小小修作。如干局值贵人、天月德、黄道、干德，支局值三白九紫、尊帝、太纪等，及内层月德、天道、人道、生气为大吉。或值朱点凶煞及诸小凶煞，用朱批者，作之无害。若值黑抹诸煞，却不可作。又须看凶煞属何年份，不可一例作凶用。或一局卯方值红字吉星，而一局卯方值黑字凶星，并无红字吉星，但不犯黑抹黑点凶煞，纵有小凶煞，亦为小吉可用。大凡选择，只依此诀，以两局参用为妙。

【注解】《阳明按索》一书，是把选择中神煞根据干支及八卦方位一一列出。其中天干是以甲己、乙庚、丙辛、丁壬、戊癸五合为据，每合十二个月，共分六十局。地支则先以十二支月轮排，而后又以子午卯酉四仲为一组，寅申巳亥四孟为一组，辰戌丑未四季为一组，逐月轮排，共四十八局。图中每年每月每方神煞都一一详细标出吉凶，吉神用朱批，凶煞用黑抹。惜原书属黑白体，无法分辨，故本书在注解中，把神煞吉凶一一标明，供读者研究参考。

阴阳的杀：又叫作赖布衣三不修。诀曰：

太岁中宫寻本命，寻着本命不堪修。

再将月建中宫发，顺寻本命送知休。

　　三将月建中宫遁,去寻太岁本命头。

　　三者至位君休作,财散人凶公事忧。

　　此外,如今《通书》则以太岁入中宫吊至本命之方,月建入中宫吊至本命之方为的杀。而月建入中宫遁得当年太岁之方乃犯太岁,非的杀。如丙寅年月修作,本命甲子,以太岁丙寅入中顺飞九宫,遁局成下表:

九宫	中	乾	兑	艮	离	坎	坤	震	巽
飞遁干支	丙寅	丁卯	戊辰	己巳	庚午	辛未	壬申	癸酉	甲戌
	乙亥	丙子	丁丑	戊寅	己卯	庚辰	辛巳	壬午	癸未
	甲申	乙酉	丙戌	丁亥	戊子	己丑	庚寅	辛卯	壬辰
	癸巳	甲午	乙未	丙申	丁酉	戊戌	己亥	庚子	辛丑
	壬寅	癸卯	甲辰	乙巳	丙午	丁未	戊申	己酉	庚戌
	辛亥	壬子	癸丑	甲寅	乙卯	丙辰	丁巳	戊午	己未
	庚申	辛酉	壬戌	癸亥	甲子	乙丑			

　　从上表可以看出,本命甲子飞临离宫,所以离方就是的命杀方,即本文所说的命杀。阴阳的杀,与的命杀仍有区别。《通书》曰:"论阳的杀以太岁遁起五虎元遁,逢亥入中宫顺数至本命所到之宫,不可修作,谓之'太岁寻本命',是阳的杀。如庚申生人,于甲辰年修作,甲己之年遁起丙寅,至亥是乙亥,便以乙亥入中宫,顺数丙子乾、丁丑兑、戊寅艮、己卯离、庚辰坎、辛巳坤,累累顺数去寻,戊午震、己未巽、庚申中。庚申生人,甲辰年不可修中宫,凶。余仿此。"

　　《通书》又曰:"论阴的杀,以本命生命年起五虎遁,又逢亥入中宫顺数,寻太岁所到之宫,不可修作,谓之'本命太岁',是阴的杀。假如甲辰年庚申生人修作,乙庚生人,正月遁起戊寅,至亥为丁亥,便以丁亥入中宫,顺数戊子乾、己丑兑、庚寅艮,累累顺数去,寻癸卯震、甲辰巽,则甲辰年庚申生人不可修作巽方,凶。其余仿此。"

　　据上法,阴阳的杀定局成下表:

　　甲己生人,甲己太岁,以乙亥入中宫顺遁。

九宫	中	乾	兑	艮	离	坎	坤	震	巽
飞遁干支	乙亥	丙子	丁丑	戊寅	己卯	庚辰	辛巳	壬午	癸未
	甲申	乙酉	丙戌	丁亥	戊子	己丑	庚寅	辛卯	壬辰
	癸巳	甲午	乙未	丙申	丁酉	戊戌	己亥	庚子	辛丑
	壬寅	癸卯	甲辰	乙巳	丙午	丁未	戊申	己酉	庚戌
	辛亥	壬子	癸丑	甲寅	乙卯	丙辰	丁巳	戊午	己未
	庚申	辛酉	壬戌	癸亥	甲子	乙丑	丙寅	丁卯	戊辰
	己巳	庚午	辛未	壬申	癸酉	甲戌			

　　乙庚生人,乙庚太岁,以丁亥入中宫顺遁。

九宫	中	乾	兑	艮	离	坎	坤	震	巽
飞遁干支	丁亥	戊子	己丑	庚寅	辛卯	壬辰	癸巳	甲午	乙未
	丙申	丁酉	戊戌	己亥	庚子	辛丑	壬寅	癸卯	甲辰
	乙巳	丙午	丁未	戊申	己酉	庚戌	辛亥	壬子	癸丑
	甲寅	乙卯	丙辰	丁巳	戊午	己未	庚申	辛酉	壬戌
	癸亥	甲子	乙丑	丙寅	丁卯	戊辰	己巳	庚午	辛未
	壬申	癸酉	甲戌	乙亥	丙子	丁丑	戊寅	己卯	庚辰
	辛巳	壬午	癸未	甲申	乙酉	丙戌			

　　丙辛生人,丙辛太岁,以己亥入中宫顺遁。

九宫	中	乾	兑	艮	离	坎	坤	震	巽
飞遁干支	己亥	庚子	辛丑	壬寅	癸卯	甲辰	乙巳	丙午	丁未
	戊申	己酉	庚戌	辛亥	壬子	癸丑	甲寅	乙卯	丙辰
	丁巳	戊午	己未	庚申	辛酉	壬戌	癸亥	甲子	乙丑
	丙寅	丁卯	戊辰	己巳	庚午	辛未	壬申	癸酉	甲戌
	乙亥	丙子	丁丑	戊寅	己卯	庚辰	辛巳	壬午	癸未
	甲申	乙酉	丙戌	丁亥	戊子	己丑	庚寅	辛卯	壬辰
	癸巳	甲午	乙未	丙申	丁酉	戊戌			

　　丁壬生人,丁壬太岁,以辛亥入中宫顺遁。

九宫	中	乾	兑	艮	离	坎	坤	震	巽
飞遁干支	辛亥 庚申 己巳 戊寅 丁亥 丙申 乙巳	壬子 辛酉 庚午 己卯 戊子 丁酉 丙午	癸丑 壬戌 辛未 庚辰 己丑 戊戌 丁未	甲寅 癸亥 壬申 辛巳 庚寅 己亥 戊申	乙卯 甲子 癸酉 壬午 辛卯 庚子 己酉	丙辰 乙丑 甲戌 癸未 壬辰 辛丑 庚戌	丁巳 丙寅 乙亥 甲申 癸巳 壬寅	戊午 丁卯 丙子 乙酉 甲午 癸卯	己未 戊辰 丁丑 丙戌 乙未 甲辰

戊癸生人，戊癸太岁，以癸亥入中宫顺遁。

九宫	中	乾	兑	艮	离	坎	坤	震	巽
飞遁干支	癸亥 壬申 辛巳 庚寅 己亥 戊申 丁巳	甲子 癸酉 壬午 辛卯 庚子 己酉 戊午	乙丑 甲戌 癸未 壬辰 辛丑 庚戌 己未	丙寅 乙亥 甲申 癸巳 壬寅 辛丑 庚申	丁卯 丙子 乙酉 甲午 癸卯 壬寅 辛酉	戊辰 丁丑 丙戌 乙未 甲辰 壬子 壬戌	己巳 戊寅 丁亥 丙申 乙巳 甲寅	庚午 己卯 戊子 丁酉 丙午 乙卯	辛未 庚辰 己丑 戊戌 丁未 丙辰

　　从命杀及阴阳的杀的起例来看，本命的杀是以太岁入中宫寻本命，尚合义理。阴阳的杀则是以本年五虎元遁至亥，再以亥入中宫寻本命或当年太岁，实属添足，且无义理，从未见古例中有人使用，故不必拘泥。试看古例，己巳本命修造用四己巳，真的命杀尚且为吉，何惧飞宫阴阳的杀。详参《郭氏元经·吊宫的命篇第二十三》。

　　贵人：全名天乙贵人，每个天干有一个阳贵人，有一个阴贵人，详参《郭氏元经·二遁贵人篇第六》。

　　黄道：《郭氏元经·黄黑二道篇第六十二》。

　　天德：天德是吉神，其起例诗曰：

　　　　正丁二申三辰逢，四辛五亥六甲同，

七癸八寅九居丙,十乙子巽丑月庚。

此方为福德之神,所临之地,宜兴工动土,修作出行,百事皆吉。天德不仅可直接取其方,飞宫天德方亦吉。其用法见《郭氏元经·天德篇第十四》。

月德:月德是吉神,其起例诀云:

寅午戌月丙上辉,亥卯未月甲干栖,

申子辰月壬日是,巳酉丑月逢庚地。

月德又名生气福德,所临之方,宜修造动土,嫁娶移徙,上官赴任等。月德不仅可直取其方,亦可取飞宫月德之方。其用法见《郭氏元经·月德篇第十五》。

干德:吉神,甲己干德在甲,乙庚干德在庚,丙辛干德在丙,丁壬干德在壬,戊癸干德在戊。所临之地,众殃自避,万福咸集,若修造动土,可获福佑。干德有年月日时之分,用法吉干德合命,可制众凶。详参《郭氏元经·干德篇第十三》。

三白九紫:其说起于《洛书》九宫,一白居坎,二黑居坤,三碧居震,四绿居巽,五黄居中,六白居乾,七赤居兑,八白居艮,九紫居离。古人认为,其中一白、六白、八白为吉,九紫为小吉,余皆凶。年、月、日、时三白星与九紫方,为吉,可修造;余方凶,不宜动作。详参本册《璇玑经》第365面。

尊帝:尊帝星为吉星,详参《璇玑经·天河尊帝第十二》及《佐玄直指·天河尊帝星》。

天道、人道均为吉神,人道报疾病犹吉,定局如下:

年支	子	丑	寅	卯	辰	巳	午	未	申	酉	戌	亥
天道	艮坤	甲庚	乙辛	巽乾	丙壬	丁癸	坤艮	庚甲	辛乙	乾巽	壬丙	癸丁
人道	巽乾	丙壬	丁癸	坤艮	庚甲	辛乙	乾巽	壬丙	癸丁	艮坤	甲庚	乙辛

二道虽为吉星,然其义理不深,故《钦定协纪辨方书》认

为,六道即《龙首经》之法而又推广之,愈凿愈陋。详参《郭氏元经》"人道篇第十七"和"天道篇第十六"。

生气:吉神,起例诗曰:

月月逢开生气神,正子二丑三月寅,

四卯五辰六巳顺,十二支中直顺轮。

生气为极福之辰,若逢临方,宜修作动土,种植开沟,上任拜官,婚姻出行,百事吉。详参《佐玄直指·卷九·年月生气方》。

论 吊 替

【原文】九宫之法,数祖洛书,乃天地自然之理。配三元九星,分阴阳二遁,轮飞吊替,吉凶具焉。经云"吊宫本为星煞马",凡一切星煞,皆由吊宫而行;生克刑冲,皆由吊替而知。修方选择之妙,无以加此。其法以用事月建入中宫飞轮八方,看上下主客加临,相生刑克,带吉带凶。次推替宫,以月份值所得甲子之辰再入中宫,顺布九宫,看相克刑克,如上遁。

如甲己年四月份,替得巽上丁丑,又入中宫,遁庚辰到艮,金土相生,吉。

又,三元九宫吊替,如上元甲子年三月作乾,系一白值年入中宫,吊二黑到乾,不吉。三月系六白值月,吊七赤到乾,名交剑杀,凶。

次推替宫,三月份属巽,替得巽上五黄,又以五黄入中顺布,六白到乾名还宫,诸煞皆伏。凡吊宫吉为上,替宫次之,或吊替与本位互相生,尤妙,或吊吉而替凶亦可用。

【注解】吊替之法,源于洛书,见本书中册《三白宝海·卷首·河图洛书》,从图中可看出,一白居坎,二黑居坤,三碧居震,四禄居巽,五黄居中,六白居乾,七赤居兑,八白居艮,九紫居离。为什么吊替先从中宫始,而不从坎一始? 因中宫为皇极至尊之方,中央之地,故吊替从中五始,乾六、兑七,一路顺行。

何谓吊?即以月建入中第一轮顺而是。如甲子年丙寅月修坎方,以丙寅月建入中,顺布丁卯乾、戊辰兑、己巳艮、庚午离、辛未坎,辛未就是丙寅月坎方所吊之神。

九星吊宫之法亦同。如上元甲子年丙寅月修坎方,丙寅月以二黑入中,则三碧乾、四绿兑、五黄艮、六白离、七赤坎。七赤就是甲子年、丙寅月吊得之星。

何谓替?即以吊得之神再入中宫顺布,直至修方所临之神是。如甲子年丙寅月修坎方,吊得之神为辛未,便以辛未入中顺布,壬申乾,癸酉兑,甲戌艮,乙亥离,丙子坎,丙子就是丙寅月替得之神。其吉凶则以吊神辛未与替神丙子相论。

九星替宫之法亦同。如上元甲子年、丙寅月修坎方,其方吊得之星为七赤,便以七赤入中顺布,八白乾,九紫兑,一白艮,二黑离,三碧坎。三碧就是丙寅月替得之星,其吉凶亦以七赤与三碧生克论。

吊替之法,只以吊宫为主,替宫之说不可信,且本书论生克是以纳音五行言,论九星非以修方布而以月令之方布,均与五行生克之义不符。详参《璇玑经·吊替入用第五》。

论　宫　位

【原文】支干二局,以二十四位分配八宫,各管三位。如乾管戌亥,子管壬癸。又,子午卯酉四正宫,五行一同,易以造作。如子管壬癸,三位皆水。惟乾坤艮巽四维宫,五行各异,不可不察。如乾管戌亥,戌属土,乾属金,亥属水。若火命作戌,火土相生,吉,作乾亥则凶,乃相克也。他宫准此。如作爻位,亦准此论。

【注解】时有八节,古人立八方以配之。时有二十四节气,古人立二十四山以配之。如下图:

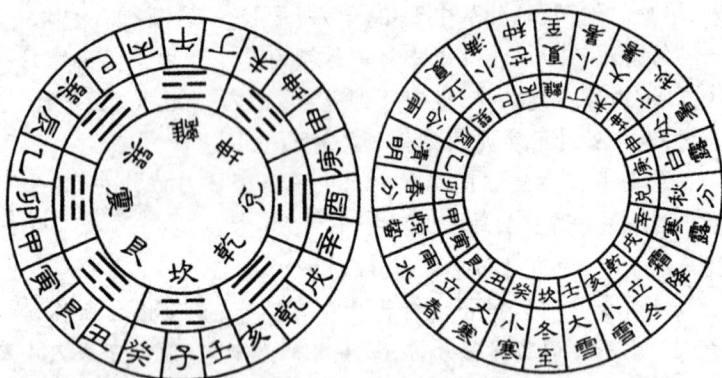

　　从这两图中可以看出,古人以天干八、地支十二再加四维卦,共成二十四方位。八卦惟用四隅而不用四正者,因四正卦正当子午卯酉之位,用支即用卦。两旁则用八干辅之,即甲乙辅震,丙丁辅离,庚辛辅兑,壬癸辅坎。四隅则以八支辅之,则戌亥辅乾,丑寅辅艮,辰巳辅巽,未申辅坤。不用戊己者,因戊己为中央,不属八方。二十四位立,则分属八卦,一卦统三山,戌乾亥属乾,壬子癸属坎,丑艮寅属艮,甲卯乙属震,辰巽巳属巽,丙午丁属离,未坤申属坤,庚酉辛属兑。

　　以二十四位与二十四节相配,则立春艮,雨水寅,惊蛰甲,春分卯,清明乙,谷雨辰,立夏巽,小满巳,芒种丙,夏至午,小暑丁,大暑未,立夏坤,处暑申,白露庚,秋分酉,寒露辛,霜降戌,立冬乾,小雪亥,大雪壬,冬至子,小寒癸,大寒丑。以四立、二分、二至正应八卦,是为八节。

　　二十四山之五行:甲乙寅卯巽五山属木,丙丁巳午四山属火,庚辛申酉乾五山属金,壬癸亥子四山属水,辰戌丑未坤艮六山属土。凡造命补龙、扶山、相主,均以正五行论。纳音五行、洪范五行、大小玄空五行等均不可用。

爻位：指卦象中的每一个具体位置，如乾卦六爻：

六爻——壬戌	父母	如果所作坐山或方位分金正值其中
五爻——壬申	兄弟	一位，便以其纳音五行与本官或所选择
四爻——壬午	官鬼	年月日时论生克。如作甲辰方，甲辰纳
三爻——甲辰	父母	音火，则宜木火土纳音年月日时，不宜水
二爻——甲寅	妻财	金纳音年月日时。风水中有专门论爻位
初爻——甲子	子孙	一派，在以后诸书中再详细介绍。

论去取星煞

【原文】凡贵人，若在阳遁得阴贵，或阴遁得阳贵，并无力，今皆不具。三白九紫临方相克或带煞及凶，并作黑字示，不吉也。凡吉凶同宫，而凶煞不可犯，则舍吉而避凶。或凶煞轻，则舍凶而用吉，如天月二德之类是也。太岁、剑锋为凶，轻者则不具，或用朱抹之。惟不可犯，至凶则具之。命煞在一甲内凶，三甲外不凶，亦不具。他星准此。

【注解】冬至后为阳遁，夏至后为阴遁。乾坎艮震为阳位，巽离坤兑为阴位。阳遁得阳贵为得时，得阳位为得地，吉。阳遁得阴贵为失时，得阴位为失位，不能为吉。相反，阴遁得阴贵为得时，得阴位为得位，吉。若阴遁得阳贵为失时，得阳位为失位，不能为吉。此说不合天乙贵人之意，详参《郭氏元经·二遁贵人篇第六》及《佐玄直指·卷五·元经禄马贵人》。

本章主要是论星煞吉凶取舍。大凡选择，二十四方都是吉神凶煞混杂。选择家认为，该方吉大则从吉，凶甚则避凶，虽吉但逢刑冲破害，亦以凶论。选择造命则认为，不论吉凶，均与本命太岁息息相关。凡生本命、太岁或为岁命禄贵者，即使是凶星亦不能为凶；凡克害刑冲本命、太岁者，即使吉星亦以凶论。故凶煞不冲克本命者无验，吉神不生合本命者不应。这才是选择取舍吉凶神煞之正途。

论局中星煞

【原文】支干二局,每局各分内外层,内层二十四位星煞各占一位,外层八宫星煞各占三位。如甲己年正月图,艮宫大月建,则丑艮寅三宫皆凶,他仿此。又外层吊宫,如甲子及加星,皆以正书大字是吊宫,偏书小字是替宫。凡诸星煞,须看逐位下小字,系某年份。如干局,甲己年正月,艮宫大月建下字云:"甲年则六甲皆凶,六己年不凶。"凡云至前则冬至、夏至前;至后则冬至、夏至后也。若星煞位下,不注年份,则此年同其吉凶。

又,支局四仲图,正月兑宫一白下云入墓,盖兑宫吊得辰是一白墓,凶。又云"戊子、戊午年凶",盖戊癸年遁得丙辰,是土克水,是白中煞,吉星反凶。他准此。

【注解】大月建为凶煞,其用法及义例,详参《郭氏元经·月建关篇第七十一》和《佐元直指·卷九·岁建月建忌轮到山》。

本节是言本书图中各神煞的看法,以其所举二例来分析,皆不合义理。其一云:"甲年则六甲皆凶。"选择中甲见甲为干德、岁德,造命中以甲见甲为一气,有相主之妙用,如天干一气格,均是以见本干为吉,此言凶者,不合义理。

其二云:"正月兑宫下一白云入墓,盖兑宫吊得辰是一白墓,凶。"又云:"戊子、戊午年凶。"其说更是支离不堪,既以九星论吉凶,则应以九星五行论。如中元甲子年,四绿入中,六白金到兑;正月八白入中,一白水到艮,一六白星相生相合,吉;何以能与吊得丙辰论生克? 真有张家之子反为李家之孙之嫌。若以支辰吊宫论,六戊年正月遁戊寅,吊得丙辰到兑,而兑宫遁得辛酉,是吊宫与本宫天地相合,亦吉,何必冠以凶字? 戊子、戊午年遁得丙辰到兑凶,而戊寅、戊辰、戊申、戊戌及六癸年均遁得丙辰到兑,何以不凶？种种矛盾，自相抵触，无一能通，此图的可信度明矣。

论　墓

【原文】凡宅长本命，值吊宫墓主凶。木墓未，火墓戌，金墓丑，水墓辰。惟土不同，庚午、辛未、庚子、辛丑之土墓辰，丙戌、丁亥、丙辰、丁巳之土墓丑，戊寅、己卯、戊申、己酉之土墓戌。凡宅长命并准此，《元经》论土有三等殊生，故墓亦不同。

【注解】十二支吊宫之墓定局：

泊宫支＼墓	子	丑	寅	卯	辰	巳	午	未	申	酉	戌	亥
丑墓	乾	中	兑	乾	中	巽	震	坤	坎	离	艮	兑
辰墓	离	艮	兑	乾	中	兑	乾	中	巽	震	坤	坎
未墓	震	坤	坎	离	艮	兑	乾	中	兑	乾	中	巽
戌墓	乾	中	巽	震	坤	坎	离	艮	兑	乾	中	兑

土有三墓之说，源于九星，因九星中二黑为坤土，八白为阳土，五黄为中央土，由此而衍生出土有三生、三旺、三墓之说，纯属添足。阳土为土，阴土为土，何以生死不同？况且又多一土，牵强甚明，不必拘泥。详参《郭氏元经》"四季土旺篇第三"及"阴阳二土篇第四"。

本节所云五行之墓是以纳音论，并非以本命天干正五行论。如甲子、乙丑纳音属金，墓丑；丙寅、丁卯纳音属火，墓戌等。仅从上举四干支就可以看出，子丑、卯戌为六合，寅戌为三合，都是选择中吉日。若冠以"墓"，吉凶则截然相反。如杨公为李枢密下祖坟，子山午向，丁巳化命，用壬申年，戊申月，壬申日，戊申时，后世宦不替。此例丁巳化命，纳音属土，以四申入中，吊得四丑至子山，本书认为丁巳以丑为墓，主凶，此却大吉，说明三土之

墓不合义理。又如杨公为京兆余侍御在未方作退居,主命乙亥,
用庚寅年、庚辰月、庚寅日、庚辰时,取四庚合乙,辰寅拱卯禄,修
后其子居高位。此例主命乙亥,纳音属火,以月时辰土入中,吊
得丙戌火墓至未,再说明本节论墓之说不合义理。

论 命 煞

【原文】的命煞但看干局月图,若所作方吊宫甲子是宅长、宅
母本命,则不可作,余人不忌。阳的杀以太岁虎遁见亥,以亥入中
宫,寻本命到处是。阴的杀以本命虎遁见亥,以亥入中宫,寻太岁
到处是。一甲内大凶,三甲内不忌。

【注解】一甲、三甲:以太岁干支入中顺遁,飞完九宫一轮名
一甲,二轮名二甲,三轮名三甲。六十花甲除九,得六余六,所以
共有七轮,方能轮完。大凡本命及吊宫太岁、神煞等,在第一轮
内临方为凶,第二轮其凶大减,三轮外甚是无力,故不必忌讳。
详参本书"论内局择方"一节。

论 方 道

【原文】凡州县人家造作,或隔大街,或隔屋壁,虽近不妨。
若作方只忌年月刑本命及本方。若州县建樵楼厅宇馆驿,却忌年
月犯凶星,官员尤宜谨之。若些小兴建轩亭,并不问吉凶之方,惟
要日吉。

凡村落之地,或隔大溪河,船桥可渡,不问吉凶星煞,惟忌太
岁一星及五般会煞。若隔溪水长流不绝,凶煞小不妨。若邻人造
作,方道不利,移床就天德方避之,吉。

【注解】风水理论认为,气遇水则止,所以凡龙脉行走,遇水
即止。城市中无水可界,路则为虚水,也有界气的作用。所以凡
修作方犯煞,若有路、有水为界,煞气已止,所以不忌。太岁为当

年之尊,对冲之方不可犯,五般会杀即子午、寅申、辰戌、巳亥、卯酉,均居太岁对冲之方,故名岁破,所以也不可侵犯。详参《郭氏元经·方道远近篇第六十九》)。

邻居修作,如果其方值年月官符、太岁、三杀、大小月建等杀,可用移官活法,把其方拨在吉位。古人迷信,也有用符照邻家所修之方者,待月节过后,除符无凶。还有认为,如果修方在一百二十步之外,因其气已远,可不问凶杀方道。《郭氏元经》方道远近一节中还认为,如果所犯凶方是同宗本家,且在五服之内为要。如果不是同宗,或是同宗已出五服,则不妨。其说与神杀之义不合。既云凶杀,五服内为凶,五服外还是凶杀;同宗者凶,异姓者亦为凶,何能此吉彼凶,此凶彼吉,莫非凶杀还有人情可讲乎? 实不合义理。

建州县衙门,除常用凶杀外,还有一种固定的选择方法,名"黄罗紫坛",特录于下,以供参考。十二星顺序与吉凶:

方位/神杀　地支		阳年月日时						阴年月日时					
		子	寅	辰	午	申	戌	丑	卯	巳	未	酉	亥
中黄	吉	子癸	寅甲	辰巽	午丁	申庚	戌乾	丑艮	卯乙	巳丙	未坤	酉辛	亥壬
德星	吉	丑艮	卯乙	巳丙	未坤	酉辛	亥壬	子癸	寅甲	辰巽	午丁	申庚	戌乾
荣耀	吉	寅甲	辰巽	午丁	申庚	戌乾	子癸	亥壬	丑艮	卯乙	巳丙	未坤	酉辛
灾神	凶	卯乙	巳丙	未坤	酉辛	亥壬	丑艮	戌乾	子癸	寅甲	辰巽	午丁	申庚
刑祸	凶	辰巽	午丁	申庚	戌乾	子癸	寅甲	酉辛	亥壬	丑艮	卯乙	巳丙	未坤
奸隶	凶	巳丙	未坤	酉辛	亥壬	丑艮	卯乙	申庚	戌乾	子癸	寅甲	辰巽	午丁
黄罗	吉	午丁	申庚	戌乾	子癸	寅甲	辰巽	未坤	酉辛	亥壬	丑艮	卯乙	巳丙
紫坛	吉	未坤	酉辛	亥壬	丑艮	卯乙	巳丙	午丁	申庚	戌乾	子癸	寅甲	辰巽
宥神	吉	申庚	戌乾	子癸	寅甲	辰巽	午丁	巳丙	未坤	酉辛	亥壬	丑艮	卯乙
伏罪	凶	酉辛	亥壬	丑艮	卯乙	巳丙	未坤	辰巽	午丁	申庚	戌乾	子癸	寅甲
显星	凶	戌乾	子癸	寅甲	辰巽	午丁	申庚	卯乙	巳丙	未坤	酉辛	亥壬	丑艮
狱符	凶	亥壬	丑艮	卯乙	巳丙	未坤	酉辛	寅甲	辰巽	午丁	申庚	戌乾	子癸

中黄吉，德星吉，荣耀吉，灾神凶，刑祸凶，奸隶凶，
黄罗吉，紫坛吉，宥神吉，伏罪吉，显星凶，狱符凶。
其法阳年顺行，阴年逆布。其余神杀与修造同。

论守爻

【原文】出爻作方，最难要两处皆吉。坐宅作方，只要作处吉。
盖土木是无情之物，造作犯凶星，其灾小。人为万物之灵，有情之
物，出爻方犯凶方，其灾大。凡守爻处远，则方隔止一方，则或犯
两三方，难遇皆吉。

【注解】本文所说的爻是言爻路。如果造作，须要出宅移徙，
搬出之方为爻路。此类修作，不仅要修作之方吉庆，出宅之方亦
须有吉神，所以云两处皆吉。凡造作动土，名犯土煞，其灾较小。
如果搬迁之方犯煞，谓之我去犯煞，天气有感，故灾大。所以凡
出宅，必须使修方及出爻方皆吉方可。

论吊宫吉方

【原文】贵人若阳遁得阳贵，又在阳宫；阴遁得阴贵，又在阴
宫，为得位。或窠会，或进气，或还宫，皆大有力，能压凶煞。只戊
庚年吊己丑、己未为窠会。冬至至惊蛰，夏至至白露为进气。如
丙丁年，吊酉到兑宫为还宫。余准此。惟贵人还宫，官员反凶，忌
作，常人大吉。

【注解】古人认为，贵人一星居于丑方，故贵人从丑起，所
以丑方为贵人之窠。未土也是甲戊庚三干贵人，未土临丑，叫作
贵人窠会。言其大吉，却不敢苟同。因丑未虽为贵人，但也是六
冲正位，贵人逢冲，其力大减，即使可增福，也主先凶后吉，绝无
大吉之理。如甲戌年，三月作丑，以戊辰月建入中宫，吊辛未到
丑，丁丑辛未，天克地冲，本身难保，何能制凶趋吉？再举魏青江

《阳宅大成》中一例以说明：甲子年六月作坤未，以月建辛未入中宫，调阳贵丁丑到方，丑冲未，未刑丑。官讼有司审判不利，后得枭救免。故知贵人窠会大吉之说无理。

进气、退气：本书所言冬至至惊蛰为进气，春分至夏至为退气等论，与五行生旺休囚之理不符。如贵人为火，立春后进气，春分后将旺何云退气？又若贵人为申酉二金，冬至后水、木、火相继生旺，金为死绝之气，何能以进气论？所以凡用贵人进气有力者，必以正五行论。

即：寅卯木，冬为进气，春为旺气，夏为退气，秋为死气。

　巳午火，春为进气，夏为旺气，四季月为退气，冬为死气。

余金水土类推。

还宫：贵人临本宫是。如乙以申子为阴阳贵人，正月作坤申方，以寅入中，吊申到坤；六月作坎方，以月建未入中，吊子到坎方是。此类因贵人临本位，大六壬申称作升殿，极为有力，本书云官员反凶者实背义理，故不可信。

贵人吉凶及用法，详参《郭氏元经》"二遁贵人篇第六"与"刑入贵人篇第十一"。

【原文】天德为大吉星，如值还家大有力，不怕凶煞。遇戊寄乾巽，己寄坤艮，如二、八月遁见己，五、十一月遁见戊，即是天德、月德，大宜作方，亦值还宫为上吉。更值贵人、天德，尤吉。

【注解】还家：飞宫天德飞还本宫是，其定局见本册《郭氏元经》第80面。飞宫天德还家是指天德还二十四山之本位。如正月天德在丁，飞宫天德至离是。如此则甲己四月飞宫天德临兑，是辛至辛；丁壬年六月飞宫天德临甲，是甲至甲；丁壬年七月飞宫天德临坎，是癸至癸；戊癸年九月飞宫天德临离，是丙至丙。以上为天德还宫。

月德飞宫定局见本册《郭氏元经》第86面。

飞宫月德还宫是指月德还二十四山之本位。即丁壬年正月飞宫月德临离，是丙至丙；甲己年二月月德临震，是甲至甲；甲己年四月月德临兑，是庚至庚；乙庚年五月月德临离，是丙至丙；丁壬年六月月德临震，是甲至甲；戊癸年八月月德临兑，是庚至庚；戊癸年九月月德临离，是丙至丙；乙庚年十月月德临震，是甲至甲，以上为月德还宫。

天月二德同临一宫：甲己年四月二德同在兑，六月二德同在艮，九月同在兑，十月同在中，十二月同在艮；乙庚年二月天月德同在坎，三月同在兑，四月同在中，六月同在乾，八月同在坎，九月同在中，十二月同在坎；丙辛年三月天月德同在中，六月同在中，九月同在巽，十二月同在中；丁壬年三月二德同在巽，六月同在震，九月同在坤，十二月同在离；戊癸年三月二德同在坤，十二月同在坎。以上是天德与月德飞宫同临一宫之月。

月德与天乙贵人并，当以本命贵人为要，太岁贵人次之，可对照飞宫贵人参之。

【原文】干德己年在甲，以阳制阴，如君制臣，其福亦大，凡官符、刑煞皆能救解。经云"官符遇德无刑忒，刑杀遇德救援之"，如甲子年吊得己丑是。凡月德在年可用，若年德在月不可用，如己年吊得日干甲是。

解神能解凶煞、刑煞、官符煞。

催官鬼使，凡士人应举，久不成名，可吊寻贵人与催官同到方所修作之，吉。

【注解】干德阳年为合财，阴年为合官，均是相主至吉之干，故吉。但宜与地支合参，不使地支临刑冲破害方宜。详参前注。

解神：详见《郭氏元经·解神篇第十八》。

催官鬼使：春乙、夏丁、秋辛、冬癸。《郭氏元经》认为，科举无名，久居不起，可修报催官鬼使之方。详参《郭氏元经·催官鬼使篇第十九》。

【原文】紫白临方相生及旺相,不避凶煞。若相克或带煞,或值吊宫墓,或年月上墓,或吊宫克,皆凶。凡一白值年,不可作中宫及坤艮,土克水也。他星准此。凡一白入南,九紫入坎,六白入巽,八白入坤,皆名穿心煞。一白、八白入巽,六白入艮,九紫入乾,皆名灭门杀。六白入兑,名交剑杀,吉星反凶。五黄虽凶,若阳遁在阳位,与阳土比,得八白为吉,可用。

凡万工以下用年白,千工以下用月白,百工以下用日白,十工以下,一二日用时白。

【注解】本节所说用紫白之法,皆是以九星五行论。即一白属水,二黑、五黄、八白属土,三碧、四绿属木,六白、七赤属金,九紫属火。

紫白旺相:一白水秋相冬旺,为得时,临申兑乾坎为得地,有力。

六白金四季月为相,秋为旺,为得时,临艮坤巽兑乾为得地,有力。

八白土夏季为相,四季月为旺,为得时,临乾坤艮巽离为得地,有力。

九紫火春相夏旺,为得时,临寅震巽离为得地,有力。

一白水临辰戌丑未坤艮为受克,六白金临离为受克,八白土临寅震巽为受克,九紫火临坎亥为受克,均主无力。

一白入巽,巽中有辰,为一白水墓;八白入巽,巽中有辰为土墓;六白入艮,艮中有丑为金墓;九紫入乾,乾中有戌,为火墓。选择中九星入墓称作"六捷杀",《郭氏元经·吊宫四墓篇第三十三》论述很清,本书又立名为"灭门杀",与选择中"灭门杀"同名异例,实为妄添。

本文所论紫白用法,看似合理,实际误人甚深。古人既立三元九运,则运运有主旺之星,运运有衰败之星,循环不息,周流不止,岂有一星永吉,一星永凶之理。玄空飞星派认为,本运当令之星为旺气,将来之气为生气,本运旺星所生之星为辅佐之气。如目下正逢八运,八白土为旺气,九紫火及一白水为生气,余皆为休废之气。此说甚合新陈代谢自然之理,生动活泼,毫无滞涩。故若用九星选择,此为正法,别无他余。

至于五黄临阳位为吉之说,尤为荒谬。五黄为九星中至凶之星,称作"五黄大煞"。如若犯之,轻者疾病是非,重者丧人至五数。除四运中五黄为生气,五运中五黄为旺气为吉外,余运绝不可用。关于五黄,本书中册《三白宝海》第522面和上册《郭氏元经》第316面均论及,可参阅。

论吊宫凶星

【原文】太岁一星,其凶最大,一切吉星难救,惟贵人窠会可救。如中元壬午,系四绿值年,以四绿入中,轮至本年支上得八白,再以八白入中,轮见四绿在子,名太岁一星。至本年八月,吊子到艮,又值四绿与子同会,名真太岁一星。余准此。

【注解】太岁一星有二,一是当年岁支,二是当年入中九星,太岁头上不可动土,是言太岁为本命凶煞之时,如果太岁为本命禄马贵人,却有补龙、扶山之妙用,太岁反为最吉之神。如曾公为壬午生命,造巳山亥向宅,用四己巳,取己为壬命正官,己禄到午命,壬命贵在巳,壬禄在亥,用四巳冲禄,后有出状元之验。此年、月、日、时及坐山均犯太岁,因太岁为吉神,故有吉应之例。所以犯太岁之说为凶,不必拘泥。

紫白虽有太岁,但求法是以当月所值九星入中飞轮,寻当年入中之星飞临处是。如上例,壬午年四绿值年,正月修作,以当月入中之星八白入中顺布,则九紫乾,一白兑,二黑艮,三碧离,四绿坎。当年太岁四绿临坎，坎方是当年太岁之方。然四绿为木，一白为水，一四同宫，依飞星法论，主有科名之显。若值旺相，有高中登第之吉应，并非凶祸。所以太岁也要仔细区别，不能一概而论。

须要注意的是，寻太岁之法，只能是以地支寻地支，以九星寻九星，决不能九星与地支同用，如本书用四绿入中寻太岁方，即非正理。

犯太岁之方虽有吉有凶，犯岁破之方却均以凶论，绝无吉义。有趣的是本书所用之法，虽非求太岁之正法，但恰是岁破之方。以上元甲子旬为例。

泊宫　太岁 项目	甲子	乙丑	丙寅	丁卯	戊辰	己巳	庚午	辛未	壬申	癸酉
入中之星	一	九	八	七	六	五	四	三	二	一
岁支之星	六	三	二	五	五	四	八	九	八	三
太岁临方	离	坤	坤	兑	乾	乾	坎	艮	艮	震

由此可知，本文所说求太岁之法，非求太岁，而是求岁破，故不可犯。

【原文】 剑锋杀，常在月建前一位，正月甲，三九月戊，六十二月己。戊寄乾巽及中宫，己寄坤艮及中宫。其法以太岁入中宫，先布月份甲子，却以月份所得甲子某辰入中，求逐月到处。遇干支同到为正杀，杀人畜肉满千斤。本家人畜不足，邻人补之。凡子午卯酉每宫各管一月，乾坤艮巽每宫各管二月。如甲辰月，即以甲辰入中，乙巳乾九月份，丙午兑八月份，丁未艮正月份，第二匝甲寅乾十月份，丙辰艮十二月份。若正月则用丁未入中宫，甲寅到卯为正杀，或干支同到是也。

正月甲寅，二月乙卯，三月戊辰，四月丙午，五月丁巳，六月己未,七月庚申,八月辛酉,九月戊戌,十月壬子,十一月癸亥,十二月己丑。

【注解】剑锋杀:《郭氏元经》中称为"剑锋重赙杀",其法二十四山周列支前一位是。如寅前是甲,卯前是乙等。乾巽以戊代替,坤艮以己代替,因乾巽中辰戌为阳,坤艮中丑未为阴故。此说不合义理,其伪有二。

选择书中均以甲见寅,乙见卯,庚见申,辛见酉等为支禄;以酉见辛,卯见乙,申见庚,寅见甲等为干禄,乃造命扶山相主中至吉之神,《郭氏元经》《璇玑经》等均从此义。如杨公为许氏葬庚山甲向地,用己未年,辛未月,己未日,辛未时,取庚山聚贵于四未。此局六月安葬,年日皆己未,依本文是犯了剑锋重赙杀,然不仅未杀人畜,且为佳例流传至今,足以说明此杀之伪。

其二,起例不合义理。太阳轮转一周,二十四山,每山十五度,丑山十五度,寅山十五度,卯山亦十五度,何以卯管一月,丑寅却要分两字轮,莫非太阳轮转一周时,要旷过四山,第二匝只轮此四山而不轮其它八山,有是理乎? 更何况一家犯杀,只殃及本家,邻家又没犯杀,岂能连及邻家? 如此种种,皆不合情理。详参《郭氏元经·剑锋重赙篇第二十五》。

【原文】暗剑杀,乃值月星及本位所得之星,如一白值月入中,轮见六白到坎一白本位,是其煞,如臣夺君位。若月首之日纳音制煞,则吉,煞制月首,大凶,相生比和亦大凶。如六白为煞,月首值火日,则吉。

【注解】暗剑杀:详《郭氏元经·暗剑杀篇第三十》。

【原文】五般会杀,乙巳加乾,辛亥加巽为罗网煞。戊戌加巽,戊辰加乾,为魁罡煞。甲寅加坤,庚申加艮,为刑害煞。辛酉加震,乙卯加兑,为离合煞。壬子加南,丙午加北,为阴阳会杀。五俱不可犯。

【注解】亥为天罗,巳为地网,故辛亥、乙巳互加为罗网杀。戌为河魁,辰为天罡,故戊辰、戊戌互加为魁罡杀。卯为日出之方,为合门;酉为日落之方,为离门;也有认为二月雷来,八月雷去,故辛酉、乙卯互加为离合杀。子月阴极而阳生,午月阳极而阴生,均为阴阳极限之时,故壬子、丙午互加为阴阳会杀。寅申相刑,故为刑害杀。五般会杀都是飞临冲克之方,言其为凶,甚合五行生克冲合之理,此为正论,非伪杀,定要重视。详参《郭氏元经》第三十九篇至第四十三篇。

【原文】三般刑杀:甲子加卯,甲戌加坤,甲申加艮,甲午加午,甲寅加巳,甲辰加巽是,又名六仪刑。

【注解】此言旬首逢刑,子刑卯,戌刑未,申刑寅,寅刑巳,辰午自刑。详参《郭氏元经·支干刑害篇第十》。

【原文】太岁煞:以月建入中宫寻太岁到位,在一甲内与本方相刑克,大凶,比和不凶,二甲小凶,三甲不忌。

【注解】以月建入中,寻各年太岁泊宫定局见下表。

月令 泊宫 年干	正	二	三	四	五	六	七	八	九	十	十一	十二
子年	乾	中	巽	震	坤	坎	离	艮	兑	乾	中	兑
丑年	兑	乾	中	巽	震	坤	坎	离	艮	兑	乾	中
寅年	中	兑	乾	中	巽	震	坤	坎	离	艮	兑	乾
卯年	乾	中	兑	乾	中	巽	震	坤	坎	离	艮	兑
辰年	兑	乾	中	兑	乾	中	巽	震	坤	坎	离	艮
巳年	艮	兑	乾	中	兑	乾	中	巽	震	坤	坎	离
午年	离	艮	兑	乾	中	兑	乾	中	巽	震	坤	坎
未年	坎	离	艮	兑	乾	中	兑	乾	中	巽	震	坤
申年	坤	坎	离	艮	兑	乾	中	兑	乾	中	巽	震
酉年	震	坤	坎	离	艮	兑	乾	中	兑	乾	中	巽
戌年	巽	震	坤	坎	离	艮	兑	乾	中	兑	乾	中
亥年	中	巽	震	坤	坎	离	艮	兑	乾	中	兑	乾

　　求太岁有求真太岁之说。如甲子年，丙寅月，以月令丙寅入中，第七匝坎宫见甲子是。此名为真太岁，实为假太岁，因第七轮才见，如人见远祖，早已无力。所以，凡求太岁，当以地支为准，第一轮中见之即是，不必舍此真太岁而求几轮后之所谓真太岁，因其已无丝毫之力也。

　　【原文】月建煞，以太岁入中宫，寻月建到位，在一甲内与本方相生亦大凶，或克宅长命尤凶。一名小儿煞，又名阴中太岁，犯之先杀宅长，次杀小儿。

　　【注解】月建煞：请见本册《郭氏元经》第270面。

　　【原文】大月建，甲癸庚丁起艮，乙辛戊起中，丙壬己起坤，俱逆数。如庚戌年正月起艮，逆飞二月兑，三月乾，四月中，五月巽，六震，七坤，八坎，九离，名逆小儿杀，会的杀、年禁，大凶。惟此不可犯，虽紫白无救，最凶。

　　【注解】大月建之法，本书有误，《钦定协纪辨方书》以子午卯酉年正月起艮八逆行九宫，辰戌丑未年正月起中五逆行九宫，寅申巳亥年正月起二坤逆行九宫，其起例合三元九星月紫白之法。若用本书之法，则仅甲子至癸酉十年与月飞星合，余均不合，故应以《钦定协纪辨方书》为正。另见《佐元直指·卷九·岁建月建忌轮到山》。

　　年禁：见《郭氏元经·三元年禁篇第二十》。

　　年禁之中间一字为岁破，言其至凶，深合义理。前后一字，则须推敲，并非皆凶。如卯年见戌，辰年见酉，酉年见辰，戌年见卯为六合等，若与本命相合，且为本命吉神，则更吉。甲午、戊午见丑为天乙贵人，丙子年见巳为禄等亦以吉论。

　　【原文】金神七杀，用年干遁取。如甲己年遁壬申、癸酉是。金神七杀，遇庚辛二干亦是，庚辛申酉金亦是。惟忌巳申酉月乘旺，作之大凶。余月无气，不凶。

【注解】金神七杀:见《郭氏元经·金神七杀篇第三十八》。

【原文】飞天官符,年月官符所在之方,作之大凶,主杀宅长及非横官灾。若马同到,祸尤速。

【注解】官符有天官符与地官符之别。

飞天官符定局(一方占三山)见本册《璇玑经》第 466 面。

飞地官符定局(一方占三山)见本册《郭氏元经》第 162 面。

从表中可知,月家天官符为三合局临官之方,地官符为三合之方,都是选择造命中的吉局。所以,凡天地官符为本命吉神时,均可使用,若为本命刑害克冲之方,方以凶论。另见《郭氏元经》"月家官符篇第三十一"与"报官符篇第三十二"。

【原文】独火惟是一白或太岁属水,或吊宫值壬癸,或秋冬用壬癸日,并不能为灾。若四五月值三碧、四绿同宫,大凶。月独火惟宜作池井陂堰得福,大忌埋葬、修造六畜栏栈、守爻窑灶,并凶。又官员僧道修之,吉。即月六害。

【注解】独火有年独火与月独火之分,详见《郭氏元经》"年家独火篇第二十八"与"月家独火篇第二十九"。

论内层年家吉星凶煞

【原文】岁德、天道、人道、利道,修造大吉,主进人口,生财进产。博士,岁之贵神,忌动土兴工,候岁月天道、人道、月德到位,增修泥饰,吉。奏书,岁之吉神,掌伺察诸神,忌穿掘修营,候岁月天德同位,修饰之,吉。

【注解】奏书、博士为吉神,《通书》中云利于兴修,本书云不宜兴工动土,相互抵触。详见本册第 675 面注。

【原文】太岁、岁破、帝车,其方忌动土修作,犯之杀宅长,凶。

天命、毛头、大退,起造兴工动土,大凶。

土皇凡在一方,常游对冲一方,一方各占三位,切忌动土修造,主杀人破家。火道,主火、瘟疫。

【注解】帝车:《起例》云"四利三元遁太阳、太岁二位去消详",意即四利三元太岁前一辰,太阳之位。如此,帝车则子年在丑,丑年在寅,寅年在卯,卯年在辰,辰年在巳,巳年在午,午年在未,未年在申,申年在酉,酉年在戌,戌年在亥,亥年在子。因在太岁之前,如帝之车,故曰帝车。太阳之位,众神之主,乃至吉之方,修之主吉,何以本书言凶,与《通书》选择之理不合。

天命:又名年游,亦名赤毒,起例诀曰:

子午年居酉,丑未卯宫藏。寅申年在亥,卯酉拜蛇王,

辰戌随牛走,蛇猪值未方。此名天命杀,犯着泪汪汪。

本书起例与《通书》略有不同,详见后注。

大退:即罗天大退,见《八宅明镜·卷上·罗天大忌日》。

土皇诀曰:

子丑辰巳年,乾巽主忧煎。寅卯戌亥岁,坤艮灾殃起。

午申酉三载,子午方上裁。惟有未太岁,卯酉为不利。

本书所载之诀乃"土皇游",非"土皇杀",吉凶详参后注。

火道诀曰:子午二年丁癸方,寅申丑未甲庚乡。

　　　　　　卯酉二载乙辛位,辰戌巳亥丙壬场。

六道中并无火道,察起例与死道相似,但丑未辰戌四年不合,当属讹误,详参后注。

【原文】血道主刀兵之厄,损血财孕妇。流财亦主损血财。死符主损人口。黄幡忌开门取土、嫁娶,凶,纳财收畜,主损失。豹尾不宜嫁娶及纳有尾之畜。力士主瘟疫竹木之厄。

丧门犯之,造作吊客送丧,凶。又,新妇入门,忌踏此方。

【注解】血道:参见《阳明按索·卷五·血道起例》。

流财:参见《阳明按索·卷五·流财起例》。

死符:死符在岁前五辰,子年在巳,丑年在午,寅年在未,依

此类推。因为死符为旧太岁所冲之方，所以云凶。

黄幡：三合墓辰是，寅午戌火局在戌，申子辰水局在辰，巳酉丑金局在丑，亥卯未木局在未。

豹尾：黄幡对宫。寅午戌火局在辰，申子辰水局在戌，巳酉丑金局在未，亥卯未木局在丑。

论内层月家吉凶星煞

【原文】天德、月德之方，万福咸集，大宜动土、修作，吉。

月空、生气宜取土、修造，吉。

天道、人道宜起造动土，吉。

太阳、紫气、奇罗、金水、台将皆吉神，修作动土，大进人口，利益田蚕，诸事大吉。

天罡、丙乙半吉，值吉星同位可作。

帝尊太纪四星，凡造作不问土星、金神、崩腾、独火、火血、大煞，诸般凶煞皆不避忌。若更兼贵星，为福立见。

【注解】月空：寅午戌月见壬，亥卯未月见庚，

申子辰月见丙，巳酉丑月见甲。

生气：详见本书中册第135面。

太阳、紫气、金水、台将、奇罗、丙乙、天罡：此是雷霆太阳中神煞，共有十二。顺序是：太阳、血刃、紫气、水潦、丙乙、奇罗、土潦、天罡、台将、金水、月孛。雷霆太阳有年、月、日、时四局，见《佐元直指·卷三·雷霆顺逆局》及《璇玑经·雷霆合气第二十》。

崩腾起例：子地丑天寅岁辛，卯乙辰丙巳居壬，午庚未甲申年癸，酉子戌己亥鸡鸣。犯主杀宅长。详参后注。

火血：详见《郭氏之经》"月家火血篇第五十二"和"报火血篇第五十三"，以及《佐元直指·卷六·吊宫火血立成定局》。

大煞：见本册《璇玑经》第 495 面。

【原文】旺神剑锋，月家至凶之神，切不可犯。

月破、土符、崩腾、大煞、火血、阴阳月建、刀砧、牛火血，修作动土，主失财病讼，大凶。

怨仇报三杀，葬埋行丧，犯之大凶。游废犯之杀人口，损血财。月厌忌移徙、嫁娶、出入，大凶。丧门大忌行丧。

【注解】土符：参见本册《阳明按索》第 698 面。

刀砧：春亥子，夏寅卯，秋巳午，冬申酉。

牛火血：正月在丑，二月在未，三月在寅，四月在申，五月在卯，六月在酉，七月在辰，八月在戌，九月在巳，十月在亥，十一月在午，十二月在子。

怨仇报三杀：寅午戌月在寅卯辰方，亥卯未月在亥子丑方，申子辰月在申酉戌方，巳酉丑月在巳午未方。

游废：正月立春后在巳，二月春分后在巽，三月谷雨后在卯，四月立夏后在寅，五六月夏至后在子，七月立秋后在坤，八月秋分后在酉，九月霜降后在离，十月立冬后在未坤，十一十二月冬至后在午。

月厌：正月戌，二月酉，三月申，四月未，五月午，六月巳，七月辰，八月卯，九月寅，十月丑，十一月午，十二月子。

丧门：见《郭氏元经·丧门杀篇第五十九》。

论大小星煞相制

【原文】凡支干二局外层吉星，惟贵人、三白、九紫、天德、月德、干德、黄道、尊帝太纪四星最吉。若有力，不避凶煞。

天道、贪狼、左辅、武曲、右弼及内层天月二德、天道、利道、人道、月空为次吉。

外层凶星惟太岁一星、剑锋煞、三般刑煞、金神七煞、太岁煞、月建煞、五般会煞、大月建煞及内层太岁、岁破、三旺神，剑锋最凶，纵得吉星，亦不可犯。其次内层土星、毛头、天命、大退、独火为次凶煞，若得一二吉星有力以制之，作亦无妨。局内吉星有力者并作红字，凶煞不可犯者并作黑抹，其不抹者，乃些小凶煞，若得吉星有力，不避忌也。

【注解】外层即飞官吊得神煞，内层即十二支本官。凡论神煞，当以本官为主，吊官为次，本书本末倒置矣。

吉星凶煞之大小，吉者，当以岁命禄贵为重，余次之；凶者，当以岁破月破为要，余亦次之。至于剑锋、大退、独火等伪煞，不必计较。

论阳宅合忌向坐（九例）

【原文】向首空亡，又名天禁空亡：甲己年壬丙、乙庚年丁癸，丙辛年壬丙、乙辛，丁壬年甲庚，戊癸年乙辛。

血刃空亡：甲己年甲庚，乙庚年辛丙壬，丙辛年丁癸丙，丁壬年庚乙辛，戊癸年壬乾巽。

坐下空亡：甲年寅午戊壬，乙年申子辰癸，丙年巽辛，丁年亥卯未庚，戊年巳酉丑丁，己年甲庚，庚年辛壬丙，辛年丙子癸，壬年乙庚辛，癸年壬乾巽。

土溽空亡：甲年庚，乙年乙，丙年壬，丁年庚，戊年丙，己年甲，庚年丁，辛年壬，壬年甲，癸年丙。

下土空亡：甲年午，乙年辰，丙年丑，丁年戊，戊年申，己年午，庚年辰，辛年丑，壬年戊，癸年申。

【注解】空亡之说，十数之多，除真正旬空外，多属术士捏造，并无义理。以起例论，坐下空亡忽而以纳卦论，忽而以干支论；向首空亡，血刃空亡，忽而为对宫天干，忽而又有三个天干，血刃空亡又杂以卦位，毫无章法。以义理论，土溽空亡，甲见庚，丙见壬为太岁七杀,尚有理可循。然已见甲为岁德,下土空亡己见午为禄,又何以空论?与理不合。另还落地空亡,扫地空亡,冷地空亡,大小空亡,天地空亡等均妄诞不足忌。

【原文】巡山罗睺空:

申子辰年子申辰乙巽辛向,巳酉丑年巳酉丑丙壬乾向,

寅午戌年寅午戌丁癸艮向,亥卯未年亥卯未甲庚坤向。

【注解】解说详见《三白宝海·卷上·太岁巡山罗睺论》。

【原文】金镜天星:子年利乾巽,丑年利丙壬,寅年利丁癸,卯年利坤艮,辰年利,巳年利,午年利坤艮,未年利甲庚,申年利乙辛,酉年利乾巽,戌年、亥年苟得大利,年罗睺不必忌。

【注解】金镜利年,应是五气金精图,其吉方并不尽合,详参《佐元直指·卷六·五气金精图》。

【原文】廉贞独火:子年艮,丑寅年震,卯年坎,辰巳年巽,午年兑,未申年离,酉年坤,戌亥年乾。

【注解】廉贞独火是从小游年翻卦中来,法以本宫对宫起卦,廉贞落处即是。如子年属坎,对卦为离,便从离上起辅弼,一变为贪狼震,二变为巨门兑,三变为禄存坎,四变为文曲坤,五变为廉贞艮。故子年廉贞独火在艮方,余仿此。

卷一

龙麟黄道金楼图三局

【原文】天星龙麟金镜图

辰 退财 天狱 阴阳	巳 天贼 触皇 地狱	午 禄库 迎财 禄珠	未 天耗 仇星 进宝
卯 贵人 宝轮 五谷	闭廉 ／ 建廉 ／ 武 ／ 文满 贪 ／ 子午卯酉年子上起建破　寅申巳亥年寅上起建破　辰戌丑未年辰上起建破 ／ 文平		申 天耗 执杀 天败
寅 天杀 青龙 天狱	收禄 ／ 右并起破巨禄禄贪廉　廉武文文贪廉 ／ 贪 成禄 ／ 巨 ／ 破破 ／ 廉执		酉 福星 官星 禄星
丑 天灾 天劫 天狱	太乙 紫微 天官 子	孤宿 元皇 天耗 亥	戌 天灾 怨杀 天刑

金镜黄道天星图

男人竖造以向为主。如甲子生命,作寅山申向,甲子年得壬申金,丙辛年造得丙申火,克了甲子金,大凶。

女人竖造以坐为主。如甲子生女命,作寅山申向,本命得丙寅火,丙辛年造作,得庚寅木生丙寅火,为吉。

四孟起寅四仲子,四季龙行却在辰。

若遇巨贪并武位,百般造作福骈臻。

子午卯酉年,子上起建破,大利乾坤艮巽辰戌丑未坐向。

寅申巳亥年,寅上起建破,大利乙辛丁癸子午卯酉坐向。

辰戌丑未年,辰上起建破,大利甲庚丙壬寅申巳亥坐向。

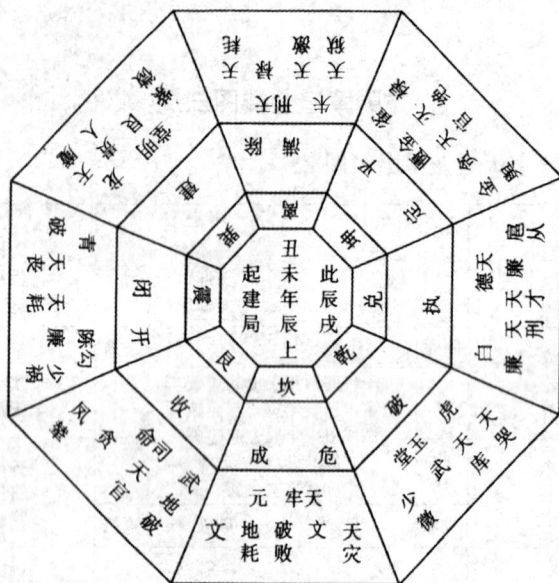

【注解】看图之法:最外一圈。

1. 上方天牢、司命、勾陈等是黄黑十二道,其中青龙、明堂、天德、玉堂、司命、金匮六道为吉,余为凶。因一周只八方,而黄黑有十二道,故有些宫中布二道,如震宫布有青龙、勾陈等是。

2. 下方天灾、地耗、地破、天丧、天耗、天激、天狱、天官、天才、天刑、天哭、天库等是根据"造作天窍图""葬埋地曜图"而布。详参《璇玑经》。下方文廉武破是据九星而布。

3. 凤辇:据《通书》,子年在寅辰,丑年在巳未,寅年申戌,卯年在寅丑,辰年在巳辰,巳年在申未,午年在寅戌,未年在巳丑,申年在申辰,酉年在寅未,戌年在巳戌,丑年在申丑。原图中云此辰戌丑未年图,只未丑年凤辇在艮,辰戌年无寅艮,不合。

4. 金舆禄:甲龙乙蛇丙戌羊，丁己同猴庚戌方，

辛猪壬牛癸逢虎，凡人遇此福气昌。

金舆禄即十干禄之前第二位,如甲年禄在寅,前二位是辰,故甲以辰为金舆禄,余同推。十干禄见《佐元直指》第141面。由此可知,金舆禄是以年干取,此以支论,与其神煞之义不合。

第二层:建除十二神,其法与月建起建有异,而是子午卯酉年从子起建破等,毫无深义,不必拘泥。

【原文】金楼正运图

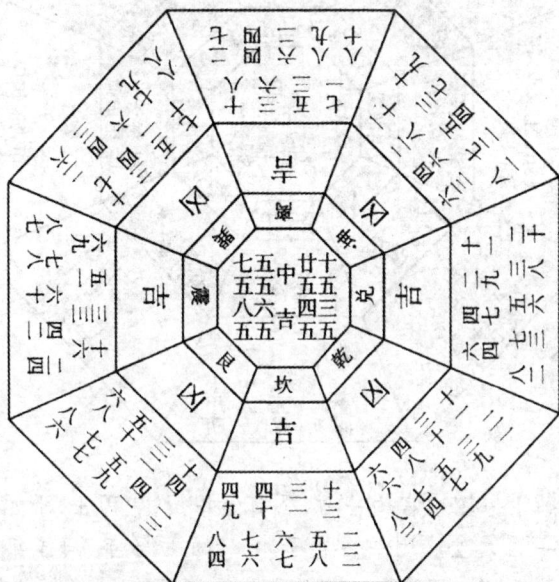

起诀以一十岁起坤宫顺行,逢五入中宫,节节数去便是,值坎离震兑中宫吉,余并凶。

【注解】此法不问五行生克,不问本命太岁,板定年岁宫位吉凶,亿万人皆同,毫无变化,当属伪法无疑。

支年图十二局

【原文】子年。九良星:厨灶。堂煞:庙、厨中。

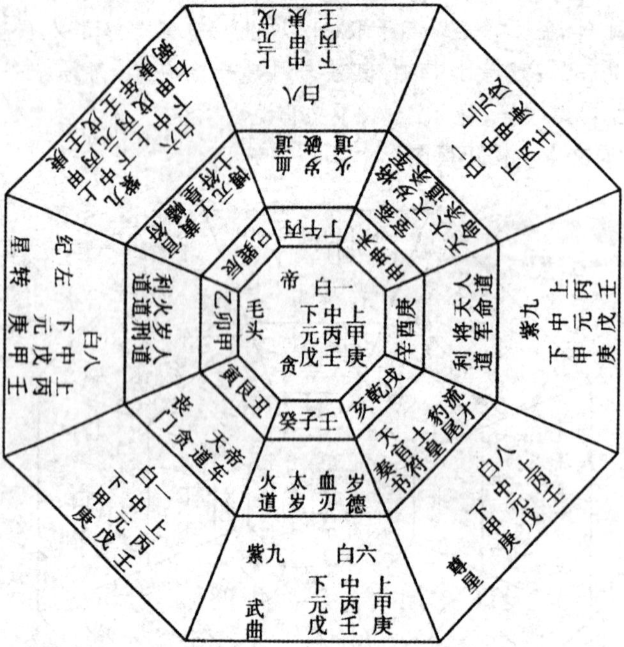

【注解】原图中宫的一白,下有上甲庚,中丙壬,下元戊等字样,是取一白之法。因一白属子水,上元甲子年、庚子年都是一白入中,故云"上甲庚"。中元丙子年、壬子年一白入中宫,故云"中丙壬"。下元戊子年一白入中,故云下元戊。上元丙子年、壬子年七赤入中宫,一白到艮;中元戊子年七赤入中,一白到艮;下元甲子年、庚子年,七赤入中,一白到艮,所以艮方有一白,上丙壬,中元戊,下甲庚之说。上元戊子年,中元甲子、庚子年,下元丙子、壬子年都是四绿木入中，调一白至坤方，所以坤官有上元戊，中甲庚，下丙壬等字样。八白以甲寅、丙寅、戊寅、庚寅、壬寅等年论，六白是以甲戌、丙戌、庚戌、壬戌、戊戌等年论，九紫是以甲午、丙午、戊午、庚午、壬午等年论，所以诸官只有甲丙戊庚壬五阳年。因子为阳年，所以三白九紫之法均以阳干论。详参三元紫白年飞星表，见本册《郭氏元经》第108面。

　　蚕室：寅卯辰年在乾方，巳午未年在艮方，申酉戌年在巽方，亥子丑年在坤方。

　　九良星：九良星是以月论，子月占仲庭。九良煞是以年论，子年占中庭。本文云占厨灶有误。

【原文】丑年。九良星：僧堂、社庙。步煞：府、井水。

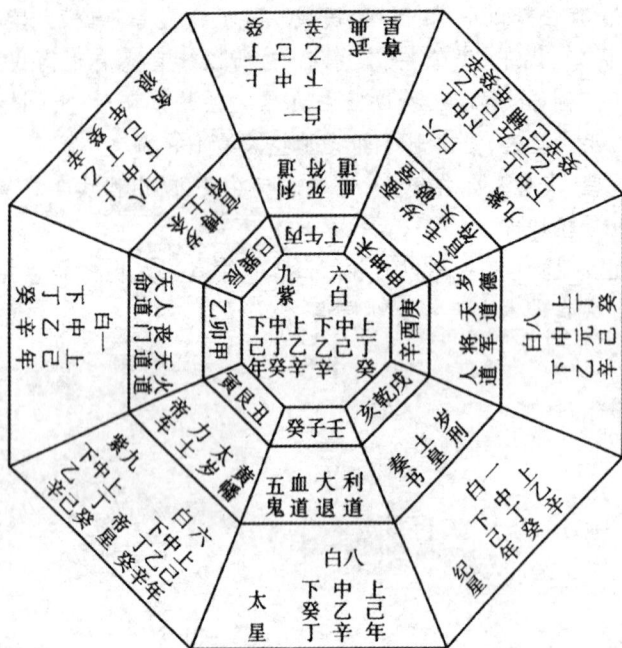

【注解】上元丁丑、癸丑年六白入中，中元己丑年六白入中，下元辛丑年、乙丑年六白入中，故中宫为六白，上丁癸、中己、下乙辛。上元乙丑、辛丑年九紫入中，中元丁丑年、癸丑年九紫入中，下元己丑年九紫入中，故中宫左方是九紫，上乙辛，中丁癸，下己年。上元丁丑、癸丑年，六白入中，八白飞到兑；中元己丑年，六白入中，八白飞到兑；下元乙丑、辛丑年，六白入中，八白飞到兑，故兑方为八白，上丁癸，中元己，下乙辛。余类推。

九良煞丑年占中庭，九良星丑月占中庭，原书讹误。

【原文】寅年。九良煞：桥、井、门、路。九良星：阶。

【注解】上元丙寅年、壬寅年八白入中，九紫到乾；中元戊寅年、甲寅年八白入中，九紫到乾；下元庚寅年八白入中，九紫到乾，故中宫为上丙壬，中戊甲，下元庚。乾宫的左方为九紫，上丙壬，中戊甲，下庚年。上元戊寅、甲寅年，中元庚寅年，下元丙寅、壬寅年，均是五黄入中宫，六白飞到乾，故乾宫右方为上戊甲，中庚，下丙壬。余宫类推。

【原文】卯年。九良煞：道观。九良星：阶。

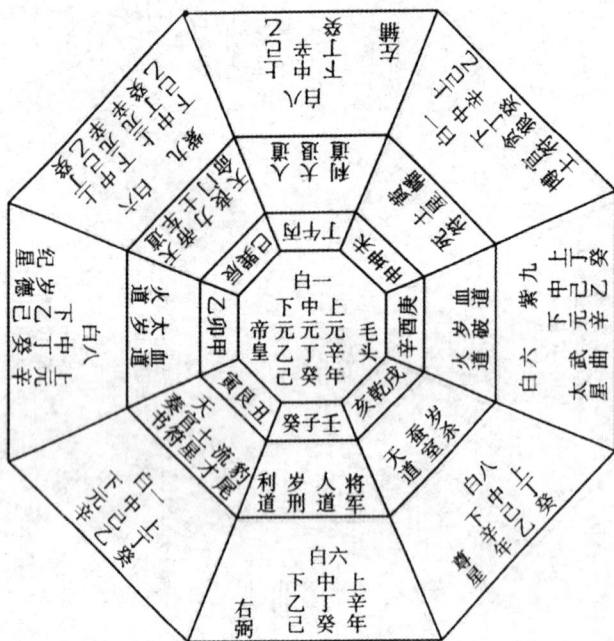

【注解】上元辛卯年一白入中，六白到坎，八白到震；中元丁卯、癸卯年，一白入中，六白到坎，八白到震；下元乙卯、己卯年，一白入中，六白到坎，八白到震，所以中宫为一白，上辛年，中丁癸，下乙己；坎宫为六白，上辛年，中丁癸，下乙己；震宫为八白，上元辛，中丁癸，下乙己。上元丁卯、癸卯年，七赤入中，八白到乾，一白到艮，六白到巽，九紫到震。余宫类推。

【原文】辰年。九良煞：僧堂、社庙。九良星：厨。

【注解】上元戊辰、甲辰年六白入中，八白到兑，九紫到艮，一白到坎；中元丙辰、庚辰，六白入中，八白到兑，九紫到艮，一白到离；下元壬辰年一白入中，八白到兑，九紫到艮，一白到离，所以中宫为六白，兑宫为八白，艮宫为九紫，离宫为一白。上元壬辰年，中元戊辰年、甲辰年，下元丙辰年、庚辰年都是九紫入中，一白到乾。原书乾方为上戊甲，中庚丙，下壬年，此五年无紫白到乾，故应是上壬年，中戊甲，下丙庚之误，今特更正。余类推。

【原文】巳年。九良煞:大门。九良星:厨。

【注解】上元癸巳年,中元乙巳、己巳年,下元辛巳、丁巳年八白入中宫,九紫到乾,一白到兑,六白到震,故中宫写八白,乾宫右方写六白,兑宫写一白,震宫右方写六白。上元辛巳、丁巳年,中元癸巳年,下元己巳年、乙巳年二黑入中,六白到离,八白到坤,九紫到震,一白到巽。原书巽方是九紫,讹误;坤方无年干,依例补足,特说明。

【原文】午年。九良煞：厨灶。九良星：东及水路。

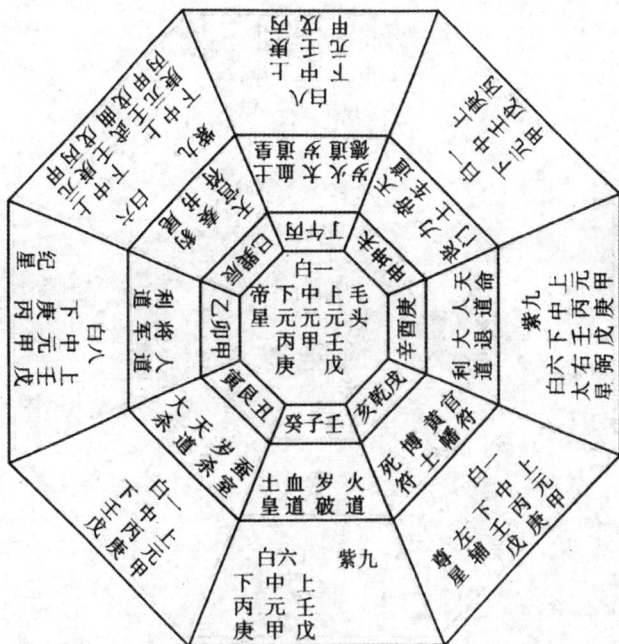

毛头星
一白 上元壬戊
中元甲戊
下元丙庚

帝星
利格人道至道
乙卯方
大茶道
天为茶道
寅艮丑
癸子壬
亥乾戊
死博黄宫
符土轮宫
利退道道
太人人天命
紫九
白六右上中中上
太右壬丙戊庚甲
皇弼弼戊庚甲

土皇道 岁破 火血道
白六 中元 下壬戊
丙庚

紫九 上壬戊

一白 下中上元
尊左辅王丙戊庚甲
星辅壬丙戊庚甲

毛头星利酉庚
奎壁方
午丁未坤

纪星
白八 下中元丙甲
下庚戊壬戊

【注解】上元壬午、戊午年，中元甲午年，下元丙午、庚午年均一白入中，六白到坎，八白到震，九紫到巽，故中宫写一白，坎宫左方写六白，震宫写八白，巽宫左方写九紫。上元庚午、丙午年，中元壬午、戊午年，下元甲午年均四绿入中宫，六白到兑，八白到离，九紫到坎，一白到坤，故兑宫左方写六白，离宫写八白，坎宫右方写九紫，坤宫写一白。余宫类推。

【原文】未年。九良煞:僧堂社庙。九良星:东,水路。

【注解】上元乙未年,中元辛未、丁未年,下元癸未、己未年,均六白入中,八白到兑,九紫到艮,一白到离,故中宫右方写六白,兑宫写八白,艮宫左方写九紫,离宫右方写一白。上元癸未、己未年,中元乙未年,下元辛未、丁未年均九紫入中宫,一白到乾,六白到坤,八白到巽,故中宫左方写九紫,乾宫写一白,坤宫左方写六白,巽宫写八白。余类推。

【原文】申年。九良煞：桥、井、门、路。九良星：井。

【注解】上元甲申、庚申年，中元丙申年，下元壬申、戊申年均八白入中宫，九紫到乾，一白到兑，六白到震。故中宫写八白，乾宫右方写九紫，兑宫写一白，震宫原图漏掉六白。上元丙申年，中元壬申、戊申年，下元甲申，庚申年均五黄入中，六白到乾，八白到艮，九紫到离，一白到坎，故乾宫左方写六白，艮宫写八白，离宫左方写九紫，坎宫写一白。余类推。

【原文】酉年。九良煞:道观。九良星:巳午。

【注解】上元癸酉、己酉年,中元乙酉、辛酉年,下元丁酉年均一白入中宫,六白到坎,八白到震,九紫到巽,故中宫写一白,坎宫写六白,震宫写八白,巽宫左方写九紫。上元乙酉、辛酉年,中元丁酉年,下元癸酉、己酉年七赤入中宫,八白到乾,九紫到兑,一白到艮,六白到巽,故乾宫写八白,兑宫写九紫,艮宫写一白,巽宫右方写六白。余宫类推。

【原文】戌年。九良煞:僧堂、社庙。九良星:大门。

紫九　白六　　白六　五鬼　白八
下中上　下中上　　　大利退道　下中上
元丙庚　庚戊丙　　　　　　　甲戊丙
戌壬甲　甲年壬　　　　　　　庚　壬

乙卯甲　血死利道符道　寅艮丑　　癸子壬　亥乾戌

土有博岁天九　紫九　白六　　人道　大杀
富桥土茶仓　　　下中上　下中上
下中上帝丙庚戊　　帝力独猪太车　　白一
甲　壬甲年　　　旺元火幡岁　　　下中上
　　　　　　　　　　　　　己丙庚
白八　白一　　　　　　　　　戊壬甲
下中上　下中上
丙庚元左太
壬甲戊辅星

【注解】上元丙戌、壬戌年,中元戊戌年,下元庚戌、甲戌年六白入中宫,八白到兑宫,九紫到艮宫,一白到离宫,故中宫右方写六白,兑宫写八白,艮宫左方写九紫,离宫写一白。上元庚戌、甲戌年,中元丙戌、壬戌年,下元戊戌年九紫入中宫,一白到乾,六白到坤,八白到巽,故中宫左方写九紫,乾宫写一白,坤宫右方写六白,巽方写八白。余类推。

【原文】亥年。九良煞:堂。九良星:大门。

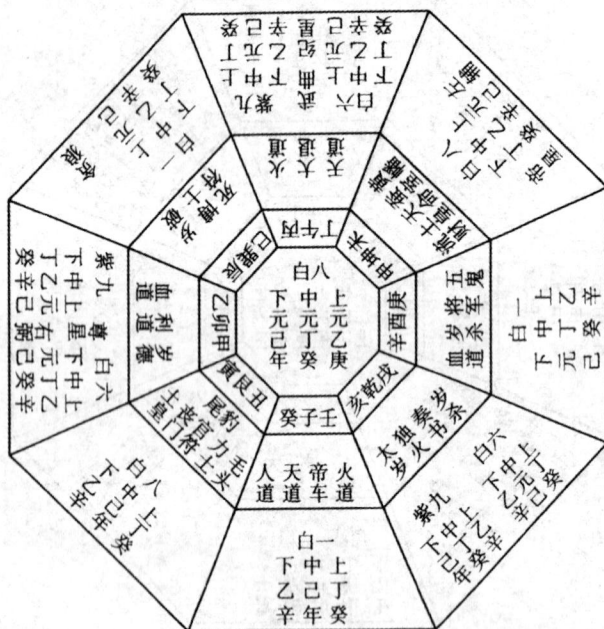

【注解】上元乙亥、庚亥年、中元丁亥、癸亥年、下元己亥年均八白入中宫,九紫到乾,一白到兑,六白到震,故中宫写八白,乾宫右方写六白,兑宫写一白,震宫右方写六白。上元丁亥、癸亥年,中元己亥年,下元乙亥、辛亥年均五黄入中,六白到乾,八白到艮,九紫到离,一白到坎,故乾宫左方写六白,艮宫写八白,离宫左方写九紫,坎方写一白。余宫类推。

卷二

支年月份图三十六局

【原文】寅申巳亥年正月。九良星：堂、路。九良杀：阶、门。寅申巳亥年，正月起二黑。利子午卯酉甲庚向。

【注解】中官二黑是当月入中之星，曰吊。正月在艮宫，吊得五黄，故以五黄入中，其法曰替。每宫中上一位是吊得之星，下一位是替得之星，其吉凶则以吊替之星论生克。

【原文】寅申巳亥年二月。九良星：阶、门。九良杀：灶。利乾坤艮巽辰戌丑未向。

【注解】中宫上方一白是当月入中之星,为吊。二月在震宫,吊得八白,故以八白入中顺布九宫,其法曰替。每宫中上一位是吊得之星,下一位是替得之星,其吉凶便以此二星生克判断。

【原文】寅申巳亥年三月。九良星:船、厨房。九良杀:申酉。利寅巳亥甲庚丙壬向。

九紫
八白

【注解】中宫上方九紫是当月入中之星,曰吊。辰月在巽宫,吊得八白,故以八白入中顺布九宫,其法曰替。每宫中上一位九星是吊得之星,下一位九星是替得之星,其吉凶便以吊替所得二星生克判断。

【原文】寅申巳亥年四月。九良星：门、寺。九良杀：仓、堂。利子午卯酉乙辛丁癸向。

【注解】中宫上方八白是当月入中之星，曰吊。巳月在巽宫，吊得七赤金，故以七赤入中宫顺布九宫，其法曰替。每宫中上一位九星是吊得之星，下一位九星是替得之星，其吉凶便以吊替所得二星生克判断。

【原文】寅申巳亥年五月。九良星：亥、井。九良杀：磨、碓。利乾坤艮巽辰戌丑未向。

【注解】中宫上方七赤是当月入中之星，曰吊。五月居离宫，吊得二黑土，故以二黑入中宫顺布九宫日替。每宫上一位九星是吊得之星，下一位九星是替得之星，其吉凶便以吊替所得之星生克判断。

【原文】寅申巳亥年六月。九良星:路、马房。九良杀:中堂。利寅申巳亥丙壬向。

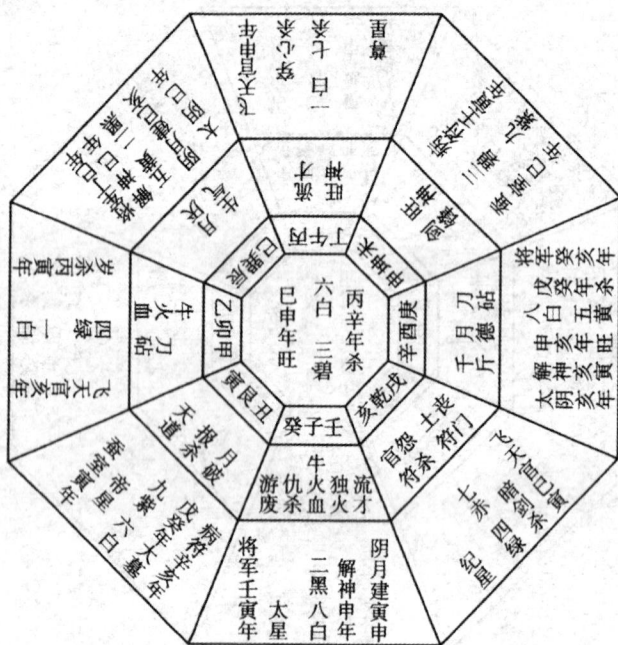

【注解】中宫上方六白是当月入中之星,曰吊。六月居坤宫,吊得三碧木,故以三碧入中宫顺布九宫,其法曰替。每宫上一位九星是吊得之星,下一位九星是替得之星,其吉凶便以吊替所得之星生克判断。

【原文】寅申巳亥年七月。九良星：中。九良杀：门、仓。利子午卯酉乙辛向。

【注解】中宫上方五黄是当月入中之星，曰吊。七月居坤宫，吊得二黑土，故以二黑入中宫顺布九宫，其法曰替。每宫上一位九星是吊得之星，下一位九星是替得之星，其吉凶便以吊替所得之星生克判断。

【原文】寅申巳亥年八月。九良星:东、庙。九良杀:灶。利乾坤艮巽辰戌丑未向。

中央:四绿 六白 帝星

【注解】中宫上方四绿是当月入中之星,曰吊。八月居兑宫,吊得六白金,故以六白入中宫顺布九宫,其法曰替。每宫上一位九星是吊得之星,下一位九星是替得之星,其吉凶便据吊替所得之星生克来判断。

【原文】寅申巳亥年九月。九良星：隍庙、厨、申。九良杀：中堂。利寅申巳亥丙壬向。

【注解】中宫上方三碧是当月入中之星，曰吊。九月居乾宫，吊得四绿木，故以四绿木再入中宫顺布九宫，其法曰替。每官上一位九星是吊得之星，下一位九星是替得之星，其吉凶便以吊替所得之星生克来判断。

【原文】寅申巳亥年十月。九良星：大门、空堂。九良杀：猪羊栈。利子午卯酉乙辛向。

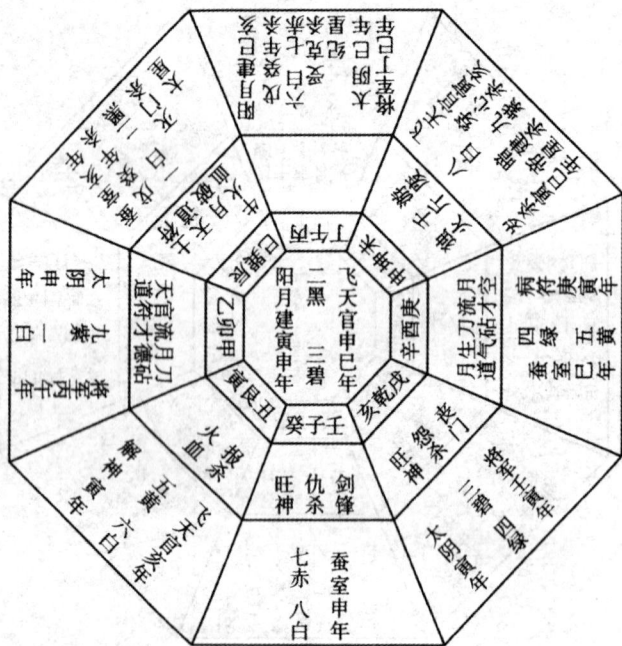

【注解】中宫上方二黑是当月入中之星，曰吊。十月居乾宫，吊得三碧木，便以三碧再入中宫顺布九宫，其法曰替。每宫上一位九星是吊得之星，下一位九星是替得之星，其吉凶便以吊替所得之星生克来判断。

【原文】寅申巳亥年十一月。九良星:中衙。九良杀:仓、碓。利乾坤艮巽辰戌丑未向。

【注解】中宫上方一白是当月入中之星,日吊。十一月居坎宫,吊得六白金,便以六白再入中宫顺布九宫,其法日替。每宫上一位九星是吊得之星,下一位九星是替得之星,其吉凶便以吊替所得之星生克来判断。

【原文】寅申巳亥年十二月。九良星:寺观、宫神。九良杀:厅、灶。利寅申巳亥甲庚丙壬向。

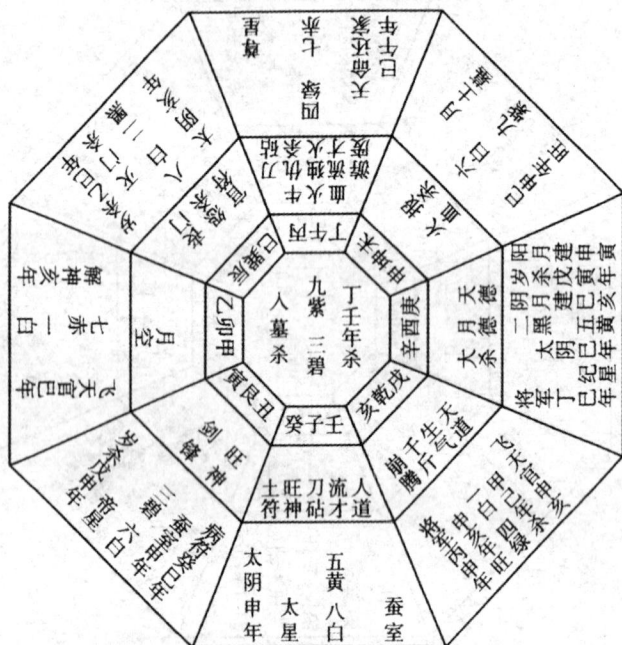

中央主要文字（八卦图）：

中宫：九紫、三碧、丁壬年杀、辛酉庚、乙卯甲、癸子壬、巽乾戌、寅艮丑、申坤申

注文：
土旺符、刀砧、流才、人道、旺神、劍锋、大杀、天德、岁德、月建

外圈：太阴申年、五黄八白太星、蚕室

【注解】中宫上方九紫是当月入中之星,曰吊。十二月居艮宫,吊得三碧木,便以三碧再入中宫顺布九宫,其法曰替。每宫上一位九星是吊得之星,下一位九星是替得之星,其吉凶便以吊替所得之星生克来判断。

【原文】子午卯酉年正月起八白。利子午卯酉乙辛向。

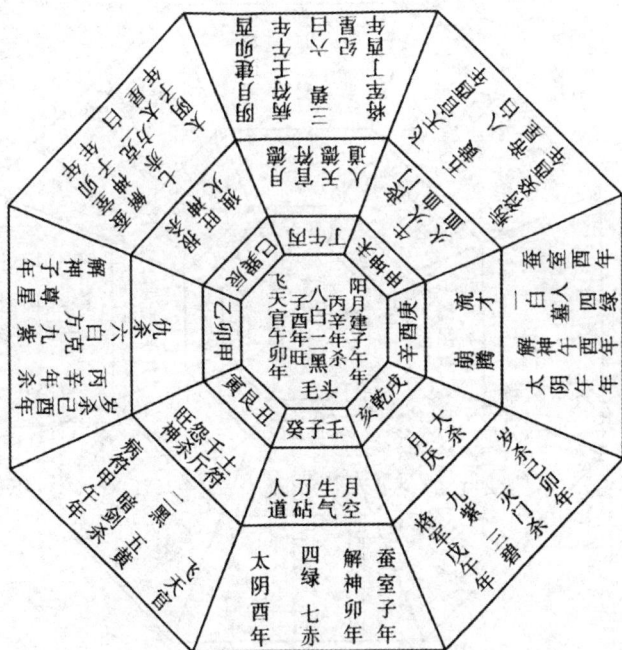

【注解】一白到兑云入墓者，以寅木月建入中顺布，吊辰土水墓到兑是。

中宫上方八白是当月入中之星，曰吊。正月居艮宫，吊得二黑土，便以二黑再入中顺布九宫，其法曰替。每宫上一位九星是吊得之星，下一位九星是替得之星，其吉凶便以吊替所得之星生克来判断。

【原文】子午卯酉年二月。利乾坤艮巽辰戌丑未向。

【注解】中宫上方七赤是当月入中之星,曰吊。二月居震宫,吊得五黄土,便以五黄再入中顺布九宫,其法曰替。每宫上一位九星是吊得之星,下一位九星是替得之星,其吉凶便以吊替所得之星生克来判断。

【原文】子午卯酉年三月。利寅申巳亥甲庚丙壬向。

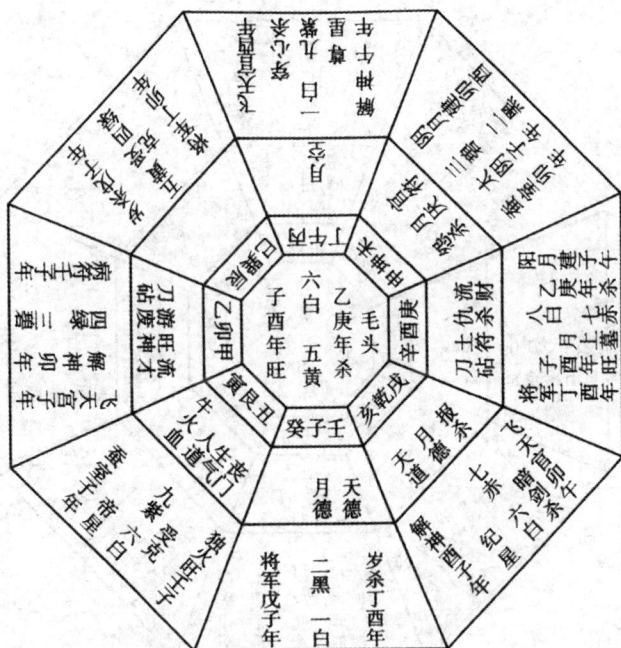

【注解】五黄受克：五黄为土，临巽方木宫，木克土。

中宫上方六白是当月入中之星，曰吊。三月居巽宫，吊得五黄土，便再以五黄入中顺布九宫，其法曰替。每宫上一位九星是吊得之星，下一位九星是替得之星，其吉凶便以吊替所得之星生克来判断。

【原文】子午卯酉年四月。利寅申巳亥甲庚丙壬向。

五黄　毛头

四绿

飞天官卯午年

天官天月　德符道德

解神子酉年

蚕室子午　七赤　六白

解神子酉年

月破

六白戊癸午年旺

蚕室卯年　乙庚年旺

一白宫还九紫　乙庚年旺

解神午年

子酉年旺

刀砧　流才

癸子壬

寅艮丑

申卯乙

道人气午与乞

【注解】还宫：本宫之星飞临本宫是。如一白临坎，八白临艮等是。

中宫上方五黄是当月入中之星，曰吊。四月居巽宫，吊得四绿木，便再以四绿入中飞布九宫，其法曰替。每宫上一位九星是吊得之星，下一位九星是替得之星，其吉凶便以吊替所得之星生克来判断。

【原文】子午卯酉年五月。利乾坤艮巽辰戌丑未向。

（图：三十六局方位图，中宫为"毛头 四绿 八白"）

【注解】受克杀：紫白临受克之宫是。如一白水临坤土宫等。

中宫上方四绿是当月入中之星，曰吊。五月居离宫，吊得八白土，便再以八白入中飞布九宫，其法曰替。每宫上一位九星是吊得之星，下一位九星是替得之星，其吉凶便以吊替所得之星生克来判断。

【原文】子午卯酉年六月。利寅申巳亥丙壬向。

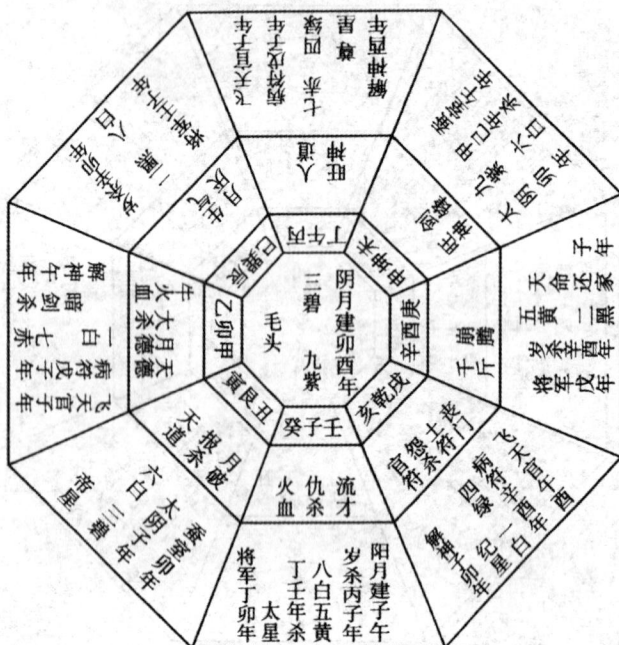

【注解】暗剑杀:本月入中之星原宫是。如六月三碧入中,原宫震方就是暗剑杀。

中宫上方三碧是当月入中之星,曰吊。六月居坤宫,吊得九紫火,再以九紫火入中飞布,其法曰替。每宫上一位九星是吊得之星,下一位九星是替得之星,其吉凶便以吊替所得之星生克来论断。

【原文】子午卯酉年七月。利子午卯酉乙辛向。

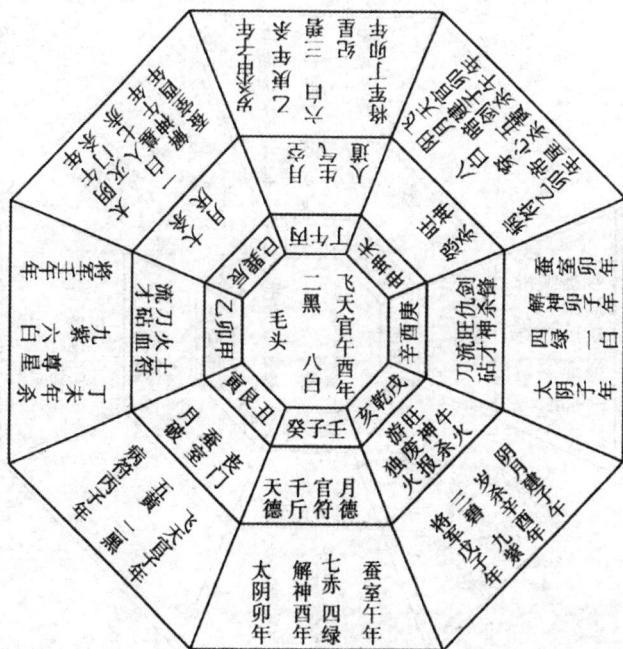

【注解】一白入墓：以月建申入中飞布，辰墓还宫，一白至巽，故为入墓。

中宫上方二黑是当月入中之星，以其飞布，其法曰吊。申居坤宫，吊得八白，再以其入中飞布九宫，其法曰替。每宫上一位九星是吊得之星，下一位九星是替得之星，其吉凶便以吊替所得之星生克来判断。

【原文】子午卯酉年八月。利乾坤艮巽辰戌丑未向。

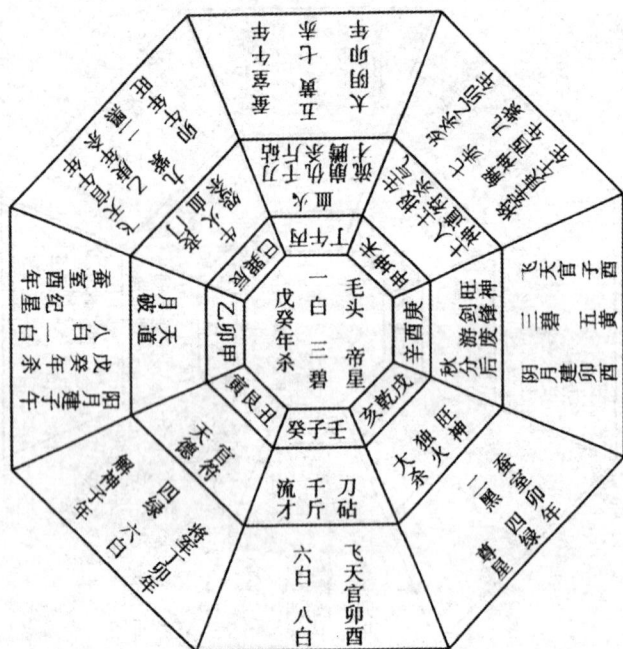

中宫中心：
毛头　帝星
一白　三碧
戊癸年杀
辛酉庚
亥乾戌
癸子壬

【注解】中宫上方一白是当月入中之星,以其飞布,其法曰吊。酉月居兑宫,吊得三碧木,再以三碧入中飞布九宫,其法曰替。每宫上一位九星是吊得之星,下一位九星是替得之星,其吉凶便以吊替所得之星生克来判断。

【原文】子午卯酉年九月。利寅申巳亥甲庚向。

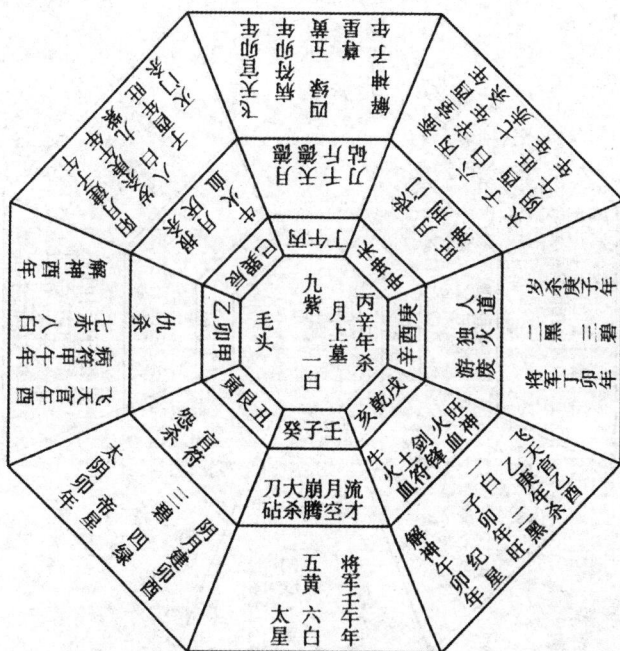

【注解】九紫火墓在戌,九月建戌,月建为墓,故名月上墓。

中宫上方九紫是当月入中之星,以其飞布,其法曰吊。戌月居乾宫,吊得一白水,再以一白入中宫飞布九星,其法曰替。每宫上一位九星是吊得之星,下一位九星是替得之星,其吉凶便以吊替所得之星生克来判断。

【原文】子午卯酉年十月。利子午卯酉乙辛向。

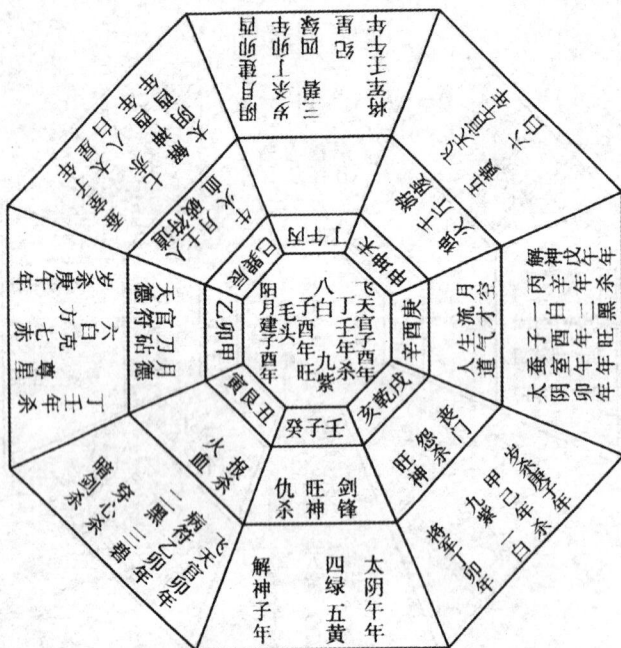

八卦九宫图（图中文字繁多，呈环形排列）

【注解】穿心杀：九星飞临对宫是，如二黑临艮宫，六白临巽宫等。

中宫上方八白是当月入中之星，以其飞布日吊。亥月居乾宫，吊得九紫火，再以九紫入中飞布九宫，其法曰替。每宫上一位九星是吊得之星，下一位九星是替得之星，其吉凶便以吊替所得之星来判断。

【原文】子午卯酉年十一月。利乾坤艮巽辰戌丑未向。

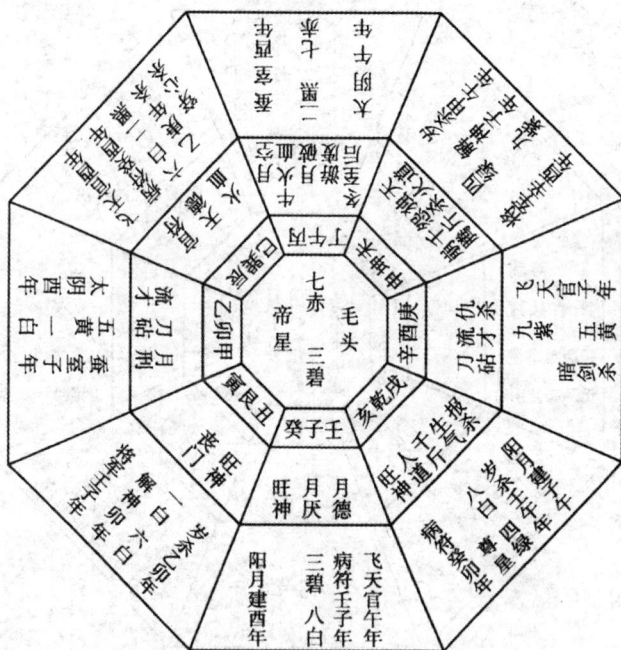

【注解】中宫上方七赤是当月入中之星,以其飞布九宫,其法曰吊。十一月居坎宫,吊得三碧,再以三碧入中飞布九宫,其法曰替。每宫上一位九星是吊得之星,下一位九星是替得之星,其吉凶便以吊替所得之星来判断。

【原文】子午卯酉年十二月。利寅申甲庚向。

【注解】三碧属木,坤宫有未为木墓,故三碧临坤为入墓。

中宫上方六白是当月入中之星,以其飞布九宫,其法曰吊。十二月居艮宫,吊得九紫火,再以九紫入中宫飞布九宫,其法曰替。每宫上一位九星是吊得之星,下一位九星是替得之星,其吉凶便以吊替所得之星来判断。

【原文】辰戌丑未年正月起五黄。利子午卯酉庚甲向。

【注解】中宫上方五黄是当月入中之星,以其飞布九宫,其法曰吊。正月居艮宫,吊得八白土,再以八白入中宫飞布九宫,其法曰替。每宫上一位九星是吊得之星,下一位九星是替得之星,其吉凶便以吊替所得之星生克来判断。

【原文】辰戌丑未年二月。利乾坤艮巽辰戌丑未向。

【注解】六白属金，七赤亦属金，六白、七赤相逢，名交剑杀。

中宫上方四绿是当月入中之星，以其飞布九宫，其法曰吊。二月居震宫，吊得二黑土，再以二黑入中飞布九宫，其法曰替。每宫上一位九星是吊得之星，下一位九星是替得之星，其吉凶便以吊替所得之星生克来判断。

【原文】辰戌丑未年三月。利寅申巳亥甲庚丙壬向。

【注解】八白属土，坎宫属水，八白临坎克水，故云"克方"。

中宫上方三碧是当月入中之星，以其飞布九宫，其法曰吊。三月居巽宫，吊得二黑土，再以二黑入中飞布九宫，其法曰替。每宫上一位九星是吊得之星，下一位九星是替得之星，其吉凶便以吊替所得之星生克来判断。

【原文】辰戌丑未年四月。利子午卯酉丁癸向。

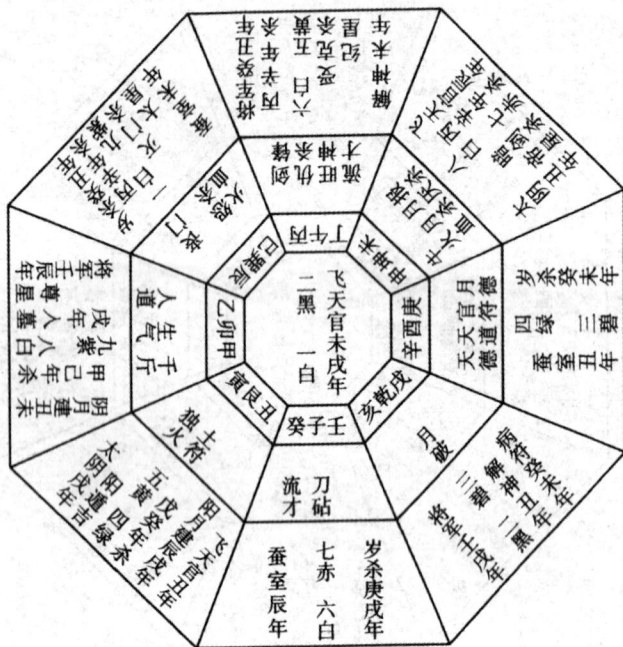

【注解】中宫上方二黑是当月入中之星，以其飞布九宫，其法曰吊。四月居巽宫，吊得一白水，再以一白入中飞布九宫，其法曰替。每宫上一位九星是吊得之星，下一位九星是替得之星，其吉凶便以吊替所得之星生克来判断。

【原文】辰戌丑未年五月。利乾坤艮巽辰戌丑未向。

【注解】一白属水，中宫属土，一白入中受土之克，故曰"受克杀"。

中宫上方一白是当月入中之星，以其飞布九宫，其法曰吊。五月居离宫，吊得五黄土，再以五黄入中飞布九宫，其法曰替。每宫上一位九星是吊得之星，下一位九星是替得之星，其吉凶便以吊替所得之星生克来判断。

【原文】辰戌丑未年六月。利寅申巳亥丙壬向。

　　【注解】原书巽宫神杀月破,六月月破当在艮宫,月破应是月厌之误,特更正。

　　中宫上方九紫是当月入中之星,以其飞布九宫曰吊。六月居坤宫,吊得六白金,再以六白入中飞布九宫,其法曰替。每宫上一位九星是吊得之星,下一位九星是替得之星,其吉凶便以吊替所得之星生克判断。

【原文】辰戌丑未年七月。利子午卯酉乙辛向。

【注解】吊替八白、五黄入中，皆土墓辰，故云"辰年墓"。

中宫上方八白是当月入中之星，以其飞布九宫曰吊。七月居坤宫，吊得五黄土，再以五黄入中飞布九宫，其法曰替。每宫上一位九星是吊得之星，下一位九星是替得之星，其吉凶便以吊替所得之星生克判断。

【原文】辰戌丑未年八月。利乾坤艮巽辰戌丑未向。

【注解】中宫上方七赤是当月入中之星,以其飞布九宫日吊。八月居兑宫,吊得九紫火,再以九紫入中飞布九宫,其法曰替。每宫上一位九星是吊得之星,下一位九星是替得之星,其吉凶便以吊替所得之星生克判断。

【原文】辰戌丑未年九月。利寅申巳亥甲庚向。

【注解】九月六白金入中，替得七赤星，金墓丑，故云"丑年墓"。

中宫上方六白是当月入中之星，以其飞布九宫曰吊。九月居乾宫，吊得七赤金，再以七赤入中飞布九宫，其法曰替。每宫上一位九星是吊得之星，下一位九星是替得之星，其吉凶便以吊替所得之星判断。

【原文】辰戌丑未年十月。利子午卯酉乙辛向。

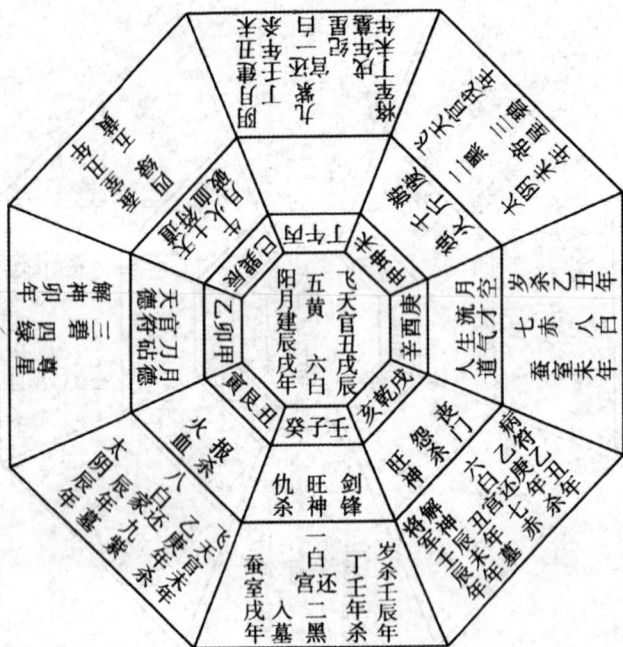

【注解】五黄入中，九星均还本宫，故三白九紫皆曰还宫。

中宫上方五黄是当月入中之星，以其飞布九官曰吊。十月居乾宫，吊得六白金，再以六白入中飞布九宫，其法曰替。每宫上一位九星是吊得之星，下一位九星是替得之星，其吉凶便以吊替所得之星生克判断。

【原文】辰戌丑未年十一月。利乾坤艮巽向。

【注解】中宫上方四绿是当月入中之星，以其飞布九宫曰吊。十一月居坎宫，吊得九紫火，再以九紫入中飞布九宫，其法曰替。每宫上一位九星是吊得之星，下一位九星是替得之星，其吉凶便以吊替所得之星生克判断。

【原文】辰戌丑未年十二月。利寅申巳亥甲庚丙壬向。

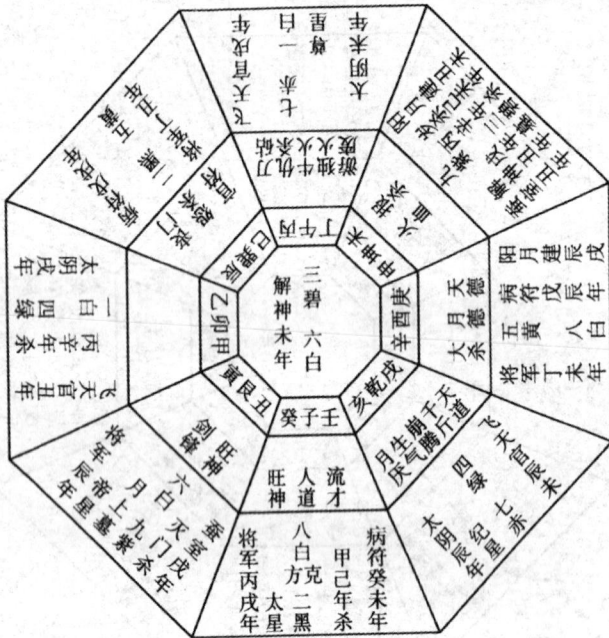

【注解】至此,十二局支年图和三十六局支年月份图已全部介绍完毕,图中神煞,有以吊宫论者,也有以本宫论者,如太阴,以辰戌丑未年十二月为例,太阴居乾宫,为辰年;太阴居岁后二辰,辰年在寅,以十二月月建丑土入中,吊寅到乾,故云辰年太阴居乾。再如天月德,则是以本宫论,如辰戌丑未年十月图,天德、月德在震宫;十月天德在乙,月德在甲,震宫隶甲卯乙,故十月天月德在震。其余神杀均同此例。紫白吊替之法见《郭氏元经》第106面。以上紫白之星吊替之法与玄空飞星之法不同,玄空九星,讲究元运;无论何星,为生旺之气皆吉,为死退之气皆凶,并不只以紫白论。

卷三

千年月份图六十局

【原文】甲己年正月丙寅。向忌丙壬，巳申人不用。

天德丁，月德丙，甲己年正月丙寅，吊壬申贵人还坤，吊庚午正禄还离。甲岁命禄丙寅火，申子辰马丙寅火，官符乙亥火；寅午戌马壬申金，官符己巳木。

己岁命禄庚午土，亥卯未马己巳木，官符丙寅火。巳酉丑马乙亥火，官符壬申金。

【注解】巳申人不用者，因丙寅入中，寅巳申三刑故。

甲己年正月建丙寅,己年贵人申,禄午,故云贵人、正禄还宫。申子辰马丙寅火,是言甲子、甲辰、甲申三年;寅午戌马壬申金,是言甲午、甲戌、甲寅三年;亥卯未马己巳木,是言己卯、己未、己亥三年;巳酉丑马乙亥火,是言乙巳、乙酉、乙丑三年。

图中看法,最外一层是诸神杀,其中上面干支是吊神,下面干支是替神。如丙寅入中,飞布九宫为吊。丙寅居艮宫,吊得己巳木,再以己巳木入中宫飞布九宫曰替,然后以干支纳音五行与本宫论生克。如坎宫吊神辛未,纳音属土,克坎宫水;替神甲戌,纳音属火,被坎方水克,故旁写克方二字。余宫皆同此法。

太岁一星是以当年入中之星论。如中元甲寅年八白入中,正月二黑入中,吊得八白临坤,故坤宫写"太岁星,中元甲寅"。再如中元己亥年,该年以五黄入中宫,正月丙寅以二黑入中宫,吊五黄临艮,故艮宫写"太岁星,中元己亥年"。后六十图太岁星均依此法,不再加注。

关于干年月份图的具体看法,本卷最后一图的"注解"中还有说明,请参阅。

外数第二圈为雷霆血刃神杀,吉凶见前注。

天德、月德、官符、驿马、岁禄等,前注已详,后不再重复。

【原文】甲己年二月丁卯。天德坤，月德甲。子酉人不用。

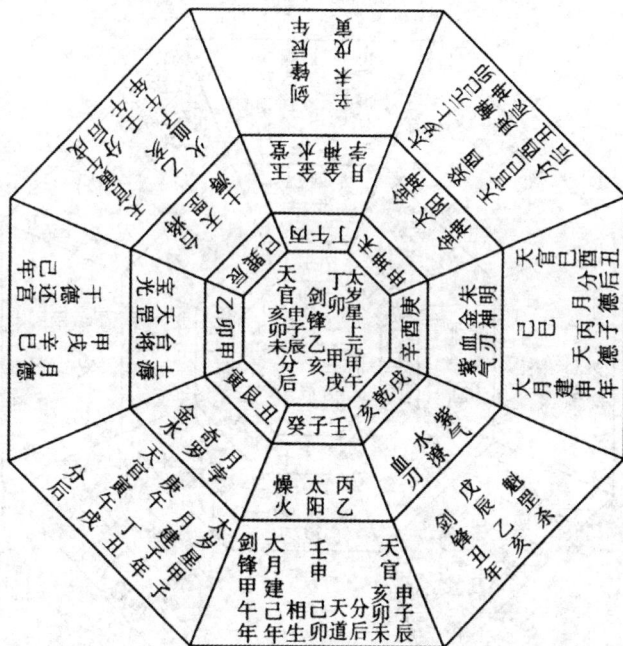

太岁星上元甲午　丁卯　剑锋乙亥　天官亥申子辰卯未分后

天官亥申子辰卯未分道后　剑锋甲午年　大月建己相年　壬申　天官亥卯未分道后申子辰

【注解】子酉人不用者，二月丁卯入中宫，子卯刑，卯酉冲故。

中宫上方丁卯是当月月建，入中飞布九宫曰吊。二月居震宫，吊得甲戌火，再以甲戌入中飞布九宫，其法曰替。每宫上一位干支是吊得之神，下一位干支是替得之神，其吉凶便以吊替所得干支纳音五行生克来判断。

【原文】甲己年三月戊辰。天德壬,月德壬。戊辰人不用。六仪刑害灾挠,甲戌加坤二为六仪击刑。

【注解】坤方太岁星酉年,查酉年三月六白入中,三碧到坤,三元中酉年均无三碧入中之年,故本书为误。

中宫上方戊辰是当月月建,入中分飞九宫曰吊。三月居巽宫,吊得丙子水,再以丙子入中飞布九宫,其法曰替。每宫上一位干支是吊得之神,下一位干支是替得之神,其吉凶便以吊替所得干支纳音五行生克来判断。

【原文】甲己年四月己巳。天德辛，月德庚，忌甲庚向。寅申人不用。

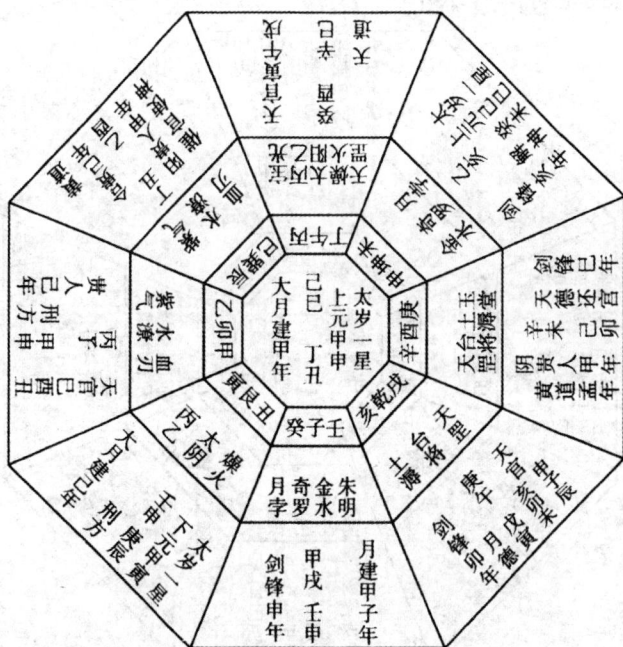

【注解】寅申人不用者，寅巳、申巳三刑故；亥人月破，尤的。

中宫上方己巳是当月月建，入中飞布九宫曰吊。四月居巽宫，吊得丁丑水，再以丁丑入中飞布九宫，其法曰替。每宫上一位干支是吊得之神，下一位干支是替得之神，其吉凶便以吊替所得干支纳音五行生克来判断。

【原文】甲己年五月庚午。天德乾戊,月德丙,阴贵人夏至至白露为进气。

忌丙壬向,子午人不用。

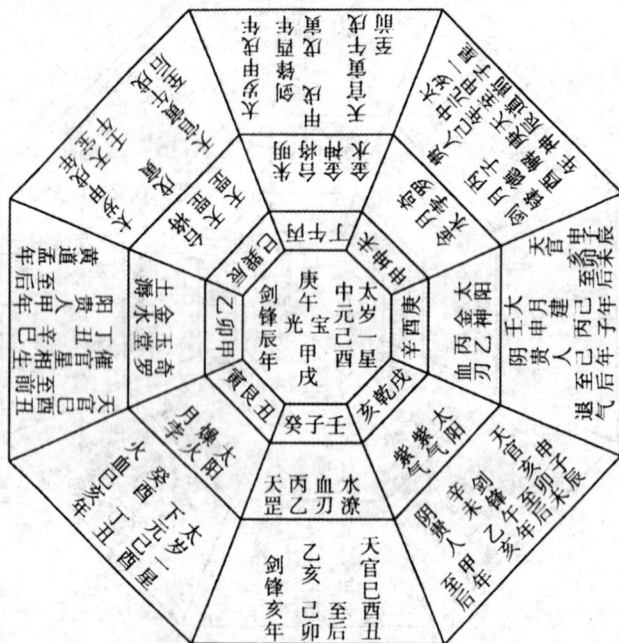

【注解】子午人不用者,子为月破,午午自刑故。

中宫上方庚午是当月月建,以其入中飞布九宫曰吊。五月居离宫,吊得甲戌火,再以甲戌入中飞布九宫,其法曰替。每宫上一位干支是吊得之神,下一位干支是替得之神,其吉凶便以吊替所得干支纳音五行生克来判断。

【原文】甲己年六月辛未。天德甲，月德甲。忌甲庚壬丙向。丑戌人不用。

【注解】丑戌人不用者，丑戌与月建未土三刑带冲故。

中宫上方辛未是当月月建，以其入中飞布九宫日吊。六月居坤宫，吊得丁丑水，再以丁丑入中飞布九宫，其法日替。每宫上一位干支是吊得之神，下一位干支是替得之神，其吉凶便以吊替所得干支纳音五行生克来判断。

【原文】甲己年七月壬申。天德癸,月德壬。寅巳人不用。

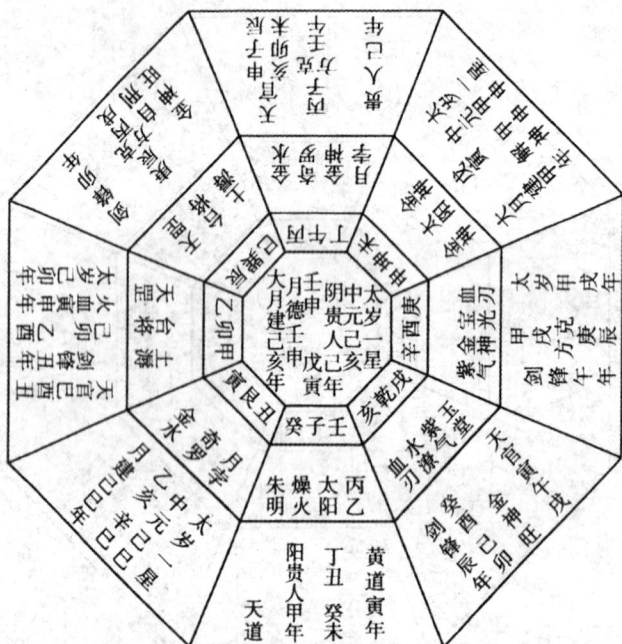

【注解】寅巳人不用者,寅巳与申三刑带冲故,但巳申刑合,可权取。

中宫上方壬申是当月月建,以其入中飞布九宫日吊。七月居坤宫,吊得戊寅土,再以戊寅入中飞布九宫,其法日替。每宫上一位干支是吊得之神,下一位干支是替得之神,其吉凶便以吊替所得干支纳音五行生克来判断。

【原文】甲己年八月癸酉。天德艮己，月德庚。忌丙壬丁癸向。卯酉人不用。

【注解】八月月建癸酉，与卯冲克，与酉自刑，故不用。

中宫上方癸酉是当月月建，以其入中飞布九宫曰吊。八月居兑宫，吊得乙亥火，再以乙亥入中飞布九宫，其法曰替。每宫上一位干支是吊得之神，下一位干支是替得之神，其吉凶便以吊替所得干支纳音五行生克来判断。

【原文】甲己年九月甲戌。天德丙，月德丙。六己年以丙子为贵人，又为天月德，是二德与贵人同位。丑未人不用。

【注解】月建甲戌与丑未成三刑，故不用。辰为月破，亦不用。

中宫上方甲戌是当月月建，以其入中飞布九宫曰吊。九月居乾宫，吊得乙亥火，再以乙亥入中飞布九宫，其法曰替。每宫上一位干支是吊得之神，下一位干支是替得之神，其吉凶便以吊替所得干支纳音五行生克来判断。

【原文】甲己年十月乙亥。天德乙，月德甲。忌丙壬丁癸向。亥巳人不用。

【注解】月建乙亥，逢亥自刑，逢巳月破，故不用。

中宫上方乙亥是当月月建，以其入中飞布九宫曰吊。十月居乾宫，吊得丙子水，再以丙子入中飞布九宫，其法曰替。每宫上一位干支是吊得之神，下一位干支是替得之神，其吉凶便以吊替所得干支纳音五行生克来判断。

【原文】甲己年十一月丙子。天德巽戊,月德壬。午卯人不用。

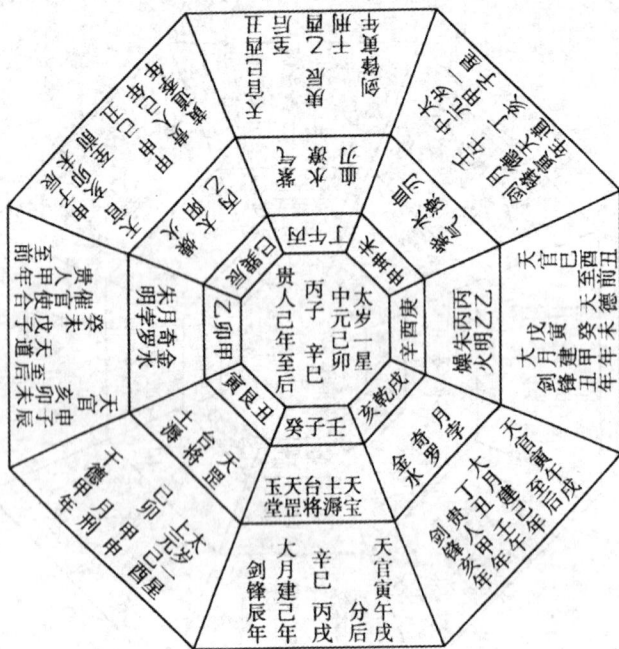

【注解】月建丙子,子卯刑,子午冲,故子卯人不用。

中宫上方丙子是当月月建,以其入中飞布九宫曰吊。十一月居坎宫,吊得辛巳金,再以辛巳入中飞布九宫,其法曰替。每宫上一位干支是吊得之神,下一位干支是替得之神,其吉凶便以吊替干支纳音五行生克来判断。

【原文】甲己年十二月丁丑。天德庚，月德庚。戌未人不用。

【注解】丁丑月建，戌丑刑，丑未冲刑，故不用。

中宫上方丁丑是当月月建，以其入中飞布九宫，其法曰吊。十二月居艮宫，吊得庚辰金，再以庚辰入中飞布九宫，其法曰替。每宫上一位干支是吊得之神，下一位干支是替得之神，其吉凶便以吊替所得干支纳音五行生克来判断。

【原文】乙庚年正月戊寅。乙庚年正月戊寅,吊甲申马还坤。乙岁命己卯禄,亥卯未岁命辛巳马,戊寅官符。巳酉丑岁命丁亥马,甲申官符。庚岁命甲申禄,申子辰岁命戊寅马,丙寅官符。寅午戌岁命甲申马,壬申官符。天德丁,月德丙。忌丙壬向,巳申人不用。

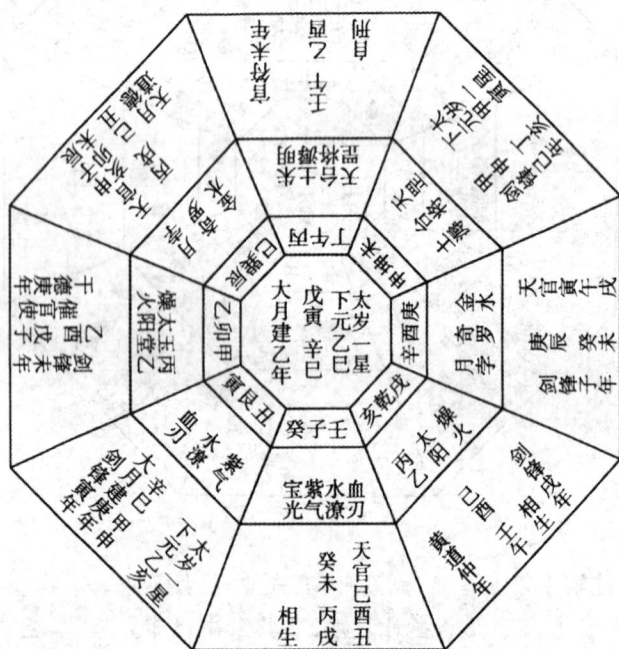

【注解】巳申人不用者,月建戊寅刑巳冲申故。

中宫上方戊寅是当月月建,以其入中飞布九宫,其法曰吊。正月居艮宫,吊得辛巳火,再以辛巳入中飞布九宫,其法曰替。每宫上一位干支是吊得之神,不一位是替得之神,其吉凶便以吊替所得干支五行生克来判断。

【原文】 乙庚年二月己卯。天德己坤，月德甲。忌甲庚向。子酉人不用。

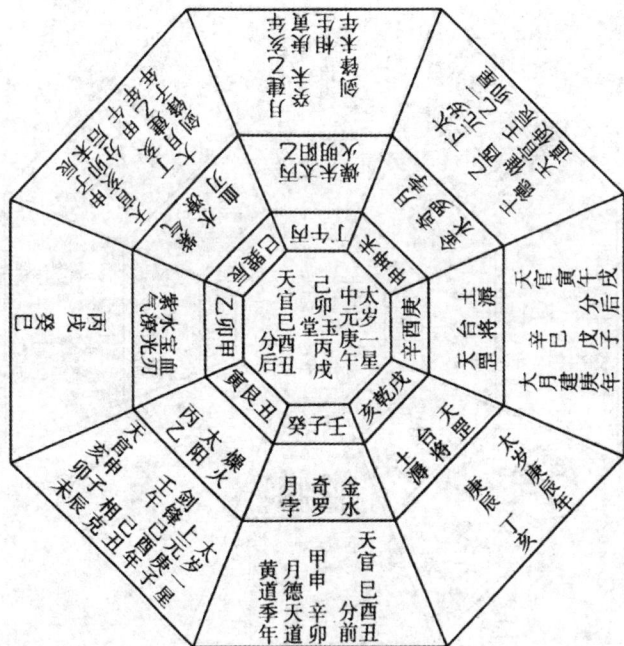

【注解】 子酉人不用者，月建己卯，刑子破酉故。

中宫上方己卯是当月月建，以其入中飞布九宫日吊。二月居震宫，吊得丙戌土，再以丙戌入中飞布九宫，其法日替。每宫上一位干支是吊得之神，下一位干支是替得之神，其吉凶便以吊替所得干支纳音五行生克来判断。

【原文】乙庚年三月庚辰。天德壬，月德壬。忌丁癸向。辰戌人不用。

【注解】辰戌人不用者，月建庚辰，辰辰自刑，辰戌冲破故。

中宫上方庚辰是当月月建，以其入中飞布九宫曰吊。三月居巽宫，吊得戊子火，再以戊子入中宫飞布九宫，其法曰替。每宫上一位干支是吊得之神，下一位干支是替得之神，其吉凶便以吊替所得干支纳音五行生克来判断。

【原文】乙庚年四月辛巳。天德辛，月德庚。忌乙辛向。寅申人不同。

【注解】月建辛巳与寅申三刑，故不用；但巳申刑合，可酌用。

中宫上方辛巳是当月月建，以其入中飞布九宫曰吊。四月居巽宫，吊得己丑土火，再以己丑入中飞布九宫，其名曰替。每宫上一位干支是吊得之神，下一位干支是替得之神，其吉凶便以吊替所得干支纳音五行生克来判断。

【原文】乙庚年五月壬午。天德戊乾,月德丙。忌丙壬向。子午人不用。

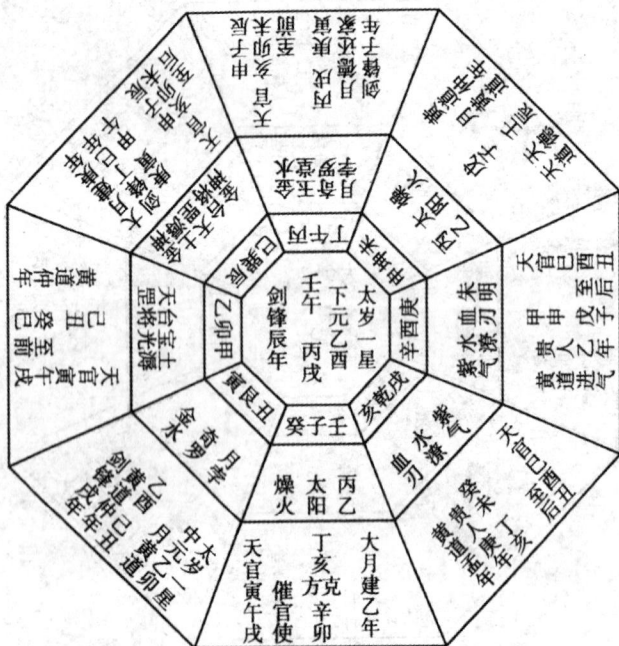

【注解】月建壬午,与午自刑,与子冲破,故不用。

中宫上方干支壬午是当月月建,以其入中飞布九宫,其法曰吊。五月居离宫,吊得丙戌土,再以丙戌入中飞布九宫,其法曰替。每宫上一位干支是吊得之神,下一位干支是替得之神,其吉凶便以吊替所得干支纳音五行生克来判断。

【原文】乙庚年六月癸未。天德甲、月德甲。六乙年六月吊戊子贵人还坎,此月造作坤艮未丑寅申大吉。忌壬丙向。丑戌人不用。

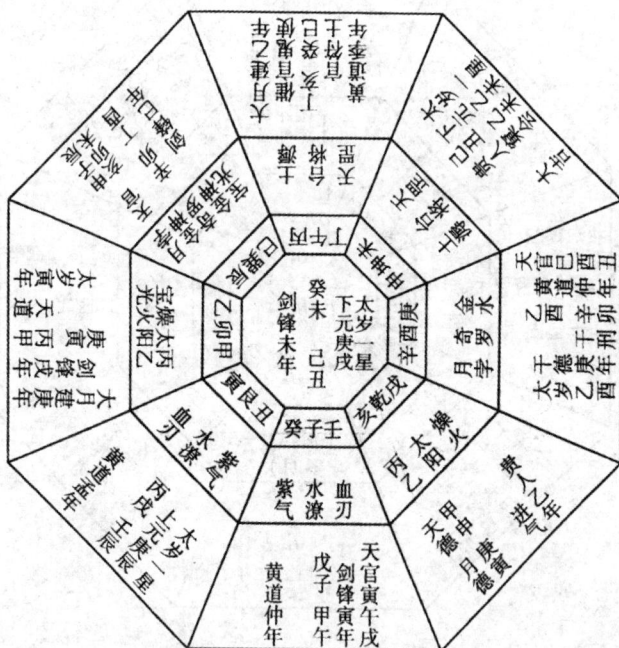

【注解】月建癸未,与丑戌成三刑,故不用。

中宫上方干支癸未是当月月建,以其入中飞布九宫,其法曰吊。六月居坤宫,吊得己丑土,再以己丑入中飞布九宫,其法曰替。每宫上一位干支是吊得之神,下一位干支是替得之神,其吉凶便以吊替所得干支纳音五行生克来判断。

【原文】乙庚年七月甲申。天德癸，月德壬。寅巳人不用。

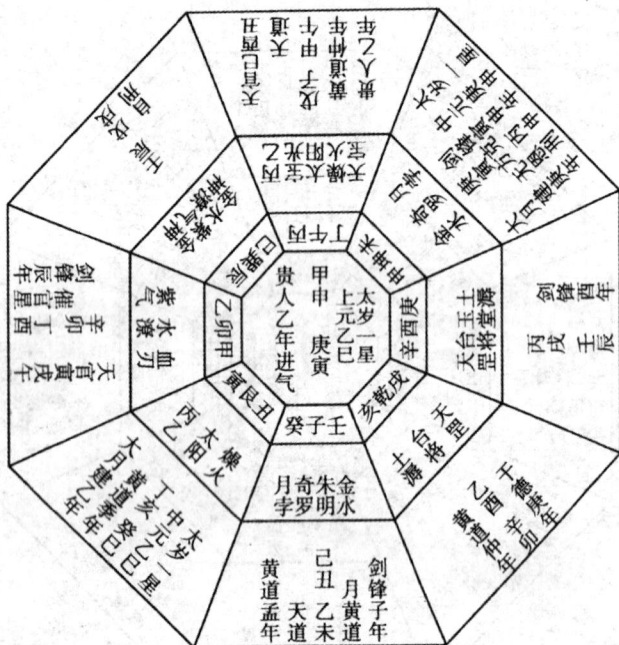

【注解】月建甲申，与巳刑合，吉中藏凶，与寅冲破，故不用。

中宫上方甲申是当月月建，以其入中飞布九宫，其法曰吊。七月居坤宫，吊得庚寅木，再以庚寅入中飞布九宫，其法曰替。每宫上一位干支是吊得之神，下一位干支是替得之神，其吉凶便以吊替所得干支纳音五行生克来判断。

【原文】乙庚年八月乙酉。天德己艮,月德庚。忌乙辛向。卯酉人不用。

【注解】月建乙酉,见酉自刑,见卯冲破,故不用。

中宫上方乙酉是当月月建,以其入中飞布九宫,其法曰吊。八月居兑宫,吊得丁亥土,再以丁亥入中飞布九宫,其法曰替。每宫上一位干支是吊得之神,下一位干支是替得之神,其吉凶便以吊替所得干支纳音五行生克来判断。

【原文】乙庚年九月丙戌。天德丙，月德丙，六庚年九月吊己丑贵人还艮。忌丙壬丁癸向，丑未人不用。

【注解】月建丙戌，与丑未三刑，故不用。

中宫上方丙戌是当月月建，以其入中飞布九宫曰吊。九月居乾宫，吊得丁亥土，再以丁亥入中飞布九宫，其法曰替。每宫上一位干支是吊得之神，下一位干支是替得之神，其吉凶便以吊替所得干支纳音五行生克来判断。

【原文】乙庚年十月丁亥。天德乙，月德甲。亥巳人不用。

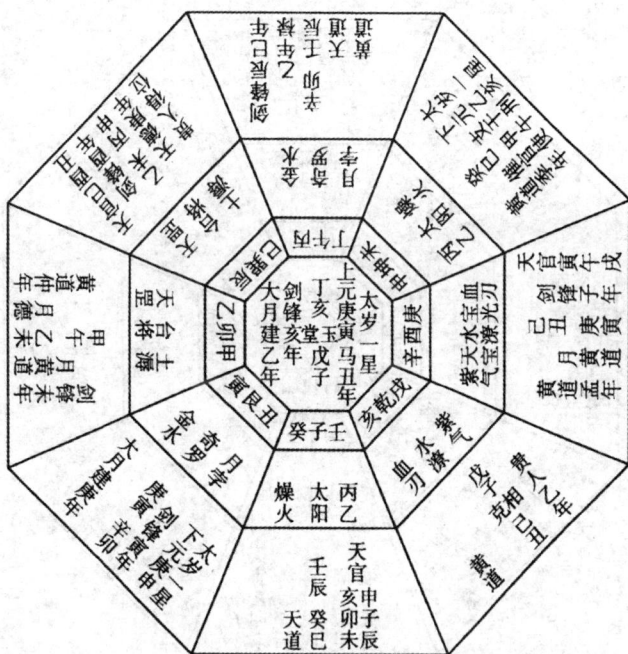

【注解】中宫"马丑年"三字义不明，因丑非驿马故。

月建丁亥，亥见亥自刑，见巳冲破，故不用。

中宫上元丁亥是当月月建，以其入中飞布九宫曰吊。十月居乾宫，吊得戊子火，再以戊子入中飞布九宫，其法曰替。每宫上一位干支是吊得之神，下一位干支是替得之神，其吉凶便以吊替所得干支纳音五行生克来判断。

【原文】乙庚年十一月戊子。天德戊巽，月德壬。忌丙壬甲庚向。子寅人不用。

【注解】月建戊子，刑卯冲午，应是午卯人不用，原文误。

中宫上方戊子是当月月建，以其入中飞布九宫日吊。十一月居坎官，吊得癸巳水，再以癸巳入中飞布九宫，其法日替。每宫上一位干支是吊得之神，下一位干支是替得之神，其吉凶便以吊替所得干支纳音五行生克来判断。

【原文】乙庚年十二月己丑。天德庚，月德庚。六庚年腊月吊乙未贵人还坤。忌乙辛向。亥子人不用。

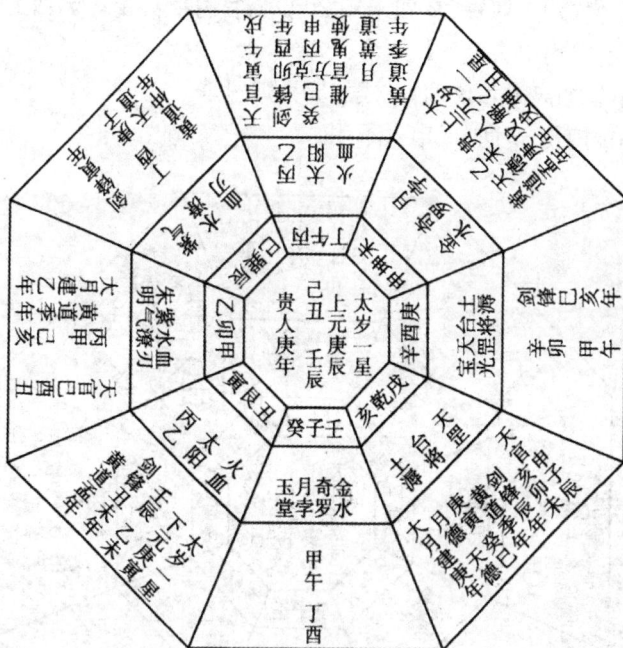

【注解】十二月建己丑，冲未刑戌，应是未戌人不用，原文有误，特更正。

中宫上方己丑是当月月建，以其入中飞布九宫曰吊。十二月居艮宫，吊得壬辰水，再以壬辰入中宫飞布九宫，其法曰替。每宫上一位干支是吊得之神，下一位干支是替得之神，其吉凶便以吊替所得干支纳音五行生克来判断。

【原文】丙辛年正月庚寅。天德丁,月德丙。丙岁命,癸巳禄,申子辰年庚寅马,官符己亥木。寅午戌丙申马,官符癸巳水。

辛岁命,丁酉禄,亥卯未年癸巳马,官符庚寅木。巳酉丑年己亥马,官符丙申火。

甲午加离为六仪刑,戊戌加巽为魁罡杀。

忌丙壬乙辛向,巳申人不用。

【注解】月建庚寅,刑巳冲申,故巳申人不用。但巳申为刑合,有吉神可用。

【原文】丙辛年二月辛卯。天德己坤;月德甲。忌甲庚向。子酉人不用。

【注解】月建辛卯,刑子水,冲破酉金,故不用。

中宫上方辛卯是当月月建,以其入中飞布九宫曰吊。二月居震宫,吊得戊戌土,再以戊戌入中飞布九宫,其法曰替。每宫上一位干支是吊得之神,下一位干支是替得之神,其吉凶便以吊替所得干支纳音五行生克来判断。

【原文】丙辛年三月壬辰。天德壬,月德壬。忌丁癸向。辰戌人不用。

【注解】月建壬辰,见辰自刑,见戌冲破,故不用。

中宫上方壬辰是当月月建,以其入中飞布九宫曰吊。三月居巽宫,吊得庚子土,再以庚子入中飞布九宫,其法曰替。每宫上一位干支是吊得之神,下一位干支是替得之神,其吉凶便以吊替所得干支纳音五行生克来判断。

【原文】丙辛年四月癸巳。天德辛，月德庚。忌乙辛年。寅申人不用。

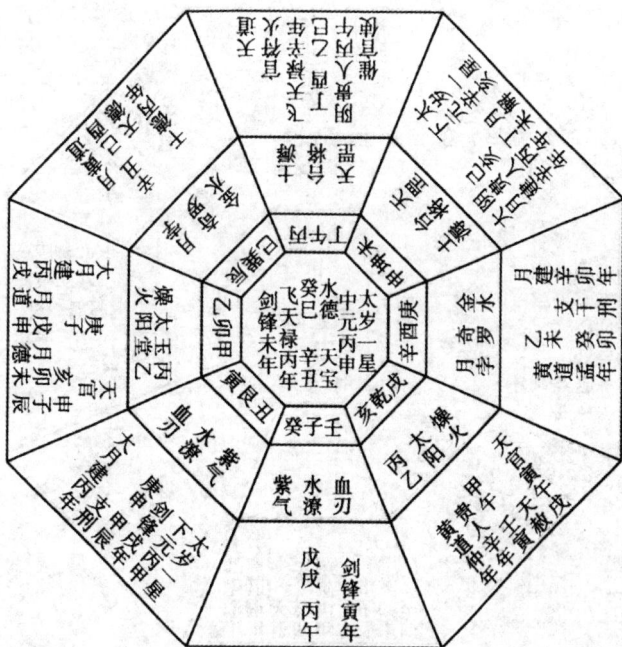

【注解】月建癸巳，与寅申三刑，故不用；亥人逢月破不用，尤合义理。

中宫上方癸巳是当月月建，以其入中飞布九宫曰吊。四月居巽宫，吊得辛丑土，再以辛丑入中飞布九宫，其法曰替。每宫上一位干支是吊得之神，下一位干支是替得之神，其吉凶便以吊替所得干支纳音五行生克来判断。

【原文】丙辛年五月甲午。天德戊乾,月德丙。忌丙壬向。亥子人不用。

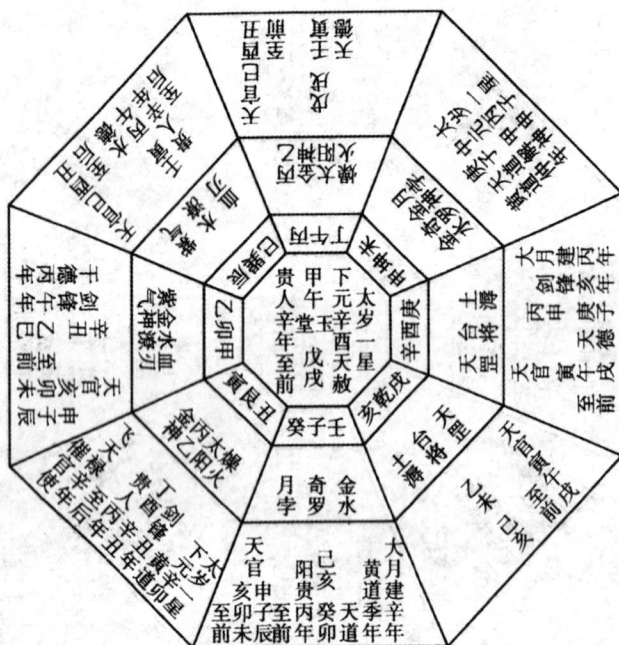

【注解】甲午月建,冲子自刑,应是午子人不用,原文有误。

中宫上方干支甲午是当月月建,以其入中飞布九官日吊。五月居离官,吊得戊戌木,再以戊戌入中飞布九官,其法日替(按:原文中宫替神庚寅,错讹,径改)。每官上一位干支是吊得之神,下一位干支是替得之神,其吉凶便以吊替所得干支纳音五行生克判断。

【**原文**】丙辛年六月乙未。天德甲，月德甲。忌丙壬向。丑戌人不用。

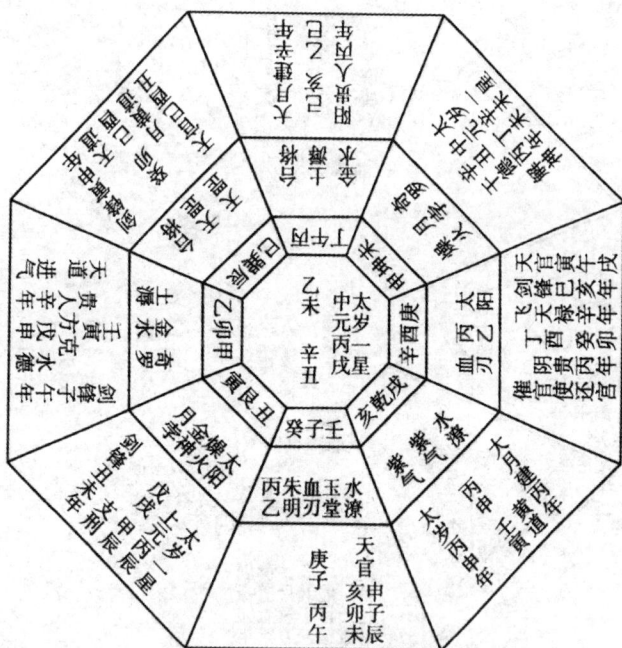

太岁一星
中元丙戌
乙未　太阳
辛丑　丙乙　辛酉庚
　　　血刃
亥乾戌
癸子壬
丙朱血玉水
乙明刃堂潦
天官
亥申子卯
未辰
庚子
丙午

【**注解**】乙未月建，与戌丑刑冲，故不用。

中宫上方干支乙未是当月月建，以其入中飞布九宫曰吊。六月居坤宫，吊得辛丑土，再以辛丑入中飞布九宫，其法曰替。每宫上一位干支是吊得之神，下一位干支是替得之神，其吉凶便以吊替所得干支纳音五行生克判断。

【原文】丙辛年七月丙申。天德癸，月德壬。忌丙壬向。寅巳人不用。

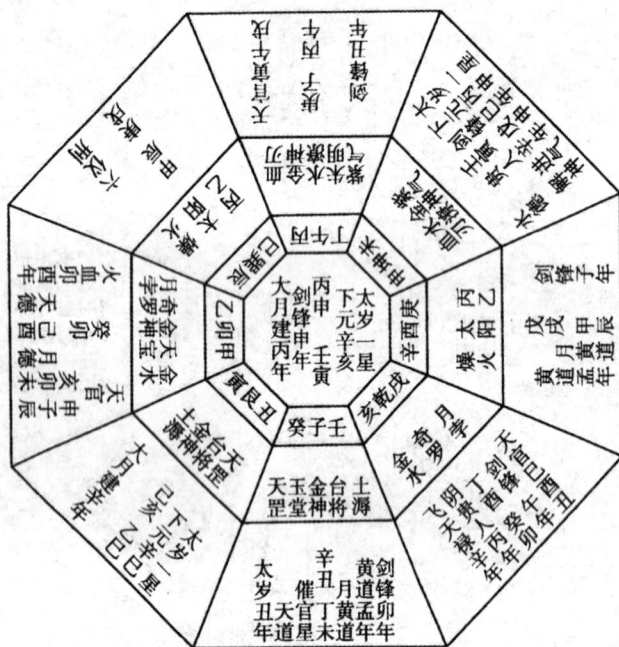

【注解】月建丙申，与寅巳三刑全，故不用；但巳与申合，有吉神可用。

中宫上方丙申是当月月建，以其入中飞布九宫曰吊。七月居坤宫，吊得壬寅金，再以壬寅入中顺布九宫，其法曰替。每宫上一位干支是吊得之神，下一位干支是替得之神，其吉凶便以吊替所得干支纳音五行生克来判断。

【原文】丙辛年八月丁酉。天德己艮，月德庚。忌乙辛庚向。卯酉人不用。

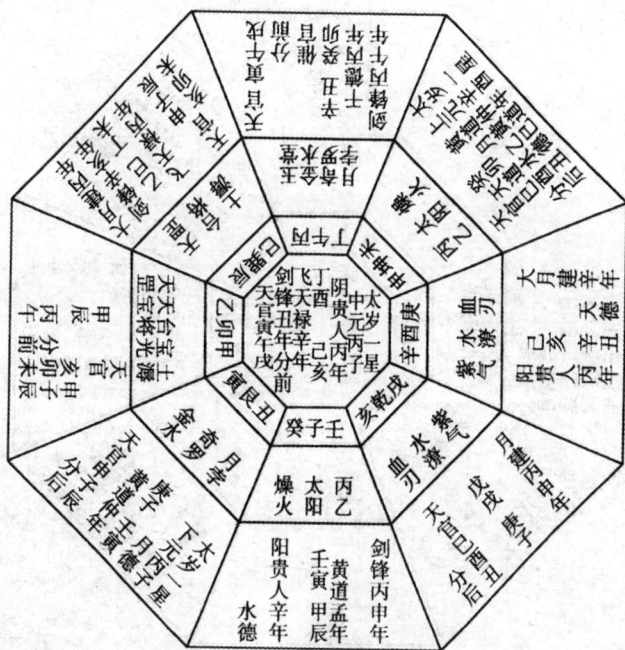

【注解】月建丁酉，见酉自刑，见卯冲破，故不用。

中宫上方丁酉是当月月建，以其入中宫飞布九宫曰吊。八月居兑宫，吊得己亥木，再以己亥入中宫飞布九宫，其法曰替。每宫上一位干支是吊得之神，下一位干支是替得之神，其吉凶便以吊替所得干支纳音五行生克来判断。

【原文】丙辛年九月戊戌。天德丙,月德丙。忌丙壬丁癸向。丑未人不用。

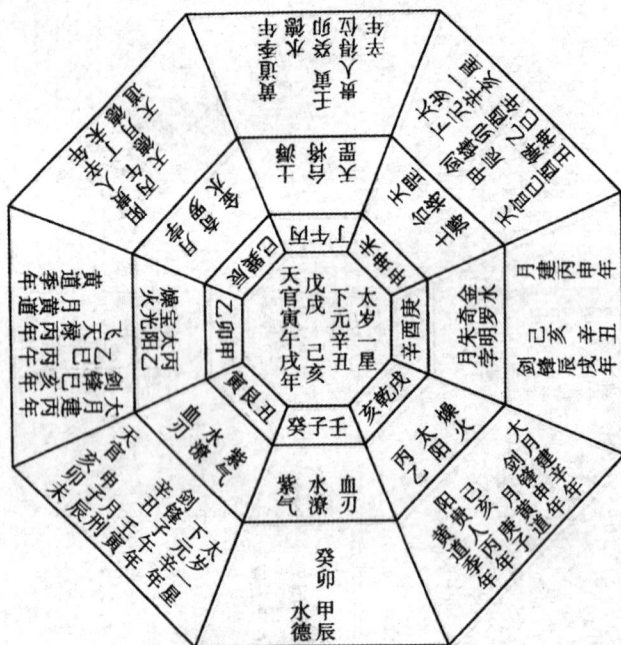

【注解】月建戊戌,与丑未成三刑,故不用。

中宫上方戊戌是当月月建,以其入中飞布九宫曰吊。七月居乾,吊得己亥木,再以己亥入中飞布九宫,其法曰替。每宫上一位干支是吊得之神,下一位干支是替得之神,其吉凶便以吊替所得干支纳音五行来判断。

【原文】丙辛年十月己亥。天德乙,月德甲。忌丁癸向。巳生人不用。

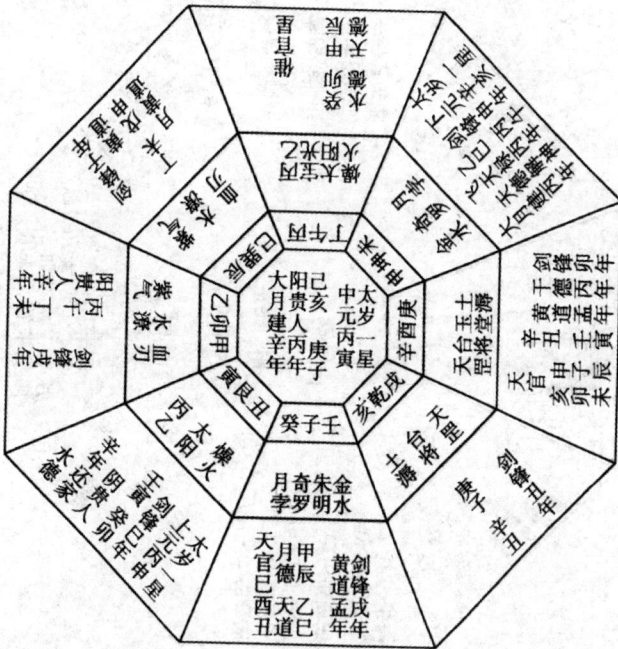

【注解】月建己亥,与巳冲破,故不用。

中宫上方己亥是当月月建,以其入中飞布九宫曰吊。十月居乾宫,吊得庚子土,再以庚子入中飞布九宫,其法曰替。每宫上一位干支是吊得之神,下一位干支是替得之神,其吉凶便以吊替所得干支纳音五行生克来判断。

【原文】丙辛年十一月庚子。天德戊巽，月德壬。忌丙壬向。午卯人不用。

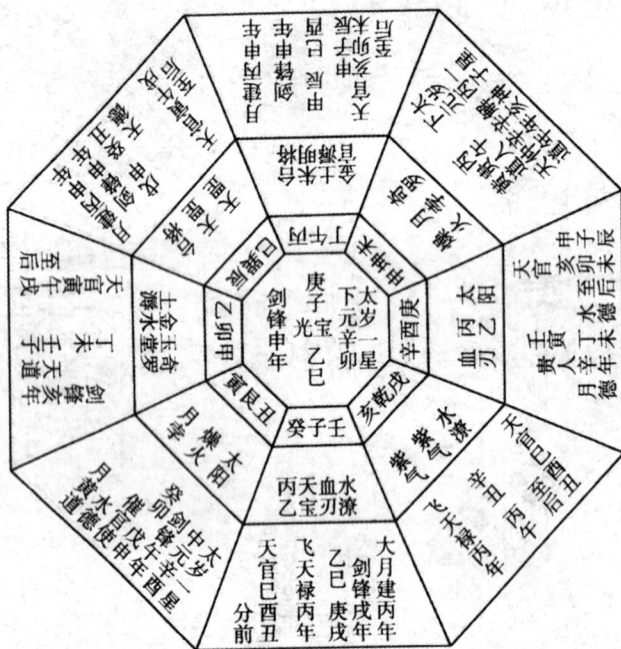

【注解】月建庚子，刑卯冲午，故不用。

中宫上方庚子是当月月建，以其入中飞布九宫曰吊。十一月居坎宫，吊得乙巳火，再以乙巳入中顺布九宫，其法曰替。每宫上一位干支是吊得之神，下一位干支是替得之神，其吉凶便以吊替所得干支纳音五行生克来判断。

【原文】丙辛年十二月辛丑。天德庚，月德庚。丙午加坎为阴阳会杀。忌乙辛向。戌未人不用。

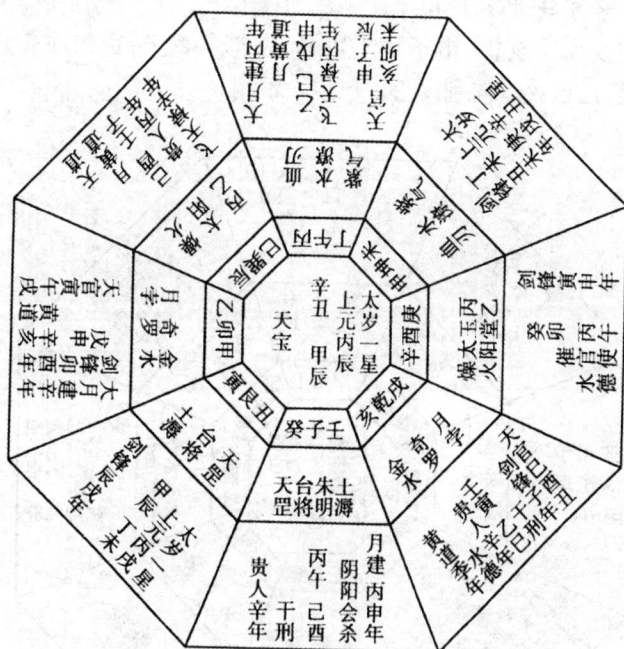

【注解】月建辛丑，与未戌成三刑，故不用。

中宫上方辛丑是当月月建，以其入中飞布九宫曰吊。十二月居艮宫，吊得甲辰火，再以甲辰入中飞布九宫，其法曰替。每宫上一位干支是吊得之神，下一位干支是替得之神，其吉凶便以吊替所得干支纳音五行生克来判断。

【原文】丁壬年正月壬寅。天德丁,月德丙。六丁年正月吊丙午正禄还离,丁岁命丙午禄,亥卯未年乙巳马,官符壬寅金。巳酉丑年辛亥马,官符戊申土。

壬岁命辛亥禄,申子辰壬寅马,官符辛亥金;寅午戌年戊申马,官符乙巳火。向利丙壬。巳申人不用。

【注解】月令壬寅,见巳三刑,见申冲破,故不用。

【原文】丁壬年二月癸卯。天德已坤，月德甲。壬年二月作卯酉庚甲，大利催官，同贵人到兑。辛亥加巽为罗网杀，利丙壬向。忌甲庚向。子酉人不用。

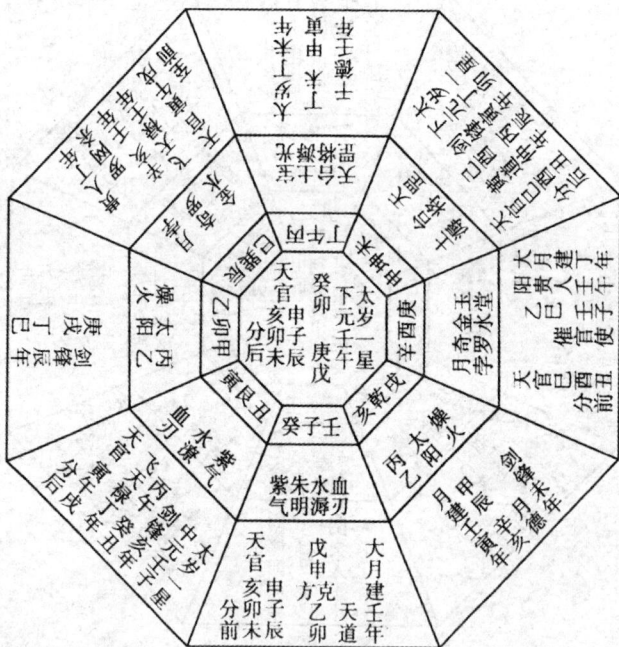

【注解】作卯酉甲庚向利催官者，壬年调乙巳到兑，乙为催官使，巳为贵人。卯方为壬年贵人本方，又替得丁巳到。但原书又云忌甲庚向，是自相矛盾。

月建癸卯，见子三刑，见酉冲破，故不用。

【原文】丁壬年三月甲辰。天德壬,月德壬。忌丁癸向。戌生人不用。

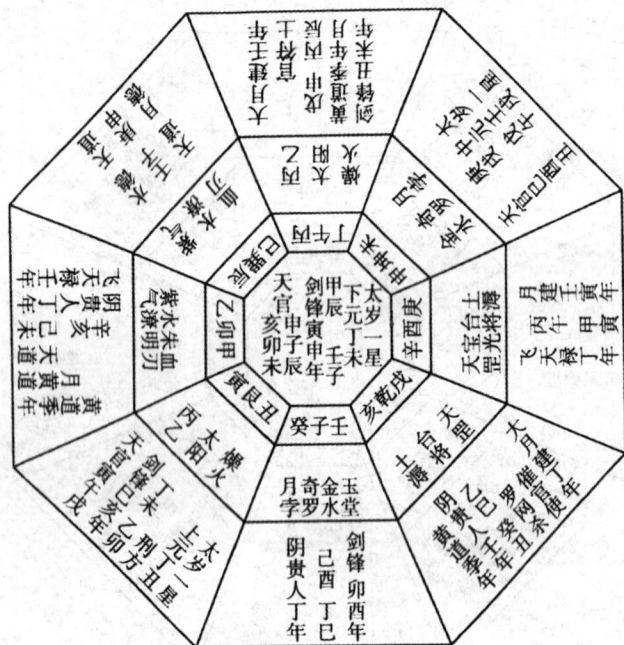

【注解】月建甲辰,与戌相冲,且为魁罡恶杀,故不用。

中宫上方甲辰是当月月建,以其入中飞布九宫曰吊。三月居巽方,吊得壬子木,再以壬子入中宫飞布九宫,其法曰替。每宫上一位干支是吊得之神,下一位干支是替得之神,其吉凶便以吊替所得干支纳音五行生克来判断。

【原文】丁壬年四月乙巳。天德辛，月德庚。忌乙辛庚向。寅申人不用。

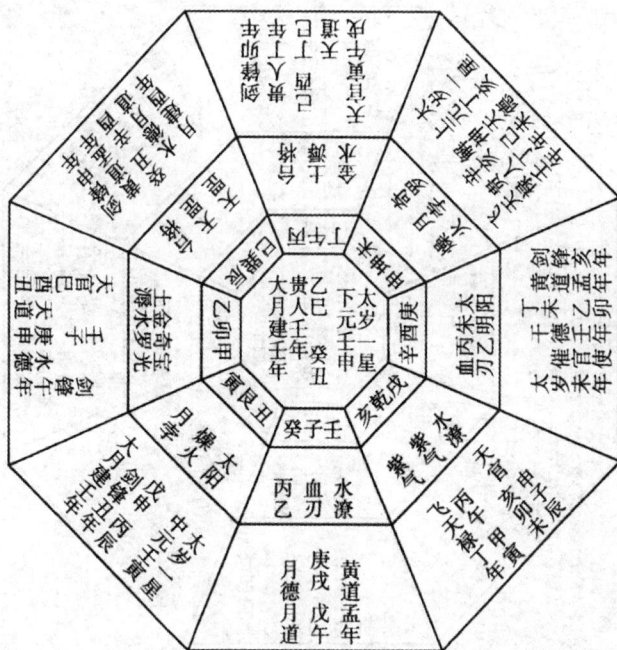

【注解】月建乙巳，与寅申成三刑，故不用。巳申刑合，有贵可用。

中宫上方乙巳是当月月建，以其入中飞布九宫，其法曰替。四月居巽宫，吊得癸丑木，再以癸丑入中飞布九宫，其法曰替。每宫上一位干支是吊得之神，下一位干支是替得之神，其吉凶便以吊替所得干支纳音五行生克来判断。

【原文】丁壬年五月丙午。天德戊乾,月德丙。甲寅加巽为六仪刑。子午人不用。

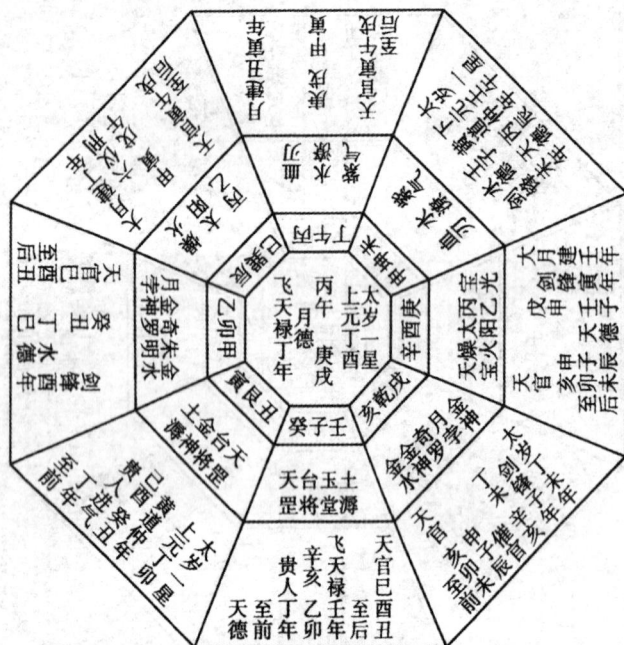

中央：太岁一星　上元丁酉　丙午月德　飞天禄丁年　庚戌

【注解】子午人不用者,午见午自刑,午见子冲破故。

中宫上方丙午是当月月建,以其入中飞布九宫曰吊。五月居离宫,吊得庚戌金,便以庚戌再入中飞布九宫,其法曰替。每宫上一位干支是吊得之神,下一位干支是替得之神,其吉凶便以吊替所得干支纳音五行生克来判断。

【原文】丁壬年六月丁未。天德甲，月德甲。丁年贵，己酉阴，辛亥阳。六丁年六月吊己酉阴贵还兑宫。丑戌人不用。

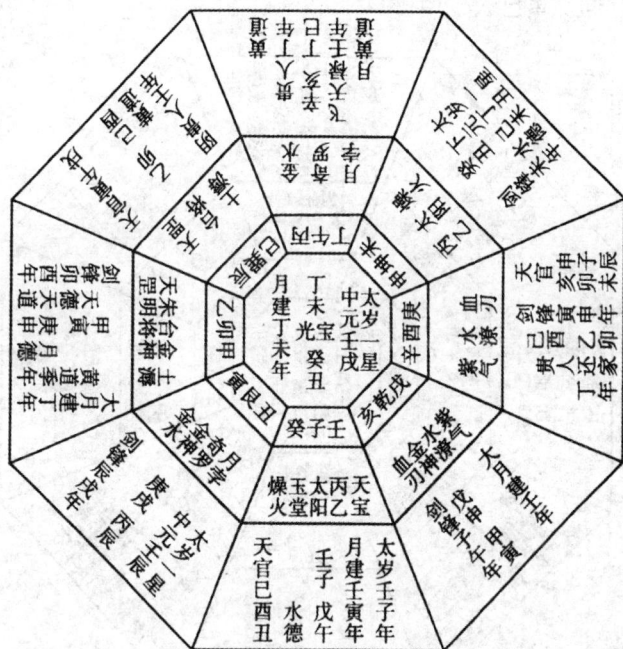

【注解】月建丁未与丑戌三刑，故不用。

中宫上方丁未是当月月建，以其入中飞布九宫曰吊。六月居坤宫，吊得癸丑木，再以癸丑入中宫飞布九宫，其法曰替。每宫上一位干支是吊得之神，下一位干支是替得之神，其吉凶便以吊替所得干支纳音五行生克来判断。

【原文】丁壬年七月戊申。天德癸，月德壬。六壬年七月吊乙卯阴贵人还震。壬子加戊午为阴阳会杀。甲寅加坤为刑害杀。忌丙壬向。寅巳人不用。

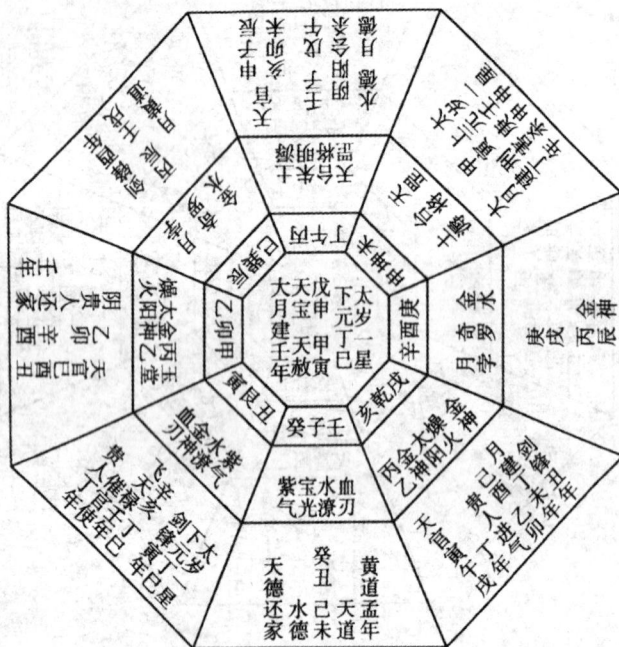

【注解】月建戊申，见寅冲破，见巳刑害，故不用；然巳申刑合，若带吉贵亦可用。

中宫上方戊申是当月月建，以其入中飞布九宫曰吊。七月居坤宫，吊得甲寅水，再以甲寅入中飞布九宫，其法曰替。每宫上一位干支是吊得之神，下一位干支是替得之神，其吉凶便以吊替所得干支纳音五行生克来判断。

【原文】丁壬年八月己酉。天德己艮，月德庚。六丁年八月吊己酉阴贵人入中宫。六壬年吊阴贵人卯到坤。忌乙庚辛向。卯酉人不用。

【注解】月建己酉，见酉是自刑，见卯为冲破，故不用。

中宫上方己酉是当月月建，以其入中飞布九宫曰吊。八月居兑宫，吊得辛亥金，再以辛亥入中飞布九宫，其法曰替。每宫上一位干支是吊得之神，下一位干支是替得之神，其吉凶便以吊替所得干支纳音五行生克来判断。

【原文】丁壬年九月庚戌。天德丙，月德丙。六壬年九月吊辛亥正禄还乾。六丁年九月吊辛亥贵人还乾。忌子午向。丑未人不用。

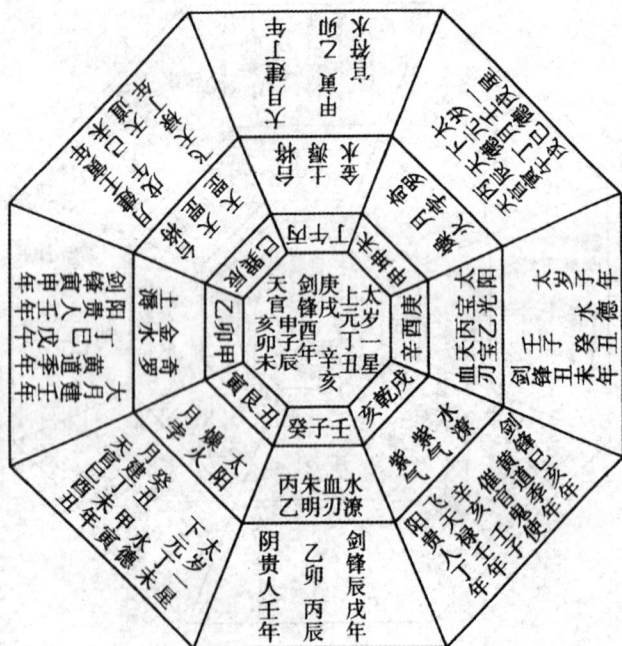

【注解】月建庚戌，与丑未成三刑，故不用。

中官上方庚戌是当月月建，以其入中飞布九宫曰吊。九月居乾宫，吊得辛亥金，再以辛亥入中飞布九宫，其法曰替。每宫上一位干支是吊得之神，下一位干支是替得之神，其吉凶便以吊替所得干支纳音五行生克来判断。

【原文】丁壬年十月辛亥。天德乙，月德甲。巳亥人不用。

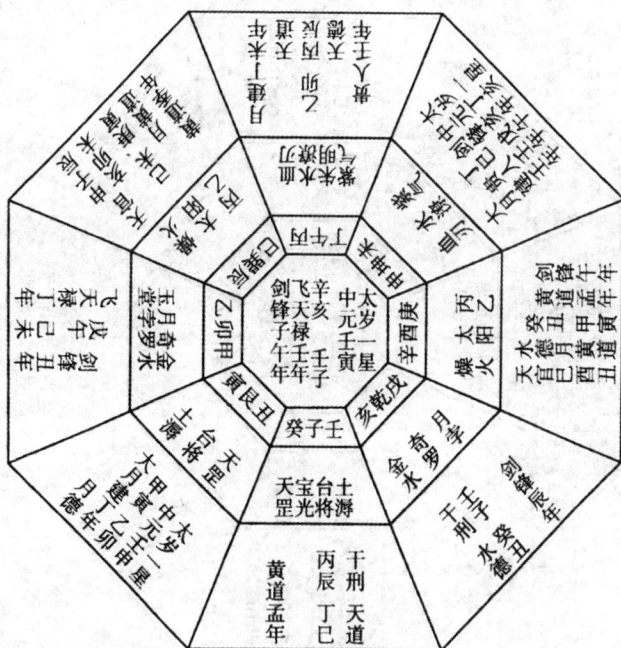

【注解】月建辛亥，见亥自刑，遇巳冲破，故不用。

中宫上方辛亥是当月月建，以其入中飞布九宫曰吊。十月居乾宫，吊得壬子木，再以壬子入中顺布九宫，其法曰替。每宫上一位干支是吊得之神，下一位干支是替得之神，其吉凶便以吊替所得干支纳音五行生克来判断。

【原文】丁壬年十一月壬子。天德巽戌,月德壬。忌丙壬甲庚向。卯午人不用。

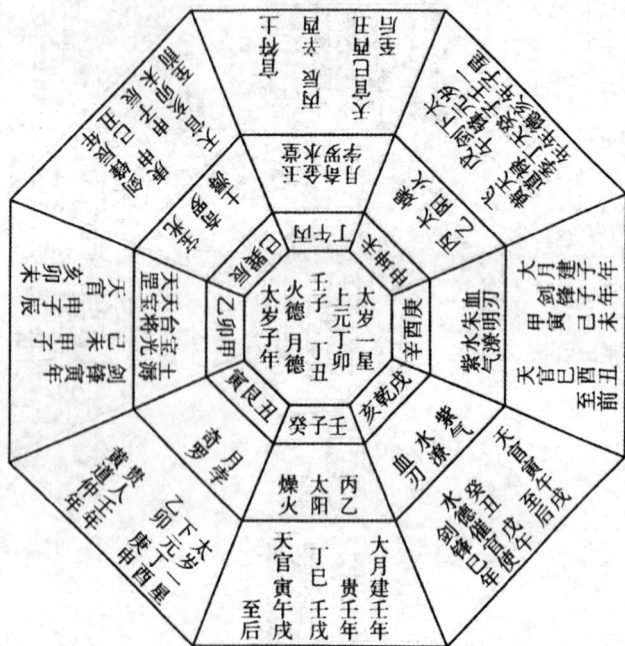

【注解】月建壬子,见卯刑,见午冲,故不用。

中宫上方壬子是当月月建,以其入中飞布九宫日吊。十一月居坎宫,吊得丁巳土,再以丁巳入中宫飞布九宫,其法日替。每宫上一位干支是吊得之神,下一位干支是替得之神,其吉凶便以吊替所得干支纳音五行生克来判断。

【原文】丁壬年十二月癸丑。天德庚，月德庚。乙卯加酉为离合杀。忌乙辛庚甲向。戌未人不用。

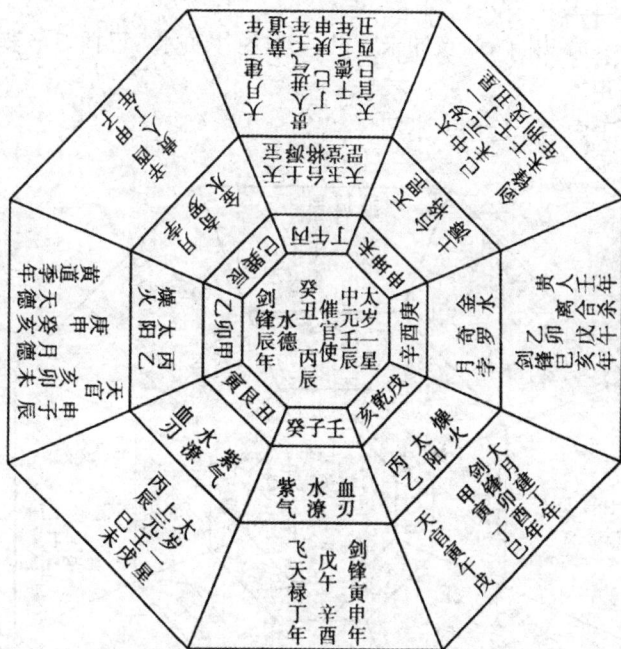

【注解】月建癸丑，与戌未成三刑，故不用。

中宫上方癸丑是当月月建，以其入中飞布九宫日吊。十二月居艮宫，吊得丙辰土，再以丙辰入中宫飞布九宫，其法曰替。每宫上一位干支是吊得之神，下一位干支是替得之神，其吉凶便以吊替所得干支纳音五行生克来判断。

【原文】戊癸年正月甲寅。天德丁，月德丙。辛酉加震为离合。

戊岁命，丁巳禄，申子辰甲寅马，官符癸亥水。寅午戌庚申马，官符丁巳土。

癸岁命，甲子禄；亥卯未丁巳马，官符甲寅水。巳酉丑癸亥马，官符庚申木。

忌壬丙向。巳申人不用。

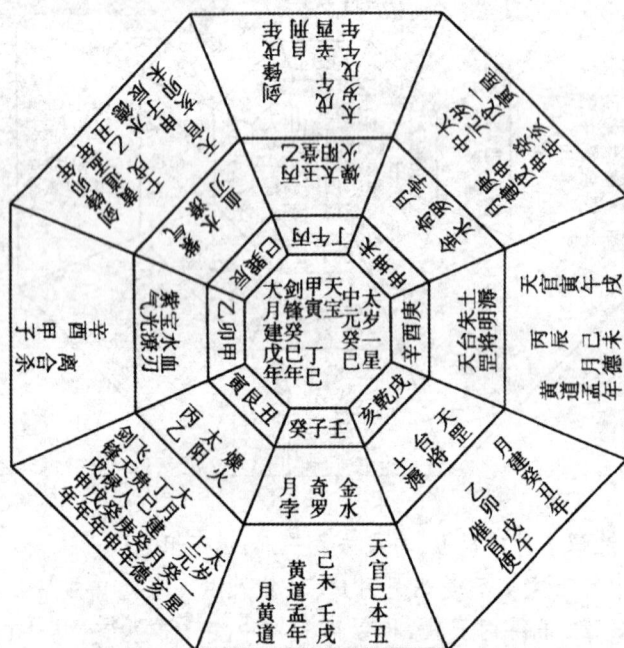

【注解】月建甲寅与巳申三刑，故不用。

【原文】戊癸年二月乙卯。天德己坤，月德甲。忌乙辛庚甲向。子酉人不用。

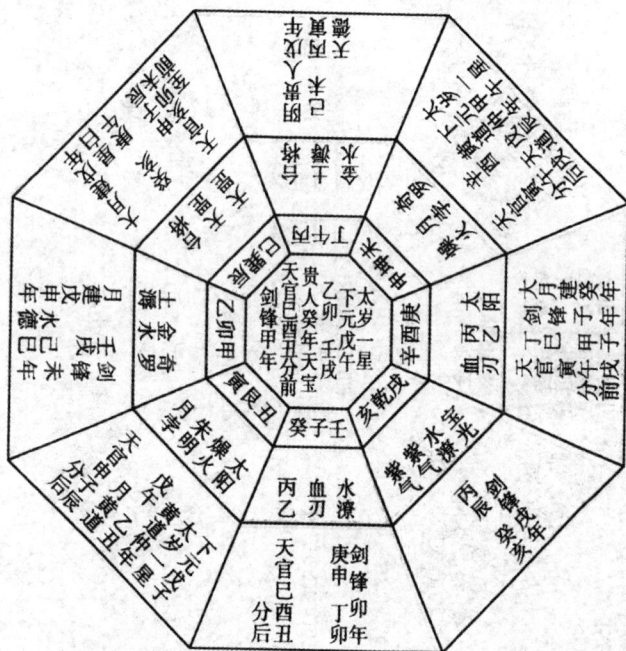

【注解】月建乙卯,刑子冲酉,故不用。

中宫上方乙卯是当月月建,以其入中飞布九宫曰吊。二月居震宫,吊得壬戌水,再以壬戌入中飞布九宫,其法曰替。每宫上一位九星是吊得之神,下一位九星是替得之神,其吉凶便以吊替所得干支纳音五行生克来判断。

【**原文**】戊癸年三月丙辰。天德壬，月德壬。此月贵人窠会艮，作艮坤未丑寅申大吉。忌丁癸向。辰戌人不用。

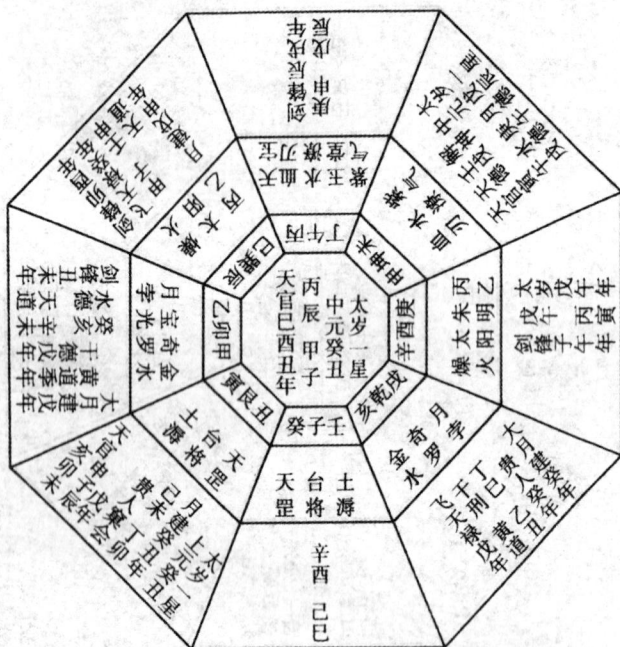

【**注解**】三月建辰，见辰自刑，见戌冲破，故不用。

中宫上方丙辰是当月月建，以其入中飞布九宫曰吊。三月居巽宫，吊得甲子金，再以甲子入中飞布九宫，其法曰替。每宫上位干支是吊得之神，下位干支是替得之神，其吉凶便以吊替所得干支纳音五行生克来判断。

【原文】戊癸年四月丁巳。天德辛，月德庚。甲子加卯为六仪刑。庚申加艮为刑害杀。忌乙辛庚向。寅申人不用。

（图：八卦九宫盘，中宫为丁巳、乙丑，标注"太岁下元一星戊申""催官使""丁巳""乙丑""贵人癸年""大月建癸年"等，四周列各宫干支方位。）

【注解】四月建巳，与寅申成三刑，故不用；然巳申刑合，有贵亦可用。

中宫上方丁巳是当月月建，以其入中飞布九宫曰吊。四月居巽宫，吊得乙丑金，再以乙丑入中飞布九宫，其法曰替。每宫上一位干支是吊得之神，下一位干支是替得之神，其吉凶便以吊替所得干支纳音五行生克来判断。

【原文】戊癸年五月戊午。天德戊乾,月德丙。忌壬丙向。子午人不用。

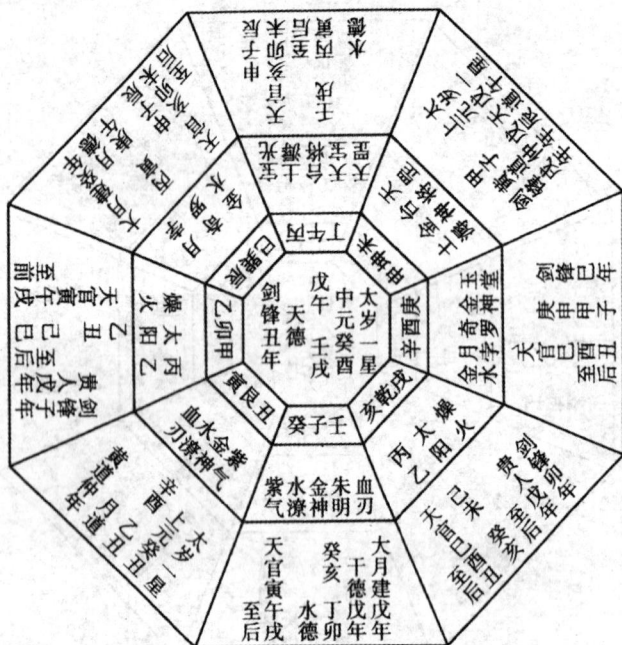

【注解】月建戊午,见午自刑,见子冲破,故不用。

中宫上方戊午是当月月建,以其入中飞布九宫曰吊。五月居离宫,吊得壬戌水,再以壬戌入中飞布九宫,其法曰替。每宫上一位干支是吊得之神,下一位干支是替得之神,其吉凶便以吊替所得干支纳音五行生克来判断。

【原文】戊癸年六月己未。天德甲，月德甲。六癸年六月吊甲子，癸禄子，正禄还坎宫。忌甲庚乙辛向。丑戌人不用。

【注解】六月建未，与丑戌成三刑，故不用。

中宫上方己未是当月月建，以其入中顺布九宫曰吊。六月居坤宫，吊得乙丑金，再以乙丑入中飞布九宫，其法曰替。每宫上一位干支是吊得之神，下一位干支是替得之神，其吉凶便以吊替所得干支纳音五行生克来判断。

【原文】戊癸年七月庚申。天德癸，月德壬。六癸年七月吊丁卯贵人还震。忌丙壬向。寅巳人不用。

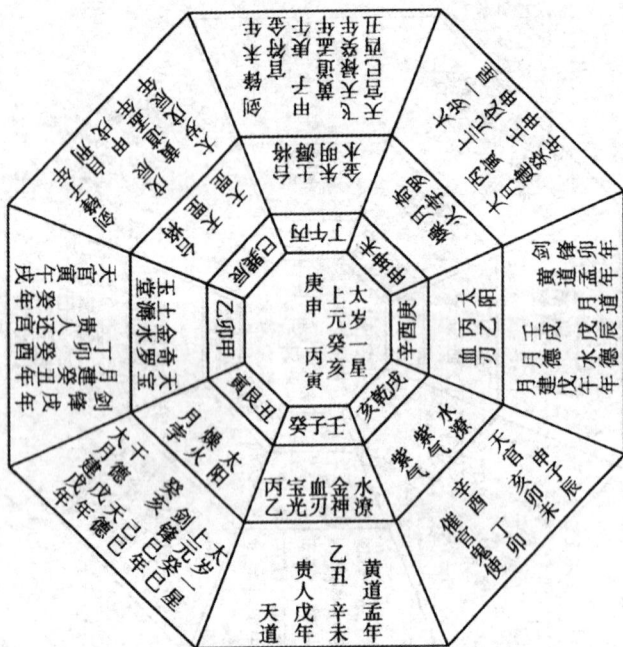

【注解】月建庚申，刑巳冲寅，故不用。但巳申刑合，有吉贵可用。

中宫上方庚申是当月月建，以其入中飞布九宫曰吊。七月居坤宫，吊得丙寅火，再以丙寅入中飞布九宫，其法曰替。每宫上一位干支是吊得之神，下一位干支是替得之神，其吉凶便以吊替所得干支纳音五行生克论吉凶。

【原文】戊癸年八月辛酉。天德己艮，月德庚。六戊年八月吊己巳正禄还巽宫。六癸年八月吊己巳贵人还巽宫。忌乙庚向。卯酉人不用。

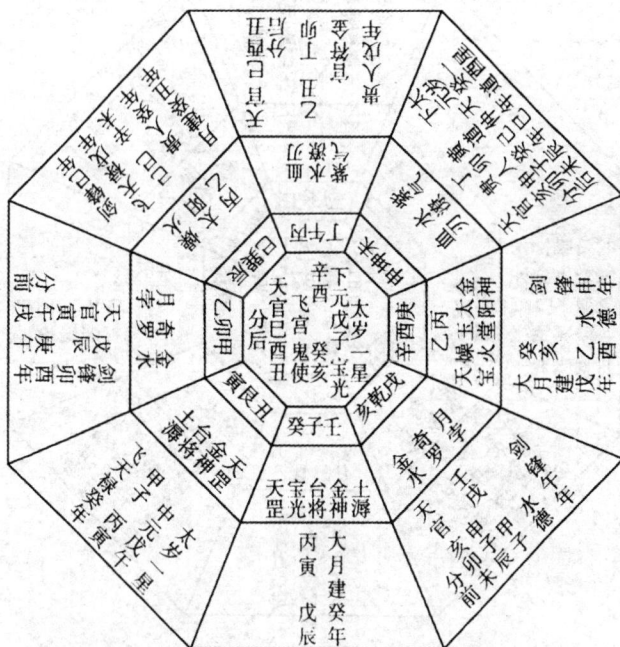

【注解】月建辛酉，见酉自刑，遇卯冲破，故不用。

中宫上方辛酉是当月月建，以其入中飞布九宫日吊。八月居兑宫，吊得癸亥水，再以癸亥入中飞布九宫日替。每宫上一位干支是吊得之神，下一位干支是替得之神，其吉凶便以吊替所得干支纳音五行生克来判断。

【原文】戊癸年九月壬戌。天德丙，月德丙。六戊年九月吊乙丑贵人还艮宫。忌丙壬丁癸向。丑未人不用。

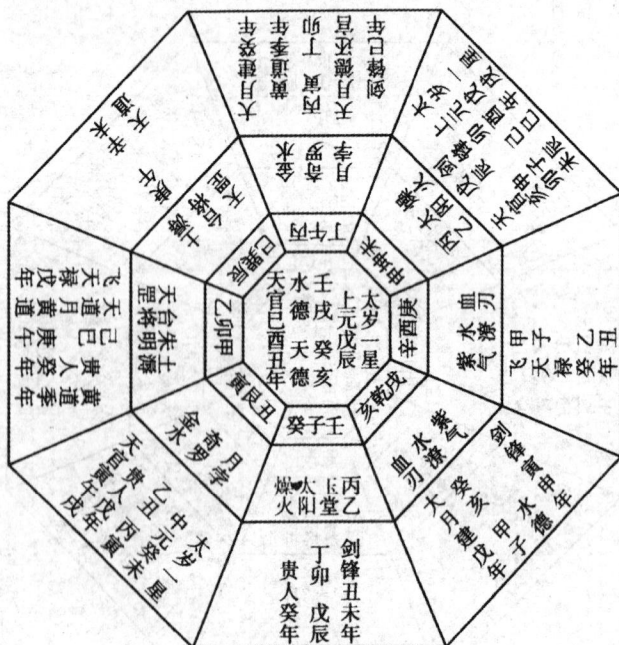

【注解】九月壬戌，与丑未三刑，故不用。

中宫上方壬戌是当月月建，以其入中飞布九宫曰吊。九月居乾宫，吊癸亥水，再以癸亥入中飞布九宫曰替。每宫上一位干支是吊得之神，下一位干支是替得之神，其吉凶便以吊替所得干支纳音五行生克来判断。（按：原书中宫天德一说有误）

【原文】戊癸年十月癸亥。天德乙，月德甲。忌甲卯向。亥巳人不用。

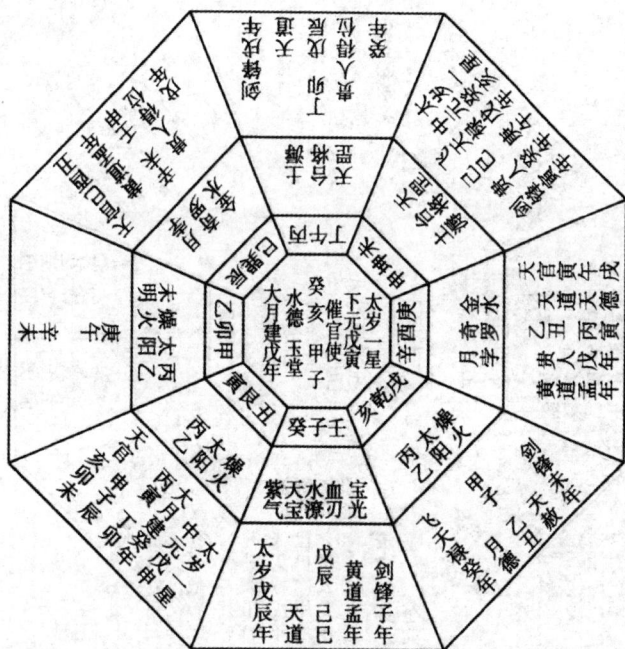

太岁一星　下元戊寅　催官使　甲子
癸亥水德玉堂　大月建戊戌
紫气天水血宝　天宝漦刃光

【注解】月建癸亥，刑亥冲巳，故不用。

中宫上方癸亥是当月月建，以其入中飞布九宫日吊。十月居乾宫，吊得甲子金，再以甲子入中飞布九宫，其法日替。每宫上一位干支是吊得之神，下一位干支是替得之神，其吉凶便以吊替所得干支纳音五行生克来判断。

【原文】戊癸年十一月甲子。天德戊巽,月德壬。忌壬丙向。午卯人不用。

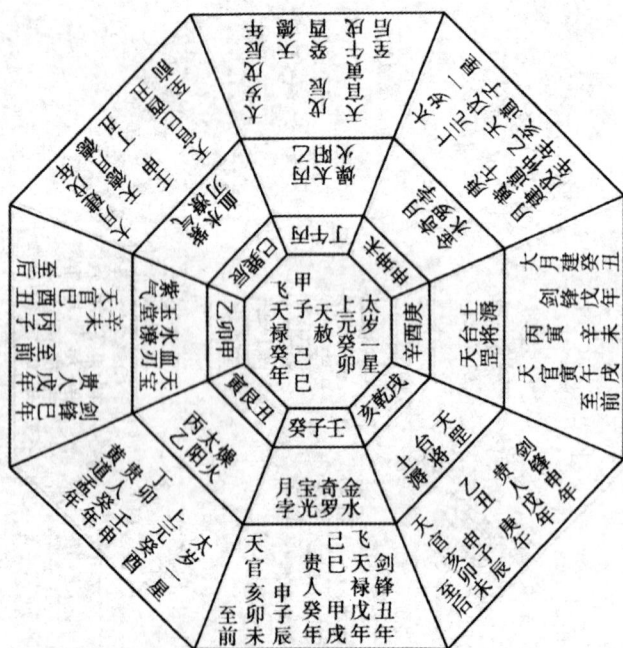

【注解】月建子水,刑卯冲午,故不用。

中宫上方甲子是当月月建,以其入中飞布九宫曰吊。十一月居坎宫,吊得己巳木,再以己巳入中飞布九宫,其法曰替。每宫上一位干支是吊得之神,下一位干支是替得之神,其吉凶便以吊替所得干支纳音五行生克来判断。

【**原文**】戊癸年十二月乙丑。天德庚，月德庚。六戊年腊月吊辛未贵人还坤宫。忌乙辛向。丑戌人不用。

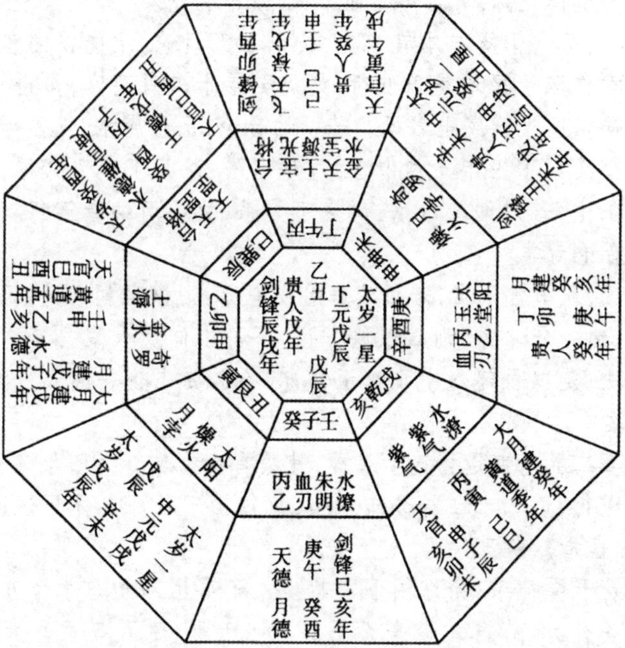

【**注解**】月建乙丑，冲未刑戌，应是未戌人不用，原文有误。

中宫上方乙丑是当月月建，以其入中飞布九宫曰吊。十二月居艮宫，吊得戊辰木，再以戊辰入中飞布九宫，其法曰替。每宫上一位干支是吊得之神，下一位干支是替得之神。其吉凶便以吊替所得干支纳音五行生克来判断。

至此，十天干六十个月的神杀图全部介绍完毕，其图外圈中间是以月建入中吊替所得干支，具体看法如下：

一、以吊宫之神为主，替宫之神则不必拘泥。原图中神杀均以吊宫论,如飞天禄、水德、贵人等,并未涉及替神。若吊替同论,每年的六月和七月,吊替之神均处在天冲地克之位,是六七月绝无造作之时,与自然之理不符,故不必论。

二、吊宫干支与本宫生克,均以正五行论,不能以纳音五行论。本文取干禄均是正五行,如戊癸年十二月离宫,吊得己巳,本书是以巳火属戊土之禄。若以纳音论,己巳属木,岂能为戊土之禄?又如丁壬年五月中宫,月建丙午,注为丁年飞天禄,是以丁禄午论,若以纳音水论,反克丁为杀,故不用纳音五行。本文以纳音论为非。

三、凡吊宫干支,若新建房屋或埋葬,则以坐朝向论,不论太岁、月建。若修方,则只以修方论,不论山向及太岁月建。其吊宫之法,是以月建入中飞布至修方,不必要飞轮一圈或找太岁、月建之方。

第二层是雷霆合气十二神,其法有顺有逆。六阳年顺行,六阴年逆行,以二十四神分布八山,故每山三位。具体排法,详参《佐元直指》卷三。

天干中神杀,除每图下某某生人不可用一句与本命五行冲破有关外,余皆与本命毫无干涉。飞天禄、贵人等虽与太岁有关,亦与本命干系不大。至于诸神杀之起例及吉凶用法,本丛书《郭氏元经》《璇玑经》中已详细说明,可供参考。

卷四

天河转运尊帝二星图六局

【原文】上下二元起乾定局。尊帝二星不入中宫,顺飞八方。太岁到处,便是尊星,对宫是帝星。如甲子年在乾宫为尊星,对宫巽为帝星。余例准此推。冬至后六十日到山向方,同此局寻尊帝起例。

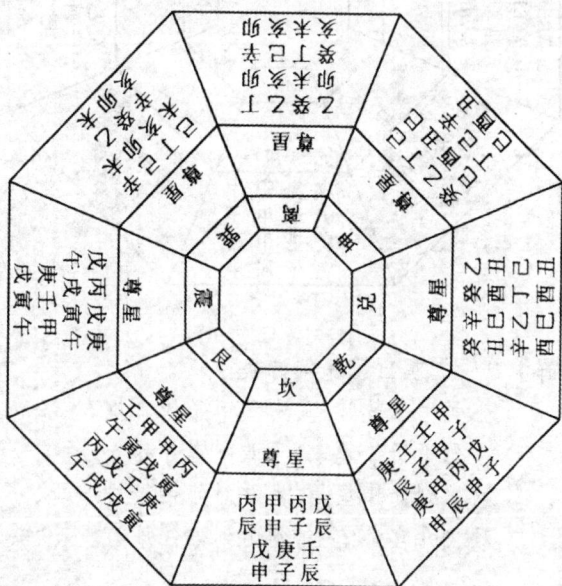

【注解】尊星北斗,帝星南斗,玉清西斗,玉印东斗,四星运转,如磨之转运,故名"天河转运"。详参《郭氏元经》《璇玑经》。

【原文】尊帝中元起坎定局。夏至后六十日到方向同局。

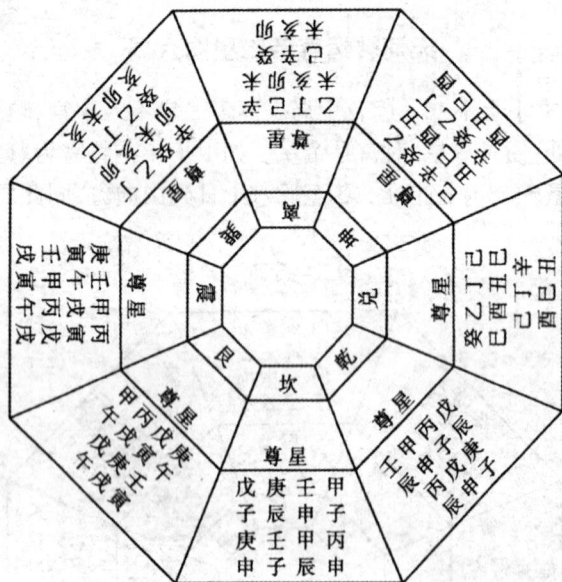

【注解】尊帝二星三元起例诗诀：

　　上元甲子乾宫起，中元甲子坎宫推。

　　下元甲子依乾取，不入中宫寻处支。

　　太岁到处尊星是，岁君对处帝星居。

　　顺飞九宫游掌上，到山到方任施为。

【原文】六阳年月定局。申子辰年，寅午戌年。

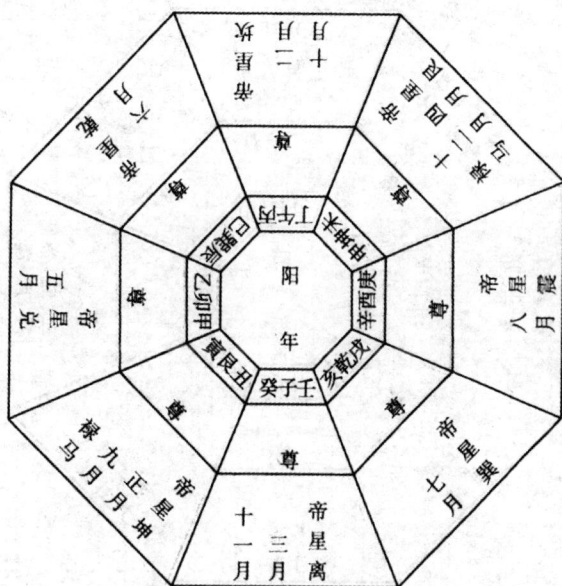

【注解】《通书》取阴阳年之法与本书不同，是以甲己、丁壬、戊癸六干为阳年，定局成下表：

月令	正、九	二、十	三、十一	四、十二	五	六	七	八
尊星	艮	离	坎	坤	震	巽	乾	兑
帝星	坤	坎	离	艮	兑	乾	巽	震

【原文】六阴年定月局。亥卯未年，巳酉丑年。

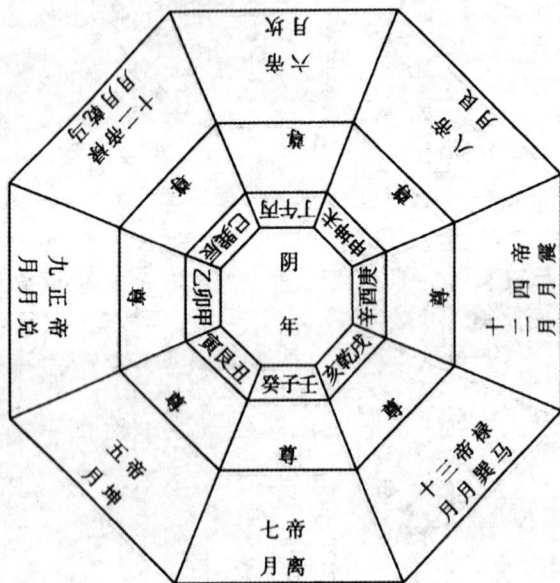

【注解】《通书》以乙庚、丙辛为阴年，尊帝二星定局于下：

月令	正、九	二、十	三、十一	四、十二	五	六	七	八
尊星	震	巽	乾	兑	艮	离	坎	坤
帝星	兑	乾	巽	震	坤	坎	离	艮

【原文】尊帝位六阳日时定局。申子辰日,寅午戌日。

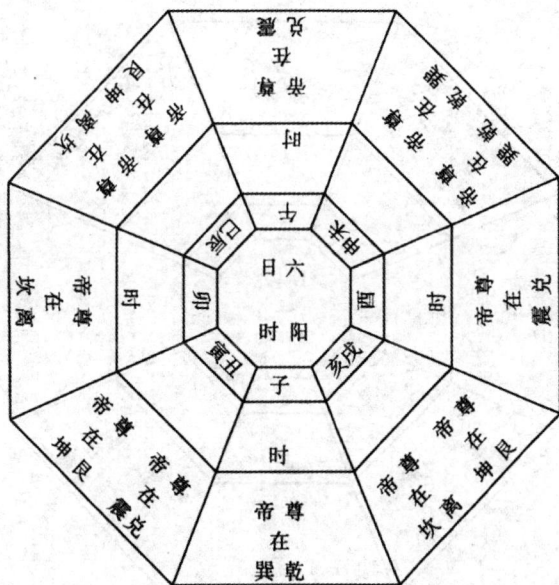

【注解】《通书》中认为冬至后一阳生,故用阳遁。而时则以甲己、丙辛、戊癸日为阳日,用阳局。其歌云:

尊星北斗内尊星,四面星辰尽拱临。

遇者名标龙虎榜,腰金衣紫做朝郎。

帝星位列北辰前,遇者声名扬四海。

至贵至尊不待言,金阶殿前任盘旋。

【原文】尊帝位六阴日时定局。亥卯未日,巳酉丑日。

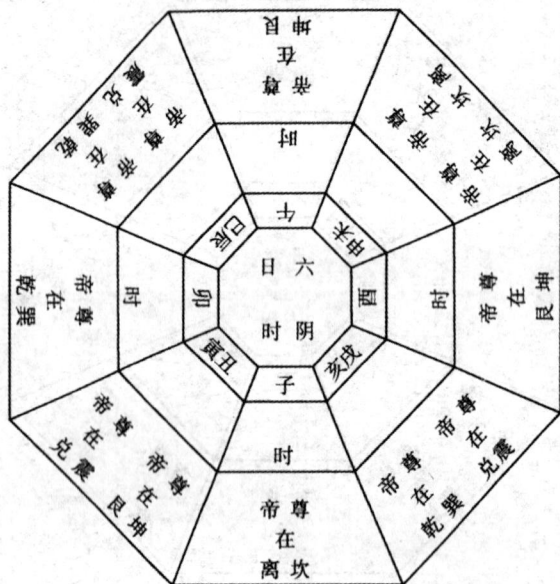

【注解】《通书》阴遁取夏至后,认为一阴从此而生。时局则以乙庚、丙辛日用阴遁,与本书不同。

《钦定协纪辨方书》认为,尊帝二星起例虽本局上中下元可以衔接,再一轮上元与前一轮下元起例同而不能连接,不合规律,且无义理,故不可用。详参《钦定协纪辨方书·辨伪》尊帝二星一章。

阴阳的煞图五局

【原文】甲己太岁甲己生人阴阳的煞图。

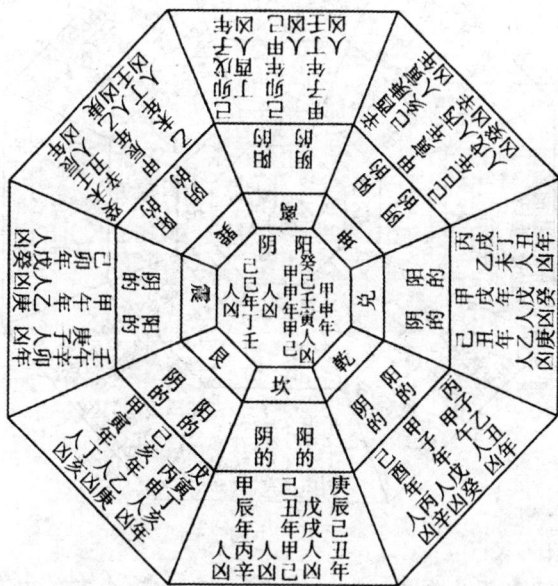

【注解】的杀即本命所吊之方。阴阳的杀起例各有不同。

此法是以太岁寻本命，故名"阳的杀"。如庚申生人，甲辰年修作，甲己年起丙寅，至亥是乙亥，便以乙亥入中顺数九宫，直至庚申在中宫，故庚申生人甲辰年中宫犯阳的杀，不可修作。本书虽甲申、癸巳、丙子、乙丑等均是阳的杀，但应是甲申、癸巳等人逢之直接犯凶，并非他岁命人均犯。本书则以刑害之命论之，与阳的杀之义不合。

【原文】乙庚太岁乙庚生人阴阳的煞图。

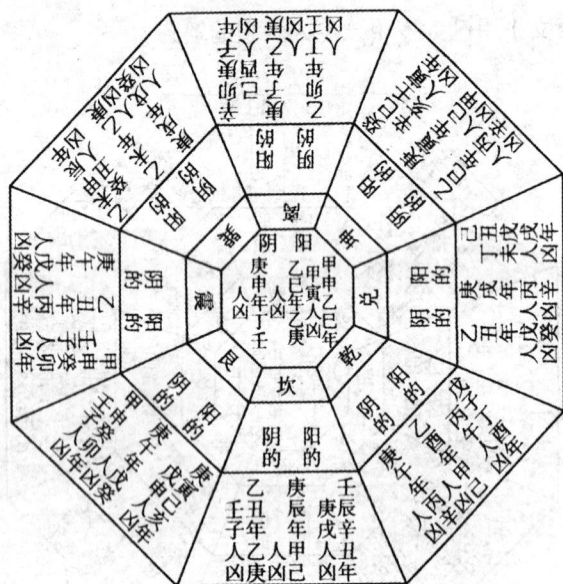

【注解】阴的命杀是以本命年遁起五虎，逢亥入中宫顺数，寻太岁所到之宫不可修作，是为阴的命杀。如甲辰年庚申生人修作。乙庚生人正月遁戊寅，至亥为丁亥，便以丁亥入中宫，顺数戊子乾，己丑兑，直至当年太岁甲辰临巽，故庚申生人甲辰年修巽方为犯阴的杀。本书阴的杀与《通书》不同，如乙庚生人，乙巳、庚申二年中宫即阴的杀，而本书不以其为阴的杀，反以乙庚、丁壬人为杀，与的命杀之义并不相符。

【原文】丙辛太岁丙辛生人阴阳的煞图。

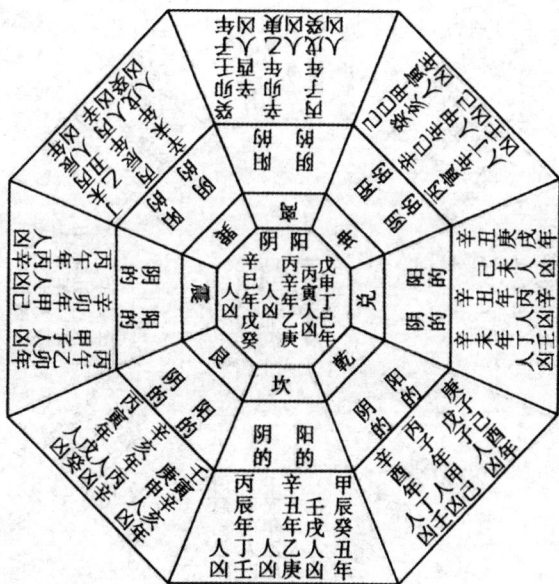

【注解】《通书》中丙辛太岁,丙辛生人阴阳的杀定局:

中:己亥、戊申、丁巳、丙寅、乙亥、甲申等。乾:庚子、己酉、戊午、丁卯、丙子、乙酉等。兑:辛丑、庚戌、己未、戊辰、丁丑、丙戌等。艮:壬寅、辛亥、庚申、己巳、戊寅、丁亥等。离:癸卯、壬子、辛酉、庚午、己卯、戊子等。坎:甲辰、癸丑、壬戌、辛未、庚辰、己丑等。坤:己巳、甲寅、癸亥、壬申、辛巳、庚寅等。震:丙午、乙卯、甲子、癸酉、壬午、辛卯等。巽:丁未、丙辰、乙丑、甲戌、癸未、壬辰等。

【原文】丁壬太岁丁壬生人阴阳的煞图。

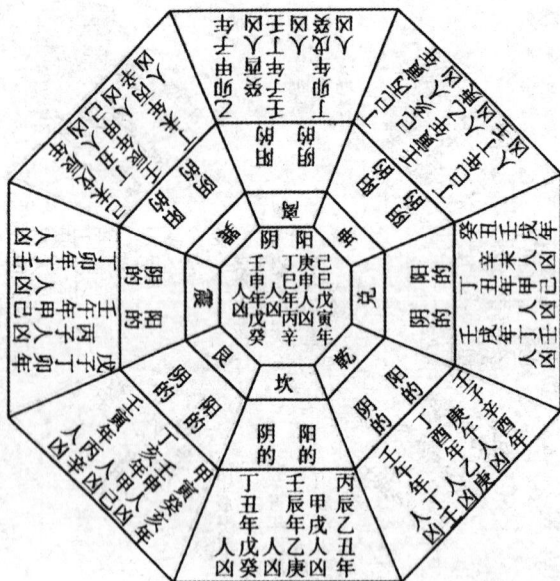

【注解】《通书》中丁壬太岁丁壬生人阴阳的杀定局：

中：辛亥、庚申、己巳、戊寅、丁亥、丙申等。乾：壬子、辛酉、庚午、己卯、戊子、丁酉等。兑：癸丑、壬戌、辛未、庚辰、己丑、戊戌等。艮：甲寅、癸亥、壬申、辛巳、庚寅、己亥等。离：乙卯、甲子、癸酉、壬午、辛卯、庚子等。坎：丙辰、乙丑、甲戌、癸未、壬辰、辛丑等。坤：丁巳、丙寅、己亥、甲申、癸巳、壬寅等。震：戊子、丁卯、丙子、乙酉、甲午、癸卯等。巽：己未、戊辰、丁丑、丙戌、乙未、甲辰等。

【原文】戊癸太岁戊癸生人阴阳的煞图。

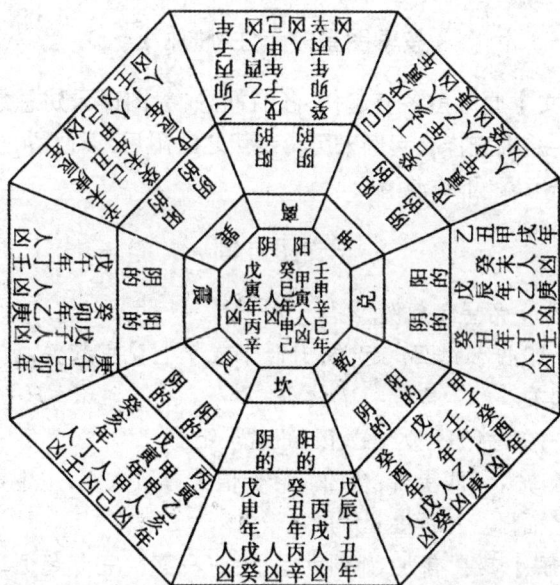

【注解】《通书》戊癸太岁戊癸生人阴阳的杀定局：

中：癸亥、壬申、辛巳、庚寅、己亥、戊申等。乾：甲子、癸酉、壬午、辛卯、庚子、己酉等。兑：乙丑、甲戌、癸未、壬辰、辛丑、庚戌等。艮：丙寅、乙亥、甲申、癸巳、壬辰、辛亥等。离：乙卯、丙子、乙酉、甲午、癸卯、壬子等。坎：戊辰、丁丑、丙戌、乙未、甲辰、癸丑等。坤：己巳、戊寅、丁亥、丙申、乙巳、甲寅等。震：庚午、己卯、戊子、丁酉、丙午、乙卯等。巽：辛未、庚辰、己丑、戊戌、丁未、丙辰等。

卷五

按索图星煞考注补（附）

【原文】原星煞各有起例，各有妨忌，集图谨录妨忌数条，遗者尚多。兹细查详补起例来历及制伏之法附后，以便留心选择者知所根据考索，不致混淆云。

干支图吉星

【原文】帝星年起例。

子午卯酉年巽四宫起关，丑辰未戌年七兑宫起关，寅巳申亥年坎宫起关。

星序：关、帝、尊、太、纪、镇、纽、罡、纪。

只帝尊太纪四星吉，余凶。修作值此尊帝太纪，主生贵子，且有非常之福禄。月帝星起例同。

【注解】其星有九，如同九星，各占一宫。究其起例，却与九星异，只从一四七宫起，又与九宫之义不合。且虽有九星，其中第五（他本作"玄"）和第九皆曰"纪"，是一星重复，天上岂有二星一名者？亦与天星之义不合。天上帝星，《通书》中甚多，如紫微帝星、北辰帝星、撼龙帝星、尊帝二星、行衙帝星、七政帝星等。《选择宗镜》云是"六朝之分皇，五代之各帝……诬罔极矣。"悟斋《帝星辨》曰"帝星如此轮流值月值日入中宫，是偏挟大帝来当差"，均认为无理。所以此说亦属伪法，属应删之列。

【原文】九星起例。星序：贪、巨、禄、文、廉、武、破、辅、弼。

只贪武辅弼四星吉，余凶。造作进官禄，益财产，添人丁。

逆行：子年贪起中五，丑年贪起巽四，寅年贪起震三，

卯年贪起坤二，辰年贪起坎一，巳年贪起离九，

午年贪起艮八,未年贪起离九,申年贪起坎一,
酉年贪起坤二,戌年贪起震三,亥年贪起巽四。

【注解】贪狼、巨门、禄存、文曲、廉贞、武曲、破军、左辅、右弼,古人称之为九星。杨筠松是以其为五行之形,如贪狼之山高耸而直,巨门之山方而厚等,后引伸为天星。本丛书《璇玑经》中就有什么"四帝星""金乌星"等。四帝星是以贪、破、武、禄四种为吉,金乌星则是在九星的基础上加了太阳、玉兔、金乌,凑成十二位与十二支相配。细查九星,非常杂乱,古人有以贪巨武为吉者,有以贪武辅弼为吉者,有以贪巨武文为吉者,均随意而设,缺乏真义。《钦定协纪辨方书·辨伪》"诸家銮驾星曜"一节中"都天宝照立成""都天转运行衙帝星立成"等均是以九星为基础的,均因伪而被删。细究本文,尤为荒唐,起法开始即云"逆行",子年贪起中五,丑年贪起巽四,直至午年贪起艮八,

方位\名称 年支	贪狼	巨门	禄存	文曲	廉贞	武曲	破军	左辅	右弼
子年	中	乾	兑	艮	离	坎	坤	震	巽
丑年	巽	中	乾	兑	艮	离	坎	坤	震
寅年	震	巽	中	乾	兑	艮	离	坎	坤
卯年	坤	震	巽	中	乾	兑	艮	离	坎
辰年	坎	坤	震	巽	中	乾	兑	艮	离
巳年	离	坎	坤	震	巽	中	乾	兑	艮
午年	艮	离	坎	坤	震	巽	中	乾	兑
未年	兑	艮	离	坎	坤	震	巽	中	乾
申年	乾	兑	艮	离	坎	坤	震	巽	中
酉年	中	乾	兑	艮	离	坎	坤	震	巽
戌年	巽	中	乾	兑	艮	离	坎	坤	震
亥年	震	巽	中	乾	兑	艮	离	坎	坤

俱合逆行。一到未年,又贪起离九,申年贪起坎一,直到亥年为巽四,反是顺排,与前云逆行不合。且官数九,星数九,应是官官均有起例,而该书贪狼无从兑乾两方起例,与九官之数不合。前后矛盾,义理不深,故为错讹。《钦定协纪辨方书》"都天转运行衙帝星立成",与本书之论起例相合,特列表介绍如上。

【原文】三白年起例。分上中下三元,六十年为一元,三六一百八十年又周而复始。此只取紫白吉星入吊替。

子丑寅	卯辰巳	午未申	酉戌亥
一九八	一九八	一九八	一九八
七六五	七六五	七六五	七六五
四三二	四三二	四三二	四三二

上元一白起甲子,中元四绿却为头,

下元七赤兑方发,逆寻年份把星流。

弘治甲子为上元,嘉靖甲子为中元,至天启甲子为下元,并逆布求值年星,入中宫顺飞。凡太岁一星等杀例,在年局内用吊替法寻。

【注解】古人认为,每逢一百八十年,天上九大行星会布在一条直线上,所以以一百八十年为一大元。一百八十年中有三个六十花甲,每个花甲为一元,第一个花甲为上元,第二个花甲为中元,第三个花甲为下元,这就是所谓的三元。九星值年,上元甲子年,甲子月,甲子日,甲子时以一白入中,而后逆行九紫、八白、七赤等直至第二个甲子,值四绿入中,这就是本文"中元四绿却为头"之意。又以此逆推,直至第三个甲子,正值七赤入中,这就是本文"下元七赤兑方发"之意。三元年表,详参《郭氏元经》《八宅明镜》等书。

弘治:明孝宗朱祐樘年号,公元1488戊申年登基,甲子年是弘治十七年1504年。

嘉靖：明世宗朱厚熜年号，公元 1522 壬午年登基，甲子年是嘉靖四十三年 1564 年。

天启：明熹宗朱由校年号，公元 1621 辛酉年登基，甲子年是天启四年 1624 年。

本书署名为元至大年间所作，而用时却有明朝年号，实有后人伪作之嫌。

【原文】三元月白起例。子午卯酉年正月起八白，辰戌丑未年正月起五黄，寅申巳亥年正月起二黑，并逆布寻值月星，复入中宫，顺飞八方。须察好、合、反、伏、吞、食以验吉凶祸福，所谓"白中有煞少人知"者此也。凡灭门煞、暗剑杀等例，在月局内用吊替法寻。其日白时白例具《宝海》，此不赘。

【注解】三元月白定局：

值星\月令\年支	正十	二十一	三十二	四	五	六	七	八	九
子午卯酉	八	七	六	五	四	三	二	一	九
辰戌丑未	五	四	三	二	一	九	八	七	六
寅申巳亥	二	一	九	八	七	六	五	四	三

好：是言九星逢生处，如九紫临四绿、三碧木，八白临九紫火、一白临七赤、六白金，六白临八白、二黑土等是。

合：一六合而化水，二七合而化火，三八合而化木，四九合而化金。

反：是言反吟，即对冲。如一九相逢，二八相逢，三七相逢，四六相逢等是。

伏：是言伏吟。如一入坎宫，二入坤宫，三入震宫，四入巽宫等是。

吞：九星逢所克之处是。如一白水临八白、二黑土方；八白临三碧、四绿木方;六白金临九紫火方;九紫火临一白水方等是。

食:九星临泄气之方。如九紫火临八白、二黑土方,六白金临一白水方,一白水临三碧、四绿木方,八白土临七赤、六白金方等是。

【原文】奏书博士起例。

亥子丑乾(奏书)冈(博士巽),寅卯辰艮(奏书)乡(博士坤),巳午未年巽(奏书)(博士乾),申酉戌坤(奏书)方(博士艮),此为奏书煞,博士对宫装。

此岁之吉神,天之掌记,其方不宜穿掘,候岁天道、天月德同到,泥饰之吉。博士宜忌同奏书。

【注解】博士起例:

年:子 丑 寅 卯 辰 巳 午 未 申 酉 戌 亥
方:巽 巽 坤 坤 坤 乾 乾 乾 艮 艮 艮 巽

奏书起例:

年:子 丑 寅 卯 辰 巳 午 未 申 酉 戌 亥
方:乾 乾 艮 艮 艮 巽 巽 巽 坤 坤 坤 乾

《广圣历》曰:"奏书者,岁之贵神也。掌奏记,主伺察,所理之地,宜祭祀求福,营建宫室,修饰垣墙。"

《广圣历》曰:"博士者,岁之善神也,掌案牍,主拟议,所居之方,利于兴修。"

从上可知,奏书与博士既为岁之贵神,当宜兴工动土,方合此神之义。而本书却云不宜穿凿,只有待天道、天月二德同临,方可泥饰,此乃奏书、博士假天道、天月二德之吉,非本神之吉,与选择之义不合,故应以《广圣历》为准。

【原文】天道方起例。

正巳二申三月亥,四酉五子六寅是,
七丑八卯九月午,十辰仲未十二戌。

天道月临方：

寅戌子月南躔马（正、九、十一月天道行南方），

卯巳丑月还自酉（二、四、十二月天道行西方），

辰午申月于北地（三、五、七月天道行北方），

未酉亥东为定期（六、八、十月天道行东方）。

天道所行之方，乃阴阳开通之地，凡出行、移徙、嫁娶、动作、修营等事，值之上吉，《时宪》用本方，《元经》入吊替。

人道起例。大月方：

正	二	三	四	五	六	七	八	九	十	十一	十二
癸	艮	甲	乙	巽	丙	丁	坤	庚	辛	乾	壬

小月方：

正	二	三	四	五	六	七	八	九	十	十一	十二
丁	坤	庚	辛	乾	壬	癸	艮	甲	乙	巽	丙

人道方凡出入移徙，修作营造大吉，移床就人道方病痊。

【注解】原书人道起例在利道起例后，因天道、人道为一体，故调前，特说明。

《通书》中把天道、地道、兵道、人道、鬼道、死道合称六道。其中天地兵人四道为吉，鬼死二道为凶。《钦定协纪辨方书》认为："以十二岁分为两周，自子至巳，自午至亥，轮转六道。子年艮坤天道，甲庚地道，乙辛兵道，巽乾人道，丙壬鬼道，丁癸死道。丑年则从甲庚起天道，而艮坤转为死道。寅年则从乙辛起天道，而甲庚转为死道。六岁既周，午年则同子年之例，以达于亥。其为谬妄，不足深辨。"查其起例，《钦定协纪辨方书》虽与本书略有不同，但人道大小月其方相对之意同，实无深意。详参《郭氏元经》"天道篇第十六"和"人道篇第十七"二节。

【原文】利道起例。其法常在太岁前十字取四位，每位占

干支二位,一年干支共八吉位,修作值之,主进人口、田宅、财产、六畜。

【注解】太岁前十字是以二十四山论。如子年,则癸、丑、艮、寅、甲、卯、乙、辰、巽、巳,至巳为十位,则取丙午、丁未、坤艮、申庚八位。依此各年利道定局应是:

　　　　子年利道在丙午、丁未、坤申、庚酉。

　　　　丑年利道在丁未、坤申、庚酉、辛戌。

　　　　寅年利道在坤申、庚酉、辛戌、乾亥。

　　　　卯年利道在庚酉、辛戌、乾亥、壬子。

　　　　辰年利道在辛戌、乾亥、壬子、癸丑。

　　　　巳年利道在乾亥、壬子、癸丑、艮寅。

　　　　午年利道在壬子、癸丑、艮寅、甲卯。

　　　　未年利道在癸丑、艮寅、甲卯、乙辰。

　　　　申年利道在艮寅、甲卯、乙辰、巽巳。

　　　　酉年利道在甲卯、乙辰、巽巳、丙午。

　　　　戌年利道在乙辰、巽巳、丙午、丁未。

　　　　亥年利道在巽巳、丙午、丁未、坤申。

查本书十二支图各年利道方于下:

　　　　子年利道在乙辰、辛戌;丑年利首在壬子、丙午;

　　　　寅年利道在壬子、丙午;卯年利道在丙午、癸子;

　　　　辰年利道在甲卯、庚酉;巳年利道在甲卯、庚酉;

　　　　午年利道在辛戌、乙辰;未年利道在壬子、丙午;

　　　　申年利道在壬子、丙午;酉年利道在丙午、子癸;

　　　　戌年利道在庚酉、甲卯;亥年利道在庚酉、甲卯。

二者比较,虽每年均有一干支相同,但与起例多不相同。以起例论,第十位后恰在岁破之方,是选择中最凶之方,与利道本义亦不合。同时,其法不论岁命,不论禄马,不论五行冲合生克,皆与选择本义不合,毫无义理。

【**原文**】岁德起例。

　　　甲年在甲乙年庚,丙逢丙位丁壬连,

　　　戊德在戊己德甲,庚同庚位辛年丙,

　　　壬德在壬癸寻戊,岁德临方百福臻。

　如壬年三月作壬方,天德、月德、岁德丛集壬山,作之大吉。

【**注解**】岁德阳年以岁干为德,阴年以德合为德。这样,阳年岁德就是当年太岁天干,阴年岁德就是当年太岁正官,都是选择造命法中的吉格,与五行生比冲合之义相合,故为正法。

【**原文**】天德起例。

　　　正丁二坤(己)宫,三壬四辛同,

　　　五乾(戊)六甲上,七癸八艮(己)中,

　　　九丙十居乙,子巽(戊)丑庚中。

　此天地福德之神,阴阳感通之位,宜起造、安葬、修营、上官、移居、入宅、出行、求财,诸事十全大吉。又宜藏胎衣。

【**注解**】天德乃三合之气,故为吉神。本书乾坤艮巽四维以戊己代替,与天德之义不合,因四维方天德是以卦论,并非用戊己代替。详见《郭氏元经·天德篇第十四》。

【**原文**】月德起例。

　　　正五九月居丙方,二六十月甲中藏,

　　　三七十一壬为是,四八十二庚日当。

　此月内福德之辰,阴阳感通之位,诸凡封拜上官,谒贵求贤,营造出入,移徙婚娶,动作修造,葬理纳财并大吉,与天德、岁德同位更吉。

【**注解**】日为阳而月为阴,阳有德而阴无德,故月以阳之德为德。因阴以阳和,故取甲庚丙壬阳干,而不用乙丁辛癸阴干。详参《郭氏元经·月德篇第十五》。

【原文】月空起例。

　　　　寅午戌月逢壬地,亥卯未月合庚金,

　　　　申子辰月求丙火,巳酉丑月甲干寻。

此月内阴辰,吉庆之位,宜设谋定策,上书陈言,修产室,造床帐,取土动土,修造并吉。

【注解】《天宝历》曰:"月中之阳辰也。"《历神原始》曰:"月德自南而东丙甲壬庚。月空自北而西,壬庚丙甲,乃天德之冲神也;而曰宜设筹谋、陈计策者,贵人之对,名曰天空,宜上书陈言,故天空即奏书也。此对月德之神亦名之以空,而曰月空,故利于上表章也。"

细思月空,既为月德对冲仇敌之神,又为三合死绝之地,言其为吉,宜修造动土,实与义理不合。言其宜上书陈言者,是因在月德之对,由其方而来,亦并非与五行生克之义合,故不必拘泥。本书言月空为月内阴辰,与甲庚丙壬阳干之义不合,应以阳辰为是。

【原文】天赦起例。

　　　　春逢戊寅夏甲午,秋值戊申天赦露,

　　　　冬月甲子最为良,百事逢之多吉助。

宜修造起工,入宅移居,疏狱施恩,祀神赛愿百事吉。

【注解】天赦为赦过宥罪之辰,死而忽生,莫大于赦,故以天赦名之。选择其日或修作其方,可散讼,雪冤枉,缓刑狱,百凶不忌。详参《郭氏元经·天赦篇第六十一》。

【原文】解神起例。

　　　　正申二酉三戌推,四亥五子六丑是,

　　　　七寅八卯九辰当,十巳十一午腊未。

即天医,宜报方退煞散讼,检举刑狱,能解一切凶杀,修造遇之大吉。

【注解】解神即月破,详见《郭氏元经·解神篇第十八》;天医详见本册《璇玑经》第463面。原文言解神即天医,实为错讹。

【原文】生气起例。

　　　　正子二丑三月寅,月月逢开生气神。

　　　　四卯五辰六巳顺,十二支中触类轮。

　　开位即华盖方,此月内极富之辰,宜上任拜官,婚嫁出行,修造动土,填基开肆,避病种植,泥饰造葬,合寿木,百事吉。其方修营,主加官禄,进横财。

【注解】《五行论》曰:"生气者,极富之神也。"故本文云生气为月内极富之辰。

　　生气居太岁后二辰,因为天上星辰后妃居帝星后二位,后妃为天下之母,取生气之义即取母道,故生气居岁后二辰。

　　华盖者,寅午戌见戌,巳酉丑见丑,申子辰见辰,亥卯未见未是。《三命通会》云:"华盖者,喻如宝盖,天有此星,其星如盖,常覆乎大地之座,故以全合低处得库谓之华盖。"《五行精纪》云:"华盖为庇荫之清神,主人旷颖神清,性灵恬淡,不较是非,好仙道伎巧事,一生不利财物。惟与贵旺印并,则为福清贵,特达,不利权握,日犯克妻,时犯克子,孤介之神也。"紫微垣中有华盖星,由十六颗星组成,上八颗雄镇八方,团团环绕中间一星,恰如九宫。下七星屈曲一行,排例于圈外。上九星如伞盖,下七星如伞柄,甚似皇帝所张幡盖,故名华盖星。其星原属推命中神煞,选择中并未见提及。本文云开位及生气就是华盖方,既与生气起例不合,又与华盖之义不符,纯属讹误,特说明。

【原文】天乙贵人起例。

　　　　甲戊庚牛羊,乙己鼠猴乡。

　　　　丙丁猪鸡位,壬癸蛇兔藏。

　　　　六辛逢马虎,天乙贵人方。

宜上官、赴举、受封、兴修造葬，百事大吉。有太岁之贵人，以月建入中飞遁寻。有本命之贵人，以太岁入中飞遁寻。

【注解】天乙贵人：详见《郭氏元经·二遁贵人篇第六》。

【原文】飞天禄起例。

　　　　甲禄在寅乙在兔，丙戊到巳丁己午。

　　　　庚申辛酉壬到亥，癸禄到子从头数。

歌云："禄到山头贵子生。"《直指》云："禄马临山旺子孙。"

【注解】飞天禄是以月令入中，看岁命禄位飞临何处。原文是十干禄位，并未列飞天禄定局，标题与文义不合，特说明。

禄有两种，一是本官之禄，如甲禄寅，寅方或艮方是；乙禄卯，卯方或震方是。一是飞天禄，即以月建入中飞布九宫，看干禄临何方，何宫即是飞天禄。如甲子年，丙寅月，以月建丙寅入中顺飞。寅为甲年之禄，临中宫，故甲子年丙寅月中宫即飞天禄方。用法以本官为重，飞天禄次之。

禄为造命中最吉之位，选其日或修其方，有趋吉避凶、催官催财之妙。但逢刑冲破害禄位年月日时及方位，则不吉反凶。详参《郭氏元经·年禄命禄篇第五十》。

【原文】催官鬼使起例。

　　　　春乙，夏丁，秋辛，冬癸。取四季天干旺神。

　　　　春乙夏丁秋用辛，冬癸须知是吉神。

　　　　假如丙子年五月，艮宫丁酉吊宫寻。

　　　　能依此例修方报，来岁荷衣必定新。

　　　　作之主士子登科，官吏荣迁，闲谪起复。

【注解】飞官催官鬼使定局等详参《郭氏元经·催官鬼使篇第十九》。

【原文】水德起例。以月建入中飞遁，寻壬癸到方便是，能制压诸家火星凶星，修造诸事吉。

方位 ＼ 月令 年干	正	二	三	四	五	六	七	八	九	十	十一	十二
甲己年	坤震	坎坤	离坎	艮离	兑艮	乾兑	中乾	中中	巽中	震巽	坤震	坎坤
乙庚年	离坎	艮离	兑艮	乾兑	中乾	中中	巽中	震巽	坤震	坎坤	离坎	艮离
丙辛年	兑艮	乾兑	中乾	中中	巽中	震巽	坤震	坎坤	离坎	艮离	兑艮	乾兑
丁壬年	中乾	中中	巽中	震巽	坤震	坎坤	离坎	艮离	兑艮	乾兑	中乾	中中
戊癸年	巽中	震巽	坤震	坎坤	离坎	艮离	兑艮	乾兑	中乾	中中	巽中	震巽

【注解】水德飞宫定局：

壬癸二干，除制火星可用外，催丁、催官、催财、祛病等亦可用，但应根据岁命禄马贵人来选择，万莫一见壬癸便以德论。以壬癸为德之说，不合五行之义。古人既立五行，则行行可以为吉，行行可以为凶。选择家以见壬癸为截路空亡，就是明证。故宜通变，不可拘泥。

干支图凶煞

【原文】太岁例。

子 年	丑 年	寅 年	卯 年	辰 年	巳 年	午 年	未 年	申 年	酉 年	戌 年	亥 年
子	丑	寅	卯	辰	巳	午	未	申	酉	戌	亥

【注解】太岁即当年岁支，根据本命选择，可吉可凶。详参《璇玑经·报太岁第三十八》。

【原文】岁破例。

大耗须知问破乡，又为岁破一同群。

假如子年午是破，年支冲处较君量。

一名大耗，太岁所冲，天上之天罡也。忌兴工动土、移徙嫁娶、远行、安葬、犯杀宅长。

【注解】岁破即太岁对冲之辰，定局于下：

　　子年午　　丑年未　　寅年申　　卯年酉　　辰年戌　　巳年亥
　　午年子　　未年丑　　申年寅　　酉年卯　　戌年辰　　亥年巳

　　曹震圭云："大耗者,太岁击冲破散之神也。物击则破,冲则散,破散则耗也。"岁破为最凶之神,言其大耗者,是专为建囷仓、纳财帛等事重著其义,并非二义。均言岁破之方不可犯也。

　　天罡:北斗七星的斗柄之称,风水中以辰为天罡,非岁破。

【原文】岁刑例。

　　　　子刑卯上卯刑子,寅刑巳上巳刑申。

　　　　申刑寅上戌刑未,丑刑戌上定其真。

　　　　酉刑酉兮午刑午,亥刑亥兮辰刑辰。

　　此五行生旺之气,恃强相刑,其方不可兴工,主争斗、血光。

【注解】《三车一览》曰:子属水,卯属木,水能生木,那么子水为母,卯木为子,子母相刑,所以是无礼之刑。五行在巳寅申三位中各有长生、临官的兴旺状态,恃强而相刑,所以是恃势之刑。丑未戌都属土,相亲相爱为兄弟,却要同室操戈,兄弟相刑,所以叫无恩之刑。辰午酉亥四位无刑,故为自刑。任铁樵先贤云:"刑之义无所取。如亥刑亥,辰刑辰,酉刑酉,午刑午谓之自刑,本支见本支,自为同气,何以相刑? 子刑卯,卯刑子,是谓相生,何以相刑? 戌刑未,未刑丑,皆为土气,更不当刑。寅刑巳,亦是相生。寅申相刑,即冲何必再刑……此皆虚邪,故置之。"查古例犯刑者常有见,如杨公为壬午化命,艮山坤向下祖坟,用壬寅年,壬午月,壬午日,壬寅时,是月日自刑,而子孙五代封侯。若以吊宫论,杨公为陶氏下祖坟,艮山坤向,用壬子年,壬子月,壬子日,庚子时,以子入中,调四卯到艮山,是子卯相刑,而大发非常。

　　由此可证,岁刑之说不可尽拘。详参《郭氏元经》"审刑害篇第八""三合之刑篇第九""支干刑害篇第十"等。

【原文】岁三杀例。

申子辰杀在南巳午未,巳酉丑杀在东寅卯辰,

寅午戌杀在北亥子丑,亥卯未杀在西申酉戌。

主杀小口,横凶。

【注解】劫杀、灾杀、岁杀,合称三杀,居三合五行当旺之冲方,故云凶。但亦宜活看,如寅年见亥,申年见巳等,皆长生逢合,仍以吉论。

【原文】豹尾黄幡例。

水局寻辰墓,火局在戌乡。木局原居未,金库在丑场。

忌开门、取土、嫁娶、纳财、收畜。豹尾方最忌纳有尾之畜。此太岁之墓也,其色黄,封树如旌幡,故名。

黄幡所指,随而变之,动静疾速如豹尾然。忌嫁娶及作百事,损人丁六畜。

【注解】本书所举乃黄幡起例,并无豹尾起例,标题与文不符,特增补。

豹尾居黄幡对冲之方,即:

申子辰水局在戌,亥卯未木局在丑。

寅午戌火局在辰,巳酉丑金局在未。

曹震圭曰:"黄幡者,岁君安居之位华盖也,故取三合五行墓辰。墓者,土也,故言其黄。"又云:"豹尾者,虎贲之象,先锋之将也,故常与黄幡相对,是置于华盖之前也。"《钦定协纪辨方书》云:"黄幡者,三合之季,象华盖也,与黄幡相对者为豹尾,其喜忌亦同。盖皆岁君之卤簿大驾,以见不可犯之意耳。寅申巳亥年,豹尾在前,黄幡在后;子午卯酉年,豹尾在后,黄幡在前。曹震圭以豹尾为先锋之将而置于华盖之前则非也。"

又按,"子午卯酉年黄幡即是官符,豹尾即是吊客;寅申巳亥年,黄幡即是白虎,豹尾即是丧门;辰戌丑未年,黄幡即是太岁,豹尾即是岁破。然则黄幡、豹尾二神固虚设也。"由此可知,黄幡

豹尾之凶,因其与官符、吊客、丧门、太岁、岁破等同,犹以岁破为要。至于不可纳有尾之畜等,乃术士捏造之说。试想,既称为畜,岂无尾乎?

【原文】岁杀例。

　　　　　的杀原从何处穷,申子辰年未是踪。

　　　　　水局长生申上起,数到养处例雷同。

一名的杀,一名大禁,犯主官灾,疾病,失财。

【注解】岁杀起例定局:

　　　　申子辰年在未,亥卯未年在戌,

　　　　寅午戌年在丑,巳酉丑年在辰。

岁杀在三合五行的养位,故云"数到养处"。岁杀是三杀之一,前例已注。

的杀:即本命的杀,以太岁入中寻本命为年的命杀,以月建入中寻本命为月的命杀,还有阴阳的杀,均于岁杀不同,本文把岁杀与的杀混淆,特指出。

大禁即年禁,只子午卯酉四年有一与岁杀相合,余皆非,本文亦误。详参《郭氏元经·三元年禁篇第二十》。

【原文】土皇例。

子丑辰巳年,乾巽主忧煎。寅卯戌亥岁,坤艮灾殃起。

午申西三裁,子午方上裁。惟有未太岁,卯西为不利。

凡在一方,则游对冲一方,各占二位,其形如狮子,部从甚众,公馆私家,切忌动作,犯主一年内瘟疫非灾并破败怪梦。

陈希夷云:仍分阴阳轻重断之。秋分后五日得风地观卦,用事无碍。

【注解】原书把土皇杀和土皇游混为一谈,今排二杀定局于下面,以作对比。

魏青江云:"土皇在一方,游对冲一方,犯之血光瘟疫,口舌破败。又,月土皇寅月巳方,卯月辰方,辰月卯方,逐月顺数,逐方逆行。查考,古无此名色,起例亦无根据。余屡探访,全无准验。"

方\年 杀	子	丑	寅	卯	辰	巳	午	未	申	酉	戌	亥
土皇杀	巽	巽	坤	坤	乾	乾	子	卯	午	午	艮	艮
土皇游	乾	乾	艮	艮	巽	巽	午	酉	子	子	坤	坤

【原文】旌头起例。寅申巳亥年丑寅方,辰戌丑未年未申方,子午卯酉年在中宫。癸巳至己酉十七日中宫动作大凶。

【注解】十七日即:癸巳、甲午、乙未、丙申、丁酉、戊戌、己亥、庚子、辛丑、壬寅、癸卯、甲辰、乙巳、丙午、丁未、戊申、己酉。

旌头:皇帝仪仗中警卫先驱的骑兵叫旌头骑,术士借用其名,喻皇帝为太岁,犯旌头即犯太岁,故凶。细看起例,申犯寅,丑犯未,冲破太岁,其凶有据。然亥见寅为长生六合,乃选择中至吉之位,又何凶之有?且十七日不可作中宫,与岁命及五行冲合竟全无干系,其伪自明,不必拘泥。

【原文】天命起例。

子午二年庚酉辛,卯酉二年巳午未。

辰戌二年丑艮寅,未丑二年甲卯乙。

寅申二年戌乾亥,巳亥二年未坤申。

一名游年赤毒,修造动土犯最凶。法用三奇、二德、太阳、岁命贵禄马,天寿星临方,修之吉。犯多夭亡,依法修之,又主多寿。

【注解】天寿星:子年在乾,丑寅卯年在坎,辰巳午年在乾,未年在坎,申酉戌亥年在坤。

天命起例与五行生克旺相冲合不符。半年一周,与天星一年一周亦不合,当属术士伪造无疑。若与岁命禄马并,当是选择造命之正途,一切凶煞皆不忌,何况毫无深义之"天命"乎!

【原文】太阴起例。太阴方:

子　丑　寅　卯　辰　巳　午　未　申　酉　戌　亥

戌　亥　子　丑　寅　卯　辰　巳　午　未　申　酉

太阴,土星之精,太岁之后妃,常居岁后二辰。凡兴工动土、移徙,抵犯损女人小口,召阴私之厄,只宜学道,吉。

【注解】此太阴是一种神煞,非月亮之太阴。因后妃之星居帝星后二位,故以太岁后二辰为太岁之后妃,以太阴名之。细查起例,太阴乃十二建中之开位,又正当生气之位,乃选择中吉神。如甲辰岁命见寅,丁亥岁命见酉,癸巳岁命见卯,癸未岁命见巳,丁丑见亥等,都是禄贵之方,岂能以损人而论之?详参《郭氏元经·吊官太阴篇第三十四》。

【原文】将军起例。

北方亥子丑年酉,东方寅卯辰年子。

南方巳午未年卯,西方申酉戌年午。

此金神之精,若与三杀、岁刑等凶会于一处,名曰群丑,凶不可言。忌修作,禁一百步,惟修饰无妨。

【注解】将军之义有二。一曰:岁在东方木,西方金克我,北方水拒隔之;岁在南方火,北方水克我,东方木拒隔之;岁在西方金,与东方木为仇,中央土拒隔之(按,五行家以巳为戊,以午为己,故午言土);岁在北方水,与南方火为仇,西方金拒隔之。一说将军皆居太岁之右,右为武职之位,故云"将军"。

《神枢经》曰:"大将军者,岁之大将也,统御威武,总领战伐。若国家命将出师,攻城战阵,则宜背之。凡兴造皆不可犯。"

今按其义,若犯其方,是犯了将军之神威,故凶。然既为将,当是伐不义,除奸邪;民营修作,也犯其怒,实与将军之义不符。

详参《郭氏元经·将军修方篇第二十六》。

群丑:《蓬瀛书》曰:"岁在四孟,太阴与大将军合于四仲,名曰群丑。"本文云群丑之义有误。

【原文】蚕室起例。

年:子 丑 寅 卯 辰 巳 午 未 申 酉 戌 亥

　　未 未 戌 戌 戌 丑 丑 丑 辰 辰 辰 未

　　坤 坤 乾 乾 乾 艮 艮 艮 巽 巽 巽 坤

蚕室在将军后三辰,将军之妻,大忌春间修作,犯主年年损蚕。

【注解】原文第一行为年支,第二行为蚕官,第三行才是蚕室,特说明。

《通书》中有蚕命、蚕官、蚕室三神,取岁方生养之地。如岁在东方寅卯辰属木,木养于戌为蚕官,生于亥为蚕命,戌亥之间是乾,为蚕室,此其义。

古人认为,食谷衣丝,乃人之生也。殖谷在野,养蚕居室,所以非常重视养蚕之业而设此三神。其吉凶用法,详参《郭氏元经》"吊宫蚕室篇第三十五"与"报蚕室篇第三十六"。

【原文】力士起例。

　　　　亥子丑衰病夹处求,寅卯辰巽宫不用擒。

　　　　巳午未坤地何须记,申酉戌乾宫力士宾。

犯主瘟疫,防手足之灾。

【注解】曹震圭曰:"力士者,天子之护卫羽林军也,常居岁前维方,不敢远于君也。所在之方,可诏此方之臣,以诛有罪。"

《利用》曰:"力士居太岁前维,惟辰戌丑未年与巡山罗睺同位,其宫不宜犯,修葬皆不宜,余年不忌。"

【原文】剑锋起例。

　　　　假如正月建寅方,建前一位剑锋乡。

寅月甲方卯月乙，依此推之悉可详。

凡修造安坟犯之，六十日杀肉千斤，二百日内损二人及招官事瘟疫。此杀在方名剑锋，在日名重丧。

按：复者，复也，如寅中有甲，又复见甲；卯中有乙，又复见乙，名重日。为一切吉事则复吉，为一切凶事则复凶，故凶事于复日，又为重赙。

正月甲、二月乙、四月丙、五月丁、七月庚、八月辛、十月壬、十一月癸，三六九十二月己，皆名复日，忌成服、斩草、行丧、殡埋等事。大抵在方忌修方，若三奇吉星到，亦能制伏。在日止忌丧葬，作诸凶则复凶，作诸吉则复吉也。

【注解】剑锋重赙之说，乃十干之禄位，选择造命中至吉之神，此却言凶，实与五行生旺死囚之意不合，不必拘泥。详参《郭氏元经·剑锋重赙篇第二十五》。

【原文】崩腾起例。

子地丑天寅岁辛，卯乙辰丙巳居壬。

午庚未甲申年癸，酉丁戌己亥鸡鸣。

犯主杀宅长，以至灭门，三年内应。一云千斤崩腾，犯主杀宅长，并忌行丧。

【注解】定局于下：

年:	子	丑	寅	卯	辰	巳	午	未	申	酉	戌	亥
方:	坤	乾	辛	乙	丙	壬	庚	甲	癸	丁	己	酉

大凡神煞，愈无义理，愈会吓人。此杀卯见乙为禄，丁见酉、壬见巳、甲见未，均为天乙贵人。申癸、亥酉、辰丙，皆五行相生，寅辛午庚为正财、正官，何凶之有？此煞不论岁命及五行生克冲合，只凭一死硬板定之方，言其凶至灭门，实无义理。

【原文】千斤起例。

鼠狗蛇怕寅，马牛猪犯辰。

兔猴忌亥上,羊虎相牛经。

龙鸡占何处,长蛇当道侵。

犯损六畜,单忌修方。

【注解】起例:子戌巳在寅,午丑亥在辰,卯申在亥,未寅在丑,辰酉在巳。

【原文】飞廉大杀例。

正戌二巳三是午,四未五虎六月兔。

七辰八亥九子真,十牛子猴丑鸡拒。

造作栏圈如犯着,六畜闻之皆怖畏。

乃岁之阴神,起造动土,嫁娶移徙百事凶。

【注解】《广圣历》曰:"子年在申,丑年在酉,寅年在戌,卯年在巳,辰年在午,巳年在未,午年在寅,未年在卯,申年在辰,酉年在亥,戌年在子,亥年在丑。"由此可知,飞廉为岁杀,《钦定协纪辨方书》也将其列入岁杀之中。本书起例则为月杀,与《通书》不符,故说明。

三合之序,由生而旺,由旺而墓,由墓而生。四时之序,由木而火,由火而金,由金而水,由水而木。飞廉子年起申,子为水旺,申为水生,是以旺而逆历于生也。由是卯年在巳,午年在寅,酉年在亥,以子卯午酉四旺之序而逆历于申巳寅亥四生之方,则并其生而亦逆矣。丑年起酉,丑为金墓,酉为金旺,是以墓而逆历于旺也。由是辰年在午,未年在卯,戌年在子,以丑辰未戌四墓之序而逆历于酉午卯子四旺之方,则并其旺而亦逆矣。寅年起戌,寅年为火生,戌为火墓,是以生而逆历于墓也。由是巳年在未,申年在辰,亥年在丑,以寅巳申亥四生之序而逆历于戌未丑辰四墓之方,则并是其墓而亦逆矣。夫顺天者以德,逆天者以力,故以飞廉喻之。

查飞廉起例,子丑寅午未申六年皆在三合之方,造命遇之,极为有力。如杨公为丙午生人造酉山卯向屋,用辛巳年,辛丑月,辛未日,辛卯时,辛未日则为飞廉。杨公为刘氏葬癸未亡命,申山寅向,用戊申年,丙辰月,壬申日,甲辰时,是月时均为飞廉。廖金精下乾山巽向,用甲寅年,丙寅月,丙午日,庚寅时,日犯飞廉。由此可证,飞廉之杀,不必拘泥,若为岁命禄贵,尽用无妨。

【原文】病符起例。

年:子 丑 寅 卯 辰 巳 午 未 申 酉 戌 亥
方:亥 子 丑 寅 卯 辰 巳 午 未 申 酉 戌

此岁后一辰,即闭位,与帝辂同,犯主疾病损人,招瘟疫。

【注解】病符是旧太岁,言新岁已旺,旧岁已衰,衰则病。详参《郭氏元经·月家病符篇第三十七》。

【原文】丧门起例。

年:子 丑 寅 卯 辰 巳 午 未 申 酉 戌 亥
方:寅 卯 辰 巳 午 未 申 酉 戌 亥 子 丑

造作百事凶,并不宜行丧。

【注解】还有一杀,名叫吊害,与丧门合称丧吊。言其凶者,丧门为岁前二辰,吊客为岁后二辰,二者三合,正是太岁三合之对冲方。如子年丧门在寅,吊客在戌,寅午戌三合火局冲子水局,故凶。若只见其一,不能合化,并不以凶论,故要区别。

【原文】刀砧起例。

正九刀砧杀在丁,二十庚三十一辛。

四十二壬五癸上,六甲七乙八丙嗔。

犯主损六畜,凶变。

【注解】《选择宗镜》曰:“民间最畏刀砧火血,术士捏造恶名以吓人耳。”因其与五行生克制化不相干,故为伪杀。

【原文】流财起例。

正三十月甲庚位,二四八月居丁癸。

五七十一乙辛方,六九十二丙壬地。

修造犯主破财,若月财、横财诸吉加之,修反进财。

【注解】《通书》中有几个流财,均与本书不同。

流财杀:子年在乾,丑年在申,寅卯辰年在丑,巳午未年在乾,申年在乾,酉戌亥年在申,此以岁支论。

流财星:正月巳午,二月申酉,三月酉戌,四月丑,五月寅,六月辰,七月巳,八月申,九月酉,十月丑,十一月寅,十二月辰,此以月令论。

日流财:正月亥,二月申,三月巳,四月寅,五月卯,六月午,七月子,八月酉,九月丑,十月未,十一月辰,十二月戌,此以日为主。

《钦定协纪辨方书》中所收流财,子丑寅年在巽,卯辰年在艮,巳年在坎,午未年在乾,申年在兑,酉戌年在坤,亥年在离,此亦以年支论。

细察诸例,均无义理,流者非流,财亦非财。正如《钦定协纪辨方书·辨伪》"流财"一章中云:"特俗情竞进而好财,术士遂诡词以动听,其与刀砧火血,雅俗虽有不同,而其为捏造则一。"

【原文】飞地官符例。

岁君起建须寻定,定字原来是此神。

泊宫生旺紧回避,山向方犯官事临。

一名死气官符,一名县官符,一名牢狱,一年只占一字。凡修造安葬、开山立向犯之,主口舌、官非横祸。而飞宫尤不可犯,若犯山头,官灾自内发;若立向修方,官灾自外来。

【注解】地官符在岁前四位,即十二建中的定字,为年支三合之方,虽有凶亦可为吉,详细用法,请参考《郭氏元经》"月家官符篇第三十一"和"报官符篇第三十二"。

【原文】飞天官符。

天官符杀在临官，水局须知亥地看。

火局巳宫木寅位，金局申宫是的端。

一名天太岁，州官符，州牢杀，宅长杀，一年止占一字。山向修方有犯，立见公讼，吉不能制，主杀宅长及非横官灾。若飞宫与马同到，祸尤速。

【注解】因天官符为太岁三合五行临官之方，若修其方有犯旺之忌，故忌修造。

飞宫天官符是以月建入中顺布九宫，当年天官符飞临何方，何宫就是本年本月飞天官符之方。如子年寅月修造，天官符在亥，以月建寅入中，第二轮是亥入中宫，故中宫即子年正月飞天官符之方，忌修造。余年月类推。因天官符为太岁三合五行临官之位，又是造命法中至吉之处，故古例多用之。请详参《璇玑经》"本命官符第二十六"和"散讼第三十二"。

【原文】独火起例。

子年山上丑寅雷，卯坎辰巳怕风摧。

午兑未申离方地，戌亥祸从天上来。

一名飞祸，即盖山黄道年月内朱雀五鬼星，一年止占一字，忌修营盖屋动土，主火灾破财，惟葬不忌。如午子年用离卦，五鬼在艮是。又丑寅年用坤卦，五鬼在震是。上杀将月建入中飞吊丙丁同到，立见火发，吉不能制。

【注解】廉贞独火之法，是取本年太岁对宫卦的下一爻变卦之方，如子年对宫为离，离卦下一爻变为艮，故子年以艮为独火。丑寅居艮，对宫为坤，坤卦下一爻变为震，震为雷，故原文云丑寅雷。卯居震宫，对宫为兑，兑卦一爻变为坎卦，故卯年以坎为独火。此游年变卦之法，余类推。

《通书》曰：独火方遇丙丁飞吊其上，其火方发，无凶神并不妨。制独火之法，壬癸亥子水及一白水飞临其方，制之可修。

　　独火为对宫变卦所得,于本宫了无干涉。丙丁又云三奇,故独火能否为祸,其义难以令人信服。详参《郭氏元经》"年家独火篇第二十八"和"月家独火篇第二十九"。

　　【原文】小月建例。

　　　　　　阳起中宫阴起离,阴阳二年并顺推。

　　　　　　九宫数至遇何月,到此一宫杀小儿。

　　一名小月建,又名顺小儿杀,起造动土犯之,损小口。然阳宅滴水檐外尤紧,禁无步数,犯之见凶祸。

　　大月建例。

　　　　　　甲癸丁庚起艮乡,乙辛戊岁起中央。

　　　　　　丙壬己向坤宫发,逆走三元定建方。

　　一名暗建杀,一名逆小儿杀。一行禅师以此为阴中太岁,凡将军、大杀、官符及诸凶煞,犯者尚可禳,惟此不可犯,主先杀宅长,次杀子孙。

　　【注解】关于大小月建的解说请参阅《佐元直指·卷九·岁建月建忌轮到山》中之"大小月建杀"。

　　【原文】黑游神例。

　　　　　　立春占艮春分巽,不作冬兮春月慎。

　　　　　　夏不南兮立夏震,夏至在亥动生嗔。

　　　　　　秋不作西夏至坤,秋分在离不堪亲。

　　　　　　九秋霜降仍离立,秋不西兮岂用轮。

　　　　　　立冬后坎不作北,冬至后乾腊同评。

　　　　　　此是黑游神煞地,修造犯着祸难平。

　　凡修造动作犯之凶。

　　【注解】查手头诸家通书,皆无解说。与天星及五行生克毫无相干,荒诞不经,毫无义理。

　　【原文】游废杀例。

正月立春后在巳,二月春分居巽位。

三月春分后卯宫,四月立夏占寅是。

五六夏至后在子,七月立秋占坤地。

八月秋分后酉宫,九逢霜降后离栖。

十月立冬未坤上,十一冬至午宫推。

十二冬至依然午,游废修犯主灾危。

凡修造动土犯之凶。

【注解】查其起例,除五月在子,十一月在午为月破,尚合五行生克义理外,余皆无深义。不讲岁命,不讲五行生克制化,伪杀明矣。

【原文】月厌起例。

正犬二鸡三猴来,四羊五马六蛇裁。

七龙八兔九虎口,十牛十一鼠腊亥。

正月起戌,逆行十二月,百事犯之不利,忌造酒醋。

【注解】曹震圭曰:"月厌者,厌魅之神也,其性暗昧,私邪不正,故忌之。盖十一月建子,阴阳气争,冬至前阴气极,冬至后阳气生,故自建子之月,阳建顺历丑寅卯一十二辰,阴建逆历亥戌酉一十二辰。至五月夏至,二气又同建而相争也。"由此可知,月厌是阴阳二气消长的根源,其位置正处在太阳躔度之前,所以叫厌。厌就是上古的压字,因厌压在太阳躔度之前而名。

【原文】九良星例。

正二良星占石阶,三四厨房不用猜。

五六东方及水路,七在丙兮八巳午。

秋季十月大门神,仲冬十二占中庭。

所占处修作损人口,凶。

【原文】九良煞例。

子丑二岁占中庭,丑岁排来到厨寅。

丑上寅年为何吉，卯春后堂动无宁。

龙见寅辰皆不利，巳门酉南亦非宜。

马立戌亥方难折，羊从小路不易行。

堂庙岂于戌年整，寺观的在亥岁灵。

此杀修营君须避，却是京本九良神。

【注解】《钦定协纪辨方书》前诸大臣在奏章中云："九良星按年周游于井厨门路庭堂寺观之间，全无义理。《通书》总论内载元朝奏罢等语，今选择虽不用，而年局仍然开载。又有暗刀煞亦是此类，皆世俗妄说，应一并删去。"

胡晖在"辨九良煞"一节中说："《三元集要》辨之详矣，元时既经削去，奈后之俗术仍指其名，以动于世，且转捏一九良煞，诚可叹也。"

由此可知，此二杀亦属伪撰妄添，不必拘泥。

【原文】血道起例。

执破夹干干取冲，冲宫即是血道宫。

假如子年壬是夹，夹丙冲宫壬是踪。

犯主刀兵之厄及损血财六畜，杀孕妇。

【注解】血道立成定局：

子年——丙壬　　　丑年——丁癸　　　寅年——丁癸

卯年——甲庚　　　辰年——乙辛　　　巳年——乙辛

午年——丙壬　　　未年——丁癸　　　申年——丁癸

酉年——甲庚　　　戌年——乙辛　　　亥年——乙辛

【原文】火道起例。

子午二年丁癸方，寅申丑未甲庚乡。

卯酉二载乙辛位，辰戌巳亥丙壬场。

犯主失火、官刑、疾病不测之灾，并杀小口。

【注解】火道立成定局（据《通书》）。

子年——丁癸	丑年——甲庚	寅年——甲庚
卯年——乙辛	辰年——乙辛	巳年——丙壬
午年——丁癸	未年——丁癸	申年——甲庚
酉年——乙辛	戌年——乙辛	亥年——丙壬

　　看此二道，当由天地六道演变而来，且愈凿愈陋。如寅年甲，卯年乙，巳年丙，午年丁，申年庚，酉年辛，亥年壬等，以地论为干德，以干论为支德，均为选择造命中之最吉。又如丑年甲庚，巳年壬，亥年丙等均属天乙贵人，又属吉神，何以反犯疾病，杀小口？于理均不合，故为伪杀。

　　【原文】五鬼起例。

　　　　　　子年在犬丑年癸，寅卯寻猴同一例。

　　　　　　辰巳两载乙方居，午丙未鸡不差移。

　　　　　　申听鸡鸣酉年巳，戌寻牛地亥鸡啼。

　　【注解】《通书》中五鬼起例与本书不同，诀曰：

　　　　子午五鬼逆加辰，丑岁须知迷卯真。

　　　　寅见寅兮卯见丑，辰逢子地巳猪微。

　　　　午寻戌地未寻酉，申遇申兮鸡求鸣。

　　　　戌向午宫亥向巳，五鬼方上莫修营。

　　《钦定协纪辨方书》说："五纬皆起于辰而逆行，五鬼亦起于辰而逆行，然则五鬼者，五纬之魄气也。五纬不皆十二岁一周，而五鬼则十二岁一周，以岁星为五纬之长，故从岁星也。鬼也者，气返而归者也，象其幽阴，故名之曰鬼也。鬼必五者，鬼五星，其中一星曰质，昀昀不明为积尸气，明则所临之下有积尸，故取鬼星第五星以象之，而名之曰五鬼，非真自一至五而鬼有五也。子午年与官符同位，丑未年与丧门同位，寅申年与太岁同位，卯酉年与太阴同位，辰戌年与白虎同位，巳亥年与岁破同位，各随其所同位之神，以类相应。"

【原文】土符起例。

　　　　土符月方始终闭，二满三十执位取。

　　　　四收五建六平生，七危八开九定是。

　　　　十一成龙在其方，口诀教君切熟记。

　　切忌动土，百忌，云损人口，大凶。

【注解】土符解说请参阅《佐元直指·卷九·年月土皇杀并土符月》。

【原文】帝车起例。

　　　　四利三元遁太阳，太岁二位去消详。

　　　　但逢除位君休造，犯主新妇入泉乡。

　　新妇杀与太阳同位。

【注解】查《通书》有帝车煞，子年起丑，丑年寅，寅年卯，顺行十二宫，与太阳同位，故原书云"四利三元遁太阳"。古人有以北斗为帝车之说，而太阳又是选择中至吉之神，言其为凶，实与义理不合，且与太阳吉神矛盾。

【原文】怨仇报三杀例。

　　寅午戌月杀占寅卯辰方，亥卯未月杀占亥子丑方，

　　申子辰月杀占申酉戌方，巳酉丑月杀占巳午未方。

　　此杀只忌葬埋、行丧。旺神同。

【注解】此杀除戌见辰，辰见戌，丑见未，未见丑为冲破外，余皆无义理。如寅见寅，亥见亥，申见申，巳见巳均为同气，地支一气，亦选择造命中吉格。寅见卯，亥见子，申见酉，巳见午，也是三合见临官吉格。午见寅，卯见亥，子见申，酉见巳均为三合，何凶之有？如杨公用四己巳，曾公用四壬寅等，均属古例中佳课，留传至今，若以此杀则为凶，截然不验，所以亦为伪杀。

《阳明按索》后跋

【原文】余家世好地理，广储堪舆文籍。凡阴阳歌诀，议论纷纭，甲可乙否，学者从何取衷？至曾伯复心翁世出，辄举业时，精究天文地理之书，芟繁订赝，参稽异同，剖析吉凶，门分类别，始有准则。晚年注《阳明按索》一编，以为传家之宝，匪人勿示。甲午扰攘，预将诸书之尤者，藏之于窖，其次安于山岩中，又其次束于高阁，以为获万全之计。丙申秋，山寇压境，二三百年之屋宇，一燎无余。迨贼势稍缓，发窖视之，皆溃烂矣。戊戌冬，山岩又经回禄，所藏书籍，尽成画饼。余生平酷好此书，亦能强记一二。思先世手泽，举目无存，遂辟一室，屏去人事，朝夕精研，日积月累，渐成卷帙。遇老人相惠一书，例式与曾伯适相吻合，仆并录此，庶得是书之大全也。凡上中下一百八十年之吉凶，开卷了然矣。高人达士，得是书而观之，未必无小补云。时洪武乙卯春花朝之吉陈汉卿书

姑功谭云龙子一夔刻

【注解】洪武：明太祖朱元璋年号。由此推演，甲午年是1354年，丙申年是1356年。当时江浙一带战乱不断，其书被毁之说可信。细读原书，仍有残缺之痕迹，故后人整理之说亦可信。然原书中有"图参《佐元》《时宪》"等语，故此书亦非全如陈汉卿所语，必有后人增补无疑。

其书内虽云"传家之宝"，实无传家之用。究其神煞，除岁破、禄马、太阳、天德等少数合义理外，大多属于伪撰妄设，怪诞不经，只能供参考研究，不能为据行世，实非佳作。

甲申年四月二十八午时
完稿于海口